Die Anwendbarkeit des Deutschen Corporate Governance Kodex auf die Societas Europaea (SE)

Europäische Hochschulschriften
Publications Universitaires Européennes
European University Studies

Reihe II
Rechtswissenschaft

Série II Series II
Droit
Law

Bd./Vol. 4671

PETER LANG
Frankfurt am Main · Berlin · Bern · Bruxelles · New York · Oxford · Wien

Bastian Rolf Winfried Messow

Die Anwendbarkeit des Deutschen Corporate Governance Kodex auf die Societas Europaea (SE)

PETER LANG
Internationaler Verlag der Wissenschaften

Bibliografische Information der Deutschen Nationalbibliothek
Die Deutsche Nationalbibliothek verzeichnet diese Publikation in der Deutschen Nationalbibliografie; detaillierte bibliografische Daten sind im Internet über <http://www.d-nb.de> abrufbar.

Zugl.: Würzburg, Univ., Diss., 2007

D 20
ISSN 0531-7312
ISBN 978-3-631-57427-0

www.peterlang.de

Meinen Eltern

Vorwort

Die vorliegende Arbeit ist aus meiner Tätigkeit als wissenschaftlicher Mitarbeiter bei Prof. Dr. Günter Christian Schwarz, Universität Würzburg, entstanden. In dieser Zeit durfte ich an seinem Projekt, einen Kommentar zur Verordnung über das Statut der Europäischen Aktiengesellschaft (SE-VO) zu erstellen, mitwirken. Im Rahmen dieser Aufgabe habe ich mich intensiv mit der Leitungsstruktur der SE beschäftigt und konnte mich so dem Thema der Arbeit gut nähern. Für diese Möglichkeit und die vielen intensiven und interessanten Diskussionen sowie humorvollen Gespräche bin ich dem leider mittlerweile verstorbenen Prof. Dr. Schwarz sehr dankbar.

Mein besonderer Dank gilt auch Prof. Dr. Klaus Tiedtke, der nach dem plötzlichen Tod von Prof. Dr. Schwarz die Betreuung der Arbeit übernommen hat. Durch seine unkomplizierten und unterstützenden Tätigkeiten sowie die schnelle Korrektur der Dissertation ist es möglich geworden, die Arbeit bereits jetzt zu veröffentlichen. Hierzu hat auch Prof. Dr. Christoph Teichmann durch seine zeitnahe Zweitkorrektur einen wesentlichen Beitrag geleistet.

Ohne meine Eltern wäre diese Arbeit nicht entstanden. Nicht nur die finanzielle Unterstützung im Studium, sondern auch die moralische Hilfe haben mir die Vollendung dieser Arbeit erst ermöglicht. Daher gilt Ihnen mein ganz besonderer Dank.

Die Arbeit ist auf dem Stand der Literatur vom 31.05.2007.

Bastian Rolf Winfried Messow

Hilkerorde, den 21.06.2007

Inhaltsübersicht

Inhaltsverzeichnis

Abkürzungs- und Materialienverzeichnis

a.A.	andere Auffassung
ABl.	Amtsblatt der Europäischen Gemeinschaften
Abs.	Absatz
ACF	Accounting, Controlling & Finance
AcP	Archiv für die civilistische Praxis
ADHGB 1861	Allgemeines Deutsches Handelsgesetzbuch von 1861 (Quelle: Neudrucke privatrechtlicher Kodifikationen)
ADHGB 1884	Das Allgemeine Deutsche Handelsgesetzbuch in der Fassung vom 5. Juni 1869. Das Aktienrecht in der Fassung vom 18. Juli 1884. (Quelle: *Schubert*, Handelsgesetzbuch von 1897, S. 97 ff.)
AG	Die Aktiengesellschaft (Zeitschrift), Aktiengesellschaft
ähnl.	ähnlich
AktG	Aktiengesetz
AktG-E	Aktiengesetz-Entwurf
Anh.	Anhang
AR	Aufsichtsrat
AR Hdb.	Arbeitshandbuch für Aufsichtsratsmitglieder (Hrsg.: *Semler*)
Art.	Artikel
AuR	Arbeit und Recht (Zeitschrift)
BaFin	Bundesanstalt für Finanzdienstleistungsaufsicht
BB	Betriebs-Berater (Zeitschrift)
Begr.	Begründung
BGB	Bürgerliches Gesetzbuch
BGBl.	Bundesgesetzblatt
BGH	Bundesgerichtshof
BGHZ	Entscheidungen des Bundesgerichtshofes in Zivilsachen
BilKoG	Bilanzkontrollgesetz
BilReG	Bilanzrechtsreformgesetz
BMJ	Bundesministerium der Justiz
BörsG	Börsengesetz
BRBegr.	Begründung des Bundesrates
BRBegr.	Begründung des Bundesrats
BT-Drucks.	Bundestagsdrucksache
Buchst.	Buchstabe
BVerfG	Bundesverfassungsgericht
BVerfGE	Entscheidungen des Bundesverfassungsgerichts
BW	Burgerlijk Wetboek (Bürgerliches Gesetzbuch der Niederlande)
bzgl.	bezüglich

bzw.	beziehungsweise
C.Com	Code de Commerce (französisches Handelsgesetzbuch einschließlich Aktienrecht)
CEO	Chief Executive Officer
Code des Soc.	Code des Sociétés (Belgisches Gesellschaftsrecht mit den aktienrechtlichen Bestimmungen)
DAV	Deutscher Anwaltsverein
DAX	Deutscher Aktienindex
DB	Der Betrieb (Zeitschrift)
DCGK	Deutscher Corporate Governance Kodex
ders.	derselbe
Diss.	Dissertation
DJT	Deutscher Juristentag
DNotZ	Deutsche Notar-Zeitschrift (Zeitschrift)
Dok.	Dokument
DRS	Deutsche Rechnungslegungs Standards
DRSC	Deutsches Rechnungslegungs Standards Committee
DStR	Deutsches Steuerrecht (Zeitschrift)
dt.	deutsch
ecolex	Fachzeitschrift für Wirtschaftsrecht (Österreichische Zeitschrift)
EG	Vertrag über die Europäischen Gemeinschaften
EGAktG	Einführungsgesetz zum Aktiengesetz
EGHGB	Einführungsgesetz zum Handelsgesetzbuch
EGV	Vertrag zur Gründung der Europäischen Gemeinschaft
Einl.	Einleitung
ELR	European Law Reporter (Zeitschrift)
EP	Europäisches Parlament
Erg.	Ergebnis
EuGH	Europäischer Gerichtshof
EU-Hdb. GesR	EU-Handbuch Gesellschaftsrecht (Hrsg.: *Hohloch*)
EU-Kom.-Empfehlung	Empfehlung der Kommission vom 15. Februar 2005 zu den Aufgaben der nicht geschäftsführenden Direktoren/Aufsichtsratsmitgliedern/börsennotierter Gesellschaften sowie zu den Ausschüssen des Verwaltungs-/Aufsichtsrats (2005/162/EG), ABl. EG L 52 v. 25.02.2005, S. 51 ff.
EuV	Europäischer Verein
EUV	Vertrag über die Europäische Union
EuZW	Europäische Zeitschrift für Wirtschaftsrecht (Zeitschrift)
EWGV	Vertrag zur Gründung der Europäischen Wirtschaftsgemeinschaft
EWiR	Entscheidungen zum Wirtschaftsrecht (Zeitschrift)
EWR	Europäischer Wirtschaftsraum

EWS	Europäisches Wirtschafts- und Steuerrecht (Zeitschrift)
f.	folgende
FAZ	Frankfurter Allgemeine Zeitung
ff.	fortfolgende
Fn.	Fußnote
FS	Festschrift
GenG	Gesetz betreffend die Erwerbs- und Wirtschaftsgenossenschaften
GeS	Zeitschrift für Gesellschafts- und Steuerrecht (Österreichische Zeitschrift)
GesRZ	Der Gesellschafter – Zeitschrift für Gesellschafts- und Unternehmensrecht (Österreichische Zeitschrift)
GG	Grundgesetz für die Bundesrepublik Deutschland
GmbH	Gesellschaft mit beschränkter Haftung
GmbHG	Gesetz betreffend die Gesellschaften mit beschränkter Haftung
GmbHR	GmbH-Rundschau (Zeitschrift)
GR-Charta	Charta der Grundrechte der Europäischen Union
GroßkommAktG	Großkommentar AktG (Hrsg.: *Hopt/Wiedemann*)
h.M.	herrschende Meinung
HB	Handelsblatt
Hdb.	Handbuch
HGB	Handelsgesetzbuch
HGB 1897	Handelsgesetzbuch mit Anschluß des Seehandelsrechts und zugehöriges Einführungsgesetz zum Handelsgesetzbuch vom 10. Mai 1897 (Quelle: *Schubert*, Handelsgesetzbuch von 1897, S. 717 ff.)
Hrsg.	Herausgeber
HS	Halbsatz
i.d.F.	in der Fassung
i.S.d.	im Sinne des
i.V.m.	in Verbindung mit
IAS	International Accounting Standards
IDW	Institut der Wirtschaftsprüfer
IFRS	International Financial Reporting Standards
IWB	Internationale Wirtschafts-Briefe (Zeitschrift, Loseblattsammlung)
JURA	Juristische Ausbildung (Zeitschrift)
JuS	Juristische Schulung (Zeitschrift)
Kölner Kommentar zum AktG	Kölner Kommentar zum Aktiengesetz (Hrsg.: *Zöllner*)
KonTraG	Gesetz zur Kontrolle und Transparenz im Unternehmensbereich
KSH	Kodeks Spólek Handlowych (Polnisches Gesetz für Handelsgesellschaften)

KWG	Kreditwesengesetz
LG	Landgericht
m.E.	meines Erachtens
m.w.N.	mit weiteren Nachweisen
MDAX	Deutscher Aktienindex für mittelgroße Gesellschaften
MitbestG	Mitbestimmungsgesetz
Münch. Hdb. GesR	Münchener Handbuch des Gesellschaftsrechts (Hrsg. *Hoffmann-Becking*)
MünchKommAktG	Münchener Kommentar zum Aktiengesetz (Hrsg.: *Kropff/Semler bzw. Kropff/Semler/Goette/Habersack*)
NJW	Neue Juristische Wochenschrift (Zeitschrift)
NotBZ	Notarielle Beratungs- und Beurkundungspraxis (Zeitschrift)
Nr.	Nummer
NWB	Neue Wirtschafts-Briefe (Zeitschrift, Loseblattsammlung)
NZA	Neue Zeitschrift für Arbeitsrecht (Zeitschrift)
NZG	Neue Zeitschrift für Gesellschaftsrecht (Zeitschrift)
NZI	Neue Zeitschrift für das Recht der Insolvenz und Sanierung (Zeitschrift)
OLG	Oberlandesgericht
OR	Obligationenrecht (Schweizer Aktienrecht)
öSEG	Österreichisches Gesetz über das Statut der Europäischen Gesellschaft (Societas Europaea – SE) – (SE-Gesetz – SEG), BGBl. I 2004/67
PrüfungsRiLV	Vorschlag für eine Richtlinie des Europäischen Parlaments und des Rates über die Prüfung des Jahresabschlusses und des konsolidierten Abschlusses und zur Änderung der Richtlinien 78/660/EWG und 83/349/EWG des Rates v. 16.03.2004, KOM(2004) 177 endg., 2004/0065 (COD) (Quelle: http://eur-lex.europa.eu/LexUriServ/site/de/com/2004/com2004_0177de01.pdf)
RabelsZ	Rabels Zeitschrift für ausländisches und internationales Privatrecht (Zeitschrift)
RdA	Recht der Arbeit (Zeitschrift)
RegBegr.	Regierungsbegründung
RIW	Recht der internationalen Wirtschaft (Zeitschrift)
Rn.	Randnummer
Rs	Rechtssache
S.	Seite
S.p.A.	Società per anzioni (Italienische Aktiengesellschaft)
Sanders-Vorentwurf	Vorentwurf eines Statuts für Europäische Aktiengesellschaften, Dezember 1966, Kollektion Studien, Reihe Wettbewerb Nr. 6, Brüssel 1967

SCE	Europäische Genossenschaft
SCE-VO	Verordnung (EG) Nr. 1435/2003 des Rates vom 22. Juli 2003 über das Statut der Europäischen Genossenschaft (SCE), ABl. EG L 207 v. 18.08.2003, S. 1 ff.
SCE-VOV 1993	Geänderter Vorschlag für eine Verordnung (EWG) des Rates über das Statut der Europäischen Genossenschaft, KOM(93) 252 endg. – SYN 388, ABl. EG C 236 vom 31.08.1993, S. 17.
SE	Societas Europaea, Europäische Aktiengesellschaft
SEAG	Artikel 1 SEEG: Gesetz zur Ausführung der Verordnung (EG) Nr. 2157/2001 des Rates vom 8. Oktober 2001 über das Statut der Europäischen Gesellschaft (SE) (SE-Ausführungsgesetz – SEAG), BGBl. Teil I 2004, 3675 (3675 ff.)
SEAG-DiskE	Diskussionsentwurf des Bundesministeriums der Justiz für ein Gesetz zur Ausführung der Verordnung (EG) Nr. 2157/2001 des Rates vom 8. Oktober 2001 über das Statut der Europäischen Gesellschaft (SE) (SE-Ausführungsgesetz – SEAG) (Quelle: *Neye*, Die SE, S. 301 ff.)
SEBG	Artikel 2 SEEG: Gesetz über die Beteiligung der Arbeitnehmer in einer Europäischen Gesellschaft (SE-Beteiligungsgesetz – SEBG), BGBl. Teil I 2004, 3675 (3686 ff.)
SEC	Security and Exchange Commission
Sec.	Section
SEEG	Gesetz zur Einführung der Europäischen Gesellschaft, BGBl. Teil I 2004, 3675
SE-ErgRiL	Richtlinie 2001/86/EG vom 08.10.2001 zur Ergänzung des Statutes der Europäischen Gesellschaft hinsichtlich der Beteiligung der Arbeitnehmer, ABl. EG L 294/22-32
SE-ErgRiLV 1991	Geänderter Vorschlag für eine Richtlinie des Rates zur Ergänzung des SE-Statuts hinsichtlich der Stellung der Arbeitnehmer, KOM (91)174 endg. – SYN 219 vom 06.05.1991.
SEG	*siehe* öSEG
SE-VO	Verordnung (EG) Nr. 2157/2001 des Rates vom 08.Oktober 2001 über das Statut der Europäischen Gesellschaft (SE), ABl. EG L 294 vom 10.11.2001 S. 1 ff. Geändert durch Verordnung (EG) Nr. 885/2004 vom 26. April 2004 […], ABl. EG L 168 vom 01.05.2004, S. 1 ff.

SE-VO-RatsE 1998	Geänderter Vorschlag für eine Verordnung über das Statut der Europäischen Aktiengesellschaft (SE) v. 28. Mai 1998, Dok. Nr. 8772/98
SE-VOV 1970	Vorschlag einer Verordnung (EWG) des Rates über das Statut für europäische Aktiengesellschaften (30. Juni 1970), ABl. EG C 124 v. 10.10.1970, S. 1 ff. = BT-Drucks. VI/1109, S. 1 ff.
SE-VOV 1975	Geänderter Vorschlag einer Verordnung des Rates über das Statut für Europäische Aktiengesellschaften (30. April 1975), Anlage 4/75 zum Bulletin der EG, S. 127 ff. = BT-Drucks. 7/3713, S. 1 ff. = BR-Drucks. 372/75
SE-VOV 1989	Vorschlag für eine Verordnung (EWG) des Rates über das Statut der Europäischen Aktiengesellschaft (25. August 1989), KOM (89) 268 endg. – SYN 218 = ABl. EG C 263 v. 16.10.1989, S. 41 ff. = BT-Drucks. 11/5427, S. 24 ff.
SE-VOV 1991	Geänderter Vorschlag einer Verordnung (EWG) des Rates über das Statut für Europäische Aktiengesellschaft (16. Mai 1991), KOM (91) 174 endg. – SYN 218 = ABl. EG C 176 v. 08.07.1991, S. 1 ff. = BT-Drucks. 12/1004, S. 1 ff.
Slg.	Sammlung der Rechtsprechung des Gerichtshofes und des Gerichts Erster Instanz
sog.	so genannt
Spiegelstr.	Spiegelstrich
StrukturRiLV 1991	Dritte Änderung des Vorschlags für eine fünfte Richtlinie des Rates nach Artikel 54 EWG-Vertrag über die Struktur der Aktiengesellschaft sowie Befugnisse und Verpflichtungen ihrer Organe, KOM(91) 372 endg. – SYN 3, ABl. EG C 321 v. 12.12.1991, S. 9 ff.
SZW/RSDA	Schweizerische Zeitschrift für Wirtschaftsrecht (Schweizerische Zeitschrift)
TecDAX	Deutscher Aktienindex für Technologiewerte
u.a.	unter anderem
u.U.	unter Umständen
UmwG	Umwandlungsgesetz
Unterabs.	Unterabsatz
Urt.	Urteil
US-GAAP	United States Generally Accepted Accounting Principles
v.	vom
vgl.	vergleiche
Vorb.	Vorbemerkungen

wbl	wirtschaftsrechtliche blätter (Österreichische Zeitschrift)
WiRO	Wirtschaft und Recht in Osteuropa (Zeitschrift)
WM	Wertpapier-Mitteilungen, Zeitschrift für Wirtschafts- und Bankrecht (Zeitschrift)
WPg	Die Wirtschaftsprüfung (Zeitschrift)
WpHG	Wertpapierhandelsgesetz
WpÜG	Wertpapierübernahmegesetz
WSA	Wirtschafts- und Sozialausschuss des Europäischen Parlaments
z.T.	zum Teil
ZESAR	Zeitschrift für europäisches Sozial- und Arbeitsrecht (Zeitschrift)
ZEV	Zeitschrift für Erbrecht und Vermögensnachfolge (Zeitschrift)
ZfA	Zeitschrift für Arbeitsrecht
zfbf	Schmalenbachs Zeitschrift für betriebswirtschaftliche Forschung
ZGR	Zeitschrift für Unternehmens- und Gesellschaftsrecht (Zeitschrift)
ZHR	Zeitschrift für das Gesamte Handelsrecht und Wirtschaftsrecht (Zeitschrift)
ZIP	Zeitschrift für Wirtschaftsrecht (Zeitschrift)
ZRP	Zeitschrift für Rechtspolitik (Zeitschrift)
ZVglRWiss	Zeitschrift für vergleichende Rechtswissenschaft (Zeitschrift)

Einleitung

Mit der Ankündigung der Allianz AG, mit ihrer italienischen Tochter RAS S.p.A. zur Allianz SE zu verschmelzen,[1] ist die Europäische (Aktien-)Gesellschaft (SE) endgültig am deutschen und europäischen Kapitalmarkt angekommen. Damit tritt die SE in den Wettbewerbsreigen der bestehenden Gesellschaftsformen ein. Die am 8.10.2004 in Kraft getretene SE-VO[2] und das nationale Einführungsgesetz zur Europäischen Gesellschaft (SEEG) bleiben damit nicht nur ein theoretisches Konstrukt, das in der Literatur zu einer Welle von Veröffentlichungen geführt hat. Die Ankündigung der Allianz AG und Überlegungen anderer Unternehmen[3] sowie Beispiele[4] erfolgter SE-Gründungen zeigen, dass nach anfänglicher Skepsis[5] die SE in der Rechtspraxis keine Exotenstellung einnimmt und die Vorteile genutzt werden.[6]

Die Vorteile der SE liegen dabei klar auf der Hand. Neben der Ermöglichung rechtssicherer grenzüberschreitender Verschmelzungen[7] und der Schaffung einer dem gemeinsamen Binnenmarkt adäquaten und damit Kosten sparenden[8] Gesell-

---

1 Am 11.09.2005 kündigte die Allianz AG an, die restlichen Anteile der Riunione Adriatica di Sicurtà (RAS) S.p.A. erwerben zu wollen und durch Verschmelzung zur Aufnahme der RAS S.p.A. auf die Allianz AG eine SE zu gründen; vgl. FAZ v. 12.11.2005, Nr. 212, S. 13. Der Verschmelzung stimmten die Aktionäre der RAS S.p.A. am 03.02.2006 und die Aktionäre der Allianz AG am 08.02.2006 mit 99,90 % zu. Die Eintragung erfolgte am 13.10.2006, vgl. http://www.allianz.com/azcom/dp/cda/0,,1264241-49,00.html.

2 Die SE-VO ist europarechtskonform, weil der Europäische Gesetzgeber eine supranationale Gesellschaft weitgehend autonom regeln kann. Vgl. m.w.N. *Lächler/Oplustil*, NZG 2005, 381 (384). Ebenso *Schäfer*, NZG 2004, 785 (788), der zwar eine Bindung der Gemeinschaftsorgane an das Primärrecht feststellt, den Organen aber einen weiteren Ermessensspielraum zugesteht und von keiner Verletzung des Primärrechts ausgeht, solange der Kernbereich der Grundfreiheiten erhalten bleibt.

3 Bsp.: Bayer, vgl. FAZ v. 28.02.2007, Nr. 50, S. 16; SAP; vgl. HB v. 13.03.06, Nr. 051, S. 11; Deutsche Bank; vgl. FAZ v. 24.03.2006, Nr. 71, S. 16; MAN B&W Diesel; vgl. FAZ v. 22.02.2006, Nr. 45, S. 16. Insgesamt auch *Redeker*, AG 2006, R343 (R344).

4 Siehe insgesamt http://www.seeurope-network.org/homepages/seeurope/secompanies.html. So existiert mittlerweile auch eine monistisch organisierte SE (Mensch und Maschine SE).

5 Vgl. *Bezzenberger*, JURA 2003, 229 (231 f.); *Götz*, ZIP 2003, 1067 (1067); *Heinze*, ZGR 2002, 66 (94 f.); FAZ v. 02.02.2005, Nr. 27, S.23. Weiterhin skeptisch *Freudenberg*, HB v. 15.02.2006, Nr. 33, S. 18.

6 So wird auch in Frankreich mit einer Welle von SE-Gründungen gerechnet; vgl. *Klein*, RIW 2004, 435 (438).

7 Vgl. *Walden/Meyer-Landrut*, DB 2005, 2619 (2623). Aufgrund der Niederlassungsfreiheit sind auch nach dem UmwG grenzüberschreitende Verschmelzungen möglich; vgl. *EuGH* (Sevic), DB 2005, 2804 (2804 f.).

8 Vgl. Erwägungsgründe 1 bis 4 SE-VO; Weißbuch der Kommission von 1985, KOM(85) 310 endg. v. 14.06.1985, S. 34 f. (Nr. 137 und 142). Für die europaweite Tätigkeit kann somit auf Tochtergesellschaften in den einzelnen Mitgliedstaaten verzichtet werden. Dies ermöglicht einfache und kostengünstige Entscheidungswege; vgl. *Wenz*, AG 2003, 185 (187); *Bungert/Beier*, EWS 2002, 1 (10). Aufgrund der vielfältigen Verzahnung der SE-VO mit dem nationalen Recht besteht ein erhöhter Beratungsbedarf; vgl. *Hommelhoff/Teichmann*, SZW/RSDA 2002, 1 (2). Ein Teil der Vorteile der einfacheren Organisationsstruktur wird damit aufgehoben.

schaftsform[9] genießt die Rechtsform der SE hohes Renommee.[10] Dies erleichtert grenzüberschreitende Verschmelzungen und andere grenzüberschreitende Aktivitäten nicht unerheblich. Eine für Deutschland und die meisten anderen Mitgliedstaaten bedeutsame Neuerung besteht in der Möglichkeit der Gesellschaften, zwischen einem dualistischen[11] und einem monistischen[12] Leitungssystem zu wählen.[13]

Die tatsächliche Existenz der SE führt für den Rechtsanwender und für die Kapitalmarktakteure nicht nur zu der Frage, was die SE-VO regelt, sondern vor allem wie und welches nationale Recht Anwendung findet. In diesem Zusammenhang ist für den Kapitalmarkt von Bedeutung, ob und wie bestehende Corporate Governance Kodices auf die SE Anwendung finden. Diesen Fragen soll mit der vorliegenden Arbeit insbesondere im Hinblick auf das im deutschen Akteinrecht bisher unbekannte monistische System der Unternehmensleitung nachgegangen werden.

Gang der Untersuchung

Die Anwendbarkeit des DCGK auf die in Deutschland ansässige SE hängt entscheidend vom Regelungskonzept der SE-VO und deren Systemvorgaben ab.

Hierfür sind aufgrund der offensichtlich unvollständigen Regelung das Regelungskonzept der SE-VO und die ergänzende Anwendung des nationalen Rechts zu bestimmen. Mit der Begründung der Anwendbarkeit des DCGK ist es aber nicht getan. Insbesondere für das monistische System stellt sich die Frage, inwieweit die Empfehlungen des DCGK Anwendung finden und welche Anpassungen nötig sind. Daher wird zunächst das von der SE-VO bereitgestellte System der Unternehmensleitung erläutert. Nach einigen kurzen Hinweisen zur Gründung und der für die Gestaltung des Leitungssystems wichtigen Mitbestimmung der SE folgt eine Darstellung der Kompetenzen der Hauptversammlung. Daran anschließend beginnen die Ausführungen zu den Leitungssystemen. Die SE kann gemäß Art. 38 SE-VO entweder dualistisch mit Leitungs- und Aufsichtsorgan oder monistisch von einem Verwaltungsorgan geführt werden. Da das dualistische System aufgrund der ergänzenden Anwendung des nationalen Rechts im Ergebnis dem der AG entspricht, wird nur das deutsche monistische System ausführlich dargestellt.

---

9 Vgl. Erwägungsgrund 6 SE-VO; *Ebert*, IWB, Nr. 11, Gruppe 11, 281 (283). Zur Bedeutung einer gemeinsamen Gesellschaftsform für die Verwirklichung des Binnenmarktes vgl. *Ehricke*, RabelsZ 2000, 497 (498 ff.); Memorandum der Kommission von 1988, KOM(88) 320 endg. vom 15.07.1988, S. 1, 16. Die nach der Verschmelzungsrichtlinie möglichen Verschmelzungen führen dagegen nicht zu einer europäischen Gesellschaftsform.

10 Vgl. *Endres*, RIW 2004, 735 (739); *Kallmeyer*, DB 5/2003, Gastbeitrag; *Herzig/Griemla*, StuW 2002, 55 (56); *Rödder*, WPg 1991, 200 (201); *Raiser*, in: FS Semler, 277 (279); *Wollburg/Banerjea*, ZIP 2005, 277 (277).

11 Neben der Hauptversammlung besteht ein geschäftsführendes Organ (Leitungsorgan) und ein davon funktionell und personell getrenntes kontrollierendes Organ (Aufsichtsorgan). Siehe S. 57 ff.

12 Neben der Hauptversammlung besteht nur ein Organ (Verwaltungsorgan). Zu den Einzelheiten siehe S. 59ff.

13 Art. 38 Buchst. b SE-VO. Vgl. u.a. *Schwarz*, ZIP 2001, 1847 (1859 f.). Siehe unten S. 49.

Diese Reihenfolge der Darstellung ergibt sich aus der Hierarchie der auf die SE anwendbaren Vorschriften. Wie im Einzelnen noch zu zeigen sein wird, gilt das nationale Recht nur soweit, wie die SE-VO keine Regelung trifft. Entscheidend ist somit zunächst das von der SE-VO vorgegebene System der Unternehmensleitungen. Bereits an den Vorgaben der SE-VO muss sich das nationale Recht orientieren und erst recht der DCGK, der daneben zudem am nationalen Recht zu messen ist.

A. Die SE-VO

I. Geschichte

Die Europäische Aktiengesellschaft hat eine wechselhafte Geschichte hinter sich.[14] Im Dezember 1966 stellte Prof. Pieter Sanders, angestoßen durch die Kommission,[15] seinen Vorentwurf eines Statuts für eine Europäische Aktiengesellschaft vor und startete damit die Diskussion, die in der SE-VO endete.[16] Das Statut der Europäischen Gesellschaft sollte nach dem Sanders-Vorentwurf dabei in Form eines Staatsvertrages geschaffen werden.[17]

Die von Sanders angestoßene Diskussion veranlasste die Kommission 1970 zu einem eigenen Vorschlag, der nun nicht mehr als Staatsvertrag, sondern als Verordnung – gestützt auf die Verträge (Art. 235 EGV, jetzt Art. 308 EG) – gedacht war. Diese Konzeption ist für alle folgenden Vorschläge bis zur verabschiedeten SE-VO beibehalten worden, wobei die Kommission die Rechtsgrundlage für die Verordnung zwischenzeitlich wechselte.[18]

Endgültig beschlossen wurde das Statut auf dem EU-Gipfel von Nizza am 8. Oktober 2000. Jahrzehntelanger Hauptstreitpunkt im Rahmen der SE-Gesetzgebung war bis zuletzt die Frage der Mitbestimmung[19] der SE.[20] Länder wie Spanien und

---

[14] Vgl. u.a. *Lutter*, BB 2002, 1 (1 ff.); *Pluskat*, EuZW 2001, 524 (524 ff.); *Schwarz/Lösler*, NotBZ 2001, 117 (117 f.); *Grundmann*, Europäisches Gesellschaftsrecht, Rn. 1006 ff.; *Schwarz*, SE-VO, Einl. Rn. 2 ff.

[15] Vgl. Vorwort des Verfassers zum Sanders-Vorentwurf, S. 7.

[16] Die Diskussion über eine supranationale Rechtsform ist allerdings noch älter, siehe *Pipkorn*, ZHR 137 (1973), 35 (48 ff.); *Brandt*, Hauptversammlung der SE, S. 1 f.; *Kleinsorge*, RdA 2002, 343 (343 f.); *Schröder/Fuchs*, in: Manz/Mayer/Schröder, SE, Vorb. Rn. 1.

[17] Vgl. die Einführung zum Sanders-Vorentwurf, S. 12 ff.

[18] Der SE-VOV 1989 und 1991 wurden auf Art. 100a EWGV (jetzt Art. 95 EG) gestützt. Damit bedurfte die Verordnung im Gegensatz zu Art. 235 EWGV (jetzt Art. 308 EG) nur noch eines Mehrheitsbeschlusses. Die Rückkehr zu Art. 308 EG hatte das Einstimmigkeitserfordernis zur Folge, führte jedoch dazu, dass das Europäische Parlament jetzt nur noch angehört werden musste, aber kein Mitentscheidungsrecht mehr besaß. Vgl. u.a. *Schröder/Fuchs*, in: Manz/Mayer/Schröder, SE, Vorb. Rn. 4 ff., 11.

[19] Neben einigen Staaten der EU, die keine Mitbestimmung in ihren Gesellschaftsstatuten vorsehen, existieren in anderen EU-Staaten (Dänemark, Deutschland, Finnland, Luxemburg, Niederlanden, Österreich, Schweden, Tschechische Republik, Ungarn, Malta, Polen, Slowakei und Slowenien) unterschiedliche Mitbestimmungsmodelle. In Österreich und Deutschland, die beide eine dualistische Leitungsstruktur vorschreiben, zeigt sich die Mitbestimmung in der Pflicht, einen Teil der Mitglieder des Aufsichtsrats einer AG durch Arbeitnehmervertreter zu bestellen (Repräsentationsmodell). Die Arbeitnehmervertreter nehmen in diesem Fall unmittelbar an der Überwachung teil. Das Verhältnis der Arbeitnehmervertreter einer deutschen AG beträgt dabei in der Regel ½ (= paritätische Mitbestimmung).
Auch in monistischen Systemen ist eine Mitbestimmung bekannt. So sind in Luxemburg bei mitbestimmten Gesellschaften ein Drittel der Verwaltungsorganmitglieder Arbeitnehmervertreter; vgl. *Schwark*, AG 2004, 173 (173); *Roth*, ZfA 2004, 431 (450).
In den Niederlanden besteht die Mitbestimmung hingegen nicht darin, einen Teil der Organmitglieder bestellen zu können. Die Arbeitnehmer besaßen nach altem Recht lediglich das Recht, gegen die Bestellung ein Veto einzulegen bzw. Mitglieder zu empfehlen. Eine

Großbritannien wollten sich nicht mit einer Mitbestimmung nach deutschem Modell anfreunden.[21] Die Bundesrepublik wollte aber verhindern, dass die SE deutschen Unternehmen eine Flucht aus der strengen deutschen Mitbestimmung ermöglichen könnte.[22] Der gefundene Kompromiss zur Mitbestimmung ist allerdings kein Teil der SE-VO, sondern als Ergänzung der Verordnung in der SE-ErgRiL[23] enthalten, die in nationales Recht – das SE-Beteiligungsgesetz (SEBG) – transformiert wurde.

Aber auch die in den Vorgängervorschlägen enthaltene Festlegung auf das nach deutschem Vorbild nachgebildete dualistische Modell[24] ließ sich nicht durchsetzen,[25] sodass mit dem SE-VOV 1989 erstmals auch das monistische Leitungssystem zur Verfügung stehen sollte.[26] Ergebnis dieses Kompromisses ist, dass keines der in der EU herrschenden Systeme präferiert wird.

Bestellung konnte dennoch erfolgen, wenn die Unternehmenskammer beim Oberlandesgericht Amsterdam das Veto für unbegründet hielt; vgl. *Mehring*, in: Hohloch, EU-Hdb. GesR, Niederlande, Rn. 248. Nach neuem niederländischen Recht erhält der Betriebsrat ein verstärktes Empfehlungsrecht, allerdings nur für 1/3 der Mitglieder. Der Aufsichtsrat darf die Nominierung des empfohlenen Kandidaten nur unter bestimmten Voraussetzungen verweigern, der Hauptversammlung steht dagegen jederzeit das Recht zu, mit absoluter Mehrheit, die ein Drittel des gezeichneten Kapitals vertritt, die empfohlene Person abzuweisen. Bei alten und neuem Recht findet keine unmittelbare Beteiligung der Arbeitnehmervertreter an der Überwachung statt. Es handelt sich hier vielmehr nur um eine mittelbare Beteiligung; vgl. *Reichert/Brandes*, ZGR 2003, 767 (786); *Niessen*, ZGR 1973, 218 (223).

20 Vgl. *Ulmer*, FAZ v. 28.04.2001, Nr. 99, S. 23; *Lutter/Krieger*, Aufsichtsrat, Rn. 4; *Herfs-Röttgen*, NZA 2001, 424 (424 f.); *Hirte*, NZG 2002, 1 (1); *Kleinsorge/Neye*, Bundesarbeitsblatt 2001, 5 (5); *Jahn/Herfs-Röttgen*, DB 2001, 631 (631); *Grundmann*, Europäisches Gesellschaftsrecht, Rn. 1053; *Luke*, NWB, Fach 18, 4047 (4047); *Schröder/Fuchs*, in: Manz/Mayer/Schröder, SE, Vorb. Rn. 3; *Kolvenbach*, NZA 1998, 1323 (1324 ff.); *Bezzenberger*, JURA 2003, 229 (231); *Ebke*, EWS 2002, Heft 1, Die erste Seite; *Heinze*, ZGR 1994, 47 (47). Dies verdeutlicht auch Erwägungsgrund 5 SE-ErgRiL, der ausdrücklich zu erkennen gibt, dass aufgrund der unterschiedlichen Traditionen auf ein einheitliches Modell verzichtet wird.

21 Vgl. u.a. *Nagel/Köklü*, ZESAR 2004, 175 (175); *Göke*, SE-ErgRiL, S. 101.

22 Vgl. u.a. *Hopt*, ZGR 1992, 265 (278); *Kolvenbach*, DB 1988, 1837 (1840); *Hommelhoff/Teichmann*, SZW/RSDA 2002, 1 (6). Dabei ist fraglich, ob durch eine Flucht aus der Mitbestimmung tatsächlich die Einflussrechte der Arbeitnehmer geschwächt werden. Sofern sich ein Betrieb in Deutschland befindet, unterliegt dieser unabhängig vom Unternehmenssitz den betriebsverfassungsrechtlichen Einflussmöglichkeiten; vgl. *Heinze*, ZGR 2002, 66 (69). Unter Druck gekommen ist die Mitbestimmung durch die neueren Entscheidungen des EuGH (Überseering: Slg. I 2002, 9943 (9943 ff.) und Inspire Art: Slg. I 2003, 10195 (10195 ff.)); vgl. *Großfeld*, NZG 2005, 1 (1).

23 SE-VO und SE-ErgRiL stellen eine untrennbare Einheit dar; vgl. Erwägungsgrund 19 SE-VO. Zur Entwicklung der SE-ErgRiL siehe u.a. *Heinze*, ZGR 2002, 66 (66 ff.); *Herfs-Röttgen*, NZA 2001, 424 (424 f.); *Pluskat*, DStR 2001, 1483 (1483 f.).

24 Vgl. *Hirte*, NZG 2002, 1 (1).

25 Vgl. *Oetker*, BB-Special 1/2005, 2 (3); *Neye*, in: FS Röhricht, 443 (446).

26 Art. 61, 66-80 SE-VOV 1989. Vgl. *Manz*, in: Manz/Mayer/Schröder, SE, Art. 38 Rn. 1.

Die zur Vervollständigung der Regelungen der SE-VO enthaltenen Ermächtigungen und Verpflichtungen und die SE-ErgRiL wurden in Deutschland im SEEG[27] umgesetzt, das am 29.12.2004 in Kraft trat.

II. Normensystematik der SE-VO

Eine entscheidende Frage für jede Rechtsform ist das anwendbare Recht und die sich daraus ergebende gesetzliche Grundkonzeption, vor allem hinsichtlich der Möglichkeiten des Satzungsgebers. Sowohl der Sanders-Vorentwurf als auch die Verordnungsvorschläge von 1970 sowie 1975 beabsichtigten dabei eine Kodifizierung aller Bereiche.[28] Eine solche vollständige Kodifizierung des Rechts der SE ließ sich jedoch aufgrund der unterschiedlichen Rechtstraditionen der einzelnen Mitgliedstaaten politisch nicht durchsetzen.[29] Daher wurde in dem SE-VOV 1989 und 1991 und dem SE-VO-RatsE 1998 auf eine Kodifizierung verzichtet. Stattdessen wurde nur eine Rahmenregelung geschaffen und ergänzend auf das nationale Aktienrecht verwiesen. Dass auch die SE-VO dieser Konzeption folgt, ergibt sich nicht nur aus dem Umfang der Verordnung von nur 70 Artikeln gegenüber z.B. den 400 Artikeln des SE-VOV 1975 oder den 410 Paragraphen des AktG, sondern auch aus den vielfältig vorhandenen Ermächtigungen und Verweisungen. Die Europäische Aktiengesellschaft basiert somit lediglich auf einem europaeinheitlichen Fundament und Fachwerk. Die Ausgestaltung der Zwischenräume, die Inneneinrichtung und das Dach werden den nationalen Rechten und dem Satzungsgeber überlassen.[30]

Mit der Abkehr von einer europaeinheitlichen Kodifizierung und der damit einhergehenden ergänzenden Anwendung nationalen Rechts wird erreicht, dass die nationalen Unterschiede bestehen bleiben. Gegenüber den Vorgängerentwürfen ist in der SE-VO die Verzahnung mit dem nationalen Recht deutlich ausgebaut worden. Im Hinblick auf die bereits weit vorangeschrittene Harmonisierung[31] der nationalen Rechte sind Verweisungen auch ausreichend.[32] Da aber noch nicht alle Bereiche harmonisiert sind, hat man sich mit der Koppelung ans nationale Recht von der Idee einer in allen Bereichen einheitlichen europäischen Gesellschaftsform verabschiedet.[33] Dies ändert nichts an der Qualifikation der SE. Sie ist weiterhin

---

27 Das SEEG ist ein Artikelgesetz und beinhaltet im ersten Artikel die Umsetzung und Ausübung von Verpflichtungen und Ermächtigungen der SE-VO bezüglich des Statuts der SE (SEAG) und im zweiten Artikel das SE-Beteiligungsgesetz (SEBG). Zum parlamentarischen Verfahren des SEEG siehe u.a. *Neye*, BB 2004, 1973 (1973 f.); *Neye*, Die SE , S. 1 ff.

28 Vgl. *Hommelhoff/Teichmann*, SZW/RSDA 2002, 1 (3); *Teichmann*, ZGR 2002, 383 (390) *Thoma/Leuering*, NJW 2002, 1449 (1450); *Schröder/Fuchs*, in: Manz/Mayer/Schröder, SE, Vorb. Rn. 23; *Lächler/Oplustil*, NZG 2005, 381 (381); *Buchheim*, SE, S. 107; MünchKommAktG/*Kübler*, SE-VO, Einf. Rn. 3.

29 Vgl. u.a. *Brandt*, NZG 2002, 991 (991).

30 Art. 9 Abs. 1 SE-VO. Vgl. u.a. *Casper*, in: FS Ulmer, 51 (52).

31 Vgl. die Aufzählung bei *Lutter*, BB 2002, 1 (3).

32 Vgl. Erwägungsgrund 9 SE-VO; *Neye*, ZGR 2002, 377 (381); *Torggler*, ecolex 2001, 442 (446).

33 Mit Kritik an der Konsequenz, dass es damit 28 (EU+ EWR (Island, Liechtenstein, Norwegen)) verschiedene SE gibt; vgl. u.a. *Götz*, ZIP 2003, 1067 (1067); *Hommelhoff*, AG 2001,

eine supranationale Gesellschaft,[34] allerdings mit einem sehr starken Bezug zum nationalen Sitzstaatsrecht.[35]

Aufgrund der Verzahnung zwischen nationalem und europäischem Recht ist zur Beantwortung einer Rechtsfrage daher zunächst die Bestimmung des anwendbaren Rechts voranzustellen.[36]

III. Verweisungstechnik/Regelungstechnik

Neben einer Vielzahl von Verweisungen, die nur für bestimmte Regelungskomplexe gelten (Spezialverweisungen), enthält die Verordnung mit Art. 9 Abs. 1 Buchst. c SE-VO (Generalverweisung) die zentrale Verweisungsvorschrift für eine bestehende SE.[37] Für alle in der Verordnung nicht geregelten Bereiche und für nicht erfasste Aspekte eines geregelten Bereichs verweist Art. 9 Abs. 1 Buchst. c SE-VO auf das Recht des Staates, in dem die SE ihren Sitz hat.

1. Geltungsbereich der Generalverweisung

Keine explizite Erwähnung findet dagegen in Art. 9 Abs. 1 oder anderen Vorschriften der SE-VO die Frage, für welche Bereiche Art. 9 Abs. 1 SE-VO gelten soll. Bevor man mittels Art. 9 Abs. 1 SE-VO das anzuwendende Recht bestimmt, ist demnach vorweg zu entscheiden, ob für die zu klärende Frage der Anwendungsbereich des Art. 9 Abs. 1 SE-VO überhaupt eröffnet ist.

Gemäß Art. 9 Abs. 1 SE-VO „unterliegt" die SE den nachfolgenden Bestimmungen, in denen das auf die SE anwendbare Recht bestimmt wird. Art. 9 Abs. 1 SE-VO geht somit vom Wortlaut her von einem umfassenden sachrechtlichen Geltungsbereich der Norm aus.[38] Zudem verweist Art. 9 Abs. 1 Buchst. c SE-VO für alle nicht von der Verordnung geregelten Bereiche auf das nationale Recht. Auch

---

279 (285); Pluskat, EuZW 2001, 524 (528). Lobend im Hinblick auf die Rechtssicherheit; vgl. *Enriques*, ZGR 2004, 735 (744 f.).

[34] Vgl. zur Supranationalität der SE: *Hommelhoff*, WM 1997, 2101 (2104); *Plendl/Niehues*, in: Theisen/Wenz, Die SE, 405 (411); *Teichmann*, ZGR 2002, 383 (387 ff.); GroßkommAktG/*Kort*, Vor § 76 Rn. 78; *v. Werder*, RIW 1997, 304 (304); *Hommelhoff*, AG 2001, 279 (280); *Lindacher*, in: Lutter, Die SE, 1 (2 f.); m.w.N. *Schröder/Fuchs*, in: Manz/Mayer/Schröder, SE, Vorb. Rn. 14, 41; *Sokolowski*, Überwachung in einer SE, S. 19; *Heckschen*, in: Widmann/Mayer, UmwG, Anh. 14 Rn. 4; *Ebert*, IWB, Nr. 11, Gruppe 11, 281 (284); *Ebke*, EWS 2002, Heft 1, Die erste Seite; *Schäfer*, NZG 2004, 785 (785); *Schulz/Geismar*, DStR 2001, 1078 (1078); *Wenz*, AG 2003, 185 (185); *Endres*, RIW 2004, 735 (735); *Herfs-Röttgen*, NZA 2002, 358 (359); *Schander*, Europa-AG, S. 70; MünchKommAktG/*Schäfer*, SE-VO, Art. 9 Rn. 1; bereits *Pipkorn*, ZHR 137 (1973), 35 (58); *Goulding*, Company Law, S. 404. A.A. anscheinend *Kloster*, EuZW 2003, 293 (300); *Herzig/Griemla*, StuW 2002, 55 (56), die von einer nationalen AG im europäischen Gewand sprechen. Die Qualifikation der SE als supranationale Gesellschaft folgt nicht nur aus der Kompetenznorm, sondern auch aus dem grenzüberschreitenden Charakter, den der einzelne Mitgliedstaat nicht schaffen kann.

[35] Daher zweifelnd an der Supranationalität der SE *Lächler/Oplustil*, NZG 2005, 381 (381).

[36] Vgl. *Brandt/Scheifele*, DStR 2002, 547 (547).

[37] Zur Terminologie Spezial- und Generalverweisung siehe u.a. *Wagner*, NZG 2002, 985 (986).

[38] So zunächst auch *Wagner*, NZG 2002, 985 (988); *Brandt/Scheifele*, DStR 2002, 547 (548).

dies spricht für einen umfassenden Anwendungsbereich des Art. 9 Abs. 1 SE-VO, sodass die Norm für alle Rechtsfragen das anwendbare Recht bestimmen würde.

Dieser Interpretation steht allerdings der Wortlaut u.a. des Erwägungsgrundes 20 SE-VO entgegen, der Rechtsbereiche wie das Steuerrecht, Wettbewerbsrecht, gewerblichen Rechtsschutz und das Konkursrecht als nicht von der Verordnung erfasst ansieht.[39] In diesen und anderen nicht erfassten Bereichen soll nach Erwägungsgrund 20 S. 2 SE-VO das mitgliedstaatliche Recht und das Gemeinschaftsrecht gelten. Zu den nicht erfassten Bereichen soll auch das Konzernrecht zählen. Entsprechend Erwägungsgrund 15 SE-VO soll das auf die SE anwendbare Konzernrecht über die Grundsätze des Internationalen Privatrechts bestimmt werden.

a) Literaturmeinungen

Nach einer in der Literatur vertretenen Auffassung folgt aus der Formulierung des Einleitungssatzes des Art. 9 Abs. 1 Buchst. c SE-VO, dass die „von der Verordnung nicht geregelten Bereiche" als außerhalb des sachrechtlichen Regelungsbereichs der Verordnung liegende Fragen anzusehen sind und die Formulierung „teilweise geregelt" auf den sachrechtlichen Regelungsbereich der Verordnung abzielt.[40] Als sachrechtlicher Regelungsbereich ist dabei alles das zu zählen, zu dem die SE-VO zumindest eine eigene sachliche Regelung enthält.[41] Diese Ansicht wird als weite Auslegung des Art. 9 Abs. 1 SE-VO bezeichnet und auf die Vorgängervorschrift Art. 7 Abs. 1 und Abs. 3 SE-VOV 1989 gestützt, in der zwischen der Verordnung unterliegenden und nicht geregelten Bereichen differenziert wird.[42]

Trotz der Anwendung der Generalverweisung auch außerhalb des sachrechtlichen Regelungsbereichs wird von einem Teil der Vertreter der sog. weiten Auslegung des Art. 9 SE-VO dennoch von einem begrenzten Anwendungsbereich der SE-VO ausgegangen.[43] Zum Anwendungsbereich zählt *Wagner*[44] alle die Bereiche, die unmittelbaren Bezug zum Statut der SE haben.[45] Ergebnis dieser Auffassung ist, dass es Fragen innerhalb und außerhalb des Anwendungsbereichs der SE-VO gibt und innerhalb des Anwendungsbereichs eine weitere Unterscheidung in innerhalb und außerhalb des Regelungsbereichs liegende Fragen getroffen wird.

---

39 Daher ausdrücklich für einen begrenzten Anwendungsbereich der SE-VO: *Lächler/Oplustil*, NZG 2005, 381 (383); *Brandt/Scheifele*, DStR 2002, 547 (548).

40 Vgl. *Wagner*, NZG 2002, 985 (988).

41 So auch *Lindacher*, in: Lutter, Die SE, 1 (4), der zum Regelungsbereich nicht nur die Regelungen der SE-VO zählt, sondern auch das die SE-VO ergänzende Richterrecht des EuGH.

42 Vgl. *Brandt/Scheifele*, DStR 2002, 547 (548), die allerdings der historischen Auslegung widersprechen.

43 Vgl. *Wagner*, NZG 2002, 985 (988).

44 Vgl. *Wagner*, EuV, S. 53 ff.

45 Vgl. *Wagner*, EuV, S. 54; *Lächler/Oplustil*, NZG 2005, 381 (383). Damit müsste auch das Konzernrecht zum Anwendungsbereich zählen, weil das Konzernrecht wesentliche Kernfragen des Gesellschaftsrechts betrifft und damit zum Gesellschaftsrecht zu zählen ist, obwohl nach Erwägungsgrund 15 SE-VO das Konzernrecht scheinbar nicht in den Regelungsbereich der SE-VO fällt.

Gegen einen umfassenden Anwendungsbereich und eine weite Auslegung des Art. 9 Abs. 1 SE-VO sprechen nach der in der Literatur wohl herrschenden[46] Auffassung nicht nur die Erwägungsgründe, die, wie z.B. Erwägungsgrund 20 SE-VO, u.a. das Steuer- und Konkursrecht ausdrücklich ausnehmen, sondern vor allem praktische Erwägungen.[47] Diese bestünden darin, dass sich bei einem weiten Verständnis des Anwendungsbereichs des Art. 9 Abs. 1 SE-VO die Frage stellen würde, ob Art. 9 Abs. 1 Buchst. c Ziffer ii SE-VO eine Gesamt- oder eine Sachnormverweisung darstelle.[48] Es müsste sich um eine Gesamtnormverweisung handeln, wenn man z.B. im Konzernrecht zu dem von Erwägungsgrund 15 SE-VO erwünschten Ergebnis der Anwendung des IPR kommen will.[49] Nach herrschender Ansicht sind Verweisungen in den Verordnungen gemeinschaftsrechtlicher Gesellschaftsformen allerdings grundsätzlich Sachnormverweisungen.[50] Für ein Abweichen des Europäischen Gesetzgebers bei der SE-VO von diesem Grundsatz bestehen keine Anhaltspunkte.[51]

Das Verständnis des Art. 9 Abs. 1 Buchst. c Ziffer ii SE-VO als Gesamtnormverweisung könnte nach Auffassung von *Brandt/Scheifele* dazu führen, dass durch die Zwischenschaltung des IPR für eine Rechtsfrage Sachnormen unterschiedlicher Mitgliedstaaten Anwendung fänden.[52] Außerhalb des eingegrenzten Regelungsbereichs der SE-VO bestünde diese Gefahr nicht, weil hier das anwendbare Recht durch das IPR des Sitzstaates bestimmt würde.[53]

Der überwiegende Teil der Literatur verfolgt daher ein restriktives Verständnis des Anwendungsbereichs des Art. 9 Abs. 1 SE-VO.[54] Danach kommen Art. 9 Abs. 1 SE-VO und alle anderen Verweisungen nur im begrenzten Regelungsbe-

---

46 Vgl. Fn. 54.

47 Vgl. *Brandt/Scheifele*, DStR 2002, 547 (548 f.).

48 Vgl. *Brandt/Scheifele*, DStR 2002, 547 (549). So im Ergebnis auch *Lächler/Oplustil*, NZG 2005, 381 (381).

49 Für einen singulären Gesamtnormcharakter des Art. 9 Abs. 1 Buchst. c SE-VO beim Konzernrecht *Lächler/Oplustil*, NZG 2005, 381 (386). Für einen generellen Charakter als Gesamtnormverweisung und Anwendung des Konzernrechts über Art. 9 Abs. 1 Buchst. c SE-VO, *Schröder/Fuchs*, in: Manz/Mayer/Schröder, SE, Art. 9 Rn. 39. Ebenso für einen Gesamtnormcharakter *Teichmann*, Binnenmarktkonformes Gesellschaftsrecht, S. 301.

50 Vgl. m.w.N. *Schwarz*, Europäisches Gesellschaftsrecht, Rn. 960; *Lächler/Oplustil*, NZG 2005, 381 (384); *Kropholler*, Internationales Einheitsrecht, S. 175.

51 A.A. *Teichmann*, Binnenmarktkonformes Gesellschaftsrecht, S. 301.

52 Vgl. *Brandt/Scheifele*, DStR 2002, 547 (549). So auch *Kuhn*, in: Jannott/Frodermann, SE, S. 27 Rn. 20; *Kalss/Greda*, in: Kalss/Hügel, SE, Allgemeiner Teil Rn. 22; *Schwarz*, Europäisches Gesellschaftsrecht, Rn. 960. Diese Bedenken können nicht überzeugen. Versteht man Art. 9 Abs. 1 Buchst. c Ziffer ii SE-VO als Gesamtnormverweisung, verweist die Norm weiterhin lediglich auf das Sitzstaatsrecht der SE, welches das nationale IPR umfasst. Damit kommt wie bei den Fragen außerhalb des Regelungsbereichs zunächst dasjenige IPR des Sitzstaates zur Anwendung, welches das anwendbare Recht bestimmt.

53 Vgl. *Brandt/Scheifele*, DStR 2002, 547 (549).

54 Vgl. *Brandt/Scheifele*, DStR 2002, 547 (548 f.); *Brandt*, DStR 2003, 1208 (1209); *Engert*, ZVglRWiss 2005, 444 (456); MünchKommAktG/*Schäfer*, SE-VO, Art. 9 Rn. 7; *Kuhn*, in: Jannott/Frodermann, SE, S. 28 Rn. 23 ff.; *Kalss/Greda*, in: Kalss/Hügel, SE, Allgemeiner Teil Rn. 20. Wohl auch *Lange*, EuZW 2003, 301 (301).

reich der SE-VO zur Anwendung. Außerhalb dieses Regelungsbereichs soll das nationale für Aktiengesellschaften geltende Recht einschließlich des nationalen IPR Anwendung finden.[55] Bei dieser Auffassung gelangt man für das Konzernrecht zu dem von Erwägungsgrund 15 SE-VO erwünschten Ergebnis, weil das Konzernrecht nach dieser Auffassung aufgrund des Erwägungsgrundes nicht als Teil des Regelungsbereichs angesehen wird.[56]

b) Kritik

Gegen diese Ansicht ist einzuwenden, dass aufgrund des Art. 7 SE-VO – Satzungssitz und die Hauptverwaltung müssen im selben Mitgliedstaat liegen – kein Unterschied zwischen Gründungs- und Sitztheorie hinsichtlich des anwendbaren Rechts besteht, sodass die Vorschaltung des IPR immer zu eindeutigen Lösungen führt.[57]

Problematisch an dieser Auffassung ist vor allem die Bestimmung des Regelungsbereichs der SE-VO. Dabei sehen *Brandt/Scheifele* selbst, dass eine Abgrenzung des Regelungsbereichs der SE-VO nicht trivial ist.[58] Nach Meinung von *Brandt/Scheifele* soll sich dieser zum einen nicht in den sachrechtlichen Regelungen der SE-VO erschöpfen.[59] So sollen auch Bereiche zum Regelungsbereich zählen, zu denen die SE-VO keine ausdrückliche sachrechtliche Regelung enthält.[60] Zum anderen sollen aber andere in der SE-VO angerissene Bereiche nicht zum Regelungsbereich der SE-VO gehören (sog. kursorische Einzelregelungen).[61]

Auch eine Abgrenzung anhand des Innen- und Außenverhältnisses[62] kann aufgrund der Überschneidung der beiden Bereiche bei einer Kapitalgesellschaft nicht überzeugen.[63] Bei dem Vorschlag, den Regelungsbereich danach zu bestimmen, welche Fragen das Internationale Privatrecht als Aktien- bzw. Gesellschaftsrecht ansieht,[64] bestehen allerdings Differenzen in der Entscheidung darüber, welches IPR anzuwenden ist.[65] *Wagner*[66] dagegen bestimmt den Regelungsbereich nicht anhand des nationalen Rechts, sondern bestimmt diesen aus der Verordnung und

---

55 Vgl. *Brandt/Scheifele*, DStR 2002, 547 (549); MünchKommAktG/*Schäfer*, SE-VO, Art. 9 Rn. 7; anscheinend auch *Hirte*, NZG 2002, 1 (10).

56 Zu Anwendung des Konzernrechts siehe S. 20 ff.

57 Vgl. auch *Lächler/Oplustil*, NZG 2005, 381 (383); a.A. *Kuhn*, in: Jannott/Frodermann, SE, S. 27 Rn. 20.

58 Vgl. *Brandt/Scheifele*, DStR 2002, 547 (549).

59 Vgl. *Brandt/Scheifele*, DStR 2002, 547 (549).

60 Vgl. *Brandt/Scheifele*, DStR 2002, 547 (549).

61 Vgl. *Brandt/Scheifele*, DStR 2002, 547 (549).

62 So *Meyer-Landrut*, EWIV, S. 16-20 für die EWIV-VO.

63 Vgl. *Brandt/Scheifele*, DStR 2002, 547 (550).

64 Vgl. *Lindacher*, in: Lutter, Die SE, 1 (5); *Brandt/Scheifele*, DStR 2002, 547 (550). Die Problematik dieser Abgrenzung aufzeigend *Teichmann*, Binnenmarktkonformes Gesellschaftsrecht, S. 284 f.

65 Vgl. *Lindacher*, in: Lutter, Die SE, 1 (5), der über einen Rechtsvergleich bestimmen will, was nach dem IPR zum Aktienrecht zu zählen ist. *Grote*, SE, S. 109, dagegen zieht nur das IPR des Sitzstaates heran.

66 Vgl. *Wagner*, EuV, S. 53-56.

damit nach gemeinschaftsrechtlichen Grundsätzen. *Brandt/Scheifele* schließen sich der Konzeption *Wagners* an und zählen zum Regelungsbereich die Kernbereiche, die für die Schaffung einer neuen Gesellschaftsform (Gründung und Binnenorganisation) notwendig sind.[67] Nicht zum Regelungsbereich zählten aber die, wie z.B. das Konzernrecht, ausdrücklich ausgeschlossen Regelungskomplexe.[68] Darüber hinaus seien diejenigen Fragen nicht zum Regelungsbereich der SE-VO zu zählen, die bei Zugehörigkeit zum Regelungsbereich einen zu großen Eingriff in die Rechte der Mitgliedstaaten bedeuten würden.[69]

Alle Versuche der Bestimmung des Regelungsbereichs führen jedoch je nach (nationalem) Verständnis zu unterschiedlichen Ergebnissen und sind daher nicht eindeutig.[70] Zudem ist das Konzernrecht zum Gesellschaftsrecht zu zählen, weil es wesentliche Kernbereiche – wie den Gläubiger- und Minderheitenschutz – betrifft.[71]

Bei genauem Hinsehen besteht zwischen der restriktiven und der weiten Auslegung, die von einem begrenzten Anwendungsbereich der SE-VO ausgeht, kein Unterschied. Der Regelungsbereich der restriktiven Auslegung entspricht dem Anwendungsbereich der weiten Auslegung. Unterschiede können somit allein in einer unterschiedlichen Bestimmung der Reichweite des Anwendungs- bzw. Regelungsbereichs entstehen. Beiden Ansichten gemein ist, dass sie von einer begrenzten Reichweite der Anwendbarkeit der SE-VO ausgehen, sodass mit *Brandt/Scheifele* sowohl bei einer restriktiven als auch bei einer weiten Auslegung des Art. 9 Abs. 1 SE-VO der „Regelungsbereich" der SE-VO zu bestimmen wäre.[72]

c) Eigene Auffassung

Der Annahme eines begrenzten Regelungsbereichs des Art. 9 Abs. 1 SE-VO stehen nicht nur dessen Abgrenzungsschwierigkeiten entgegen.

Der Auffassung, dass für die SE-VO aufgrund des Erwägungsgrunds 20 SE-VO von einem begrenzten Anwendungsbereich auszugehen ist, kann nicht gefolgt werden. Selbst der SE-VOV 1989 enthielt einen vergleichbaren Erwägungsgrund 20, wonach das Steuerrecht nicht von der Verordnung erfasst sein soll, und beinhaltete dennoch mit Art. 133 SE-VOV 1989 eine Regelung zum Steuerrecht. Das gleiche gilt für das Konzernrecht. So wird in Art. 61 und 62 SE-VO an ein konzernrechtliches Verhältnis angeknüpft. *Brandt/Scheifele* sprechen in diesem Fall

---

[67] Vgl. *Brandt/Scheifele*, DStR 2002, 547 (550). So auch *Lindacher*, in: Lutter, Die SE, 1 (4); *Engert*, ZVglRWiss 2005, 444 (456); MünchKommAktG/*Schäfer*, SE-VO, Art. 9 Rn. 7; *Hommelhoff*, in: Lutter/Hommelhoff, SE, 5 (11).

[68] Vgl. *Casper*, in: FS Ulmer, 51 (66 f.); so zum Steuerrecht *Brandt/Scheifele*, DStR 2002, 547 (551).

[69] Vgl. *Brandt/Scheifele*, DStR 2002, 547 (550), die ihre Auffassung auf den Erwägungsgrund 29 SE-VO stützen, der besagt, dass die SE-VO nur soweit ins mitgliedstaatliche Recht eingreift, wie es zur Erreichung der Ziele notwendig ist.

[70] Vgl. *Lindacher*, in: Lutter, Die SE, 1 (7), der ebenfalls erhebliche Abgrenzungsschwierigkeiten sieht.

[71] So auch *Lächler/Oplustil*, NZG 2005, 381 (386); *Jaecks/Schönborn*, RIW 2003, 254 (264).

[72] Vgl. *Brandt/Scheifele*, DStR 2002, 547 (549).

von einer für den Regelungsbereich unschädlichen „kursorischen Einzelregelung".[73] Unabhängig davon, wie man zu diesem Begriff steht, wenn etwas nicht zum Regelungsbereich zu zählen ist, kann die SE-VO dazu keine Aussage treffen. Und dass es sich nur um einen punktuellen Regelungsbereich handeln soll, zeigt, dass die Erwägungsgründe nicht mehr sind als eine Auslegungshilfe.[74] Zudem wird von Teilen der Literatur das bestehende Steuer- bzw. Konzernrecht über Art. 9 Abs. 1 Buchst. c SE-VO angewendet, obwohl davon ausgegangen wird, dass diese Fragen nicht zum Regelungsbereich zu zählen sind.[75] Bereits diese Inkonsequenz zeigt, dass die Festlegung auf einen begrenzten Regelungsbereich nicht praxisgerecht scheint.

Widersprüchlich ist vor allem die Begründung der Anwendung des nationalen, für Aktiengesellschaften geltenden Rechts für außerhalb des Regelungsbereichs liegende Fragen.

Hierfür ist zunächst die Frage zu klären, wie das nationale Recht außerhalb des Regelungsbereichs der SE-VO zur Anwendung kommt. Teile der Literatur gehen davon aus, dass das nationale Recht von sich aus Anwendung finde.[76] Dies lässt sich nur begründen, wenn man annimmt, dass das nationale Recht einen eigenen Anwendungsanspruch hinsichtlich der SE hätte. Dies würde aber bedeutet, dass das nationale Recht einen auch den Regelungsbereich der SE-VO umfassenden Anwendungsanspruch hätte und die SE-VO lediglich aufgrund Vorrangs des Gemeinschaftsrechts das nationale Recht verdränge.[77] Der Vorrang des Gemeinschaftsrechts gelte nur, sofern das höherrangige Recht – die SE-VO – eine entsprechende Regelung enthielte,[78] sodass Art. 9 Abs. 1 Buchst. c SE-VO bei dieser Ansicht im Ergebnis überflüssig und nur rein deklaratorisch wäre.[79]

---

[73] Siehe Fn. 61.

[74] Vgl. u.a. *EuGH* (Derycke), Slg. 1977, 29 (35).

[75] Vgl. *Kloster*, EuZW 2003, 293 (297); *Förster/Lange*, DB 2002, 288 (288). Ähnlich zum SE-VOV 1989 *Rödder*, WPg 1991, 229 (229 f.). Für das Konzernrecht *Brandi*, NZG 2003, 889 (890, 893); *Brandt*, Hauptversammlung der SE, S. 259; wohl auch *Buchheim*, SE, S. 128.

[76] Vgl. *Lächler/Oplustil*, NZG 2005, 381 (382). Ebenso *Scheifele*, Gründung der SE, S. 36; *Brandt*, NZG 2002, 991 (992); *Lindacher*, in: Lutter, Die SE, 1 (4); *Ebert*, BB 2003, 1854 (1856); *vom Brocke*, Europäische Genossenschaft, S. 28. Ebenso *Wagner*, NZG 2002, 985 (990), *Nagel*, AuR 2004, 281 (286), die ohne Begründung von der Anwendbarkeit des nationalen Rechts außerhalb des Anwendungsbereichs ausgehen.

[77] So *Brandt*, NZG 2002, 991 (992); *Brandt/Scheifele*, DStR 2002, 547 (553); *Bartone/Klapdor*, SE, S. 13. Ebenso *Lindacher*, in: Lutter, Die SE, 1 (5), der aber von der Supranationalität der SE ausgeht (siehe dort S. 2) und vorher (siehe dort S. 3) feststellt, die SE unterliege daher zunächst dem europäischen Recht. So auch *Kuhn*, in: Jannott/Frodermann, SE, S. 26 Rn. 18.

[78] Vgl. *Brandt*, NZG 2002, 991 (992).

[79] So zur Vorgängervorschrift Art. 7 Abs. 2 SE-VOV 1975, *Lindacher*, in: Lutter, Die SE, 1 (4), der die Norm als Selbstverständlichkeit und damit als deklaratorisch ansieht. A.A. *Brandt*, NZG 2002, 991 (992), der davon ausgeht, innerhalb des Regelungsbereichs werde das nationale Recht von der Verordnung verdrängt und dieses komme nur aufgrund der Generalverweisung zur Anwendung. Dies kann nicht überzeugen. Denn wenn es keine europäische Regelung gibt, kann es auch keinen Vorrang geben.

Das Unterstellen des eigenen Anwendungsanspruchs des nationalen Rechts widerspricht jedoch der Annahme, dass die SE eine supranationale Gesellschaftsform ist.[80] Für eine supranationale Gesellschaftsform fehlt dem nationalen Gesetzgeber aufgrund Natur der Sache die Kompetenz, sodass das nationale Recht von sich aus nicht zur Anwendung kommen kann.[81]

Die Vertreter der Theorie eines begrenzten Regelungsbereichs gehen zudem davon aus, dass auf die SE nur das für Aktiengesellschaften geltende nationale Recht zur Anwendung komme. Um zum nationalen Recht zu gelangen, muss man zunächst außerhalb des Regelungsbereichs vom eigenen Anwendungsanspruch des nationalen Rechts ausgehen. Wenn das nationale Recht von sich aus Anwendung findet, muss der nationale Gesetzgeber aber nicht auf sein bestehendes Aktienrecht zurückgreifen. Der Mitgliedstaat könnte aufgrund des eigenen Anwendungsanspruchs des nationalen Rechts die SE regeln. Dies würde bedeuten, dass der nationale Gesetzgeber außerhalb des Regelungsbereichs die SE im Rahmen des Primärrechts grundsätzlich beliebig regeln und damit gegenüber bestehenden Gesellschaftsformen unattraktiv machen könnte (Bsp. eigenes Steuerrecht).[82] Zum bestehenden nationalen Aktienrecht gelangt man nur, wenn man annimmt, dass die SE eine nationale Aktiengesellschaft in einem europäischen Kleid ist.[83] Damit wäre auch der eigene Anwendungsanspruch des nationalen Rechts gerechtfertigt. Dieser Ansicht steht gleichwohl die angenommene Supranationalität der SE entgegen.

Um beim Festhalten an der Supranationalität dennoch zum bestehenden nationalen Recht zu gelangen, wird von den Anhängern der Regelungsbereichstheorie vertreten, dass dies Art. 10 SE-VO sicherstelle, der bestimmt, dass die SE in jedem Mitgliedstaat zu behandeln ist wie eine Aktiengesellschaft des Sitzstaats der SE. Art. 10 SE-VO, der auch den Sitzmitgliedstaat bindet, würde außerhalb des Regelungsbereichs die Gleichstellung der SE mit der AG und folglich die Anwendung des nationalen für Aktiengesellschaften geltenden Rechts bestimmen.[84] Damit befindet man sich jedoch in einem erheblichen Widerspruch zu der Annahme, dass der Anwendungsbereich der SE-VO begrenzt sei. Denknotwendig kann die SE-VO nur die Gleichstellung mit der nationalen AG für eine Frage anordnen, wenn diese in den Regelungsbereich der SE-VO fällt,[85] denn die Anordnung der Gleichstellung

---

80 Siehe oben S. 7 f.

81 Ähnlich auch *Teichmann*, ZGR 2002, 383 (408); *Lutter*, Gutachten zum 48. DJT, H1 (H57, H64 f.), der für eine supranationale Gesellschaft ein umfassendes Sonderrecht verlangt, indem er von einer „notwendigen Vollkommenheit" spricht. Ebenso *Schwarz/Lösler*, NotBZ 2001, 117 (119), die von notwendigen Verweisungen sprechen.

82 So geht *Endres*, RIW 2004, 735 (736), davon aus, der deutsche Gesetzgeber könne Sondernormen für die Besteuerung der SE schaffen.

83 So *Kloster*, EuZW 2003, 293 (300); *Herzig/Griemla*, StuW 2002, 55 (56).

84 Vgl. *Wagner*, NZG 2002, 985 (990). Ausdrücklich *Habersack*, ZGR 2003, 724 (728); *Kuhn*, in: Jannott/Frodermann, SE, S. 29 Rn. 27, S. 30 Rn. 32. Ebenso wohl *Schröder/Fuchs*, in: Manz/Mayer/Schröder, SE, Art. 9 Rn. 26 f.; wohl auch *Schander*, Europa-AG, S. 93. So *vom Brocke*, Europäische Genossenschaft, S. 28 f., der die Verweisung des Art. 4 SCE-VOV 1993 auch außerhalb des Regelungsbereichs anwendet.

85 Ähnlich *Ebert*, BB 2003, 1854 (1856); *Koke*, Finanzverfassung, S. 15; widersprüchlich MünchKommAktG/*Schäfer*, SE-VO, Art. 10 Rn. 1 ff.

ist qualitativ eine Regelung. Außerhalb des Regelungsbereichs der SE-VO soll die Verordnung aber gerade nicht gelten. Art. 10 SE-VO kann mithin nicht außerhalb des Anwendungsbereichs der SE-VO zur Anwendung kommen, sodass außerhalb des Anwendungsbereichs der SE-VO die Mitgliedstaaten eine SE im Rahmen des Primärrechts beliebig regeln könnten.

Aber gerade dies will der VO-Geber ersichtlich verhindern. Art. 9 Abs. 1 Buchst. c Ziffer ii und Art. 10 SE-VO zeigen, dass das nationale Recht die SE nicht benachteiligen darf.[86] Die Mitgliedstaaten haben aufgrund der Supranationalität der SE nur dort eine Kompetenz, SE-spezifische Regelungen zu erlassen, soweit diese ihnen vom Europäischen Gesetzgeber verliehen wird.[87]

Zudem stellt die Anordnung der Gleichstellung im Ergebnis eine Verweisung auf das für Aktiengesellschaften geltende Recht dar, sodass Art. 10 SE-VO eine neben Art. 9 Abs. 1 Buchst. c SE-VO stehende Verweisungsvorschrift wäre, die allerdings als Gesamtnormverweisung verstanden werden müsste. Dies bedeutet aber, dass der Anwendungsbereich der SE-VO auf jeden Fall alle diejenigen Fragen umfassen muss, für die Art. 9 wie auch Art. 10 SE-VO eingreifen sollen. Es ist daher nicht von einem begrenzten, sondern von einem weiten Anwendungsbereich der SE-VO auszugehen.

Ein weiterer Widerspruch zur Annahme der Supranationalität entsteht dann, wenn das außerhalb des Regelungsbereichs der SE-VO anwendbare nationale Recht eine der SE-VO entgegengesetzte Regelung enthält.[88] Die Meinung, dass dann die nationale Regelung gelte, weil die Frage außerhalb des Regelungsbereichs liege, würde die Supranationalität auf den Kopf stellen.

aa) Entwicklung des Art. 9 Abs. 1 SE-VO

Für einen weiten Anwendungsbereich der SE-VO spricht auch der Vergleich mit den Vorgängervorschlägen.[89] Insbesondere bei den nicht als Kodifizierung gedachten Vorschlägen muss bestimmt werden, wie die nicht von der Verordnung selbst geregelten Bereiche ausgefüllt werden. Der SE-VOV 1989 enthielt dazu mit Art. 7 SE-VOV 1989 die entscheidende Regelung. Für nicht geregelte Fragen wurde zunächst gemäß Art. 7 Abs. 1 Buchst. a SE-VOV 1989[90] auf die allgemeinen, der Verordnung zugrunde liegenden Grundsätze zurückgegriffen. Ergab diese Extraktion gemeinsamer Grundsätze kein Ergebnis, wurde gem. Art. 7 Abs. 1 Buchst. b SE-VOV 1989 auf das im Sitzstaat der SE für Aktiengesellschaften geltende natio-

---

86 So bereits Art. 1 Abs. 4 SE-VOV 1975. Vgl. *Lindacher*, in: Lutter, Die SE, 1 (4).

87 So auch u.a. *Bungert/Beier*, EWS 2002, 1 (1).

88 Dies wird insbesondere im Konzernrecht deutlich. Art. 5 SE-VO regelt die Kapitalerhaltung durch eine Verweisung auf das reguläre Aktienrecht. Die Besonderheiten im Konzern (§ 300 AktG) stehen dazu im Widerspruch. Das gleiche gilt bzgl. des Weisungsrechts (§ 308 AktG), wenn man in Art. 39 Abs. 1 S. 1 SE-VO eine Weisungsunabhängigkeit des Leitungsorgans geregelt sieht. Vgl. hierzu Fn. 1274.

89 Gegen eine historische Auslegung: *Brandt/Scheifele*, DStR 2002, 547 (548).

90 Ebenso Art. 7 Abs. 1 SE-VOV 1970 und 1975.

nale Recht verwiesen.[91] Dies galt nur für Fragen, die zu einem von der Verordnung umfassten Bereich gehörten. Für alle anderen Fragen kam das Recht der Mitgliedstaaten gem. Art. 7 Abs. 3 SE-VOV 1989[92] zur Anwendung.[93] Damit war die Abgrenzung eines Regelungsbereichs notwendig, in dem zunächst auf allgemeine Grundsätze zurückgegriffen werden und außerhalb dessen uneingeschränkt[94] das nationale Recht gelten sollte. Art. 7 SE-VOV 1989 basierte somit auf der Annahme eines umfassenden Anwendungsbereichs der SE-VO.[95]

Art. 7 Abs. 1 Buchst. b SE-VOV 1991 unterschied dagegen nicht mehr explizit zwischen den in der Verordnung geregelten und nicht geregelten Bereichen. Die Norm verwies auf das mitgliedstaatliche Recht, sofern sich nicht eine Regelung aus Art. 7 Abs. 1 Buchst. a SE-VOV 1991 ergab („andernfalls").[96] Es wurde daher nicht mehr zunächst auf die Grundsätze des Gemeinschaftsrechts zurückgegriffen, sondern generell auch im „Regelungsbereich" i.S.d. SE-VOV 1989 das nationale Recht herangezogen. Eine Unterscheidung zwischen innerhalb und außerhalb des Regelungsbereichs war damit nicht mehr vorzunehmen.[97] Die Wortlautänderung des Art. 7 Abs. 1 SE-VOV 1991 hat bezüglich des Anwendungsbereichs keine rechtliche Bedeutung.[98]

Art. 9 Abs. 1 Buchst. c SE-VO geht dagegen scheinbar wieder von einem Regelungsbereich aus. Die weitgehende Rückkehr zum Wortlaut des Art. 7 SE-VOV

---

91 Anders noch Art. 7 Abs. 1 S. 1 SE-VOV 1975, der für die Lückenfüllung innerhalb der von der Verordnung behandelten Gegenstände die Anwendung nationalen Rechts ausschloss. Ungeregelte Fragen sollten durch eine Extraktion allgemeiner Grundsätze geschlossen werden. Hierbei wurden die mitgliedstaatlichen Rechte lediglich zur Herausbildung der der SE-VO zugrunde liegenden Grundsätze mit herangezogen; vgl. *Hommelhoff/Teichmann*, SZW/RSDA 2002, 1 (3 f.).

92 Ebenso Art. 7 Abs. 2 SE-VOV 1970 und 1975.

93 Vgl. ebenso *Teichmann*, Binnenmarktkonformes Gesellschaftsrecht, S. 288. A.A. *Lindacher*, in: Lutter, Die SE, 1 (14), der davon ausgeht, das nationale Recht hätte von sich aus einen Geltungsanspruch, der nur aufgrund des Vorrangs der SE-VO innerhalb des Regelungsbereichs zurückgedrängt würde. Außerhalb des Regelungsbereichs gelte weiter das nationale Recht. Entsprechende Normen wie Art. 7 Abs. 2 SE-VOV 1975 seien daher nur deklaratorisch und führten nicht zu einer subsidiären Anwendung des nationalen Rechts. Die Anwendung subsidiären Rechts sei dem SE-VOV 1975 unbekannt. Art. 9 Abs. 1 Buchst. c SE-VO bestimmt dagegen die subsidiäre Anwendung nationalen Rechts.

94 Art. 7 Abs. 3 SE-VOV 1989 erwähnte nur das Recht der Mitgliedstaaten, schränkte dies nicht auf das für Aktiengesellschaften geltende Recht ein und enthielt auch keine Gleichstellung, ebenso Art. 7 Abs. 2 SE-VOV 1970 und 1975. Sowohl Art. 9 als auch Art. 10 SE-VO beziehen sich nur auf das Recht für Aktiengesellschaften, sodass diese Regelungen nicht deklaratorisch sein können.

95 Das gleiche Ergebnis gilt auch für den SE-VOV 1970 und 1975.

96 Vgl. *Raiser*, in: FS Semler, 277 (278); *Rasner*, ZGR 1992, 314 (319).

97 Daher wurde Art. 7 Abs. 3 SE-VOV 1989 gestrichen. Art. 7 Abs. 1 SE-VOV 1991 ist somit die Nachfolgevorschrift von Art. 7 Abs. 1 und Abs. 3 SE-VOV 1989. A.A. *Brandt/Scheifele*, DStR 2002, 547 (548).

98 A.A. wohl *Brandt/Scheifele*, DStR 2002, 547 (548), weil sie nicht davon ausgehen, dass Art. 7 Abs. 1 Buchst. b SE-VOV 1991 die Nachfolgevorschrift zu Art. 7 Abs. 1 und Abs. 3 SE-VOV 1989 darstellt.

1989[99] ist jedoch diesbezüglich bedeutungslos. Anders als in Art. 7 SE-VOV 1989 muss für Art. 9 Abs. 1 Buchst. c SE-VO kein Regelungsbereich abgegrenzt werden, weil in Art. 9 Abs. 1 SE-VO nicht mehr zunächst auf die allgemeinen Grundsätze der Verordnung zurückgegriffen, sondern grundsätzlich für jede offene Frage auf das nationale Recht verwiesen wird.[100] Die Rückkehr zum Wortlaut des SE-VOV 1989 verdeutlicht, dass an dem Konzept des umfassenden Anwendungsbereichs der SE-VO festgehalten wird.

bb) Anwendungsbereich entsprechend der Kompetenz

Unabhängig davon, zu welchem Ergebnis man hinsichtlich des Verhältnisses von Art. 9 Abs. 1 zu Art. 10 SE-VO und der Einordnung des Art. 10 SE-VO als Verweisung oder Nichtverweisung kommt, die SE-VO enthält für alle nicht in der SE-VO geregelten Fragen innerhalb des Anwendungsbereichs der SE-VO eine Verweisung auf mitgliedstaatliches Recht. Es gilt entweder nur Art. 9 SE-VO oder Art. 9 und 10 SE-VO. Da die Gleichstellung eine Form der Regelung ist, kann die Gleichstellung nur dort angeordnet werden, wo dem VO-Geber die Kompetenz zusteht, die SE selbst zu regeln. Der Anwendungsbereich der SE-VO reicht somit soweit, wie die Kompetenz des VO-Gesetzgebers nach den Verträgen gewährt wird, also was der Europäische Gesetzgeber in einem Vollstatut hätte regeln können.[101] Da die SE-VO richtigerweise[102] auf Art. 308 EG gestützt ist – der eine Kompetenz für alle Bereiche gibt, die nötig sind, um die Ziele des Vertrages zu erreichen – kann der VO-Geber die SE in allen Belangen auch des Steuer-, Wettbewerbs, Insolvenz-, Konzern-, Arbeits- und Vertragsrechts regeln.[103] Die Kompetenz ist somit umfassend, sodass auch der Anwendungsbereich der SE-VO als umfassend anzusehen ist.[104]

---

99 Auch die anderen Sprachfassungen enthalten weitgehend die Formulierung des SE-VOV 1989.

100 Vgl. *Casper*, in: FS Ulmer, 51 (53); explizit *Hauschka*, SE, S. 12.

101 Vgl. *Casper*, in: FS Ulmer, 51 (65), der allerdings von einem begrenzten Anwendungsbereich der SE-VO ausgeht. Von einen umfassenden Anwendungsbereich der SE-VO gehen anscheinend auch *Nagel/Köklü*, ZESAR 2004, 175 (176) und *Wenz*, SE, S. 30 f., aus. Ebenso wohl *Teichmann*, Binnenmarktkonformes Gesellschaftsrecht, S. 294 f.

102 Die SE-VO kann nicht auf die vorrangige Kompetenznorm Art. 95 EG gestützt werden, weil es sich bei der SE-VO um keine Rechtsangleichung handelt. Für eine Rechtsangleichung müssten die Mitgliedstaaten die SE regeln können. Dies können sie aber aufgrund der Supranationalität der SE nicht. Die SE-VO kann daher nur auf Art. 308 EG gestützt werden; vgl. ebenso *Schröder/Fuchs*, in: Manz/Mayer/Schröder, SE, Vorb. Rn. 14.

103 Nach der Auffassung von *Lindacher*, in: Lutter, Die SE, 1 (3), richtet sich die Tätigkeit – genannt werden u.a. das Vertrags- und Arbeitsrecht – der SE „mangels abweichender besonderer Regelungen" nach nationalem Recht. *Lindacher* geht somit auch davon aus, dass Sonderregeln bestehen könnten, mithin dem Europäischen Gesetzgeber eine entsprechende Kompetenz zustehe. So hätte der Europäische Gesetzgeber für die SE z.B. das UN-Kaufrecht zur Anwendung berufen können.

104 Vgl. *Schwarz*, SE-VO, Einl. Rn. 56 ff. Wohl auch *Teichmann*, ZGR 2002, 383 (391); *Teichmann*, Binnenmarktkonformes Gesellschaftsrecht, S. 294 f. Im Ergebnis gehen auch die Vertreter eines begrenzten Regelungsbereichs der SE-VO von einer solchen umfassenden Kompetenz aus. Denn der Gemeinschaftsgesetzgeber kann über Art. 10 SE-VO nur dort eine Gleichstellung mit der Aktiengesellschaft anordnen, wo er auch selbst eine Regelung treffen

Eine Abgrenzung des Regelungsbereichs innerhalb des umfassenden Anwendungsbereichs ist für die Anwendung des Art. 9 Abs. 1 Buchst. c SE-VO nicht mehr notwendig.[105] Die Alternativen des „nicht […] geregelten" Bereichs bzw. „nicht […] erfassten" Aspektes verdeutlichen lediglich, dass für alle Regelungsoffenheiten das nationale Recht zur Anwendung kommt und es innerhalb des Regelungsbereichs keine Extraktion von Grundsätzen mehr gibt. Die SE-VO stellt folglich mittels der umfassenden Verweisung ein vollständiges Aktienrecht zur Verfügung.[106]

cc) Erwägungsgrund 29 SE-VO

Dieser Ansicht steht auch Erwägungsgrund 29 SE-VO nicht entgegen, der klarstellt, dass die Verordnung nur soweit ins nationale Recht eingreift, wie es zur Erreichung der Ziele der SE-VO notwendig ist.[107] Denn die Verweisung auf das mitgliedstaatliche Recht führt nicht zu einem Entzug bzw. einer Einschränkung der Kompetenzen des nationalen Gesetzgebers. Der nationale Gesetzgeber kann weiterhin im Rahmen des rechtlich Zulässigen seine AG beliebig regeln. Aufgrund der dynamischen Verweisung der SE-VO auf das mitgliedstaatliche Recht gelten diese Normen dann auch für die SE. Insofern entspricht die SE-VO dem Subsidiaritätsprinzip des EG-Vertrages;[108] eine europaeinheitliche Regelung ist nur dort zulässig, wo dies zur Erreichung der europäischen Ziele geboten ist. Hinsichtlich der SE wird auch nicht in die Kompetenzen der Mitgliedstaaten eingegriffen, weil diese die SE aus eigener Kompetenz nicht regeln können.[109]

dd) Reichweite des Art. 9 Abs. 1 Buchst. c SE-VO

Unterfällt die Frage dem Anwendungsbereich der SE-VO, greift grundsätzlich allein die Verweisung des Art. 9 Abs. 1 Buchst. c Ziffer ii SE-VO. Damit wird bereits das nationale Aktienrecht zur Anwendung berufen und Art. 10 SE-VO wäre – bei dem Verständnis als Gesamtnormverweisung – überflüssig.[110] Bei der Annahme, Art. 9 Abs. 1 Buchst. c SE-VO stelle generell eine Sachnormverweisung dar, würde man das IPR ausschließen.

Um dennoch zum IPR zu gelangen, müsste man innerhalb des weiten Anwendungsbereich der SE-VO von einem nur begrenzten Anwendungsbereich des Art. 9 Abs. 1 Buchst. c SE-VO ausgehen. Und außerhalb des Anwendungsbereichs von Art. 9 SE-VO könnte dann Art. 10 SE-VO als Gesamtnormverweisung zur An-

---

könnte, denn die Anordnung der Gleichstellung ist gleichbedeutend mit einer Verweisung auf das nationale Recht.

105 A.A. *Brandt/Scheifele*, DStR 2002, 547 (549), die auch bei einer weiten Auslegung des Art. 9 Abs. 1 SE-VO von einer notwendigen Abgrenzung des Regelungsbereichs ausgehen.

106 Vgl. *Engert*, ZVglRWiss 2005, 444 (452); so anscheinend auch *Schwarz/Lösler*, NotBZ 2001, 117 (119).

107 A.A. *Brandt/Scheifele*, DStR 2002, 547 (550).

108 Vgl. *Heinze*, ZGR 1994, 47 (64); *Zöllter-Petzold*, Gründung einer SE, S. 4.

109 Siehe oben S. 12 ff.

110 Art. 10 SE-VO ist nicht überflüssig, sondern notwendig. Art. 10 SE-VO ist die Norm, die sicherstellt, dass die SE wie eine nationale AG behandelt wird, mithin dem IPR unterliegt. Näheres siehe unten S. 20 ff.

wendung kommen. Für diese Auffassung könnte der Vergleich mit dem SE-VOV 1989 sprechen. Denn Art. 7 Abs. 1 SE-VOV 1989 galt für alle Fragen, die zu den „der Verordnung unterliegenden Bereichen" zählten und Art. 7 Abs. 3 SE-VOV 1989 galt für alle „von der Verordnung nicht geregelten Bereiche". Für Letztere kam das nationale Recht einschließlich des IPR zur Anwendung.[111] Art. 9 Abs. 1 Buchst. c SE-VO würde somit Art. 7 Abs. 1 SE-VOV 1989 und Art. 10 SE-VO Art. 7 Abs. 3 SE-VOV 1989 entsprechen.

Dieses Verständnis ändert aber nichts an der Schwierigkeit, den Regelungsbereich des Art. 9 Abs. 1 SE-VO zu bestimmen. Gegen die Annahme, Art. 10 SE-VO stelle eine Gesamtnormverweisung dar, spricht der Wortlaut des Art. 10 SE-VO.[112] Zudem verwendet der Einleitungssatz des Art. 9 Abs. 1 Buchst. c SE-VO wie Art. 7 Abs. 3 SE-VOV 1989 ebenfalls die Formulierung „nicht durch die Verordnung geregelte Bereiche". Weiterhin soll das auf die SE anwendbare Recht allein durch Art. 9 SE-VO bestimmt werden. Der Einleitungssatz des Art. 9 Abs. 1 Buchst. c SE-VO ist insofern eindeutig, dass für alle ungeregelten Bereiche, die in den Anwendungsbereich der SE-VO fallen, Art. 9 Abs. 1 Buchst. c SE-VO eine Lösung findet. Es ist daher davon auszugehen, dass nur Art. 9 Abs. 1 SE-VO auf Art. 7 SE-VOV 1989 basiert.

d) Anwendung des IPR

Bei dem hier vertretenen Verständnis, Art. 9 Abs. 1 Buchst. c SE-VO sei eine Sachnormverweisung[113] und gelte in einem umfassenden Anwendungsbereich der SE-VO, stellt sich die Frage, wie man z.B. für das Konzernrecht zu dem erwünschten Ergebnis der Anwendung des IPR gelangt.

aa) Zwitterstellung des Art. 9

Art. 9 Abs. 1 Buchst. c SE-VO generell als Gesamtnormverweisung zu verstehen, würde zwar zur Anwendung des IPR führen, wäre aber ein Bruch mit der üblichen Qualifikation solcher Verweisungen als Sachnormverweisungen.[114]

Eine Möglichkeit besteht darin, doch einen Regelungsbereich abzugrenzen, obwohl am umfassenden Anwendungsbereich der SE-VO festgehalten wird. Innerhalb des Regelungsbereichs ist Art. 9 Abs. 1 Buchst. c SE-VO als eine Sachnormverweisung und außerhalb als Gesamtnormverweisung zu verstehen.[115] Bei dieser Lösung hat man jedoch wieder das Problem, einen Regelungsbereich abgrenzen zu müssen. Insbesondere hinsichtlich des Konzernrechts ist dies schwierig, weil das Konzernrecht untrennbar mit dem Gesellschaftsstatut verbunden ist. Eine solche Zwitterstellung wäre allerdings ebenfalls ein Novum. Art. 9 Abs. 1 Buchst. c SE-VO ist folglich einheitlich als Sachnormverweisung zu verstehen.

---

[111] Vgl. *Lächler/Oplustil*, NZG 2005, 381 (382).

[112] Auch die Vorgängervorschriften des Art. 10 SE-VO geben keine Anhaltspunkte, dass Art. 10 SE-VO als Verweisungsnorm gedacht war und ist.

[113] Siehe S. 29.

[114] Siehe Fn. 50.

[115] So in Ansätzen auch *Lächler/Oplustil*, NZG 2005, 381 (386), die für das Konzernrecht Art. 9 Abs. 1 Buchst. c Ziffer ii SE-VO als Gesamtnormverweisung verstehen.

bb) Art. 10 SE-VO

Zur Anwendung des IPR auf die SE führt allein Art. 10 SE-VO, ohne die Norm als eine neben Art. 9 Abs. 1 SE-VO stehende Gesamtnormverweisung zu verstehen.

Gemäß Art. 10 SE-VO wird die SE in jedem Mitgliedstaat wie eine nach dem Recht des Sitzstaats der SE gegründete AG behandelt. Dies bedeutet, dass für alle mitgliedstaatlichen Rechte die SE nicht als supranationale Gesellschaft, sondern als eine (fremde) mitgliedstaatliche Aktiengesellschaft zu betrachten ist.[116] Dadurch, dass die SE für das mitgliedstaatliche Recht als eine mitgliedstaatliche Aktiengesellschaft gilt, unterliegt die SE bei grenzüberschreitenden Sachverhalten den gleichen Regeln wie die nationale AG. Damit kommt auch das für Aktiengesellschaften geltende IPR grundsätzlich ohne Einschränkung und Anpassung auf die SE zur Anwendung. Bei einem grenzüberschreitenden Sachverhalt bestimmt somit das IPR das anwendbare Recht.

Dagegen könnte auf den ersten Blick eingewendet werden, dass durch das höherrangige Recht des Art. 9 Abs. 1 SE-VO das anwendbare Recht bereits bestimmt ist, es somit des IPR nicht mehr bedarf. Dabei wird übersehen, dass Art. 9 Abs. 1 SE-VO anders als z.B. Art. 224 SE-VOV 1975 nur das Recht der SE und nicht das des gesamten Rechtsverhältnisses bestimmt.[117] Art. 9 Abs. 1 SE-VO führt somit zu einem für die SE abschließenden Rechtsrahmen, so wie es das nationale Recht auch für die AG tut. Nachdem das Recht der SE bestimmt ist, führt Art. 10 SE-VO durch die Gleichstellung streng genommen nur zur Kollision mit anderem gleichrangigen Recht. Art. 10 SE-VO negiert quasi im Rahmen der Generalverweisung nur die Supranationalität der SE. Durch Art. 10 SE-VO findet keine Kollision von supranationalem und nationalem, sondern von gleichrangigem „nationalen" Recht statt. Da nur eine Kollision auf mitgliedstaatlicher Ebene vorliegt, kann auch das nationale IPR Anwendung finden, das die Kollision verschiedener gleichrangiger Rechte löst.

Ohne Art. 10 SE-VO würde die uneingeschränkte Geltung des Art. 9 Abs. 1 SE-VO aufgrund der Supranationalität der SE und der daraus folgenden Unanwendbarkeit des nationalen IPR für die SE dazu führen, dass über Art. 9 Abs. 1 SE-VO tatsächlich der grenzüberschreitende Sachverhalt durch die SE-VO geregelt wäre.[118] Dies gilt auch bei dem hier vertretenen Verständnis des Art. 9 Abs. 1 SE-VO, nur das Recht der SE und nicht des Rechtsverhältnisses zu bestimmen. Denn die Kollision mit anderem mitgliedstaatlichen Recht würde allein durch den Vorrang der SE-VO gelöst.

Die Gleichstellung und damit die Anwendung des IPR gilt gemäß Art. 10 SE-VO nur, sofern die Verordnung nicht etwas anderes bestimmt. Das bedeutet, dass die Anwendung des IPR nicht generell gilt. Als von der Verordnung bestimmt anzuse-

---

[116] A.A. wohl MünchKommAktG/*Schäfer*, SE-VO, Art. 10 Rn. 4.

[117] Ebenso *Schwarz*, SE-VO, Einl. Rn. 181; *Engert*, ZVglRWiss 2005, 444 (450). A.A. *Lächler/Oplustil*, NZG 2005, 381 (386); *Habersack*, ZGR 2003, 724 (728).

[118] Ähnlich *Engert*, ZVglRWiss 2005, 444 (445).

hen ist – wie im Einleitungssatz[119] des Art. 9 Abs. 1 Buchst. c SE-VO – jede eigene Sachregelung, aber auch jedes durch die Spezialverweisung zur Anwendung berufene Recht. Art. 9 Abs. 1 Buchst. c SE-VO stellt zwar auch eine Verweisung auf das mitgliedstaatliche Recht und damit eine Regelung durch die Verordnung dar. Jedoch die Generalverweisung des Art. 9 Abs. 1 Buchst. c SE-VO kann im Rahmen des Art. 10 SE-VO nicht als „Verordnungsbestimmung" angesehen werden, weil dies dem Sinn und Zweck des Art. 10 SE-VO zuwiderlaufen würde. Art. 10 SE-VO soll gerade für den Fall der Anwendung der Generalverweisung zur Anwendung des IPR führen.

Dieses Ergebnis wird auch durch die Vorgängervorschrift Art. 7 Abs. 3 SE-VOV 1989 gestützt, nach der für alle nicht von Art. 7 Abs. 1 SE-VOV 1989 umfassten Rechtsfragen das IPR gelten sollte.[120]

Im Ergebnis bedeutet dies, dass Art. 10 SE-VO das IPR zur Anwendung beruft. Art. 10 SE-VO geht dem Art. 9 Abs. 1 Buchst. c SE-VO jedoch nicht vor, sondern Art. 9 Abs. 1 Buchst. c SE-VO bestimmt in jedem Fall das auf die SE anwendbare Recht. Erst dadurch entsteht bei einem grenzüberschreitenden Sachverhalt die Kollision zwischen zwei Anwendung beanspruchender Rechte. Und diese Kollision löst das IPR auf. Art. 10 SE-VO steht somit neben Art. 9 SE-VO.

Am Beispiel des Konzernrechts ergibt sich dabei folgendes Bild: Angenommen, eine deutsche SE und eine französische SA bilden einen Konzern. Unabhängig davon, welche der Gesellschaften dabei Mutter oder Tochter ist, für die SA gilt das französische und für die SE über Art. 9 Abs. 1 Buchst. c Ziffer ii SE-VO das deutsche Konzernrecht. Auf den grenzüberschreitenden Sachverhalt beanspruchen beide Rechte einen Geltungsanspruch. Da das Recht der SE aufgrund deren Supranationalität vorginge, würde immer das deutsche Konzernrecht gelten. Da Art. 10 SE-VO dazu führt, dass die SE sowohl für das deutsche als auch das französische Recht als deutsche Aktiengesellschaft anzusehen ist, liegt eine Kollision auf gleicher Ebene vor. Es kommt somit zur Anwendung der nationalen IPR. Da diese bestimmen, dass aus Minderheitenschutzgesichtspunkten das Recht der abhängigen Gesellschaft gilt,[121] muss nun bestimmt werden, welche Gesellschaft abhängig ist. Ist die SA die abhängige Gesellschaft, gilt für den grenzüberschreitenden Sachverhalt das französische Konzernrecht. Ist die SE die abhängige Gesellschaft, kommt das deutsche Konzernrecht zur Anwendung, das für die SE aufgrund des Art. 9 Abs. 1 Buchst. c Ziffer ii SE-VO gilt.

Durch die Gleichstellung der SE in allen Mitgliedstaaten – einschließlich des Sitzstaates der SE – mit der nationalen Sitzstaatsaktiengesellschaft enthält Art. 10 SE-VO im Ergebnis auch ein Diskriminierungsverbot.[122] Dies gilt vor allem für verwaltungsrechtliches und tatsächliches Handeln. Normativ hat das Diskriminie-

---

119 Zum Verständnis des Einleitungssatzes siehe S. 26 ff.

120 Vgl. zur Auslegung des Art. 7 Abs. 3 SE-VOV 1989 als Grenze des Kollisionsrechts *Lächler/Oplustil*, NZG 2005, 381 (382).

121 Vgl. u.a. *Jaecks/Schönborn*, RIW 2003, 254 (255).

122 So auch der Erwägungsgrund 5 SE-VO. Vgl. *Lindacher*, in: Lutter, Die SE, 1 (4); *Bungert/Beier*, EWS 2002, 1 (2); *Hommelhoff*, in: FS Ulmer, 267 (277).

rungsverbot kaum Bedeutung, weil über Art. 9 Abs. 1 Buchst. c Ziffer ii SE-VO das für Aktiengesellschaften geltende Recht gilt.[123] Der nationale Gesetzgeber hat zudem keine eigene Kompetenz, die trotz Art. 10 SE-VO weiterhin supranationale Gesellschaftsform SE zu regeln.

cc) Stellung der SE außerhalb des EWR

Außerhalb des EWR findet europäisches Recht keine Anwendung. Die Qualifikation der Supranationalität bezieht sich nur auf den EWR-Rechtsraum. Eine SE wird damit in Staaten, die nicht dem EWR angehören, wie eine ausländische nationale Aktiengesellschaft behandelt.[124]

2. Regelungsinhalt des Art. 9 Abs. 1 SE-VO

Eine bestehende SE unterliegt gemäß Art. 9 Abs. 1 SE-VO zunächst den Bestimmungen der Verordnung (Buchst. a), den im Einklang mit der Verordnung stehenden und ausdrücklich zulässigen Satzungsregelungen (Buchst. b) und dem mitgliedstaatlichen Recht einschließlich der mitgliedstaatlichen Satzungsfreiheiten (Buchst. c), falls die Verordnung einen Bereich oder eine Frage nicht regelt. Aus der Formulierung „die SE unterliegt" folgt, dass Art. 9 Abs. 1 SE-VO in jedem Buchstaben bzw. Ziffer immer nur das unmittelbar für die SE geltende Recht meint.[125] Dies ist konsequent, weil die SE nicht Ermächtigungen und Verweisungen, sondern nur dem umgesetzten bzw. verwiesenen Recht unterliegen kann.

Dass die SE-VO in Art. 9 Abs. 1 SE-VO nur das auf die SE unmittelbar anwendbare Recht betrachtet, folgt auch aus der Erwähnung der Satzungsregelungen in Art. 9 Abs. 1 Buchst. b SE-VO. Denn aufgrund der Satzungsstrenge der SE-VO kann die Satzung nur dort etwas regeln, wo ihr die Verordnung die Regelungskompetenz gewährt. Jede Satzungsregelung basiert somit auf einer Bestimmung der Verordnung. Dennoch wird die Satzungsregelung neben den Bestimmungen der Verordnung aufgeführt.

a) Art. 9 Abs. 1 Buchst. a SE-VO

aa) Bestimmungen der Verordnung

Dass die SE-VO den Bestimmungen der Verordnung unterliegt, ist selbstverständlich und hätte nicht geregelt werden müssen. Art. 9 Abs. 1 Buchst. a SE-VO ist insoweit lediglich klarstellend.[126] Aus dem Vergleich zu Art. 9 Abs. 1 Buchst. b SE-VO („ausdrücklich") folgt, dass zu den Bestimmungen i.S.d. Art. 9 Abs. 1 Buchst. a SE-VO nicht nur die ausdrücklich geschriebenen, sondern auch die sich erst durch Auslegung der SE-VO ergebenden Normen zu zählen sind.[127] Die Auslegung der SE-VO ist dabei autonom von nationalen nach europäischen Grundsät-

---

[123] Die normative Bedeutung grundsätzlich ablehnend *Schwarz*, SE-VO, Einl. Rn. 138.

[124] Vgl. *Engert*, ZVglRWiss 2005, 444 (452).

[125] Vgl. *Schwarz*, SE-VO, Art. 9 Rn. 17. Dies zeigt auch Art. 69 S. 2 Buchst. d SE-VO, siehe Fn. 176.

[126] So zutreffend *Casper*, in: FS Ulmer, 51 (65).

[127] Vgl. *Wagner*, NZG 2002, 985 (986); *Brandt*, NZG 2002, 991 (992); *Schwarz*, SE-VO, Art. 9 Rn. 15.

zen durchzuführen.[128] Damit gehört auch das auf Ebene der SE ermittelte Richterrecht des EuGH zu den Bestimmungen i.S.d. Art. 9 Abs. 1 Buchst. a SE-VO.[129]

bb) Spezialverweisungen

Neben der Generalverweisung des Art. 9 Abs. 1 Buchst. c SE-VO ins nationale Recht enthält die SE-VO eine Reihe spezieller Verweisungen.[130] Es stellt sich hierbei zunächst die Frage, ob diese Verweisungen selbständig zur Anwendung kommen oder in den Rahmen des Art. 9 SE-VO einzuordnen sind. Aus der Formulierung des Art. 9 SE-VO „Die SE unterliegt ..." könnte nun gefolgert werden, dass allein Art. 9 SE-VO das auf die SE anzuwendende Recht komplett bestimmt. Die Verweisungen bzw. das Recht, auf das verwiesen wird, müssten mithin unter einen der Buchstaben bzw. einer der Ziffern des Art. 9 SE-VO subsumiert werden.

(1) Bestimmung der Verordnung

Bei den Spezialverweisungen handelt es sich zweifellos um Bestimmungen der Verordnung. Diese enthalten allerdings keine eigenen Sachregelungen, sondern verweisen nur auf das die Sachreglungen enthaltende nationale Recht. Da Art. 9 Abs. 1 SE-VO in allen Buchstaben das unmittelbar auf die SE anzuwendende Sachrecht bestimmen will, kann das durch die Spezialverweisung zur Anwendung berufene Recht keine Bestimmung der Verordnung sein.[131] Andernfalls würde das nationale Recht unechtes Gemeinschaftsrecht werden. Dies ist jedoch nicht der Fall,[132] weil der nationale Gesetzgeber sonst seine Kompetenz für die über die Verweisung anzuwendenden Vorschriften verlieren würde.[133] Damit ist „Bestimmung der Verordnung" in Art. 9 Abs. 1 Buchst. a SE-VO nur als eine eigene Sachregelung der Verordnung zu verstehen; das verwiesene nationale Recht zählt nicht dazu.

---

[128] Vgl. *Casper*, in: FS Ulmer, 51 (54); *Wagner*, NZG 2002, 985 (989); *Lächler/Oplustil*, NZG 2005, 381 (385); *Teichmann*, ZGR 2002, 383 (402 ff.).

[129] Ebenso *Schwarz*, SE-VO, Art. 9 Rn. 14.

[130] Für eine bestehende SE gibt es insgesamt 84 Verweisungen; vgl. *Schwarz*, SE-VO, Einl. Rn. 47.

[131] A.A. *Brandt/Scheifele*, DStR 2002, 547 (553), die nicht zwischen einer eigenen Sachregelung der SE-VO und einer Sachregelung des nationalen Rechts, welche die SE-VO durch eine Spezialverweisung zur Anwendung beruft, unterscheiden. Es mache keinen Unterschied, ob die SE-VO die Frage selbst regele oder über die Verweisung eine andere Sachregelung zur Anwendung berufe. Daher seien die durch die Spezialverweisung zur Anwendung berufenen Sachregelungen für *Brandt/Scheifele* eine Bestimmung der Verordnung im Sinne des Art. 9 Abs. 1 Buchst. a SE-VO. Das SE-Ausführungsgesetz wollen *Brandt/Scheifele*, DStR 2002, 547 (555), allerdings in Art. 9 Abs. 1 Buchst. c Ziffer i SE-VO einordnen. Dies ist ein Widerspruch zu dem von den Verfassern vertretenen Konzept, dass sich die für das SE-Ausführungsgesetz notwendigen Ermächtigungen und Verpflichtungen als Verweisungen fortsetzen. Denn auch diese wären als Bestimmung der Verordnung in Art. 9 Abs. 1 Buchst. a SE-VO einzusortieren.

[132] Vgl. *Lächler/Oplustil*, NZG 2005, 381 (385); *Schäfer*, NZG 2004, 785 (787); *Leupold*, SE, S. 21; *Jaecks/Schönborn*, RIW 2003, 254 (255); *Schwarz*, SE-VO, Einl. Rn. 98; a.A. *Grote*, SE, S. 53.

[133] Vgl. *Casper*, in: FS Ulmer, 51 (65); *Schröder/Fuchs*, in: Manz/Mayer/Schröder, SE, Vorb. Rn. 69; Art. 9 Rn. 32 ff.; *Maul*, Die faktisch abhängige SE, S. 20 f.

(2) Verhältnis der Generalverweisung zu Spezialverweisungen

Da die Spezialverweisungen zwar Bestimmungen der Verordnung sind, Art. 9 Abs. 1 SE-VO aber nur unmittelbar anwendbares Recht berücksichtigt, müsste das durch die Spezialverweisung zur Anwendung berufene Recht demzufolge unter Art. 9 Abs. 1 Buchst. c Ziffer ii SE-VO subsumiert werden. Da die SE-VO mit der Spezialverweisung keine eigene Sachregelung trifft, wäre der Bereich auch nicht durch Buchst. a oder b geregelt, sodass der Einleitungssatz des Buchst. c erfüllt wäre, der nur Buchst. c sperrt, wenn eine Regelung der Buchst. a oder b vorliegt. Voraussetzung dieser Annahme ist, dass allein Art. 9 Abs. 1 SE-VO das anwendbare Recht bestimmt.

Bei diesem Verständnis hätte man allerdings das Problem, dass bei einer möglichen, für alle SE geltenden Spezialverweisung auf ein bestimmtes nationales oder anderes europäisches Recht dieses nicht von Buchst. c Ziffer ii umfasst wäre, weil dort nur das auf eine sitzmitgliedstaatliche Aktiengesellschaft anwendbare Recht erwähnt wird. Zudem ergibt sich aus dem unmittelbaren Geltungsanspruch einer Verordnung, dass jede Norm dieser Verordnung ohne Anwendungsbefehl gilt, sodass jede Spezialverweisung ohne den Art. 9 Abs. 1 SE-VO das anwendbare Recht bestimmt. Die Spezialverweisungen stehen somit neben Art. 9 Abs. 1 SE-VO.[134] Folglich kann unproblematisch durch eine Spezialverweisung auf ein bestimmtes mitgliedstaatliches oder anderes europäisches Recht verwiesen werden.

Die Spezialverweisungen stehen als Rechtsanwendungsbefehl neben Art. 9 Abs. 1 Buchst. c SE-VO, und gehen aufgrund Spezialität vor.[135] Sofern eine Frage von der Spezialverweisung nicht umfasst ist und der SE-VO keine abschließende Nichtregelung zu entnehmen ist, kommt insoweit das nationale Recht über Art. 9 Abs. 1 Buchst. c SE-VO zur Anwendung.

b) Art. 9 Abs. 1 Buchst. b

Die SE unterliegt im Folgenden den Bestimmungen der Satzung (Buchst. b). Darin ist gleichwohl keine SE-VO geborene Satzungsfreiheit zu sehen. Die SE-VO ist vielmehr äußerst satzungsstreng.[136] Der Satzungsgeber kann nur dort etwas regeln, wo ihn die SE-VO ausdrücklich ermächtigt.[137] Art. 9 Abs. 1 Buchst. b SE-VO erwähnt nur ausdrücklich bestimmte Satzungsfreiheiten. Damit kann sich, anders als

---

[134] So im Ergebnis auch *Lächler/Oplustil*, NZG 2005, 381 (382); *Wagner*, NZG 2002, 985 (987).

[135] Ähnlich MünchKommAktG/*Schäfer*, SE-VO, Art. 9 Rn. 9.

[136] Vgl. *Habersack*, AG 2006, 345 (348); *Casper*, in: FS Ulmer, 51 (53, 71); *Hommelhoff*, AG 2001, 279 (287); *Hommelhoff*, in: FS Ulmer, 267 (272); *Lutter*, BB 2002, 1 (4); a.A. *Schander*, Europa-AG, S. 148.

[137] Alle SE-VO-geborenen Satzungsfreiheiten kommen über Art. 9 Abs. 1 Buchst. b SE-VO zur Anwendung. A.A. *Sokolowski*, Überwachung in einer SE, S. 37, der auch die Satzungsfreiheit, die die SE-VO unter einen nationalen Vorbehalt stellt (Bsp. Art. 47 Abs. 1 SE-VO), in Art. 9 Abs. 1 Buchst. c Ziffer iii SE-VO einordnet. Dies kann nicht überzeugen, weil die Satzungsfreiheit nicht vom nationalen Recht, sondern vom VO-Geber gewährt wird. Dass die SE-geborene Satzungsfreiheit an eine bestimmte Regelung im nationalen Recht geknüpft ist, spielt für die Einordnung keine Rolle.

bei Buchst. a, nicht erst durch Auslegung eine Regelung i.S.d. Art. 9 Abs. 1 Buchst. b SE-VO ergeben.[138]

Aus der SE-VO ergeben sich unmittelbar auch keine Möglichkeiten, vergleichbar mit § 23 Abs. 5 AktG, ergänzende Regelungen in der Satzung zu treffen.[139] Eine über die SE-VO-Satzungsmöglichkeiten hinausreichende Satzungsfreiheit kann sich nur aus Buchst. c Ziffer iii ergeben.[140] Dabei kommen über Ziffer iii die Unterschiede in den nationalen Beschränkungen der Satzungsstrenge auch für die SE zum Tragen. Die SE-VO verfolgt somit eine zweigliedrige Satzungsstrenge.

Zwischen Buchst. a und b ergibt sich eine Hierarchie unmittelbar aus den einzelnen Normen, die eine Satzungsfreiheit gewähren. Entweder kann der Satzungsgeber von einer in der Verordnung getroffenen Regel (z.B. Art. 50 Abs. 1 SE-VO) abweichen oder er muss eine Regelung treffen, ohne dass eine Grundregel in der Verordnung gegeben ist (z.B. Art. 46 Abs. 1 SE-VO). Zulässige SE-VO-Satzungsregelungen gehen aufgrund der Stellung des Art. 9 Abs. 1 Buchst. b auch zwingendem nationalen Recht vor.[141]

c) Die Generalverweisung Art. 9 Abs. 1 Buchst. c

Sofern für eine Frage in der SE keine Regelung vorhanden ist, kommt über Art. 9 Abs. 1 Buchst. c SE-VO grundsätzlich das mitgliedstaatliche Recht zur Anwendung. Mit Art. 9 Abs. 1 Buchst. c Ziffer i SE-VO wird das in Umsetzung speziell die SE betreffender Gemeinschaftsmaßnahmen ergangene mitgliedstaatliche Recht zur Anwendung berufen. Art. 9 Abs. 1 Buchst. c Ziffer ii SE-VO führt zur Anwendung des nationalen Rechts, welches für Aktiengesellschaften des Sitzstaates gilt, und Ziffer iii eröffnet der SE dieselbe Satzungsfreiheit, die auch im nationalen Sitzstaatsaktienrecht besteht.

aa) Notwendigkeit des Art. 9 Abs. 1 Buchst. c SE-VO

Art. 9 Abs. 1 Buchst. c SE-VO ist in allen Teilen notwendig, um zur Anwendung des nationalen Rechts zu kommen. Ohne eine solche Regelung würde das nationale Recht, auch das eine speziell die SE betreffende Gemeinschaftsmaßnahme umsetzende Recht, keine Anwendung finden, weil es aus sich heraus keinen Anwendungsanspruch entfalten kann. Denn die SE unterliegt als eine supranationale Gesellschaft nur dem supranationalen Recht und ist dem nationalen Recht zunächst entzogen.[142]

---

138 Vgl. *Wagner*, NZG 2002, 985 (988).

139 Ebenso *Hommelhoff*, in: FS Ulmer, 267 (272); *Raiser*, in: FS Semler, 277 (282).

140 Vgl. *Hommelhoff*, AG 2001, 279 (287).

141 Vgl. *Schröder/Fuchs*, in: Manz/Mayer/Schröder, SE, Art. 9 Rn. 47; *Wagner*, NZG 2002, 985 (986); *Schwarz*, SE-VO, Einl. Rn. 64, Art. 9 Rn. 46; MünchKommAktG/*Kübler*, SE-VO, Einf. Rn. 22.

142 So im Ergebnis auch *Wagner*, NZG 2002, 985 (985).

bb) Einleitungssatz

(1) Lückenfüllung

Das mitgliedstaatliche Recht kommt nur zur Anwendung, wenn die zu lösende Frage in der SE-VO nicht geregelt ist. Für diese Unvollständigkeit sollte nicht der Begriff Regelungslücke verwendet werden, der im deutschen Recht als eine planwidrige Lücke verstanden wird.[143] Denn die SE-VO ist absichtlich unvollständig, sodass besser von einer Regelungsoffenheit gesprochen werden sollte.[144] Dies gilt insbesondere im Hinblick auf das eine Ermächtigung umsetzende Recht, das nur über Art. 9 Abs. 1 Buchst. c Ziffer i SE-VO Anwendung findet.[145]

Es ist auch denkbar, dass innerhalb der Regeln der SE-VO eine planwidrige Lücke existiert. In diesem Fall kann eine vorschnelle Anwendung der Generalverweisung zu einer nicht sachgerechten Lösung führen. Sofern die Frage nach der Natur der Sache nur auf Ebene der SE-VO gelöst werden kann,[146] ist nur die SE-VO auszulegen und die Lücke ausschließlich auf Ebene der SE-VO zu schließen.[147] Eine direkte Anwendung des nationalen Rechts ist bei einer solchen SE-spezifischen Regelungslücke ausgeschlossen.

Ob eine Lücke bzw. Unvollständigkeit vorliegt, ist allein auf Ebene der SE-VO zu entscheiden. Es kommt somit allein eine Auslegung nach europäischen Kriterien in Betracht, wobei hier die teleologische Auslegung entscheidend sein dürfte.[148] Für die Auslegung sind die in den Erwägungsgründen niedergelegten Ziele der Verwirklichung des Binnenmarktes und insbesondere die Vereinfachung der grenzüberschreitenden Tätigkeit maßgeblich.[149] Aus Art. 9 Abs. 1 Buchst. c SE-VO folgt dabei kein Analogieverbot, denn es soll mit der Analogie die Funktionsfähigkeit der SE-VO sichergestellt werden, die eine subsidiäre Anwendung des nationalen Rechts nicht gewährleisten kann.[150] Andernfalls wäre die Annahme einer SE-spezifischen Regelungslücke überflüssig. Es findet somit eine analoge Anwendung von Bestimmungen der SE-VO, aber auch anderen europäischen Primärrechts

---

[143] Vgl. *Larenz*, Methodenlehre, S. 358.

[144] Vgl. *Schwarz*, SE-VO, Einl. Rn. 100 ff.

[145] Siehe dazu unten S. 34.

[146] So bereits Memorandum der Kommission von 1988, KOM(88) 320 endg. vom 15.07.1988, S. 16.

[147] Vgl. *Teichmann*, ZGR 2002, 383 (408 f.); *Brandt*, DStR 2003, 1208 (1209); *Brandt/Scheifele*, DStR 2002, 547 (552), die eine solche Lücke als SE-spezifische Regelungslücke bezeichnen. Ebenso *Schwarz*, SE-VO, Einl. Rn. 90, 92; MünchKommAktG/*Schäfer*, SE-VO, Art. 9 Rn. 15. Als Beispiel für eine SE-spezifische Regelungslücke führen *Brandt/Scheifele*, DStR 2002, 547 (553), den nachträglichen Wegfall der Mehrstaatlichkeit der SE an. Ebenso *Wagner*, NZG 2002, 985 (989). Ähnlich bereits *Kolvenbach*, DB 1988, 1837 (1839); *Raiser*, in: FS Semler, 277 (283, 291); auch *v. Caemmerer*, in: FS Hallstein, 63 (79).

[148] Vgl. *Heckschen*, in: Widmann/Mayer, UmwG, Anh. 14 Rn. 44; *Schwarz*, SE-VO, Einl. Rn. 76; *Teichmann*, Binnenmarktkonformes Gesellschaftsrecht, S. 290.

[149] So bereits *Lindacher*, in: Lutter, Die SE, 1 (2).

[150] So auch *Casper*, in: FS Ulmer, 51 (57). Ebenso *Lindacher*, in: Lutter, Die SE, 1 (4, 11 ff.).

statt.[151] Für die Auslegung/Analogie der SE-VO werden wie in Art. 7 Abs. 1 SE-VOV 1989 auch die allgemeinen Grundsätze der mitgliedstaatlichen Rechte herangezogen.[152]

Beiden Lückenfüllungsvarianten voranzustellen ist die Frage, ob die Unvollständigkeit überhaupt geschlossen werden soll. Es ist denkbar, dass die SE-VO bezüglich einer Frage eine abschließende Nichtregelung enthält. Für diesen Fall ist dann eine Ausfüllung innerhalb der SE-VO und durch das nationale Recht ausgeschlossen.[153]

(2) „nicht von der Verordnung geregelt"

Nach dem Einleitungssatz kommt Buchst. c nur zur Anwendung, wenn der fragliche Bereich oder der Teil des Bereichs nicht von der Verordnung geregelt ist. Würde man für Art. 9 Abs. 1 Buchst. c SE-VO wie bei Buchst. a davon ausgehen, dass damit nur eigene Sachregelungen der Verordnung gemeint sind, würde das über sonstige Verweisungen anwendbare Recht die Anwendung der Generalverweisung nicht ausschließen. Trotz vorhandener Spezialverweisung wäre Art. 9 Abs. 1 Buchst. c SE-VO anwendbar. Dieses Problem ließe sich für die Spezialverweisung dadurch beheben, dass diese als speziellere Norm die Generalverweisung gänzlich verdrängt.[154]

Das Problem besteht dennoch fort: Verstünde man „nicht geregelt" als eine unmittelbar anwendbare Sachregelung der SE-VO, würde eine Satzungsregelung zwar unter Art. 9 Abs. 1 Buchst. b SE-VO subsumiert werden, aber nicht die Anwendung des nationalen Rechts verhindern, sodass durch nationales Recht die Satzungsregelung u.U. ausgehebelt wird. Denn die Satzungsregelung stellt keine Regelung der Verordnung dar – auch nicht im „Umweg" über Buchst. b, weil die Satzungsregelungen dann wiederum nur mittelbar anwendbares Recht darstellen würden. Aus der Einordnung der Satzungsregelungen vor Art. 9 Abs. 1 Buchst. c SE-VO folgt jedoch, dass die von der SE-VO gewährte Satzungsfreiheit in jedem Fall dem nationalen Recht vorgeht.

---

151 Vgl. *Schwarz*, SE-VO, Einl. Rn. 89. Richtlinien sind dagegen für die Analogie nicht zu berücksichtigen, weil sie gegenüber Verordnungen einen anderen Adressatenkreis haben; vgl. *Casper*, in: FS Ulmer, 51 (59).

152 Die Herleitung allgemeiner Rechtsgrundsätze durch Rechtsvergleichung ist Teil der Auslegungsmethode des EuGH; vgl. *Schroeder*, JuS 2004, 180 (183). Für ein Verbot der Herleitung allgemeiner Grundsätze aus nationalem Recht bei der SE: *Casper*, in: FS Ulmer, 51 (58), der das Verbot der Prinzipienbildung aus der Entstehungsgeschichte des Art. 9 Abs. 1 SE-VO und der beabsichtigten Rechtssicherheit schließt. Aber gerade aus Gründen der Rechtssicherheit ist bei einer SE-spezifischen Regelungslücke die Anwendung der Verweisung auf das subsidiäre mitgliedstaatliche Recht nicht geboten, weil andernfalls die „Ausfüllung" SE-spezifischer Regelungslücken vom jeweiligen sitzmitgliedstaatlichem Recht abhinge und damit zu unterschiedlichen Ergebnissen führen könnte; vgl. ebenso *Lindacher*, in: Lutter, Die SE, 1 (9 ff.).

153 Vgl. *Teichmann*, Binnenmarktkonformes Gesellschaftsrecht, S. 289; *Wagner*, NZG 2002, 985 (989); *Schröder/Fuchs*, in: Manz/Mayer/Schröder, SE, Art. 9 Rn. 10; *Heckschen*, in: Widmann/Mayer, UmwG, Anh. 14 Rn. 46; *Maul*, Die faktisch abhängige SE, S. 13.

154 So *Casper*, in: FS Ulmer, 51 (67).

Im Rahmen des Einleitungssatzes müssen auch eine auf der SE-VO basierende Satzungsregelung und das durch Spezialverweisungen zur Anwendung berufene nationale Recht berücksichtigt werden. Dies lässt sich erreichen, wenn man den Teil des Einleitungssatzes „nicht von der Verordnung geregelt" so versteht, dass damit auch mittelbare Regelungen umfasst sind, zu denen über Buchst. b die Satzung und die Spezialverweisungen zählen.

Eine Spezialverweisung führt somit zu einer im Sinne des Einleitungssatzes des Buchst. c von der Verordnung geregelten Frage. Dies stellt keinen Widerspruch zu dem sonstigen Verständnis des Art. 9 Abs. 1 SE-VO dar, dass dieser nur das unmittelbar anwendbare Recht betrachtet. Denn der Einleitungssatz selbst bestimmt noch kein auf die SE anwendbares Recht, sondern legt nur die Voraussetzungen fest, unter denen die – das unmittelbar anwendbare Recht bestimmende – Generalverweisung Anwendung findet.

cc) Nationales Recht im Sinne des Art. 9 Abs. 1 Buchst. c

Sinn und Zweck der Verweisung ist eine Gleichstellung der SE mit der nationalen AG des Sitzstaates.[155] Folglich umfasst die Verweisung auch eventuelles Richterrecht.[156] Die Auslegung nationalen Rechts richtet sich daher zunächst allein nach nationalen Auslegungsmethoden.[157]

Bis auf das speziell die SE betreffende Recht ist auf die SE das nationale Recht in seiner für Aktiengesellschaften geltenden Form anzuwenden. Die Verweisung bezieht sich folglich immer auf das aktuelle nationale Recht. Es handelt sich somit um dynamische Verweisungen.[158] Eine Auslegung des durch die Verweisung zur Anwendung berufenen nationalen Rechts durch den EuGH kann nicht stattfinden, weil das nationale Recht durch die Verweisung kein Gemeinschaftsrecht wird.[159]

Jedes zur Anwendung berufene nationale Recht ist nicht unbesehen anzuwenden. Die in Frage kommende Norm ist in der Regel auf das im nationalen Recht vorhandene System abgestimmt und kann daher mit den Entscheidungen der SE-VO nicht kompatibel sein. Daher ist jede nationale Norm SE-spezifisch auszulegen.[160]

---

155 Vgl. *Teichmann*, ZIP 2002, 1109 (1110).

156 Vgl. *Hirte*, NZG 2002, 1 (2); *Brandt/Scheifele*, DStR 2002, 547 (553); *Wagner*, NZG 2002, 985 (987); *Casper*, in: FS Ulmer, 51 (69); *Schröder/Fuchs*, in: Manz/Mayer/Schröder, SE, Art. 9 Rn. 29; *Schwarz*, SE-VO, Einl. Rn. 134; *Heckschen*, in: Widmann/Mayer, UmwG, Anh. 14 Rn. 42; MünchKommAktG/*Schäfer*, SE-VO, Art. 9 Rn. 18. Zweifelnd *Schulz/Geismar*, DStR 2001, 1078 (1079); *Teichmann*, ZGR 2002, 383 (398).

157 Vgl. *Schröder/Fuchs*, in: Manz/Mayer/Schröder, SE, Vorb. Rn. 70; *Schäfer*, NZG 2004, 785 (787); *Heckschen*, in: Widmann/Mayer, UmwG, Anh. 14 Rn. 48; *Schwarz*, SE-VO, Einl. Rn. 154.

158 Vgl. *Heckschen*, in: Widmann/Mayer, UmwG, Anh. 14 Rn. 41. *Brandt/Scheifele*, DStR 2002, 547 (553); *Wagner*, NZG 2002, 985 (987); *Casper*, in: FS Ulmer, 51 (65); *Lächler/Oplustil*, NZG 2005, 381 (385); *Neye*, ZGR 2002, 377 (382); *Ihrig/Wagner*, BB 2003, 969 (970); *Schwarz*, SE-VO, Einl. Rn. 133.

159 Siehe oben S. 23.

160 Vgl. *Brandt/Scheifele*, DStR 2002, 547 (554); *Ebert*, BB 2003, 1854 (1859); *Schwarz*, SE-VO, Einl. Rn. 155 ff.; *Horn*, DB 2005, 147 (147). Dies wird auch aus der SE-VO deutlich, die in einigen Verweisungen eine sinngemäße bzw. entsprechende Anwendung anordnet

SE-spezifisch bedeutet dabei, dass lediglich die Besonderheiten der SE berücksichtigt werden müssen, andernfalls kommt es zur uneingeschränkten Anwendung des nationalen Rechts. Sofern Richterrecht zur Anwendung kommen soll, stellt sich die Frage, ob dies auch SE-spezifisch auszulegen ist, was mit gleicher Begründung im Ergebnis zu bejahen ist.

dd) Sachnormverweisung

Bei den Verweisungen des Art. 9 Abs. 1 SE-VO handelt es sich wie bei der Vorgängervorschrift Art. 7 SE-VOV 1991[161] um Sachnormverweisungen.[162] Es wird nicht zunächst das IPR zur Bestimmung des anwendbaren Rechts herangezogen. Das IPR findet auf die SE aufgrund des Art. 10 SE-VO Anwendung.[163]

ee) Art. 9 Abs. 3 SE-VO

Nach einer in der Literatur vertretenen Auffassung gelten nationale aufsichtsrechtliche Bestimmungen aus sich heraus und würden entgegenstehendem SE-VO-Recht vorgehen.[164] Begründet wird dies damit, dass diese Fragen außerhalb des Regelungsbereichs der SE-VO liegen würden. Eine solche Annahme würde jedoch die Supranationalität auf den Kopf stellen. Es ist vielmehr anzunehmen, dass auch die aufsichtsrechtlichen Fragen zum Anwendungsbereich der SE-VO zählen, weil auch diese von der Kompetenz des Art. 308 EG umfasst sind.

Die aufsichtsrechtlichen Vorgaben kommen über Art. 9 Abs. 1 Buchst. c SE-VO zur Anwendung. Dass die Generalverweisung nicht nur das generell auf Aktiengesellschaften anwendbare Recht zur Anwendung beruft, sondern auch das speziellere von der Tätigkeit der Gesellschaft abhängige Recht umfasst, folgt aus der Klar-

---

(Bsp.: Art. 3 Abs. 2 S. 2 SE-VO). Darin wird ein allgemein gültiger Grundsatz ausgedrückt. A.A. *Casper*, in: FS Ulmer, 51 (70), der ein Auslegungs- bzw. Anpassungsverbot aus der Anwendung des nationalen Rechts in seiner für die nationale AG geltenden Form schließt. Ebenso auch *Jaecks/Schönborn*, RIW 2003, 254 (255); MünchKommAktG/*Schäfer*, SE-VO, Art. 9 Rn. 19.

161 Vgl. *Schwarz*, Europäisches Gesellschaftsrecht, Rn. 1100 f.; *Engert*, ZVglRWiss 2005, 444 (447).

162 Ebenso *Brandt/Scheifele*, DStR 2002, 547 (553); *Wagner*, NZG 2002, 985 (989); *Casper*, in: FS Ulmer, 51 (66); *Engert*, ZVglRWiss 2005, 444 (447 f.); *Schwarz*, SE-VO, Einl. Rn. 128. *Schäfer*, NZG 2004, 785 (787); *Heckschen*, in: Widmann/Mayer, UmwG, Anh. 14 Rn. 41, 537; MünchKommAktG/*Schäfer*, SE-VO, Art. 9 Rn. 3 f.; *Horn*, DB 2005, 147 (147). Nach *Schwarz*, Europäisches Gesellschaftsrecht, Rn. 960, 1100, ergibt sich die Qualifikation als Sachnormverweisung daraus, dass auf ein Recht einer bestimmten Rechtsform des Sitzstaates verwiesen wird. Art. 9 Abs. 1 Buchst. c SE-VO verweist jedoch nicht auf das Recht des Sitzstaates, sondern nur auf das Recht der Mitgliedstaaten, das für eine Sitzstaatsaktiengesellschaft gilt. Daraus folgert *Schröder/Fuchs*, in: Manz/Mayer/Schröder, SE, Vorb. Rn. 52 f., 55, Art. 9 Rn. 23, bei Art. 9 Abs. 1 Buchst. c SE-VO handele es sich um eine Gesamtnormverweisung, sodass über das IPR zunächst das anwendbare Recht bestimmt werden müsse. Ebenfalls für eine Gesamtnormverweisung: *Teichmann*, ZGR 2002, 383 (397 f.); *Albert*, Grundfragen der SE, S. 27. Für eine bezüglich des Konzernrechts partielle Gesamtnormverweisung *Lächler/Oplustil*, NZG 2005, 381 (386); *Jaecks/Schönborn*, RIW 2003, 254 (257). So wohl auch *Brandi*, NZG 2003, 889 (890).

163 Siehe oben S. 20 ff.

164 Vgl. *Brandt/Scheifele*, DStR 2002, 547 (551).

stellung des Art. 9 Abs. 3 SE-VO.[165] Damit wird erreicht, dass die aufsichtsrechtlichen Vorgaben auf gleicher Ebene zu den Regelungen der SE-VO stehen und aufgrund Spezialität vorgehen.

ff) Die einzelnen Ziffern des Art. 9 Abs. 1 Buchst. c SE-VO

(1) Art. 9 Abs. 1 Buchst. c Ziffer i

Über Ziffer i kommen die Normen zur Anwendung, die als Umsetzung von Gemeinschaftsmaßnahmen ergangen sind. Die SE-VO ist dabei ebenfalls eine die SE betreffende Gemeinschaftsmaßnahme.[166] Mithin kommt das Ermächtigungen und Verpflichtungen umsetzende Recht über Art. 9 Abs. 1 Buchst. c Ziffer i SE-VO zur Anwendung.[167]

Ziffer i sorgt allerdings auch für die Anwendung des SEBG, welches die SE-ErgRiL umsetzt.[168] Gem. Art. 1 Abs. 4 SE-VO richtet sich die Mitbestimmung ausschließlich nach den in Umsetzung der SE-ErgRiL ergangen Normen. Damit entfaltet Art. 1 Abs. 4 SE-VO eine Sperrwirkung hinsichtlich der Ziffern ii und iii.[169] Für die Mitbestimmung bleibt es ausschließlich bei Ziffer i. Ein Rückgriff auf bestehendes nationales Mitbestimmungsrecht ist ausgeschlossen.[170] Dies ergibt sich auch aus Art. 13 Abs. 2 SE-ErgRiL.[171]

Bei der Schaffung SE-spezifischen Rechts ist der nationale Gesetzgeber an die Vorgaben der SE-VO gebunden. Ohne eine ausdrückliche Ermächtigung durch den Europäischen Gesetzgeber können keine SE-spezifischen Regelungen getroffen werden. Zudem darf keine dem Grundkonzept der SE-VO widersprechende Norm geschaffen werden. Die SE-VO wiederholenden Normen sind nur zulässig, wenn dies für die Verständlichkeit notwendig ist.[172] Eine Kenntlichmachung, dass es sich um Normen der SE-VO handelt, dürfte für die Zulässigkeit ausreichend sein.

---

165 Ähnlich *Plendl/Niehues*, in: Theisen/Wenz, Die SE, 405 (416).

166 A.A. *Wagner*, NZG 2002, 985 (989).

167 Siehe zur Anwendung des in Ausübung einer Ermächtigung ergangenen Rechts S. 34. So im Ergebnis auch ohne Begründung *Schröder/Fuchs*, in: Manz/Mayer/Schröder, SE, Art. 9 Rn. 18; *Sokolowski*, Überwachung in einer SE, S. 21; *Kübler*, ZHR 167 (2003), 222 (224); MünchKommAktG/*Schäfer*, SE-VO, Art. 9 Rn. 2.

168 Vgl. *Schröder/Fuchs*, in: Manz/Mayer/Schröder, SE, Art. 9 Rn. 18; *Wagner*, NZG 2002, 985 (989). Die Mitbestimmung in den Organen ist keine reine arbeitsrechtliche Frage, sondern eine Frage des Gesellschaftsstatuts, sodass auch bei Annahme eines Regelungsbereich die Mitbestimmung zu diesem zu zählen ist.

169 So auch *Schwarz*, SE-VO, Art. 1 Rn. 50; a.A. MünchKommAktG/*Schäfer*, SE-VO, Art. 9 Rn. 8.

170 Ohne Art. 1 Abs. 4 SE-VO (und Art. 13 Abs. 2 SE-ErgRiL) würde aufgrund bestehender Regelungsoffenheit bei Fehlen einer Regelung i.S.d. Art. 9 Abs. 1 Buchst. c Ziffer i SE-VO über Ziffer ii das bestehende nationale Mitbestimmungsrecht ergänzend Anwendung finden.

171 Einzelstaatliche Rechtsvorschriften und/oder Gepflogenheiten hinsichtlich der Mitbestimmung können danach nur vorgesehen werden, wenn diese Regelungen einen Niederschlag in der SE-ErgRiL gefunden haben.

172 Vgl. *EuGH* (Erzeugergemeinschaften), Slg. 1985, 1066 (Rn. 26 f.).

Des Weiteren muss der nationale Gesetzgeber bei der Umsetzung die für nationale Aktiengesellschaften geltenden Richtlinien beachten.[173] Dies stellt Art. 9 Abs. 2 SE-VO sicher, weil die Richtlinien an sich nicht auf die SE anwendbar sind.

Eine andere Frage lautet, ob der nationale Gesetzgeber die Ermächtigung auch in der Form umsetzen kann, dass er die genaue Regelung dem Satzungsgeber überträgt. Einige Ermächtigungen wie z.B. Art. 39 Abs. 2 Unterabs. 2 SE-VO sehen ausdrücklich vor, dass der Mitgliedstaat zwischen einer gesetzlichen Regelung (hier: der Bestellung durch die Hauptversammlung) und einer Delegation an den Satzungsgeber wählen kann. Art. 39 Abs. 1 S. 2 SE-VO lässt dies scheinbar nicht zu. Gegen eine Delegation der Regelungsbefugnis bestehen keine grundsätzlichen Bedenken;[174] aus Deregulierungsgesichtspunkten ist eine solche Delegation sogar wünschenswert. Der nationale Gesetzgeber muss eine solche Satzungsfreiheit schaffen, weil ansonsten aufgrund mangelnder Satzungsfreiheit der Satzungsgeber nicht tätig werden könnte.

Die so geschaffene Satzungsfreiheit findet über Art. 9 Abs. 1 Buchst. c Ziffer iii SE-VO und nicht über Ziffer i Anwendung, weil Art. 9 Abs. 1 SE-VO immer das unmittelbar anwendbare Recht meint. Da Art. 9 Abs. 1 Buchst. c Ziffer iii SE-VO nur auf die Satzungsbestimmungen verweist, die unter denselben Voraussetzungen auch für eine nationale AG gelten, stellt sich die Frage, ob der Mitgliedstaat nur dann eine Satzungsfreiheit bei Umsetzung einer Ermächtigung schaffen kann, wenn eine solche Satzungsfreiheit auch im nationalen Recht besteht. Dies würde bedeuten, dass der Mitgliedstaat die Ermächtigung selbst beliebig umsetzen, eine Satzungsfreiheit aber nur vorsehen könnte, wenn das nationale Recht für diese Frage ebenfalls eine Satzungsfreiheit gewährte. Folglich wären die Satzungsfreiheiten einer SE parallel zu denen der AG. Eine größere Satzungsfreiheit könnte nicht gewährt werden, obwohl die Ermächtigung gerade ein Abweichen vom nationalen Recht ermöglichen soll. Eine solche Einschränkung erscheint als unlogisch, ist aber vom VO-Geber gewollt.[175] Gemäß Art. 69 S. 2 Buchst. d SE-VO soll spätestens 5 Jahre nach Inkrafttreten der SE-VO geklärt werden, ob es sinnvoll ist, den Mitgliedstaaten zu ermöglichen, bei Umsetzung der Regelungsbefugnisse auch dann Satzungsfreiheiten gewähren zu können, wenn das nationale Recht solche nicht kennt. Damit drückt der VO-Geber aus, dass in der vorliegenden Form der SE-VO Ermächtigungen nur an den Satzungsgeber delegiert werden können, wenn diese Satzungsfreiheiten im nationalen Recht bestehen.[176]

---

[173] Vgl. *Schwarz*, ZIP 2001, 1847 (1849); *Schröder/Fuchs*, in: Manz/Mayer/Schröder, SE, Art. 9 Rn. 20.

[174] A.A. *Schindler/Teichmann*, in: Theisen/Wenz, Die SE, 739 (755).

[175] Vgl. *Bungert/Beier*, EWS 2002, 1 (2); *Schwarz*, SE-VO, Art. 6 Rn. 83 f.; ähnl. *Brandt*, NZG 2002, 991 (992).

[176] A.A. anscheinend *Sokolowski*, Überwachung in einer SE, S. 95. Dieses Ergebnis ergibt sich bereits aus dem Wortlaut des Art. 9 Abs. 1 Buchst. c Ziffer iii SE-VO. Art. 69 S. 2 Buchst. d SE-VO ist insofern eine Bestätigung dafür, dass Art. 9 Abs. 1 SE-VO jeweils nur das unmittelbar anwendbare Recht umfasst.

Da nur ein Gleichlauf mit der nationalen AG erreicht werden soll,[177] können zumindest für das nicht vorhandene Leitungssystem mehr Satzungsfreiheiten geschaffen werden.[178]

(2) Art. 9 Abs. 1 Buchst. c Ziffer ii und iii

Über Ziffer ii kommt das bestehende nationale, für Aktiengesellschaften geltende Recht zur Anwendung, somit nicht nur das Aktiengesetz.[179] Es gelten grundsätzlich die Auslegungsmethoden und -ergebnisse des nationalen Rechts. Das anzuwendende Recht (geschrieben oder durch Auslegung ermittelt) ist in jedem Fall daraufhin zu untersuchen, ob es nicht zu den Grundsätzen des von der SE-VO vorgesehenen Systems in Widerspruch steht. In einem solchen Fall ist das nationale Recht SE-spezifisch auszulegen.

Das Gleiche gilt auch für die Satzungsfreiheiten, die über Ziffer iii zur Anwendung kommen. Da die Satzungsfreiheiten nur unter den gleichen Voraussetzungen wie im nationalen Recht zur Anwendung kommen, wird damit eine Parallelität zum nationalen Aktienrecht erreicht. Bis auf die in der SE-VO gewährten Satzungsfreiheiten bestehen für den Satzungsgeber der SE nicht mehr Möglichkeiten als für eine nationale AG. Unter Umständen kann die Satzungsfreiheit bei der SE geringer sein, wenn die SE-VO gegenüber dem nationalen Recht eine zwingende Regelung vorsieht. Denn dann ist der Einleitungssatz des Art. 9 Abs. 1 Buchst. c SE-VO nicht gegeben und damit der Weg ins nationale Recht versperrt.

(3) Verhältnis der einzelnen Ziffern des Art. 9 Abs. 1 Buchst. c

Innerhalb des Art. 9 Abs. 1 Buchst. c SE-VO besteht eine Hierarchie zwischen den einzelnen Ziffern dahingehend, dass eine Regelung der Ziffer i die Ziffern ii und iii verdrängt[180] und Ziffer ii Ziffer iii ausschließt. Diese Hierarchie ergibt sich aus dem Sinn und Zweck der SE-VO. Das eine Ermächtigung umsetzende Recht (Ziffer i)[181] muss dem bestehenden nationalen Recht vorgehen.

Das Verhältnis einer nationalen Satzungsfreiheit zu einer nationalen Regelung wird entweder durch das geschriebene Recht explizit bestimmt oder es ist wie bei der Ermächtigung eine durch Ausübung der Satzungsfreiheit bedingte Grundregel

---

177 Vgl. *Schwarz*, SE-VO, Einl. Rn. 48; *Kalss/Greda*, in: Kalss/Hügel, SE, § 39 SEG Rn. 42.

178 Im Ergebnis ebenso *Hommelhoff*, in: FS Ulmer, 267 (278); *Hoffmann-Becking*, ZGR 2004, 355 (378); mit einer entsprechenden Anregung für den deutschen Gesetzgeber hinsichtlich des monistischen Systems: *Kübler*, ZHR 167 (2003), 222 (231); *Kallmeyer*, AG 2003, 197 (198). A.A. *Teichmann*, BB 2004, 53 (58), der davon ausgeht, dass der Gesetzgeber bei Umsetzung des Art. 43 Abs. 4 SE-VO an die Vorgaben und Strukturen (z.B. Vier-Augen-Prinzip bzw. „checks and balances“) des AktG gebunden ist. Diese Ansicht kann nicht überzeugen, denn wozu besteht dann noch die Wahl des Leitungssystems.

179 So gilt auch das UmwG, vgl. *Müller*, NZG 2006, 286 (287).

180 So auch *Bungert/Beier*, EWS 2002, 1 (2); *Schwarz*, SE-VO, Einl. Rn. 62, 66; *Heckschen*, DNotZ 2003, 251 (253); *Hirte*, NZG 2002, 1 (2); *Brandt/Scheifele*, DStR 2002, 547 (555); *Schröder/Fuchs*, in: Manz/Mayer/Schröder, SE, Art. 9 Rn. 17; MünchKommAktG/*Schäfer*, SE-VO, Art. 9 Rn. 2, 21.

181 Siehe dazu ausführlich S. 34 ff.

anzunehmen,[182] sodass es zu keinem Konflikt zwischen Ziffer i bzw. ii zu Ziffer iii kommen kann.

3. Ermächtigungen und Verpflichtungen

Die SE-VO enthält neben den Verweisungen weitere einzelne Öffnungen für das nationale Recht. So sind in der SE-VO eine Reihe von Normen verteilt, welche die Mitgliedstaaten ermächtigen und verpflichten, speziell die SE betreffende Normen zu erlassen.[183] Diese Ermächtigungen und Verpflichtungen sind für die Mitgliedstaaten die einzige Möglichkeit, für eine SE von den Regelungen des nationalen Aktienrechts abzuweichen.[184]

Der VO-Geber hat dabei eine Reihe unterschiedlicher Ermächtigungen geschaffen. So gibt es Ermächtigungen wie Art. 39 Abs. 1 S. 2 und Art. 43 Abs. 1 S. 2 oder Art. 39 Abs. 2 Unterabs. 2 SE-VO, die eine Umsetzung für die SE nur ermöglichen, wenn eine entsprechende Regelung für eine nationale Aktiengesellschaft besteht.[185] Eine solche Ermächtigung gilt nur für die Mitgliedstaaten, die eine vergleichbare Regelung kennen und gewährt ihnen nur die Freiheit, es parallel zum nationalen Aktienrecht zu regeln oder es bei der Regelung der SE-VO zu belassen.[186] Bestehen derartige Ermächtigungen im Bereich des Leitungssystems, muss das nationale Recht nach demselben System organisiert sein, weil mit der Bindung an die nationale Regelung ein Gleichlauf herbeigeführt werden soll, der nur bei gleichem Leitungssystem entstehen kann. Eine SE-spezifische Umsetzung scheidet daher aus.[187] Ohne Umsetzung ist eine Anwendung der im nationalen Recht bestehenden Möglichkeit verwehrt, weil die SE-VO aufgrund der bedingten Grundregel[188] abschließend ist.[189] Für das nicht im nationalen Recht vorhandene System kann der Mitgliedstaat über die Regelungsermächtigung des Art. 39 Abs. 5 bzw. Art. 43 Abs. 4 SE-VO die Ermächtigung beliebig umsetzen, denn der beabsichtigte Gleichlauf mit dem nationalen Recht kann bzgl. dieser Ermächtigungen nicht hergestellt werden.

---

182 Siehe S. 35 ff.

183 Eine Aufzählung der Ermächtigungen enthält u.a. *Wagner*, NZG 2002, 985 (986, Fn. 12). Eine Aufzählung aller Verpflichtungen und Ermächtigungen enthält *Brandt*, NZG 2002, 991 (991).

184 Ebenso u.a. *Teichmann*, ZIP 2002, 1109 (1109); *Ihrig/Wagner*, BB 2003, 969 (970).

185 Diese Form wird als gebundene Ermächtigung; vgl. *Brandt*, NZG 2002, 991 (993).

186 So zu Art. 39 Abs. 2 Unterabs. 2 SE-VO: *Manz*, in: Manz/Mayer/Schröder, SE, Art. 39 Rn. 38; *Torggler*, ecolex 2001, 533 (533). Besteht nur eine zwingende Regelung bzw. Satzungsregelungsverpflichtung im nationalen Recht, so kann der Mitgliedstaat keine Satzungsermächtigung vorsehen. Dies ergibt sich auch aus der Auslegung des Art. 69 Buchst. b SE-VO (siehe S. 30 f.). Besteht im nationalen Recht lediglich eine Satzungsfreiheit, so kann auch nur eine Satzungsfreiheit eingeräumt werden.

187 Vgl. *Teichmann*, in: Theisen/Wenz, Die SE, 691 (727); *Manz*, in: Manz/Mayer/Schröder, SE, Art. 39 Rn. 67; *Hommelhoff*, in: FS Ulmer, 267 (275); *Schwarz*, SE-VO, Art. 39 Rn. 37; a.A. anscheinend *Hirte*, NZG 2002, 1 (6); *Hommelhoff*, AG 2001, 279 (283).

188 Siehe hierzu sogleich S. 35 ff.

189 So bezüglich Art. 39 Abs. 2 Unterabs. 2, Art. 52 Abs. 2 SE-VO: *Gutsche*, SE, S. 77, 104 f. zum SE-VOV 1991.

Andere Ermächtigungen wie Art. 39 Abs. 4 S. 2 oder Art. 40 Abs. 3 S. 2 SE-VO sind dagegen nicht an eine entsprechende aktienrechtliche Regelung gebunden und gelten somit für alle Mitgliedstaaten.[190] Die so geschaffenen Normen können dabei vom nationalen Recht abweichen.[191]

Eine weitere Form der Ermächtigung stellen die Art. 39 Abs. 5 und Art. 43 Abs. 4 SE-VO dar, die nur dann ausgeübt werden dürfen, wenn das nationale Recht gerade keine Regelung enthält. Die beiden Normen sind dazu gedacht, für das dualistische System (Art. 39 Abs. 5) und das monistische System (Art. 43 Abs. 4) ergänzende Regelungen zu erlassen. Ob es sich bei diesen Normen tatsächlich um Ermächtigungen handelt oder mittels Auslegung doch um Verpflichtungsnormen, ist in der Literatur umstritten.[192]

a) Anwendung des so geschaffenen nationalen Rechts

Hinsichtlich der in Ausübung der Ermächtigung bzw. Verpflichtung ergangenen Normen stellt sich die Frage, wie die erlassenen Normen für die SE Geltung erlangen. Nach einer Auffassung in der Literatur setzen sich die umgesetzten Ermächtigungen und Verpflichtungen als Verweisungen fort.[193] Dies wird u.a. damit begründet, dass auf die Generalverweisung des Art. 9 Abs. 1 Buchst. c SE-VO nicht zurückgegriffen werden könne, da die Verordnung eine Sachregelung enthält.[194] Folgt man dieser Meinung, würden diese aus den Ermächtigungen hervorgegangenen Verweisungen nach dem hier vertretenen Konzept der Einordnung der Verweisungen neben Art. 9 Abs. 1 SE-VO stehen und im Sinne des Einleitungssatzes des Art. 9 Abs. 1 Buchst. c SE-VO eine Regelung durch die Verordnung darstellen, sodass die subsidiäre Anwendung des bestehenden nationalen Rechts ausgeschlossen wäre.[195]

Damit gelangt man zwar zu dem zutreffenden Ergebnis, denn es kann nicht sein, dass trotz einer umgesetzten Ermächtigung das bestehende nationale Recht Anwendung findet. Aber es ist nicht notwendig, umgesetzte Ermächtigungen als Verweisungen zu verstehen. Da es sich bei den Ermächtigungen und Verpflichtungen um speziell die SE betreffende Gemeinschaftsmaßnahmen handelt, sind die in Umsetzung der Ermächtigung ergangenen Normen unter Art. 9 Abs. 1 Buchst. c

---

190 Diese Ermächtigungen werden im Folgenden als Ermächtigungen mit Gestaltungsfreiheit bezeichnet; vgl. *Brandt*, NZG 2002, 991 (993).

191 Vgl. *Schwarz*, SE-VO, Einl. Rn. 138; a.A. *Brandt*, NZG 2002, 991 (993).

192 Siehe unten S. 60 ff.

193 So *Brandt/Scheifele*, DStR 2002, 547 (553), die annehmen, Ermächtigungen und Verpflichtungen seien aufgrund ihrer Funktion nach nichts anderes als Verweisungen. So auch *Schwarz*, Europäisches Gesellschaftsrecht, Rn. 958, 1112; *Wagner*, NZG 2002, 985 (986, 988); MünchKommAktG/*Schäfer*, SE-VO, Art. 9 Rn. 12.

194 Vgl. *Wagner*, NZG 2002, 985 (986).

195 A.A. *Brandt/Scheifele*, DStR 2002, 547 (553), die Verweisungen einschließlich des verwiesenen Rechts als Bestimmungen der Verordnung im Sinne des Art. 9 Abs. 1 Buchst. a SE-VO ansehen, sodass auch das Ermächtigungen umsetzende Recht in Art. 9 Abs. 1 Buchst. a SE-VO einzusortieren wäre.

Ziffer i SE-VO einzuordnen.[196] Da Art. 9 Abs. 1 Buchst. c Ziffer i SE-VO eine Anwendung der Ziffer ii ausschließt,[197] kommt man ebenfalls zur Nichtanwendung des bestehenden nationalen Rechts. Allein die Ermächtigung drückt aus, dass diese Frage nicht von der Verordnung geregelt ist, mithin der Einleitungssatz des Art. 9 Abs. 1 Buchst. c SE-VO erfüllt ist.

b) Anwendung des bestehenden nationalen Rechts

Wenn man mithin die Ermächtigungen dahingehend versteht, dass darin ein nicht von der Verordnung erfasster Aspekt liegt – somit der Einleitungssatz des Art. 9 Abs. 1 Buchst. c SE-VO erfüllt ist – stellt sich die Frage, ob bei fehlender Umsetzung der Ermächtigung der Weg in Art. 9 Abs. 1 Buchst. c Ziffer ii und iii SE-VO eröffnet ist.[198] Davon ist auszugehen, weil die Ermächtigung den Einleitungssatz des Art. 9 Abs. 1 Buchst. c SE-VO bestätigt, unabhängig davon, ob die Ermächtigung umgesetzt ist oder nicht. Dies würde z.B. für Großbritannien bedeuten, dass auch ohne Umsetzung des Art. 39 Abs. 5 SE-VO die Satzung über Art. 9 Abs. 1 Buchst. c Ziffer iii SE-VO aufgrund umfassender Satzungsfreiheit ergänzende Regelungen treffen kann.[199]

aa) Bedingte Grundregel

Die meisten Ermächtigungen enthalten allerdings nur die Möglichkeit, von einer Entscheidung der Verordnung abzuweichen. So sieht Art. 40 Abs. 3 S. 1 SE-VO vor, dass die Anzahl der Mitglieder im Aufsichtsorgan von der Satzung festgelegt wird. Art. 40 Abs. 3 S. 2 SE-VO gewährt den Mitgliedstaaten eine Ermächtigung, auch eine genaue Zahl oder eine Höchst- und/oder Mindestzahl festzulegen.

Damit stellt sich ein Problem, wenn man annimmt, dass bei einer Ermächtigung – unabhängig von der Umsetzung – der Einleitungssatz des Art. 9 Abs. 1 Buchst. c SE-VO erfüllt ist. Da die SE-VO eine Regelung bereithält, die eine Bestimmung der Verordnung im Sinne des Art. 9 Abs. 1 Buchst. a SE-VO darstellt, entsteht ein Konflikt zu Art. 9 Abs. 1 Buchst. c SE-VO. Die Regelung im Sinne des Art. 9 Abs. 1 Buchst. a SE-VO kann jedoch nicht aufgrund einer möglichen Hierarchie des Art. 9 Abs. 1 SE-VO vorgehen, weil dann auch bei einer umgesetzten Ermächtigung nur die Regelung der SE-VO gelten würde.[200] Umgekehrt kann auch nicht angenommen werden, dass eine Ermächtigung die Anwendung der Bestimmungen

[196] So auch *Ebert*, IWB, Nr. 11, Gruppe 11, 281 (285); *Schwarz*, SE-VO, Einl. Rn. 149. Widersprüchlich *Brandt*, NZG 2002, 991 (994), der auf der einen Seite annimmt, dass Art. 9 Abs. 1 Buchst. c Ziffer i SE-VO für umgesetzte Verpflichtungen aus Art. 8 SE-VO, aber nicht für andere Verpflichtungen und Ermächtigungen gelte. Diese anderen Ermächtigungen sollen dagegen selbst den Anwendungsbefehl des nationalen Rechts darstellen und sollen sich somit als Verweisungen fortsetzen (*ders.*, S. 992).

[197] Siehe S. 32.

[198] Verneinend *Brandt*, NZG 2002, 991 (993).

[199] Aus diesem Grund verzichtet der englische Gesetzgeber auf eine weitgehende Ausgestaltung des dualistischen Systems; vgl. *Menjucq*, ZGR 2003, 679 (679); MünchKommAktG/*Kübler*, SE-VO, Einf. Rn. 54.

[200] Zudem ist ein Vorrang des Art. 9 Abs. 1 Buchst. a vor dem des Buchst. c SE-VO nicht mit dem Vorrang des Gemeinschaftsrechts begründbar, weil beide Normen Gemeinschaftsrecht sind.

der Verordnung im Sinne des Art. 9 Abs. 1 Buchst. a SE-VO ausschließt, weil dann unabhängig von der Umsetzung der Ermächtigung das nationale Recht und nicht die von der SE-VO vorgesehene Regelung zur Anwendung käme.

Aus dem Sinn und Zweck der Ermächtigung folgt, dass nur dann die von der SE-VO bereitgestellte Regelung nicht gelten soll, wenn die Ermächtigung tatsächlich umgesetzt wurde. Die Verordnung ermöglicht somit nur ein Abweichen von einer in der Verordnung aufgestellten Grundregel. Dass dies gewollt ist, wird auch aus der Formulierung z.B. des Art. 40 Abs. 3 S. 2 SE-VO deutlich, der zur Regelung des Satz 1 mit „jedoch“ verknüpft ist. Das bedeutet, dass die von der Verordnung bereitgestellte Regelung durch die Umsetzung der Ermächtigung bedingt ist.[201] Wird die Ermächtigung umgesetzt, tritt die Bedingung ein und es existiert keine SE-VO-Regelung und damit auch keine über Art. 9 Abs. 1 Buchst. a SE-VO anwendbare Vorschrift, sondern es gilt allein Art. 9 Abs. 1 Buchst. c Ziffer i SE-VO. Ohne Umsetzung ist eine Regelung i.S.d. Art. 9 Abs. 1 Buchst. a SE-VO und damit auch des Einleitungssatzes des Buchstaben c gegeben und damit der Weg ins nationale Recht gesperrt.[202] Insoweit ist auch die Ermächtigung bedingt durch deren Umsetzung bzw. die Ermächtigung bestimmt selbst die Hierarchie.

bb) Ungeschriebene Grundregel

Es bestehen in der Verordnung allerdings auch Ermächtigungen ohne eine ausdrückliche Grundregel (Art. 39 Abs. 5, Art. 43 Abs. 4 und Art. 7 S. 2 SE-VO). Wird in diesem Fall die Ermächtigung nicht umgesetzt, besteht grundsätzlich keine Bestimmung im Sinne des Buchst. a, sodass der Weg ins nationale Recht über Art. 9 Abs. 1 Buchst. c Ziffer ii und iii SE-VO eröffnet ist. Dies würde bedeuten, dass der Mitgliedstaat eine Anwendung des nationalen Rechts nur verhindern kann, wenn er die Ermächtigung umsetzt.

Die Anwendung des nationalen Rechts lässt sich aber auch dadurch verhindern, dass mittels Auslegung eine ungeschriebene bedingte Grundregel ermittelt wird, sofern die Norm eine solche Auslegung zulässt.[203] Dem Willen des VO-Gebers ist z.B. bei Art. 7 S. 2 SE-VO zu entnehmen, dass er grundsätzlich davon ausgeht, dass Sitz und Hauptverwaltung nicht am selben Ort liegen müssen.[204] Wird die Ermächtigung des Art. 7 S. 2 SE-VO nicht umgesetzt, Hauptverwaltung und Sitz an einem Ort vorzuschreiben, bedeutet dies, dass eine SE unterschiedliche Orte für Sitz und Hauptverwaltung haben kann. Diese ungeschriebene Bestimmung der Verordnung verdrängt somit die Anwendung des Buchst. c.[205] Für Art. 39 Abs. 5 und Art. 43 Abs. 4 SE-VO ergibt sich dagegen durch Auslegung, dass keine ungeschriebene bedingte Grundregel besteht, sodass hier bei fehlender Umsetzung auf

201 Vgl. *Schwarz*, SE-VO, Einl. Rn. 141 f.

202 So im Ergebnis auch, aber mit anderer Begründung, *Brandt*, NZG 2002, 991 (993).

203 Vgl. *Schwarz*, SE-VO, Einl. Rn. 143 ff.; *Teichmann*, ZGR 2002, 383 (443) für Art. 41 Abs. 3 S. 2 SE-VO.

204 So auch *Schwarz*, SE-VO, Einl. Rn. 144.

205 Es handelt sich bei ungeschriebenen Grundregeln um eine Bestimmung i.S.d. Art. 9 Abs. 1 Buchst. a SE-VO.

eine eventuell bestehende Satzungsfreiheit des nationalen Rechts über Art. 9 Abs. 1 Buchst. c Ziffer iii SE-VO zurückgegriffen werden kann.

4. Anwendung sonstigen Gemeinschaftsrechts

Art. 9 Abs. 1 SE-VO bestimmt somit grundsätzlich jedes auf die SE anwendbare Recht. Keine Erwähnung finden dagegen Verordnungen und – aufgrund fehlender Umsetzung – unmittelbar anwendbare Richtlinien[206] des Gemeinschaftsrechts. Man könnte nun annehmen, dieses Gemeinschaftsrecht komme über Art. 9 Abs. 1 Buchst. c SE-VO zur Anwendung, wenn in dem Gemeinschaftsrecht eine nicht in der SE-VO geregelte Frage geregelt werde. Art. 9 Abs. 1 Buchst. c Ziffer ii SE-VO verweist jedoch auf die Rechtsvorschriften der Mitgliedstaaten. Verordnungen und unmittelbar anwendbare Richtlinien sind allerdings keine Rechtsvorschriften des Mitgliedstaates, sodass Art. 9 Abs. 1 Buchst. c Ziffer ii SE-VO diese nicht zur Anwendung beruft.[207]

Verordnungen sind auf der anderen Seite aber auch keine Bestimmungen der SE-VO im Sinne des Art. 9 Abs. 1 Buchst. a SE-VO. Eine analoge Anwendung der einzelnen Buchstaben scheitert an dem Wortlaut der Norm. Da Verordnungen keines Anwendungsbefehls bedürfen (Art. 249 Abs. 2 EG), finden diese wie im nationalen Recht auf die SE unmittelbar Anwendung. Es bedarf somit keiner Einordnung der Verordnungen in Art. 9 Abs. 1 SE-VO.

Folglich stehen sonstige Verordnungen wie Spezialverweisungen neben Art. 9 Abs. 1 SE-VO. Dies bedeutet, dass sie im Rahmen des Art. 9 Abs. 1 Buchst. c SE-VO als geregelter Bereich anzusehen sind, sodass nationales Recht nicht zur Anwendung kommt. Damit könnte es zu einem Konflikt mit einer Regelung der SE-VO i.S.d. Art. 9 Abs. 1 Buchst. a bzw. einer SE-geborenen Satzungsfreiheit kommen. Aufgrund der Spezialität der SE-VO geht diese grundsätzlich anderen Verordnungen vor.

5. Ergebnis

Da die Mitgliedstaaten zur Regelung der SE keine eigene Kompetenz haben, kann sich jedes auf die SE anwendbare Recht nur aus der SE-VO ergeben. Die SE-VO hat folglich einen umfassenden Anwendungsbereich. Innerhalb dieses Anwendungsbereichs enthält die SE-VO eigene Regelungen, Satzungsermächtigungen

[206] Da Richtlinien im Grundsatz nur an die Mitgliedstaaten gerichtet sind, kann eine SE sich nach den Grundsätzen des *EuGH* (Van Duyn), Slg. 1974, 1337 (1348 Rn. 12 f.), nur dann auf eine Richtlinie unmittelbar berufen, wenn die Richtlinie nicht rechtzeitig umgesetzt wurde, ein Recht gewährt, unbedingt und hinreichend genau sowie der Zweck der Vorschrift klar und präzise ist; vgl. u.a. *Fischer/Köck/Karollus*, Europarecht, Rn. 1273. Die unmittelbare Anwendung einer Richtlinie kommt damit der Rechtswirkung einer Verordnung gleich.

[207] Art. 61 SE-VO beruft dagegen hinsichtlich der Abschlusserstellung alle Vorschriften zur Anwendung, die für eine Aktiengesellschaft des Sitzstaates der SE Anwendung finden. Es findet keine Eingrenzung auf das mitgliedsstaatliche Recht statt. Damit sind von Art. 61 SE-VO (klarstellend) auch die Verordnungen umfasst, die für die Aktiengesellschaften hinsichtlich der Rechnungslegung bestehen. Da Art. 62 SE-VO auf Art. 61 SE-VO aufbaut, gilt dies auch für diese Verweisung; vgl. *Schwarz*, SE-VO, Art. 62 Rn. 9; a.A. wohl *Plendl/Niehues*, in: Theisen/Wenz, Die SE, 405 (415 f.).

und spezielle Verweisungen in das sitzmitgliedstaatliche Recht. Die SE-VO gilt nicht aufgrund Vorrangs des Gemeinschaftsrechts, weil es keine Kollision mit nationalem Recht gibt.[208] Die Frage einer Hierarchie der Rechtsebenen stellt sich somit nicht, weil sich die Anwendung des jeweiligen Rechts aus der SE-VO ergibt. Die SE-VO bestimmt uneingeschränkt das Verhältnis der Rechtsebenen. Das mitgliedstaatliche Recht kommt nur bei einer entsprechenden Verweisung zur Anwendung. So gilt die Generalverweisung des Art. 9 Abs. 1 Buchst. c SE-VO aufgrund des Einleitungssatzes des Buchst. c nur, wenn die Verordnung keine Regelung im Sinne der Buchst. a und b sowie Spezialverweisungen enthält. Sonstiges unmittelbar geltendes europäisches Recht findet auf die SE ebenso wie für jede nationale Aktiengesellschaft Anwendung.

Lediglich innerhalb der einzelnen Rechtsebenen (europäisches und mitgliedstaatliches Recht) bestimmt die SE-VO eine Hierarchie. Das Verhältnis von Art. 9 Abs. 1 Buchst. a zu Buchst. b SE-VO ergibt sich aufgrund der Satzungsstrenge aus den Bestimmungen der Verordnung.

Innerhalb der Verweisung auf das mitgliedstaatliche Recht (Art. 9 Abs. 1 Buchst. c SE-VO) ist zunächst Ziffer i anzuwenden. Über Art. 9 Abs. 1 Buchst. c Ziffer i SE-VO gelangt das mitgliedstaatliche Recht zur Anwendung, welches die einzelnen Ermächtigungen, die sich nicht als Verweisungen fortsetzen, und die SE-ErgRiL umsetzt. Ergibt sich daraus keine Regelung und liegt darin auch keine abschließende Regelung, kommt Ziffer ii zur Anwendung. Da über Art. 9 Abs. 1 SE-VO nur das unmittelbar anwendbare Recht bestimmt wird, kommen nationale Satzungsfreiheiten immer über Ziffer iii zur Anwendung, unabhängig davon, ob die Satzungsfreiheit sich aus dem bestehenden oder SE-spezifischen Recht ergibt. Ziffer iii steht somit neben Ziffer i und Ziffer ii.

Aufgrund der Gleichstellung der SE mit der sitzmitgliedstaatlichen Aktiengesellschaft wird die SE dem jeweiligen IPR unterworfen. Sofern das IPR zu dem Ergebnis kommt, dass in dem grenzüberschreitenden Sachverhalt das Recht der SE keine Geltung beanspruchen kann, erlangt das über Art. 9 Abs. 1 SE-VO bestimmte Recht keine Anwendung.

---

208 Ähnlich MünchKommAktG/*Schäfer*, SE-VO, Art. 9 Rn. 2.

B. Gründung und Sitzverlegung der SE

I. Die Gründungsmöglichkeiten

Anders als die nationale AG kann eine SE nur im Wege einer Umstrukturierung gegründet werden.[209] Die SE kann dabei gemäß Art. 2 SE-VO im Wege der Verschmelzung (Abs. 1), der Gründung einer gemeinsamen Holding- (Abs. 2) oder Tochter-SE (Abs. 3) und durch Umwandlung (Abs. 4) entstehen. Lediglich die SE kann allein eine Tochter-SE gründen (Art. 3 Abs. 2 SE-VO). Ansonsten ist für die Gründung einer SE die Beteiligung von mindestens zwei Gesellschaften, die verschiedenen Rechten unterliegen (Art. 2 Abs. 1 bis 3 SE-VO), oder ein grenzüberschreitendes Mutter-Tochter-Verhältnis (Art. 2 Abs. 2 bis 4 SE-VO) notwendig.

Die Verschmelzung und Umwandlung steht dabei nur Aktiengesellschaften, die Holding-Gründung zusätzlich Gesellschaften mit beschränkter Haftung und die Tochter-Gründung auch anderen juristischen Personen und Gesellschaften i.S.d. Art. 48 Abs. 2 EG zu. Gegenüber der nationalen AG sind die Gründer einer SE damit eingeschränkt. Natürliche Personen können sich aufgrund des Numerus clausus der Gründer an der Gründung einer SE nicht beteiligen.[210]

Für die Gründung der SE enthält die SE-VO nur wenige Regelungen.[211] Für alle Gründungsformen kommt für nicht geregelte Fragen gemäß Art. 18 SE-VO (analog) bezüglich der Gründungsgesellschaften das Recht der Gründungsgesellschaften zur Anwendung.[212] Hinsichtlich der Gründung ist ebenfalls von einem umfassenden Anwendungsbereich der SE-VO auszugehen.[213]

Die SE muss gemäß Art. 4 Abs. 2 SE-VO ein Mindestkapital von 120.000 Euro aufweisen, wobei sich die Kapitalaufbringung und -erhaltung über Art. 5 SE-VO allein nach nationalem Recht richten.[214]

II. Grundzüge der Mitbestimmung der SE

Als ein wesentlicher Bestandteil der Unternehmensverfassung und damit der Corporate Governance ist die Mitbestimmung der SE anzusehen. Daher soll diese hier im Zusammenhang mit der Gründung dargestellt werden, weil eine Regelung zur Mitbestimmung gemäß Art. 12 Abs. 2 bis 4 SE-VO Gründungsvoraussetzung für die SE ist. Die Mitbestimmung der SE wird dabei durch die SE-ErgRiL gere-

---

209 Ausführlich zur Gründung der SE, *Scheifele*, Gründung der SE, S. 67 ff.; siehe auch *Schwarz*, ZIP 2001, 1847 (1850 ff.); *Teichmann*, ZGR 2002, 383 (409 ff.). Mit steuerlichen Hinweisen *Kloster*, EuZW 2003, 293 (294 ff.); *Herzig/Griemla*, StuW 2002, 55 (61 ff.); *Rödder*, Der Konzern 2003, 522 (522 ff.).

210 Ebenso *Lange*, EuZW 2003, 301 (301); *Kübler*, ZHR 167 (2003), 222 (226); MünchKommAktG/*Kübler*, SE-VO, Einf. Rn. 18. A.A. *Hommelhoff*, AG 2001, 279 (280); *Hommelhoff*, in: FS Ulmer, 267 (273).

211 Vgl. *Walden/Meyer-Landrut*, DB 2005, 2619 (2619).

212 Vgl. *Schwarz*, SE-VO, Art. 18 Rn. 9.

213 Vgl. *Schwarz*, SE-VO, Art. 18 Rn. 12.

214 Zur Kapitalverfassung der SE siehe ausführlich u.a. *Koke*, Finanzverfassung, S. 27 ff.

gelt, wobei das in Umsetzung der SE-ErgRiL ergangene SEBG allein über Art. 9 Abs. 1 Buchst. c Ziffer i SE-VO zur Anwendung kommt.[215]

Die Mitbestimmung der SE richtet sich nicht nach dem allgemeinen Mitbestimmungsrecht des Sitzstaates der SE,[216] sondern die SE-ErgRiL sieht vorrangig[217] eine Verhandlungslösung und nur für deren Scheitern[218] eine Auffangregelung vor (§§ 1 Abs. 2, 34 Abs. 1 SEBG).[219] Die Auffangregelung führt zur Anwendung des höchsten Mitbestimmungsanteils der an der Gründung beteiligten Gesellschaften für die gesamte SE, unabhängig davon, wo die SE ihren Sitz hat.[220] Die SE-ErgRiL verfolgt somit ein „Vorher-Nachher-Prinzip".[221] Die Gestaltungsfreiheit wird durch den Bestandsschutz erheblich eingegrenzt.[222]

---

215 Zur Sperrwirkung des Art. 1 Abs. 4 SE-VO siehe oben S. 30.

216 Vgl. u.a. *Hirte*, NZG 2002, 1 (6). Anders aber grundsätzlich die Lösung bei der FusionsRiL. Nur falls das anzuwendende Sitzstaatsrecht einen Abbau der Mitbestimmungsrechte bedeuten würde, sind Verhandlungen zu führen und eine Auffangregelung gegeben, die aber weniger restriktiv ausgestaltet ist als die der SE-ErgRiL. Vgl. *Kallmeyer/Kappes*, AG 2006, 224 (229).

217 Vgl. Erwägungsgrund 7 und 8 SE-ErgRiL, § 1 Abs. 2 SEBG.

218 Die Verhandlungen sind gescheitert, wenn innerhalb der Verhandlungsfrist (§ 20 SEBG) kein Ergebnis erreicht wurde oder das Verhandlungsergebnis nicht die notwendige Zustimmung des besonderen Verhandlungsgremiums der Arbeitnehmer gefunden hat (§ 22 Abs. 1 Nr. 2 SEBG).

219 Auf den ersten Blick scheint der Kompromiss zur Mitbestimmung eine wesentliche Verbesserung gegenüber dem bestehenden nationalen Recht darzustellen, weil zunächst keine starren Regelungen Anwendung finden, sondern die Mitbestimmung den Verhandlungspartnern überlassen wird, Erwägungsgrund 8 SE-ErgRiL.
Aus der Konzeption der SE-ErgRiL folgt zudem, dass bei einem Zusammenschluss zweier mitbestimmungsfreier Gesellschaften auch bei Scheitern der Verhandlungen die gegründete SE mitbestimmungsfrei ist; vgl. *Hirte*, NZG 2002, 1 (7). Denn die SE ist nicht verpflichtet eine überbetriebliche Mitbestimmung einzuführen; vgl. *Heinze*, ZGR 2002, 66 (91). Daher können mitbestimmungsfreie Gesellschaften zu einer SE mit Sitz in Deutschland fusionieren.

220 Vgl. *Lutter*, BB 2002, 1 (6). Sofern an der SE-Gründung eine deutsche Gesellschaft beteiligt ist, wird daher in den meisten Fällen das deutsche Mitbestimmungsverhältnis zur Anwendung kommen, das viele ausländische Gesellschaften aber nicht akzeptieren wollen. Der in der SE-ErgRiL getroffene Kompromiss dürfte daher für deutsche Unternehmen ein Wettbewerbshindernis bedeuten, sodass in der Literatur vielfach vertreten wird, die SE komme für deutsche Unternehmen kaum in Frage; vgl. FAZ v. 26.10.2004, Nr. 250, S. 20; HB v. 19.10.2004, Nr. 203, S. 4; FAZ v. 17.06.2003, Nr. 138, S. 18; *Heinze*, ZGR 2002, 66 (92). *Hopt*, EuZW 2002, Heft 1, Editorial; *Lutter*, BB 2002, 1 (6); *Nagel/Köklü*, ZESAR 2004, 175 (181); *Endres*, RIW 2004, 735 (736).

221 Siehe Erwägungsgrund 18 SE-ErgRiL; Begründung zum SEBG-RegE, BT-Drucks. 15/3405, S. 41. Allerdings führt die Regelung auch zur Expansion der nationalen Mitbestimmungsverhältnisse über die Grenzen des Mitgliedstaats hinaus; vgl. *Kübler*, ZHR 167 (2003), 222 (227).

222 Ebenso *Reichert/Brandes*, ZGR 2003, 767 (768 f.).

1. Verhandlungslösung

Für das Verhandlungsverfahren gilt das Recht des Mitgliedstaats, in dem die SE ihren Sitz haben wird (Art. 6 SE-ErgRiL).[223] Für diese Verhandlungslösung ist ein besonderes Gremium der Arbeitnehmer zu bilden, das als Verhandlungspartner der Unternehmensleitung gegenübertritt (§ 4 Abs. 1 SEBG; Art. 3 Abs. 2 SE-ErgRiL). Lediglich für den Fall, dass arbeitnehmerlose Gesellschaften Gründer sind, ist auf Verhandlungen zu verzichten.[224]

Die Kosten der Verhandlungslösung, die 1 Jahr dauern kann (§ 20 SEBG; Art. 5 SE-ErgRiL), tragen die an der Gründung beteiligten Gesellschaften (§ 19 SEBG; Art. 3 Abs. 7 Unterabs. 1 SE-ErgRiL). Die notwendigen Schritte zur Aufnahme der Verhandlungen sind unverzüglich nach Offenlegung des Verschmelzungs- bzw. Gründungsplans einzuleiten (§ 4 Abs. 2 SEBG; Art. 3 Abs. 1 SE-ErgRiL).[225] Dazu zählt u.a. die Bestellung des Verhandlungsgremiums. Das Wahl- bzw. Bestellungsverfahren legen die Mitgliedstaaten fest (§§ 8ff. SEBG; Art. 3 Abs. 2 Buchst. b SE-ErgRiL). In dem Gremium müssen alle Arbeitnehmer der an der SE-Gründung beteiligten Gesellschaften einschließlich der betroffenen Tochtergesellschaften und Betriebe anteilsmäßig vertreten sein (§ 5 SEBG; Art. 3 Abs. 2 SE-ErgRiL).[226] Auch Gewerkschaftsvertreter können gem. Art. 3 Abs. 2 SE-ErgRiL dem Verhandlungsgremium angehören.[227] Das Gremium fasst Beschlüsse grundsätzlich mit einer doppelten absoluten Mehrheit.[228] Mindern[229] sich durch den Be-

223 Vgl. *Heinze*, ZGR 2002, 66 (85). Die Mitgliedstaaten können daher durch eine attraktive Umsetzung der Richtlinie und damit des Verfahrens einen gewissen Einfluss auf die Sitzwahl der SE ausüben. Zum Verhandlungsverfahren siehe *Thüsing*, ZIP 2006, 1469 (1469 ff.).

224 Vgl. *AG Düsseldorf*, ZIP 2006, 287 (287); *LG Hamburg*, ZIP 2005, 2018 (2019); *AG Hamburg*, ZIP 2005, 2017 (2018); *Waclawik*, ZEV 2006, 429 (431); *Henssler*, RdA 2005, 330 (334 f.); *Frodermann/Jannott*, ZIP 2005, 2251 (2251); *Seibt*, ZIP 2005, 2248 (2249); *Casper/Schäfer*, ZIP 2007, 653 (653). A.A. *Blanke*, ZIP 2006, 789 (791), der zwar auch die Verhandlungen als überflüssig ansieht, aber dann die Eintragung der SE versagen will.

225 Vgl. *Jahn/Herfs-Röttgen*, DB 2001, 631 (634).

226 Zu den damit verbundenen Problemen vgl. *Herfs-Röttgen*, NZA 2002, 358 (359 ff.).

227 Gem. § 6 Abs. 2 S. 1 SEBG können neben Arbeitnehmern der Gesellschaft auch Gewerkschaftsvertreter gewählt werden. Allerdings muss gem. § 6 Abs. 3 SEBG jedes dritte für das Inland zu bestellende Mitglied ein Gewerkschaftsvertreter sein. Dies birgt die Gefahr, dass die Verhandlungen eher an Gewerkschaftsinteressen ausgerichtet sein werden; vgl. *Schiessl*, ZHR 167 (2003), 235 (252).

228 Dies bedeutet, dass die absolute Mehrheit der Stimmen die absolute Mehrheit der Arbeitnehmer repräsentieren muss (§ 15 Abs. 2 SEBG; Art. 3 Abs. 4 S. 1 SE-ErgRiL).

229 Die Frage, wann eine Minderung der Mitbestimmung vorliegt, kann hier nicht näher erläutert werden. Eine Minderung ist im Ergebnis gegeben, wenn die Verhandlungen ein geringeres Verhältnis vorsehen, als dies bei Anwendung der Auffangregelung gelten würde. Daher ist die Wahl des in den beteiligten Gesellschaften nicht vorhandenen Mitbestimmungsmodells eine Minderung, weil dieses Modell bei der Auffangregelung nicht wählbar ist (§ 34 Abs. 2 SEBG). Sind beide Mitbestimmungsformen in den beteiligten Gesellschaften vorhanden, stellt der Wechsel vom Repräsentationsmodell zum Kooptationsmodell keine Minderung der Mitbestimmung dar. Ebenso mit ausführlicher Begründung: *Reichert/Brandes*, ZGR 2003, 767 (786).

schluss die Mitbestimmungsrechte, so müssen 2/3 des Verhandlungsgremiums zustimmen, die 2/3 der Arbeitnehmer aus zusätzlich mindestens zwei Mitgliedstaaten vertreten (§ 15 Abs. 3 SEBG; Art. 3 Abs. 4 S. 3 SE-ErgRiL).[230] Voraussetzung hierfür ist, dass in den beteiligten Gesellschaften eine Mindestanzahl mitbestimmender Arbeitnehmer vorhanden ist.[231]

a) Ergebnis der Verhandlungen

Die Unternehmensleitung kann sich mit dem Verhandlungsgremium grundsätzlich auf ein beliebiges Mitbestimmungsmodell einigen.[232] Die Einigung kann auch die Anwendung der Auffangregelung enthalten. Es ist zudem möglich, auf eine Mitbestimmung zu verzichten.[233] Über das Leitungssystem können die Verhandlungspartner dagegen nicht entscheiden, weil diese Frage gem. Art. 38 Buchst. b SE-VO allein dem Satzungsgeber obliegt.[234] Das Ergebnis der Verhandlungen kann sich jedoch auf das jeweilige System beziehen. Es ist somit denkbar, dass die Mitbestimmung z.B. auf wesentliche Entscheidungen bzw. im monistischen System auf Kontrollaufgaben beschränkt wird.[235] Letzteres ist allerdings nur möglich, wenn die Mitbestimmung in einem gesonderten Organ stattfindet, weil eine Geschäftsverteilung hinsichtlich der Leitung unzulässig ist.[236]

Ein Wechsel zwischen dem dualistischen und monistischen System ist keine Minderung, weil die SE-ErgRiL allein die Quantität und nicht die Qualität der Mitbestimmung schützt. A.A. wohl *Wißmann*, in: FS Wiedemann, 685 (692), der die Mitbestimmungsformen nicht als gleichwertig i.S.d. SE-ErgRiL ansieht.

230 Zur Kritik an den Mehrheitserfordernissen vgl. *Heinze*, ZGR 2002, 66 (83).

231 So verlangt Art. 3 Abs. 4 Unterabs. 1 SE-ErgRiL für die Verschmelzung mindestens 25 %, für die Holding- oder Tochter-SE-Gründung mindestens 50 % der Gesamtzahl der Arbeitnehmer der beteiligten Gesellschaften, denen Mitbestimmungsrechte zustehen. Die Einbeziehung auch der Arbeitnehmer der Tochtergesellschaften in § 15 Abs. 3 SEBG ist damit richtlinienwidrig, siehe dazu unten S. 44 f.

232 Vgl. *Veit/Wichert*, AG 2004, 14 (19). Zur Rechtsnatur der Vereinbarung: *Herfs-Röttgen*, NZA 2002, 358 (363 f.); *Kraushaar*, BB 2003, 1614 (1619); *Reichert/Brandes*, ZGR 2003, 767 (774).

233 Dies ergibt sich im Umkehrschluss zu § 16 Abs. 1 S. 1 SEBG (Art. 3 Abs. 6 SE-ErgRiL), weil dort mit qualifizierter Mehrheit beschlossen werden kann, dass keine Verhandlungen aufgenommen bzw. solche abgebrochen werden. In diesem Fall kommt dann gem. § 16 Abs. 2 S. 2 SEBG (Art. 3 Abs. 6 S. 3 SE-ErgRiL) der Anhang und damit die Auffangregelung (§§ 22ff. SEBG; Art. 7 Abs. 1 Unterabs. 1 SE-ErgRiL) nicht zur Anwendung, sodass die SE mitbestimmungsfrei ist. Es gelten in diesem Fall allein die nationalen Vorschriften für die Unterrichtung und Anhörung der Arbeitnehmer (§ 16 Abs. 1 S. 3 SEBG); vgl. *Reichert/Brandes*, ZGR 2003, 767 (774); *Pluskat*, DStR 2001, 1483 (1487); *Henssler*, in: FS Ulmer, 193 (197); *Weiss/Wöhlert*, NZG 2006, 121 (122).
Sofern die Verhandlungen frühestens zwei Jahre nach dem ersten Beschluss auf Antrag von 10 % der Arbeitnehmer wieder aufgenommen werden, eine Einigung jedoch nicht erzielt wird, findet die Auffangregelung weiterhin keine Anwendung, § 18 Abs. 2 SEBG (Art. 3 Abs. 6 Unterabs. 4 S. 2 SE-ErgRiL); *Heinze*, ZGR 2002, 66 (83).

234 Ebenso *Habersack*, AG 2006, 345 (351).

235 Vgl. *Reichert/Brandes*, ZGR 2003, 767 (774 f.).

236 Vgl. unten S. 138.

Im Falle einer Umwandlung muss die Verhandlungslösung gem. § 15 Abs. 5 SEBG (Art. 4 Abs. 4 SE-ErgRiL) mindestens das gleiche Ausmaß aller Komponenten der Arbeitnehmerbeteiligung gewährleisten, wie es in der ursprünglichen Gesellschaft bestand. Eine Minderung ist folglich auf dem Verhandlungswege nicht zu erreichen. Scheitern die Verhandlungen, gilt gem. der Auffangregelung (§ 35 Abs. 1 SEBG) das bestehende Mitbestimmungsmodell weiter.[237]

b) Wirksamkeit und nachträgliche Änderung der Vereinbarung

Im Gründungsstadium der SE können sich die Hauptversammlungen der sich verschmelzenden Gesellschaften gemäß Art. 23 Abs. 2 S. 2 SE-VO vorbehalten, die Eintragung der SE von ihrer Genehmigung der geschlossenen Vereinbarung abhängig zu machen.[238] Da eine Vereinbarung in die Struktur der Gesellschaft in gleicher Weise eingreift wie ein Unternehmensvertrag, ist ebenso wie bei diesen Verträgen die Wirksamkeit der Vereinbarung von der Zustimmung der Hauptversammlung abhängig.[239] Dies gilt bei allen Gründungsformen. Die Regelung des Art. 23 Abs. 2 S. 2 SE-VO ist dennoch nicht deklaratorisch, weil sie den beteiligten Gesellschaften ermöglicht, die Anwendung der Auffangregelung zu verhindern, indem die Verschmelzung durch die Nichteintragung verhindert wird.

Die Zustimmungspflicht der Hauptversammlung gilt auch für eine Änderung der geschlossenen Vereinbarung.[240] Es ist also nicht ausreichend, dass sich das Leitungs- bzw. Verwaltungsorgan auf Gesellschaftsseite und das besondere Verhandlungsgremium auf Arbeitnehmerseite auf eine neue Regelung einigen.[241] Kommt es zu keiner neuen Vereinbarung, und enthält die alte keinen Regelung zur zeitlichen Geltung, gilt die bisherige Vereinbarung fort.[242]

---

237 Vgl. *Jahn/Herfs-Röttgen*, DB 2001, 631 (636); *Lange*, EuZW 2003, 301 (303). Bei einer Umwandlung bleibt hinsichtlich der Mitbestimmung somit mindestens alles beim Alten. Dabei stellt sich die Frage, wozu noch Verhandlungen nötig sein sollen; vgl. *Reichert/Brandes*, ZGR 2003, 767 (775). Dies gilt insbesondere, wenn man berücksichtigt, dass für eine Umwandlung bei bestehender Mitbestimmung ein Nichtaufnehmen und ein Abbruch der Verhandlungen gem. § 16 Abs. 3 SEBG (Art. 3 Abs. 6 Unterabs. 3 SE-ErgRiL) nicht möglich sind. Die Rechtsfolge des § 16 Abs. 2 SEBG, die Nichtanwendung der Auffangregelung, kann somit nicht erreicht werden. Damit ist bei einer Umwandlung immer die sechsmonatige Verhandlungszeit auszuschöpfen, sofern keine Einigung erzielt wird. Die Arbeitnehmer haben folglich ein gewisses Druckmittel, zur Abkürzung des Verfahrens mehr Rechte durchzusetzen.

238 Die Norm dient dem Schutz der Aktionäre der SE, denen nicht zugemutet werden soll, dass ohne ihr Einverständnis eine Vereinbarung gelten soll, die erheblich in ihre Rechte eingreift.

239 Dies nur für den Fall nach der Grünung annehmend *Schwarz*, SE-VO, Einl. Rn. 276 ff., 281.

240 Vgl. *Schwarz*, SE-VO, Einl. Rn. 281.

241 Eine andere Meinung würde dazu frühen, dass die Hauptversammlung dann aufgrund Art. 12 Abs. 4 Unterabs. 1 S. 2 SE-VO gezwungen wäre, die Satzung entsprechend zu ändern. Bei Weigerung käme es zur Amtsauflösung (Art. 63 HS 1 SE-VO i.V.m. § 262 Abs. 1 Nr. 5 AktG).

242 Ebenso *Schwarz*, SE-VO, Einl. Rn. 282. Kommt es zu keiner Einigung und besteht die alte Vereinbarung aufgrund Zeitablaufs nicht mehr, gilt die gesetzliche Auffangregelung. Es sind jetzt aber nicht mehr die ursprünglich in den beteiligten Gesellschaften vorhandenen Mitbestimmungsverhältnisse zu betrachten, sondern es gilt das in der bisherigen Vereinbarung bestimmte Verhältnis für die gesetzliche Mitbestimmung.

2. Mitbestimmung kraft Gesetzes

Scheitern die Verhandlungen, z.B. durch Zeitablauf (§ 20 Abs. 1 S. 1 SEBG (Art. 5 SE-ErgRiL)), richtet sich die Mitbestimmung nach der gesetzlichen Auffangregelung (Art. 7 Abs. 1 Unterabs. 1 SE-ErgRiL),[243] sofern der Mitgliedstaat nicht von der Ermächtigung des Art. 7 Abs. 3 SE-ErgRiL Gebrauch macht und die Auffangregelung für die Verschmelzungsgründung ausschließt.[244] Diese Mitbestimmung gilt dann für alle Mitarbeiter der SE und ihrer Tochtergesellschaften. Anders als bei § 5 MitbestG werden auch die Arbeitnehmer von Tochtergesellschaften und Betrieben berücksichtigt, die in anderen Staaten als dem Sitzstaat der SE ihren Sitz haben bzw. liegen.[245]

a) Bedingungen der Anwendbarkeit

Neben dem Scheitern der Verhandlungen gelten für die verschiedenen Gründungsformen jeweils unterschiedliche Bedingungen. Dabei ist – mit Ausnahme der Umwandlung[246] – generelle Voraussetzung, dass mindestens in einer der beteiligten Gesellschaften eine Mitbestimmungsform bestand. Darüber hinaus wird die Anwendung der Auffangregelung an den Anteil der Arbeitnehmer geknüpft, die einer der Mitbestimmungsformen unterlagen. Wird der festgelegte Anteil (Verschmelzung 25%, Holding 50%) nicht erreicht, kommt die Auffangregelung nur zur Anwendung, wenn das Verhandlungsgremium einen entsprechenden Beschluss fasst.[247] Für die Bestimmung des Anteils der einer Mitbestimmungsform unterliegenden Arbeitnehmer ist unerheblich, welche Mitbestimmungsform für die Arbeitnehmer bestand.[248] Da Art. 7 Abs. 2 SE-ErgRiL nur die Gesamtzahl der Arbeit-

---

243 Abschnitt 2 des SEBG. In den Verhandlungen kann auch die Anwendung der Auffangregelung vereinbart werden. Die weiteren Voraussetzungen zur Anwendung der Auffangregelung müssen dann nicht erfüllt sein.

244 Vgl. *Schulz/Geismar*, DStR 2001, 1078 (1082). Der deutsche Gesetzgeber hat trotz anders lautender Forderungen des Bundesrates von dieser Möglichkeit keinen Gebrauch gemacht; vgl. BRBegr., BT-Drucks. 15/4379, S. 1 f.; *Gemeinsamer Arbeitsausschuss der deutschen Arbeitgeberverbände*, Stellungnahme, 1 (12); siehe zu diesem Zugeständnis an Spanien ausführlicher *Herfs-Röttgen*, NZA 2001, 424 (428); *Jahn/Herfs-Röttgen*, DB 2001, 631 (635 f.); *Niklas*, NZA 2004, 1200 (1204 f.); *Heinze*, ZGR 2002, 66 (92).

245 Das MitbestG gilt nur für inländische Arbeitnehmer: MünchKommAktG/*Gach*, § 5 MitbestG, Rn. 8. Hinsichtlich der SE findet somit eine Ausweitung der Mitbestimmungsrechte auf die Arbeitnehmer des gesamten Unternehmensverbunds statt.

246 Bei der Umwandlung bleibt es bei der bestehenden Mitbestimmungsform und dem Mitbestimmungsanteil.

247 Das besondere Verhandlungsgremium hat durch die autonome Entscheidungsbefugnis bzgl. der Anwendung der Auffangregelung auch bei Nichterreichen des notwendigen Quorums ein erhebliches Druckmittel. Dies wurde von den Spitzenverbänden der deutsche Wirtschaft als Verstoß gegen das Prinzip der Gleichberechtigung der Vertragsparteien kritisiert; vgl.; *Calle Lambach*, RIW 2005, 161 (165); *Jahn/Herfs-Röttgen*, DB 2001, 631 (635); *Schiessl*, ZHR 167 (2003), 235 (252), *Ulmer*, FAZ v. 28.04.2001, Nr. 99, S. 23.

248 Die beiden Formen werden gem. § 2 Abs. 12 SEBG (Art. 2 Buchst. k SE-ErgRiL) unter den Begriff der Mitbestimmung gefasst und damit gleichgestellt.

nehmer aller beteiligten Gesellschaften[249] heranzieht, ist § 34 Abs. 1 SEBG, der auch die Arbeitnehmer der Tochtergesellschaften berücksichtigt,[250] wie § 15 Abs. 3 SEBG[251] richtlinienwidrig.[252] Lediglich eine Definition des Arbeitnehmers der beteiligten Gesellschaft entsprechend § 5 Abs. 1 MitbestG ist mit dem Zweck der Richtlinie, bestehende Mitbestimmungsrechte zu schützen, vereinbar.[253] Denn der

---

249 Gemäß § 2 Abs. 2 SEBG (Art. 2 Buchst. b SE-ErgRiL) sind beteiligte Gesellschaften, die Gesellschaften, die unmittelbar an der Gründung der SE beteiligt sind und damit nicht deren Töchter.

250 Für die Frage, ob die Auffangregelung automatisch oder nur bei einem entsprechenden Beschluss des Verhandlungsgremiums zur Anwendung kommt, ist entscheidend, ob nur die Arbeitnehmer der unmittelbar an der Gründung beteiligten Gesellschaften oder auch deren Tochtergesellschaften berücksichtigt werden.

251 Vgl. *Grobys*, NZA 2005, 84 (89); *Grobys*, NZA 2004, 779 (780 f.); a.A. *Niklas*, NZA 2004, 1200 (1203).

252 Vgl. *Grobys*, NZA 2004, 779 (781); *Henssler*, RdA 2005, 330 (333); wohl auch *Schiessl*, ZHR 167 (2003), 235 (253); *Kallmeyer*, AG 2003, 197 (201). Es besteht zunächst kein Bedürfnis, die Arbeitnehmer der Tochtergesellschaften zu berücksichtigen, weil die Töchter weiter existieren, mithin eventuelle Mitbestimmungsrechte unberührt bleiben, *Herfs-Röttgen*, NZA 2001, 424 (428); § 47 Abs. 1 Buchst. a SEBG (Art. 13 Abs. 3 Buchst. b SE-ErgRiL); Begründung zum SEBG-RegE, BT-Drucks. 15/3405, S. 42.
Für die Arbeitnehmer der deutschen Tochtergesellschaften existieren allerdings gem. § 5 Abs. 1 S. 1 MitbestG auch Mitbestimmungsrechte bei dem herrschenden deutschen Unternehmen, die der Gesetzgeber ebenfalls schützen will, so die Begründung zu § 34 SEBG-RegE, BT-Drucks 15/3405, S. 54. Würde man die Arbeitnehmer der Tochtergesellschaften nicht einbeziehen, könnte der Anteil mitbestimmter Arbeitnehmer bei einer Fusion mit einer deutschen Holding relativ leicht unter die 25 %-Grenze fallen, wenn der mitbestimmungsfreie Fusionspartner operativ tätig ist.

253 Nur so kann verhindert werden, dass bei einer generellen Einbeziehung der Tochtergesellschaften eine Überdehnung des Vorher-Nachher-Prinzips eintritt. Dies wäre gegeben, wenn eine mitbestimmungsfreie z.B. irische AG X (Mitarbeiter: 20.000) mit der deutschen AG Y (5.000) zu einer SE fusionieren will und X eine irische (20.000) und eine deutsche Tochtergesellschaft (20.000) hat. Ohne die Töchter besteht ein Anteil an Arbeitnehmern, die einer Mitbestimmung unterlagen, von 20 %; bei Einbeziehung aller Töchter von 38,5 %, sodass dann die Auffangregelung in jedem Fall gelten würde. Den Arbeitnehmern der deutschen Tochtergesellschaften stehen aber keine Mitbestimmungsrechte bei der Mutter X zu, sodass hinsichtlich X keine Mitbestimmungsrechte verloren gehen. Daher sollten nur die Arbeitnehmer berücksichtigt werden, die bei der beteiligten Gesellschaft Mitbestimmungsrechte haben. So lassen sich auch Arbeitnehmer bei Enkelgesellschaften einbeziehen, denen ebenfalls gemäß § 5 Abs. 1 MitbestG Mitbestimmungsrechte bei der Mutter-Gesellschaft zustehen; vgl. MünchKommAktG/*Gach*, § 5 MitbestG, Rn. 8, 22.
Auch bei der Gründung einer Holding-SE können Mitbestimmungsrechte von Arbeitnehmern der Töchter bestehen. Dennoch ist bei dieser Gründungsform der notwendige Anteil an Arbeitnehmern doppelt so hoch wie bei der Verschmelzungsgründung. Dies zeigt, dass die SE-ErgRiL das Schutzbedürfnis der Mitbestimmungsrechte der Arbeitnehmer der Töchter nicht sehr hoch ansieht. Daher kann m.E. auch vertreten werden, dass durch die Beteiligung der Arbeitnehmer der Tochtergesellschaften an den Verhandlungen der Schutz ihrer Beteiligungsrechte bei der beteiligten Gesellschaft ausreichend gewährleistet ist. Für die Bestimmung des Anteils werden diese dann nicht berücksichtigt.

Begriff des Arbeitnehmers in der SE-ErgRiL entspricht nicht zwangsläufig dem deutschen Verständnis.[254]

b) Bestimmung des höchsten Anteils

Gemäß § 35 Abs. 2 S. 2 SEBG (Teil 3 Buchst. b des Anhangs der SE-ErgRiL) bemisst sich der Anteil der Arbeitnehmervertreter im Organ nach dem höchsten in den beteiligten Gesellschaften bestandenen Anteil. Sofern nur eine Mitbestimmungsform in den beteiligten Gesellschaften bestand, gilt der Auffangregelung zur Folge diese Form auch für die SE, sodass der höchste bestandene Anteil unproblematisch ermittelt werden kann.[255]

Sofern allerdings beide Formen in den beteiligten Gesellschaften vorhanden waren, entscheidet gem. § 34 Abs. 2 S. 1 SEBG (Art. 7 Abs. 2 Unterabs. 2 SE-ErgRiL) allein das Verhandlungsgremium, welche Form für die SE gilt. Für den Fall, dass kein Beschluss des Verhandlungsgremiums ergeht, gilt gemäß § 34 Abs. 2 S. 2 SEBG grundsätzlich das Repräsentationsmodell.[256] Da das Verhandlungsgremium nur die Form und nicht den Anteil bestimmt, muss die Auffangregelung unabhängig von den Verhandlungspartnern zu einer Lösung führen. Daher kann bei verschiedenen Mitbestimmungsformen nur der höchste Anteil der beteiligten Gesellschaften gelten, die der Mitbestimmungsform unterlag, für die sich das Verhandlungsgremium entscheidet.[257] Für die Bestimmung des Anteils ist somit immer die gewählte Form maßgeblich.[258]

Für die Gründung einer Tochter-SE durch eine SE (Art. 3 Abs. 2 S. 1 SE-VO) enthält die SE-ErgRiL keine explizite Regelung.[259] Eine Anwendung der Mitbestimmungsregeln des Sitzstaates der Tochter-SE ist nicht möglich, weil sich die Mitbestimmung einer SE gem. Art. 1 Abs. 4 SE-VO ausschließlich nach der SE-ErgRiL richtet.[260] Eine Lösung besteht darin, für die Tochter-SE das Mitbestimmungsregime der Mutter anzunehmen.[261] Dies ergibt sich aus einer entsprechenden Anwendung des § 34 Abs. 1 Buchst. c SEBG, weil die Tochter-Gründung durch

---

254 Vgl. *Wißmann*, in: FS Wiedemann, 685 (698)

255 Im SEBG durch einen Umkehrschluss zu § 34 Abs. 2 SEBG.

256 Ist keine inländische Gesellschaft beteiligt, so findet nach § 34 Abs. 2 S. 3 SEBG zwingend die Mitbestimmungsform Anwendung, die sich auf die höchste Zahl der in den beteiligten Gesellschaften beschäftigten Arbeitnehmer erstreckt. Vgl. hierzu *Heinze*, ZGR 2002, 66 (89).

257 Davon geht auch der Gesetzgeber in § 34 Abs. 2 S. 3 SEBG aus, so auch *Reichert/Brandes*, ZGR 2003, 767 (787). Andernfalls würde es bei dem Recht der Mitarbeiter einer der beteiligten Gesellschaften, alle Mitglieder zu empfehlen, bei Wahl des Repräsentationsmodells zu einer kompletten Bestellung des Organs durch Arbeitnehmer kommen. Dies lässt die SE-VO erkennbar (Art. 50 Abs. 2; Art. 42 S. 2; Art. 45 S. 2 SE-VO) nicht zu.

258 So auch *Brandt*, BB-Special 3/2005, 1 (6).

259 Vgl. *Grobys*, NJW-Editorial 34/2003,; dies übersehend *Heinze*, ZGR 2002, 66 (79), der von vier Gründungstatbeständen ausgeht und damit nur Art. 2 SE-VO im Auge hat. Ebenso: *Pluskat*, DStR 2001, 1483 (1486); *Herfs-Röttgen*, NZA 2002, 358 (359). Anders die Reg-Begr. zum SEBG, BT-Drucks. 15/3405, S. 40.

260 So auch § 47 Abs. 1 SEBG; Art. 13 Abs. 3 Buchst. a SE-ErgRiL.

261 Vgl. *Grobys*, NJW-Editorial 34/2003.

die SE mit der Gründung einer gemeinsamen Tochter-SE vergleichbar ist. Beteiligte Gesellschaft i.S.d. SEBG ist die SE.

c) Umwandlung

Bei der Umwandlung gelten alle Komponenten der Mitbestimmung weiter. Damit ist nicht die Anwendung des MitbestG gemeint.[262] Zu diesen Komponenten zählen nur die Formen der Mitbestimmung, die in Art. 2 Buchst. k SE-ErgRiL erwähnt sind,[263] und das Mitbestimmungsverhältnis, aber nicht die Organgröße oder andere Beteiligungsformen.[264]

3. Missbrauchsverhinderung

Mit den Restriktionen der SE-ErgRiL soll verhindert werden, dass die SE zum Abbau bestehender Mitbestimmungsrechte missbraucht wird.[265] Ein solcher Missbrauch ist gem. § 45 Abs. 1 Nr. 1 SEBG mit einer Freiheitsstrafe von bis zu 2 Jahren oder Geldstrafe bedroht.[266] Nach Art. 43 S. 2 SEBG wird ein Missbrauch vermutet, wenn strukturelle Veränderungen durchgeführt werden, durch die Arbeitnehmern Beteiligungsrechte vorenthalten oder entzogen werden, ohne dass das Verfahren nach § 18 Abs. 3 SEBG durchgeführt wurde. Die Verhandlungen sind auf Veranlassung des Leitungsorgans oder Betriebsrates durchzuführen. Art. 43 S. 2 i.V.m. Art. 44 Abs. 1 Nr. 2 SEBG führt allerdings seitens des Leitungsorgans zu einem Veranlassungszwang. Scheitern die Verhandlungen, gilt gem. Art. 18 Abs. 3 S. 3 SEBG die Auffangregelung.

Wann eine strukturelle Veränderung vorliegt, bleibt offen.[267] Aus der SE-ErgRiL folgt jedoch, dass eine Änderung der Arbeitnehmeranzahl nicht zu einer Änderung des Mitbestimmungsstatus der SE führt.[268] Dies gilt ebenfalls, wenn sich die Arbeitnehmeranzahl verringert.[269] Die Verschmelzung einer mitbestimmten Gesell-

---

262 Vgl. *Müller-Bonanni/Merlot de Beauregard*, GmbHR 2005, 195 (197); a.A. *Wisskirchen/Prinz*, DB 2004, 2638 (2641 f.).

263 Vgl. *Grobys*, NZA 2005, 84 (88).

264 Vgl. *Ihrig/Wagner*, BB 2004, 1749 (1755); *Müller-Bonanni/Merlot de Beauregard*, GmbHR 2005, 195 (197).

265 So ausdrücklich § 43 S. 1 SEBG (Art. 11 SE-ErgRiL).

266 Auch der französische Gesetzgeber hat zur Sicherung der Arbeitnehmerbeteiligung jede Behinderung dieser Rechte unter Strafe gestellt; vgl. *Klein*, RIW 2004, 435 (437). Mit berechtigten verfassungsrechtlichen Bedenken gegen die Strafvorschrift: *Grobys*, NZA 2004, 779 (781); *Gemeinsamer Arbeitsausschuss der deutschen Arbeitgeberverbände*, Stellungnahme, 1 (10, zu § 43 SEEG); ähnlich *Müller-Bonanni/Merlot de Beauregard*, GmbHR 2005, 195 (200); *Rehberg*, ZGR 2005, 859 (890); a.A. *Niklas*, NZA 2004, 1200 (1205).

267 Vgl. Erwägungsgrund 18 SE-ErgRiL sowie RegBegr. zum SEBG, BT-Drucks. 15/3405, S. 42; zu einzelnen Strukturmaßnahmen siehe u.a. *Wollburg/Banerjea*, ZIP 2005, 277 (278 f.).

268 Vgl. *Casper/Schäfer*, ZIP 2007, 653 (658, 660); *Habersack*, Der Konzern 2006, 105 (107 f.); *Rieble*, BB 2006, 2018 (2022); *Kisker*, RdA 2006, 206 (208); *Henssler*, RdA 2005, 330 (334); *Grobys*, NZA 2005, 84 (91); *Müller-Bonanni/Merlot de Beauregard*, GmbHR 2005, 195 (197 f.); *Wollburg/Banerjea*, ZIP 2005, 277 (282).

269 Vgl. *Müller-Bonanni/Merlot de Beauregard*, GmbHR 2005, 195 (197 f.); *Wollburg/Banerjea*, ZIP 2005, 277 (282); für eine gesetzliche Regelung der Anpassung; vgl. *Herfs-Röttgen*, NZA 2002, 358 (365). Für eine Anpassung nach unten fehlt allerdings die

schaft auf eine mitbestimmungsfreie SE stellt sicherlich eine strukturelle Veränderung dar.[270] Die Integration von Betrieben ist ebenfalls eine strukturelle Veränderung, wenn der Betrieb als Rechtssubjekt für sich mitbestimmt wäre.[271] Der Erwerb einer mitbestimmten AG durch eine mitbestimmungsfreie SE ist dagegen keine Fall des § 18 Abs. 3 SEBG, weil hier noch keine Mitbestimmungsrechte bedroht sind.

III. Sitzverlegung

Die SE kann, ohne sich auflösen zu müssen, ihren Sitz in einen anderen Mitgliedstaat verlegen (Art. 8 SE-VO).[272] Damit ändert sich das über Art. 9 Abs. 1 Buchst. c SE-VO subsidiär anwendbare Recht. Die Sitzverlegung entspricht daher im weitesten Sinne einem Formwechsel. Die SE kann sich somit relativ einfach mittels Sitzwahl das für die Tätigkeit der SE geeignetste Rechtssystem aussuchen. Ob es dadurch zu einem Delaware-Effekt kommt, bleibt abzuwarten.[273] Die Mitbestimmung bleibt von der Sitzverlegung unberührt.[274]

Grundlage in der SE-ErgRiL und bei erneutem Ansteigen der Mitarbeiterzahl würde es bei der „neuen" Lösung bleiben.

270 Vgl. *Henssler*, RdA 2005, 330 (335); *Müller-Bonanni/Merlot de Beauregard,* GmbHR 2005, 195 (197 f.).

271 Vgl. *Henssler*, RdA 2005, 330 (334); a.A. wohl *Rieble*, BB 2006, 2018 (2022).

272 Es ist auch eine Sitzverlegung in Drittstaaten möglich, vgl. *Schmidt*, DB 2006, 2221 (2221 f.)

273 Vgl. *Schröder/Fuchs*, in: Manz/Mayer/Schröder, SE, Vorb. Rn. 25. Verneinend *Sokolowski*, Überwachung in einer SE, S. 22; a.A. anscheinend *Klein,* RIW 2004, 435 (438); *v. Werder*, RIW 1997, 304 (309 f.).

274 Dies ergibt sich daraus, dass die Mitbestimmung unabhängig vom Sitzstaatrecht ist und die Sitzverlegung keinen Anwendungsfall der SE-ErgRiL darstellt, vgl. ebenso *Ringe*, NZG 2006, 931 (932). A.A. *Kleinsorge*, RdA 2002, 343 (351), der dagegen von einer Pflicht zu erneuten Verhandlungen ausgeht.

C. Die Leitungssysteme der SE

Eine wesentliche Besonderheit gegenüber der deutschen AG ist das Leitungssystem der SE. Neben der Hauptversammlung (Art. 38 Buchst. a SE-VO) verfügt eine SE gemäß Art. 38 Buchst. b SE-VO entweder über ein dualistisches Verwaltungssystem aus Aufsichts- und Leitungsorgan oder ein monistisches System[275] mit dem Verwaltungsorgan.[276] Über welches Verwaltungssystem die SE verfügt, muss dabei gem. Art. 38 Buchst. b SE-VO allein die Satzung entscheiden.[277] Dieses Wahlrecht kann jederzeit neu[278] ausgeübt werden und gilt dabei unabhängig von einer bestehenden Mitbestimmung.[279] Die Mitgliedstaaten können diese Freiheit im Gegensatz zu Art. 61 Spiegelstr. 1 SE-VOV 1991 nicht mehr einschränken (Art. 9 Abs. 1 Buchst. b SE-VO).[280] Die SE-VO gewährt damit ein uneingeschränktes und uneinschränkbares Wahlrecht des Satzungsgebers.[281] Folglich kann in Deutschland eine ansässige auf Aktien basierende Kapitalgesellschaft wieder[282] eine monistische Unternehmensleitungsstruktur wählen.[283]

---

275 Das monistische Leitungssystem steht seit dem SE-VOV 1989 als Alternative zu dem bis dahin einzig vorgesehenen dualistischen Leitungssystem zur Verfügung.

276 Mit Art. 61 SE-VOV 1989 wurde auch erstmals die Organbezeichnung Leitungsorgan für den Vorstand verwendet. Als sprachliche Abgrenzung zum Vorstand einer deutschen AG wird der „Vorstand" der SE im Folgenden wie von der Verordnung als Leitungsorgan bezeichnet. Das Gleiche gilt für das Aufsichtsorgan/Aufsichtsrat. Die Vorgängervorschläge und die SE-VO verwenden für das Organ des monistischen Systems den Begriff Verwaltungsorgan. Auch dieser wird im Folgenden verwendet.

277 Vgl. *Lutter*, BB 2002, 1 (4). Ansonsten besteht ein Eintragungshindernis der SE; vgl. *Oetker*, BB-Special 1/2005, 2 (4).

278 Dies geschieht durch eine Satzungsänderung. Vgl. hierzu *Hirte*, NZG 2002, 1 (5); *Hommelhoff*, AG 2001, 279 (283); *Lange*, EuZW 2003, 301 (302); *Nagel*, NZG 2004, 833 (835).

279 Vgl. *Schander*, Europa-AG, S. 136; *Hommelhoff*, AG 2001, 279 (282). Siehe auch Fn. 229.

280 Vgl. *Nagel*, DB 2004, 1299 (1300); *Schwarz*, ZIP 2001, 1847 (1854); *Blanquet*, ZGR 2002, 20 (49); *Hommelhoff*, AG 2001, 279 (282); MünchKommAktG/*Kübler*, SE-VO, Einf. Rn. 22; *Manz*, in: Manz/Mayer/Schröder, SE, Art. 38 Rn. 11 f. Die Wahlfreiheit ist als Konsequenz des Vorrangs einer Mitbestimmungsvereinbarung wieder eingeführt worden; vgl. *Neye*, in: FS Röhricht, 443 (447).

281 Einige Autoren sehen in der Regelung des Art. 39 Abs. 5 und Art. 43 Abs. 4 SE-VO eine Möglichkeit, die Wahlfreiheit einzuschränken, indem die Mitgliedstaaten auf die Ausführung des in ihrem Hoheitsgebiet nicht vorhandenen Leitungssystems verzichten; vgl. *Schulz/Geismar*, DStR 2001, 1078 (1082); *Sanna*, ELR 2002, 2 (8); *Torggler*, ecolex 2001, 533 (533). Dieser Ansicht steht jedoch der Erwägungsgrund 14 SE-VO entgegen; vgl. auch EP, Ausschuss für Recht und Binnenmarkt, Sitzungsdokument A5-0243/2001 v. 26.06.2001, S. 13, 18. Ohne Umsetzung verbleibt es bei der Regelung der SE-VO und es kommt eine entsprechende Anwendung des bestehenden Rechts in Betracht, siehe unten S. 60 ff.

282 Ein monistisches System hatte Art. 225 ADHGB 1861 zugelassen, denn der Aufsichtsrat war fakultativ. Auch Art. 225 Abs. 3 ADHGB 1884 und § 246 Abs. 3 HGB 1897 ermöglichte eine Art monistische Struktur, weil dem Aufsichtsrat die Oberleitung übertragen werden konnte; vgl. *Roth*, AG 2004, 1 (3); GroßkommAktG/*Hopt/Roth*, § 111 Rn. 5. 2002 war die Deutsche Bank AG bestrebt, im Rahmen des deutschen Rechts weitgehend eine monistische zumindest eine daran angelehnte Struktur zu schaffen; vgl. HB v. 17.01.2002, Nr. 012, S. 1.

283 Mit der Wahlmöglichkeit zwischen beiden Leitungssystemen soll die SE das System wählen können, das in ihrem Sitzstaat verbreitet ist, um so Investoren ein vertrautes System zu bie-

I. Die Struktur der SE

Für die Beurteilung der Anwendbarkeit des DCGK, eventueller Anpassungen und diesbezüglicher gesellschaftsrechtlicher Möglichkeiten sind sowohl im dualistischen als auch monistischen System die Kompetenzen der Organe von entscheidender Bedeutung. Hierfür ist die innere Struktur der SE, vor allem die Stellung der Hauptversammlung, zu bestimmen.

1. Nebenordnung/Hierarchiemodell

Für die Kompetenz der Hauptversammlung ist entscheidend, ob das Leitungs- bzw. Verwaltungsorgan in Fragen der Leitung ihre Kompetenzen von der Hauptversammlung ableiten (Hierarchiemodell) oder ob sich die Kompetenzen der Organe und die Aufgabenverteilung allein aus dem Gesetz ergeben, sodass Hauptversammlung und Unternehmensleitungsorgane nebeneinander stehen (Nebenordnungsmodell).[284] Da der Hauptversammlung die Satzungsregelungsbefugnis und damit die Wahl des Leitungssystems obliegt, ist sie oberstes Organ der Gesellschaft.[285] Dies ist allerdings noch keine Aussage zur Struktur der SE oder eventueller Kompetenzen.

Brandt folgert aus Art. 52 Unterabs. 1 SE-VO, dass das Regelungskonzept der SE-VO eindeutig dem Nebenordnungsmodell folge.[286] *Brandt* stützt sein Ergebnis dabei zum einen auf die Formulierung des Art. 52 Unterabs. 1 SE-VO „alleinige Zuständigkeit", zum anderen auf die Vorgängervorschläge, die u.a. einen festen Zuständigkeitskatalog der Hauptversammlung vorsahen.[287] Aus beiden Ansätzen

---

ten. Es kann für die Gesellschaft aber auch sinnvoll sein, von dem vorherrschenden System abzuweichen. Die SE soll die Möglichkeit bekommen, das für die individuelle Gesellschaftssituation bedarfsgerechte System wählen zu können.
Nach dem Ziel des Aktionsplans der EU-Kommission zur Modernisierung des Gesellschaftsrechts und Verbesserung der Corporate Governance soll mittelfristig auch für nationale Gesellschaften das Wahlrecht zwischen dem monistischen und dualistischen System zur Verfügung stehen; vgl. *Wiesner*, ZIP 2003, 977 (978); *Neye*, in: FS Röhricht, 443 (448); *van Hulle/Maul*, ZGR 2004, 484 (493 f.). So auch die Empfehlung III.9 der High Level Group of Company Law Experts (http://ec.europa.eu/internal_market/company/docs/modern/report_de.pdf), S. 63. Für die Einführung der Wahlmöglichkeit im dt. Aktienrecht; vgl. *Hopt*, ZGR 2000, 779 (815); *Bayer*, BB 2004, 1 (7); *Schiessl*, ZHR 167 (2003), 235 (250); *Hensssler*, in: FS Ulmer, 193 (201). Wohl auch *Schander*, Europa-AG, S. 279 f. Für eine abwartende Haltung u.a. *v. Hein*, ZHR 166 (2002), 464 (502).

284 Zu dieser Kategorisierung siehe *Brandt*, Hauptversammlung der SE, S. 169.

285 Vgl. *Raiser*, in: FS Semler, 277 (293).

286 Vgl. *Brandt*, Hauptversammlung der SE, S. 107 f., 119 f.

287 Vgl. *Brandt*, Hauptversammlung der SE, S. 106 ff. So auch Art. IV-1-3 Abs. 1 Sanders-Vorentwurf, Art. 64 Abs. 1 SE-VOV 1970 und 1975, die dem Vorstand die „weitestgehenden Befugnisse [gewährten], alle diejenigen Rechtsgeschäfte für die Gesellschaft vorzunehmen, die von diesem Statut nicht ausdrücklich anderen Gesellschaftsorganen zugewiesen sind". Der Hauptversammlung waren lediglich die in einem abschließenden Katalog aufgeführten Aufgaben zugewiesen (Art. 83 SE-VOV 1970 und 1975). Vgl. Begr. zu SE-VOV 1975, Begründung, BT-Drucks. 7/3713, S. 219. Anders dagegen Art. 81 SE-VOV 1991, der die Hauptversammlung für alle die Aufgaben zuständig ansah, die nicht ausdrücklich einem anderen Organ zugewiesen wurden.

folge, dass die Hauptversammlung der SE wie im deutschen Recht[288] nur dort zuständig sei, wo ihr Aufgaben zugewiesen seien und die SE-VO somit wie das deutsche Recht[289] dem Nebenordnungsmodell folge.[290] Dieser Ansicht ist auch aufgrund des Art. 52 Unterabs. 2 SE-VO zuzustimmen.

2. Kompetenzen der Hauptversammlung

Aus dem Nebenordnungsmodell folgert *Brandt* jedoch, dass die Hauptversammlung europaeinheitlich nur für die in der SE-VO genannten Aufgaben zuständig sei und sich keine weiteren, vor allem ungeschriebenen Aufgaben aus dem nationalen Recht ergeben.[291]

Dies wird auf den ersten Blick durch die Formulierung des Art. 39 Abs. 1 S. 1 SE-VO gestützt, dass das Leitungsorgan die Geschäfte „in eigener Verantwortung" führt. Dies gilt allerdings nur, solange man den Begriff wie in § 76 Abs. 1 AktG als Weisungsunabhängigkeit versteht. Unverständlich ist dann, dass Art. 43 Abs. 1 S. 1 SE-VO keine solche Formulierung enthält, sodass die Kompetenz der Hauptversammlung im monistischen System weitgehender erscheint.[292] Dass nur Art. 39 Abs. 1 S. 1 SE-VO eine solche Formulierung enthält, liegt in den Besonderheiten des dualistischen Systems begründet. Nur hier ist eine Abgrenzung der Kompetenzen zwischen Aufsichts- und Leitungsorgan notwendig.[293] Da „in eigener Verantwortung" anders als in § 76 Abs. 1 AktG nicht als Weisungsunabhängigkeit, sondern im Ergebnis nur als Abgrenzung der Haftungsbereiche zu verstehen ist – die ebenfalls nur im dualistischen Modell notwendig ist –,[294] ist die Formulierung des Art. 39 Abs. 1 S. 1 SE-VO kein Argument für eine aus der SE-VO folgende abschließende Kompetenz der Hauptversammlung.

Für die abschließende Kompetenz und die europaeinheitliche Abgrenzung der Zuständigkeiten wird der feste Zuständigkeitskatalog aus den Vorgängervorschlägen angeführt.[295] Es ist zwar zutreffend, dass sich dieser in Art. 52 Unterabs. 1 SE-VO in Verbindung mit den einzelnen Zuständigkeiten (z.B. Art. 40 Abs. 2 S. 1, Art. 43 Abs. 3 S. 1 SE-VO) widerspiegelt. Es wird aber übersehen, dass es die SE-VO dabei nicht belässt.[296] Da ein europaeinheitlicher Zuständigkeitskatalog poli-

---

[288] Vgl. § 119 Abs. 1 AktG.

[289] Vgl. *Goette*, DStR 2005, 603 (604). Aufgrund der Kompetenzen der Hauptversammlung wird diese zwar als „oberstes Organ der AG" bezeichnet. Es handelt sich jedoch um keine hierarchische Struktur. Hauptversammlung, Vorstand und Aufsichtsrat haben jeweils eigene gesetzlich zugewiesene autonome Zuständigkeitsbereiche; vgl. *Kremer*, in: Ringleb, DCGK, Rn. 147.

[290] Ebenso MünchKommAktG/*Reichert/Brandes*, SE-VO, Art. 38 Rn. 15; *Schwarz*, SE-VO, Vor Art. 38 Rn. 6 ff.

[291] Vgl. *Brandt*, Hauptversammlung der SE, S. 114 f., 121 ff.

[292] Siehe unten S. 54.

[293] Vgl. *Manz*, in: Manz/Mayer/Schröder, SE, Art. 43 Rn. 3.

[294] Siehe unten S. 194.

[295] Vgl. *Brandt*, Hauptversammlung der SE, S. 131, 92 ff.

[296] Die SE-VO enthält kaum eigene Zuständigkeiten; vgl. *Schulz/Geismar*, DStR 2001, 1078 (1082); *Sanna*, ELR 2002, 2 (8).

tisch nicht durchsetzbar war,[297] verweist Art. 52 Unterabs. 2 SE-VO darüber hinaus explizit auf die Zuständigkeiten des nationalen Rechts.[298] Die SE-VO will die Hauptversammlung der SE hinsichtlich ihrer Kompetenz der des nationalen Rechts gleichstellen.[299] Art. 52 Unterabs. 2 SE-VO zeigt eindeutig, dass es keinen europaeinheitlichen Katalog der Hauptversammlungszuständigkeiten einer SE gibt.[300]

3. Schlussfolgerungen

Die Kompetenzen der Hauptversammlungen ergeben sich folglich im Ergebnis endgültig aus dem nationalen Recht. Da Art. 52 Unterabs. 2 SE-VO außerdem die mit dem nationalen Recht im Einklang stehende Satzung erwähnt, kann auch der Satzungsgeber und damit die Hauptversammlung u.U. selbst ihre Kompetenzen bestimmen. Dies ist zwar vor dem Hintergrund des Ziels, eine europaeinheitliche Rechtsform zu schaffen, misslich, aber Folge des politischen Kompromisses, die Zuständigkeiten der Hauptversammlung an das nationale Recht zu knüpfen.

Da sich die Kompetenzen der anderen Gesellschaftsorgane in Abgrenzung zur Hauptversammlung ergeben, bestimmt ebenfalls das nationale Recht und nicht die SE-VO im Ergebnis die Kompetenzen dieser Organe.[301] So gelten über Art. 52 Unterabs. 2 SE-VO die sog. „Holzmüller"-Grundsätze für die SE.[302] Sofern das nationale Recht bzw. die Satzung der Hauptversammlung Geschäftsführungs- und Leitungskompetenzen zugesteht, gilt dies ebenfalls für die SE.[303]

Dies führt dennoch nicht dazu, dass über Art. 52 Unterabs. 2 SE-VO das nationale Recht bzw. der Satzungsgeber Beliebiges bestimmen kann. Eine Regelung kann nicht gelten, wenn sie den Vorgaben der SE-VO widerspricht.[304] Aus dem Nebenordnungsmodell und der Zuweisung der Geschäftsführung an das Leitungsorgan folgt, dass der Hauptversammlung zwar Geschäftsführungsbefugnisse zustehen können, aber diese können nur mittels Weisung an das „Geschäftsführungsorgan" ausgeübt werden. Die Organe bleiben zwingend die Exekutivorgane.

---

297 Vgl. *Schwarz*, SE-VO, Art. 52 Rn. 4; *Brandt*, Hauptversammlung der SE, S. 94. Zur Diskussion hinsichtlich der Vorgängervorschläge, u.a. *Hommelhoff*, AG 1990, 422 (429 f.).

298 Vgl. *Hirte*, NZG 2002, 1 (8); *Lutter*, BB 2002, 1 (4); *Bungert/Beier*, EWS 2002, 1 (4); *Pluskat*, EuZW 2001, 524 (527); *Jahn/Herfs-Röttgen*, DB 2001, 631 (634). Für den nationalen Gesetzgeber ist dadurch für die Zuständigkeit der Hauptversammlung keine SE-spezifische Regelung möglich.

299 Vgl. *Sokolowski*, Überwachung in einer SE, S. 130; ähnlich *Sanna*, ELR 2002, 2 (8).

300 Vgl. *Schwarz*, SE-VO, Art. 52 Rn. 20; a.A. in weiten Teilen *Brandt*, Hauptversammlung der SE, S. 114, 132.

301 Vgl. ebenso *Hirte*, NZG 2002, 1 (8); *Artmann*, wbl 2002, 189 (196); *Schander*, Europa-AG, S. 151; *Schwarz*, SE-VO, Art. 39 Rn. 12.

302 Vgl. *Artmann*, wbl 2002, 189 (196); *Schwarz*, SE-VO, Art. 52 Rn. 35; *Habersack*, ZGR 2003, 724 (741); *Theisen/Hölzl*, in: Theisen/Wenz, Die SE, 269 (283) ; MünchKommAktG/*Reichert/Brandes*, SE-VO, Art. 39 Rn. 10, der dies aber nicht auf Art. 52 SE-VO stützt; a.A. *Brandt*, Hauptversammlung der SE, S. 123 ff.

303 So gestattet u.a. das italienische Recht der Hauptversammlung ein Weisungsrecht an die Direktoren; vgl. *Schander*, Europa-AG, S. 239.

304 Vgl. *Brandt*, Hauptversammlung der SE, S. 121.

4. Fakultative und andere weitere Organe

Zu der Frage der Zulässigkeit und der Aufgaben von weiteren Organen enthält die SE-VO wie das deutsche AktG keine explizite Regelung. Art. 54 Abs. 2 SE-VO gewährt auch „jedem anderen Organ" die Einberufung der Hauptversammlung nach nationalem Recht. Der VO-Geber geht somit von der Zulässigkeit weiterer Organe aus.[305] Aufgrund mangelnder eigener Regelung ist daher von einer Regelungsoffenheit der SE-VO auszugehen.

Das nationale Recht bestimmt somit, welche weiteren Organe zulässig sind, und welche Aufgaben ihnen zukommen.[306] Die Möglichkeit hierzu gewährt für beide Leitungssysteme Art. 9 Abs. 1 Buchst. c Ziffer iii SE-VO i.V.m. § 23 Abs. 5 AktG. Die Regelungsoffenheit der SE-VO geht gleichwohl nicht soweit, dass Aufgaben der in der SE-VO erwähnten Organe auf die fakultativen Organe übertragen werden können. Hierfür müsste in der SE-VO eine Öffnungsklausel enthalten sein. Wie im deutschen Recht können fakultative Organe nur die Aufgaben wahrnehmen, die nicht zwingend einem Organ zugewiesen sind.[307] Es darf folglich mit Schaffung fakultativer Organe nicht in das grundsätzliche Gefüge der Organe eingegriffen werden.[308] Die möglichen Aufgaben fakultativer Organe sind dabei vom gewählten Leitungssystem unabhängig, weil das Verwaltungsorgan die Aufgaben des Leitungs- und Aufsichtsorgans in sich vereint. Daher kann im Monismus kein Aufsichtsorgan eingerichtet werden, das die Geschäftsführung überwacht.

Fraglich ist, ob für die zulässigen anderen Organe der SE die Beschlussfassung von Art. 50 SE-VO geregelt wird. Diese Organe sind ohne Zweifel Teil des jeweiligen Verwaltungsmodells, mithin können diese Organe den Beschlussregeln des Art. 50 SE-VO unterliegen.[309]

Damit kann aber für die nach nationalem Recht zwingenden oder fakultativen Organe die Beschlussfassungsregel vom nationalen Recht abweichen. Die Anwendung des Art. 50 SE-VO auch auf diese Organe hat zwar einerseits den Vorteil, dass hinsichtlich aller Unternehmensorgane eine einheitliche Regelung bestünde, der VO-Geber kann andererseits gewollt haben, nur die von ihm vorgesehenen Organe verbindlich zu regeln. Wie bereits die Einrichtung der Geschäftsführer über Art. 43 Abs. 1 S. 2 SE-VO zeigt, will der VO-Geber nicht für alle Organe eine europaeinheitliche Regelung der Beschlussfassung.[310] Betreffs der zusätzlichen Orga-

---

[305] Vgl. *Manz*, in: Manz/Mayer/Schröder, SE, Art. 38 Rn. 17; *Heckschen*, in: Widmann/Mayer, UmwG, Anh. 14 Rn. 458; *Brandt*, Hauptversammlung der SE, S. 118; *Schwarz*, SE-VO, Art. 38 Rn. 5.

[306] Vgl. *Brandt*, Hauptversammlung der SE, S. 119; *Heckschen*, in: Widmann/Mayer, UmwG, Anh. 14 Rn. 458.

[307] Fakultative Gremien wie z.B. Beiräte oder Verwaltungsräte können eingerichtet werden; vgl. u.a. Münch. Hdb. GesR IV/*Wiesner*, § 19 Rn. 10; *Kraft*, in: Kölner Kommentar zum AktG, § 23 Rn. 85; GroßkommAktG/*Kort*, Vor § 76 Rn. 17.

[308] Vgl. *Schwarz*, SE-VO, Art. 38 Rn. 6; m.w.N. *Hüffer*, AktG, § 23 Rn. 36, 38; *Semrau*, Dritteinflussnahme, S. 65; MünchKommAktG/*Reichert*/*Brandes*, SE-VO, Art. 38 Rn. 28.

[309] So *Schwarz*, SE-VO, Art. 50 Rn. 4.

[310] Für Geschäftsführer über Art. 43 Abs. 4 SE-VO gilt dagegen Art. 50 SE-VO, siehe unten S. 182 ff.

ne ist daher anzunehmen, dass die SE-VO nicht nur bezüglich deren Einrichtung, sondern auch hinsichtlich der Beschlussfassung regelungsoffen ist.[311] Für eine Regelungsoffenheit spricht zudem, dass aufgrund der begrenzten Aufgaben solch zusätzlicher Organe[312] nur Beschlüsse gefasst werden können, die sonst Art. 50 SE-VO nicht unterliegen.[313] Darin liegt auch der wesentliche Unterschied zu den Geschäftsführern, die gerade Aufgaben des Leitungs- bzw. Verwaltungsorgans wahrnehmen, für die Art. 50 SE-VO gilt.

II. Die Hauptversammlung der SE

1. Aufgaben

Die Aufgaben bestimmen sich gemäß Art. 52 SE-VO aus der SE-VO und ergänzend aus dem nationalen Recht. Eine Differenzierung der Kompetenzen anhand des gewählten Systems der Unternehmensleitung ist möglich, muss sich aber aus dem nationalen Recht ergeben. Da die SE-VO im Bereich der Hauptversammlung keine Ermächtigung enthält, kann auf den ersten Blick in Ländern mit nur einem System die Kompetenz der Hauptversammlung nicht im Rahmen des Ausführungsgesetzes abweichend geregelt werden.[314] Da die Hauptversammlung zusammen mit der Unternehmensleitung eine Einheit bildet und insbesondere im monistischen System aufgrund fehlender institutioneller Geschäftsführungskontrolle die Kontrolle vielmehr von der Hauptversammlung bzw. dem Kapitalmarkt wahrzunehmen ist,[315] gilt für die Hauptversammlungskompetenz auch die Ermächtigung des Art. 43 Abs. 4 SE-VO.[316]

2. Abstimmung

Die Abstimmung wird durch Art. 57-60 SE-VO geregelt. Beschlüsse werden gemäß Art. 57 SE-VO, sofern die SE-VO (Art. 59 SE-VO: Satzungsänderung) oder das sitzmitgliedstaatliche Recht nicht eine höhere Mehrheit vorsehen, mit der Mehrheit der abgegebenen Stimmen gefasst. Zu den abgegebenen Stimmen zählen dabei gemäß Art. 58 SE-VO ungültige Stimmen sowie Enthaltungen nicht mit.

3. Einberufung

Die Einberufung der Hauptversammlung regeln Art. 54 und Art. 55 SE-VO.[317] Gemäß Art. 54 Abs. 1 SE-VO muss die Hauptversammlung einmal jährlich binnen

311 Nur wenn das nationale Recht keine Beschlussfassungsregeln enthalten sollte, ist eine entsprechende Anwendung des Art. 50 SE-VO anzunehmen.

312 Siehe oben S. 53 f.

313 Als Beispiel sind hier die Wirtschaftsprüfer zu nennen, die in anderen Mitgliedstaaten Organqualität haben, aber keine Aufgaben (aus der SE-VO) des Leitungs-, Aufsichts- oder Verwaltungsorgan wahrnehmen.

314 So *Sokolowski*, Überwachung in einer SE, S. 130.

315 Vgl. *Merkt*, ZGR 2003, 650 (651 f.).

316 Ebenso *Kalss/Greda*, in: Kalss/Hügel, SE, § 39 SEG Rn. 43. Ebenfalls bejahend *Egermann/Heckenthaler*, GesRZ 2004, 256 (260 Fn. 44), die dies jedoch als Verstoß gegen die Strukturprinzipen werten (261 f.). A.A. anscheinend *Hommelhoff*, in: FS Ulmer, 267 (277).

317 Art. 55 SE-VO gewährt dabei einer Minderheit von Aktionären das Recht, die Einberufung der Hauptversammlung zu verlangen und durchsetzen zu können.

sechs Monaten nach Abschluss des Geschäftsjahres zusammentreten, sofern nach nationalem Recht nicht häufigere Versammlungen verlangt werden. Darüber hinaus lässt Art. 54 Abs. 2 SE-VO die jederzeitige Einberufung unter den Voraussetzungen des nationalen Rechts zu.

Wer und wie die Hauptversammlung einberufen wird, ergibt sich dabei über Art. 54 Abs. 2 SE-VO aus dem nationalen Recht. Hierzu zählen auch die Beschlussfähigkeit und Beschlussfassung der einberufenden Organe.[318] Sofern das nationale Recht bestimmte Beschlussfassungsregeln für die Einberufung vorsieht, sind diese über Art. 54 Abs. 2 SE-VO anzuwendenden nationalen Bestimmungen andere Bestimmungen der Verordnung i.S.d. Art. 50 Abs. 1 SE-VO und können damit Abweichungen zu der Beschlussfassungsregel des Art. 50 Abs. 1 SE-VO enthalten.[319] Ohne besondere nationale Beschlussfassungsregeln bleibt es bei Art. 50 Abs. 1 SE-VO.

Die Verweisung des Art. 54 Abs. 2 SE-VO führt dabei nur zur Anwendung der Normen, die für das entsprechende nationale Organ bestehen. Andernfalls käme es zu einer Kumulation der Möglichkeiten. Dies ist ausdrücklich nicht gewollt, weil der VO-Geber jedes einzelne Organ erwähnt und einen Gleichlauf mit dem nationalen Recht erreichen will.[320]

Für eine in Deutschland ansässige SE gilt für den Einberufungsbeschlusses der Hauptversammlung durch das Leitungsorgan damit Art. 54 Abs. 2 SE-VO i.V.m. § 121 Abs. 2 S. 1 AktG. Für die Beschlussfassung genügt die einfache Mehrheit.[321] Für die Beschlussfähigkeit ist jedoch die Abstimmung aller Organmitglieder notwendig,[322] sofern die Satzung oder die Geschäftsordnung die Beschlussfähigkeit nicht anders regelt.[323]

Das Aufsichtsorgan hat gemäß § 111 Abs. 3 S. 2 AktG nur ein Einberufungsrecht, wenn es das Wohl der Gesellschaft erfordert. Beim Aufsichtsorgan ist gemäß § 108 Abs. 2 S. 2 AktG ohne abweichende Satzungsregelung eine Teilnahme von mindestens der Hälfte der Sollstärke – in jedem Fall aber von mindestens drei Mitgliedern – für die Beschlussfähigkeit Voraussetzung.[324] Für die Beschlussfassung gilt gemäß § 111 Abs. 3 S. 1 AktG die einfache Mehrheit.[325] Der Einberufungsbe-

---

318 Vgl. *Schwarz*, Art. 50 Rn. 21 f., Art. 54 Rn. 15 ff.; a.A. *Brandt*, Hauptversammlung der SE, S. 183: „Hier ist als verdrängende Sondervorschrift Art. 50 SE-VO vorrangig zu berücksichtigen." Ebenso ablehnend *Heckschen*, in: Widmann/Mayer, UmwG, Anh. 14 Rn. 486.

319 Siehe dazu unten S. 119 f. Ohne Begründung von der Anwendbarkeit des nationalen Rechts ausgehend, MünchKommAktG/*Reichert/Brandes*, SE-VO, Art. 40 Rn. 24.

320 Vgl. *Schwarz*, SE-VO, Art. 54 Rn. 6; *Brandt*, Hauptversammlung der SE, S. 181, der aber davon ausgeht, die in Art. 54 Abs. 2 SE-VO genannten Organe seien unabhängig vom nationalen Recht einberufungsberechtigt.

321 Enthaltungen zählen als nicht abgegebene Stimme; vgl. MünchKommAktG/*Kubis*, § 121 Rn. 16.

322 Vgl. *Hüffer*, AktG, § 121 Rn. 6.

323 Vgl. MünchKommAktG/*Kubis*, § 121 Rn. 15.

324 Vgl. *Hüffer*, AktG, § 108 Rn. 11; MünchKommAktG/*Semler*, § 108 Rn. 55, 75.

325 Enthaltungen werden auch hier als nicht abgegebene Stimme gewertet; vgl. *Hüffer*, AktG, § 108 Rn. 6; MünchKommAktG/*Semler*, § 108 Rn. 133.

schluss darf gemäß § 107 Abs. 3 S. 2 AktG nicht auf einen beschließenden Ausschuss übertragen werden.[326] Auch die einfache Mehrheit des § 124 Abs. 3 S. 4 AktG gilt über Art. 54 Abs. 2 SE-VO.[327]

Für das Verwaltungsorgan sieht § 22 Abs. 2 S. 1 SEAG – identisch mit § 111 Abs. 3 S. 1 bzw. § 121 Abs. 1 AktG –, § 22 Abs. 5 S. 1 SEAG – identisch mit § 92 Abs. 1 AktG – und § 48 Abs. 1 SEAG – identisch mit § 175 Abs. 1 S. 1 AktG – Einberufungsmöglichkeiten vor. Für den Einberufungsbeschluss des Verwaltungsorgans enthält § 22 Abs. 2 S. 2 SEAG eine § 111 Abs. 3 S. 2 bzw. § 121 Abs. 2 S. 1 AktG identische Regelung. Für das Verwaltungsorgan soll somit abweichend von Art. 50 Abs. 1 SE-VO auch für die ordentliche Einberufung[328] die einfache Mehrheit der Stimmen ausreichen. § 124 Abs. 3 S. 4 AktG gilt aufgrund des § 22 Abs. 6 SEAG.

Dem Gesetzgeber fehlt allerdings wegen des Art. 50 Abs. 1 SE-VO die Kompetenz für eine generelle Regelung der Beschlussfassung. Diese SE-spezifischen Regelungen sind dennoch von der Ermächtigung des Art. 43 Abs. 4 SE-VO umfasst. Denn mit Art. 54 Abs. 2 SE-VO drückt der VO-Geber aus, dass für die Einberufung nationale Besonderheiten gelten sollen und damit auf eine europaeinheitliche Regelung verzichtet wird.

Da Art. 54 Abs. 2 SE-VO keine Einschränkungen enthält, ist der nationale Gesetzgeber hinsichtlich des nicht vorhandenen Systems frei, über Art. 39 Abs. 5 bzw. 43 Abs. 4 SE-VO eine dem nationalen Recht vergleichbare oder eine andere Regelung zu schaffen.[329]

§ 22 Abs. 2 S. 2 SEAG ist zwar von der Ermächtigung des Art. 43 Abs. 4 SE-VO umfasst, aber weil sich die Ermächtigung nicht als Verweisung fortsetzt,[330] muss es einen anderen Anwendungsbefehl für die Norm geben. § 22 Abs. 2 SEAG ist auf den ersten Blick keine i.S.d. Art. 54 Abs. 2 SE-VO „für Aktiengesellschaften im Sitzstaat der SE maßgebliche[n] einzelstaatliche[n] Rechtsvorschrift[en]“, weil sich diese Formulierung scheinbar nur auf die für die nationale AG bestehenden Regelungen bezieht. Damit würde die Norm nicht auf das in Umsetzung des Art. 43 Abs. 4 SE-VO ergangene SE-spezifische Recht verweisen.

Eine Möglichkeit bestünde darin, wie bei anderen Ermächtigungen auch, den Anwendungsbefehl in Art. 9 Abs. 1 Buchst. c Ziffer i SE-VO zu sehen. Für das im Aktienrecht des Mitgliedstaates nicht vorhandene Leitungssystem gibt es keine

---

326 Vgl. *Hüffer*, AktG, § 111 Rn. 15.

327 Im Ergebnis ebenso MünchKommAktG/*Reichert/Brandes*, SE-VO, Art. 50 Rn. 19, die dies aber auf Art. 52 Unterabs. 2 SE-VO stützen. Diese Norm regelt jedoch nur die Kompetenzen der Hauptversammlung.

328 Vgl. *Schwarz*, SE-VO, Art. 54 Rn. 17, der eine Gesamtanalogie von § 22 Abs. 2 S. 2 SEAG und § 121 Abs. 2 S. 1 AktG annimmt, weil Art. 48 SEAG die Einberufungsmehrheit nicht regelt.

329 Ohne Regelung bliebe es bei Art. 50 SE-VO.

330 Siehe dazu oben S. 34 f.

Regelung im Sinne des Art. 54 Abs. 2 SE-VO. Insofern besteht eine partielle[331] Regelungsoffenheit, die über Art. 9 Abs. 1 Buchst. c Ziffer i SE-VO geschlossen werden könnte.

Dieser Weg führt zu einer uneinheitlichen Verweisung. Für das vorhandene System würde die Spezialverweisung des Art. 54 Abs. 2 SE-VO und für das nicht vorhandene die allgemeine Verweisung des Art. 9 Abs. 1 Buchst. c Ziffer i SE-VO gelten. Eine Bedeutung hat dies nicht, weil es ohne eine SE-spezifische Regelung des Mitgliedstaats aufgrund der bedingten Grundregel des Art. 50 Abs. 1 SE-VO nicht zur analogen Anwendung des nationalen Rechts käme. Auch bei der „getrennten" Verweisung bliebe es bei dem Ergebnis, dass nur durch bestehende spezielle Beschlussfassungsregeln von Art. 50 Abs. 1 SE-VO abgewichen werden kann.

Der Wortlaut des Art. 54 Abs. 2 SE-VO lässt jedoch auch eine andere Schlussfolgerung zu. Die SE ist ebenfalls eine Aktiengesellschaft (Art. 1 Abs. 2 S. 1 SE-VO), die in ihrem Sitzstaat aufgrund des Art. 9 Abs. 1 Buchst. c SE-VO den maßgeblichen einzelstaatlichen Rechtsvorschriften unterliegt, zu denen auch die in Umsetzung des Art. 43 Abs. 4 SE-VO ergangenen SE-spezifischen Regelungen zählen. Aus dem Sinn und Zweck des Art. 54 Abs. 2 SE-VO – der Gleichstellung – folgt nicht nur die Kompetenz, die Einberufung auch für das nicht vorhandene System zu regeln, sondern es ist die Norm dahingehend auszulegen, dass auch auf das SE-spezifische Recht verwiesen wird. Allein Art. 54 Abs. 2 SE-VO führt somit zur Anwendung des § 22 Abs. 2 S. 1 SEAG.

Die Anwendung des nationalen Rechts für die Einberufung ändert nichts an der Anwendbarkeit des Art. 50 Abs. 2 SE-VO. Denn ein Abweichen vom Letztentscheidungsrecht lässt die Norm nicht zu.[332] Es ist somit in jedem Fall das Übergewicht der Anteilseigner gesichert.

III. Das dualistische Leitungsmodell

Das dualistische System der SE ist mit Ausnahme der gemeinsamen Vorschriften der Art. 46 bis 51 SE-VO nur in vier Artikeln (Art. 39 bis 42 SE-VO) geregelt. Daraus und aus der Regelungsermächtigung[333] des Art. 39 Abs. 5 SE-VO wird deutlich, dass die SE-VO nur ein Grundgerüst bereitstellt, das durch nationales Recht ausgekleidet wird. Die Ermächtigung des Art. 39 Abs. 5 SE-VO richtet sich dabei nur an die Mitgliedstaaten, die kein dualistisches System in ihrem Aktienrecht vorsehen.[334] Daraus folgt, dass für alle anderen Mitgliedstaaten regelungsof-

---

[331] Es wird hier von einer partiellen Regelungsoffenheit gesprochen, da hinsichtlich eines der beiden Leitungssysteme die Verweisung zu keinem Ergebnis führen würde.

[332] Siehe S. 119 f.

[333] Siehe S. 60 ff.

[334] Ebenso *Teichmann*, ZIP 2002, 1109 (1114); *Luke*, NWB, Fach 18, 4047 (4051). Die Überlegungen von *Kübler*, ZHR 167 (2003), 222 (232), Art. 39 Abs. 5 SE-VO ermächtige alle Mitgliedstaaten gegenüber dem nationalen Recht größere Freiheiten zu gestatten, weil der nationale Gesetzgeber aufgrund des Erwägungsgrundes 5 SE-VO lediglich bestehende Gestal-

fene Fragen über Art. 9 Abs. 1 Buchst. c Ziffer ii und iii SE-VO durch das nationale Aktienrecht geschlossen werden.[335] Neben Art. 39 Abs. 5 SE-VO enthält die SE-VO diverse Ermächtigungen, das dualistische System in bestimmter Weise zu regeln. Diese Ermächtigungen können von allen Mitgliedstaaten unabhängig von Art. 39 Abs. 5 SE-VO ausgeübt werden.[336] Aufgrund fehlender Kompetenz dürfen weder das SE-spezifische Recht noch das bestehende nationale Aktienrecht in irgendeiner Weise von den Regelungen der SE-VO abweichen, außer die SE-VO enthält dazu eine ausdrückliche Ermächtigung.[337]

Für das Leitungsorgan bestimmen Art. 39 SE-VO und in Teilen Art. 41 SE-VO die zwingenden Leitlinien.[338] Die Ausgestaltung des dualistischen Modells ist entsprechend der Vorgängervorschläge weitgehend am deutschen Aktienrecht orientiert. Das Leitungsorgan führt gemäß Art. 39 Abs. 1 S. 1 SE-VO die Geschäfte der SE unter der Kontrolle des Aufsichtsorgans (Art. 40 Abs. 1 S. 1 SE-VO).[339] Die Bestellung und Abbestellung des Leitungsorgans obliegt gemäß Art. 39 Abs. 2 Unterabs. 1 SE-VO grundsätzlich dem Aufsichtsorgan.[340] Dies gilt mangels einer Art. 40 Abs. 2 S. 2 SE-VO vergleichbaren Regelung auch für das erste Leitungsorgan.[341] Für die Beschlussfassung gilt allein Art. 50 SE-VO, sodass hier ein wesentliches Abweichen zu der Regelung des § 31 Abs. 2 MitbestG gegeben ist, der für die Bestellung des Vorstands grundsätzlich eine Zwei-Drittel-Mehrheit im Aufsichtsrat verlangt. Eine personelle Verflechtung der Organe ist gemäß Art. 39 Abs. 3 S. 1 SE-VO unzulässig.

Art. 40 Abs. 2 S. 3 SE-VO enthält eine Öffnungsklausel für die Mitbestimmung. Eine entsprechende Regelung fehlt im Leitungsorgan. Mithin kommt die Mitbestimmung allein im Aufsichtsorgan zum Tragen, sodass die Arbeitnehmervertreter

---

tungsspielräume nicht weiter einschränken dürfe, kann wegen des eindeutigen Wortlauts des Art. 39 Abs. 5 SE-VO nicht überzeugen. Vgl. *Schwarz*, SE-VO, Art. 39 Rn. 78.

335 Vgl. *Schwarz*, SE-VO, Art. 39 Rn. 11; *Teichmann*, ZGR 2002, 383 (442 f.).

336 Vgl. *Teichmann*, ZGR 2002, 383 (443).

337 Z.B. Art. 39 Abs. 2 Unterabs. 2 SE-VO für die Möglichkeit der Bestellung des Leitungsorgans durch die Hauptversammlung.

338 Die Regelungen für die SCE sind weitgehend identisch, gehen aber über die Regelung der SE-VO dahingehend hinaus, dass auch die Vertretung (Art. 37 Abs. 1 S. 1 SCE-VO) explizit geregelt ist.

339 So bereits die Vorgängervorschläge. Gemäß Art. IV-1-1 S. 1 Sanders-Vorentwurf, Art. 62 S. 1 SE-VOV 1970 und 1975 sollte die SE von einem Vorstand verwaltet werden, der gemäß Art. IV-1-1 S. 2 Sanders-Vorentwurf, Art. 62 S. 2 SE-VOV 1970 und 1975 dabei der Kontrolle des Aufsichtsrats unterlag.

340 Die Ermächtigung des Art. 39 Abs. 2 Unterabs. 2 SE-VO kann Deutschland nicht umsetzten, da die Hauptversammlung keine Personalkompetenz hinsichtlich des Vorstands hat. Eine solche Möglichkeit sahen noch Art. 209 Nr. 7 ADHGB 1861 und § 182 Abs. 2 Nr. 4 HGB 1897 vor. So im polnischen Recht (Art. 368 § 4 KSH); vgl. *Sokolowski*, Überwachung in einer SE, S. 159.

341 A.A. *Walden/Meyer-Landrut*, DB 2005, 2619 (2621), MünchKommAktG/*Reichert/Brandes*, SE-VO, Art. 39 Rn. 26, die für das erste Leitungsorgan über Art. 15 Abs. 1 SE-VO zu § 30 Abs. 4 AktG gelangen.

nicht an der Geschäftsführung beteiligt werden.[342] Daran ändern auch die zustimmungspflichtigen Geschäfte des Art. 48 Abs. 1 SE-VO nichts. Über die Zustimmungspflicht erhält das Aufsichtsorgan zwar einen wesentlichen Einfluss, die Geschäftsführung bleibt dennoch weiterhin allein Aufgabe des Leitungsorgans.[343]

Art. 41 SE-VO sichert durch turnusmäßige Berichtspflichten des Leitungsorgans und einem Informations- und Überprüfungsrecht des Aufsichtsorgans die für die Überwachung nötige Informationsbasis. Die Qualität der Berichte determiniert dabei die Qualität der Überwachung.[344]

IV. Das monistische Leitungsmodell

Das monistische System ist durch die Vereinigung von Geschäftsführung und deren Überwachung gekennzeichnet. Beim „deutschen" monistischen System leitet das Verwaltungsorgan die Gesellschaft. Daneben sind Geschäftsführer vorgeschrieben, die weisungsabhängig die laufenden Geschäfte führen und zur Vertretung der Gesellschaft zuständig sind.[345]

1. Anwendbares Recht

a) Rahmenregelung der SE-VO

Die SE-VO legt wie für das dualistische System auch für das monistische System ebenfalls nur einen Rahmen fest. Die zentrale Norm der SE-VO ist dabei Art. 43 SE-VO, der die Aufgaben, die Bestellung und Mitgliederzahl bestimmt. Art. 44 SE-VO regelt den Sitzungsturnus und verpflichtende Beratungsthemen und Art. 45 SE-VO ist wie Art. 42 SE-VO eine Norm der internen Organisation. Weitere Regelungen enthalten die gemeinsamen Vorschriften der Art. 46 ff. SE-VO.

b) Regelungsoffenheit

Aus der Ergänzungsermächtigung des Art. 43 Abs. 4 SE-VO folgt, dass es sich bei der Regelung der SE-VO um keine abschließende Regelung handelt.[346] Es ist vielmehr von einer Regelungsoffenheit auszugehen, sodass neben den Regelungen der SE-VO ergänzend das mitgliedstaatliche Recht zur Anwendung kommt. Das deutsche Aktienrecht hält jedoch keine Regelungen für ein monistisches System bereit, sodass für Deutschland Art. 43 Abs. 4 SE-VO die Kompetenz gewährt,[347] speziell die SE betreffende Normen zu schaffen, was im SEAG geschehen ist. Wie oben ausgeführt, setzt sich die Ermächtigung nicht als Verweisung fort, sodass das

---

[342] Das Leitungsorgan ist damit generell mitbestimmungsfrei; vgl. *Hage-Nielsen*, BB-special 1/2005, 27 (28).

[343] Siehe dazu S. 139.

[344] Vgl. *Hommelhoff/Mattheus*, AG 1998, 249 (253); *Peltzer/v. Werder*, AG 2001, 1 (5), *Endres*, RabelsZ 163 (1999), 441 (455); *Claussen/Bröcker*, DB 2002, 1199 (1202); *Scheffler*, ZGR 1993, 63 (68 f.).

[345] So u.a. auch das amerikanische Recht; vgl. *Holland*, „board of directors", S. 38.

[346] Dennoch ist das von der Verordnung bereitgestellte Rahmenkonzept funktionsfähig. Dies ist wichtig für die Frage, ob es sich bei Art. 43 Abs. 4 SE-VO um eine Regelungsermächtigung oder eine Regelungsverpflichtung handelt. Dazu siehe unten S. 60 ff.

[347] Vgl. *Menjucq*, ZGR 2003, 679 (679).

SEAG nicht über Art. 43 Abs. 4 SE-VO, sondern grundsätzlich über Art. 9 Abs. 1 Buchst. c Ziffer i SE-VO zur Anwendung kommt.[348]

c) Art. 43 Abs. 4 SE-VO

aa) Verpflichtung oder Ermächtigung?

Wie *Schwarz*[349] zutreffend ausführt, handelt es sich bei Art. 43 Abs. 4 SE-VO und Art. 39 Abs. 5 SE-VO um Ermächtigungsnormen.[350] Dies folgt zum einen aus der Entstehungsgeschichte der Vorschrift. Mit dem Verzicht auf eine Art. 61 Spiegelstr. 1 SE-VOV 1991 vergleichbare Ausschlussmöglichkeit, wäre zwar eine Verpflichtung der Mitgliedstaaten zur Schaffung der gesellschaftsrechtlich notwendigen Normen ein sinnvoller Weg gewesen, das Europäische Parlament konnte sich mit einem entsprechenden Änderungsantrag[351] aber nicht durchsetzen.

Einige Autoren in der Literatur nehmen dennoch an, dass trotz des Wortlauts von einer Verpflichtung auszugehen sei, weil das Wahlrecht des Art. 38 Buchst. b SE-VO nicht eingeschränkt werden dürfe.[352]

Gegen die Annahme einer Verpflichtung ist einzuwenden, dass die Regelungen der SE-VO an sich zu einem funktionsfähigen monistischen System führen.[353] Auch ohne eine Umsetzung durch die Mitgliedstaaten kann das monistische System gewählt werden. Denn aufgrund der bestehenden Regelungsoffenheit gelangt für die monistisch organisierte SE über Art. 9 Abs. 1 Buchst. c Ziffer ii und iii SE-VO das bestehende dualistische Aktienrecht analog zur Anwendung,[354] sofern die Systemunterschiede einer analogen Anwendung nicht entgegenstehen. Es ist somit grundsätzlich kein Ausschluss der Wahlfreiheit des Art. 38 Buchst. b SE-VO durch die Hintertür möglich. Nur ein solcher tatsächlicher Ausschluss der Wahlmöglich-

348 Siehe oben S. 34.

349 Vgl. *Schwarz*, SE-VO, Art. 43 Rn. 123.

350 Ebenso *Manz*, in: Manz/Mayer/Schröder, SE, Art. 38 Rn. 10, Art. 43 Rn. 37; GroßkommAktG/*Hopt/Roth*, § 95 Rn. 106; *Ebert*, IWB, Nr. 11, Gruppe 11, 281 (285); *Hirte*, NZG 2002, 1 (5); *Schwarz*, ZIP 2001, 1847 (1854); *Kübler*, ZHR 167 (2003), 222 (231); *Nagel/Köklü*, ZESAR 2004, 175 (177); *Ihrig/Wagner*, BB 2004, 1749 (1753); *Egermann/Heckenthaler*, GesRZ 2004, 256 (256); *Buchheim*, SE, S. 144; MünchKommAktG/*Kübler*, SE-VO, Einf. Rn. 32; wohl auch *Neye/Teichmann*, AG 2003, 169 (175); *Teichmann*, ZIP 2002, 1109 (1114); *Schander*, Europa-AG, S. 136.
A.A. *Kalss/Greda*, GesRZ 2004, 91 (100); *Kämmerer/Veil*, ZIP 2005, 369 (374); wohl auch *Sokolowski*, Überwachung in einer SE, S. 39; *Luke*, NWB, Fach 18, 4047 (4051); *Heckschen*, DNotZ 2003, 251 (266); *Henssler*, in: FS Ulmer, 193 (200); *Hoffmann-Becking*, ZGR 2004, 355 (356); *Wißmann*, in: FS Wiedemann, 685 (689); *DAV*, NZG 2004, 75 (81).

351 Vgl. Änderungsantrag Nr. 13 des EP, Dok. Nr. A5-0243/2001 endg. v. 26.06.2001, S. 13. Vgl. auch *Schwarz*, ZIP 2001, 1847 (1854). Ablehnung des Änderungsantrags: Rat der Europäischen Union, Dok. Nr. 11796/01 v. 12.09.2001, S. 2.

352 Siehe Fn. 350. Wohl auch *Lutter*, BB 2002, 1 (4).

353 Vgl. *Teichmann*, ZGR 2002, 383 (442); *Theisen/Hölzl*, in: Theisen/Wenz, Die SE, 269 (279); a.A. wohl *Teichmann*, ZIP 2002, 1109 (1114). Die SE-VO enthält zwar keine Regelungen zur Vertretung, aus allgemeinen Erwägungen heraus folgernd, kann diese jedoch nur beim Geschäftsführungsorgan angesiedelt sein.

354 So auch *Manz*, in: Manz/Mayer/Schröder, SE, Art. 39 Rn. 53, Art. 43 Rn. 38. A.A. *Sokolowski*, Überwachung in einer SE, S. 34.

keit des monistischen Systems würde die Annahme, bei Art. 43 Abs. 4 SE-VO handele es sich um eine Verpflichtungsnorm, stützen. Denn der Satzungsgeber könnte auf Ebene der SE-VO (Art. 9 Abs. 1 Buchst. b SE-VO) das System nicht näher ausgestalten.[355]

Es handelt sich folglich um eine Ermächtigung. Die Umsetzung der Ermächtigung steht dabei im pflichtgemäßen Ermessen der Mitgliedstaaten. Entscheidend für die Bestimmung des Ermessens ist, welche Rechtstradition dem mitgliedstaatlichen Recht zugrunde liegt.[356] Geht das mitgliedstaatliche Recht weniger von geschriebenen Regelungen aus und gewährt eine umfassende Satzungsfreiheit, so kann das monistische System im Rahmen dieser Freiheit ausgestaltet werden.[357] Diesen Mitgliedstaaten steht das Ermessen im vollen Umfang zur Verfügung.

Anders ist dies in den Mitgliedstaaten, die von einer grundsätzlichen Kodifizierung des Rechts ausgehen und nur eine sehr eingeschränkte Satzungsfreiheit gewähren. § 23 Abs. 5 AktG ermächtigt den Satzungsgeber zwar zu Ergänzungen, sodass man annehmen könnte, über diese Norm das monistische System ausgestalten zu können.[358] Aber die hier infrage stehenden Regelungen stellen keine Ergänzungen mehr dar. Zudem geht das deutsche AktG erkennbar davon aus, dass das Organisationssystem weitgehend durch den Gesetzgeber bestimmt wird, sodass insoweit § 23 Abs. 5 AktG nicht gilt. Dies bedeutet, dass es ohne eine Umsetzung durch den deutschen Gesetzgeber für eine monistisch organisierte SE weitgehend bei den Regelungen der SE-VO bliebe.[359] Das System ist zwar funktionsfähig, aber aufgrund fehlender Satzungsfreiheit kann es nicht weiter ausgestaltet werden und ist daher gegenüber dem dualistischen System faktisch benachteiligt, weil dieses umfassend kodifiziert ist und der deutsche Rechtsanwender mit weitgehend umfassenden Kodifizierungen des Rechts vertraut ist. Diese faktische Einschränkung ist ausreichend für Deutschland von einer Ermessenreduktion auf Null auszugehen,[360] sodass für Deutschland eine Verpflichtung gegeben ist,[361] der mit dem SEAG entsprochen wurde.[362]

---

[355] Eine solche Satzungsermächtigung kann nicht aus Art. 38 SE-VO abgeleitet werden. Die Norm gewährt dem Satzungsgeber die Entscheidungsbefugnis, aus den beiden zur Verfügung stehenden Systemen auswählen zu können. Dies als weitreichende Ausgestaltungsermächtigung anzusehen, scheitert an der fehlenden ausdrücklichen Satzungsgestaltungsfreiheit, die aufgrund der Satzungsstrenge der SE-VO aber notwendig wäre; vgl. *Teichmann*, ZGR 2002, 383 (442); *Neye/Teichmann*, AG 2003, 169 (175). Wohl ebenso *Sokolowski*, Überwachung in einer SE, S. 39.

[356] Vgl. *Schwarz*, SE-VO, Art. 43 Rn. 124.

[357] So im englischen Recht bezüglich der Parallelnorm Art. 39 Abs. 5 SE-VO; vgl. *Manz*, in: Manz/Mayer/Schröder, SE, Art. 38 Rn. 28; *Menjucq*, ZGR 2003, 679 (679). Das englische Recht verbietet nicht die Einrichtung eines dualistischen Systems; vgl. *Davies*, ZGR 2001, 268 (269); *Davies*, in: Baums/Cahn, SE, 10 (16); *Edbury*, in: Oplustil/Teichmann, European Company, S. 320.

[358] So *Casper*, in: FS Ulmer, 51 (71).

[359] Ebenso *Ringe*, NZG 2006, 931 (933).

[360] So auch *Brandt/Scheifele*, DStR 2002, 547 (554 Fn. 71); *Schwarz*, SE-VO, Art. 43 Rn. 124.

[361] Vgl. *Brandt/Scheifele*, DStR 2002, 547 (554 Fn. 71); *Hommelhoff/Teichmann*, SZW/RSDA 2002, 1 (5); *Hommelhoff*, AG 2001, 279 (282 und 284). Im Ergebnis mit anderer Begrün-

bb) Grenzen der Kompetenz

Da das SEAG weitgehend über Art. 9 Abs. 1 Buchst. c Ziffer i SE-VO zur Anwendung kommt, muss folglich der Einleitungssatz des Art. 9 Abs. 1 Buchst. c SE-VO mithin eine Regelungsoffenheit der SE-VO gegeben sein, um ins SEAG zu kommen. Dies bedeutet, dass das SEAG in keinem Fall von Regelungen der SE-VO abweichen kann, außer die SE-VO lässt dies ausdrücklich zu.[363] Dies verdeutlicht Art. 43 Abs. 4 SE-VO durch die Formulierung „ergänzend". Ein Abweichen ist nur möglich, wenn man annimmt, die SE-VO enthalte nicht nur für den Satzungsgeber, sondern auch für die Mitgliedstaaten dispositive Regelungen. Dagegen sprechen zum einen die wenigen Artikel und zum anderen die einzelnen Ermächtigungen, die bei dispositivem Charakter der Normen nicht notwendig wären. Die Bestimmungen der SE-VO sind somit als zwingend anzusehen.[364]

Des Weiteren gilt für den Gesetzgeber auch Art. 12 EG. Regelungen, die zu einer Diskriminierung der SE führen, sind aufgrund Art. 12 EG unzulässig.[365] Darüber hinaus darf das bestehende System aufgrund des Art. 38 Buchst. b SE-VO nur benachteiligt werden, solange das Wahlrecht faktisch noch bestehen bleibt.[366]

Auf der anderen Seite ist eine zu starke Annäherung der Systeme nicht gestattet, weil Art. 38 SE-VO eine echte Wahl zwischen zwei Alternativen sicherstellen will.[367]

cc) Lücken im SEAG

Das nationale Umsetzungsgesetz kann absichtlich oder versehentlich eine Frage nicht regeln. Um eine solche Unvollständigkeit zu schließen, ist zunächst das SEAG wie jedes nationale Recht nach den allgemeinen nationalen Grundsätzen auszulegen. Eine ergänzende Anwendung bestehenden Aktienrechts scheidet aus, weil dies eine Analogie darstellt, die nicht Teil einer Auslegung ist.[368] Die Normen

---

dung ebenfalls bejahend *DAV*, NZG 2004, 75 (81). *Ihrig/Wagner*, BB 2004, 1749 (1753); *Ihrig/Wagner*, BB 2003, 969 (974) gehen dagegen nur von einer faktischen Pflicht aus. Ebenso *Bungert/Beier*, EWS 2002, 1 (3); *Thoma/Leuering*, NJW 2002, 1449 (1451); *Gruber/Weller*, NZG 2003, 297 (298). A.A. *Lange*, EuZW 2003, 301 (306); *Vossius*, in: Widmann/Mayer, UmwG, § 20 UmwG Rn. 399 (Fn. 1); *Sanna*, ELR 2002, 2 (8); *Hirte*, NZG 2002, 1 (5, Fn. 51); *Schulz/Geismar*, DStR 2001, 1078 (1082); *Artmann*, wbl 2002, 189 (191); *Kübler*, ZHR 167 (2003), 222 (231); *Menjucq*, ZGR 2003, 679 (679), die von einer ungebundenen Ermächtigung ausgehen. So anscheinend auch noch *Schwarz*, ZIP 2001, 1847 (1854). Nicht eindeutig *Blanquet*, ZGR 2002, 20 (49).
Aufgrund der Ermessensreduktion auf Null handelt es sich um eine gesetzliche Pflicht; vgl. *Schwarz*, SE-VO, Art. 43 Rn. 124.

362 Die Verpflichtung wäre erfüllt, wenn Deutschland allein eine entsprechende Satzungsfreiheit gewährt hätte.

363 Vgl. *Schwarz*, SE-VO, Art. 43 Rn. 126; *Hoffmann-Becking*, ZGR 2004, 355 (374); *Egermann/Heckenthaler*, GesRZ 2004, 256 (257, 262).

364 Ebenso MünchKommAktG/*Schäfer*, SE-VO, Art. 9 Rn. 5.

365 Vgl. *Hirte*, NZG 2002, 1 (6).

366 Vgl. *Schwarz*, SE-VO, Art. 43 Rn. 127; *Roth*, ZfA 2004, 431 (445).

367 Vgl. *Neye/Teichmann*, AG 2003, 169 (177).

368 Vgl. *Larenz*, Methodenlehre, S. 299, 342.

können gleichwohl zur Auslegung herangezogen werden, um zu erkennen, was der Gesetzgeber regeln wollte und inwieweit er sich an das bestehende Recht anlehnt. In keinem Fall darf das Auslegungsergebnis den Grundentscheidungen der SE-VO widersprechen.[369]

Kann auch mittels Auslegung kein Ergebnis gefunden werden, so ist zu unterscheiden, ob der Gesetzgeber diesen Bereich regeln wollte oder nicht.

(1) Gewollte Unvollständigkeit

Wollte der Gesetzgeber den Bereich nicht SE-spezifisch regeln, so findet die allgemeine Generalverweisung des Art. 9 Abs. 1 Buchst. c Ziffer ii und iii Anwendung.[370] Die Verweisung führt zu einer analogen Anwendung des bestehenden Rechts, soweit die Besonderheiten des monistischen Systems dem Ergebnis nicht entgegenstehen. Davon geht auch der deutsche Gesetzgeber aus, der in § 22 Abs. 6 SEAG alle außerhalb des Gesetzes dem Vorstand oder Aufsichtsrat zugewiesenen Aufgaben grundsätzlich dem Verwaltungsorgan überträgt.

Die analoge Anwendung des nationalen Rechts ist jedoch nur dann möglich, wenn der Gesetzgeber keine abschließende Regelung wollte. Ansonsten bleibt es bei den bestehenden Regelungen der SE-VO und des SEAG.[371]

(2) Ungewollte Unvollständigkeit

Wollte der Gesetzgeber diesen Bereich regeln, ist die Rechtsfrage aber übersehen worden, so findet eine analoge Anwendung der über Art. 9 Abs. 1 Buchst. c Ziffer ii SE-VO zur Anwendung kommenden Vorschriften im SEAG statt.[372] Dies gilt auch für die §§ 76 bis 116 AktG, obwohl § 20 SEAG diese ausdrücklich für nicht anwendbar erklärt.[373] Die aus der analogen Anwendung resultierenden Satzungsfreiheiten kommen allein über Art. 9 Abs. 1 Ziffer iii SE-VO zur Anwendung.[374]

2. Das Verwaltungsorgan

a) Bestellung

aa) Bestellungskompetenz der Hauptversammlung

Die Bestellung der Verwaltungsorganmitglieder obliegt gemäß Art 43 Abs. 3 S. 1 SE-VO wie die des Aufsichtsorgans (Art. 40 Abs. 2 S. 1 SE-VO) grundsätzlich der Hauptversammlung. Dies gilt aufgrund des Art. 43 Abs. 3 S. 2 SE-VO auch für das erste Verwaltungsorgan.[375] Die Hauptversammlung bestellt dabei alle Mitglieder

---

369 Ebenso *Schwarz*, SE-VO, Art. 43 Rn. 131.

370 Vgl. *Schwarz*, SE-VO, Art. 43 Rn. 132.

371 Vgl. *Schwarz*, SE-VO, Art. 43 Rn. 133. Mit der abschließenden Nichtregelung hat der Gesetzgeber seinen Regelungswillen erklärt und damit Art. 9 Abs. 1 Buchst. c Ziffer ii und Ziffer iii SE-VO gesperrt.

372 Vgl. *Schwarz*, SE-VO, Art. 43 Rn. 134. Dies andenkend *Neye/Teichmann*, AG 2003, 169 (177). Ähnlich für Art. 51 SCE-VO *Beuthien*, GenG, Art. 51 SE-VO Rn. 1, der eine analoge Anwendung annimmt, solange keine entsprechende Regelung geschaffen wurde.

373 A.A. *Brandt*, DStR 2003, 1208 (1211); *Waclawik*, DB 2004, 1191 (1195).

374 Vgl. *Schwarz*, SE-VO, Art. 43 Rn. 134.

375 Siehe S. 79.

und nicht nur die nicht geschäftsführenden, die dann die geschäftsführenden Mitglieder bestellen.[376]

Lediglich die Bestellungsrechte i.S.d. Art. 47 Abs. 4 SE-VO oder eine geschlossene Vereinbarung zur Mitbestimmung gehen gemäß Art. 43 Abs. 3 S. 3 SE-VO vor.[377] Art. 43 Abs. 3 S. 3 SE-VO dient vor allem dazu, die Mitbestimmung in das Gesellschaftsstatut zu integrieren. Daraus folgt, dass die Mitbestimmung im monistischen System im Verwaltungsorgan stattfindet.[378]

Die Bestellungskompetenz der Hauptversammlung besteht somit grundsätzlich nur für die Vertreter der Aktionäre, und hier auch nur soweit einzelnen Aktionären kein Entsendungsrecht zukommt. Art. 43 Abs. 3 SE-VO ist aufgrund der Öffnungsklausel für die Mitbestimmung und anderer Bestellungsrechte als eine abschließende Regelung bezüglich der Bestellung der Organmitglieder anzusehen. Damit scheidet die in den Niederlanden bestandene[379] und in Polen bestehende Kooptation neuer Mitglieder durch das Organ selbst aus.[380]

Für das Verfahren der Bestellung enthält die SE-VO keine Regelung, sodass entsprechend dem deutschen Aktienrecht mehrere Mitglieder in einer Einzel- oder Listenwahl bestellt werden können.[381] Für die notwendige Mehrheit in der Hauptversammlung gilt Art. 57 SE-VO, der zu einer mit § 133 Abs. 1 AktG identischen Mehrheit führt.[382]

Für das Prozedere der Bestellung der Verwaltungsorganmitglieder enthält die SE-VO bis auf die Regelungen für einen Beschluss der Hauptversammlung (Art. 57 SE-VO) keine Regelungen. Gemäß Art. 9 Abs. 1 Buchst. c Ziffer i SE-VO i.V.m. § 22 Abs. 6 SEAG i.V.m. § 124 Abs. 3 S. 1 AktG muss das Verwaltungsorgan der Hauptversammlung einen Wahlvorschlag unterbreiten, an den diese jedoch nicht

---

376 So noch Art. 21a Abs. 1 Buchst. b und Art. 21t Abs. 1 StrukturRiLV 1991.

377 Die Bestellung von Arbeitnehmervertretern durch die Arbeitnehmer bzw. Gewerkschaften anstatt der Hauptversammlung ist nur im Repräsentationsmodell möglich. Bei der anderen Mitbestimmungsform – einen Teil oder alle Mitglieder empfehlen und/oder ablehnen zu können – bleibt es weiterhin bei der ausschließlichen Bestellung durch die Hauptversammlung.

378 Zu den damit verbundenen Problemen siehe unten S. 80.

379 Zur bisherigen Regelung der Kooptation (Art. 158 Abs. 2 BW) siehe u.a. *Mehring*, in: Hohloch, EU-Hdb. GesR, Niederlande, Rn. 249.

380 Ebenso *Schwarz*, SE-VO, Art. 40 Rn. 41; *Kallmeyer*, ZIP 2004, 1442 (1445). Die Kooptation stellt auch kein Bestellungsrecht i.S.d. Art. 47 Abs. 4 SE-VO dar, weil dies keinen Fall einer Bestellung durch eine Aktionärsminderheit, eine Person oder Stelle darstellt, und Art. 47 Abs. 4 SE-VO nur die Bestellung eines Teils des Organs durch die Bestellungsberechtigten zulässt. A.A. *Sokolowski*, Überwachung in einer SE, S. 110, 116.

381 Vgl. *Schwarz*, SE-VO, Art. 40 Rn. 41; zum dt. Recht MünchKommAktG/*Semler*, § 101 Rn. 34 ff.

382 Die Satzung der SE kann jedoch anders als bei § 133 Abs. 2 AktG keine höhere Mehrheit fordern, weil Art. 57 SE-VO keine Satzungsfreiheit gewährt und nur auf höhere gesetzlich zwingende Mehrheiten des nationalen Rechts verweist; vgl. *Schwarz*, SE-VO, Art. 57 Rn. 11 f.

gebunden ist. Denn aufgrund der Vorgängervorschläge[383] ist davon auszugehen, dass die SE-VO hinsichtlich der Bindung an Wahlvorschläge eine abschließende Nichtregelung enthält.[384] Jede Änderung des Verwaltungsorgans haben die Geschäftsführer gemäß § 46 Abs. 1 SEAG bekannt zu machen. Aufgrund der Anlehnung an u.a. § 106 AktG[385] entspricht der Inhalt der Bekanntmachung der des ersten Organs, sodass gemäß § 21 Abs. 5 SEAG analog Name, Beruf und Wohnort anzugeben sind.[386]

bb) Bestellungsrechte

Gemäß Art. 43 Abs. 3 S. 3 SE-VO gelten die über Art 47 Abs. 4 SE-VO[387] zur Anwendung berufenen Bestellungsrechte einer Minderheit von Aktionären[388] oder anderen Personen oder Stellen des nationalen Rechts auch für die SE.[389] Anders als in Art. 69 Abs. 4 SE-VOV 1989 richtet sich die Möglichkeit, Bestellungsrechte kraft Satzungsregelung zu schaffen, jetzt nach nationalem Recht. Es gelten die nationalen Bestellungsrechte jedoch nur für das entsprechende Organ der SE und nur

---

383 Unter den Voraussetzungen des Art. IV-2-2 Abs. 3 Sanders-Vorentwurf waren die Wahlvorschläge des Aufsichtsrats (Art. IV-2-2 Abs. 2 S. 2 Sanders-Vorentwurf) für die Hauptversammlung grundsätzlich bindend, wobei sich die Hauptversammlung mit einer Zweidrittelmehrheit über die Wahlvorschläge hinwegsetzen konnte. Der SE-VOV 1970 enthielt diesbezüglich keine Regelung mehr, sodass aufgrund des Vollstatuts des SE-VOV 1970 davon auszugehen ist, dass diese Möglichkeit nicht mehr bestand. Die Regelung des Sanders-Vorentwurf war zudem dem niederländischen Kooptationsmodell entlehnt; vgl. Begr. zum Sanders-Vorentwurf, S. 61. Da diese für die SE nicht anwendbar ist, fehlt somit die Grundlage für die Annahme, dass es durch das Streichen nun auf das nationale Recht ankommen soll.

384 Vgl. zum Aufsichtsorgan *Schwarz*, SE-VO, Art. 40 Rn. 42; *Manz*, in: Manz/Mayer/Schröder, SE, Art. 40 Rn. 6, kommt zwar zu dem gleichen Ergebnis, führt dies aber auf die alleinige Zuständigkeit der Hauptversammlung zurück. Die Hauptversammlung ist allerdings aufgrund des Art. 40 Abs. 2 S. 3 SE-VO nicht allein zuständig. Eine Bindung an Wahlvorschläge kann das nationale Recht somit nicht vorsehen oder zulassen. § 36 Abs. 4 S. 2 SEBG ist somit nicht verordnungskonform. A.A. MünchKommAktG/*Reichert*/*Brandes*, SE-VO, Art. 40 Rn. 27, 30; GroßkommAktG/*Hopt*/*Roth*, § 101 Rn. 238.

385 Vgl. RegBegr. zu § 46 SEAG, BT-Drucks. 15/3405, S. 39.

386 Vgl. zum dt. Recht GroßkommAktG/*Hopt*/*Roth*, § 106 Rn. 12.

387 Es handelt sich bei Art. 47 Abs. 4 SE-VO um eine Sachnormverweisung auf das mitgliedstaatliche Sitzstaatrecht, auch wenn die Norm als Gesamtnormverweisung formuliert ist. Vgl. *Schwarz*, SE-VO, Art. 47 Rn. 53.

388 Die Vorgängervorschriften Art. 69 Abs. 4 SE-VOV 1989 und 1991 enthielten ein solches Recht nur für eine Aktionärsminderheit, um dieser, insbesondere bei einer Tochter-Gründung, die Vertretung ihrer Interessen im Organ zu ermöglichen, die bei einer Wahl durch die Hauptversammlung aufgrund der Mehrheitsverhältnisse nicht erreichbar wäre. Vgl. Begr. zum SE-VOV 1989, BT-Drucks. 11/5427, S. 12. Diese Überlegungen gelten auch für den Regelungszweck des Art. 47 Abs. 4 SE-VO. Die Vorschrift dient allerdings nicht mehr nur dem Minderheitenschutz, sondern ermöglicht einen Schutz vielfältiger Interessen. Über Art. 47 Abs. 4 SE-VO kann auch ein cumulative voting, wie es in Amerika und Polen (vgl. *Sokolowski*, Überwachung in einer SE, S. 115) bekannt ist, für die SE gelten, sofern dies das nationale Recht zulässt.

389 Zweifelnd *DAV*, NZG 2004, 75 (84), der auf den abschließenden Charakter der Parallelvorschrift Art. 43 Abs. 3 S. 1 SE-VO hinweist und anscheinend Satz 3 übersehen hat.

die, welche die Bestellung eines Teils vorsehen.[390] Damit scheidet eine unmittelbare Anwendung der für das dualistische System bestehenden Bestellungsrechte aus. Für das nicht vorhandene System ermöglicht jedoch die jeweilige Ausgestaltungsermächtigung (Art. 39 Abs. 5, Art. 43 Abs. 4 SE-VO) eine entsprechende Regelung. Für eine monistische SE hat der deutsche Gesetzgeber dabei mit der Verweisung des § 28 Abs. 2 SEAG auf § 101 Abs. 2 AktG eine Regelung getroffen, die über Art. 47 Abs. 4 SE-VO zur Anwendung kommt, weil es sich beim SEAG auch um eine einzelstaatliche Rechtsvorschriften handelt.[391]

Folglich kann die Satzung nur für bestimmte Aktionäre bzw. bestimmte Aktien ein Bestellungsrecht begründen. Auch die Bestellung der Arbeitnehmervertreter bei Geltung der gesetzlichen Mitbestimmung ist ein Bestellungsrecht i.S.d. Art. 47 Abs. 4 SE-VO.[392] Dies folgt daraus, dass die SE-VO einer Bindung an einen Wahlvorschlag (§ 36 Abs. 4 SEBG) entgegensteht. Die Bestimmung der Arbeitnehmervertreter gemäß § 36 Abs. 2 und 3 SEBG[393] stellt die Bestellung i.S.d. Art. 47 Abs. 4 SE-VO dar.[394] Dass die Hauptversammlung die Arbeitnehmervertreter nicht bestellt, wird auch aus Art. 45 S. 2 SE-VO deutlich, der bei Parität als Vorsitzenden zwingend einen von der Hauptversammlung bestellten Vertreter vorsieht und damit erkennbar im Zusammenhang mit Art. 50 Abs. 2 SE-VO einen Kapitalvertreter meint.[395] So kommen auch die Bestellungsrechte der Arbeitnehmer gemäß § 36 Abs. 2 und 3 SEBG über Art. 47 Abs. 4 SE-VO zur Anwendung.[396]

cc) Persönliche Voraussetzungen

Die persönlichen Voraussetzungen der Verwaltungsorganmitglieder bestimmen Art. 47 Abs. 1 bis 3 SE-VO.[397] Ohne die im SEAG aufgeführten Voraussetzungen bestünden bis auf die Fälle des Art. 47 Abs. 2 Buchst. b und Abs. 3 SE-VO keine expliziten Beschränkungen.[398]

---

390 Vgl. *Schwarz*, SE-VO, Art. 47 Rn. 50 f.

391 Vgl. *Schwarz*, SE-VO, Art. 47 Rn. 54. Siehe auch S. 54 ff.

392 Vgl. *Schwarz*, SE-VO, Art. 40 Rn. 44 f., Art. 43 Rn. 108 f., Art. 47 Rn. 55. Für die Bestellung nach der Vereinbarung gilt allein Art. 43 Abs. 3 S. 3 SE-VO.

393 § 36 Abs. 3 S. 2 i.V.m. § 6 Abs. 3 SEBG sieht wie das deutsche MitbestG ein Entsenderecht für Gewerkschaften vor. Mit Kritik an dieser Regelung *Baums*, in: FAZ Nr. 166 vom 20.07.2005, S. 11.

394 Vgl. *Schwarz*, SE-VO, Art. 40 Rn. 44, Art. 43 Rn. 108; a.A. *Ihrig/Wagner*, BB 2004, 1749 (1755). Für die hier vertretene Auffassung spricht auch ein Vergleich zum SE-VOV 1975, der in Art. 74a Abs. 2 i.V.m. Art. 75 SE-VOV 1975 die Bestellung der Aktionärsvertreter und in Art. 137 ff. SE-VOV 1975 die Bestellung der Arbeitnehmervertreter vorsah. Damit war die Bestellung des gesamten Organs geregelt.

395 Im Ergebnis ebenso *Ihrig/Wagner*, BB 2004, 1749 (1755).

396 Vgl. *Schwarz*, SE-VO, Art. 47 Rn. 55.

397 Für die zusätzlichen persönlichen Voraussetzungen der Arbeitnehmervertreter siehe Fn. 435.

398 In diesem Fall wäre dann eine analoge Anwendung der bestehenden Verbote des AktG anzunehmen.

(1) Juristische Person

Gemäß Art. 47 Abs. 1 Unterabs. 1 SE-VO kann die Satzung die Organmitgliedschaft einer Gesellschaft[399] oder einer anderen juristischen Person zulassen.[400] Ohne eine entsprechende Satzungsregelung darf nur eine natürliche Person zum Organmitglied bestellt werden. Anders als § 76 Abs. 3 AktG steht die SE-VO einer Organmitgliedschaft juristischer Personen damit nicht entgegen. Das Satzungsregelungswahlrecht des Art. 47 Abs. 1 Unterabs. 1 SE-VO steht jedoch unter einem mitgliedstaatlichen Vorbehalt.[401] Steht das mitgliedstaatliche Recht der Organmitgliedschaft juristischer Personen entgegen, kann die Satzung dies nicht zulassen.[402]

Durch die Verknüpfung der Satzungsfreiheit an entsprechende Vorschriften des nationalen Rechts will Art. 47 Abs.1 Unterabs. 1 SE-VO hinsichtlich der Organmitgliedschaft juristischer Personen einen Gleichlauf zwischen der nationalen AG und der SE erreichen. Da das nationale Recht die Organmitgliedschaft juristischer Personen für jedes Leitungssystem und jedes Organ unterschiedlich regeln kann, gilt das Verbot einer Satzungsregelung immer nur, wenn das nationale Recht für das entsprechende Organ ein solches Verbot enthält.[403] Für alle anderen Organe kann die Satzung die Organmitgliedschaft juristischer Personen zulassen.[404]

Wäre das SEAG in der Fassung des SEAG-DiskE verabschiedet worden, hätte die Satzung gemäß Art. 47 Abs. 1 Unterabs. 1 SE-VO für das Verwaltungsorgan die Mitgliedschaft juristischer Personen zulassen können, weil das SEAG-DiskE

---

[399] Es gilt hier die primärrechtliche Legaldefinition des Art. 48 Unterabs. 2 EG; vgl. *Schwarz*, SE-VO, Art. 47 Rn. 16. Als Gesellschaften gelten alle rechtlich konfigurierten Marktakteure; vgl. Streinz/*Müller-Graff*, EUV/EGV, Art. 48 EGV Rn. 2, mithin auch die GbR. Auch die SE ist eine solche Gesellschaft; vgl. Streinz/*Müller-Graff*, EUV/EGV, Art. 48 EGV Rn. 9.

[400] Dies kann in einem Konzern sinnvoll sein, um den Einfluss der herrschenden Gesellschaft in einer Tochter- oder Enkelgesellschaft stärker zu sichern. Die Gesellschaft muss dann gemäß Art. 47 Abs. 1 Unterabs. 2 SE-VO zur Wahrnehmung ihrer Befugnisse eine natürliche Person als Vertreter bestellen, weil die SE-VO davon ausgeht, dass die Aufgaben in dem Organ nur von einer natürlichen Person wahrgenommen werden können; vgl. Begr. zum SE-VOV 1989, BT-Drucks. 11/5427, S. 12.

[401] Damit kann der nationale Gesetzgeber für die SE keine vom nationalen Recht abweichende SE-spezifische Regelung schaffen. Vgl. *Hirte*, NZG 2002, 1 (5); *Lutter*, BB 2002, 1 (5); *Hoffmann-Becking*, ZGR 2004, 355 (366); *Hommelhoff*, AG 2001, 279 (283). Die Möglichkeit einer SE-spezifischen Regelung annehmend *Schander*, Europa-AG, S. 137

[402] In Frankreich ist die Mitgliedschaft juristischer Personen zulässig; vgl. *Klein*, RIW 2004, 435 (436).

[403] Vgl. ebenso *Schwarz*, SE-VO, Art. 47 Rn. 10. So kann das nationale Aktienrecht auch nur für bestimmte Gesellschaften und juristische Personen die Organmitgliedschaft ausschließen und anderen die Organmitgliedschaft erlauben. Diese Differenzierungen gelten gemäß Art. 47 Abs. 1 Unterabs. 1 SE-VO aufgrund des beabsichtigten Gleichlaufs in gleicher Weise für die SE. Ähnlich *Heckschen*, in: Widmann/Mayer, UmwG, Anh. 14 Rn. 465. A.A. *DAV*, NZG 2004, 75 (83); *Hoffmann-Becking*, ZGR 2004, 355 (366).

[404] Die Satzung kann das Wahlrecht des Art. 47 Abs. 1 Unterabs. 1 SE-VO für jedes Organ einzeln ausüben; die Satzung ist nicht zu einer einheitlichen Nicht-/Ausübung des Wahlrechts verpflichtet.

kein ausdrückliches Verbot enthielt.[405] § 27 Abs. 3 SEAG untersagt nun die Mitgliedschaft juristischer Personen, weil nur eine natürliche Person als Mitglied bestellt werden darf.[406]

Wie bei Art. 54 Abs. 2 SE-VO ist das SEAG für Art. 47 Abs. 1 Unterabs. 1 SE-VO als eine für Aktiengesellschaften geltende Rechtsvorschrift des Sitzstaats anzusehen, um für beide Systeme eine einheitliche Verweisung zu erreichen.[407] Denn würde man als Aktiengesellschaft i.S.d. Art. 47 Abs. 1 Unterabs. 1 SE-VO nur die nationale AG verstehen, käme das gemäß Art. 43 Abs. 4 SE-VO geschaffene SE-spezifische Recht über Art. 9 Abs. 1 Buchst. c Ziffer i SE-VO zur Anwendung. Dies würde nicht nur zu verschiedenen Verweisungsnormen für die jeweiligen System führen, sondern auch dem Wortlaut des Art. 47 Abs. 1 Unterabs. 1 SE-VO widersprechen. Denn die Norm enthält eine grundsätzliche Erlaubnis der Mitgliedschaft einer juristischen Person, die nur durch das für Aktiengesellschaften geltende Recht aufgehoben werden kann. Verstünde man als AG nur die bestehenden Aktiengesellschaften, könnte streng dem Wortlaut folgend das SE-spezifische Recht in keinem Fall die Mitgliedschaft juristischer Personen verhindern. Da der Wille des VO-Gebers erkennbar ist, dem nationalen Recht auch für das nicht vorhandene System die Ausschlussmöglichkeit zu gewähren, müsste Art. 47 Abs. 1 Unterabs. 1 SE-VO daher dahingehend ausgelegt werden, dass auch das über Art. 9 Abs. 1 Buchst. c Ziffer i SE-VO anwendbare SE-spezifische Recht die Mitgliedschaft juristischer Personen unterbinden kann.[408] Dies entspricht dem vorher dargelegten Auslegungsergebnis, als AG i.S.d. Art. 47 Abs. 1 SE-VO auch die SE zu verstehen.

Damit ist noch nicht über die Kompetenz des Gesetzgebers entschieden. Art. 47 Abs. 1 Unterabs. 1 SE-VO führt nur zur Anwendung des nationalen Rechts. Die Kompetenz für § 27 Abs. 3 SEAG gewährt die Ergänzungsvorschrift des Art. 43 Abs. 4 i.V.m. Art. 47 Abs. 1 SE-VO.

(2) Gesetzliche Ausschlussgründe (Art. 47 Abs. 2 Buchst. a SE-VO)

Art. 47 Abs. 2 Buchst. a SE-VO verweist auf die für eine AG geltenden gesetzlichen Ausschlussgründe des SE-Sitzstaats.[409] Liegt danach ein Ausschlussgrund vor, kann die Person gemäß Art. 47 Abs. 2 SE-VO weder Mitglied eines Organs

---

405 So zum SEAG-DiskE: *Ihrig/Wagner*, BB 2003, 969 (974); wohl auch *Brandt*, DStR 2003, 1208 (1211). Dies gilt aber nur, wenn man von einer abschließenden Nichtregelung ausgeht. A.A. wohl *Merkt*, ZGR 2003, 650 (655); *Manz*, in: Manz/Mayer/Schröder, SE, Art. 43 Rn. 83; *DAV*, NZG 2004, 75 (83).

406 So auch § 76 Abs. 3 AktG für das Leitungsorgan, vgl. *Schwarz*, SE-VO, Art. 47 Rn. 14; *Lutter*, BB 2002, 1 (5); *Fleischer*, RIW 2004, 16 (17). Für die Organmitgliedschaft juristischer Personen müsste das nationale Aktienrecht geändert werden, vgl. *Thoma/Leuering*, NJW 2002, 1449 (1451); *Schwarz*, SE-VO, Art. 39 Rn. 11; *Lutter*, BB 2002, 1 (5). Für eine Änderung: *Hommelhoff*, AG 2001, 279 (283); *Teichmann*, ZGR 2002, 383 (455). Mit diesbezüglichen Bedenken: *Kübler*, ZHR 167 (2003), 222 (233); *Fleischer*, RIW 2004, 16 (19 ff.); *DAV*, NZG 2004, 75 (81).

407 Siehe oben S. 54 ff.

408 So *Schwarz*, SE-VO, Art. 47 Rn. 13.

409 Die Norm ist eine Sachnormverweisung; vgl. *Schwarz*, SE-VO, Art. 47 Rn. 24.

sein noch eine juristische Person als Organmitglied vertreten.[410] Nach dem Wortlaut des Art. 47 Abs. 2 SE-VO gelten die organbezogenen Verbote des nationalen Rechts generell für alle Organe. Wie bei Art. 47 Abs. 1 SE-VO soll mit der Verweisung ein Gleichlauf zur nationalen AG hergestellt werden. Daher folgt auch hier, dass die Verbote der Mitgliedschaft des nationalen Rechts immer nur für das parallele Organ der SE gelten können.[411] Ansonsten käme es zu einer Kumulation der Ausschlussgründe, die zu unsinnigen Ergebnissen führen würde.[412]

Es gilt insoweit das SEAG, insbesondere § 27 Abs. 1 SEAG. Weitere Ausschlussgründe ergeben sich aus Art. 55 Abs. 2, Art. 66 GG und den Landesverfassungen für Mitglieder der Exekutive.[413]

(a) § 27 Abs. 1 SEAG

§ 27 Abs. 1 SEAG enthält eine § 100 Abs. 1 AktG vergleichbare Regelung, wobei ein Verwaltungsorganposten einem Posten im Aufsichtsrat[414] entspricht. Die Ermächtigung für eine solche Regelung gewährt allein Art. 43 Abs. 4 SE-VO. Wie bei Art. 47 Abs. 1 Unterabs. 1 SE-VO kommt auch das SE-spezifische Recht über Art. 47 Abs. 2 Buchst. a SE-VO zur Anwendung.[415] Für die Höchstzahl sind damit das Mandat bei einer nationalen AG und das in einer, in Deutschland ansässigen SE zu berücksichtigen.[416]

Fraglich ist, ob für die Ermittlung der Höchstzahl auch ausländische Mandate berücksichtigt werden. Obwohl auch ausländische Mandate die Arbeitskraft des Organmitglieds fordern, werden bei § 100 Abs. 2 Nr. 1 AktG Mandate bei ausländischen Aktiengesellschaften nicht berücksichtigt.[417] Da es sich bei § 100 Abs. 2 Nr. 1 AktG um eine nationale Besonderheit handelt und die SE-VO auf entsprechende Regelungen der Vorgängervorschläge[418] nicht zurückgegriffen hat, ist im dualistischen System keine SE-spezifische Auslegung dieser Norm geboten, sodass

---

[410] Damit ist Person i.S.d. Art. 47 Abs. 2 SE-VO nur eine natürliche Person; vgl. *Schwarz*, SE-VO, Art. 47 Rn. 21.

[411] Siehe oben S. 67. Vgl. *Schwarz*, SE-VO, Art. 47 Rn. 22; MünchKommAktG/*Reichert/-Brandes*, SE-VO, Art. 47 Rn. 20; a.A. *Manz*, in: Manz/Mayer/Schröder, SE, Art. 47 Rn. 6; *DAV*, NZG 2004, 75 (83).

[412] Vgl. ausführlich mit Beispielen *Schwarz*, SE-VO, Art. 47 Rn. 22.

[413] Vgl. MünchKommAktG/*Hefermehl/Spindler*, § 84 Rn. 26.

[414] Anders die Regelung des österreichischen Gesetzgebers, der einen Verwaltungsorgansitz mit zwei Aufsichtsorganmandaten gleichsetzt (§ 45 Abs. 3 öSEG). Vgl. hierzu *Kalss/Greda*, GesRZ 2004, 91 (101).

[415] Siehe S. 67. Vgl. *Schwarz*, SE-VO, Art. 47 Rn. 32.

[416] Vgl. MünchKommAktG/*Reichert/Brandes*, SE-VO, Art. 47 Rn. 12. Die SE-VO führt umgekehrt für eine dt. AG zu einer entsprechenden Auslegung des § 100 Abs. 2 Nr. 1 AktG; vgl. *Schwarz*, SE-VO, Art. 47 Rn. 28 f. Für die Höchstzahlberechnung bei einer dt. AG sind demnach auch die Aufsichtsorganmandate und aufgrund der Regelung des § 27 Abs. 1 SEAG auch die Verwaltungsorganmandate in einer dt. SE zu berücksichtigen.

[417] Vgl. MünchKommAktG/*Semler*, § 100 Rn. 25. So auch das französische Recht (Art. 225-21 C.Com). A.A. GroßkommAktG/*Hopt/Roth*, § 100 Rn. 39.

[418] Vgl. Art. 74 Abs. 1 Unterabs. 1 SE-VOV 1975.

die Reichweite des § 100 Abs. 2 Nr. 1 AktG beizubehalten ist.[419] Da § 27 Abs. 1 SEAG Verwaltungs- und Aufsichtsorgan als gleichwertig ansieht, muss dieses Ergebnis auch im Verwaltungsorgan gelten.[420]

Auf eine Besonderheit sei noch hinzuweisen. Gemäß § 27 Abs. 1 Nr. 2 SEAG darf kein gesetzlicher Vertreter einer abhängigen Gesellschaft dem Verwaltungsorgan der herrschenden Gesellschaft angehören. Sofern das Mitglied in der abhängigen Gesellschaft nur Verwaltungsorganmitglied ist, ist die Bestellung möglich, obwohl zumindest den geschäftsführenden Mitgliedern ein Weisungsrecht gegenüber den Geschäftsführern zusteht.[421] Sobald das Mitglied jedoch zum Geschäftsführer und damit zum gesetzlichen Vertreter (§ 41 Abs. 1 SEAG) der abhängigen SE bestellt wird, würde dies dem Posten im Verwaltungsorgan der herrschenden SE entgegenstehen. Anders als beim Leitungsorgan könnten somit in einem Konzern aus monistisch organisierten SE Doppelmandate ausgeschlossen sein. Sofern das Mitglied auch bei der Obergesellschaft Geschäftsführer wäre, würde die Benachteiligung zum dualistischen Modell deutlich, das bei entsprechender Genehmigung (§ 88 Abs. 1 AktG) Doppelmandate im Vorstand zulässt.

Selbst wenn die Norm nur auf die nicht geschäftsführenden Mitglieder beschränkt würde, käme es nicht zu dem von § 27 Abs. 2 Nr. 2 SEAG erwünschten Ergebnis, eine unabhängige Kontrolle zu gewährleisten. Denn auch die nicht geschäftsführenden Mitglieder haben die Leitung der herrschenden Gesellschaft zu übernehmen. Aufgrund dieser Befugnis und des Übergangs der Leitung der abhängigen Gesellschaft gemäß § 308 Abs. 1 S. 1 AktG auf die herrschende Gesellschaft können auch die nicht geschäftsführenden Mitglieder Leitungsentscheidungen der abhängigen Gesellschaft treffen.[422]

Die Norm ist daher misslungen und verkennt die Besonderheiten des monistischen Systems, das gerade nicht auf der strikten Trennung von Kontrolle und Geschäftsführung aufbaut. Aus diesem Grund besteht im monistischen System keine Art. 39 Abs. 3 SE-VO vergleichbare Inkompatibilitätsregelung.[423] Um die beabsichtigte unabhängige Kontrolle wenigstens zum Teil zu gewährleisten, ist § 27 Abs. 1 Nr. 2 SEAG trotz der Leitungsbefugnis teleologisch lediglich auf die nicht geschäftsführenden Mitglieder zu reduzieren. Ein geschäftsführendes Mitglied kann somit bei entsprechender Genehmigung (§ 88 AktG analog[424]), zum geschäftsführenden Mitglied der abhängigen Gesellschaft bestellt werden. Ein nicht geschäftsführendes Mitglied kann dagegen nur zum nicht geschäftsführenden Mitglied der abhängigen Gesellschaft bestellt werden.

---

419 Mit ausführlicher Begründung siehe auch *Schwarz*, SE-VO, Art. 47 Rn. 30. So auch *Manz*, in: Manz/Mayer/Schröder, SE, Art. 47 Rn. 14; MünchKommAktG/*Reichert*/*Brandes*, SE-VO, Art. 47 Rn. 12. Gemäß Ziffer 5.4.5 DCGK sind auch ausländische Mandate zu berücksichtigen. Siehe unten S. 274 f.

420 So auch im französischen Recht; vgl. *Sokolowski*, Überwachung in einer SE, S. 113.

421 Zum Weisungsrecht gegenüber den Geschäftsführern siehe S. 196 ff.

422 Siehe unten S. 202.

423 Auch eine analoge Anwendung des § 105 Abs. 1 AktG kommt nicht in Betracht.

424 Siehe unten S. 170.

(b) § 76 Abs. 3 S. 3 AktG analog

Bis auf die Anforderung, dass das Mitglied eine unbeschränkt geschäftsfähige natürliche Person sein muss, enthält das SEAG weder eine dem § 76 Abs. 3 AktG entsprechende Regelung noch verweist es auf diese Norm. Das AktG kennt für das Aufsichtsorgan auch keine § 76 Abs. 3 S. 3 AktG vergleichbare Regelung. Dieser Verzicht ist nachvollziehbar, weil der Aufsichtsrat aufgrund fehlender Geschäftsführungsbefugnisse keine Möglichkeiten hat, auf das Gesellschaftervermögen zuzugreifen. Man könnte daher annehmen, der Gesetzgeber habe wie beim Aufsichtsrat auf eine § 76 Abs. 3 S. 3 AktG vergleichbare Regelung verzichtet, weil er versuche, das Verwaltungsorgan weitgehend dem Aufsichtsorgan anzunähern.

Dagegen bestehen mehrere Bedenken. Zum einen hat jedes Verwaltungsorganmitglied zumindest die Leitungsbefugnis inne, sodass zum Schaden der Gesellschaft gehandelt werden kann. Zum anderen enthält § 40 Abs. 1 S. 4 SEAG zwar eine Verweisung auf § 76 Abs. 3 AktG, aber diese gilt nur für Dritte als Geschäftsführer. Damit könnte eine im Sinne des § 76 Abs. 3 S. 3 AktG ungeeignete Person zwar nicht zum externen Geschäftsführer, jedoch zum Verwaltungsorganmitglied und auch zum verwaltungsorganinternen Geschäftsführer bestellt werden. Einem verwaltungsorganinternen Geschäftsführer stehen aufgrund der Leitungs- und Geschäftsführungsbefugnis für die außergewöhnlichen Geschäfte sogar deutlich mehr Befugnisse zu als einem externen Geschäftsführer. Es ist nicht nachvollziehbar, dass ein verwaltungsorganinterner Geschäftsführer weniger strengeren Regeln unterliegen soll. Es ist daher von einer Regelungslücke auszugehen, die durch eine analoge Anwendung des § 76 Abs. 3 AktG im Rahmen des SEAG geschlossen wird.[425]

Die analoge Anwendung auf die verwaltungsorganinternen Geschäftsführer zu beschränken, ist nicht sinnvoll, weil auch den „nur" Verwaltungsorganmitgliedern aufgrund der Leitungs- und Geschäftsführungsbefugnis hinsichtlich der außergewöhnlichen Geschäfte eine hohe Eingriffsmöglichkeit zusteht. Allein die unübertragbare Leitungsverantwortung reicht hierfür aus. § 76 Abs. 3 S. 3 AktG gilt somit unterschiedslos für jedes Verwaltungsorganmitglied.[426]

(3) Ausschluss aufgrund gerichtlicher/behördlicher Entscheidung

Gemäß Art. 47 Abs. 2 Buchst. b SE-VO ist die Mitgliedschaft in einem Organ zudem ausgeschlossen, wenn der Person infolge einer Gerichts- oder Verwaltungsentscheidung die Mitgliedschaft in einem Organ einer AG untersagt ist, wie z.B. durch dauernde oder vorübergehende Berufsverbote. Aufgrund des beabsichtigten Gleichlaufs mit dem nationalen Recht gelten diese Ausschlussgründe auch nur für

---

[425] Vgl. *Schwarz*, SE-VO, Art. 47 Rn. 33. Im Ergebnis ebenso MünchKommAktG/*Reichert/Brandes*, SE-VO, Art. 47 Rn. 29.

[426] Vgl. *Schwarz*, SE-VO, Art. 47 Rn. 33.

das entsprechende Organ, für welches das Gericht bzw. die Verwaltung die Mitgliedschaft bei einer nationalen AG untersagt.[427]

Das Gericht oder die Verwaltungsbehörde muss daher das Verbot der Organmitgliedschaft im Verwaltungsorgan grundsätzlich ausdrücklich anordnen.[428] Die Möglichkeiten des nationalen Rechts für die Verwaltungen und Gerichte, die Organmitgliedschaft im Vorstand und/oder Aufsichtsrat zu untersagen, gelten aufgrund der insgesamt identischen Aufgaben auch für das Verwaltungsorgan.

Da allerdings auch die nicht geschäftsführenden Mitglieder des Verwaltungsorgans an der Leitung beteiligt sind,[429] erscheint es zweifelhaft, ob bei einer Entscheidung i.S.d. § 76 Abs. 3 S. 4 AktG nur die Tätigkeit als geschäftsführendes Mitglied untersagt ist. Es ist vielmehr davon auszugehen, dass durch ein Berufsverbot die Mitgliedschaft im Verwaltungsorgan gänzlich ausgeschlossen ist.

Anders als bei den gesetzlichen Ausschlussgründen des Art. 47 Abs. 2 Buchst. a SE-VO, die nur im Sitzmitgliedstaat der SE gelten, kommen die nationalen Gerichts- und Verwaltungsentscheidungen hinsichtlich der SE europaweit zur Anwendung.[430]

(4) Art. 47 Abs. 3 SE-VO

Aus der Formulierung des Art. 47 Abs. 3 SE-VO[431] („in Anlehnung an die für Aktiengesellschaften geltenden Rechtsvorschriften") folgt, dass hier die Regelungen des nationalen Rechts nicht nur für das parallele System gelten.[432] Die von Art. 47 Abs. 3 SE-VO geschaffene Satzungsfreiheit gilt für beide Systeme; die Reichweite wird lediglich an eine entsprechende nationale Regelung geknüpft. Die Anwendung der nationalen Satzungsmöglichkeiten auf das im nationalen Recht nicht vorhandene System ist für diese Frage möglich, weil es sich hier lediglich um die Bestellung der Mitglieder der Aktionäre handelt, die von dem gewählten Leitungssystem unabhängig ist. Da das Verwaltungsorgan die Aufgaben des Leitungs- und Aufsichtsorgans in sich vereint, kommen grundsätzlich die für jedes Organ geltenden Bestimmungen kumulativ zur Anwendung.[433] Dies gilt auch, wenn eine

---

427 Vgl. *Schwarz*, SE-VO, Art. 47 Rn. 25. So gilt über Art. 47 Abs. 2 Buchst. b SE-VO § 36 Abs. 1 S. 1 KWG. Sofern die SE ein Kreditinstitut betreibt, kann die BaFin die Tätigkeit als Leitungsorgan untersagen.

428 Sofern die Gerichts- oder Verwaltungsentscheidung versehentlich nur das nationale Leitungssystem berücksichtigt, muss diese Entscheidung auch für das nicht erwähnte System entsprechend angewendet werden, um zu verhindern, dass die staatliche Entscheidung entwertet wird.

429 Siehe S. 96.

430 Vgl. *Schwarz*, SE-VO, Art. 47 Rn. 26; *Manz*, in: Manz/Mayer/Schröder, SE, Art. 47 Rn. 7; MünchKommAktG/*Reichert*/*Brandes*, SE-VO, Art. 47 Rn. 6.

431 Art. 47 Abs. 3 SE-VO gilt auch für das Leitungsorgan, vgl. *Schwarz*, SE-VO, Art. 47 Rn. 46.

432 Vgl. *Schwarz*, SE-VO, Art. 47 Rn. 40. So auch der dt. Gesetzgeber; vgl. MünchKommAktG/*Reichert*/*Brandes*, SE-VO, Art. 47 Rn. 37.

433 Vgl. *Schwarz*, SE-VO, Art. 47 Rn. 41. Zu den möglichen satzungsmäßigen persönlichen Voraussetzungen; vgl. MünchKommAktG/*Semler*, § 100 Rn. 64 f. Die Satzung kann entsprechend § 100 Abs. 4 AktG (Aufsichtsorgan) und § 23 Abs. 5 AktG (Leitungsorgan) weitere Voraussetzungen aufstellen.

Trennung in geschäftsführende und nicht geschäftsführende Mitglieder vorgesehen ist, weil auch die geschäftsführenden Mitglieder an der Kontrolle teilnehmen.[434]

Mit der Beschränkung des Art. 47 Abs. 3 SE-VO auf die Mitglieder der Aktionäre soll verhindert werden, dass die Satzung mittels der persönlichen Voraussetzungen die Mitbestimmung einschränken kann.[435] Diese satzungsmäßigen Voraussetzungen gelten jedoch nicht für die Mitglieder des ersten Verwaltungsorgans, wenn diese durch die Satzung bestellt werden.[436] Die Satzung kann für die gemäß Art. 47 Abs. 4 SE-VO entsandten Mitglieder – allerdings nur für Entsendungsrechte, die den Aktionären zuzurechnen sind –persönliche Voraussetzungen im Rahmen des Art. 47 Abs. 3 SE-VO festlegen.[437]

dd) Fehlende Voraussetzungen

In der SE-VO wird nicht ausdrücklich geregelt, welche Rechtsfolgen die Wahl einer Person hat, die die persönlichen Voraussetzungen nicht erfüllt.

Da Art. 47 Abs. 2 SE-VO nur die gesetzlichen bzw. sonstigen staatlichen Verbote zur Anwendung beruft, handelt es sich bei Art. 47 Abs. 2 SE-VO um gesetzliche Anforderungen. Gemäß Art. 47 Abs. 2 SE-VO dürfen diese Personen nicht Mitglieder oder Vertreter einer juristischen Person sein. Entscheidend ist somit wie im deutschen Recht nicht der Zeitpunkt der Wahl, sondern der Zeitpunkt des Amtsantritts.[438] Da die Person nicht Organmitglied sein kann, ist in einem solchen Fall die Wahl nichtig. Dies ergibt sich unmittelbar aus dem Verbotscharakter des Art. 47 Abs. 2 SE-VO; eines Rückgriffs auf § 31 Abs. 1 Nr. 3 SEAG bedarf es somit nicht.[439] Das gleiche gilt für den Fall, dass eine juristische Person zum Leitungsorganmitglied bestellt wird. Das entsprechende Amt erlischt, wenn der Hinderungsgrund nach der Bestellung eintritt.[440] Da die SE-VO nur die Organmitgliedschaft untersagt, steht die SE-VO einer möglichen Delegation von Aufgaben auf solche Personen nicht mehr entgegen.[441]

---

434 Siehe S. 99 ff.

435 So auch im dt. Recht; vgl. MünchKommAktG/*Semler*, § 100 Rn. 58. Die persönlichen Voraussetzungen der Arbeitnehmervertreter ergeben sich daher allein aus Art. 47 Abs. 1 und 2 SE-VO. Zu den zusätzlichen persönlichen Voraussetzungen der Arbeitnehmervertreter siehe *Schwarz*, SE-VO, Art. 40 Rn. 49, Art. 47 Rn. 35. In der Vereinbarung können weitere persönliche Voraussetzungen festgelegt werden. Diese fallen nicht unter Art. 47 SE-VO. Dass sie dennoch gelten, folgt aus der Öffnungsklausel des Art. 43 Abs. 3 S. 3 SE-VO.

436 Vgl. für das Aufsichtsorgan *Schwarz*, SE-VO, Art. 40 Rn. 48.

437 Vgl. *Schwarz*, SE-VO, Art. 47 Rn. 43.

438 Vgl. *Hüffer*, AktG, § 100 Rn. 11.

439 Vgl. *Schwarz*, SE-VO, Art. 47 Rn. 36; a.A. MünchKommAktG/*Reichert/Brandes*, SE-VO, Art. 47 Rn. 39, die die Nichtigkeit auf § 134 BGB stützen. Vgl. zum dt. Recht MünchKommAktG/*Hefermehl/Spindler*, § 84 Rn. 22.

440 Vgl. *Schwarz*, SE-VO, Art. 47 Rn. 37; MünchKommAktG/*Reichert/Brandes*, SE-VO, Art. 47 Rn. 39. Entsprechend im dt. Recht: *Hüffer*, AktG, § 100 Rn. 11; MünchKommAktG/*Hefermehl/Spindler*, § 84 Rn. 22.

441 Vgl. *Schwarz*, SE-VO, Art. 47 Rn. 39. Anders noch Art. 69 Abs. 2 SE-VOV 1991, der bestimmte, dass solche Personen weder Organmitglieder noch ihnen Leitungs- oder Vertretungsbefugnisse übertragen werden konnten. Da eine solche Einschränkung in Art. 47 SE-

Die Bestellung eines Mitglieds, das die satzungsmäßigen Voraussetzungen nicht erfüllt, ist nicht nichtig, weil es sich nicht um gesetzliche Voraussetzungen handelt.[442] Dieses Mitglied kann aber nach § 29 SEAG abberufen bzw. der Wahlbeschluss gem. § 32 SEAG i.V.m. § 251 AktG angefochten werden.[443]

Die nichtige Bestellung hat nur Auswirkungen auf die Wirksamkeit der Beschlussfassung, wenn bei Nichtberücksichtigung der Stimme des nichtig bestellten Mitglieds keine ausreichende Mehrheit gegeben ist.[444] Die Frage der Wirksamkeit der Vertretungshandlung richtet sich über Art. 9 Abs. 1 Buchst. c SE-VO nach nationalem Recht.[445]

ee) Amtszeit

Die Amtsdauer der Organmitglieder wird einheitlich durch Art. 46 SE-VO geregelt, der in Absatz 1 den Satzungsgeber verpflichtet,[446] die Amtsdauer der Mitglieder festzulegen.[447] Die Satzung hat somit eine Regelung zur Amtszeit zu enthalten, die sechs Jahre nicht überschreiten darf. So kann die Amtszeit z.B. eines Aufsichtsorganmitglieds wie bei § 102 AktG an den Entlastungsbeschluss der Hauptversammlung geknüpft werden.[448] Dies gilt aufgrund vergleichbarer Stellung auch für das Verwaltungsorgan. Auf nationales Recht kann aufgrund abschließender Regelung nicht zurückgegriffen werden.[449]

Da Art. 46 Abs. 1 SE-VO keine Art. 43 Abs. 3 S. 3 SE-VO vergleichbare Öffnungsklausel für die Mitbestimmung enthält, gilt folglich die in der Satzung festgelegte Amtszeit auch für die Arbeitnehmervertreter.[450] Als Teil einer Vereinbarung kann auch die Amtszeit der Mitglieder bestimmt werden, wobei die Vereinbarung ebenfalls nicht mehr als sechs Jahre für eine Amtszeit vorsehen kann.[451] Die Satzung muss dann gemäß Art. 12 Abs. 4 SE-VO dieser Vereinbarung entsprechen.

VO nicht zu finden ist, kommt es auf das nationale Recht an. So im Ergebnis auch *Schwarz*, ZIP 2001, 1847 (1856); *Manz*, in: Manz/Mayer/Schröder, SE, Art. 47 Rn. 6.

442 Im Ergebnis ebenso im dt. Recht MünchKommAktG/*Hefermehl/Spindler*, § 84 Rn. 24.

443 Vgl. *Schwarz*, SE-VO, Art. 47 Rn. 44.

444 Siehe S. 120.

445 Zum dt. Recht vgl. MünchKommAktG/*Hefermehl/Spindler*, § 84 Rn. 197 ff.

446 Die Satzungsregelungsverpflichtung ergibt sich daraus, dass Art. 46 Abs. 1 SE-VO keine grundsätzliche Amtsdauer von sechs Jahren festlegt, von der die Satzung abweichen kann. Ohne eine Satzungsregelung wird das Mitglied folglich nicht automatisch für sechs Jahre bestellt. Vgl. *Schwarz*, SE-VO, Art. 46 Rn. 5 f.; a.A. MünchKommAktG/*Reichert/Brandes*, SE-VO, Art. 46 Rn. 6. Anders im dt. Recht; vgl. MünchKommAktG/*Hefermehl/Spindler*, § 84 Rn. 31.

447 Wird diese Regelungsverpflichtung nicht umgesetzt, besteht ein Eintragungshindernis der Satzung; vgl. *Schwarz*, SE-VO, Art. 46 Rn. 6.

448 Vgl. *Frodermann/Jannott*, ZIP 2005, 2251 (2251); a.A. *AG Hamburg*, ZIP 2005, 2017 (2018). Auch ohne eines Entlastungsbeschlusses endet die Amtszeit des Mitglieds; vgl. *BGH*, NZG 2002, 916 (916); MünchKommAktG/*Semler*, § 102 Rn. 32; a.A. *Hüffer*, AktG, § 102 Rn. 3.

449 So auch *Manz*, in: Manz/Mayer/Schröder, SE, Art. 46 Rn. 1.

450 Vgl. *Schwarz*, SE-VO, Art. 46 Rn. 7.

451 Vgl. *Schwarz*, SE-VO, Art. 46 Rn. 7.

(1) Regeln der Festlegung

Die Amtsdauer der Verwaltungsorganmitglieder wird somit dem Wortlaut des Art. 46 Abs. 1 SE-VO folgend durch die Satzung festgelegt. Art. 46 Abs. 1 SE-VO enthält keine Art. 40 Abs. 3 S. 1 SE-VO vergleichbare Formulierung, die besagt, dass die Satzung neben der Zahl auch die Regeln für ihre Festlegung enthalten kann. Bei diesem am Wortlaut orientierten Verständnis könnte der Satzungsgeber folglich die genaue Festlegung nicht wie bei § 84 Abs. 1 S. 1 AktG[452] dem Bestellenden überlassen.[453]

Eine Stütze für eine solche restriktive Auslegung des Art. 46 Abs. 1 SE-VO liefert die Begründung zu Art. 68 SE-VOV 1989. Mit der Regelung der Bestellung „für einen bestimmten Zeitraum" soll die Eigenverantwortlichkeit und damit die Unabhängigkeit der Mitglieder gestärkt werden.[454] Die Unabhängigkeit der Mitglieder von dem bestellenden Organ ist insbesondere im dualistischen Modell zwischen Leitungs- und Aufsichtsorgan ein wesentlicher Systembestandteil.[455]

Die mit Art. 46 Abs. 1 SE-VO beabsichtigte Stärkung der Unabhängigkeit spielt allerdings zwischen Hauptversammlung und dem Aufsichtsorgan oder dem Verwaltungsorgan nur eine geringe Rolle. Da die Hauptversammlung beide Organe bestellt (Art. 40 Abs. 2 S. 1, Art. 43 Abs. 3 S. 1 SE-VO), ist das Verbot, Regeln der Festlegung in der Satzung aufzunehmen, durch die Hauptversammlung faktisch umgehbar. Denn die Hauptversammlung kann die Satzung und damit den Zeitraum jederzeit ändern. Bis auf die Formalitäten und Hürden einer Satzungsänderung kann die Hauptversammlung somit durch Satzungsänderungen das gleiche Ergebnis erreichen wie durch eine Satzungsregelung, die der Hauptversammlung die Festlegung des Zeitraums mit der Bestellung überlässt.[456] Eine restriktive Auslegung des Art. 46 Abs. 1 SE-VO bedeutet daher nur eine unsinnige und kostspielige Förmelei, sodass die Norm einer Satzungsregelung nicht entgegensteht, welche die Festlegung der Amtszeit dem Bestellenden überlässt.[457] Für eine Festlegung der Amtszeit durch die Hauptversammlung spricht auch, dass diese die Mitglieder jederzeit abbestellen kann.[458]

---

452 Vgl. zum dt. Aktienrecht MünchKommAktG/*Hefermehl/Spindler*, § 84 Rn. 31.

453 So *AG Hamburg*, ZIP 2005, 2017 (2018) für das Aufsichtsorgan.

454 Vgl. Begr. zum SE-VOV 1989, BT-Drucks. 11/5427, S. 12.

455 Dennoch gilt für die Satzung auch für das Leitungsorgan eine § 84 Abs. 1 S. 1 AktG entsprechend Möglichkeit zu schaffen, vgl. *Schwarz*, SE-VO, Art. 46 Rn. 13 ff. Denn gegenüber der Hauptversammlung muss die Unabhängigkeit des Leitungsorgans nicht in qualitativ gleicher Weise gesichert sein wie gegenüber dem Aufsichtsorgan. Ohne eine Regelung in der Satzung kann das Aufsichtsorgan nicht von der festgelegten Amtszeit abweichen. Es liegt somit allein in Händen der Hauptversammlung, welcher Spielraum dem Aufsichtsorgan eingeräumt wird.

456 Der Bestellungszeitraum des Aufsichtsratsmitglieds wird gemäß § 102 Abs. 1 S. 1 AktG ebenfalls durch den Bestellenden (grundsätzlich die Hauptversammlung) bestimmt.

457 Im Ergebnis wohl ebenso *Egermann/Heckenthaler*, GesRZ 2004, 256 (264); MünchKommAktG/*Reichert/Brandes*, SE-VO, Art. 46 Rn. 3.

458 Vgl. MünchKommAktG/*Reichert/Brandes*, SE-VO, Art. 40 Rn. 35, Art. 43 Rn. 39.

Diesem Verständnis steht auch der Sinn des Art. 46 Abs. 1 SE-VO nicht entgegen. Es soll lediglich sichergestellt werden, dass die Mitglieder für „einen bestimmten Zeitraum" bestellt werden.[459] Der Zeitraum ist mit den Regeln zur Festlegung des Zeitraums hinreichend bestimmt. Denn der Satzungsgeber muss gemäß Art. 46 Abs. 1 SE-VO in jedem Fall sicherstellen, dass kein Mitglied für einen längeren Zeitraum als sechs Jahre bestellt wird.

(2) Differenzierungen – „einen Zeitraum"

Insbesondere in einem mitbestimmten Verwaltungsorgan stellt sich die Frage nach der Zulässigkeit differenzierender Amtszeiten der Organmitglieder. Es ist davon auszugehen, dass sowohl die Satzung als auch – im Falle einer entsprechenden Satzungsregelung – die Hauptversammlung die Amtszeit für jedes einzelne Mitglied anders bestimmen kann.[460] Art. 46 Abs. 1 SE-VO fordert zwar die Bestellung für „einen" Zeitraum, damit ist aber nicht gemeint, dass alle Mitglieder für ein und denselben Zeitraum bestellt werden müssen. Dass nur für einen Zeitraum bestellt werden kann, ergibt sich aus der Regelung des Art. 46 Abs. 2 SE-VO.

Für eine Differenzierung der Amtszeiten innerhalb eines Organs sprechen Praktikabilitätserwägungen.[461] So kann durch eine Differenzierung nach dem Alter des Mitglieds eine Altersgrenze erreicht werden, ohne dass eine Abbestellung nötig ist. Entscheidender Vorteil ist, dass dadurch eine gleitende Einarbeitung möglich ist. Es sind immer erfahrene Mitglieder vorhanden, die neue Mitglieder einarbeiten können. Art. 46 Abs. 1 SE-VO ist daher nicht restriktiv auszulegen. Es muss lediglich sichergestellt sein, dass die Amtszeit hinreichend bestimmt ist. Deshalb sind Differenzierungen der Amtszeiten bei Vorliegen sachlicher Erwägungen zulässig. Eine Differenzierung zwischen den Aktionärs- und Arbeitnehmervertretern bedarf einer höheren sachlichen Rechtfertigung, um eine Diskriminierung der Arbeitnehmervertreter zu unterbinden.[462]

(3) Beginn und Änderung der Amtszeit

Die Amtszeit beginnt mit dem Wirksamwerden der Bestellung.[463] Änderungen des satzungsmäßig bestimmten Zeitraums bzw. der Regeln für die Festlegung des Zeitraums wirken sich nur für diejenigen Mitglieder aus, die nach Wirksamwerden

---

[459] Vgl. SE-VOV 1989, Begründung, BT-Drucks. 11/5427, S. 12. Vgl. auch *Schwarz*, SE-VO, Art. 46 Rn. 15; *Frodermann/Jannott*, ZIP 2005, 2251 (2251).

[460] Vgl. *Schwarz*, SE-VO, Art. 46 Rn. 11. So für das Aufsichtsorgan MünchKommAktG/-*Reichert/Brandes*, SE-VO, Art. 46 Rn. 10.

[461] Vgl. hierzu ausführlich S. 254 ff. zu Ziffer 5.1.2 und S. 277 ff. zu Ziffer 5.4.6.

[462] Eine abweichende Regelung der Amtszeit der Arbeitnehmervertreter kann als Teil des Kompromisses in der Vereinbarung enthalten sein. Die Vereinbarung ist in diesem Fall die sachliche Rechtfertigung. Regelungen der Vereinbarung stellen grundsätzlich keine unzulässige Diskriminierung dar.

[463] Vgl. *Schwarz*, SE-VO, Art. 46 Rn. 17.

der Satzungsänderung bestellt werden.[464] Der zum Zeitpunkt der Bestellung bestandene bzw. festgelegte Zeitraum bleibt für die bestellten Mitglieder bestehen.[465]

ff) Wiederbestellung

Gemäß Art. 46 Abs. 2 SE-VO kann jedes Organmitglied grundsätzlich unbeschränkt wiederbestellt werden, sofern die Satzung keine Einschränkungen enthält.[466] Die SE-VO geht damit von keiner absoluten Obergrenze der Dauer der Organmitgliedschaft aus.[467] Aus der Regelung folgt, dass kein Mitglied von vornherein für zwei oder mehr Amtsperioden bestellt werden kann; das Mitglied kann immer nur für eine weitere Periode bestellt werden.

Art. 46 Abs. 2 SE-VO ermöglicht dem Wortlaut folgend der Satzung nur Beschränkungen der Wiederbestellung. Eine Öffnungsklausel für die Beschränkungen des nationalen Rechts enthält die Norm nicht. So sieht z.B. § 84 Abs. 1 S. 3 AktG vor, dass die Wiederbestellung erst frühestens ein Jahr vor Ablauf der Amtszeit beschlossen werden kann. Diese Beschränkung kommt aber nur zur Anwendung, wenn eine Regelungsoffenheit i.S.d. Art. 9 Abs. 1 Buchst. c SE-VO besteht.[468]

Gegen eine Regelungsoffenheit spricht die verordnungsgeborene Satzungsfreiheit des Art. 46 Abs. 2 SE-VO. Dem Satzungsgeber wird die Befugnis eingeräumt, für die Wiederbestellung umfassende Beschränkungen festzulegen. Zu diesen Beschränkungen ist auch der frühest mögliche Zeitpunkt für eine Wiederbestellung zu zählen.

Auch die Überlegung, eine Regelungsoffenheit in Abhängigkeit einer Satzungsregelung anzunehmen, führt zu keiner stringenten Lösung und ist daher abzulehnen. Denn enthielte die Satzung keine Bestimmung, wäre hinsichtlich dieser Frage sowohl nach Art. 9 Abs. 1 Buchst. a und b SE-VO keine Regelung gegeben, sodass das nationale Recht zur Anwendung käme. Enthielte die Satzung eine Regelung, bestünde demnach keine Regelungsoffenheit, sodass die Einschränkungen des nationalen Rechts nicht gelten würden und die Satzung scheinbar Beliebiges regeln könnte. Die Satzung wäre anders als bei Art. 9 Abs. 1 Buchst. c Ziffer iii SE-VO nicht an das nationale Recht gebunden, weil es sich hier um eine verordnungsgeborene Satzungsfreiheit handelt. Die Satzung könnte somit eine Regelung enthalten, die eine Wiederbestellung zwei Jahre vor Ablauf der Amtszeit zuließe.

Der Satzungsgeber kann gleichwohl nicht beliebig den frühest möglichen Wiederbestellungstermin bestimmen. Es ergibt sich durch Auslegung des Art. 46 Abs. 2 SE-VO, dass die Satzung nur einen solchen Termin festlegen kann, der für

---

464 Vgl. *Schwarz*, SE-VO, Art. 46 Rn. 16.

465 In einem Organ kann somit auch durch die Änderung der Amtszeit eine Differenzierung der Amtszeiten der Organmitglieder herbeigeführt werden.

466 Art. 46 Abs. 2 SE-VO spricht ausdrücklich von Einschränkungen. Damit kann der Satzungsgeber die Wiederbestellung gänzlich verbieten oder bestimmte Bedingungen (Altersgrenze, maximale Anzahl an Wiederbestellungen, aber auch eine abweichende Amtszeit) festlegen.

467 Vgl. *Schwarz*, SE-VO, Art. 46 Rn. 18.

468 Für eine Regelungsoffenheit *Manz*, in: Manz/Mayer/Schröder, SE, Art. 46 Rn. 5; *Frodermann*, in: Jannott/Frodermann, SE, S. 185 Rn. 246.

die persönliche Planung des Organmitglieds noch ausreichend ist. Diese Überlegung folgt aus dem Sinn und Zweck des Art. 46 SE-VO, die Unabhängigkeit der Organmitglieder gegenüber ihrem Bestellungsorgan, insbesondere des Leitungs- gegenüber dem Aufsichtsorgan zu stärken.[469] Eine freie Festlegung des Wiederbestellungstermins würde die Unabhängigkeit gefährden.

Daher ist im dualistischen System von einer SE-VO-immanenten Schranke auszugehen, die eine Wiederbestellung eines Leitungsorganmitglieds vor Beginn des letzten Jahres der Amtszeit nicht zulässt.[470] Ausnahmen davon sind nur in begründeten Fällen denkbar. Eine Begrenzung der Umgehungsmöglichkeit, das Mitglied abzubestellen und erneut zu bestellen, enthält die SE-VO ebenso wenig wie das nationale Recht.[471] Bei der Bestellung zum Aufsichtsorganmitglied ist anders als beim Leitungsorganmitglied nicht eine Zeit zugrunde zulegen, die für das Mitglied ausreichend ist, um sich nach einer anderen Beschäftigung umzuschauen, weil die Tätigkeit im Aufsichtsorgan nicht die gesamte Arbeitskraft des Mitglieds abverlangt.[472] Die Wiederbestellung ist daher nur kurz vor Auslaufen der Amtszeit möglich.

Die Festlegung des frühestmöglichen Zeitpunkts einer zulässigen Wiederbestellung ist aufgrund der Vereinigung der Aufgaben des Leitungs- und Aufsichtsorgans im Verwaltungsorgan nicht unproblematisch. Dem Sinn der Stärkung der Unabhängigkeit folgend, muss hierbei nach der wahrgenommenen Aufgabe differenziert werden. Hinsichtlich eines nicht geschäftsführenden Mitglieds gilt für den frühest möglichen Wiederbestellungszeitpunkt aufgrund des ansatzweise vergleichbaren Aufgabenumfelds die Regelung der Wiederbestellung eines Aufsichtsorganmitglieds. Für die Wiederbestellung eines geschäftsführenden Mitglieds könnte man aufgrund des höheren Aufgabenumfangs und der damit höheren Abhängigkeit der Person von dieser Tätigkeit den frühest möglichen Wiederbestellungszeitpunkt eines Leitungsorganmitglieds heranziehen. Das geschäftsführende Verwaltungsorganmitglied hat jedoch in einer deutschen SE zusätzlich nur die außergewöhnlichen Geschäfte zu führen.[473] Für die laufenden Geschäfte sind ausschließlich die Geschäftsführer zuständig. Die geschäftsführenden Mitglieder stehen folglich zwischen einem Leitungs- und Aufsichtsorganmitglied, sodass für die zeitliche Grenze der Wiederbestellung ein Zwischenwert anzunehmen ist. Dass ein Verwaltungsorganmitglied auch zum Geschäftsführer bestellt werden kann, spielt hierbei keine Rolle, weil die Bestellung zum Geschäftsführer von der Verwaltungsorganbestellung unabhängig ist und diese Person trotz nicht erfolgter Wiederbestellung als dann externer Geschäftsführer ihren Aufgaben weiter nachgehen kann. Durch die Bestellung zum Geschäftsführer wird auch nicht die Bestellung zum Verwaltungsorganmitglied vorweggenommen.

---

469 Siehe Fn. 454.

470 A.A. *Manz*, in: Manz/Mayer/Schröder, SE, Art. 46 Rn. 5, der insoweit eine Regelungsoffenheit und damit die Anwendung des nationalen Rechts annimmt.

471 Es gilt hier jedoch u.U. Ziffer 5.1.2 S. 5 DCGK.

472 Vgl. § 100 Abs. 2 Nr. 1 AktG, der die Mitgliedschaft auf 10 Mandate beschränkt.

473 Vgl. unten S. 97, 149.

gg) Bestimmung des ersten Verwaltungsorgans durch die Satzung

Von der grundsätzlichen Bestellungskompetenz der Hauptversammlung gibt es neben der Ausnahme für die Bestellung der Arbeitnehmer nach der Vereinbarung und etwaigen Bestellungsrechten i.S.d. Art. 47 Abs. 4 SE-VO eine weitere Sonderregelung für das erste Verwaltungsorgan, das gemäß Art. 43 Abs. 3 S. 2 SE-VO die Satzung bestellen kann.[474] Auch wenn Art. 43 SE-VO erst mit der Eintragung der SE zur Anwendung kommt, ist für das erste Organ nicht das Gründungsrecht (Art. 15 Abs. 1 SE-VO) anzuwenden, weil Art. 43 Abs. 3 S. 2 SE-VO hier eine Spezialregelung enthält, die bereits vor Eintragung anwendbar ist.[475] Andernfalls hätte es dieser Norm nicht bedurft. Die SE-VO ist bezüglich der Bestellung des Verwaltungsorgans damit als abschließend anzusehen.[476]

Die Satzung kann jedoch nur die Mitglieder bestellen, die sonst durch die Hauptversammlung der SE zu bestellen sind.[477] Dies folgt aus Art. 43 Abs. 3 S. 3 SE-VO, der unterschiedslos für Art. 43 Abs. 3 S. 1 und S. 2 SEVO gilt.[478] Etwaige Bestellungsrechte i.S.d. Art. 47 Abs. 4 SE-VO und die Regelungen der Mitbestimmungsvereinbarung bleiben damit unberührt.[479] Für die Amtszeit der ersten durch die Satzung bestellten Mitglieder gilt grundsätzlich auch die Satzungsregelung zur

474 Die ist keine Bestellung – auch keine mittelbare – durch die Hauptversammlung der SE, sondern die Bestellung findet mittelbar durch die Hauptversammlungen der Gründungsgesellschaften statt, die für die Satzungserstellung zuständig sind.

475 A.A. MünchKommAktG/*Reichert/Brandes*, SE-VO, Art. 40 Rn. 43, Art. 43 Rn. 45; *Walden/Meyer-Landrut*, DB 2005, 2619 (2621).

476 Bis auf den Fall der Umwandlungsgründung für das Leitungsorgan ebenso *Heckschen*, in: Widmann/Mayer, UmwG, Anh. 14 Rn. 245. Wenn bei der Umwandlungsgründung das bestehende Leitungssystem beibehalten wird, vertritt *Heckschen*, in: Widmann/Mayer, UmwG, Anh. 14 Rn. 393, gestützt auf den Kontinuitätsgedanke des Art. 32 Abs. 2 SE-VO, dann blieben auch die Organe bestehen. Problematisch an dieser Ansicht ist, dass bei einer Veränderung der Organgröße oder der Mitbestimmung, Mitglieder abbestellt werden müssten. Aufgrund des Art. 40 Abs. 2 S. 2 bzw. Art. 43 Abs. 3 S. 2 SE-VO ist aber eine abschließende Regelung anzunehmen. A.A. MünchKommAktG/*Reichert/Brandes*, SE-VO, Art. 40 Rn. 48 ff., die im dualistischen System bei der Parallelnorm des Art. 40 Abs. 2 S. 2 SE-VO die §§ 30, 31 AktG anwenden.

477 Vgl. zum Aufsichtsorgan *Manz*, in: Manz/Mayer/Schröder, SE, Art. 40 Rn. 11; *Schwarz*, SE-VO, Art. 40 Rn. 51. Damit entspricht die Regelung der SE-VO § 31 AktG, der allerdings nur für eine Sachgründung gilt. Für die Form der Bargründung besteht ein Unterschied zum nationalen Recht, nach dem (§ 30 Abs. 2 AktG) alle Mitglieder durch die Gründer bestimmt werden und die Mitbestimmung noch nicht gilt; vgl. *Hüffer*, AktG, § 30 Rn. 5.

478 Vgl. *Schwarz*, SE-VO, Art. 43 Rn. 105, Art. 40 Rn. 51.

479 Vgl. SE-VOV 1991, Begründung, BT-Drucks. 12/1004, S. 8. Da die Bestellungsrechte, welche die Auffangregelung gewährt, unter Art. 47 Abs. 4 SE-VO zu subsumieren sind, ist das erste Aufsichtsorgan der SE nicht nur bei Geltung einer Vereinbarung, sondern auch bei der gesetzlichen Mitbestimmung bereits mitbestimmt. Der deutsche Gesetzgeber geht jedoch davon aus, dass das erste Aufsichtsorgan mitbestimmungsfrei ist, weil die Wahl gemäß § 36 Abs. 4 SEBG durch die Hauptversammlung zu bestätigen ist und erst darin die Bestellung liegen soll; vgl. Begr. zu § 36 SEEG, BT-Drucks. 15/3405, S. 55.

Amtszeit,[480] wobei die Satzung für die ersten Mitglieder eine abweichende Regelung treffen kann.[481]

Die Satzung ist zudem nicht an die in der Satzung im Sinne des Art. 47 Abs. 3 SE-VO aufgestellten persönlichen Voraussetzungen gebunden.[482] Es kann jede Person bestellt werden, auch wenn sie diese Voraussetzungen nicht erfüllt. In einem solchen Satzungsinhalt ist eine konkludente Ausnahme von den Voraussetzungen anzunehmen. Dies ist zulässig, weil die Satzung die persönlichen Voraussetzungen i.S.d. Art. 47 Abs. 3 SE-VO jederzeit ändern kann.

Ein Abweichen von den gesetzlichen Voraussetzungen i.S.d. Art. 47 Abs. 1 und 2 SE-VO ist dagegen nicht zulässig. Eine Satzungsregelung, die eine Person bestellt, welche die Voraussetzungen des Art. 47 Abs. 1 oder 2 SE-VO nicht erfüllt, ist daher unwirksam und die Satzungsbestimmung nichtig. Die Satzung bleibt im Übrigen wirksam.[483] Ergebnis ist dann eine Unterbesetzung des Verwaltungsorgans, die durch die Hauptversammlung oder eine gerichtliche Ersatzbestellung[484] behoben werden kann.

b) Zusammensetzung des Verwaltungsorgans

aa) Mitbestimmung

Wie sich aus Art. 43 Abs. 3 S. 3 SE-VO ergibt, kann das Verwaltungsorgan nicht nur aus Mitgliedern der Aktionäre bestehen, sondern auch aus Mitgliedern der Arbeitnehmer oder neutralen Mitgliedern. Die Festlegung der Bestellung neutraler Mitglieder kann jedoch nur durch die Mitbestimmungsvereinbarung getroffen werden. Den Mitgliedstaaten steht diese Möglichkeit für die Auffangregelung mangels einer entsprechenden Kompetenz der SE-ErgRiL nicht zu.[485] § 38 Abs. 3 SEBG ist somit weder richtlinienkonform noch verordnungskonform,[486] weil gemäß Art. 50 Abs. 2 S. 2 SE-VO in jeder Situation das Letztentscheidungsrecht der Kapitalgeber gesichert sein muss, die Existenz eines neutralen Mitglieds neben der gleichen An-

480 Art. 68 Abs. 1 Unterabs. 2 SE-VOV 1989 und Art. 74c SE-VOV 1975 enthielten dagegen noch eine Regelung für den längstmöglichen Bestellungszeitraum der ersten durch die Satzung bestellten Organmitglieder. Es ist von einer abschließenden Regelung auszugehen, sodass § 30 Abs. 3 AktG keine Anwendung findet; vgl. *Schwarz*, SE-VO, Art. 40 Rn. 53, *Frodermann*, in: Jannott/Frodermann, SE, S. 154 Rn. 98; a.A MünchKommAktG/*Reichert/Brandes*, SE-VO, Art. 46 Rn. 11.

481 Vgl. *Schwarz*, SE-VO, Art. 43 Rn. 104. Dies folgt aus der Möglichkeit der Satzung, differenzierende Amtszeiten regeln zu können.

482 Vgl. *Schwarz*, SE-VO, Art. 40 Rn. 48.

483 Vgl. *Schwarz*, SE-VO, Art. 43 Rn. 104.

484 Siehe S. 89 ff.

485 Die SE-ErgRiL spricht im Rahmen der gesetzlichen Auffangregelung lediglich vom Anteil der Arbeitnehmer in den beteiligten Gesellschaften. Neutrale Mitglieder werden nicht erwähnt. Anders noch Art. 74a SE-VOV 1975, der eine Zusammensetzung aus gleich vielen Aktionärs- und Arbeitnehmervertretern sowie Vertretern beider Interessengruppen vorsah.

486 Ebenso *Schwarz*, SE-VO, Art. 40 Rn. 38; *Grobys*, NZA 2004, 779 (780); *Grobys*, NZA 2005, 84 (90); *Henssler*, RdA 2005, 330 (336); *Calle Lambach*, RIW 2005, 161 (167); *Niklas*, NZA 2004, 1200 (1204); *Nagel*, NZG 2004, 833 (838); *Wisskirchen/Prinz*, DB 2004, 2638 (2642); a.A. *Oetker*, BB-Special 1/2005, 2 (12).

zahl an Arbeitnehmer- und Kapitalvertretern dies aber verhindert. Aus Art. 50 Abs. 2 S. 2 SE-VO folgt zudem, dass auch die Vereinbarung keine Regelung vorsehen kann, die eine unterparitätische Besetzung des Organs mit Anteilseignern ergibt.[487]

Wie *Schwarz*[488] zutreffend ausführt, gilt das Mitbestimmungsverhältnis der Auffangregelung bezüglich des gesamten Organs und nicht nur hinsichtlich der nicht geschäftsführenden Mitglieder.[489] Grund ist, dass die Überwachung nicht eine ausschließliche Zuständigkeit der nicht geschäftsführenden Mitglieder ist und andernfalls im Hinblick auf einen Beschluss i.S.d. Art. 48 Abs. 1 SE-VO der Einfluss der Arbeitnehmer im Vergleich zum Aufsichtsorgan erheblich verringert würde.[490] Zudem geht die SE-VO in Art. 45 S. 2 SE-VO von der Möglichkeit einer paritätischen Besetzung des Organs aus.[491] Aus der Gleichbehandlung der Mitbestimmungsformen in Art. 2 Buchst. k SE-ErgRiL folgt zudem, dass die SE-ErgRiL die Quantität, aber nicht die Qualität der Mitbestimmung schützt.[492] Damit spielt es

---

487 Ebenso *Grobys*, NZA 2004, 779 (780). Siehe auch oben S. 125. Dabei spielt es keine Rolle, ob die Nicht-Anteilseignervertreter echte Arbeitnehmervertreter oder neutrale Mitglieder sind.

488 Vgl. *Schwarz*, SE-VO, Art. 43 Rn. 81 ff.

489 Ebenso *Habersack*, AG 2006, 345 (345); *Hoffmann-Becking*, ZGR 2004, 355 (382); *Weiss/Wöhlert*, NZG 2006, 121 (126); *Köstler*, ZGR 2003, 800 (804 f.); *Kallmeyer*, ZIP 2003, 1531 (1534); *Wisskirchen/Prinz*, DB 2004, 2638 (2641); *Gruber/Weller*, NZG 2003, 297 (298 f.); *Nagel/Köklü*, ZESAR 2004, 175 (179); *Oetker*, BB-Special 1/2005, 2 (5); *Köstler*, DStR 2005, 745 (748); *Köstler*, in: Theisen/Wenz, Die SE, 331 (361); wohl auch *Kisker*, NZG 2006, 206 (207); *Grobys*, NZA 2005, 84 (90); *Niklas*, NZA 2004, 1200 (1204). Ebenso *Ihrig/Wagner*, BB 2004, 1749 (1757), die dies auf den Wortlaut der SE-ErgRiL stützen, aber annehmen, das Vorher-Nachher-Prinzip der SE-ErgRiL lasse die Begrenzung auf die nicht geschäftsführenden Mitglieder zu.
Für eine Beschränkung lediglich auf die nicht geschäftsführenden Mitglieder: *Teichmann*, BB 2004, 53 (56), der dies auf die unterschiedliche Qualität der Mitbestimmung stützt, aber vorher feststellt, für die SE-ErgRiL spiele die Qualität keine Rolle; *Henssler*, in: FS Ulmer, 193 (207, 209 f.); *Heckschen*, in: Widmann/Mayer, UmwG, Anh. 14 Rn. 473; *Brandt*, BB-Special 3/2005, 1 (3); *Seibt*, AG 2005, 413 (425); *Manz*, in: Manz/Mayer/Schröder, SE, Art. 43 Rn. 129; ebenso, aber einschränkend *Reichert/Brandes*, ZGR 2003, 767 (792). Ebenso *Handelsrechtsausschuss des DAV*, NZG 2004, 957 (960); *Seibt*, NZA 21/2004, IX (XI f.) und *Kämmerer/Veil*, ZIP 2005, 369 (375 f.), die alle von einer verfassungsrechtlichen Gebotenheit sprechen. Ebenfalls *Roth*, ZfA 2004, 431 (440 ff., 445, 451), der davon ausgeht, die SE-VO gehe nicht von einer paritätischen Mitbestimmung im Verwaltungsorgan aus. Ebenso GroßkommAktG/*Hopt/Roth*, § 96 Rn. 64. Dieser Ansicht steht Art. 45 S. 2 SE-VO entgegen.

490 Vgl. *Schwarz*, SE-VO, Art. 43 Rn. 82.

491 Vgl. *Köstler*, ZGR 2003, 800 (804); *Schwarz*, SE-VO, Art. 43 Rn. 83. Für eine Begrenzung auf die nicht geschäftsführenden Mitglieder spricht Art. 21d StrukturRiLV 1991, der die Bestellung der Arbeitnehmervertreter zu nicht geschäftsführenden Mitgliedern vorsah. Art. 21a Abs. 1 Buchst. b StrukturRiLV 1991 sah aber vor, dass nur die nicht geschäftsführenden Mitglieder die geschäftsführenden bestellten. Diese geschäftsführenden Mitglieder sind in der SE-VO die Geschäftsführer, sodass die nicht geschäftsführenden Mitglieder des StrukturRiLV 1991 die Verwaltungsorganmitglieder sind.

492 Vgl. *Roth*, ZfA 2004, 431 (440 f.). Ebenso auch *Grobys*, NZA 2004, 779 (781); *Teichmann*, BB 2004, 53 (56); *Wisskirchen/Prinz*, DB 2004, 2638 (2641). Aufsichts- und Verwaltungs-

keine Rolle, dass die Mitbestimmung im Monismus ein „aliud" zu der im Dualismus ist.[493] Es findet folglich gegenüber dem dualistischen Modell eine erhebliche Ausweitung des Mitbestimmungseinflusses statt.[494] Die Parität in der Kontrolle, wird somit zur Parität im Management.[495] Dem gesteigerten Einfluss steht gleichwohl ein entsprechendes Haftungsrisiko gegenüber.[496]

Mangels einer entsprechenden Regelung in der SE-VO für Streitigkeiten über die Zusammensetzung ist diesbezüglich eine Regelungsoffenheit anzunehmen, sodass über Art. 9 Abs. 1 Buchst. c Ziffer i SE-VO § 26 SEAG Anwendung findet, der ein dem § 98 AktG entsprechendes Verfahren bei Streitigkeiten über die Zusammensetzung des Verwaltungsorgans vorsieht.[497]

bb) Mitgliederzahl

Die Zahl der Verwaltungsorganmitglieder oder die Regeln für ihre Festlegung[498] ergeben sich gemäß Art. 43 Abs. 2 S. 1 SE-VO aus der Satzung. Hierbei handelt es sich grundsätzlich um eine Satzungsregelungsverpflichtung, die bei Nichtausübung zu einem Eintragungshindernis der SE führt.[499] Aufgrund des Art. 12 Abs. 4 SE-VO muss der Satzungsgeber die Einschränkungen aus einer eventuell vereinbarten

---

organ sind damit gleichwertig; vgl. *Niklas*, NZA 2004, 1200 (1204); *Weiss/Wöhlert*, NZG 2006, 121 (122). A.A. wohl *Wißmann*, in: FS Wiedemann, 685 (692).

493 So *Lutter*, ZGR 2000, 1 (17); *Lutter*, ZHR 159 (1995), 287 (297). Ähnlich *Grobys*, NZA 2005, 84 (85).

494 Vgl. *Ihrig/Wagner*, BB 2004, 1749 (1756); *Reichert/Brandes*, ZGR 2003, 767 (789); *Kallmeyer*, ZIP 2003, 1531 (1535); *Brandt*, BB-Special 3/2005, 1 (3); *Oetker*, BB-Special 1/2005, 2 (3); *Waclawik*, DB 2006, 1827 (1830). Ebenso *Weiss/Wöhlert*, NZG 2006, 121 (125); *Hoffmann-Becking*, ZGR 2004, 355 (381); *Gruber/Weller*, NZG 2003, 297 (299), die in diesem Zusammenhang die Grundrechtskonformität der Mitbestimmung im monistischen System anzweifeln. Ebenso *Gemeinsamer Arbeitsausschuss der deutschen Arbeitgeberverbände*, Stellungnahme, 1 (1). Zur Grundrechtskonformität siehe auch ausführlich und die Verfassungswidrigkeit bejahend *Kämmerer/Veil*, ZIP 2005, 369 (370 ff.); auch *Henssler*, in: FS Ulmer, 193 (202 ff.); *Roth*, ZfA 2004, 431 (452 f.); *Handelsrechtsausschuss des DAV*, NZG 2004, 957 (960). Wohl auch *Heckschen*, in: Widmann/Mayer, UmwG, Anh. 14 Rn. 474. Zur Europarechtskonformität einer paritätischen Mitbestimmung im Verwaltungsorgan siehe *Roth*, ZfA 2004, 431 (445). Die Verfassungswidrigkeit verneinend *Niklas*, NZA 2004, 1200 (1204).

495 Vgl. *Henssler*, in: FS Ulmer, 193 (203, 209); ähnlich *Nagel*, AuR 2004, 281 (286). Durch die Teilhabe an unternehmerischen Entscheidungen kann eine tarifliche Auseinandersetzung erschwert werden; vgl. *Reichert/Brandes*, ZGR 2003, 767 (774).

496 Vgl. *Kallmeyer*, ZIP 2003, 1531 (1534); *Gruber/Weller*, NZG 2003, 297 (299); *Schwark*, AG 2004, 173 (176); *Teichmann*, BB 2004, 53 (57).

497 Zu den Einzelheiten hinsichtlich des zuständigen Gerichts (LG am Sitz der SE) und des Prüfungsgegenstands siehe *Schwarz*, SE-VO, Art. 40 Rn. 40.

498 So kann die Festlegung der Zahl der Hauptversammlung obliegen, die dann vor der eigentlichen Wahl der Verwaltungsorganmitglieder zunächst die Zahl bestimmen muss. Es ist zudem möglich die Festlegung der Zahl dem alten Verwaltungsorgan, einem gesonderten Gremium oder einer Gruppe von Aktionären zu überlassen. Dies gilt auch im dualistischen Modell. Ob die Festlegung auch dem Leitungsorgan überlassen werden darf, erscheint sehr fraglich, weil diese mit der Drohung, das Organ zu verkleinern, einen den Überwachungszweck gefährdenden Druck ausüben kann.

499 Vgl. *Schwarz*, SE-VO, Art. 43 Rn. 69.

bzw. gesetzlichen Mitbestimmung beachten. Das geltende Mitbestimmungsverhältnis muss zu einer ganzzahligen Anzahl an Arbeitnehmervertretern führen.[500] Die Festlegung der Zahl obliegt aber weiterhin allein dem Satzungsgeber.[501]

Da der Satzung jederzeit die Möglichkeit zukommt, die Zahl zu ändern oder durch Regeln für die Festlegung der Zahl zu ersetzen, kann die Satzung entgegen dem Wortlaut auch eine Zahl bestimmen und Regeln für eine davon abweichende Festlegung der Zahl enthalten.[502] Die Satzung kann die festlegbare Zahl durch eine Höchst- und/oder Mindestzahl beschränken. Enthält die Satzung nur eine bestimmte Zahl, so kann diese nur durch eine Satzungsänderung ersetzt werden.

(1) SE-VO-implizite Mindestgröße

Im Gegensatz zu den Vorgängerentwürfen[503] sieht die SE-VO keine generelle Mindestzahl vor. Lediglich für ein mitbestimmtes Verwaltungsorgan muss das Organ gemäß Art. 43 Abs. 2 Unterabs. 2 SE-VO aus mindestens drei Mitgliedern bestehen.[504]

Es könnte sich jedoch wie für das Aufsichtsorgan durch Auslegung der SE-VO ergeben, dass die SE-VO eine Mindestzahl von drei Mitgliedern vorschreibe, die sowohl für den Satzungsgeber als auch die Mitgliedstaaten gelte. Im dualistischen Modell folgt dieses Ergebnis aus der zwingenden Bestellung eines Vorsitzenden gemäß Art. 42 S. 1 SE-VO, der gemäß Art. 50 Abs. 2 S. 1 SE-VO bei Stimmengleichstand ein ausschlaggebendes Stimmrecht hat, und dem Wortlaut der Norm.[505] Aus dem Vergleich zu Art. 43 Abs. 3 S. 1 SE-VO, der von „Das Mitglied/die Mitglieder" spricht – ebenso Art. 39 Abs. 2 Unterabs. 1 SE-VO –, folgt, – weil eine solche Formulierung in Art. 40 SE-VO fehlt – dass das Aufsichtsorgan nicht aus einem Mitglied bestehen kann. Aus der zwingenden Wahl eines Vorsitzenden (Art. 42 S. 1 SE-VO) folgt zunächst eine Mindestgröße von zwei Mitgliedern. Da dem Vorsitzenden gemäß Art. 50 Abs. 2 S. 1 SE-VO ein ausschlaggebendes Stimmrecht zukommt, steht ihm in einem zweigliedrigen Organ faktisch ein Alleinentscheidungsrecht zu. Ein solches Alleinentscheidungsrecht darf es nach Willen der SE-VO aber nicht geben, weil andernfalls auch ein Organ aus einem Mitglied zulässig sein müsste. Daraus folgt, dass die SE-VO für das Aufsichtsorgan von einer Mindestgröße von drei Mitgliedern ausgeht.[506]

---

500 Vgl. *Habersack*, AG 2006, 345 (347).

501 Vgl. *Habersack*, AG 2006, 345 (353); *Habersack*, Der Konzern 2006, 105 (107); a.A. *Oetker*, ZIP 2006, 1113 (1115, 1117).

502 Vgl. *Schwarz*, SE-VO, Art. 40 Rn. 71. Das Festhalten am Wortlaut würde eine unsinnige Förmelei bedeuten.

503 Art. 66 Abs. 1 S. 2 SE-VOV 1989 enthielt die Mindestgröße von drei Mitgliedern. Art. 66 Abs. 1a S. 2 SE-VOV 1991 ließ dagegen bei einem nicht mitbestimmten Verwaltungsorgan ein Abweichen nach unten zu.

504 Dabei ist es unerheblich, ob die Mitbestimmung kraft der Auffangregelung oder kraft Vereinbarung gilt. Die Vereinbarung kann daher von dieser Größe nicht nach unten abweichen.

505 Vgl. *Schwarz*, SE-VO, Art. 40 Rn. 72.

506 A.A. offenbar der britische Gesetzgeber, der nur eine Mindestzahl von zwei Mitgliedern vorsieht; vgl. *Manz*, in: Manz/Mayer/Schröder, SE, Art. 40 Rn. 66.

Dieses Ergebnis gilt für Art. 45 S. 1 SE-VO nicht. Es ist zwar richtig, dass bei einer Organgröße kleiner als drei der Vorsitzende aufgrund des Art. 50 Abs. 2 S. 1 SE-VO ein Alleinentscheidungsecht hat,[507] aber gerade dies lässt die SE-VO ausdrücklich zu, indem anders als beim Aufsichtsorgan in Art. 43 Abs. 3 S. 1 SE-VO die Formulierung „Das Mitglied/die Mitglieder…“ verwendet wird. Es ist somit ein Verwaltungsorgan aus einem Mitglied zulässig,[508] sodass die SE-VO keine darüber hinaus gehende allgemeine Mindestgröße für das Verwaltungsorgan enthält.[509]

(2) Nationale Regelung

(a) Gesetzliche Festlegung der Zahl

Art. 43 Abs. 2 Unterabs. 1 S. 2 SE-VO gewährt den Mitgliedstaaten[510] die Ermächtigung unabhängig von den bestehenden nationalen Regelungen eine Mindest- und/oder erforderlichenfalls eine Höchstzahl festzulegen. Der Wortlaut „und“ ist als sprachliche Ungenauigkeit anzusehen.[511] Innerhalb des von den Mitgliedstaaten abgesteckten Rahmens bleibt es bei der Satzungsregelungeverpflichtung des Art. 43 Abs. 2 Unterabs. 1 S. 1 SE-VO.[512]

Im Unterschied zu Art. 40 Abs. 3 S. 2 SE-VO knüpft der VO-Geber die Festlegung einer Höchstzahl an die Bedingung der Erforderlichkeit. Was unter erforderlich zu verstehen sein soll, bleibt dabei zunächst offen. Aus allgemeinen Erwägungen folgt, dass „Erforderlichenfalls“ ein Ziel voraussetzt, zu dessen Erreichung die Maßnahme – hier die Höchstzahl – zumindest dienlich ist.[513] Das verfolgte Ziel steht dabei im Ermessen des Mitgliedstaats und ist sehr weit, sodass im Ergebnis die Einschränkung auf erforderliche Höchstzahlen bedeutungslos sein wird.

Anders als Art. 40 Abs. 3 S. 2 SE-VO ermächtigt Art. 43 Abs. 2 Unterabs. 1 S. 2 SE-VO die Mitgliedstaaten nicht ausdrücklich zur Festlegung einer genauen Mitgliederzahl. *Schwarz* folgert jedoch aus der Möglichkeit, eine Mindest- und/oder Höchstzahl festzulegen, auch die Möglichkeit der Festlegung einer genauen Zahl, weil letzteres ein Weniger sei.[514] Davon scheint auch der deutsche Gesetzgeber auszugehen, weil er in § 23 Abs. 1 S. 1 SEAG eine Zahl von drei Mitgliedern vorgibt.

---

507 Art. 50 Abs. 2 S. 1 SE-VO gilt auch für ein zweigliedriges Organ; vgl. *Manz*, in: Manz/Mayer/Schröder, SE, Art. 50 Rn. 15.

508 Vgl. hierzu auch *Merkt*, ZGR 2003, 650 (676 f.).

509 Vgl. *Schwarz*, SE-VO, Art. 43 Rn. 75.

510 Auch wenn die Norm anders als Art. 40 Abs. 3 S. 2 SE-VO nicht vom Hoheitsgebiet, sondern von der Eintragung der SE spricht, ist darin keine andere Regelung enthalten, weil Sitz und Hauptverwaltung gemäß Art. 7 S. 1 SE-VO immer im selben Mitgliedstaat liegen müssen; vgl. *Schwarz*, SE-VO, Art. 43 Rn. 70.

511 Vgl. *Schwarz*, SE-VO, Art. 43 Rn. 72, der zutreffend annimmt, dass kein Grund für eine derartige Differenzierung zwischen Aufsichts- und Verwaltungsorgan ersichtlich ist.

512 Zum u.U. Wiederaufleben der Satzungsfreiheit bei einer Mitbestimmung siehe oben S. 86.

513 Ebenso *Manz*, in: Manz/Mayer/Schröder, SE, Art. 43 Rn. 26; *Schwarz*, SE-VO, Art. 43 Rn. 74.

514 Vgl. *Schwarz*, SE-VO, Art. 43 Rn. 73.

Für die Mitgliedstaaten bedeutet die Festlegung einer genauen Zahl u.U. ein Weniger gegenüber der Festlegung einer Höchst- und/oder Mindestzahl. Für den Satzungsgeber stellt eine genaue Zahl dagegen einen deutlich stärkeren Eingriff in die von Art. 43 Abs. 2 Unterabs. 1 S. 1 SE-VO gewährte Satzungsfreiheit dar. Bei einer Mindest- und/oder Höchstzahl kann der Satzungsgeber innerhalb dieses Rahmens weiterhin noch eine Anpassung der Zahl an die Bedürfnisse der Gesellschaft vornehmen. Aufgrund der höheren Satzungsfreiheit ist daher anzunehmen, dass die Mitgliedstaaten keine genaue Zahl festlegen dürfen.[515]

Dafür spricht auch, dass sowohl Art. 43 Abs. 2 Unterabs. 1 S. 2 SE-VO als auch Art. 39 Abs. 4 S. 2 SE-VO nur die Festlegung einer Mindest- und/oder Höchstzahl zulassen und nur Art. 40 Abs. 3 S. 2 SE-VO zur Festlegung einer genauen Zahl ermächtigt. Es ist eher davon auszugehen, dass die Regelung für das Aufsichtsorgan die Ausnahme darstellt und daher eine Übertragung des Rechtsgedankens auf das Verwaltungsorgan ausscheidet. Die Mitgliedstaaten können folglich keine genaue Zahl festlegen. Die Regelung des § 23 Abs. 1 S. 1 SEAG ist somit nicht verordnungskonform.

§ 23 Abs. 1 S. 2 und S. 3 SEAG ermöglichen dem Satzungsgeber, von der Regel des § 23 Abs. 1 S. 1 SEAG abzuweichen. Zudem sind Höchstzahlen enthalten, die abhängig vom Grundkapital der SE sind.[516] Anders als § 17 Abs. 1 S. 3 SEAG wird nicht verlangt, dass die festgelegte Zahl durch drei teilbar ist. Im Unterschied zum dualistischen Modell kann die Satzung folglich jede ganzzahlige Mitgliederzahl innerhalb der gesteckten Grenzen festlegen.[517] Der nationale Gesetzgeber schafft mit § 23 S. 2 SEAG allerdings keine nationale Satzungsfreiheit,[518] sondern die Regelung des SEAG schränkt lediglich die Satzungsfreiheit des Art. 43 Abs. 2 S. 1 SE-VO ein. Hinsichtlich der genauen Zahl bleibt es bei der uneingeschränkten Satzungsfreiheit des Art. 43 Abs. 2 S. 1 SE-VO.

---

515 Im Ergebnis ebenso *Oetker*, ZIP 2006, 1113 (1118).

516 Dies entspricht § 17 Abs. 1 S. 4 SEAG und § 95 Abs. 1 S. 4 AktG. Die Festlegung mehrerer Höchstzahlen ist verordnungskonform, solange für eine SE immer nur eine Höchstzahl gilt. Ein eindeutiges Zuordnungskriterium ist dabei die Höhe des Grundkapitals; vgl. *Schwarz*, SE-VO, Art. 40 Rn. 79.

517 Gegen die Regelung des § 17 Abs. 1 S. 3 SEAG bestehen jedoch Bedenken. Die Einschränkung durch den vorgeschriebenen Teiler ist jedenfalls keine Festlegung einer genauen Zahl, sondern müsste Teil der Festlegung einer Höchst- und/oder Mindestzahl sein. *Schwarz*, SE-VO, Art. 40 Rn. 80, geht davon aus, dass dies als ein Weniger zu den durch Art. 40 Abs. 3 S. 2 SE-VO gewährten Möglichkeiten von der Ermächtigung umfasst ist. Es ist zu bedenken, dass die SE-VO den Mitgliedstaaten die Möglichkeit geben will, mit der Festlegung einer genauen Zahl die Gestaltungsfreiheit des Satzungsgebers auszuschalten oder aber mit dem festlegbaren Rahmen einzuschränken. Innerhalb dieses Rahmens soll der Satzungsgeber frei entscheiden können. Dies spricht gegen die Möglichkeit, die Satzungsfreiheit durch die Vorgabe eines Teilers einzuschränken.

518 Diese könnte vor dem Hintergrund des Art. 69 Buchst. d SE-VO nur geschaffen werden, wenn das nationale Aktienrecht eine vergleichbare Regelung kennt.

(b) Wiederaufleben der SE-geborenen Satzungsfreiheit

Die Ermächtigung des Art. 43 Abs. 2 S. 2 SE-VO findet ihre Grenzen in der Mitbestimmung. Aufgrund des Willens des europäischen Gesetzgebers soll eine vereinbarte Mitbestimmung gemäß Art. 12 Abs. 4 SE-VO zu einer Anpassung der Satzung führen. Die Vereinbarung geht somit vor. Dies gilt auch für den Fall, dass der Mitgliedstaat eine genaue Zahl oder Höchstzahlen festgelegt hat, die mit der Vereinbarung nicht kompatibel sind.[519] Dies stellt § 23 Abs. 2 SEAG explizit klar. In diesem Fall bleibt es bei der Satzungsfreiheit des Art. 43 Abs. 2 S. 1 SE-VO. Dies gilt auch für die Anwendung der gesetzlichen Auffangregelung.[520] Man könnte dagegen einwenden, dass die Verhandlungspartner wissen, welche Zahl in dem Sitzmitgliedstaat gilt und sich darauf einrichten. Dies würde nicht nur die freie Verhandlung einschränken, sondern würde bei einer Sitzverlegung in ein Land mit einer anderen Zahl zu nicht gewollten Neuverhandlungen zwingen.

(3) Veränderung der Mitgliederzahl

Die Mitgliederzahl kann grundsätzlich jederzeit mittels eines Satzungsänderungsbeschluss geändert werden, sofern weder die Vereinbarung noch die mitgliedstaatlich festgelegte Zahl entgegenstehen. Problematisch ist hierbei allein die Reduktion der Anzahl.[521] Die Amtszeit aller bestellten Mitglieder bleibt unberührt.[522] Die Reduzierung wirkt somit erst bei Ende der Amtszeiten der alten Mitglieder. Enden die Amtszeiten nicht zum gleichen Zeitpunkt, kann dies in einem mitbestimmten Organ unter Umständen zu einem Übergewicht der Arbeitnehmervertreter führen. In einem paritätisch mitbestimmten Organ ist dies aufgrund des Art. 50 Abs. 2 S. 2 SE-VO jedoch nicht zulässig, sodass eine Verkleinerung des Organs ebenfalls nur paritätisch erfolgen kann.[523] Für ein „wegfallendes" Mitglied der Anteilseigner muss auch ein Mitglied der Arbeitnehmer „wegfallen". Um dies zu erreichen, haben die Arbeitnehmer[524] so viele Mitglieder abzubestellen, wie notwendig sind, um das geltende Verhältnis zu erreichen. Da ein Übergewicht der Anteilseigner zulässig ist, müssten folglich nur Arbeitnehmervertreter abbestellt werden, wenn es sonst zu einem Übergewicht der Arbeitnehmervertreter käme.

---

[519] Vgl. mit ausführlicher Begründung *Schwarz*, SE-VO, Art. 40 Rn. 81 f.; im Ergebnis ebenso *Oetker*, ZIP 2006, 1113 (1120). Für die Höchstzahl folgt das Ergebnis daraus, dass die Vereinbarung ausdrücklich nicht die genaue Zahl, aber das Verhältnis bestimmen kann, was im Ergebnis die Festlegung einer Zahl bedeutet. Bsp.: Höchstzahl 12 Mitglieder; Vereinbarung 6/13 Arbeitnehmervertreter. Damit ist die Organgröße auf ein Vielfaches von 13 fixiert, mithin das kleinste mögliche Organ größer als erlaubt. A.A. wohl MünchKommAktG/*Reichert/Brandes*, SE-VO, Art. 40 Rn. 70.

[520] Vgl. *Schwarz*, SE-VO, Art. 40 Rn. 81. Da die Auffangregelung verhindern will, dass Mitbestimmungsrechte entzogen werden, muss die Auffangregelung vorgehen.

[521] Bei einer Erhöhung werden die neuen Mitglieder nachbestellt. Dies kann gleichzeitig mit dem Satzungsänderungsbeschluss geschehen; obwohl die Amtszeit erst mit Wirksamwerden der Satzungsänderung beginnt; vgl. *Schwarz*, SE-VO, Art. 40 Rn. 84.

[522] Vgl. MünchKommAktG/*Semler*, § 95 Rn. 38, 43.

[523] Vgl. *Schwarz*, SE-VO, Art. 40 Rn. 84.

[524] Die Hauptversammlung kann die Arbeitnehmervertreter nicht gemäß § 29 Abs. 1 SEAG abbestellen, weil ihr die Bestellungskompetenz fehlt, siehe S. 65.

Aus Art. 43 Abs. 3 S. 3 SE-VO und dem Schutz der Mitbestimmungsrechte durch die SE-ErgRiL folgt allerdings, dass auch bei einem Übergewicht der Anteilseignervertreter die Hauptversammlung so viele Anteilseignervertreter abbestellen muss (§ 29 Abs. 1 SEAG), wie nötig, um das Verhältnis wieder herzustellen.[525]

cc) Über- bzw. Unterbesetzung

Werden mehr Mitglieder bestellt, als in der Satzung oder durch die Mitgliedstaaten vorgegeben, so ist dies grundsätzlich unbedeutend. In einem mitbestimmten Verwaltungsorgan kann die Bestellung von mehr Mitgliedern als vorgesehen zu einer Veränderung des Mitbestimmungsverhältnisses führen. Daher ist in einem mitbestimmten Verwaltungsorgan die Überbesetzung nicht unproblematisch. Haben die Satzung oder die Hauptversammlung mehr Mitglieder bestellt, als sie nach Abzug der Bestellungsrechte der Arbeitnehmer von der Gesamtzahl der Organmitglieder zu bestellen hat, so ist die Satzungsbestimmung bzw. der Hauptversammlungsbeschluss nichtig.[526] Die Nichtigkeit folgt daraus, dass nicht festgestellt werden kann, welches Mitglied tatsächlich bestellt werden soll.[527] Es bleibt dann bei der Grundregel des Art. 43 Abs. 3 S. 1 SE-VO, sodass die Hauptversammlung der SE die (ersten) Verwaltungsorganmitglieder der Aktionäre erneut bestellen muss. Die Nichtigkeitsfolge besteht nicht, wenn eine Reihenfolge festgelegt wurde. In diesem Fall sind die Personen der Reihenfolge entsprechend bestellt, bis die zu bestellende Anzahl erreicht ist.[528]

c) Abberufung

Wie für das Aufsichtsorgan enthält die SE-VO auch für die Abberufung eines Verwaltungsorganmitglieds keine ausdrückliche Regelung.[529] Aus der Bestellung für einen bestimmten Zeitraum gemäß Art. 46 Abs. 1 SE-VO kann nicht geschlossen werden, dass eine vorzeitige Abbestellung ausgeschlossen ist.[530] Denn für das Leitungsorgan folgt aus Art. 39 Abs. 2 Unterabs. 2 SE-VO vielmehr, dass eine Abbestellung möglich sein muss.[531]

Aus der SE-VO lässt sich jedoch nicht entnehmen, wie und unter welchen Voraussetzungen eine vorzeitige Abberufung möglich sein soll. Nach einer in der Lite-

---

[525] Dies folgt daraus, dass bei einem Wegfall eines Mitglieds die Nachbestellung dem Bestellungsberechtigten obliegt. In der Situation einer Verkleinerung der Organgröße kann jedoch nicht nachbestellt werden. Die Wiederherstellung des Verhältnisses hängt hier von der anderen Seite ab.

[526] Vgl. zum monistischen System *Schwarz*, SE-VO, Art. 43 Rn. 111 f. Ein Eintragungshindernis der SE entsteht durch den nichtigen Satzungsteil nicht, weil es sich bei der Festlegung des ersten Aufsichtsorgans nicht um eine Satzungsregelungsverpflichtung handelt.

[527] Vgl. *Schwarz*, SE-VO, Art. 43 Rn. 111 f.

[528] Vgl. *Schwarz*, SE-VO, Art. 43 Rn. 111 f.

[529] Art 75 SE-VOV 1989 und Art. 63 Abs. 2 S. 1 SE-VOV 1991 enthielten dagegen eine Regelung zur Abberufung der Verwaltungsorganmitglieder.

[530] Ebenso *Manz*, in: Manz/Mayer/Schröder, SE, Art. 39 Rn. 30; *Schwarz*, SE-VO, Art. 39 Rn. 62 f. A.A. *Hirte*, NZG 2002, 1 (5) und *Hommelhoff*, AG 2001, 279 (283); *Schander*, Europa-AG, S. 137, die dies auch auf den Vergleich zu den Vorgängervorschriften stützen.

[531] Würde die SE-VO einer vorzeitigen Abberufung entgegenstehen, wäre die Zuweisung einer Abberufungskompetenz an das Aufsichtsorgan bzw. die Hauptversammlung überflüssig.

ratur vertretenen Ansicht können z.B. die Leitungsorganmitglieder ohne wichtigen Grund abberufen werden.[532] Entsprechend der Vorgängervorschläge[533] ist anzunehmen, dass Art. 39 Abs. 2 SE-VO nur die Abberufungskompetenz regelt, aber nicht die Abberufungsmodalitäten und diesbezüglich eine Regelungsoffenheit gegeben ist.[534] Damit kommt es für eine SE mit Sitz in Deutschland über Art. 9 Abs. 1 Buchst. c Ziffer ii SE-VO im dualistischen System zur Anwendung des § 84 Abs. 3 AktG.[535] Ein Leitungsorganmitglied kann daher nur bei Vorliegen eines wichtigen Grundes abberufen werden.

Wenn ein Leitungsorganmitglied abberufen werden kann, so muss auch eine Abberufung eines Verwaltungsorganmitglieds möglich sein. Ein anderes Ergebnis würde zu untragbaren Ergebnissen führen. Es ist daher nicht von einer abschließenden Regelung auszugehen,[536] sodass es auf das nationale Recht ankommt.[537] Es gilt somit über Art. 52 Unterabs. 2 SE-VO i.V.m. § 29 SEAG, der eine jederzeitige Abberufung zulässt.[538] Hinsichtlich der anderweitig (Vereinbarung, Art. 47 Abs. 4 SE-VO) bestellten Mitglieder gilt der Grundsatz, dass die Kompetenz für eine ordentliche Abbestellung nur denen zukommt, die die Mitglieder bestellen können.[539]

532 Vgl. *Theisen/Hölzl*, in: Theisen/Wenz, Die SE, 269 (288); *Lange*, EuZW 2003, 301 (306).

533 Zur Normentwicklung vgl. *Schwarz*, SE-VO, Art. 39 Rn. 6. So konnte der Aufsichtsrat den Vorstand gemäß Art. IV-1-2 Abs. 7 S. 1 Sanders-Vorentwurf abberufen, wenn ein wichtiger Grund vorlag. Mit dem Erfordernis eines wichtigen Grundes sollte durch eine Stärkung der Stellung des Vorstands die Unabhängigkeit gewährleistet werden, so die Begr. zum Sanders-Vorentwurf, S. 55. Denn das fehlende Weisungsrecht des Aufsichtsorgans darf nicht durch eine Drohung der sofortigen Abberufung bei Zuwiderhandeln des Leitungsorgans ersetzt werden. Nachdem Art. 62 Abs. 2 SE-VOV 1989 die jederzeitige Abberufbarkeit vorsah, verzichtete Art. 62 Abs. 2 SE-VOV 1991 wieder auf die Formulierung der „jederzeitigen" Abberufung. Die Änderung ging auf den WSA zurück, der in seiner Stellungnahme zum SE-VOV 1989, ABl. EG C 124 v. 21.05.1990, S. 39, das Streichen der jederzeitigen Abberufung gefordert hatte, weil eine „jederzeitige" Abberufung mit der notwendigen Kontinuität in der Geschäftspolitik einer Gesellschaft nicht vereinbar sei. So auch *Hommelhoff*, AG 1990, 422 (427).

534 Aus dem nationalen Recht kann sich somit sowohl eine freie als auch eine an einen wichtigen Grund gebundene Abberufung ergeben; vgl. Schwarz, SE-VO, Art. 39 Rn. 63. Ebenso *Manz*, in: Manz/Mayer/Schröder, SE, Art. 39 Rn. 32; *Artmann*, wbl 2002, 189 (192).

535 Vgl. m.w.N. *Schwarz*, SE-VO, Art. 39 Rn. 63; *Fleischer*, AG 2006, 429 (434); MünchKommAktG/*Reichert/Brandes*, SE-VO, Art. 39 Rn. 33; *Buchheim*, SE, S. 253 f.; *Leupold*, SE, S. 85; *Rasner*, ZGR 1992, 314 (322). A.A. zum SE-VOV 1991: *v. Werder*, RIW 1997, 304 (308).

536 Vgl. *Schwarz*, SE-VO, Art. 43 Rn. 120. A.A. *Hirte*, NZG 2002, 1 (5); *Hommelhoff*, AG 2001, 279 (283).

537 Vgl. *Fleischer*, AG 2006, 429 (434); *Manz*, in: Manz/Mayer/Schröder, SE, Art. 43 Rn. 32; MünchKommAktG/*Reichert/Brandes*, SE-VO, Art. 43 Rn. 53.

538 So auch in Belgien: Art. 518 Abs. 2 Code des Soc. und Frankreich: Art. L225-18 Abs. 2 C.Com. A.A. *Maul*, Die faktisch abhängige SE, S. 134, die von der Abberufbarkeit nur aus wichtigem Grund ausgeht.

539 Vgl. *Schwarz*, SE-VO, Art. 40 Rn. 66 f., insbesondere zu den Bedenken hinsichtlich § 37 Abs. 1 S. 4 SEBG, der für die Arbeitnehmervertreter die Abberufungskompetenz bei der Hauptversammlung sieht. Vgl. auch MünchKommAktG/*Semler*, § 103 Rn. 2; *Sokolowski*, Überwachung in einer SE, S. 116; RegBegr. zu § 37 SEBG, BT-Drucks. 15/3405, S. 55. So bereits Art. 75 Abs. 1 SE-VOV 1989.

Darüber hinaus gelten über Art. 9 Abs. 1 Buchst. c Ziffer i SE-VO für die gerichtliche Abbestellung § 29 Abs. 3 SEAG[540] und für die Anfechtung § 32 SEAG i.V.m. §§ 251 ff. AktG.[541]

Die Regelungsoffenheit gilt jedoch nicht für die Regeln zur Beschlussfassung. Es gilt für die Abberufung durch die Hauptversammlung hier Art. 57 SE-VO. § 29 Abs. 1 S. 2 SEAG kommt nicht zur Anwendung, weil die Norm keine zwingende höhere Mehrheit fordert.[542] Die Verwaltungsorganmitglieder können folglich bereits mit einfacher Mehrheit abberufen werden. Die nationalen Mehrheitserfordernisse gelten auch nicht als Annex zu der Kompetenzzuweisung des nationalen Rechts bezüglich der Abberufung.

Für die gerichtliche Abberufung des § 29 Abs. 3 SEAG gilt ebenfalls nicht unbeschränkt das nationale Recht. Die gerichtliche Abberufung erfolgt nur auf Antrag des Verwaltungsorgans. Der für den Antrag notwendige Beschluss richtet sich allein nach den Beschlussfassungsregeln der SE-VO. § 29 Abs. 3 S. 2 SEAG gilt nicht, weil die Norm keine Bestimmung der Verordnung ist. Die Satzung kann folglich entgegen § 29 Abs. 3 S. 2 SEAG auch eine qualifizierte Mehrheit festlegen.[543]

Aufgrund der Regelungsoffenheit der SE-VO hinsichtlich der Zulässigkeit und Ausgestaltung eines Anstellungsvertrages[544] gilt für dessen Schicksal im Falle der Abberufung das nationale Recht.[545]

d) Vakanzen

aa) Gerichtliche Ersatzbestellung

Art. 43 Abs. 3 SE-VO ist hinsichtlich der Bestellungsmöglichkeiten als abschließend anzusehen. Dies gilt jedoch nur für die ordentliche Bestellung des Verwaltungsorgans. Es kann Situationen geben, in denen eine Unterbesetzung des Verwaltungsorgans gegeben und eine Nachbestellung durch das zuständige Organ nicht schnell genug möglich ist. So sieht das deutsche Aktienrecht für den Vorstand in § 85 AktG in dringenden[546] Fällen auf Antrag eines Beteiligten[547] die Mög-

[540] Vgl. *Schwarz*, SE-VO, Anh. Art. 43 Rn. 153 ff. Voraussetzung hierfür ist ein wichtiger Grund. § 29 Abs. 3 SEAG gilt wie § 103 Abs. 3 AktG unterschiedslos für alle Organmitglieder; vgl. zum dt. Recht MünchKommAktG/*Semler*, § 103 Rn. 49, 97.

[541] Vgl. *Schwarz*, SE-VO, Anh. Art. 43 Rn. 184 ff, Art. 57 Rn. 23. Zu den Einschränkungen des § 32 SEAG hinsichtlich der Anfechtung der Wahl der Arbeitnehmervertreter siehe *Schwarz*, SE-VO, Art. 40 Rn. 70.

[542] Vgl. *Schwarz*, SE-VO, Anh. Art. 43 Rn. 148, Art. 40 Rn. 65, Art. 57 Rn. 11.

[543] Vgl. zum Aufsichtsorgan *Schwarz*, SE-VO, Art. 40 Rn. 68. Die Satzung sollte aber keine qualifizierte Mehrheit vorsehen. Das betroffene Mitglied darf aufgrund persönlicher Beteiligung bei einem solchen Beschluss nicht mitstimmen.

[544] Siehe S. 154 ff.

[545] Vgl. *Hauschka*, EuZW 1990, 181 (182 f.). Es gilt § 84 Abs. 3 S. 5 AktG analog. Zum dt. Recht vgl. MünchKommAktG/*Hefermehl/Spindler*, § 84 Rn. 126 ff.

[546] Vgl. MünchKommAktG/*Hefermehl/Spindler*, § 85 Rn. 6 f.

[547] Beteiligter ist jeder, der ein Interesse an der Handlungsfähigkeit des Vorstands hat; vgl. MünchKommAktG/*Hefermehl/Spindler*, § 85 Rn. 8.

lichkeit einer gerichtlichen Notbestellung vor, wenn ein erforderliches Vorstandsmitglied fehlt.[548] Die gerichtliche Notbestellung steht im deutschen Recht neben der ordentlichen Bestellung (§ 84 AktG) und der Möglichkeit des § 105 Abs. 2 AktG, vorübergehend ein Aufsichtsratsmitglied als Vorstandsmitglied abzustellen.

Aus der Sicherstellung der Funktionsfähigkeit des Verwaltungsorgans folgt auch bei der SE, dass hinsichtlich einer gerichtlichen Notbestellung keine abschließende Regelung gegeben ist.[549] Die gerichtliche Ersatzbestellung ist gemäß Art. 9 Abs. 1 Buchst. c Ziffer i SE-VO i.V.m. § 30 Abs. 1 und 2 SEAG an die gleichen Voraussetzungen geknüpft wie im Aufsichtsorgan gemäß § 104 Abs. 1 und 2 AktG.[550] Die gerichtliche Ersatzbestellung ist dabei nicht als Teil der Bestellungsrechte des Art. 47 Abs. 4 SE-VO zu sehen, weil § 30 SEAG kein eigenständiges Recht des Gerichts gewährt.[551] Denn das Gericht wird nur auf Antrag tätig und hat lediglich die Beschlussfähigkeit wieder herzustellen. Die Amtsdauer des gerichtlich bestellten Mitglieds endet automatisch mit einer ordentlichen Nachbestellung.[552]

Neben der Herstellung der Beschlussfähigkeit gemäß § 30 Abs. 1 SEAG ermöglicht § 30 Abs. 2 SEAG in dringenden Fällen, auch bei einer weniger als dreimonatigen Unterbesetzung,[553] eine gerichtliche Bestellung.[554] Insbesondere aufgrund des Art. 50 Abs. 2 S. 2 SE-VO ist jede Situation, die den Arbeitnehmern theoretisch ein Vetorecht verschafft, als dringender Grund entsprechend § 30 Abs. 2 S. 2 SEAG anzusehen.[555]

(1) Amtszeit und persönliche Voraussetzungen

Für ein gerichtlich bestelltes Mitglied sieht § 30 Abs. 3 SEAG vor, dass dessen Amtszeit in jedem Fall mit Behebung des Mangels endet. Es ist somit keine Abbestellung notwendig. Ob § 30 Abs. 3 SEAG auch für die SE gilt, hängt davon ab, ob

---

548 Erforderlich ist ein Vorstandsmitglied, wenn das Organ ansonsten handlungsunfähig ist; vgl. *Hüffer*, AktG, § 85 Rn. 2.

549 Ebenso zum Aufsichtsorgan *Schwarz*, SE-VO, Art. 40 Rn. 57. Im Ergebnis ebenso GroßkommAktG/*Hopt*/*Roth*, § 104 Rn. 131. Die gerichtliche Ersatzbestellung ist notwendig, um einen möglichen, bis zum Zusammentreten der Hauptversammlung langen Zeitraum zu überbrücken.

550 Vgl. *Schwarz*, SE-VO, Art. 43 Rn. 106.

551 A.A. MünchKommAktG/*Reichert*/*Brandes*, SE-VO, Art. 39 Rn. 17, Art. 40 Rn. 39. Bei einer Einordnung der gerichtlichen Bestellung in Art. 47 Abs. 4 SE-VO, wäre die SE-VO hinsichtlich der Bestellung als abschließend anzusehen, sodass Art. 9 Abs. 1 Buchst. c SE-VO gesperrt wäre. Dann käme § 85 AktG für das Leitungsorgan nicht zur Anwendung, weil Art. 39 SE-VO keine Art. 40 Abs. 2 S. 3 SE-VO vergleichbare Öffnungsklausel für Art. 47 Abs. 4 SE-VO enthält.

552 Siehe S. 90.

553 Da das nationale Recht zur Anwendung kommt, sind auch dessen Voraussetzungen entscheidend. Eine Unterbesetzung ist demnach gegeben, wenn weniger Mitglieder als gesetzlich oder in der Satzung vorgesehen bestellt sind; vgl. MünchKommAktG/*Semler*, § 101 Rn. 53; *Hüffer*, AktG, § 104 6.

554 Die Voraussetzungen eines dringenden Falls ergeben sich ebenfalls aus dem nationalen Recht; vgl. *Schwarz*, SE-VO, Art. 40 Rn. 58. Vgl. zu den nationalen Voraussetzungen MünchKommAktG/*Semler*, § 104 Rn. 56 ff.

555 Vgl. *Schwarz*, SE-VO, Art. 40 Rn. 60.

auch insoweit eine Regelungsoffenheit besteht. Man könnte annehmen, die Regelung sei als Teil der gerichtlichen Ersatzbestellung anzusehen und fände damit aufgrund diesbezüglicher Regelungsoffenheit Anwendung.

Die SE-VO enthält jedoch in Art. 46 SE-VO eine Satzungsregelungspflicht. Da die gerichtlich bestellten Personen vollwertige Organmitgliede sind, gilt für diese grundsätzlich auch Art. 46 SE-VO, sodass die Mitglieder für die festgelegte Amtszeit bestellt werden und nur eine Abbestellung möglich wäre. Das Gericht kann unter den Voraussetzungen des § 29 Abs. 3 SEAG das gerichtlich bestellte Mitglied wie jedes andere Mitglied abberufen.[556] Sofern die Satzung nicht dem Bestellenden die Festlegung der Amtszeit überlässt, ist das Gericht an die Regelung der Amtszeit durch die Satzung gebunden.

Das Fehlen der automatischen Beendigung der Amtsstellung würde allerdings dem Überbrückungscharakter der gerichtlichen Ersatzbestellung widersprechen. Es soll die Handlungsfähigkeit des Verwaltungsorgans sichergestellt werden, bis ein neues ordentliches Mitglied gefunden ist. Daher könnte man annehmen, Art. 46 SE-VO gelte nicht für gerichtlich bestellte Ersatzmitglieder, um so zu § 30 Abs. 3 SEAG zu gelangen.[557] Die Begrenzung der Amtszeit durch Art. 46 Abs. 1 SE-VO muss aber auch für das gerichtlich bestellte Mitglied gelten. Art. 46 SE-VO gilt daher für alle Mitglieder. Um dennoch zum Ergebnis des § 30 Abs. 3 SEAG zu gelangen, ist die gerichtliche als eine mit der ordentlichen Bestellung auflösend bedingte Ersatzbestellung anzunehmen.[558] Andernfalls würde die Bestellungskompetenz der Hauptversammlung in ungerechtfertigtem Maße beeinträchtigt werden.

Da das gerichtlich bestellt Mitglied vollwertiges Mitglied ist, ist das Gericht an die persönlichen Voraussetzungen des Art. 47 Abs. 1 bis 3 gebunden.[559]

(2) Analoge Anwendung des § 35 Abs. 3 SEAG

Um in der Zeit bis zur gerichtlichen Bestellung ein theoretisches Vetorecht der Arbeitnehmer zu verhindern, schlägt *Schwarz* mit berechtigten Argumenten die analoge Anwendung des § 35 Abs. 3 SEAG vor.[560] Die Stimme des weggefallenen Anteilseignervertreters würde bis zur gerichtlichen Bestellung dem Verwaltungsorganvorsitzenden zukommen. In einem paritätisch mitbestimmten Verwaltungsorgan würde diese Regelung aufgrund der zwingenden Vorsitzendenbestellung eines Anteilseignervertreters gemäß Art. 45 S. 2 SE-VO zu richtigen Ergebnissen i.S.d. Art. 50 Abs. 2 SE-VO führen. Die Arbeitnehmervertreter könnten sich nicht gegen den Willen der Anteilseignervertreter durchsetzen, weil die Stimme(n) der weggefallenen Anteilseignervertreter dem Vorsitzenden zukämen.

---

556 Die Regelungen der §§ 29, 30 SEAG entsprechen denen des §§ 103, 104 AktG. Zum AktG vgl. MünchKommAktG/*Semler*, § 104 Rn. 132 ff.

557 So anscheinend für das dualistische System *Frodermann*, in: Jannott/Frodermann, SE, S. 139 Rn. 22.

558 So auch *Schwarz*, SE-VO, Art. 40 Rn. 59.

559 So im dualistischen Modell vgl. *Schwarz*, SE-VO, Art. 40 Rn. 59. Ebenfalls auch im dt. Recht gemäß § 104 Abs. 4 S. 3 AktG. Dies gilt dann entsprechend auch für das Verwaltungsorgan.

560 Vgl. *Schwarz*, SE-VO, Art. 40 Rn. 61, Art. 43 Anh. Rn. 222.

Ob die analoge Anwendung des § 35 Abs. 3 SEAG anzunehmen ist, erscheint sehr fraglich. Die Norm will bei Interessenkonflikten ein Übergewicht der Arbeitnehmervertreter verhindern. Denn ohne § 35 Abs. 3 SEAG käme es in dieser Situation zu einer Überparität, weil die Ersatzmitglieder der Anteilseigner nicht an die Stelle der persönlich betroffenen Mitglieder treten, denn die Mitglieder „fallen" nur für diese Beschlussfrage „aus", aber nicht „weg".[561] Es erscheint dennoch aufgrund der Zielrichtung des § 35 Abs. 3 SEAG, ein Übergewicht der Arbeitnehmervertreter zu verhindern, eine analoge Anwendung des § 35 Abs. 3 SEAG möglich, weil beim Wegfall eines Mitglieds ebenfalls die Gefahr eines Übergewichts der Arbeitnehmervertreter besteht. Denn würde die Stimme des weggefallenen Anteilseignervertreters untergehen, hätten die Arbeitnehmervertreter bis zur Bestellung eines neuen Mitglieds ein Vetorecht.

In einem unterparitätisch besetzten Verwaltungsorgan kann allerdings auch ein Arbeitnehmervertreter zum Vorsitzenden gewählt werden. Ihm können dann aber keine Stimmen der weggefallenen Anteilseignervertreter zukommen. Man könnte gegen diese Bedenken einwenden, dass in einem unterparitätisch besetzten Organ die Fragestellung nicht relevant sei, weil Art. 50 Abs. 2 S. 2 SE-VO für dieses Organ nicht gelte und daher eine analoge Anwendung des § 35 Abs. 3 SEAG nicht notwendig sei. Wie unten dargelegt, folgt aus Art. 50 Abs. 2 S. 2 SE-VO auch in einem unterparitätisch besetzten Organ, dass keine Situation geschaffen werden darf, in der sich die Arbeitnehmervertreter gegen die Anteilseignervertreter durchsetzen könnten.[562] Ist z. B. in der Satzung für das unterparitätisch besetzte Organ eine abweichende Mehrheit festgelegt, die auch ohne ausschlaggebende Stimme des Vorsitzenden den Anteilseignern die Mehrheit verschafft, bei Wegfall eines Mitglieds jedoch zu einem Übergewicht bzw. Vetorecht der Arbeitnehmervertreter führt, muss auch jetzt gemäß Art. 50 Abs. 2 S. 2 SE-VO das Letztentscheidungsrecht gesichert sein. Folglich müsste ebenfalls hier eine analoge Anwendung des § 35 Abs. 3 SEAG angedacht werden. Der Vorsitzende kann in einem solchen Organ aber Arbeitnehmervertreter sein. Geht man von einer analogen Anwendung des § 35 Abs. 3 SEAG auch in einem solchen Organ aus, müsste der Vorsitzende in jedem mitbestimmten Organ ein Kapitalvertreter sein, um sicherzustellen, dass bei Wegfall eines Anteilseignervertreters die Stimme auf den Vorsitzenden übergehen kann.

Um dies zu verhindern, erscheint es sinnvoller folgende Rechtsfolge anzunehmen: Fällt ein Mitglied der Anteilseigner weg und könnten sich folglich die Anteilseignervertreter nicht mehr gegen den Willen der Arbeitnehmervertreter durchsetzen, ist zunächst unverzüglich eine Bestellung durch das zuständige Gericht gemäß § 30 Abs. 2 SEAG zu beantragen.[563] In SE-spezifischer Auslegung des § 30 Abs. 2 S. 2 SEAG ist dies ein dringender Fall, sodass sofort eine Ergänzung bean-

561 Die Regelung des § 35 Abs. 3 SEAG führt zudem nur in einem paritätisch besetzten Organ zu richtigen Ergebnissen, siehe unten S. 126 f.

562 Siehe S. 125 f.

563 Kann durch eine ordentliche Bestellung eine ebenso schnelle Bestellung erreicht werden, ist diese vorrangig zu verfolgen.

tragt werden muss.[564] Bis das Übergewicht der Anteilseignervertreter wieder hergestellt ist, sind alle Beschlüsse zu verschieben. Sofern unaufschiebbare Beschlüsse getroffen werden müssen – ein Zuwarten würde zu einem Gesetzesverstoß oder einem Schaden der Gesellschaft führen – folgt aus der zwingenden Regelung des Art. 50 Abs. 2 S. 2 SE-VO, dass den Arbeitnehmervertretern vorübergehend ein Teil ihrer Stimmen entzogen wird. Den Arbeitnehmervertretern stehen gerade noch so viele Stimmen zu, dass den Anteilseignern noch ein Übergewicht zukommt.[565] Hierbei ist allein auf die bestellten Mitglieder abzustellen, wie viele an der Abstimmung tatsächlich teilnehmen, spielt keine Rolle.

Gegen diese Überlegungen könnte man einwenden, dass bei einer solchen, von den Anteilseignervertretern mitverschuldeten Situation, diese nicht schutzwürdig seien, sodass es beim Übergewicht der Arbeitnehmervertreter bliebe. Diese Einwände sind zutreffend, sofern sich in einem unterparitätisch mitbestimmten Organ durch das Wegfallen von Anteilseignervertretern lediglich der Anteil der Arbeitnehmervertreter erhöht. Sobald dieser Anteil zu einem theoretischen Vetorecht der Arbeitnehmervertreter führt, greift Art. 50 Abs. 2 S. 2 SE-VO ein. In diesem Fall ist das Verschulden der Anteilseigner irrelevant. Denn Art. 50 Abs. 2 S. 2 SE-VO untersagt den Anteilseignern jede Möglichkeit, sich selbst zu benachteiligen. Der Schutz des Letztentscheidungsrechts genießt für die SE-VO oberste Priorität. Folglich muss bei Wegfall von Anteilseignervertretern ihr Übergewicht in jedem Fall gesichert werden.

bb) Stellvertreter und Ersatzmitglieder

Wie im dualistischen Modell enthält die SE-VO keine Regelungen hinsichtlich der Frage, ob Ersatzmitglieder und/oder stellvertretende Mitglieder bestellt werden dürfen.[566] Aufgrund der Vereinigung der Leitung/Geschäftsführung mit deren Überwachung in einem Organ steht die SE-VO einer Bestellung von stellvertretenden Mitgliedern – die Organmitglieder sind, aber intern bis auf die Leitung keine Geschäftsführungsbefugnisse innehaben – nicht entgegen.[567] Im Ergebnis würden die Stellvertreter nicht geschäftsführenden Mitgliedern entsprechen.

Art. 50 Abs. 1 SE-VO spricht zwar von Vertretern, sodass man annehmen könnte, dass die SE-VO eine Bestellung von Stellvertretern unabhängig vom nationalen Recht zuließe. Stellvertretende Mitglieder sind nach deutschem Verständnis allerdings mit der Bestellung vollwertige Mitglieder; ihnen ist lediglich intern ein Teil der Aufgaben entziehbar. Dies gilt auch für die SE-VO. Die Vertreter in Art. 50 Abs. 1 SE-VO sind jedoch keine Organmitglieder, ansonsten würden sie schon zur Gruppe der anwesenden Mitglieder zu zählen sein. Art. 50 Abs. 1 SE-VO geht bei den Vertretern mithin von Personen aus, die von Mal zu Mal für ein anderes Or-

---

564 Die Pflicht zur Antragsstellung folgt aus der zwingenden Regelung des Art. 50 Abs. 2 S. 2 SE-VO.

565 Diese Schlussfolgerung lehnt sich an § 124 Abs. 3 S. 4 AktG an, bei dem nur Aktionärsvertreter stimmberechtigt sind.

566 Anders die Vorgängerregelungen Art. 75 Abs.1 S. 2 SE-VOV 1975.

567 So ausdrücklich Art. 42 Abs. 3 S. 1 SCE-VO, der stellvertretende Verwaltungsorganmitglieder zulässt.

ganmitglied handeln. Art. 50 Abs. 1 SE-VO enthält somit keine Regelung, sodass von einer Regelungsoffenheit auszugehen ist. Der deutsche Gesetzgeber hat sich gemäß § 28 Abs. 3 S. 1 SEAG gegen die Bestellung stellvertretender Mitglieder entschieden.[568] § 28 Abs. 3 S. 2 SEAG ermöglicht lediglich die Bestellung von Ersatzmitgliedern, die bei Wegfall oder dauernder Verhinderung eines Mitglieds nachrücken.[569]

e) Aufgaben

aa) Geschäftsführung

Gemäß Art. 43 Abs. 1 S. 1 SE-VO hat das Verwaltungsorgan die Geschäfte der Gesellschaft zu führen. Die SE-VO enthält aber im Gegensatz zu Art. 52 SE-VO für die Hauptversammlung keine Konkretisierung der Organaufgaben.[570] Aus dem Zusammenspiel von Hauptversammlung und Verwaltungsorgan folgt jedoch, dass das Verwaltungsorgan für alle die Aufgaben zuständig ist, welche nicht in der Kompetenz der Hauptversammlung liegen.[571]

Im Zusammenhang mit Art. 52 Unterabs. 2 SE-VO, der für die Hauptversammlung auch die Zuständigkeiten des nationalen Rechts zur Anwendung beruft und damit kein europaeinheitlicher Zuständigkeitskatalog für die Hauptversammlung besteht, folgt, dass die Aufgaben der Geschäftsführung nicht europaeinheitlich bestimmt werden können.[572] Die Annahme eines festen Zuständigkeitskatalogs des Verwaltungsorgans würde die Negierung der Verweisung des Art. 52 Unterabs. 2 SE-VO bedeuten.

Die Zuständigkeitsregeln des nationalen Rechts können aber nicht dazu führen, dass dem Verwaltungsorgan die Geschäftsführung entzogen wird. Aus Art. 43 Abs. 1 S. 1 SE-VO folgt, dass dem Verwaltungsorgan die Geschäftsführung in ihrem Kern erhalten bleiben muss.[573] Das Verwaltungsorgan ist in jedem Fall das Exekutivorgan. Daher wandelt sich eine entsprechende Kompetenz der Hauptversammlung in ein Weisungsrecht gegenüber dem Verwaltungsorgan um.

bb) Umfang der Geschäftsführung

Eine andere Frage ist, ob auch der Umfang der „Aufgaben" durch das nationale Recht bestimmt wird, oder ob sich dieser aus der SE-VO ergibt und Art. 52 SE-VO zusammen mit dem nationalen Recht die Aufgaben lediglich zwischen Geschäfts-

---

568 Vgl. *Schwarz*, SE-VO, Art. 43 Rn. 114.

569 Diese Regelung entspricht § 101 Abs. 3 AktG. Für Arbeitnehmervertreter ist deren Bestellung zwingend; vgl. Art. § 36 Abs. 3 i.V.m. § 6 Abs. 2 S. 3 SEBG.

570 Ebenso das dt. Recht. Zur Zuständigkeit der Hauptversammlung siehe S. 54.

571 Vgl. für das dualistische System *Hirte*, NZG 2002, 1 (8); *Schwarz*, SE-VO, Art. 39 Rn. 12. Vgl. ebenso im dt. Recht: Abgrenzung über die Auslegung des § 119 AktG; vgl. *Hüffer*, AktG, § 77 Rn. 4. Vgl. hierzu ausführlich mit anderem Ergebnis *Brandt*, Hauptversammlung der SE, S. 86 ff. Im Ergebnis wie *Brandt* auch *Gutsche*, SE, S. 77, 104.

572 Vgl. *Hirte*, NZG 2002, 1 (8); *Artmann*, wbl 2002, 189 (196); a.A. *Brandt*, Hauptversammlung der SE, S. 108 f., der die Aufgaben der Hauptversammlung von denen des Leitungsorgans abgrenzt und nicht umgekehrt.

573 Vgl. für das Leitungsorgan *Hommelhoff*, AG 1990, 422 (435).

führung/Kontrolle und Hauptversammlung verteilt. Hierfür sprechen die Vorgängervorschläge, die im dualistischen Modell dem Leitungsorgan die weitestgehenden Befugnisse zuwiesen, sofern eine Aufgabe nicht gemäß des Zuständigkeitskatalogs der Hauptversammlung oblag.[574] Voraussetzung für eine abschließende Bestimmung der Aufgaben auf Ebene der SE-VO ist ein bestehender europaeinheitlicher Aufgabenkatalog. Die Verweisung des Art. 52 Unterabs. 2 SE-VO ist jedoch nicht nur eine Verteilungsnorm bestehender Aufgaben, sondern das nationale Recht kann Aufgaben der Hauptversammlung zuweisen, die nicht zu dem europaeinheitlichen Katalog der Aufgaben zählen würden. Damit besteht kein europaweit einheitliches Aufgabenspektrum Hauptversammlung/Geschäftsführung.

Für das Leitungs- und Verwaltungsorgan besteht allerdings keine Art. 52 Unterabs. 2 SE-VO vergleichbare Norm, die zu den Aufgaben der SE-VO auch die Zuständigkeiten des nationalen Rechts für anwendbar erklärt. Wenn schon für die Hauptversammlung die Zuständigkeiten des nationalen Rechts gelten, so gilt dies auch für das Leitungs- und Verwaltungsorgan.[575] Ansonsten ließe sich mittels der SE das nationale Recht umgehen, was aus Art. 52 Unterabs. 2 SE-VO ersichtlich nicht gewollt ist. Art. 43 Abs. 1 S. 1 SE-VO ist somit hinsichtlich der Aufgaben nicht abschließend. Wie beim Leitungs- und Aufsichtsorgan[576] ergeben sich die konkreten Pflichten nicht nur aus der SE-VO, sondern auch aus dem nationalen Recht.[577]

Für eine in Deutschland ansässige SE ergeben sich die konkreten Pflichten somit aus dem SEAG. Als Beispiel sei hier nur die Konkretisierung der Leitungspflichten durch § 22 Abs. 3 SEAG[578] und die Entsprechenserklärung des § 161 AktG[579] (§ 22 Abs. 6 SEAG). Im Konzern treten dazu noch weitere Aufgaben.[580] Sämtliche Aufgaben sind gesetzliche Pflichten i.S.d. Art. 51 SE-VO.[581] Die Holzmüller-Grundsätze gelten auch im monistischen System.[582] Sofern außerhalb des SEAG dem Vorstand oder Aufsichtsrat eine Aufgabe zugewiesen ist, trifft gemäß § 22 Abs. 6 SEAG diese das Verwaltungsorgan, wenn die Aufgabe nicht zwingend den Geschäftsführern obliegt.[583] Dies unterstreicht die Stellung des Verwaltungsorgans als das entscheidende Führungsorgan der SE.

Zu einem Konflikt zwischen der Zuständigkeit des Leitungsorgans und der Hauptversammlung kann es bezüglich der Aufgaben aus dem nationalen Recht nur

---

574 Siehe oben S. 51.

575 Vgl. *Schwarz*, SE-VO, Art. 39 Rn. 15, a.A. wohl *Kunz*, Insolvenz der SE, S. 130.

576 Vgl. *Manz*, in: Manz/Mayer/Schröder, SE, Art. 40 Rn. 3; *Buchheim*, SE, S. 255.

577 Vgl. *Schwarz*, SE-VO, Art. 43 Rn. 14.

578 Siehe unten S. 96.

579 Vgl. MünchKommAktG/*Hefermehl/Spindler*, § 76 Rn. 16.

580 Siehe S. 202 ff.

581 Vgl. für das dualistische System *Schwarz*, SE-VO, Art. 39 Rn. 15.

582 Vgl. *Teichmann*, BB 2004, 53 (53); *Schwarz*, SE-VO, Art. 52 Rn. 35. ebenso MünchKommAktG/*Reichert/Brandes*, SE-VO, Art. 43 Rn. 11, die dies aber nicht auf Art. 52 Unterabs. 2 SE-VO stützen.

583 So sind die geborenen Abwickler die Verwaltungsorganmitglieder und die Geschäftsführer; vgl. *Schwarz*, SE-VO, Art. 63 Rn. 36.

im gleichen Maße wie im nationalen Recht kommen. Ein Widerspruch der nationalen Zuständigkeitsregelung zu der der SE-VO kann nicht entstehen, weil insoweit keine Regelungsoffenheit der SE-VO besteht. Auf Ebene der SE-VO ergeben sich damit keine zusätzlichen Zuständigkeitswidersprüche.

(1) Leitung der SE

Anders als in einigen Vorgängervorschlägen[584] wird in Art. 43 SE-VO ebenso wenig wie in Art. 39 Abs. 1 S. 1 SE-VO die Leitung der SE angesprochen. Dass die Leitung einen herausgehobenen Teil der Geschäftsführung darstellt,[585] gilt auch für die SE, sodass durch die Zuweisung der „Geschäftsführung" im dualistischen System das Leitungsorgan auch für die Leitung der SE zuständig ist.[586] Dies verdeutlicht auch die Bezeichnung „Leitungsorgan". Wie das Organ die Leitung tatsächlich zu übernehmen hat, hängt allerdings vom nationalen Recht ab, dass aufgrund des Art. 52 Unterabs. 2 SE-VO die Aufgabenverteilung bestimmt,[587] wobei das Leitungsorgan in jedem Fall die Entscheidung auszuführen hat. Da im monistischen System insoweit keine Besonderheiten bestehen und das Verwaltungsorgan die Aufgaben von Leitungs- und Aufsichtsorgan in sich vereint, ist das Verwaltungsorgan somit zur Leitung der SE berufen.[588]

Die Definition der Leitung entspricht der des dualistischen Systems,[589] weil für eine andere Abgrenzung keine Besonderheiten des monistischen Systems sprechen. Das Verwaltungsorgan ist somit zur Festlegung der strategischen Ziele verpflichtet und trägt die Organisations- und Finanzverantwortung.[590] Zur Leitung gehört auch ein Risikofrüherkennungs- und Überwachungssystem, dessen Einrichtung der deutsche Gesetzgeber dem Vorstand mit § 91 Abs. 2 AktG klarstellend vor Augen führt.[591] Daher sieht § 22 Abs. 3 SEAG die Einrichtungspflicht richtigerweise beim

---

584 Vgl. Art. 62 S. 1, Art. 64 Abs. 1, Art. 65 Abs. 1 SE-VOV 1970 und 1975. Die Regelungen entsprachen weitgehend der deutschen Terminologie, die bekanntlich zwischen Leitung (§ 76 Abs. 1 AktG), sonstiger Geschäftsführung (§ 77 Abs. 1 AktG) und Vertretung (§ 78 AktG) differenziert.

585 Vgl. MünchKommAktG/*Hefermehl/Spindler*, § 76 Rn. 17; *Hüffer*, AktG, § 76 Rn. 7.

586 Vgl. *Schwarz*, SE-VO, Art. 39 Rn. 13. Damit ergeben sich die Befugnisse unmittelbar aus dem Statut, so wie es SE-VOV 1970 bereits vorsah; vgl. SE-VOV 1970, Begründung, BT-Drucks. VI/1109, S. 27.

587 Die Annahme, dass die Leitung zwingend allein dem Leitungsorgan obliegt, kann aufgrund des Art. 52 Unterabs. 2 SE-VO nicht überzeugen. So hat in Dänemark die Hauptversammlung Geschäftsführungsbefugnisse; vgl. *Hansen*, in: Hohloch, EU-Hdb. GesR, Dänemark, Rn. 139. So ließ auch das ADHGB 1861 und das HGB 1897 ein Weisungsrecht der Hauptversammlung gegenüber dem Vorstand zu; vgl. GroßkommAktG/*Kort*, Vor § 76 Rn. 5.

588 Vgl. *Merkt*, ZGR 2003, 650 (657); *Brandt*, DStR 2003, 1208 (1212); *Teichmann*, BB 2004, 53 (57); *Böckli*, in: FS Reist, 1992, 337 (337); *Brandt*, BB-Special 3/2005, 1 (3); *Horn*, DB 2005, 147 (152); *Roth*, ZfA 2004, 431 (443).

589 Vgl. *Schwarz*, SE-VO, Art. 43 Rn. 11.

590 Vgl. u.a. *Merkt*, ZGR 2003, 650 (659); *Kalss/Greda*, GesRZ 2004, 91 (103 f.).

591 Mit § 91 Abs. 2 AktG wird keine neue Pflicht geschaffen, sondern deklaratorisch diese Pflicht als Teil der Leitungsaufgabe des Vorstands gemäß § 76 Abs. 1 AktG gesetzlich hervorgehoben; vgl. RegBegr. zu § 91 Abs. 2 AktG, BT-Drucks. 13/9712, S. 15; *Preußner*, NZG 2004, 303 (305); *Endres*, RabelsZ 163 (1999), 441 (455); *Theisen*, BB 2003, 1426

Verwaltungsorgan.[592] Das Gleiche gilt für die Sicherstellungspflicht der Führung der Handelsbücher (§ 22 Abs. 3 S. 1 SEAG).

An der Leitungspflicht ändert auch die Einrichtung der Geschäftsführer i.S.d. Art. 43 Abs. 1 S. 2 SE-VO nichts, weil diese lediglich für die laufenden Geschäfte zuständig sind und ihnen nur noch die außergewöhnlichen Geschäfte übertragen werden können.[593] Die Leitung verbleibt ohne Ausnahme beim Verwaltungsorgan.[594] Da die Leitung nicht übertragbar ist,[595] sind auch die nicht geschäftsführenden Mitglieder zur Leitung verpflichtet.[596]

Aufgrund des Art. 43 Abs. 1 S. 2 SE-VO ist allein das Verwaltungsorgan für die Leitung zuständig. Dies gilt auch dann, wenn diese Entscheidungen mit der laufenden Geschäftsführung zusammenhängen. Es handelt sich dann insgesamt nur um eine Leitungsentscheidung. Damit kann die Leitungsentscheidung nicht als Teil der laufenden Geschäfte von den Geschäftsführern wahrgenommen werden.[597] Hinsichtlich der Umsetzung sind die Geschäftsführer an die Entscheidungen des Verwaltungsorgans gebunden.

(2) Außergewöhnliche Geschäfte

Da auf die Geschäftsführer nur die laufenden Geschäfte übertragen werden dürfen,[598] verbleiben die außergewöhnlichen Geschäfte im Verwaltungsorgan.[599]

Zu den außergewöhnlichen Geschäften zählen dabei in Bezug auf die Aufstellung des Jahresabschlusses die Bestimmung der wesentlichen Aufstellungs- und Bewertungsgrundsätze sowie die Ausübung vorhandener Wahlrechte. Die Zuweisung der

---

(1426); *Hüffer*, AktG, § 91 Rn. 1, 4; § 76 Rn. 8; *Hommelhoff/Mattheus*, AG 1998, 249 (251); MünchKommAktG/*Hefermehl/Spindler*, § 91 Rn. 1.

592 Vgl. *Schwarz*, SE-VO, Art. 43 Rn. 11; ähnlich *DAV*, NZG 2004, 75 (83 f.) noch zu § 24 Abs. 2 S. 3 SEAG-DiskE, der die Einrichtungspflicht bei den Geschäftsführern vorsah.

593 Siehe S. 152.

594 So auch das Schweizer Aktienrecht (Art. 716a OR); vgl. *Böckli*, in: FS Reist, 337 (341, 349). Zum englischen Recht; vgl. *Davies*, ZGR 2001, 268 (282).

595 Siehe S. 138. § 34 Abs. 4 S. 2 SEAG ist damit deklaratorisch.

596 Vgl. *Götz*, ZGR 2003, 1 (17); *Schwarz*, SE-VO, Art. 43 Rn. 10; ebenso *Sokolowski*, Überwachung in einer SE, S. 108, der daher zu Recht darauf hinweist, bei einer Verteilung der Aufgaben auf geschäftsführende und nicht geschäftsführende Mitglieder könne daher nicht von „Dualisierung" des Monismus gesprochen werden. Ebenso *Manz*, in: Manz/Mayer/Schröder, SE, Art. 43 Rn. 18; *Brandt*, BB-Special 3/2005, 1 (3); *Kallmeyer*, ZIP 2003, 1531 (1534); so auch *Schiessl*, ZHR 167 (2003), 235 (242 f.); *Davies*, ZGR 2001, 268 (282 f.), zu anderen monistischen Systemen; a.A. wohl *Sonnenberger*, AG 1974, 1 (1 f.).

597 Für die Zuordnung zu den laufenden Geschäften *Eder*, NZG 2004, 544 (544 f.), der dem Verwaltungsorgan aber ein Weisungsrecht zugesteht. Ebenso *Kallmeyer*, ZIP 2003, 1531 (1532 f.).

598 Siehe unten S. 180.

599 So ausdrücklich auch *Schwarz*, SE-VO, Art. 43 Rn. 28; *Kalss/Greda*, in: Kalss/Hügel, SE, § 39 SEG Rn. 32; *Lutter/Kollmorgen/Feldhaus*, BB 2007, 509 (509). Im Ergebnis auch *Hommelhoff*, AG 2001, 279 (284); *Hoffmann-Becking*, ZGR 2004, 355 (376). Nach einer a.A. in der Literatur führen die Geschäftsführer auch die außergewöhnlichen Geschäfte, benötigen aber die Zustimmung des Verwaltungsorgans; vgl. *Manz*, in: Manz/Mayer/Schröder, SE, Art. 43 Rn. 41.

Aufstellung des Jahresabschlusses an die Geschäftsführer gemäß § 47 Abs. 1 S. 1 SEAG kann nicht dazu führen, dass auch dieser Teil auf die Geschäftsführer übergeht.[600] Die Geschäftsführer sind nur für die tatsächliche Aufstellung zuständig. Es findet somit hinsichtlich der Aufstellung des Jahresabschlusses eine geteilte Aufgabenverteilung statt.

(3) Laufende Geschäfte

Für eine in Deutschland ansässige SE bestimmt § 40 Abs. 2 S. 1 SEAG, dass die laufenden Geschäfte von den zu bestellenden Geschäftsführern geführt werden.[601] Welche Geschäfte als laufend anzusehen sind, sind durch Auslegung der SE-VO europaeinheitlich zu bestimmen.[602]

(a) Weisungsrechte

Trotz der Führung der laufenden Geschäfte durch die Geschäftsführer verbleiben diese Geschäfte in der Gesamtverantwortung des Verwaltungsorgans.[603] Das Verwaltungsorgan muss daher den Geschäftsführern Weisungen erteilen können.[604] § 44 Abs. 2 SEAG, der das Weisungsrecht erwähnt, ist damit lediglich deklaratorisch. Das Verwaltungsorgan kann darüber hinaus aufgrund der Gesamtverantwortung auch den weiteren nachgeordneten Unternehmensebenen Weisungen erteilen.[605]

(b) Selbstvornahme

Da eine bindende Weisung im Ergebnis die Geschäftsführung durch den Anweisenden darstellt, kann das Verwaltungsorgan auch gleich diese Geschäfte selbst vornehmen.[606] Die SE-VO steht dieser Möglichkeit nicht entgegen. So lässt auch das für Art. 43 Abs. 1 S. 2 SE-VO als Vorbild dienende Schwedische Aktienrecht die Selbstvornahme zu.[607] Unter Umständen ist das Verwaltungsorgan sogar zur Selbstvornahme verpflichtet. Wegen der zwingenden Übertragung der laufenden Geschäftsführung nach dem SEAG kann das Verwaltungsorgan allerdings nicht alle oder bestimmte Arten von Geschäften generell den Geschäftsführern entziehen, sondern das Verwaltungsorgan kann lediglich einzelne Geschäfte an sich ziehen.[608]

---

600 A.A. wohl *Neye/Teichmann*, AG 2003, 169 (178).

601 Zu den Einzelheiten siehe S. 189 ff.

602 Siehe S. 189 ff.

603 Siehe unten S. 157.

604 Siehe unten ausführlich S. 196 ff.

605 Vgl. *Merkt*, ZGR 2003, 650 (663 f.), der für einen sparsamen Umgang mit diesem Recht plädiert, um die Reputation der Geschäftsführer nicht zu stark zu gefährden.

606 Vgl. *Maul*, ZGR 2003, 743 (755); *Schwarz*, SE-VO, Art. 43 Rn. 64; MünchKommAktG/*Reichert*/*Brandes*, SE-VO, Art. 43 Rn. 97; ähnlich *Merkt*, ZGR 2003, 650 (663); *Holland*, „board of directors", S. 144. Ähnlich Art. 66 Abs. 2 S. 3 SE-VOV 1991.

607 Vgl. *Foerster*, RIW 1992, 803 (808).

608 Vgl. *Schwarz*, SE-VO, Art. 43 Rn. 64.

cc) Vertretung

Bestimmte Art. 64 Abs. 1 SE-VOV 1970[609] noch, dass der Vorstand die weitestgehenden Befugnisse hatte, Rechtsgeschäfte für die Gesellschaft vorzunehmen, enthält die SE-VO keine ausdrückliche Regelung mehr zur Vertretung der SE.[610] Verstünde man den Begriff Geschäftsführung in Art. 43 Abs. 1 S. 1 SE-VO als tatsächliche und rechtsgeschäftliche Tätigkeit für die Gesellschaft,[611] wäre das Verwaltungsorgan aus der SE-VO zur Vertretung berufen.[612] Dem Streichen der Vorgängerregelungen zur Vertretung lässt sich kein eindeutiger Hinweis entnehmen. Auch die anderen Sprachfassungen der SE-VO geben keinen Aufschluss.[613] Gegen die Annahme, die Vertretung als Teil der Geschäftsführung anzusehen, spricht die Regelung des Art. 37 Abs. 1 S. 1 SCE-VO zur Vertretung der SCE. Der Europäische Gesetzgeber unterscheidet folglich weiterhin zwischen Geschäftsführung und Vertretung.[614] Die Vertretung ist damit kein Teil der Regelung des Art. 43 Abs. 1 S. 1 SE-VO.[615] Es ist daher diesbezüglich von einer Regelungsoffenheit auszugehen, die gemäß Art. 9 Abs. 1 Buchst. c SE-VO durch das nationale Recht geschlossen wird.[616] Die SE-VO bestimmt folglich nur das rechtliche Dürfen.

Die Vertretung – das rechtliche Können – der SE richtet sich somit nach nationalem Recht, das in § 41 Abs. 1 SEBG die alleinige Vertretung der SE durch die Geschäftsführer vorsieht.[617] Lediglich gegenüber den Geschäftsführern vertritt das Verwaltungsorgan die SE (§ 41 Abs. 5 SEAG).[618]

dd) Überwachung

Die ausdrückliche Zuweisung einer Überwachungsaufgabe an das Verwaltungsorgan enthält die SE-VO nicht. Es kennzeichnet gleichwohl das monistische Verwaltungsmodell, dass Leitung/Geschäftsführung und deren Überwachung in einem

---

609 Ebenso regelten Art. 62 Abs. 1 S. 2, Art. 63 Abs. 1 S. 3, Art. 66 Abs. 1 S. 2 SE-VOV 1991 die Vertretung.

610 Anders die SCE-VO, die in Art. 37 Abs. 1 S. 1 SCE-VO dem Leitungsorgan auch die Vertretung zuweist.

611 So *Hüffer*, AktG, § 77 Rn. 3; nur internes „Dürfen“: MünchKommAktG/*Hefermehl/Spindler*, § 77 Rn. 1.

612 So wohl *Theisen/Hölzl*, in: Theisen/Wenz, Die SE, 269 (288 f.). Ähnlich *Hoffmann-Becking*, ZGR 2004, 355 (370, 372), der aus der Zuweisung der Geschäftsführung an das Verwaltungsorgan schließt, dass dieses auch zur Vertretung befugt sei. Dies muss dann auch für das Leitungsorgan gelten.

613 Vgl. m.w.N. *Schwarz*, SE-VO, Art. 39 Rn. 14.

614 Vgl. *Teichmann*, ZGR 2002, 383 (453).

615 Vgl. *Schwarz*, SE-VO, Art. 39 Rn. 14.

616 Vgl. *Schwarz*, ZIP 2001, 1847 (1857); so auch *Buchheim*, SE, S. 250 f.; *Hirte*, NZG 2002, 1 (7); *Manz*, in: Manz/Mayer/Schröder, SE, Art. 39 Rn. 16; *Artmann*, wbl 2002, 189 (192). Enthält jedoch ein Mitgliedstaat keine Regelung für die Vertretung, steht durch das Grundprinzip des dualistischen Modells fest, dass dem Leitungsorgan aufgrund der Geschäftsführungsverantwortung die Vertretung zusteht.

617 Zu den Einzelheiten siehe unten S. 191 ff. A.A. *Manz*, in: Manz/Mayer/Schröder, SE, Art. 43 Rn. 24, der dagegen davon ausgeht, das Verwaltungsorgan habe eine unbeschränkte Vertretungsmacht; ebenso *Hoffmann-Becking*, ZGR 2004, 355 (372).

618 Siehe unten S. 192.

Organ zusammenfallen.[619] Da abgesehen von den Geschäftsführern gemäß Art. 43 Abs. 1 S. 2 SE-VO nur das Verwaltungsorgan vorhanden ist, nimmt dieses die Aufgaben wahr, die sonst dem Aufsichtsorgan obliegen.

So geht die SE-VO in anderen Vorschriften davon aus, dass die Überwachung Teil der Verwaltungsorganaufgaben ist. So hat das Verwaltungsorgan gemäß Art. 44 Abs. 1 SE-VO mindestens alle drei Monate über den Gang der Geschäfte und deren voraussichtliche Entwicklung zu beraten. Dies ist eine der wesentlichen Überwachungsaufgaben, die ausweislich des Art. 41 Abs. 1 SE-VO dem Aufsichtsorgan zukommt.[620] Das Verwaltungsorgan in seiner Gänze ist somit zur Überwachung der Geschäftsführung berufen.[621] Art. 44 Abs. 1 SE-VO stellt dabei im Zusammenhang mit dem individuellen Informationsrecht des Art. 44 Abs. 2 SE-VO die Überwachung sicher.[622] Aus dem Berichtsinhalt wird zudem deutlich, dass auch die Überwachung im monistischen System nicht nur auf die Kontrolle abgeschlossener Vorfälle, sondern auch präventiv ausgerichtet ist.[623]

Ergebnis ist, dass eine Selbstüberwachung stattfindet.[624] Daher ist die Qualität der internen Kontrolle zwischen dem dualistischen und monistischen System sehr ver-

---

619 Vgl. *Davies*, ZGR 2001, 268 (275); *Horn*, DB 2005, 147 (150); *Sokolowski*, Überwachung in einer SE, S. 26, 107; *Manz*, in: Manz/Mayer/Schröder, SE, Art. 43 Rn. 1; *Jahn/Herfs-Röttgen*, DB 2001, 631 (633); *Buchheim*, SE, S. 147; *Schwarz/Lösler*, NotBZ 2001, 117 (122); *Torggler*, ecolex 2001, 533 (533); *Gruber/Weller*, NZG 2003, 297 (298); *Ihrig/Wagner*, BB 2004, 1749 (1756); *Kraushaar*, NZA 2004, 591 (592); *Merkt*, ZGR 2003, 650 (651, 658); *Nagel*, NZG 2004, 833 (835); *Egermann/Heckenthaler*, GesRZ 2004, 256 (258); *Schwarz*, SE-VO, Art. 43 Rn. 12; MünchKommAktG/*Reichert/Brandes*, SE-VO, Art. 43 Rn. 1; *Lutter/Krieger*, Aufsichtsrat, Rn. 3; *Ranzinger/Blies*, AG 2001, 455 (457).

620 Dies ist auch die einzige Überwachungsaufgabe, welche die SE-VO im monistischen System erwähnt.

621 Vgl. *Kallmeyer*, ZIP 2003, 1531 (1533); a.A. anscheinend *Luttermann*, BB 2003, 745 (749), der davon ausgeht, die Kontrolle obliege einem Ausschuss, in dem die geschäftsführenden Mitglieder keine Stimme hätten.

622 So bereits die Vorgängervorschläge. Bei der in Art. 66 Abs. 2 SE-VOV 1989 vorgesehenen zwingenden Trennung in geschäftsführende und nicht geschäftsführende Verwaltungsorganmitglieder soll zusammen mit dem Art. 67 SE-VOV 1989 – Vorgängervorschrift zu Art. 44 Abs. 1 SE-VO – die Überwachung sichern. Vgl. Begr. zum SE-VOV 1989, BT-Drucks. 11/5427, S. 11.

623 Vgl. *Schwarz*, SE-VO, Art. 43 Rn. 12. Im dualistischen Modell wird dies u.a. aus der Verpflichtung des Art. 48 Abs. 1 Unterabs. 1 SE-VO, in der Satzung zustimmungsbedürftige Geschäfte festzulegen, abgeleitet vgl. *Dörner*, in: FS Röhricht, 809 (816); a.A. *Lange*, EuZW 2003, 301 (304 f.). Im Ergebnis ebenso bejahend *BGH*, BGHZ 114, 127 (130); *Schwarz*, SE-VO, Art. 40 Rn. 10; *Roth*, AG 2004, 1 (4); *Berrar*, DB 2001, 2181 (2181); *Roth/Wörle*, ZGR 2004, 565 (567); MünchKommAktG/*Semler*, § 111 Rn. 247; *Lutter/Krieger*, Aufsichtsrat, Rn. 57; *Henze*, NJW 1998, 3309 (3309); *Rellermeyer*, Aufsichtsratsausschüsse, S. 27. Zur Bedeutung des präventiven Ansatzes für die Unternehmensführung und deren verbesserungswürdigen Umsetzung vgl. HB, v. 24./25./26.06.2006, Nr. 120, S. 15. Der präventive Charakter ergibt sich zudem aus der Prüfungspflicht des zukunftsorientierten Lageberichts. Ebenso im österreichischen Recht; vgl. *Kalss*, NZG 2003, 374 (377). A.A. Fn. 624.

624 Vgl. *Schwarz*, SE-VO, Art. 43 Rn. 12. So auch im dualistischen System, vgl. *Berrar*, DB 2001, 2181 (2181). Daraus wird in der Literatur abgeleitet, dass aufgrund der zwingenden

schieden.[625] Eine wirksame Zweckmäßigkeitskontrolle kann aufgrund der Selbstüberwachung nicht erwartet werden.[626] Die Überwachung erschöpft sich ähnlich wie beim Leitungsorgan im organinternen Vier-Augen-Prinzip und der Kontrolle, ob und wie die Entscheidungen umgesetzt werden. Eine gewisse funktionale Trennung und damit eine Erhöhung der Qualität der Überwachung ergibt sich erst bei einer Trennung des Verwaltungsorgans in geschäftsführende und nicht geschäftsführende Mitglieder, für die aus der SE-VO aber keine Pflicht besteht.[627] Eine dem dualistischen System vergleichbare Inkompatibilitätsregelung existiert im monistischen System nicht und wäre ihm auch wesensfremd. Ohne Trennung sind damit auch die Ausführenden an ihrer Überwachung beteiligt.[628] Da niemand in eigener Sache richten darf, hat das überwachte Mitglied jedoch kein Stimmrecht.[629]

(1) Informationsversorgung/Berichtspflichten

Bis auf die Berichterstattung, die Art. 44 Abs. 1 SE-VO für eine Beratung voraussetzt,[630] enthält die SE-VO für das monistische System keine speziellen Berichtspflichten. Diese Berichtspflichten bedarf es auch nicht, weil die notwendigen Informationen entweder im Organ oder bei den geschäftsführenden Mitgliedern vorhanden sind. Damit auch die anderen Mitglieder diese Informationen erhalten können, bedarf es nur der Festlegung eines individuellen Informationsrechts, so wie es in Art. 44 Abs. 2 SE-VO geregelt ist.[631] Damit wird der Gleichberechtigung der Mitglieder Rechnung getragen, sodass keinem Mitglied irgendwelche Informationen vorenthalten werden dürfen.[632] Ein Mitglied kann allerdings nur die Infor-

---

Funktionstrennung u.a. des Art. 39 Abs. 3 S. 1 SE-VO – die SE-VO will jede Form der Beteiligung des Aufsichtsorgans an der Geschäftsführung verhindern – die SE-VO einer Beratung im dualistischen Modell entgegenstehe, vgl. *Lange*, EuZW 2003, 301 (304 f.). Dagegen spricht jedoch die von der SE-VO eindeutig präventiv angelegte Überwachung.

625 Aufgrund mangelnder interner Kontrolle wird daher im monistischen System auf die externe, durch Marktkräfte bestimmte Kontrolle zurückgegriffen; vgl. ausführlich *Sokolowski*, Überwachung in einer SE, S. 66 ff.; ähnlich *Teichmann*, ZGR 2001, 645 (647, 651).

626 Vgl. *Sokolowski*, Überwachung in einer SE, S. 69; ähnlich *Schwarz/Holland*, ZIP 2002, 1661 (1664).

627 Dazu siehe unten S. 148 ff. Vgl. *Sokolowski*, Überwachung in einer SE, S. 69 f. So bereits *Hommelhoff*, AG 1990, 422 (435), der eine zwingende Zuweisung der Überwachung an die nicht geschäftsführenden Mitglieder forderte.

628 Im Ergebnis ebenso *Schwarz*, SE-VO, Art. 43 Rn. 12.

629 Siehe unten S. 127 f.

630 Art. 21r Abs. 1 StrukturRiLV 1991 sah dagegen explizit eine turnusmäßige Berichtspflicht über den Gang der Geschäfte der geschäftsführenden an die nicht geschäftsführenden Mitglieder vor.

631 Ein solches Informationsrecht innerhalb eines „boards" ist nach Aussage von *Sokolowski*, Überwachung in einer SE, S. 98, in anderen monistischen Systemen bisher unbekannt, sodass in diesen Systemen ein Informationsdefizit bei den „outside directors" eintreten kann.

632 Vgl. zum dualistischen System *Manz*, in: Manz/Mayer/Schröder, SE, Art. 41 Rn. 3. Dies spielt vor allem bei mitbestimmten Gesellschaften eine erhebliche Rolle. Ob auch im monistischen System zu befürchten ist, dass wie in Deutschland das Aufsichtsgremium erst sehr spät z.B. über Fusionen informiert wird, um diese nicht durch Arbeitnehmerproteste zu gefährden, vgl. HB v. 14.04.2003, Nr. 73, S. 3, erscheint aufgrund der Leitungsverantwortung aller Mitglieder fraglich.

mationen verlangen, die dem Organ vorliegen. Das Verlangen richtet sich folglich nur gegen das Organ. Gegenüber einzelnen Mitgliedern besteht dieses Recht scheinbar nicht. Da die im Rahmen der Tätigkeit erlangte Information eines Mitglieds entsprechend §§ 31, 166 BGB eine Information der Gesellschaft[633] und damit des Organs begründet, kann ein Mitglied auch von anderen Mitgliedern Informationen verlangen.[634]

Das Informationsrecht ist entgegen dem Wortlaut nicht nur auf die Informationen beschränkt, die dem Organ übermittelt wurden.[635] Art. 44 Abs. 2 SE-VO gilt ebenso wie Art. 41 Abs. 5 SE-VO aufgrund des Zwecks, einen einheitlichen Informationsstand der Mitglieder zu erreichen, auch für die Informationen, die das Organ selbst generiert hat.[636]

Jedes Organmitglied kann somit alle[637] Informationen, die das Organ hat, herausverlangen. Da Art. 44 Abs. 2 SE-VO keine Einschränkungen enthält, können nicht nur Informationen aus dem Bereich der Kontrolle, sondern auch aus dem Bereich der Geschäftsführung verlangt werden.[638] Das Recht, auf die Informationen der Gegenseite zugreifen zu können, dürfte zur Vertrauensbildung beitragen und ist damit sinnvoll.

Der Informationsfluss innerhalb des monistischen Systems ist folglich deutlich einfacher und umfassender als im dualistischen System.[639] So können die Verwaltungsorganmitglieder anders als die Aufsichtsorganmitglieder aufgrund der Gesamtverantwortung unmittelbar Teil eines Geschäftsführungsinformationssystem sein.[640] Die bessere Informationsversorgung ist nach Meinung einiger Stimmen in der Literatur ein wesentlicher Vorteil des monistischen Systems, auch wenn das Problem der Selbstüberwachung besteht.[641]

Das Problem der Selbstüberwachung wird erst durch eine organinterne Aufteilung in geschäftsführende und nicht geschäftsführende Mitglieder etwas entschärft. Eine Funktionentrennung ohne Information ist jedoch wertlos. Bei Art. 44 Abs. 2

633 Vgl. u.a. *v. Stebut*, Geheimnisschutz, S. 90 f.; GroßkommAktG/*Kort*, § 78 Rn. 23 ff.
634 Ähnlich für den Aufsichtsrat *Lutter*, in: Ringleb, DCGK, Rn. 271; a.A. *Emde*, DB 1999, 1486 (1488).
635 Vgl. *Schwarz*, ZIP 2001, 1847 (1855). So noch Art. 64 Abs. 6 SE-VOV 1991.
636 Dies ist insbesondere dann bedeutsam, wenn ein Ausschuss die Informationen generiert.
637 Vgl. *Schwarz*, SE-VO, Art. 44 Rn. 18. Art. 67 Abs. 4 SE-VOV 1989 und 1991 schränkte das individuelle Informationsrecht dagegen noch auf die Angelegenheiten der Absätze 1 bis 3 ein.
638 Vgl. *Henssler*, in: FS Ulmer, 193 (207).
639 Vgl. *Leyens*, RabelsZ 67 (2003), 57 (92 ff.); *Teichmann*, BB 2004, 53 (54).
640 Siehe unten S. 268. Zu den Einschränkungen im Aufsichtsorgan siehe S. 263 ff.
641 Vgl. *Schiessl*, ZHR 167 (2003), 235 (242 f.); *Böckli*, in: FS Reist, 337 (342); *Davies*, ZGR 2001, 268 (284 f.), *Henssler*, in: FS Ulmer, 193 (209); *Endres*, RabelsZ 163 (1999), 441 (455); *Heckschen*, in: Widmann/Mayer, UmwG, Anh. 14 Rn. 460; *Scheffler*, ZGR 1993, 63 (64); *Schander*, Europa-AG, S. 219. Die Existenz des Sarbanes Oxley Acts zeigt, dass auch das häufig gelobte und zur Nachahmung empfohlene amerikanische Corporate Governance System vielfach unzureichend war, vor allem hinsichtlich der Überwachung der Leitungsgremien; vgl. *Schwarz/Holland*, ZIP 2002, 1661 (1661); *Martin*, NZG 2003, 948 (948 f.).

SE-VO handelt es sich somit wie bei Art. 41 Abs. 5 SE-VO um ein wesentliches Minderheitenrecht, insbesondere zum Schutz der Arbeitnehmervertreter,[642] aber auch um ein wesentliches Instrument zur Sicherung einer (unabhängigen) organinternen Kontrolle. Es handelt sich um eine zwingende Regelung. Daher kann die Satzung oder die Geschäftsordnung nicht von der Regelung des Art. 44 Abs. 2 SE-VO abweichen. Über das Informationsrecht hinausgehende bzw. turnusmäßige Informationen über bestimmte Gegenstände sind ohne eine gesetzliche Regelung jederzeit durch das Organ festlegbar. Die Schaffung solcher Informationspflichten stellt eine organinterne Regelung dar, die daher mittels Beschluss oder auch generell in der Geschäftsordnung festgelegt werden können.

Der Informationsfluss ist nur dann problematisch, wenn externe Geschäftsführer bestellt sind. In diesem Fall kann ein Verwaltungsorganmitglied nicht gem. Art. 44 Abs. 2 SE-VO von dem Geschäftsführer Informationen verlangen, weil Art. 44 Abs. 2 SE-VO nur gegenüber dem Verwaltungsorgan und damit nur gegenüber dem verwaltungsorganinternen Geschäftsführer gilt.[643] In diesem Fall bleibt dem Organ nur die Möglichkeit, mittels Weisung die Informationsherausgabe zu verlangen. Ein einzelnes Mitglied kann nur dann die Weisung erteilen, wenn diesem die Kompetenz nach der Geschäftsverteilung zusteht. Ansonsten ist ein Beschluss des Verwaltungsorgans notwendig und in jedem Fall auch bei einer Geschäftsverteilung hinsichtlich der Weisung hinreichend, weil darin konkludent eine (einmalige) Änderung der Geschäftsverteilung liegt. Für den Weisungsbeschluss gilt aus Gründen des Minderheitenschutzes, dass die Satzung keine größere als die einfache Mehrheit vorschreiben kann.[644] Um den Informationsfluss zu vereinfachen, hat der Gesetzgeber in § 40 Abs. 6 SEAG den Geschäftsführern Berichtspflichten auferlegt.[645]

Fraglich ist, ob das Verwaltungsorgan jegliche Information von den Geschäftsführern verlangen kann oder ob es wie das Aufsichtsorgan nur diejenigen Informationen verlangen kann (Art. 41 Abs. 3 S. 1 SE-VO), die für die Kontrolle notwendig sind. Im monistischen System ist die Situation zwischen Verwaltungsorgan und Geschäftsführer im Vergleich zu Aufsichts- und Leitungsorgan deutlich unterschiedlich. Aufgrund der Gesamtverantwortung des Verwaltungsorgans muss dieses über das umfassende Weisungsrecht jegliche Informationen verlangen können. Die Informationsweitergabe ist damit im monistischen Leitungssystem nicht beschränkt.

---

642 Vgl. *Manz*, in: Manz/Mayer/Schröder, SE, Art. 44 Rn. 6; ähnlich *Henssler*, in: FS Ulmer, 193 (207); *Schwarz*, SE-VO, Art. 44 Rn. 19.

643 Vgl. *Hirte*, NZG 2002, 1 (8); *Schwarz*, SE-VO, Art. 44 Rn. 21. Bei einem verwaltungsorganinternen Geschäftsführer spielt es keine Rolle, in welcher Funktion die Information erlangt wurde; vgl. MünchKommAktG/*Reichert*/*Brandes*, SE-VO, Art. 44 Rn. 38.

644 Ähnlich MünchKommAktG/*Semler*, § 107 Rn. 412, für die Geschäftsordnung des Aufsichtsrats.

645 Ausführlich dazu siehe unten S. 194 f.

Das gleiche gilt hinsichtlich weiterer Führungsebenen, auf die anders als das Aufsichtsorgan[646] das Verwaltungsorgan aufgrund des Weisungsrechts einen direkten Zugriff hat.[647]

(2) Feststellung des Jahresabschlusses

§ 47 Abs. 5 SEAG weist dem Verwaltungsorgan zudem die Aufgabe der Feststellung des Jahresabschlusses zu. Der deutsche Gesetzgeber scheint sich dabei an dem deutschen Kontrollsystem zu orientieren, bei dem der Vorstand den Jahresabschluss aufstellt und der Aufsichtsrat diesen grundsätzlich feststellt (§ 172 S. 1 AktG). Denn im monistischen System nach dem SEAG stellen gemäß § 47 Abs. 1 SEAG die Geschäftsführer den Jahresabschluss auf.[648] Auf den ersten Blick scheint auch hier das beabsichtigte „Vier-Augen-System" zu gelten, weil die Feststellung dem Verwaltungsorgan obliegt.[649]

Der deutsche Gesetzgeber verkennt jedoch die Besonderheiten des monistischen Systems.[650] Trotz der Aufstellung des Jahresabschlusses durch die Geschäftsführer obliegt die Letztverantwortung weiterhin dem Verwaltungsorgan.[651] Davon geht auch der deutsche Gesetzgeber mit § 22 Abs. 3 S. 1 SEAG aus, der die Pflicht zur Führung der Handelsbücher enthält. Die Verantwortung des Verwaltungsorgans ergibt sich ebenso aus § 48 Abs. 2 S. 2 bis 4 SEAG, der das Verwaltungsorgan – wie § 176 Abs. 1 S. 2 AktG den Vorstand – zur Vorlage und Erläuterung der Berichte verpflichtet. Die Erläuterungspflicht trifft aber grundsätzlich nur denjenigen, der die Verantwortung für den Inhalt hat.[652]

Zudem kann das Verwaltungsorgan auch hinsichtlich der Aufstellung des Jahresabschlusses (z.B. die Handhabung von Bilanzierungswahlrechten) Weisungen erteilen. Könnte das Verwaltungsorgan tatsächlich den Jahresabschluss feststellen und damit die Hauptversammlung gemäß § 174 S. 2 AktG binden, würde im Ergebnis der Aufstellende selbst feststellen.[653] Das beabsichtigte Kontrollsystem kann somit nicht erreicht werden. Da der Wille des dt. Gesetzgebers dahingehend verstanden werden kann, dass die Feststellung nur durch eine unabhängige Instanz geschehen soll, folgt daraus, dass das Verwaltungsorgan entgegen dem Wortlaut

---

646 Siehe S. 105.

647 Zum Weisungsrecht siehe S. 98, zum Überprüfungsrecht S. 105.

648 Die Geschäftsführer können die Aufstellung jedoch nicht allein vornehmen. Zumindest die Bestimmung der wesentlichen Aufstellungs- und Bewertungsgrundsätze sowie die Ausübung vorhandener Wahlrechte ist eine Aufgabe der außergewöhnlichen Geschäftsführung und obliegt daher dem Verwaltungsorgan, siehe S. 97.

649 So ausdrücklich RegBegr. zu § 22 SEAG, BT-Drucks. 15/3405, S. 39 f.; vgl. ebenso *Neye/Teichmann*, AG 2003, 169 (178); *Manz*, in: Manz/Mayer/Schröder, SE, Art. 43 Rn. 65, Rn. 168; *Waclawik*, DB 2004, 1191 (1196).

650 Ähnlich *Teichmann*, in: Lutter/Hommelhoff, SE, 195 (204 f.).

651 Siehe S. 157. Vgl. auch *DAV*, NZG 2004, 75 (85). Ebenso das Schweizer Aktienrecht; vgl. *Böckli*, in: FS Reist, 337 (340).

652 Ansatzweise *Hüffer*, AktG, § 176 Rn. 3 f.

653 Obwohl bei der Regelung des § 41 Abs. 5 öSEG nur die nicht geschäftsführenden Mitglieder des Verwaltungsorgans stimmberechtigt sind; vgl. *Kalss/Greda*, in: Kalss/Hügel, SE, § 41 SEG Rn. 27, bleiben die Bedenken bestehen.

des § 47 Abs. 5 SEAG den Jahresabschluss nicht feststellen kann. Wie in anderen monistischen Systemen und den Vorgängervorschriften[654] kann die Feststellung nur der Hauptversammlung obliegen.[655]

Einer entsprechenden Regelung im SEAG bedarf es gleichwohl nicht.[656] Über Art. 52 Unterabs. 2 bzw. Art. 61 SE-VO kommt § 173 AktG zur Anwendung. Da es keine bindende Feststellung durch das Verwaltungsorgan gibt – die vorgesehene Regelung des § 47 Abs. 5 SEAG lediglich als weitere Aufstellungsformalität zu werten ist –, kommt immer § 173 Abs. 1 S. 1 Alt. 2 AktG zur Anwendung, sodass allein die Hauptversammlung den Jahresabschluss feststellt.

(3) Überprüfungsrecht: Art. 41 Abs. 4 SE-VO analog

Zu einem Überprüfungsrecht vergleichbar Art. 41 Abs. 4 SE-VO enthält die SE-VO im monistischen System zu Recht keine Regelung. Ein solches Überprüfungsrecht ist nicht notwendig, weil es nur ein Organ gibt. Die Verwaltungsorganmitglieder können aufgrund ihrer Gesamtverantwortung jede Form der Überprüfung vornehmen, weil die Überprüfung einen wesentlichen Teil der Überwachung darstellt, zu der alle Mitglieder gerade bei einer organinternen Aufgabenverteilung angehalten sind. Die Überprüfung kann das Organ auch von Dritten vornehmen lassen, weil die Überprüfung durch Dritte keine Delegation darstellt.[657] Auch eine analoge Anwendung des Art. 41 Abs. 4 SE-VO scheidet damit aus. § 22 Abs. 4 S. 1 und S. 2 SEAG sind damit lediglich deklaratorisch.[658]

(4) Überwachung der Geschäftsführer und weiterer Mitarbeiter

Wie im dualistischen System fehlt in der SE-VO eine Regelung zur Überwachung der Geschäftsführer. Da die Gesamtverantwortung des Verwaltungsorgans durch die Führung der laufenden Geschäfte seitens der Geschäftsführer bestehen bleibt und die Geschäftsführungspflicht sich wie bei einer organinternen Aufgabenverteilung in eine Überwachungspflicht wandelt,[659] folgt daraus, dass für die Überwachung der Geschäftsführer nicht nur die geschäftsführenden Verwaltungsorganmitglieder zuständig sind, sondern das gesamte Verwaltungsorgan.[660] Dies folgt daraus, dass zunächst alle Mitglieder zur Geschäftsführung verpflichtet sind und sich diese Pflicht durch die Aufgabenverteilung in eine Überwachungspflicht umwandelt. Sofern ein Verwaltungsorganmitglied zum Geschäftsführer bestellt

---

[654] So noch Art. 82 Abs. 3 und 4 SE-VOV 1991 und Art. 48 Abs. 1 und 2 StrukturRiLV 1991, die im monistischen System keine Ausnahme von der Feststellung durch die Hauptversammlung vorsahen.

[655] Dies andenkend *Schwarz*, SE-VO, Art. 43 Rn. 29. Zu diesbezüglichen Benkenken siehe *Leupold*, SE, S. 105 f.

[656] Für eine Regelung im SEAG bei Interessenkonflikten: *Hirte*, NZG 2002, 1 (8).

[657] Siehe Fn. 964.

[658] Vgl. *DAV*, NZG 2004, 75 (83).

[659] Vgl. zum dualistischen System *Schwarz*, SE-VO, Art. 39 Rn. 50.

[660] Im Ergebnis ebenso MünchKommAktG/*Reichert*/*Brandes*, SE-VO, Art. 43 Rn. 98. So auch im Schweizer Aktienrecht; vgl. *Böckli*, in: FS Reist, 337 (340).

wird, steht diesem Mitglied jedoch kein Stimmrecht zu und es kommt zur Übertragung der Stimme gemäß § 35 Abs. 3 SEAG.[661]

Aufgrund der Überwachungspflicht und dem bestehenden Weisungsrecht kann das Verwaltungsorgan alle notwendigen Informationen von den Geschäftsführern verlangen. Fraglich ist, ob das Verwaltungsorgan auch an von den Geschäftsführern unterstellten Mitarbeitern Informationen verlangen kann. Im dualistischen System steht dem Aufsichtsorgan diese Möglichkeit nur in Ausnahmefällen zu. Denn in allen Fällen des Art. 41 SE-VO ist das Leitungsorgan berichtspflichtig. Das Aufsichtsorgan hat das Leitungsorgan zu überwachen und nicht die einzelnen Mitarbeiter, die allein der Weisung des Leitungsorgans unterstehen.[662] Daraus folgt insbesondere für das Auskunftsverlangen, dass ein Übergehen des Leitungsorgans und ein unmittelbares Herantreten an untergeordnete Mitarbeiter unzulässig ist.[663] Ein direktes Herantreten würde die Geschäftsführungsverantwortung des Leitungsorgans untergraben. Ein direktes Herantreten an einzelne Mitarbeiter ist nur dann zulässig, wenn berechtigte Hinweise auf eine grobe Pflichtverletzung des Leitungsorgans vorliegen.[664]

Im Verwaltungsorgan ist keine vergleichbare Situation gegeben. Aufgrund der Weisungsabhängigkeit der Geschäftsführer kann das Verwaltungsorgan auch an weitere Unternehmensebenen herantreten. Dies sollte allerdings nur sehr zurückhaltend wahrgenommen werden, um die Autorität der Geschäftsführer nicht zu stark zu gefährden.[665]

ee) Bestellung und Abberufung der Geschäftsführer

Gemäß § 40 Abs. 1 S. 1 SEAG obliegt die Bestellung und Abberufung der Geschäftsführer dem Verwaltungsorgan. Die Bestellung ist einerseits Teil der Überwachungsaufgabe, aber aufgrund der Gesamtverantwortung für die Organisation, zu der die Auswahl der Führungsebenen zu zählen ist, andererseits vielmehr Teil der Leitungsbefugnis.[666] Da die Leitung nicht übertragbar ist, ist § 34 Abs. 4 SEAG deklaratorisch, der die Bestellung der Geschäftsführer durch einen Ausschuss untersagt.[667] Es ist das gesamte Verwaltungsorgan für die Bestellung zuständig.[668]

---

661 Siehe unten S. 126.

662 Vgl. *Lutter/Krieger*, Aufsichtsrat, Rn.68 f. Nur im Rahmen der Überwachung des Leitungsorgans ist die Führung der Mitarbeiter zu überwachen.

663 Vgl. *Schwarz*, SE-VO, Art. 41 Rn. 26; MünchKommAktG/*Reichert/Brandes*, SE-VO, Art. 40 Rn. 14; a.A. GroßkommAktG/*Hopt/Roth*, § 111 Rn. 852. Zur Unzulässigkeit im dt. Recht: vgl. MünchKommAktG/*Hefermehl/Spindler*, § 90 Rn. 36; *Hüffer*, AktG, § 90 Rn. 11; *Kersting*, ZIP 2003, 2010 (2011); *Hoffmann/Preu*, Aufsichtsrat, Rn. 258; a.A. *Roth*, AG 2004, 1 (9); *Kropff*, NZG 2003, 346 (349 f.).

664 Vgl. *Schwarz*, SE-VO, Art. 41 Rn. 26. Zum dt. Recht *Hommelhoff/Mattheus*, AG 1998, 249 (253); MünchKommAktG/*Hefermehl/Spindler*, § 90 Rn. 36; *Dreher*, in: FS Ulmer, 87 (94).

665 Vgl. Fn. 605.

666 So auch *Kalss/Greda*, GesRZ 2004, 91 (104); *Egermann/Heckenthaler*, GeS 2004, 463 (464); *Merkt*, ZGR 2003, 650 (660); MünchKommAktG/*Reichert/Brandes*, SE-VO, Art. 43 Rn. 85; *Semler*, Überwachung, Rn. 20.

667 A.A. *Eder*, NZG 2004, 544 (546).

Sowohl aus der Leitungs- als auch aus der Überwachungsaufgabe[669] folgt die Pflicht, Mitglieder auszutauschen oder – soweit möglich – weitere hinzuzubestellen, um einer zeitlichen Überforderung der Mitglieder entgegenzutreten und um Schäden von der Gesellschaft abzuwenden.

f) Sitzungen

Art. 44 Abs. 1 SE-VO erfordert eine Sitzung mindestens alle drei Monate.[670] Darüber hinaus kann das Verwaltungsorgan den Sitzungsturnus weitgehend frei bestimmen. Aus der Parallelität zu Art. 41 Abs. 1 SE-VO folgt, dass der Sitzungsturnus der Sicherstellung der Überwachung dient. Es sind somit so oft Sitzungen abzuhalten, wie es für die Wahrnehmung der Überwachungs-, aber auch der Leitungsaufgabe notwendig ist.[671]

An diesen Sitzungen des Verwaltungsorgans sollen nach § 36 Abs. 1 SEAG keine fremden Personen teilnehmen. Problematisch erscheint dies insbesondere, wenn Dritte zu Geschäftsführern bestellt werden. Diesen ist damit die Teilnahme an Sitzungen des Verwaltungsorgans grundsätzlich verwehrt.[672] Da die Norm kein Verbot der Teilnahme enthält, sollte die Einschränkung nur auf Kontrollaufgaben beschränkt werden. Bei Leitungs- und Geschäftsführungsentscheidungen ist das Verwaltungsorgan auf die vertieften Kenntnisse des Geschäfts und des Geschäftsverlaufs der Geschäftsführer angewiesen, sodass in diesem Fall die Geschäftsführer regelmäßig teilnehmen sollten. Ein Teilnahmerecht steht ihnen allerdings nicht zu.

Voraussetzung für eine ordnungsgemäße Sitzung ist eine fehlerfreie Ladung. Diese setzt voraus, dass die Themen auf der Tagesordnung erwähnt werden und die Tagesordnung den Mitgliedern rechtzeitig zugegangen ist.[673] Für die Ladung und damit die Sitzungseinberufung ist der Verwaltungsorganvorsitzende zuständig. Dies folgt aus der Vorsitzendenstellung.[674]

---

668 So im Erg. auch *Lutter/Kollmorgen/Feldhaus*, BB 2007, 509 (511); *Sokolowski*, Überwachung in einer SE, S. 75; *Egermann/Heckenthaler*, GeS 2004, 463 (464).

669 Vgl. zum Aufsichtsrat *Groß*, WPg 2004, 1357 (1366); MünchKommAktG/*Semler*, § 111 Rn. 63; *Semler*, in: Semler, AR Hdb., Rn. A 41.

670 Damit ist eine nationale Regelung des Sitzungsturnus ausgeschlossen. A.A. anscheinend *Merkt*, ZGR 2003, 650 (655).

671 In Krisensituationen ist eine häufigere Einberufung von Sitzungen angezeigt, um dem Überwachungsauftrag gerecht zu werden; vgl. u.a. Münch. Hdb. GesR IV/*Hoffmann-Becking*, § 31 Rn. 30.

672 Vgl. *Merkt*, ZGR 2003, 650 (656, 670); *Forstmoser*, ZGR 2003, 688 (719).

673 Vgl. *Lutter/Krieger*, Aufsichtsrat, Rn. 571. Sind alle Mitglieder zugegen, kann auch in der Sitzung die Tagesordnung erweitert werden, wenn kein Mitglied widerspricht; vgl. MünchKommAktG/*Semler*, § 110 Rn. 43, 48.

674 So bereits ausdrücklich die Vorgängerregelungen für das dualistische Modell Art. 65 Abs. 2 SE-VOV 1991 und Parallelvorschriften Art. 41 Abs. 2 SCE-VO und Art. 31 Abs. 2 EUGGES-VOV.

Da die SE-VO keine expliziten Regelungen für die Einberufung enthält, kommt darüber hinaus das nationale Recht zur Anwendung.[675] So gilt über Art. 9 Abs. 1 Buchst. c Ziffer iii SE-VO § 23 Abs. 5 AktG, sodass die Satzung Form und eine angemessene Frist der Einberufung bestimmen kann.[676] Ohne Satzungsregelung kann dies die Geschäftsordnung regeln.

Die SE-VO ist mangels einer ausdrücklichen Regelung hinsichtlich der Einberufungsberechtigten nicht als abschließend anzusehen,[677] sodass gemäß Art. 9 Abs. 1 Buchst. c Ziffer i SE-VO i.V.m. § 37 SEAG das Einberufungsverlangen entsprechend § 110 AktG auch von einem Mitglied des Verwaltungsorgans gestellt werden kann. Das Verlangen richtet sich allein an den Vorsitzenden. Die Sitzung ist dabei gemäß § 37 Abs. 1 S. 2 SEAG innerhalb von zwei Wochen nach der Einberufung abzuhalten. Kommt der Vorsitzende dem Verlangen nicht nach, kann die Sitzung unter den Voraussetzungen des § 37 Abs. 2 SEAG von denen selbst einberufen werden, die vergeblich die Einberufung durch den Vorsitzenden verlangt haben.[678] Anders als dem Vorstand (§ 110 Abs. 1 S. 1 AktG) steht den Geschäftsführern kein Sitzungseinberufungsrecht zu.

g) Gesamtgeschäftsführung

Obwohl die SE-VO keine § 77 Abs. 1 S. 1 AktG vergleichbare ausdrückliche Anordnung einer Gesamtgeschäftsführung enthält, ergibt sich diese aus der Zuweisung der Geschäftsführung an das Verwaltungsorgan (Art. 43 Abs. 1 S. 1 SE-VO).[679] Dass Gesamtgeschäftsführung besteht, ergibt sich auch aus der Regelung zur Beschlussfähigkeit der Organe in Art. 50 Abs. 1 SE-VO,[680] die bei grundsätzlicher Einzelgeschäftsführung überflüssig wäre. Anders als in § 77 Abs. 1 S. 1 AktG wird gemäß Art. 50 Abs. 1 Buchst. b SE-VO ein Beschluss zur Geschäftsführung mit der Mehrheit der anwesenden Mitglieder gefasst.[681] Es besteht somit eine Ge-

---

675 Aus der SE-VO ergibt sich lediglich die Kompetenz. Die Modalitäten richten sich nach nationalem Recht.

676 § 110 Abs. 1 S. 2 AktG gilt nur für den Fall des § 110 Abs. 1 S. 1 AktG; vgl. *Hüffer*, AktG, § 110 Rn. 3; MünchKommAktG/*Semler*, § 110 Rn. 76.

677 Anders bei Art. 41 Abs. 2 S. 1 SCE-VO. Im Ergebnis ebenso *Schwarz*, SE-VO, Art. 42 Rn. 25; MünchKommAktG/*Reichert*/*Brandes*, SE-VO, Art. 44 Rn. 16 f. Ähnlich GroßkommAktG/*Hopt*/*Roth*, § 110 Rn. 88.

678 So im dualistischen System auch Art. 65 Abs. 2 S. 3 SE-VOV 1991 und die Parallelvorschrift Art. 41 Abs. 2 S. 3 SCE-VO.

679 Vgl. *Schwarz*, SE-VO, Art. 43 Rn. 9. Art. 43 Abs. 1 S. 1 SE-VO überträgt die Geschäftsführung dem Verwaltungsorgan und nicht den einzelnen Verwaltungsorganmitgliedern. Die SE-VO ist damit hinsichtlich der Frage, Einzel- oder Gesamtgeschäftsführung nicht regelungsoffen. A.A. wohl *Buchheim*, SE, S. 251.

680 Ebenso *Manz*, in: Manz/Mayer/Schröder, SE, Art. 39 Rn. 6; *Schwarz*, SE-VO, Art. 39 Rn. 16.

681 Näheres zur Beschlussfassung siehe S. 109 ff. A.A. *Frodermann*, in: Jannott/Frodermann, SE, S. 149 Rn. 75 ff., der für die Geschäftsführung im dualistischen Modell generell § 77 Abs. 1 AktG anwendet.

samtgeschäftsführung mit Mehrheitsprinzip.[682] Dies gilt für die gesamte Geschäftsführung einschließlich der Leitung.[683]

h) Entscheidungsfindung

Die Entscheidungsfindung der Organe wird durch Art. 50 SE-VO einheitlich geregelt.[684] Die Norm enthält lediglich eine Grundregel, von der die Verordnung oder die Satzung abweichen kann. Art. 50 SE-VO ist hinsichtlich der Beschlussfassung grundsätzlich als abschließend anzusehen. Nationale Beschlussregeln und auch nationale Satzungsfreiheiten kommen daher mangels Regelungsoffenheit nicht zur Anwendung.[685]

aa) Beschlussfähigkeit

(1) Anwesenheit

Sofern die Verordnung oder die Satzung keine abweichende Regelung zur Beschlussfähigkeit getroffen haben, ist das Organ gem. Art. 50 Abs. 1 Buchst. a SE-VO beschlussfähig, wenn mindestens die Hälfte der Mitglieder anwesend oder vertreten ist.[686] Die SE-VO geht somit grundsätzlich von einer örtlichen Zusammenkunft der Sitzungsteilnehmer aus.[687]

Das deutsche Recht fordert dagegen z.B. für die Beschlussfähigkeit im Aufsichtsrat gem. § 108 Abs. 2 S. 2 AktG die Teilnahme mindestens der Hälfte der Sollmitgliederstärke.[688] Im Rahmen des Art. 50 Abs. 1 Buchst. a SE-VO ist für die Beschlussfähigkeit jedoch allein die Anwesenheit des Organmitglieds ohne jegliche Form der Teilnahme ausreichend. Die Regelung ist abschließend, sodass es auf das deutsche Recht nicht ankommt.[689]

---

[682] Vgl. *Schwarz*, SE-VO, Art. 39 Rn. 16.

[683] Das nationale Recht bestimmt zwar die konkreten Aufgaben, jedoch hinsichtlich der Beschlussfassung ist die SE-VO abschließend. Dies gilt auch für diejenigen Aufgaben, die sich aus dem nationalen Recht ergeben.

[684] Vgl. *Bungert/Beier*, EWS 2002, 1 (4); *Schwarz*, SE-VO, Art. 50 Rn. 4; a.A. *Frodermann*, in: Jannott/Frodermann, SE, S. 149 Rn. 75 ff., der aber auf S. 159 Rn. 123 von der Anwendbarkeit des Art. 50 SE-VO auf alle Organe ausgeht.

[685] Vgl. MünchKommAktG/*Kübler*, SE-VO, Einf. Rn. 23; ebenso ohne Begründung *Sokolowski*, Überwachung in einer SE, S. 33. Zu Verweisungen der SE-VO auf nationale Beschlussfassungsregeln siehe S. 54 ff., 119.

[686] So ähnlich bereits Art. IV-2-5 Abs. 2 Sanders-Vorentwurf.

[687] Vgl. *Schwarz*, SE-VO, Art. 50 Rn. 5.

[688] Teilnahme bedeutet die tatsächliche Beteiligung (auch Stimmenthaltung) an der Beschlussfassung; vgl. *Mertens*, in: Kölner Kommentar zum AktG, § 108 Rn. 57; *Hüffer*, AktG, § 108 Rn. 6, 10; MünchKommAktG/*Semler*, § 108 Rn. 33 f. Die bloße Anwesenheit ist nicht ausreichend; vgl. u.a. MünchKommAktG/*Semler*, § 108 Rn. 35; *Geßler*, in: Geßler/Hefermehl, AktG, § 108 Rn. 38.

[689] Vgl. *Schwarz*, SE-VO, Art. 50 Rn. 5; MünchKommAktG/*Reichert/Brandes*, SE-VO, Art. 50 Rn. 6; *Kalss/Greda*, in: Kalss/Hügel, SE, § 37 SEG Rn. 12; a.A. *Heckschen*, in: Widmann/Mayer, UmwG, Anh. 14 Rn. 466, der davon ausgeht, Art. 50 SE-VO sei eine Auffangregelung und werde von § 108 AktG verdrängt. Dies kann aufgrund des eindeutigen Wortlauts und Sinn der Vorschrift nicht überzeugen.

(2) Vertretung und Stimmbotenschaft

Für die Beschlussfähigkeit ist gemäß Art. 50 Abs. 1 Buchst. a SE-VO auch eine Vertretung der Mitglieder möglich.[690] Im Gegensatz zu Art. 76 Abs. 2 SE-VOV 1989 und der Parallelvorschrift Art. 50 Abs. 1 Unterabs. 2 SCE-VO enthält Art. 50 Abs. 1 SE-VO keine Regelung, welche Formen der Abgabe bzw. Übermittlung einer Willenserklärung unter Vertretung zu fassen sind und welche Personen „Vertreter" sein dürfen.

Bei der Europäischen Genossenschaft bestimmt Art. 50 Abs. 1 Unterabs. 2 SCE-VO dagegen, dass eine Vertretung zulässig ist, aber nur ein anderes anwesendes Mitglied zur Vertretung bevollmächtigt werden kann. Bei der SCE ist daher eine rechtsgeschäftliche Vertretung zulässig. Da nur ein Organmitglied als Vertreter berufen werden kann, besteht keine größere Gefahr, dass wichtige Gesellschaftsinterna nach außen dringen. Zudem hat die interne Bevollmächtigung den Vorteil, dass mit der Beschlussfrage nur Personen betraut sind, die über ausreichende Kenntnisse über die Struktur und die Geschäftsziele der Gesellschaft verfügen.

Da Art. 50 SE-VO keine Regelung zur Vertretung enthält, scheint die SE-VO jeglicher Form der Vertretung durch jede beliebige Person offen zu stehen.[691] Die Vertretung i.S.d. Art. 50 SE-VO ist zunächst „untechnisch" zu verstehen.[692] So ist neben der rechtsgeschäftlichen Vertretung auch die Stimmbotenschaft als ein Weniger mit umfasst.[693]

§ 108 Abs. 3 S. 1 AktG und auch § 35 Abs. 1 S. 1 SEAG für das monistische System lassen dagegen nur die Stimmbotenschaft zu.[694] Die Überreichung der Stimme darf dabei nur in bestimmten Fällen von Nicht-Organmitgliedern vorgenommen werden (§ 108 Abs. 3 S. 3 AktG, § 35 Abs. 1 S. 3 SEAG). Eine Vertretung, also die Abgabe einer eigenen Willenserklärung im fremden Namen, ist im deutschen Recht mit Ausnahme des § 35 Abs. 3 SEAG[695] nicht zulässig.[696]

Aus dem Fehlen einer Art. 50 Abs. 1 Unterabs. 2 SCE-VO vergleichbaren Norm kann nicht gefolgert werden, dass die SE-VO hinsichtlich der Konkretisierung der Vertretung regelungsoffen ist und damit das nationale Recht zur Anwendung kommt. Eine ergänzende und damit einschränkende Anwendung des Art. 50 Abs. 1

---

[690] Anders noch Art. 76 Abs. 2 SE-VOV 1991.

[691] So ausdrücklich *Manz*, in: Manz/Mayer/Schröder, SE, Art. 50 Rn. 6.

[692] Vgl. *Schwarz*, SE-VO, Art. 50 Rn. 7.

[693] Vgl. *Schwarz*, SE-VO, Art. 50 Rn. 7; zweifelnd *Raiser*, in: FS Semler, 277 (292).

[694] Auch die Vertretung eines Vorstands ist unzulässig; vgl. MünchKommAktG/*Hefermehl/-Spindler*, § 77 Rn. 10.

[695] In § 35 Abs. 3 SEAG kann keine Stimmbotenschaft gesehen werden, denn andernfalls würde das persönlich beteiligte Mitglied seine eigene Stimme abgeben. Aus dem Sinn des § 35 Abs. 3 SEAG, das Letztentscheidungsrecht trotz persönlicher Beteiligung zu sichern, folgt aber auch, dass bei der Vertretung gemäß § 35 Abs. 3 SEAG dem persönlich beteiligten Mitglied keine Weisungsrechte zustehen. Der Vorsitzende ist somit in der Ausübung dieser Stimme völlig frei.

[696] Vgl. MünchKommAktG/*Semler*, § 108 Rn. 162.

SE-VO durch nationales Recht sieht die Norm nicht vor.[697] Es ist lediglich eine andere Regelung durch die Verordnung und Satzung zulässig. Daher ist keine Regelungsoffenheit gegeben. Das nationale Recht kommt nicht ergänzend zur Anwendung, weil die SE-VO schon die weitest gehenden Möglichkeiten gewährt.[698] § 35 Abs. 1 SEAG ist in dieser Form nicht von der durch Art. 43 Abs. 4 SE-VO gewährten Kompetenz gedeckt.

Ein Organmitglied kann sich somit vertreten lassen. Die Satzung kann die Vertretung dabei weiter konkretisieren und auch untersagen. Aus Art. 49 SE-VO folgt wie bei Art. 50 Abs. 1 SCE-VO, dass nur eine Vertretung durch Organmitglieder zulässig ist, weil andernfalls die Verschwiegenheit nicht ausreichend sichergestellt werden kann.[699]

(3) Beschlussfassung ohne Sitzung

Im Gegensatz zu einigen Vorgängervorschriften[700] enthält die SE-VO keine Regelung zu einer Beschlussfassung ohne Sitzung. Der VO-Geber wollte im SE-VOV 1991 für diese Frage zugunsten einer einzelstaatlichen auf eine europaeinheitliche Regelung verzichten.[701]

Aus der Entstehungsgeschichte könnte man nun im Rahmen des Art. 50 Abs. 1 SE-VO folgern, dass insoweit eine Regelungsoffenheit gegeben sei, die zur Anwendung des § 35 Abs. 2 SEAG bzw. § 108 Abs. 4 AktG führte.[702] Voraussetzung ist, dass die SE-VO für die Form der Stimmabgabe keine Regelung enthält. Wie oben dargelegt, geht die SE-VO jedoch von einer Präsenzsitzung aus.[703] Zudem sind die Regeln für eine Beschlussfassung ohne Sitzung im Ergebnis eine Frage der Beschlussfähigkeit.[704] Denn mit den verschiedenen Formen der Beschlussfassung ohne Sitzung wird von dem Erfordernis der Präsenzsitzung abgewichen. Die SE-VO enthält somit eine abschließende Regelung für die Form der Stimmabgabe. Lediglich die SE-VO selbst und nur die Satzung können davon abweichen. Damit

---

697 Eine ergänzende Anwendung des nationalen Rechts bejahend: MünchKommAktG/*Reichert/Brandes*, SE-VO, Art. 50 Rn. 7; *Frodermann*, in: Jannott/Frodermann, SE, S. 169 Rn. 163; *Kalss/Greda*, in: Kalss/Hügel, SE, § 37 SEG Rn. 13. Ebenso *Manz*, in: Manz/Mayer/Schröder, SE, Art. 50 Rn. 6, jedoch mit der Einschränkung, eine Vereitelung der Stellvertretung sei nicht zulässig. So auch *Schwarz*, SE-VO, Art. 50 Rn. 7.

698 Ebenso für eine abschließende Regelung *Manz*, in: Manz/Mayer/Schröder, SE, Art. 50 Rn. 5. Zweifelnd der deutsche Gesetzgeber; vgl. RegBegr. zu § 35 SEAG, BT-Drucks. 15/3405, S. 38, der vorsorglich eine Regelung geschaffen hat. Ebenso MünchKommAktG/*Reichert/-Brandes*, SE-VO, Art. 44 Rn. 27 ff.

699 Für eine uneingeschränkte Möglichkeit der Vertretung dagegen *Schwarz*, SE-VO, Art. 50 Rn. 7.

700 Art. 77 Abs. 5 SE-VOV 1970, Art. 77 Abs. 5 SE-VOV 1975 und Art. 76 Abs. 4 SE-VOV 1989 sahen eine § 108 Abs. 4 AktG entsprechende Regelung vor.

701 SE-VOV 1991, Begründung, BT-Drucks. 12/1004, S. 9.

702 So *Schwarz*, SE-VO, Art. 50 Rn. 20; MünchKommAktG/*Reichert/Brandes*, SE-VO, Art. 50 Rn. 52 ff.

703 Siehe oben S. 109.

704 So auch *Manz*, in: Manz/Mayer/Schröder, SE, Art. 43 Rn. 111, der dennoch die Anwendbarkeit des nationalen Rechts annimmt; vgl. *Manz*, in: Manz/Mayer/Schröder, SE, Art. 50 Rn. 7.

muss die Satzung die fernmündliche Stimmabgabe zulassen,[705] ansonsten bleibt es bei der Präsenzsitzung.[706] Das nationale Recht (§ 35 Abs. 2 SEAG, § 108 Abs. 4 AktG) findet aufgrund fehlender Regelungsoffenheit keine Anwendung.[707] § 35 Abs. 2 SEAG ist somit nicht von der Ermächtigung des Art. 43 Abs. 4 SE-VO gedeckt.[708]

(4) Notwendiges Quorum

Anders als Art. 57 und 59 SE-VO für die Hauptversammlung enthält Art. 50 SE-VO eine Bestimmung zur Beschlussfähigkeit. Gemäß Art. 50 Abs. 1 Buchst. a SE-VO müssen mangels anderweitiger Satzungsregelung mindestens die Hälfte der Mitglieder anwesend oder vertreten sein. Die Hälfte der Mitglieder ist aber nicht an den tatsächlich bestellten Mitgliedern zu bemessen, sondern anhand der Sollstärke des Organs.[709] Die Sollstärke ergibt sich dabei entweder aus dem Gesetz, der Satzung oder aus einer zulässigen Festlegung des bestellenden Organs.[710] Eine Mindestbeteiligung verlangt die SE-VO im Gegensatz zu § 108 Abs. 2 S. 3 AktG[711] nicht.[712] Aus der Regelung des Art. 50 Abs. 1 SE-VO folgt jedoch, dass ein Beschluss eine zustimmende Beteiligung von mehr als einem Viertel der Sollmitglieder erfordert.[713]

(a) Unterbesetzung des Organs

Da die Hälfte der Sollstärke für die Beschlussfähigkeit ausreichend ist, spielt eine Unterbesetzung keine Rolle, solange mindestens die Hälfte der Sollmitglieder an-

705 So bestehen auch Widerspruchsrechte der Mitglieder nur, wenn diese die Satzung regelt.

706 Die Form der Stimmabgabe kann nicht als eine Form der Vertretung angesehen werden, weil das Mitglied selbst die Stimme abgibt.

707 A.A. *Schwarz*, SE-VO, Art. 50 Rn. 20; MünchKommAktG/*Reichert/Brandes*, SE-VO, Art. 44 Rn. 32; *Frodermann*, in: Jannott/Frodermann, SE, S. 160 Rn. 126; *Kalss/Greda*, in: Kalss/Hügel, SE, § 37 SEG Rn. 22 ff. Widersprüchlich *Manz*, in: Manz/Mayer/Schröder, SE, Art. 50 Rn. 7, der annimmt, Art. 50 SE-VO enthalte zwar selbst keine Grundregel zu Formen der Stimmabgabe (= Regelungsoffenheit), Art. 50 Abs. 1 SE-VO gewähre dennoch eine Satzungsfreiheit, die Stimmabgabe zu regeln. Besteht jedoch eine Satzungsfreiheit aus Art. 50 Abs. 1 SE-VO, ist Art. 50 Abs. 1 SE-VO anwendbar und damit keine Regelungsoffenheit gegeben.

708 Die Norm ist nur vorsichtshalber erlassen worden, sofern man zu dem Ergebnis kommt, dass das „Wie" der Abstimmung nicht zur Regelung des Art. 50 SE-VO zu zählen ist. Vgl. *Manz*, in: Manz/Mayer/Schröder, SE, Art. 43 Rn. 111; RegBegr. zu § 35 SEAG, BT-Drucks. 15/3405, S. 38.

709 Vgl. *Schwarz*, SE-VO, Art. 50 Rn. 8.

710 Vgl. S. 82 f., 187.

711 Diese Mindestbeteiligung gilt auch für den Satzungsgeber, der folglich keine Beschlussfassung durch zwei Personen vorsehen darf; vgl. *Hüffer*, AktG, § 108 Rn. 11. Die Mindestbeteiligung von drei Mitgliedern gilt auch für einen Ausschuss; vgl. MünchKommAktG/*Semler*, § 107 Rn. 297.

712 § 108 Abs. 2 S. 3 AktG gilt auch nicht ergänzend für die SE; vgl. MünchKommAktG/*Reichert/Brandes*, SE-VO, Art. 50 Rn. 5; *Lutter/Kollmorgen/Feldhaus*, BB 2007, 509 (513).

713 Vgl. *Schwarz*, SE-VO, Art. 50 Rn. 11. Die Satzung kann hiervon jedoch abweichen.

wesend oder vertreten ist.[714] Dies folgt daraus, dass eine Unterbesetzung einer dauernden Nichtanwesenheit gleichkommt und die Nichtanwesenheit auf die Beschlussfähigkeit grundsätzlich keine Auswirkungen hat.[715] Sind weniger als die Hälfte der Sollstärke bestellt, ist das Organ bis auf eventuelle Notbeschlussfassungen beschlussunfähig.[716]

(b) Unterschreiten des Mitbestimmungsverhältnisses

Eine andere Frage ist, ob die Beschlussfähigkeit des Organs bei einem mitbestimmten Organ nicht gegeben ist, wenn das geforderte Verhältnis oder die Anzahl der Arbeitnehmervertreter bei der Bestellung nicht gewahrt wurde. Ein Nichtvorhandensein der vereinbarten bzw. geltenden Anzahl an Arbeitnehmervertretern spielt keine Rolle, weil die SE-ErgRiL nur auf den Schutz des Verhältnisses und nicht auf die Anzahl an Arbeitnehmervertretern abzielt. Lediglich für den Fall des Nichteinhaltens des Verhältnisses könnte die Beschlussfähigkeit fehlen.

Die SE-VO enthält für diesen Fall keine Regelung, sodass mit *Schwarz* angenommen werden könnte, dass insoweit eine Regelungsoffenheit gegeben sei, die im dualistischen System über Art. 9 Abs. 1 Buchst. c Ziffer ii SE-VO zur Anwendung des § 108 Abs. 2 S. 4 AktG führen würde.[717] Danach hätte das Nichteinhalten des geforderten Verhältnisses an Arbeitnehmervertretern grundsätzlich keine Auswirkungen auf die Beschlussfähigkeit. Dieses Ergebnis würde dann auch im Verwaltungsorgan aufgrund vergleichbarer Interessenlage gelten.

Die Annahme einer Regelungsoffenheit ist zweifelhaft. Wie oben ausgeführt, ist es für die Beschlussfähigkeit grundsätzlich ohne Belang, ob das Organ vorschriftsmäßig besetzt ist.[718] Ob die Unterbesetzung auf Seiten der Arbeitnehmer- oder Kapitalvertreter besteht, spielt dabei keine Rolle, denn jede Seite kann dafür sorgen, dass ihre Vertreter bestellt werden. Es besteht somit keine Regelungsoffenheit.[719]

Anders als in § 108 Abs. 2 S. 4 AktG folgt allerdings aus der zwingenden Regelung des Art. 50 Abs. 2 S. 2 SE-VO, dass die Beschlussfähigkeit dann nicht gegeben ist, wenn die Arbeitnehmervertreter an den bestellten Mitgliedern die Mehrheit ausmachen. Denn in diesem Fall ist es den Aktionärsvertretern nicht möglich, sich durchzusetzen. Insofern spielt die Besetzung des Organs doch eine Rolle für die Beschlussfähigkeit. Man könnte zwar hier an eine analoge Anwendung des § 35 Abs. 3 SEAG denken, sodass dem Organvorsitzenden die Stimmen der nicht bestellten Aktionärsvertreter zukämen. Dies führt jedoch nicht dazu, dass die An-

---

[714] So auch *Manz*, in: Manz/Mayer/Schröder, SE, Art. 50 Rn. 3; *Schwarz*, SE-VO, Art. 50 Rn. 9; MünchKommAktG/*Reichert*/*Brandes*, SE-VO, Art. 50 Rn. 8.

[715] Vgl. *Schwarz*, SE-VO, Art. 50 Rn. 9.

[716] Zur Notbeschlussfassung siehe *Schwarz*, SE-VO, Art. 50 Rn. 23.

[717] Vgl. *Schwarz*, SE-VO, Art. 50 Rn. 10.

[718] Siehe S. 112.

[719] Nähme man dennoch eine Regelungsoffenheit an, bestünde das Problem, ob § 108 Abs. 2 S. 4 AktG nicht eine Gepflogenheit der nationalen Mitbestimmung ist und damit deren Anwendung aufgrund des Art. 1 Abs. 4 SE-VO i.V.m. Art. 13 Abs. 2 SE-ErgRiL ausgeschlossen ist.

teilseignervertreter in jedem Fall die Mehrheit haben. Denn auch in anderen als paritätisch mitbestimmten Organen kann es zu der Situation kommen, dass mehr Arbeitnehmer- als Anteilseignervertreter bestellt sind, z.B. durch Tod von Anteilseignervertretern. In einem solchen statutarisch unterparitätisch besetzten Organ kann der Vorsitzende auch Arbeitnehmervertreter sein, sodass eine Anwendung des § 35 Abs. 3 SEAG nicht dazu führt, dass die Stimmen immer den Kapitalvertretern zukommen. Zudem ist diese Situation aufgrund des Art. 50 Abs. 2 S. 2 SE-VO als eine SE-spezifische Regelungslücke anzusehen, die ausschließlich auf europäischer Ebene zu lösen ist. Da die SE-VO keine § 35 Abs. 3 SEAG vergleichbare Stimmrechtsübertragung kennt, ist daher von einer fehlenden Beschlussfähigkeit auszugehen, sofern eine Besetzung des mitbestimmten Organs gegeben ist, die es den Anteilseignervertretern nicht ermöglicht, sich durchzusetzen. Um die Beschlussfähigkeit wieder herzustellen, ist eine gerichtliche Ersatzbestellung möglich.

Müssen bis zur (gerichtlichen) Ersatzbestellung Beschlüsse gefasst werden, folgt aus Art. 50 Abs. 2 S. 2 SE-VO, dass den Arbeitnehmervertretern nur so viele Stimmen zustehen können, dass die Anteilseignervertreter sich noch durchsetzen können.[720]

(5) Satzungsregelungen zur Beschlussfähigkeit

Die Satzungsfreiheit des Art. 50 Abs. 1 SE-VO bezieht sich unterschiedslos auf die Beschlussfähigkeit und Beschlussfassung.[721] Die Satzung kann somit eine höhere oder niedrigere Quote der anwesenden Mitglieder vorschreiben. In mitbestimmten Organen kann die Satzung aufgrund des Art. 50 Abs. 2 S. 2 SE-VO gleichwohl nur eine solche höhere Quote verlangen, die den Arbeitnehmern keine Möglichkeit gibt, durch Nichtanwesenheit einen Beschluss zu verhindern.[722] Aus dem selben Grund ist eine Satzungsregelung unzulässig, die eine Mindestanzahl an Mitgliedern von Seiten der Aktionärs- und Arbeitnehmervertreter verlangt, obwohl eine solche Regelung sinnvoll wäre, um zu erreichen, dass die Mitbestimmung auch tatsächlich gelebt wird.[723] Aber auch für nicht mitbestimmte Organe kann die Satzung für die Beschlussfähigkeit des Verwaltungsorgans nicht generell die Anwesenheit/Teilnahme aller Organmitglieder fordern, weil andernfalls Organe mit vielen Mitgliedern vielfach handlungsunfähig wären.[724] Regelungen, die eine Teilnahme verlangen, eine Vertretung untersagen oder lediglich eine Stimmbotenschaft erlauben, sind zulässig.

---

720 Vgl. S. 91 ff.

721 Vgl. *Schwarz*, SE-VO, Art. 50 Rn. 15. Art. IV–2–5 Abs. 2 Sanders-Vorentwurf ließ dagegen noch kein Abweichen von den Regeln der Beschlussfähigkeit zu. Erst Art. 76 Abs. 1 SE-VOV 1991 gewährte eine umfassende Satzungsfreiheit.

722 Ebenso MünchKommAktG/*Reichert*/*Brandes*, SE-VO, Art. 50 Rn. 5.

723 Ähnlich, aber widersprüchlich MünchKommAktG/*Semler*, § 108 Rn. 49, 60.

724 Vgl. *Schwarz*, SE-VO, Art. 50 Rn. 19. So auch im deutschen Recht die wohl h.M. für den Aufsichtsrat: MünchKommAktG/*Semler*, § 108 Rn. 56; *Mertens*, in: Kölner Kommentar zum AktG, § 108 Rn. 63, a.A. *Hüffer*, AktG, § 108 Rn. 10.

Um das Letztentscheidungsrecht der Kapitalgeber zu sichern, sollte die Satzung vorsehen, dass für die Beschlussfähigkeit der Organvorsitzende bzw. dessen Stellvertreter (sofern Kapitalvertreter) an der Beschlussfassung teilnehmen muss.[725] Eine solche Regelung wird nicht durch die analoge Anwendung des § 108 Abs. 2 S. 1 AktG i.V.m. § 28 S. 1 MitbestG verhindert, weil diese Normen aufgrund der Sperrwirkung des Art. 1 Abs. 4 SE-VO i.V.m. Art. 13 Abs. 2 SE-ErgRiL auch im dualistischen Modell keine Anwendung finden. Das Verbot kann ebenso nicht aus dem grundsätzlich gleichen Stimmengewicht abgeleitet werden,[726] weil aus Art. 50 Abs. 2 S. 2 SE-VO folgt, dass den Anteilseignern ein Übergewicht zustehen muss. Die Satzungsfreiheit ist somit bei einer mitbestimmten SE größer.

bb) Beschlussfassung

(1) Mehrheit

Art. 50 Abs. 1 Buchst. b SE-VO fordert für einen gültigen Beschluss die Mehrheit der anwesenden oder vertretenen Mitglieder. Die Regelung des Art. 58 SE-VO kommt im Rahmen des Art. 50 SE-VO dabei nicht zur Anwendung, weil Art. 58 SE-VO Teil des Abschnitts 4 ist und damit eine Sonderreglung für die Hauptversammlung darstellt.[727] Eine entsprechende Anwendung des Art. 58 SE-VO mit der Konsequenz, dass Enthaltung sowie ungültige und leere Stimmzettel nicht zu den abgegebenen Stimmen gezählt werden, scheitert am Fehlen der notwendigen Regelungslücke. Denn aus dem eindeutigen Wortlaut des Art. 50 Abs. 1 Buchst. b SE-VO folgt, dass die Mehrheit nicht anhand der abgegebenen Stimmen bemessen wird, sondern entscheidend ist die Mehrheit der anwesenden oder vertretenen Mitglieder. Enthaltungen, leere Stimmzettel, Nichtabgabe einer Stimme und ungültige Stimmen werden daher anders als bei Art. 58 SE-VO berücksichtigt und wie Nein-Stimmen behandelt.[728]

Anders als bei der Beschlussfähigkeit spielt die Wahrung des Mitbestimmungsverhältnisses bei der Beschlussfassung keine Rolle, weil kein Organmitglied zur (gruppeninteressenwahrenden) Stimmabgabe gezwungen werden kann.[729]

(2) Stimme

(a) Stimmengewicht

Aus der Regelung des Art. 50 Abs. 2 S. 1 SE-VO, die dem Organvorsitzenden ein ausschlaggebendes Stimmrecht und damit ein höherwertiges Stimmrecht einräumt,

---

[725] So auch *Eder*, NZG 2004, 544 (545); *Schwarz*, SE-VO, Art. 50 Rn. 19; a.A MünchKommAktG/*Reichert*/*Brandes*, SE-VO, Art. 45 Rn. 32. Dies ist im deutschen Recht nicht zulässig; vgl. MünchKommAktG/*Semler*, § 108 Rn. 48; MünchKommAktG/*Gach*, § 28 MitbestG Rn. 6. Die Satzungsfreiheit des Art. 50 Abs. 1 SE-VO überlagert hier aber das nationale Recht.

[726] So aber im dt. Recht; vgl. MünchKommAktG/*Gach*, § 28 MitbestG Rn. 6.

[727] A.A. *Manz*, in: Manz/Mayer/Schröder, SE, Art. 50 Rn. 4.

[728] Vgl. *Schwarz*, SE-VO, Art. 50 Rn. 12; MünchKommAktG/*Reichert*/*Brandes*, SE-VO, Art. 50 Rn. 12 ff.; a.A. *Manz*, in: Manz/Mayer/Schröder, SE, Art. 50 Rn. 4. Die Enthaltung ist damit eine Beschlussteilnahme; anders im dt. Recht, vgl. *Priester*, AG 2007, 190 (193).

[729] Vgl. *Schwarz*, SE-VO, Art. 50 Rn. 14.

folgt, dass die SE-VO ansonsten davon ausgeht, dass jedes Organmitglied ein gleichwertiges Stimmrecht hat.[730] Insbesondere in einem mitbestimmten Organ ergibt sich dies zudem aus Art. 50 Abs. 2 S. 2 SE-VO, der eine bezüglich des Letztentscheidungsrechts anders lautende Satzungsbestimmung verbietet. Da Art. 50 Abs. 2 S. 2 SE-VO den Satzungsgeber nicht verpflichtet, das Letztentscheidungsrecht der Aktionärsvertreter durch eine Regelung sicherzustellen, folgt, dass die Satzung keine Möglichkeit besitzt von dem gleichwertigen Stimmrecht aller Mitglieder abzuweichen.[731] Eine Regelung, die jedem Aktionärsvertreter so viele Stimmen gibt, wie alle Arbeitnehmervertreter zusammen innehaben, ist daher nicht zulässig.

Etwas anderes gilt nur bei einer Vereinbarungslösung, wenn die Mitbestimmung in einem gesonderten Organ vorgesehen ist. Hier können sich die Verhandlungspartner auf unterschiedliche Stimmengewichte oder partielle/themenbezogene Stimmrechte einigen.[732]

(b) Vetorechte

Die Satzung kann jedoch ein Vetorecht eines Mitglieds einräumen.[733] Dies ist kein Verstoß gegen die Stimmengleichheit bzw. das Kollegialprinzip und § 77 Abs. 1 S. 2 AktG, weil das einzelne Mitglied nicht allein einen Beschluss fassen, sondern diesen nur verhindern kann.[734] Da es in der SE keinen Arbeitsdirektor gibt und § 33 Abs. 1 S. 1 MitbestG nicht gilt, kann im Leitungsorgan ein Vetorecht auch bei einer mitbestimmten SE gewährt werden.[735] Dies gilt anders als im deutschen Recht[736] auch für ein mitbestimmtes Aufsichts- bzw. Verwaltungsorgan, weil aufgrund des Art. 50 Abs. 2 S. 2 SE-VO das Letztentscheidungsrecht der Kapitalgeber deutlich stärker (z.B. automatisches Ausschlaggeben der Stimme des Vorsitzenden) geschützt wird als im AktG/MitbestG.[737] Die Anteilseigner haben ein zwingendes Übergewicht, sodass ein Vetorecht keinen weiteren einschneidenden Eingriff in die Mitbestimmung bedeutet. Daraus folgt aber auch, dass das Vetorecht in mitbestimmten Organen nur dem Vorsitzenden zustehen kann. Einem Arbeitnehmervertreter als Vorsitzender kann dagegen aufgrund des Art. 50 Abs. 2 S. 2 SE-VO in keinem Fall ein Vetorecht eingeräumt werden.

---

[730] Dies stellt § 38 Abs. 1 SEBG (Anhang Teil 3 Buchst. b) SE-ErgRiL) nochmals ausdrücklich klar. Ebenso ohne Begründung *Schwarz*, SE-VO, Art. 50 Rn. 13; MünchKommAktG/-*Reichert/Brandes*, SE-VO, Art. 50 Rn. 35.

[731] Vgl. *Kämmerer/Veil*, ZIP 2005, 369 (375).

[732] Vgl. unten S. 176 ff.

[733] A.A. MünchKommAktG/*Reichert/Brandes*, SE-VO, Art. 50 Rn. 30 ff.; *Schwarz*, SE-VO, Art. 50 Rn. 32; *Theisen/Hölzl*, in: Theisen/Wenz, Die SE, 269 (288).

[734] Vgl. *v. Werder*, RIW 1997, 304 (306); bejahend für den Vorstand: *Hüffer*, AktG, § 77 Rn. 12; Münch. Hdb. GesR IV/*Wiesner*, § 24 Rn. 3; *v. Hein*, ZHR 166 (2002), 464 (482 f.).

[735] Im dt. Recht ist dies nicht möglich; vgl. *v. Hein*, ZHR 166 (2002), 464 (483); *Hüffer*, AktG, § 77 Rn. 13.

[736] Zum Verbot im dt. Recht; vgl. MünchKommAktG/*Semler*, § 108 Rn. 48, 119.

[737] Siehe unten S. 121 f., 124 ff. Ebenso *Habersack*, Der Konzern 2006, 105 (107). A.A. *Seibt*, AG 2005, 413 (426); *Roth*, ZfA 2004, 431 (460 f.)

(3) Stimmrechtsausschluss

Die Satzung hat keine Möglichkeit, die Stimme eines Mitglieds generell auszuschließen. Das Stimmrecht ist der wesentliche Teil der organschaftlichen Rechte und Pflichten. Die SE-VO enthält auch keine expliziten Stimmrechtsausschlüsse.[738] Lediglich im Falle eines Interessenkonfliktes verliert das betroffene Mitglied aus allgemeinen Erwägungen sein Stimmrecht.[739]

(4) Satzungsfreiheit

(a) Andere Mehrheit

Die Satzung kann vorsehen, dass die Mehrheit anhand der abgegebenen Stimmen zu bemessen ist, wobei die Satzung die Behandlung ungültiger Stimmen, von Enthaltungen und leeren Stimmzetteln beliebig regeln kann. Anders als bei der Beschlussfähigkeit kann die Satzung Einstimmigkeit verlangen.[740] Eine Entscheidung gegen die Mehrheit ist nicht möglich.[741] Lediglich ein Vetorecht kann einzelnen Mitgliedern zugestanden werden.[742] Zu einer direktoralen Organisation mit einem Weisungsrecht des Organvorsitzenden gegenüber den anderen Organmitgliedern wird der Satzungsgeber damit durch Art. 50 Abs. 1 SE-VO nicht ermächtigt.[743] Nur bei den Geschäftsführern ist das Kollegialprinzip nicht so stark ausgeprägt, sodass hier ein Weisungs- und damit Alleinentscheidungsrecht möglich ist.[744]

(b) Mitbestimmung

In einem mitbestimmten Organ sind die möglichen Satzungsregelungen weitgehend eingeschränkt. Hinsichtlich der Beschlussfassung kann die Satzung nur die Grundgesamtheit bestimmen, an der die Mehrheit bemessen wird. Eine über die Regelung des Art. 50 Abs. 1 Buchst. b SE-VO hinausgehende Bestimmung einer größeren Mehrheit ist für ein paritätisch mitbestimmtes Organ ausgeschlossen.[745] Würde man eine größere Mehrheit zulassen, könnten bei Teilnahme aller Organmitglieder die Arbeitnehmervertreter eine Entscheidung verhindern, auch wenn alle Aktionärsvertreter für die Beschlussvorlage votiert haben. Den Arbeitnehmervertretern würde somit im Ergebnis ein Vetorecht zustehen. Ein solches Ergebnis würde einen erheblichen Eingriff in das auch auf Europäischer Ebene geschützte Eigentumsrecht der Aktionäre darstellen. Da es sich hierbei um eine Folge einer Satzungsregelung handeln würde, welche die Aktionäre erlassen haben, wäre der

---

[738] Vgl. *Schwarz*, SE-VO, Art. 50 Rn. 13.
[739] Siehe S. 127.
[740] Vgl. *Schwarz*, SE-VO, Art. 50 Rn. 16; MünchKommAktG/*Reichert/Brandes*, SE-VO, Art. 50 Rn. 26.
[741] Ebenso MünchKommAktG/*Reichert/Brandes*, SE-VO, Art. 45 Rn. 31, Art. 50 Rn. 27.
[742] Siehe oben S. 116.
[743] Vgl. *Schwarz*, SE-VO, Art. 50 Rn. 15; *Buchheim*, SE, S. 252; *v. Werder*, RIW 1997, 304 (306, 309). Zum dt. Recht; vgl. u.a. *Hoffmann-Becking*, ZGR 1998, 497 (514).
[744] Siehe unten S. 201.
[745] Vgl. *Schwarz*, SE-VO, Art. 50 Rn. 18; MünchKommAktG/*Reichert/Brandes*, SE-VO, Art. 50 Rn. 24.

Schutzbereich des Grundrechts nicht eröffnet.[746] Grundrechtliche Bedenken bestünden gegen eine solche Regelung daher nicht. Voraussetzung für eine Satzungsregelung ist gemäß Art. 9 Abs. 1 Buchst. a SE-VO eine entsprechende Satzungsermächtigung, die vom Grunde her in Art. 50 Abs. 1 SE-VO gegeben ist.

Die zwingende Regelung des Art. 50 Abs. 2 S. 2 SE-VO führt zu einer Einschränkung dieser Ermächtigung. Art. 50 Abs. 2 S. 2 SE-VO lässt keine Regelung zu, die in einem paritätisch besetzten Aufsichtsorgan das ausschlaggebende Stimmrecht des Vorsitzenden, der in einem solchen Organ gemäß Art. 42 S. 2 SE-VO Kapitalvertreter sein muss, unterbindet.[747] Eine auf Art. 50 Abs. 1 SE-VO gestützte Satzungsgestaltung, die eine höhere Mehrheit vorsieht, würde im Ergebnis das Letztentscheidungsrecht der Kapitalgeber aushebeln. Die Regelung des Art. 50 Abs. 2 S. 2 SE-VO lässt dennoch nicht zu, dass sich die Aktionäre freiwillig durch eine Satzungsregelung ihr Letztentscheidungsrecht beschneiden können. Da dies auch im paritätisch mitbestimmten Verwaltungsorgan gilt,[748] kann die Satzung hinsichtlich der Beschlussfassung in paritätisch mitbestimmten Organen keine größere Mehrheit festlegen.

Der absolute Schutz des Art. 50 Abs. 2 S. 2 SE-VO untersagt auch jede andere Satzungsregelung, die im Zusammenhang mit dem bestehenden Mitbestimmungsverhältnis dazu führen würde, dass die Arbeitnehmervertreter ein Vetorecht innehätten.[749] Dies bedeutet z.B. bei einem Organ aus 9 Mitgliedern und einer Drittelbeteiligung der Arbeitnehmer, dass die Satzung nur eine Mehrheit kleiner Zwei-Drittel vorsehen kann. Die festgelegte Mehrheit und das Mitbestimmungsverhältnis dürfen nicht dazu führen, dass es zu einer Pattsituation kommen kann, weil ansonsten dies als Stimmengleichstand i.S.d. Art. 50 Abs. 2 S. 1 SE-VO gewertet werden und der Vorsitzende in diesem Fall Kapitalvertreter sein müsste.[750] Jede Satzungsbestimmung hat somit das Letztentscheidungsrecht der Kapitalgeber zu respektieren und zu schützen. An diese Grundentscheidung der SE-VO sind auch die Verhandlungspartner bei der Vereinbarungslösung gebunden.

(c) Delegation an Geschäftsordnung

Anders als in § 77 Abs. 1 S. 2 AktG, der analog auch im Verwaltungsorgan gilt,[751] wird nur der Satzung die Befugnis zur Regelung abweichender Beschlussfassungsregeln eingeräumt. Der Geschäftsordnung steht diese Möglichkeit nicht zu, weil Art. 50 Abs. 1 SE-VO als abschließend anzusehen ist.[752] Da das nationale

746 Das Eigentumsrecht des Art. 17 GR-Charta ist wie Art. 14 GG ein Abwehrrecht gegen den Staat; vgl. Streinz/*Streinz*, EUV/EGV, Art. 17 GR-Charta, Rn. 16. Vgl. auch Art. 1 Abs. 3 GG.

747 Vgl. unten S. 124 ff.

748 Vgl. unten S. 126.

749 Ebenso MünchKommAktG/*Reichert*/*Brandes*, SE-VO, Art. 50 Rn. 25.

750 So *Schwarz*, SE-VO, Art. 50 Rn. 44.

751 Siehe S. 131.

752 Vgl. *Schwarz*, SE-VO, Art. 50 Rn. 27. Die abschließende Regelung gilt auch hinsichtlich der Geschäftsordnung, obwohl die Geschäftsordnung an keiner Stelle in den Art. 39 ff. SE-VO genannt ist. Dass die Geschäftsordnung nicht erwähnt wird, kann nicht dahingehend interpretiert werden, dass die Geschäftsordnung alles regeln könnte.

Recht im Rahmen des Art. 50 Abs. 1 SE-VO nicht angewendet wird, kommt § 77 Abs. 1 S. 2 AktG auch nicht ergänzend zur Anwendung.[753]

Die Geschäftsordnung kann jedoch durch die Satzung ermächtigt werden, Beschlussfassungsregeln zu schaffen.[754] Die Delegation der Satzungsbefugnis ist zulässig und ermöglicht eine individuelle und vor allem situationsbezogene und anpassungsfähige Regelung. Da die Satzung befugt ist, die Beschlussfassung selbst zu regeln, kann sie in diesem Bereich weitgehende Vorgaben für die Geschäftsordnung machen.

(5) Andere Bestimmungen in der Verordnung

Art. 50 Abs.1 SE-VO bestimmt weiterhin, dass auch die Verordnung eine andere Regelung zur Beschlussfähigkeit und Beschlussfassung enthalten kann. Aus dem Verständnis des Art. 9 SE-VO folgt zunächst, dass als Bestimmung der Verordnung nur die eigenen Sachregelungen der SE-VO anzusehen sind. Da Art. 50 Abs. 1 SE-VO daneben keine Verweisung auf das nationale Recht enthält, kommen alle über Art. 9 Abs. 1 Buchst. c an sich anwendbaren nationalen Vorschriften zur Beschlussfähigkeit und -fassung nicht zur Anwendung.[755] Art. 50 Abs. 1 SE-VO lässt nur die in Art. 9 Abs. 1 Buchst. a und Buchst. b SE-VO geregelten Ausnahmen zu. Damit scheidet auch eine ergänzende Regelung (Art. 43 Abs. 4 SE-VO) für das nicht vorhandene System aus.[756] Die beiden Ausnahmen des Art. 50 Abs. 1 SE-VO stehen sich alternativ gegenüber. Eine andere Regelung in der Verordnung schließt aufgrund der Systematik des Art. 9 Abs. 1 Buchst. a zu Buchst. b SE-VO die Satzungsfreiheit des Art. 50 Abs. 1 SE-VO aus. Eine Satzungsbestimmung ist nur dann zulässig, wenn die Verordnungsbestimmung wiederum eine diesbezügliche Satzungsfreiheit enthält bzw. zulässt.

Explizite andere eigene Regelungen zur Beschlussfähigkeit und -fassung enthält die SE-VO nicht.[757] Die Verweisung des Art. 54 Abs. 2 SE-VO umfasst allerdings auch die Beschlussfähigkeit und Beschlussfassung hinsichtlich der Einberufung der Hauptversammlung.[758] Das Verständnis des Begriffs „Bestimmung der Verordnung" in Art. 50 Abs. 1 SE-VO i.S.d. Art. 9 Abs. 1 SE-VO würde jedoch die Anwendung des nationalen Rechts über Art. 54 Abs. 2 SE-VO im Rahmen des Art. 50 Abs. 1 SE-VO ausschließen, weil das nationale Recht keine Bestimmung der Verordnung ist. Dem Verordnungsgeber muss die Möglichkeit zustehen, in anderen

---

[753] Da Art. 50 SE-VO für die Geschäftsführer gilt, ist § 40 Abs. 2 S. 2 SEAG damit nicht von der Ermächtigung des Art. 43 Abs. 4 SE-VO gedeckt. Lediglich für die Einberufung der Hauptversammlung kommt über Art. 54 Abs. 2 SE-VO das nationale Recht mithin auch § 77 Abs. 1 S. 2 AktG zur Anwendung.

[754] Vgl. *Schwarz*, SE-VO, Art. 50 Rn. 27.

[755] Die nationalen Bestimmungen werden von Art. 50 Abs. 1 verdrängt. Vgl. *Schwarz*, SE-VO, Art. 50 Rn. 21; ebenso *Manz*, in: Manz/Mayer/Schröder, SE, Art. 50 Rn. 12; *Egermann/Heckenthaler*, GeS 2004, 463 (465); a.A. *Heckschen*, in: Widmann/Mayer, UmwG, Anh. 14 Rn. 466.

[756] So im Ergebnis auch *Egermann/Heckenthaler*, GesRZ 2004, 256 (262).

[757] Für *Manz*, in: Manz/Mayer/Schröder, SE, Art. 50 Rn. 11, gibt es keine Bestimmungen der Verordnung im Sinne des Art. 50 Abs. 1 SE-VO.

[758] Siehe oben S. 54 f.

Vorschriften für bestimmte Fragen das nationale Recht zur Anwendung zu berufen, welches als Ausnahme zu Art. 50 Abs. 1 SE-VO gilt. Mit einer solchen Verweisung drückt der Verordnungsgeber seinen Regelungswillen aus, hier das nationale Recht und nicht die europaeinheitliche Grundregel des Art. 50 Abs. 1 SE-VO gelten lassen zu wollen. Die Normen des nationalen Rechts sind zwar keine Bestimmungen der Verordnung – und dabei bleibt es auch –, aber im Rahmen des Art. 50 Abs. 1 SE-VO gelten diese über die Verweisung als Regelung der Verordnung. Damit ist die Satzungsfreiheit des Art. 50 Abs. 1 SE-VO insoweit ausgeschlossen. Eine Satzungsfreiheit kann hier nur das nationale Recht zulassen. Denn Art. 54 Abs. 2 SE-VO verweist auf die für Aktiengesellschaften geltenden Rechtsvorschriften, zu denen eventuelle Satzungsfreiheiten zählen.[759] Das gleiche Ergebnis gilt für die Beschlussfassung i.S.d. Art. 63 SE-VO.[760]

Die Anwendung des nationalen Rechts darf gleichwohl nicht zu einer Umgehung des Art. 50 Abs. 2 S. 2 SE-VO führen. Ebenso wenig wie Art. 50 Abs. 3 SE-VO die Möglichkeit eröffnet, über die Anwendbarkeit des nationalen Rechts hinsichtlich Beschlussfähigkeit und Beschlussfassung vom Letztentscheidungsrecht der Kapitalgeber abzuweichen,[761] lässt Art. 50 Abs. 1 SE-VO eine solche Umgehung über die Bestimmung der Verordnung zu. Art. 50 Abs. 2 S. 2 SE-VO ist in jedem Fall unabdingbar.[762] Kommt es somit bei einer Beschlussfassung über die Einberufung der Hauptversammlung in einem mitbestimmten Organ zu einem Stimmengleichstand, entscheidet die Stimme des Vorsitzenden gemäß Art. 50 Abs. 2 S. 1 SE-VO.

(6) Mängel der Stimmabgabe und des Beschlusses

Wie *Schwarz* ausführt, ist hinsichtlich der Mängel der Stimmabgabe die SE-VO regelungsoffen, sodass hier das nationale Recht gilt.[763] Ein Mangel in der Stimmabgabe hat nur Auswirkungen, wenn das Abstimmungsergebnis bei mangelfreier Stimmabgabe anders ausgefallen wäre.[764]

Ein Mangel des Beschlusses führt grundsätzlich zu dessen Nichtigkeit.[765] Diese Folge ergibt sich unmittelbar aus der SE-VO. Die nichtige Bestellung eines oder mehrer Mitglieder führt aus dem Rechtsgedanken des Art. 50 Abs. 1 SE-VO nur zur Nichtigkeit des Beschlusses, wenn abzüglich der nichtigen Stimmen das notwendige Quorum oder eine Mehrheit nicht erreicht wird.[766]

(7) Ausschlaggebende Stimme des Vorsitzenden

Gemäß Art. 50 Abs. 2 S. 1 SE-VO hat jeder Vorsitzende eines Organs das ausschlaggebende Stimmrecht, sofern die Satzung nicht etwas anderes regelt. In der

---

759 Vgl. *Schwarz*, SE-VO, Art. 50 Rn. 21. Zu den möglichen Regelungen siehe oben S. 54 f.
760 Vgl. *Schwarz*, SE-VO, Art. 50 Rn. 21.
761 Vgl. *Schwarz*, SE-VO, Art. 50 Rn. 50.
762 Genaueres dazu siehe unten S. 124 ff.
763 Vgl. *Schwarz*, SE-VO, Art. 50 Rn. 28 f.
764 Vgl. u.a. MünchKommAktG/*Semler*, § 108 Rn. 244; GroßkommAktG/*Kort*, § 77 Rn. 17.
765 Vgl. *Schwarz*, SE-VO, Art. 50 Rn. 29.
766 Vgl. *Schwarz*, SE-VO, Art. 47 Rn. 38, Art. 50 Rn. 29.

SE-VO ist in Art. 42 S. 1 und in Art. 45 S. 1 SE-VO die zwingende Bestellung eines Organvorsitzenden vorgesehen, sodass Art. 50 Abs. 2 S. 1 SE-VO im Verwaltungsorgan gilt.[767]

(a) Automatischer Eintritt des Ausschlaggebens

Aus der Formulierung des Art. 50 Abs. 2. S. 1 SE-VO folgt, dass die Stimme des Vorsitzenden mangels einer abweichenden Satzungsregelung unmittelbar ihre ausschlaggebende Wirkung entfaltet.[768] Damit ist anders als nach § 29 Abs. 2 MitbestG keine erneute Abstimmung über denselben Beschlussgegenstand durchzuführen, bei der der Vorsitzende eine zweite Stimme hat. Durch Art. 50 Abs. 2 S. 1 SE-VO wird die Stimme des Vorsitzenden marginal höher bewertet als jede andere Stimme. Der Unterschied zur zweiten Stimme liegt darin, dass die zweite Stimme nicht ausgeübt werden muss, es also nicht zwingend zur Auflösung einer Pattsituation kommt.[769] Die Regelung der SE-VO führt unabhängig vom Willen des Vorsitzenden zu einem automatischen Auflösen der Pattsituation.

(b) Voraussetzungen

(aa) Stimmengleichstand

Das ausschlaggebende Stimmrecht besteht gemäß Art. 50 Abs. 2 S. 1 SE-VO bei Stimmengleichheit. Bei Geltung der Grundregel des Art. 50 Abs. 1 SE-VO bedeutet Stimmengleichstand, dass die Anzahl der Ja-Stimmen der Summe aus Nein-Stimmen, Enthaltungen und ungültigen Stimmen entspricht.[770] Die Satzung hat lediglich über die Regelung zur Beschlussfassung Möglichkeiten, die Stimmengleichheit zu beeinflussen, indem die Mehrheit anhand der abgegebenen Stimmen bemessen wird und ungültige Stimmen sowie Enthaltung nicht berücksichtigt werden.[771] Stimmengleichheit bedeutet dann, dass sich genau so viele Ja- wie Nein-

---

[767] Da Art. 50 Abs. 2 S. 1 SE-VO keine Einschränkung auf bestimmte Organe enthält, steht auch dem Vorsitzenden des Leitungsorgans das ausschlaggebende Stimmrecht zu. Vgl. *Schwarz*, SE-VO, Art. 50 Rn. 36; MünchKommAktG/*Reichert/Brandes*, SE-VO, Art. 38 Rn. 11, Art. 39 Rn. 5, Art. 50 Rn. 3; *Kalss/Greda*, in: Kalss/Hügel, SE, § 35 SEG Rn. 13; anscheinend ebenso *Manz*, in: Manz/Mayer/Schröder, SE, Art. 50 Rn. 14, 19; *Leupold*, SE, S. 97; *Bungert/Beier*, EWS 2002, 1 (4, Fn. 35); *Theisen/Hölzl*, in: Theisen/Wenz, Die SE, 269 (286, 288). Widersprüchlich, aber dies wohl nur bei entsprechender Satzungsregelung annehmend *Buchheim*, SE, S. 251 f. Da ein Arbeitsdirektor unzulässig ist, gilt dies auch in einer mitbestimmten SE. Anders im dt. Recht; vgl. MünchKommAktG/*Hefermehl/Spindler*, § 84 Rn. 82.

[768] Vgl. *Schwarz*, SE-VO, Art. 50 Rn. 30; MünchKommAktG/*Reichert/Brandes*, SE-VO, Art. 50 Rn. 17; a.A. *Eder*, NZG 2004, 544 (545), der von einer Zweitstimme ausgeht.

[769] Vgl. MünchKommAktG/*Gach*, § 29 MitbestG Rn. 13.

[770] Vgl. *Schwarz*, SE-VO, Art. 50 Rn. 34.

[771] Ein Stimmengleichstand i.S.d. Art. 50 Abs. 2 S. 1 SE-VO kann auch in bestimmten Organen (z.B. 9 Mitglieder und einem Mehrheitserfordernis von 2/3 bei 3 Arbeitnehmervertretern) gegeben sein (wenn man eine solche Mehrheit überhaupt zulässt). Denn das Mehrheitserfordernis führt zusammen mit dem Mitbestimmungsverhältnis zu einer Pattsituation, die der Situation bei paritätischer Mitbestimmung entspricht. Die Arbeitnehmervertreter dürfen jedoch in keiner Situation statutarisch die Möglichkeit haben, eine Entscheidung der Kapitalvertreter zu verhindern. Daher muss Stimmengleichstand entsprechend einem aus dem Mehrheitserfordernis folgenden Gleichstand zwischen Arbeitnehmer- und Kapitalvertretern verstanden

Stimmen gegenüberstehen. Eine abweichende Definition des Stimmengleichstands ist dagegen nicht möglich.

(bb) Ordnungsgemäße Wahl eines Vorsitzenden

Neben der Stimmengleichheit ist Voraussetzung die ordnungsgemäße Wahl eines Vorsitzenden. Es muss eine wählbare Person mit der erforderlichen Mehrheit gewählt worden sein. Eine fehlerhafte Wahl führt dazu, dass der Stimme dieses „Vorsitzenden" keine ausschlaggebende Wirkung[772] zukommt, sodass bei einer Pattsituation kein wirksamer Beschluss gefasst werden kann.[773] Kommt es bei einer Abstimmung nicht auf die ausschlaggebende Wirkung an, ist die unwirksame Wahl für die Gültigkeit des Beschlusses bedeutungslos.

(c) Satzungsgestaltungsfreiheit

Art. 50 Abs. 1 S. 1 SE-VO eröffnet der Satzung die Freiheit, von der Regelung des Art. 50 Abs. 2 S. 1 SE-VO abzuweichen. Vorbehaltlich des Art. 50 Abs. 2 S. 2 SE-VO kann die Satzung das ausschlaggebende Stimmrecht abschaffen oder modifizieren. Wird die ausschlaggebende Wirkung aufgehoben, kann bei einer Pattsituation kein Beschluss gefasst werden; es muss über den Beschlussgegenstand erneut abgestimmt werden. Die Satzung kann auch vorsehen, dass eine erneute Abstimmung notwendig ist, in der die Stimme des Vorsitzenden erst den Ausschlag gibt. Es ist ebenso möglich, in der ersten oder erst in einer zweiten Abstimmung ein Zweitstimmrecht zu gewähren, welches der Vorsitzende frei ausüben kann. Die Satzung kann darüber hinaus ebenfalls vorsehen, dass bei einer Pattsituation die Frage – sofern zulässig – auf einen beschließenden Ausschuss übertragen wird.[774]

Da die Frage des Stimmengleichstands nicht dem Satzungsgeber überlassen ist, spielt es keine Rolle, ob der Vorsitzende zwei oder drei Stimmen erhält. An der Beschlussfassung ändert dies nichts. Die Satzung kann die ausschlaggebende Wirkung daher nicht erweitern. Die Stimme des Vorsitzenden kann allerdings durch ein Vetorecht ergänzt werden.[775]

(d) Ausschlaggebendes Stimmrecht für Stellvertreter

Die SE-VO sieht lediglich für den Organsvorsitzenden ein ausschlaggebendes Stimmrecht vor. Ob dieses ausschlaggebende Stimmrecht auch dem stellvertretenden Vorsitzenden zusteht, ist der SE-VO unmittelbar nicht zu entnehmen. Der Benennung von Stellvertretern steht die SE-VO jedenfalls nicht entgegen.[776] Im dt.

werden, der gerade nicht zu einem Beschluss führt. Die bessere Möglichkeit besteht jedoch darin, bereits eine solche Mehrheit nicht zuzulassen. Es kann jedenfalls nicht Ergebnis sein, dass die Arbeitnehmervertreter in einem weniger als paritätisch mitbestimmten Organ mehr Rechte haben, als sie bei einer paritätischen Mitbestimmung hätten.

772 Das ihm aufgrund seiner Organmitgliedschaft zustehende Stimmrecht bleibt davon unberührt.

773 Vgl. *Schwarz*, SE-VO, Art. 42 Rn. 18.

774 Vgl. *Schwarz*, SE-VO, Art. 50 Rn. 32 f. Zur Beschlussfassung im Ausschuss siehe S. 133 ff.

775 Siehe S. 116.

776 Siehe S. 175.

Recht hat der Stellvertreter im Vertretungsfall grundsätzlich die gleichen Rechte und Pflichten wie der Vorsitzende.[777] Dies gilt auch für die SE.

Zu diesen Rechten ist auch das ausschlaggebende Stimmrecht zu zählen.[778] § 29 Abs. 2 S. 3 MitbestG bestimmt dagegen explizit für eine dt. mitbestimmte AG, dass die doppelte Stimme ausschließlich dem Vorsitzenden zusteht, die doppelte Stimme nur mittels eines Stimmboten abgegeben werden kann und deren Übertragung auf Dritte, z.B. den stellvertretenden Vorsitzenden, unzulässig ist.[779]

Die Regelung des deutschen MitbestG ist zwar eine Regelung, die unter Art. 9 Abs. 1 Buchst. c Ziffer ii SE-VO subsumiert werden kann, Art. 1 Abs. 4 SE-VO sperrt hinsichtlich der Mitbestimmung die Anwendung der Art. 9 Abs. 1 Buchst. c Ziffern ii und iii SE-VO.[780] Da die SE-ErgRiL keine Ermächtigung für eine solche Regelung enthält und gemäß Art. 13 Abs. 2 SE-VO alle mitbestimmungsrechtlichen Besonderheiten des nationalen Rechts verdrängt werden, gilt § 29 Abs. 2 S. 3 MitbestG nicht und es kann keine entsprechende Regelung im SEAG/SEBG geschaffen werden.[781] Auch eine entsprechende Anwendung scheidet aus.

Da die ausschlaggebende Wirkung mit der Stellung als Vorsitzender verbunden ist und keine mit der Stimme des Vorsitzenden zusammenhängende Einheit bildet, geht dieses Recht im Falle einer Vertretung auf den Stellvertreter über. Der Wortlaut des Art. 50 Abs. 2 S. 1 SE-VO („gibt die Stimme des Vorsitzenden des jeweiligen Organs bei Stimmengleichheit den Ausschlag") knüpft zwar die ausschlaggebende Wirkung an die Stimme des Vorsitzenden,[782] aus dem Sinn und Zweck des Art. 50 Abs. 2 S. 1 SE-VO, dem Vorsitzenden eine herausgehobene Stellung zu geben, folgt jedoch, dass die ausschlaggebende Wirkung ein mit der Funktion zusammenhängendes Recht ist. Da die Funktion auf den Stellvertreter übergeht, steht die ausschlaggebende Wirkung dem Stellvertreter zu. Ob die Stimme des nicht anwesenden Vorsitzenden mittels Vertreter oder Stimmboten abgegeben wird, spielt keine Rolle.

Der Übergang der ausschlaggebenden Wirkung gilt allerdings nicht in jedem Fall, ansonsten müsste in einem paritätisch mitbestimmten Organ aufgrund des Art. 50 Abs. 2 S. 2 SE-VO auch der Stellvertreter entsprechend Art. 42 S. 2 und Art. 45 S. 2 SE-VO immer ein Kapitalvertreter sein.[783] Denn Art. 50 Abs. 2 S. 2 SE-VO untersagt jede Regelung, die das ausschlaggebende Stimmrecht den Kapitalvertre-

777 § 107 Abs. 1 S. 3 AktG; § 34 Abs. 1 S. 3 SEAG: Vgl. MünchKommAktG/*Semler*, § 107 Rn. 172, 177.

778 So *Eder*, NZG 2004, 544 (546); *Schwarz*, SE-VO, Art. 50 Rn. 38.

779 Vgl. MünchKommAktG/*Gach*, § 29 MitbestG Rn. 13 f.

780 Siehe oben S. 30.

781 Vgl. *Schwarz*, SE-VO, Art. 50 Rn. 39.

782 Ist das ausschlaggebende Stimmrecht des Vorsitzenden mit dessen Stimme verbunden, tritt die ausschlaggebende Wirkung nur ein, wenn die Stimme des Vorsitzenden abgegeben wird. Hierfür steht die Stimmbotenschaft, aber auch die Vertretung zur Verfügung.

783 So ausdrücklich *Schwarz*, SE-VO, Art. 50 Rn. 40; MünchKommAktG/*Reichert*/*Brandes*, SE-VO, Art. 42 Rn. 14, 19. Im deutschen Recht kann dagegen aufgrund des § 29 Abs. 2 S. 3 MitbestG auch ein Arbeitnehmervertreter zum Stellvertreter gewählt werden; vgl. *Hüffer*, AktG, § 107 Rn. 11.

tern entzieht, was mit einem Arbeitnehmervertreter als Stellvertreter der Fall wäre. Da Art. 50 Abs. 2 SE-VO nur den Vorsitzenden erwähnt und Art. 42 sowie Art. 45 SE-VO anders als die Vorgängervorschläge keinen Stellvertreter verlangen, folgt, dass die SE-VO die Pattsituation nur durch den Vorsitzenden aufgelöst wissen will. Das bedeutet, dass der Stellvertreter nicht die ausschlaggebende Wirkung erhalten muss, aber kann. Die ausschlaggebende Wirkung steht ihm aber nur zu, wenn er Kapitalvertreter ist. Dies bedeutet, dass auch ein Arbeitnehmervertreter stellvertretender Vorsitzender sein kann, die ausschlaggebende Wirkung geht auf ihn nicht über. Bei einer Pattsituation ist dann kein Beschluss gefasst. Die Beschlussfassung kann jedoch in der nächsten Sitzung nachgeholt werden.

(8) Letztentscheidungsrecht der Kapitalvertreter

Art. 50 Abs. 2 S. 2 SE-VO ist eine der zentralen Normen der SE-VO bezüglich der inneren Organisation mitbestimmter Organe. Gemäß Art. 50 Abs. 2 S. 2 SE-VO darf die Satzung in einem paritätisch mitbestimmten Aufsichtsorgan keine Regelung enthalten, die hinsichtlich der ausschlaggebenden Wirkung der Stimme des Vorsitzenden gemäß Art. 50 Abs. 1 S. 1 SE-VO abweicht.[784] Da in einem paritätisch mitbestimmten Aufsichtsorgan gemäß Art. 42 S. 2 SE-VO nur ein Kapitalvertreter als Vorsitzender gewählt werden darf, ist Art. 50 Abs. 2 S. 2 SE-VO die Norm, die das Letztentscheidungsrecht der Kapitalvertreter sichert.[785]

Art. 50 Abs. 2 S. 2 SE-VO enthält eine zwingende Einschränkung der Satzungsfreiheit des Art. 50 Abs. 2 S. 1 SE-VO. Aufgrund fehlender Regelungsoffenheit kann auch das nationale Recht nicht zur Abschaffung der ausschlaggebenden Wirkung führen.[786] Aus diesem zwingenden Charakter der Norm folgt, dass der Satzung nicht nur eine Regelung untersagt wird, die direkt die ausschlaggebende Wirkung abschafft, sondern es darf auch durch indirekte Regelungen nicht dazu kommen, dass die Kapitalvertreter keine statutarische Möglichkeit mehr haben, sich durchzusetzen. Denn Art. 50 Abs. 2 S. 2 SE-VO will sicherstellen, dass die Kapitalvertreter sich jederzeit durchsetzen können. Daher kann in Art. 50 Abs. 1 Buchst. b SE-VO für ein paritätisch mitbestimmtes Organ keine andere Mehrheit festgelegt werden.[787] Gegen diese Ansicht kann eingewendet werden, dass hier der Satzungsgeber, mithin die Kapitalgeber, sich selbst benachteilige, wenn er z.B. eine größere Mehrheit festlegt. Auf den ersten Blick scheint dieser Selbstbenachteiligung nichts im Wege zu stehen – die Aktionäre sind grundsätzlich frei, sich ihrer

[784] Dies entspricht dem Wunsch des Europäischen Parlaments zum Art. 76 Abs. 3a SE-VOV 1991 einen Satz 2 einzufügen, wonach die Stimme des Vorsitzenden bei Stimmengleichheit zwingend den Ausschlag gibt, wenn eine paritätische Mitbestimmung vorgesehen ist. Vgl. Stellungnahme des Europäischen Parlaments, ABl. EG C 48 v. 24.01.1991, S. 72, 91.

[785] Vgl. Stellungnahme des gemeinsamen Arbeitsausschusses des BDI u.a. vom 19.07.1991, S. 3, 15; *Schwarz*, SE-VO, Art. 50 Rn. 41; *Leupold*, SE, S. 95; Handelsblatt Nr. 101 v. 29.05.1991, S. 5. Dies besteht auch im dt. Recht: *BVerfG*, BVerfGE 50, 290 (323 ff.), 351; *Roth*, ZfA 2004, 431 (433).

[786] Dies gilt auch für den Fall, dass die Mitgliedstaaten die Regelungsermächtigung des Art. 50 Abs. 3 SE-VO ausnutzen; vgl. *Schwarz*, SE-VO, Art. 50 Rn. 50.

[787] Siehe S. 117 f.

Rechte zu beschränken. Aus Art. 50 Abs. 2 S. 2 SE-VO folgt, dass diese Selbstbenachteiligung untersagt ist. Die SE-VO enthält somit ein begrenztes Verbot der Selbstbenachteiligung. Das Letztentscheidungsrecht der Kapitalvertreter ist aus Sicht des Verordnungsgebers ein derart schützenswertes Prinzip, dass selbst eine Benachteiligung durch die Personen selbst ausgeschlossen ist, zu deren Schutz die Regelung des Art. 50 Abs. 1 S. 1 SE-VO geschaffen wurde.

Den Kapitalvertretern steht grundsätzlich auch keine Möglichkeit zu, die ausschlaggebende Wirkung durch Nichtausübung zu verhindern, weil die Stimme den Ausschlag gibt und dem Vorsitzenden keine zweite Stimme zukommt.[788] Die bloße Anwesenheit des Vorsitzenden reicht bei der Grundregel des Art. 50 Abs. 1 Buchst. b SE-VO aus, weil dies als Nein-Stimme gewertet wird. Das Letztentscheidungsrecht der Kapitalgeber führt nicht dazu, dass der Vorsitzende immer im Sinne der übrigen Kapitalvertreter abstimmen muss. Er kann mit seiner ausschlaggebenden Stimme auch der Ansicht der Arbeitnehmerseite zum Erfolg verhelfen oder bei der Abstimmung nicht anwesend sein, sofern kein Stellvertreter seine Funktionen wahrnimmt.

(a) Konsequenzen

Die Satzung kann in einem paritätisch mitbestimmten Organ zwar nicht von dem Mehrheitserfordernis abweichen, es steht ihr aber die Möglichkeit zu, die Mehrheit anhand der abgegeben Stimmen zu bemessen. Bei dieser Satzungsregelung haben die Kapitalvertreter weiterhin die statutarische Möglichkeit, sich durchzusetzen. Das durch die Regelung deutlich werdende Prinzip des absoluten Schutzes des Letztentscheidungsrechts führt auch in anderen unterparitätisch mitbestimmten Organen zu einer Einschränkung der Satzungsfreiheit. Die Satzung kann keine Mehrheit abweichend von Art. 50 Abs. 1 Buchst. b SE-VO vorsehen, die dazu führt, dass sich die Kapitalvertreter nicht mehr durchsetzen können.[789] Eine andere Meinung würde den zwingenden Charakter des Art. 50 Abs. 2 S. 2 SE-VO negieren.

Da Art. 50 Abs. 2 S. 2 SE-VO vor jeder Satzungsregelung schützt, die zum Aushebeln des Letztentscheidungsrechts führt, müssen auch die paritätisch mitbestimmten Organe bei einer internen Aufgabenverteilung oder abweichenden Regelung zur Beschlussfassung diese Grenze einhalten. Wenn der Satzung schon eine Regelung versagt ist, kann das Organ erst recht nicht durch eine interne Regelung das Letztentscheidungsrecht unterbinden. Dies bedeutet wie gesagt nicht, dass die Kapitalvertreter immer einheitlich abstimmen müssen; es sind jedoch organisatorische Maßnahmen untersagt, die zu einer Verhinderung der Durchsetzungsmöglichkeit führen. Dies hat erhebliche Konsequenzen für die Ausschussbildung und Ausschussorganisation.[790] Für die Mitbestimmungsvereinbarung bedeutet dies, dass über die Parität der Arbeitnehmervertreter nicht hinausgegangen werden kann.

788 Anders im deutschen Recht, siehe S. 121.

789 Siehe S. 117 f.

790 Siehe S. 134.

(b) Geltung für paritätisch mitbestimmtes Verwaltungsorgan

Der Wortlaut des Art. 50 Abs. 2 S. 2 SE-VO beschränkt den Schutz des Letztentscheidungsrechts der Kapitalvertreter allerdings nur auf das Aufsichtsorgan. Die Norm gilt somit zunächst nur im dualistischen System.

Unklar bleibt, warum die Regelung nicht generell für ein paritätisch mitbestimmtes Organ geschaffen wurde. Denn mit der Norm sollte den anderen Mitgliedstaaten die Angst vor der paritätischen Mitbestimmung genommen werden, die aber auch im Verwaltungsorgan bestehen kann.[791] In diesem Fall muss gemäß Art. 45 S. 2 SE-VO der Vorsitzende auch aus den Reihen der Kapitalvertreter stammen. Der Wortlaut des Art. 50 Abs. 2 S. 2 SE-VO würde eine Satzungsregelung zulassen, die das ausschlaggebende Stimmrecht des Vorsitzenden beseitigt. Insbesondere im monistischen System ist der Schutz des Letztentscheidungsrechts der Kapitalvertreter drängender als im dualistischen System, denn das Verwaltungsorgan leitet die Gesellschaft und führt zumindest die außergewöhnlichen Geschäfte.[792] Die Einflussrechte der Arbeitnehmervertreter sind durch die Beteiligung an der Leitung und Geschäftsführung erheblich größer als im Aufsichtsorgan. Die Situation im Verwaltungsorgan ist somit nicht nur vergleichbar zu der des Aufsichtsorgans, sondern die Regelung ist hier von noch höherer Bedeutung. Der von Art. 50 Abs. 2 S. 2 SE-VO ausgedrückte absolute Schutz des Letztentscheidungsrechts führt daher zu der Annahme, dass der VO-Geber eine entsprechende Regelung für das monistische System versehentlich nicht bedacht hat.[793] Folglich ist Art. 50 Abs. 2 S. 2 als Ergebnis einer SE-spezifischen Regelungslücke[794] analog auf das Verwaltungsorgan anzuwenden.[795]

cc) Stimmrechtsübertragung gemäß § 35 Abs. 3 SEAG

Zur Gewährleistung des Letztentscheidungsrechts sieht § 35 Abs. 3 SEAG vor, dass dem Verwaltungsorganvorsitzenden die Stimme zusätzlich zusteht, die ein Verwaltungsorganmitglied, das gleichzeitig Geschäftsführer ist, aus rechtlichen Gründen nicht ausüben kann.[796] Da ein verwaltungsorganinterner Geschäftsführer sich nicht selbst überwachen bzw. in der Regel anweisen können darf und damit sein Stimmrecht verliert, soll mit § 35 Abs. 3 SEAG im Verwaltungsorgan das Übergewicht der Anteilseignervertreter sichergestellt werden.[797] Da § 35 Abs. 3

[791] Siehe S. 63.

[792] Siehe S. 94 ff.

[793] Vgl. MünchKommAktG/*Reichert/Brandes*, SE-VO, Art. 50 Rn. 3. In Art. 76 Abs. 3a i.V.m. Art. 67a Abs. 1 S. 2 SE-VOV 1991 war auch das Letztentscheidungsrecht im monistischen System geschützt, weil hier die Satzung von der ausschlaggebenden Wirkung der Stimme des Vorsitzenden generell nicht abweichen konnte. Vgl. auch *Göke*, SE-ErgRiL, S. 115.

[794] Zur Terminologie siehe *Brandt/Scheifele*, DStR 2002, 547 (552 f.).

[795] Vgl. *Schwarz*, SE-VO, Art. 50 Rn. 42; MünchKommAktG/*Reichert/Brandes*, SE-VO, Art. 50 Rn. 3; *Seibt*, AG 2005, 413 (426); a.A. wohl *Roth*, ZfA 2004, 431 (440); *Egermann/Heckenthaler*, GeS 2004, 463 (465). Das Gleiche gilt für die Anwendung des Art. 50 Abs. 3 SE-VO.

[796] Vgl. hierzu auch *Oetker*, BB-Special 1/2005, 2 (13); *Schwarz*, SE-VO, Art. 43 Anh. Rn. 216 ff.

[797] Bei Weisungen für eine differenzierende Lösung: *Schwarz*, SE-VO, Art. 43 Anh. Rn. 220.

SEAG Interessenkonflikte verhindern will, kann das „ausgeschlossene“ Mitglied keine Weisungen erteilen. Der Vorsitzende ist daher in der Ausübung der Stimme frei.

Da in einem paritätisch mitbestimmten Organ der Vorsitzende gemäß Art. 45 S. 2 SE-VO Kapitalvertreter sein muss, wird der beabsichtigte Schutz der Kapitalgeber erreicht. In anderen mitbestimmten Organen führt § 35 Abs. 3 SEAG dagegen nicht zu zufrieden stellenden Ergebnissen. In einem unterparitätisch mitbestimmten Organ kann auch ein Arbeitnehmervertreter Vorsitzender sein. Wenn nun so viele Verwaltungsorganmitglieder der Anteilseigner Geschäftsführer sind und von der Beschlussfassung im Verwaltungsorgan ausgeschlossen sind, würde eine wortlautgetreue Anwendung des § 35 Abs. 3 SEAG dazu führen, dass die Arbeitnehmervertreter sich durchsetzen könnten. Dies untersagt allerdings Art. 50 Abs. 2 S. 2 SE-VO.

§ 35 Abs. 3 SEAG führt auch bei einem Ausfall des Vorsitzenden zu keinem Ergebnis. Man könnte zwar annehmen, der Stellvertreter rücke in die Stellung des Vorsitzenden ein.[798] Dieser müsste dann aber auch Anteilseignervertreter sein.

Damit nicht jeder Organvorsitzende Anteilseignervertreter sein muss, ist wie bei der Vakanz eines Mitglieds anzunehmen, dass den Arbeitnehmervertretern nur so viele Stimmen zustehen, dass sie sich gerade nicht durchsetzen können.[799] Anders als bei der Vakanz ist jedoch nicht auf die bestellten Anteilseignervertreter abzustellen, sondern auf die Zahl der ohne Stimmrechtsausschluss stimmberechtigten Mitglieder. § 35 Abs. 3 SEAG findet nur dann uneingeschränkt Anwendung, wenn der Vorsitzende ein Anteilseignervertreter ist und ihm sein Stimmrecht zusteht. Nur dann können die Arbeitnehmervertreter alle ihnen zustehenden Stimmen ausüben.

dd) Interessenkonflikt

Es ist ein allgemeines Prinzip, dass eine Person grundsätzlich nicht an einer Abstimmung mitwirken kann, wenn diese Person mit der Abstimmung eigene Interessen verfolgt.[800] Denn in dieser Situation kann nicht gewährleistet werden, dass die betreffende Person ihr eigenes Interesse nicht über das Interesse der Gesellschaft stellt. Der Stimmrechtsausschluss folgt aus dem Treuhandverhältnis der Organmitglieder, das sich daraus ergibt, dass die Organmitglieder im Regelfall nicht eigenes, sondern (auch) fremdes Vermögen verwalten.[801] Das Stimmrecht entfällt somit, wenn ein Interessenkonflikt zwischen den wahrzunehmenden Interessen der

---

[798] So MünchKommAktG/*Reichert/Brandes*, SE-VO, Art. 50 Rn. 44.

[799] Vgl. oben S. 91.

[800] Vgl. *Hopt*, ZGR 2004, 1 (32), *Schander*, Europa-AG, S. 144. So auch in anderen europäischen Rechtssystemen z.B. Großbritannien; vgl. *Sokolowski*, Überwachung in einer SE, S. 135. Weitere Beispiele bei *Roth*, ZfA 2004, 431 (454 f.); *Egermann/Heckenthaler*, GeS 2004, 463 (467).

[801] Zum Treuhandverhältnis vgl. MünchKommAktG/*Hefermehl/Spindler*, § 77 Rn. 14; *Hopt*, ZGR 2004, 1 (5); *Fleischer*, WM 2003, 1045 (1045 ff.).

Gesellschaft und eigenen Interessen in Betracht kommt.[802] Wann ein Interessenkonflikt zum Stimmrechtsausschluss führt, lässt die SE-VO offen. Da die Haftung dem nationalen Recht entsprechen soll, bestimmt dieses auch die Grenze für einen Stimmrechtsausschluss.

Wann ein Interessenkonflikt zum Ausschluss des Stimmrechts führt, ist insbesondere für Arbeitnehmervertreter von großer Bedeutung, weil man vor allem Gewerkschaftsvertretern eine allein am Unternehmenswohl ausgerichtete Entscheidung kaum abnehmen kann. Dies gilt besonders hinsichtlich der Besonderheit des Monismus, dass die Arbeitnehmervertreter auch an der Leitung beteiligt sind und nicht nur wie im Aufsichtsorgan an einem möglichen Zustimmungsbeschluss mitwirken können. Um die Mitbestimmung nicht zu stark zu entwerten und weil auch auf Anteilseignerseite andere Interessen als die der Gesellschaft vorliegen können, führt wie im deutschen Recht nicht jede Interessenkollision zu einem Stimmrechtsausschluss. Entsprechend § 34 BGB besteht nur ein Verbot der Entscheidung in eigener Sache.[803] Damit besteht ein Stimmrechtsausschluss, wenn das Mitglied an dem Vertrag auch auf der anderen Seite mitwirkt. Daraus folgt zudem, dass ein Mitglied bei Entscheidungen gegen sich (Abberufung, Haftungsdurchsetzung) nicht stimmberechtigt ist. So hat ein Mitglied bei Überwachungsentscheidungen, die sich auf die Tätigkeit des Mitglieds beziehen, kein Stimmrecht.[804] Die Probleme der Selbstüberwachung werden damit ein wenig entschärft.

Das nationale Recht bestimmt auch, was mit der Stimme des betroffenen Mitglieds geschieht. Im Ergebnis kann der Interessenkonflikt unter § 35 Abs. 3 SEAG subsumiert werden, weil die Norm einen speziellen Fall der Interessenkollision regelt.[805] Es ist daher auf das im Rahmen des § 35 Abs. 3 SEAG gefundene Ergebnis zu verweisen.[806] Würde entgegen der hier[807] vertretenen Auffassung der Jahresabschluss vom Verwaltungsorgan festzustellen sein, so wären aufgrund der Zuständigkeiten der geschäftsführenden Mitglieder entsprechend § 34 BGB nur die nicht geschäftsführenden Mitglieder stimmberechtigt. Dies gilt jedenfalls für die

802 Vgl. *Schwarz*, SE-VO, Art. 50 Rn. 13; MünchKommAktG/*Reichert/Brandes*, SE-VO, Art. 50 Rn. 36. Die abstrakte Möglichkeit eines Konflikts reicht; vgl. *Roth*, ZfA 2004, 431 (455 f.).

803 Vgl. *Müller-Bonanni/Merlot de Beauregard*, GmbHR 2005, 195 (199); *Krebs*, Interessenkonflikte, S. 146 ff. Die Gefahr einer Interessenkollision reicht; vgl. *Roth*, ZfA 2004, 431 (455); *Hopt*, ZGR 2004, 1 (32). Es gelten die richterrechtlichen Grundsätze und damit § 34 BGB analog; vgl. MünchKommAktG/*Semler*, AktG, § 108 Rn. 150; *Semler/Stengler*, NZG 2003, 1 (3); *Hoffmann/Preu*, Aufsichtsrat, Rn. 501; *Krebs*, Interessenkonflikte, S. 138; *Giesen*, Interessenkonflikt, S. 114 ff., der aber für eine weite Auslegung plädiert. Dies bedeutet, dass die Unabhängigkeit deutlich vor einem stimmrechtsausschließenden Interessenkonflikt nicht mehr gegeben ist. Ebenso wohl *Hopt*, ZGR 2004, 1 (32).

804 Vgl. *Seibt*, NZA 21/2004, IX (XII); a.A. wohl z.T. *Lutter/Kollmorgen/Feldhaus*, BB 2007, 509 (510).

805 Ähnlich RegBegr. zu § 35 Abs. 3 SEAG, BT-Drucks. 15/4053, S. 59; *Frodermann*, in: Jannott/Frodermann, SE, S. 177 Rn. 203. A.A. *Seibt*, AG 2005, 413 (425).

806 Siehe soeben S. 126.

807 Siehe oben S. 97.

Prüfung des Abhängigkeitsberichts.[808] Ohne § 35 Abs. 3 SEAG bestünde dann aber ein Übergewicht der Arbeitnehmer, weil diese (hauptsächlich) nicht geschäftsführend sein werden.

Darüber hinaus sind die Arbeitnehmervertreter aufgrund der Koalitionsfreiheit bei Abschluss von Tarifverträgen und Streikmaßnahmen nicht stimmberechtigt.[809] Die Stimmen der Arbeitnehmervertreter gehen in diesem Fall dagegen auf niemanden über.[810]

i) Abweichende Aufgabenverteilung

aa) Keine Regelung in der SE-VO

Die Gesamtgeschäftsführung, sei es auch nur eine Gesamtgeschäftsführung mit Mehrheitsprinzip, ist insbesondere in größeren Organen nicht geeignet, schnelle Entscheidungen herbeizuführen.[811] Eine abweichende Geschäftsverteilung ist sowohl in der Trennung in geschäftsführende und nicht geschäftsführende Mitglieder zu sehen, weil die nicht geschäftsführenden Mitglieder von der Geschäftsführung ausgeschlossen werden, als auch in einer Verteilung der Aufgaben innerhalb der geschäftsführenden Mitglieder. Die SE-VO enthält allerdings keine ausdrückliche Regelung, die ein Abweichen von der Grundregel des Art. 43 Abs. 1 S. 1 SE-VO zulässt.

In der Literatur wird zwar vertreten, dass die Erlaubnis des Art. 43 Abs. 1 S. 2 SE-VO, Geschäftsführer zur Führung der laufenden Geschäfte bestellen zu können, für eine in Deutschland ansässige SE bei der Parallelnorm Art. 39 Abs. 1 S. 2 SE-VO eine Verweisung auf § 77 Abs. 1 S. 2 AktG darstelle.[812] Aber aus der Entstehungsgeschichte,[813] den Vorgängervorschriften[814] sowie wegen der unterschiedlichen Wortwahl „Geschäftsführer" (Art. 43 Abs. 1 S. 2 SE-VO) und „Verwaltungsorganmitglied" (Art. 43 Abs. 3 S. 1 SE-VO) folgt, dass die Geschäftsführer nicht zwingend Verwaltungsorganmitglieder sein müssen,[815] sondern dass Art. 43 Abs. 1 S. 2 SE-VO die Erlaubnis enthält, einen Teil der Geschäfte auch auf Organfremde

---

808 Siehe unten S. 206 f.

809 Vgl. m.w.N. *Roth*, ZfA 2004, 431 (455).

810 Vgl. *Schwarz*, SE-VO, Art. 43 Anh. Rn. 218

811 Vgl. *Teichmann*, BB 2004, 53 (53). An der praktischen Notwendigkeit einer gegenüber der schwerfälligen Regelung der SE-VO abweichenden Geschäftsverteilung bestehen mithin keine Zweifel; ebenso *Schwarz*, SE-VO, Art. 39 Rn. 17.

812 So *Buchheim*, SE, S. 252 f. Anscheinend ebenso *DAV*, NZG 2004, 75 (82); *Manz*, in: Manz/Mayer/Schröder, SE, Art. 39 Rn. 8, Art. 43 Rn. 8, der dennoch in Art. 43 Rn. 13 annimmt, Dritte können zu Geschäftsführern bestellt werden.

813 Art. 39 Abs. 1 S. 2 SE-VO ist auf Wunsch Schwedens eingefügt worden; vgl. *Teichmann*, ZIP 2002, 1109 (1113); *Hoffmann-Becking*, ZGR 2004, 355 (366 f.). Das schwedische Recht lässt die Bestellung Organfremder zu Geschäftsführern zu, ABL Kap. 8 § 23; *Foerster*, in: Hohloch, EU-Hdb. GesR, Schweden, Rn. 237; *Nicolaysen*, RIW 2005, 884 (886).

814 Art. 66 Abs. 2 S. 1 SE-VOV 1989 verpflichtete das Verwaltungsorgan, einem oder mehreren seiner Mitglieder die Geschäftsführung zu übertragen. Art. 66 Abs. 2 SE-VOV 1991 ließ dagegen auch die Bestellung von Nicht-Verwaltungsorganmitgliedern zu Geschäftsführern zu; vgl. *Wenz*, SE, S. 80.

815 A.A. *Hommelhoff*, AG 2001, 279 (284).

zu übertragen.[816] Die Geschäftsführer i.S.d. Art. 43 Abs. 1 S. 2 SE-VO entsprechen damit den „officers" der angloamerikanischen Unternehmensstruktur. Die Verwaltungsorganmitglieder sind die „directors" und bilden zusammen das Verwaltungsorgan, das „board of directors".[817] Art. 43 Abs.1 S. 2 SE-VO enthält somit keine Regelung zur Aufteilung des Organs in inside und outside directors bzw. in geschäftsführende und nicht geschäftsführende Mitglieder.[818] Diese Unterscheidung ergibt sich erst, wenn Teile des Organs zu Geschäftsführern bestellt werden.

Damit können Art. 39 Abs. 1 S. 2 und Art. 43 Abs. 1 S. 2 SE-VO keine Regelung für die interne Struktur des Leitungsorgans sein, die es aber sein müsste, um von einer Verweisung auf die Geschäftsverteilungsmöglichkeiten des § 77 Abs. 1 S. 2 AktG ausgehen zu können.[819] Die Einzelgeschäftsführung ergibt sich auch nicht aus der Regelung des Art. 50 Abs. 1 SE-VO.[820] Art. 50 Abs. 1 SE-VO gestattet nur die Änderung der Beschlussfassung, die jedoch der Kompetenzverteilung nachfolgt. Auch aus anderen Normen ergibt sich hinsichtlich der Geschäftsverteilung keine SE-geborene Satzungsfreiheit.[821]

bb) Anwendung des nationalen Rechts

(1) Zulässigkeit einer abweichenden Geschäftsverteilung

Mangels einer SE-VO-Regelung könnte eine Regelungsoffenheit bestehen. Voraussetzung ist, dass die SE-VO keine abschließende Nichtregelung enthält. Im monistischen System kann die Zulässigkeit einer abweichenden Geschäftsverteilung

---

816 Vgl. *Schwarz*, SE-VO, Art. 43 Rn. 45; *Schwarz/Lösler*, NotBZ 2001, 117 (122); *Horn*, DB 2005, 147 (151). A.A. *Handelsrechtsausschuss des DAV*, NZG 2004, 957 (959); *Manz*, in: Manz/Mayer/Schröder, SE, Art. 39 Rn. 10. Da das deutsche Aktienrecht die Bestellung von Geschäftsführern neben dem Vorstand nicht kennt, kann Deutschland die Ermächtigung des Art. 39 Abs. 1 S. 2 nicht wahrnehmen. So auch m.w.N. *Schwarz*, SE-VO, Art. 39 Rn. 37.

817 Zu den Begrifflichkeiten vgl. *Sokolowski*, Überwachung in einer SE, S. 29; *Windbichler*, ZGR 1985, 50 (56).

818 Ähnlich *Reichert/Brandes*, ZGR 2003, 767 (792). A.A. *Buchheim*, SE, S. 257; *Hommelhoff*, AG 2001, 279 (284); *Artmann*, wbl 2002, 189 (194); *Henssler*, in: FS Ulmer, 193 (208); *Schander*, Europa-AG, S. 147; GroßkommAktG/*Kort*, Vor § 76 Rn. 84; *Hirte*, NZG 2002, 1 (8); *Manz*, in: Manz/Mayer/Schröder, SE, Art. 39 Rn. 10, Art. 43 Rn. 8; *Bungert/Beier*, EWS 2002, 1 (4).

819 Vgl. *Schwarz*, SE-VO, Art. 39 Rn. 18. Weiterhin ist gegen die Meinung, Art. 39 Abs. 1 S. 2 SE-VO sei die Verweisung auf § 77 Abs. 1 S. 2 AktG, einzuwenden, dass Art. 39 Abs. 1 S. 2 SE-VO nur zur Übertragung der laufenden Geschäfte ermächtigt. Dies würde auch die Möglichkeiten der Geschäftsverteilung einschränken. Für die außergewöhnlichen Geschäfte würde, wie bei den Leitungsaufgaben, zwingend Gesamtgeschäftsführung gelten.

820 Vgl. *Schwarz*, SE-VO, Art. 39 Rn. 19; a.A. anscheinend MünchKommAktG/*Reichert/-Brandes*, SE-VO, Art. 50 Rn. 29.

821 Eine solche Satzungsfreiheit ergibt sich auch nicht aus Art. 38 SE-VO. Die Norm gestattet der Satzung lediglich, zwischen den beiden zur Verfügung stehenden Systemen wählen zu können. Eine allgemeine Satzungsausgestaltungsermächtigung des Systems kann daraus nicht abgeleitet werden; vgl. *Schwarz*, SE-VO, Art. 38 Rn. 7 ff. Andernfalls wären die einzelnen Satzungsermächtigungen und -regelungsverpflichtungen der Art. 39 bis 51 SE-VO überflüssig und die Mitgliedstaatenwahlrechte wären trotz Ausübung, aufgrund des Vorrangs der SE-geborenen Satzungsfreiheit gemäß Art. 9 Abs. 1 Buchst. b SE-VO dispositiv. Dies ist nicht gewollt.

aus einem Umkehrschluss zu Art. 48 Abs. 1 Unterabs. 1 SE-VO abgeleitet werden.[822] Die verpflichtende Aufnahme von Geschäftsarten in die Satzung, die einem einheitlichen Beschluss des Verwaltungsorgans unterliegen, wäre überflüssig, wenn es keine Geschäftsverteilung geben dürfte, weil dann ohnehin das Verwaltungsorgan in seiner Gänze zuständig wäre.[823]

Einen weiteren Hinweis zur Zulässigkeit der Aufteilung in geschäftsführende und nicht geschäftsführende Mitglieder liefert Art. 44 Abs. 1 SE-VO, der mit der Beratung über den Gang der Geschäfte die Information der Überwachungsebene sichern will, somit von einer Trennung in geschäftsführende und nicht geschäftsführende Mitglieder ausgeht. Eine Beratung über den Gang der Geschäfte und deren voraussichtliche Entwicklung ist nicht erforderlich, wenn alles nur durch alle beschlossen werden kann, denn dann wären bereits alle informiert. Dieselben Argumente ergeben sich aus dem individuellen Informationsrecht des Art. 44 Abs. 2 SE-VO.

Es ist somit davon auszugehen, dass die SE-VO einer Aufteilung in geschäftsführende und nicht geschäftsführende Mitglieder nicht entgegensteht.[824] Wenn einem Teil der Organmitglieder die Geschäftsführungsbefugnisse weitgehend[825] entzogen werden können, ist eine weitere Aufteilung innerhalb der geschäftsführenden Mitglieder erst recht zulässig.

(2) Geschäftsführung

Das SEAG enthält nur für die Geschäftsführer in § 40 Abs. 2 S. 2 SEAG eine § 77 AktG vergleichbare Regelung. Für das Verwaltungsorgan gewährt lediglich § 34 Abs. 4 SEAG entsprechend § 107 Abs. 3 AktG die Möglichkeit der Ausschussbildung. Aus der offensichtlich gewollten Parallelität[826] der Norm folgt, dass diese abweichende Aufgabenverteilung nur hinsichtlich der Überwachungsaufgaben gelten soll. Die Erwähnung der Leitungsaufgabe im Rahmen des § 34 Abs. 4 S. 2 SEAG schadet dabei nicht, weil es sich hierbei nur um eine deklaratorische Regelung handelt.[827]

Es könnte eine entsprechende Anwendung des § 34 Abs. 4 S. 2 SEAG auch für die Geschäftsführung in Frage kommen. Dies würde jedoch bedeuten, dass die Geschäftsführung nur einem Ausschuss übertragen werden dürfte. Dies hätte zur Konsequenz, dass der Ausschuss zumindest aus zwei Mitgliedern bestehen müsste, wenn man nicht sogar wie im deutschen Recht für beschließende Ausschüsse im Rahmen des § 107 Abs. 3 AktG von einer Ausschussgröße von mindestens drei

---

822 Vgl. *Schwarz*, SE-VO, Art. 43 Rn. 18.

823 Vgl. *Schwarz*, SE-VO, Art. 39 Rn. 20, Art. 43 Rn. 18. Die Festlegung eines einheitlichen Beschlusses für bestimmte Geschäftsarten setzt somit die Möglichkeit einer internen Aufgabenverteilung voraus.

824 So auch *Neye/Teichmann*, AG 2003, 169 (177); *Schwarz*, SE-VO, Art. 43 Rn. 20.

825 Zu den Einschränkungen siehe S. 137 ff.

826 Vgl. RegBegr. zu § 34 SEAG, BT-Drucks. 15/3405, S. 38.

827 Siehe unten S. 138.

Mitgliedern ausginge.[828] Eine Einzelgeschäftsführung, die § 77 AktG für das Leitungsorgan ermöglicht, wäre folglich unzulässig.

Der deutsche Gesetzgeber ging anscheinend davon aus, dass er für die Geschäftsführung im Verwaltungsorgan keine § 77 AktG vergleichbare Regelung schaffen musste. Denn die Geschäftsführung soll gemäß § 40 Abs. 2 S. 1 SEAG allein den Geschäftsführern obliegen. Es verbliebe dann nur die Leitung i.S.d. § 76 Abs. 1 AktG beim Verwaltungsorgan, was § 22 Abs. 1 S. 1 SEAG nochmals klarstellt. Träfe dies zu, bräuchte man tatsächlich keine § 77 AktG vergleichbare Regelung, weil hinsichtlich der Leitung keine von der Gesamtgeschäftsführung abweichende Regelung zulässig ist.

Wie oben dargelegt, obliegt dem Verwaltungsorgan aber nicht nur die Leitung, sondern auch die außergewöhnliche Geschäftsführung.[829] Hinsichtlich der außergewöhnlichen Geschäfte ist in einer deutschen AG auch eine abweichende Geschäftsverteilung möglich.[830] Aus der Zulässigkeit einer abweichenden Geschäftsverteilung hinsichtlich der Überwachungsaufgaben folgt allerdings, dass der Gesetzgeber einer Geschäftsverteilung im Verwaltungsorgan nicht entgegensteht. Es ist daher von einer Regelungslücke[831] auszugehen, die durch eine analoge Anwendung des § 77 AktG im Rahmen des SEAG geschlossen wird.[832]

Einzelnen Verwaltungsorganmitgliedern kann somit Einzelgeschäftsführung eingeräumt werden. Sofern man davon ausgeht, dass auch Arbeitnehmervertretern Geschäftsführungsaufgaben übertragen werden können,[833] folgt allerdings aus Art. 50 Abs. 2 S. 2 SE-VO in jedem auch nicht paritätisch mitbestimmten Verwaltungsorgan, dass keinem Arbeitnehmervertreter Einzelgeschäftsführung eingeräumt werden kann, weil dieser dann gegen den Willen der Kapitalvertreter entscheiden könnte. Ein Arbeitnehmervertreter kann folglich immer nur zusammen mit anderen Kapitalvertretern Geschäftsführungsbefugnisse innehaben, sofern das Letztentscheidungsrecht auch in diesem Fall gesichert ist.

(3) Überwachung

Aber auch hinsichtlich der Überwachung ist bei größeren Verwaltungsorganen die kurzfristige Entscheidungsfindung erschwert. Wie die Geschäftsführung ist die Überwachung ebenfalls eine Aufgabe, die das Verwaltungsorgan zu erfüllen hat. Die Überwachung ist somit nicht nur eine Aufgabe der nicht geschäftsführenden Mitglieder.[834] Es stellt sich wie bei der Geschäftsführung die Frage, ob die SE-VO eine Aufgabenverteilung zulässt, sodass durch eine Zuweisung an (die) nicht ge-

---

828 Siehe Fn. 844.

829 Siehe oben S. 97.

830 § 77 Abs. 1 S. 2 AktG gilt nur nicht für die Leitung; vgl. MünchKommAktG/*Hefermehl/-Spindler*, § 77 Rn. 30.

831 Zu den Einzelheiten, wie Regelungslücken im Ausführungsgesetz geschlossen werden, siehe S. 62 ff.

832 Ebenso *Schwarz*, SE-VO, Art. 43 Rn. 19. § 40 Abs. 1 öSEG enthält dagegen eine Regelung für das Verwaltungsorgan; vgl. *Kalss/Greda*, in: Kalss/Hügel, SE, § 40 SEG Rn. 6, 10.

833 Siehe unten S. 151.

834 Siehe auch S. 99 f.

schäftsführende(n) Mitglieder eine Erhöhung der Unabhängigkeit und damit der Qualität der Überwachung erreicht werden kann.[835] An der praktischen Notwendigkeit der Zulässigkeit bestehen daher keine Zweifel.

Die Zulässigkeit ergibt sich ebenfalls aus Art. 48 Abs. 1 SE-VO, denn die Satzung kann auch bestimmte Arten von Überwachungsaufgaben einem einheitlichen Beschluss unterwerfen, weil die Festlegung eines einheitlichen Beschlusses für das gesamte Aufgabenspektrum des Verwaltungsorgans gilt.[836] Art. 48 Abs. 1 SE-VO spricht zwar nur von Geschäftsführung. Diese Terminologie verwendet ebenso Art. 43 Abs. 1 S. 1 SE-VO, in den gleichwohl die Überwachung hineingelesen wird. Dies muss dann auch für die Geschäftsführung im Sinne des Art. 48 Abs. 1 SE-VO gelten.[837] Zumindest ein Hinweis auf die Zulässigkeit ergibt sich aus Art. 44 Abs. 1 SE-VO, der eine Beratung des Verwaltungsorgans erfordert. Eine abweichende Aufgabenverteilung bezüglich der Überwachung ist somit zulässig.[838] Entscheidend ist dennoch das nationale Recht.

(a) Nur Ausschüsse

Aus § 34 Abs. 4 SEAG folgt, dass Überwachungsaufgaben nur vom gesamten Organ oder durch einen Ausschuss wahrgenommen werden dürfen. Das Verwaltungsorgan kann gemäß § 34 Abs. 4 S. 1 SEAG beratende, vorbereitende und beschlussausführende Ausschüsse bilden.[839] Das deutsche Recht lässt die Einrichtung solcher Ausschüsse nur durch das Verwaltungsorgan selbst zu. Weder der Satzung noch der Hauptversammlung steht die Möglichkeit zu, die Einrichtung eines Ausschusses vorzuschreiben.[840] Aufgrund abschließender Regelung der SE-ErgRiL kommt § 27 Abs. 3 MitbestG i.V.m. § 22 Abs. 6 SEAG allerdings nicht zur Anwendung, sodass kein zwingender Personalausschuss einzurichten ist.

Wie in § 107 Abs. 3 AktG ergibt sich im Umkehrschluss zu § 34 Abs. 4 S. 2 SEAG, dass auch beschließende Ausschüsse gebildet werden können.[841] Die nicht auf einen beschließenden Ausschuss übertragbaren Aufgaben entsprechen dabei denen des § 107 Abs. 3 S. 2 AktG.

Die Übertragung auf einzelne Mitglieder lässt das SEAG nicht zu. Das bedeutet, dass ein Ausschuss aus mindestens zwei Mitgliedern bestehen muss.[842] Da ein

---

835 Dies ist wichtig für die Frage von Ausschüssen, die ausschließlich oder mehrheitlich mit nicht geschäftsführenden Mitgliedern zu besetzen sind.

836 Vgl. *Schwarz*, SE-VO, Art. 40 Rn. 23.

837 Ein Widerspruch zum dualistischen Modell entsteht dadurch nicht, denn dort soll die Zustimmung nur eine Begrenzung der Aufgaben des Leitungsorgans entfalten. Die Überwachung obliegt allein dem Aufsichtsorgan.

838 Im Ergebnis ebenso für das dualistische System *Artmann*, wbl 2002, 189 (193); *Schander*, Europa-AG, S. 142; auch *Hirte*, NZG 2002, 1 (6).

839 Diese Regelung gilt nur für die Überwachungsaufgaben, siehe oben S. 131.

840 Vgl. für das deutsche AktG *BGH*, BGHZ 83, 106 (114 ff.); *BGH*, BGHZ 122, 342 (355); *Semler*, AG 1988, 60 (62 f.); *Kirsten*, BB 2004, 173 (173); MünchKommAktG/*Semler*, § 107 Rn. 234; *Lutter/Krieger*, Aufsichtsrat, Rn. 629; *Hoffmann/Preu*, Aufsichtsrat, Rn. 153.

841 Vgl. *Schwarz*, SE-VO, Art. 43 Rn. 25; *Merkt*, ZGR 2003, 650 (668).

842 Vgl. MünchKommAktG/*Reichert/Brandes*, SE-VO, Art. 44 Rn. 51; a.A. *Lutter/Kollmorgen/Feldhaus*, BB 2007, 509 (516).

Ausschuss nicht zwingend einen Vorsitzenden haben muss,[843] ist von Seiten der SE-VO ein Ausschuss aus zwei Mitgliedern zulässig. Im deutschen AktG folgt jedoch aus § 108 Abs. 2 S. 3 AktG, dass ein Ausschuss aus mindestens drei Mitgliedern zu bestehen hat.[844] Aufgrund der gewollten Parallelität zum Aufsichtsrat könnte man zwar annehmen, dass auch im monistischen System eine Mindestausschussgröße von 3 Mitgliedern gefordert werde, aber hierfür fehlt eine § 108 Abs. 2 S. 3 AktG entsprechende Regelung des SEAG.[845]

(b) Beschlussfassung

Art. 50 SE-VO gilt für die Beschlussfassung der Organe. Sofern beschließende Ausschüsse zulässigerweise eingerichtet sind, handeln diese anstelle des Gesamtorgans.[846] Daher gilt Art. 50 SE-VO auch für Ausschüsse der Organe.[847] Dies folgt aus Art. 50 Abs. 2 S. 2 SE-VO, der andernfalls durch eine Ausschussbildung umgangen werden könnte. Das bedeutet, dass ein Ausschuss gemäß Art. 50 Abs. 1 SE-VO beschlussfähig ist, wenn die Hälfte der Sollmitglieder anwesend oder vertreten ist und ein Beschluss mit der Mehrheit der anwesenden bzw. vertretenen Mitglieder gefasst wird, sodass auch im Ausschuss Enthaltungen, ungültige Stimmen und nicht abgegebene Stimmen zu den Nein-Stimmen zählen. Aus Art. 50 Abs. 1 SE-VO folgt zudem, dass nur die Satzung andere Regeln für Beschlussfähigkeit und Beschlussfassung des Ausschusses festlegen kann. Die Geschäftsordnung kann lediglich durch die Satzung ermächtigt werden, entsprechende Regeln zu erlassen. Damit ist die interne Gestaltungsmöglichkeit der Organe etwas eingeschränkt.

(c) Ausschussbesetzung

Hinsichtlich der Ausschussbesetzung ist das Verwaltungsorgan grundsätzlich frei, weil es sich um eine interne Angelegenheit handelt.[848] Da die Ausschüsse Überwachungsaufgaben wahrnehmen und der deutsche Gesetzgeber mit § 40 Abs. 1 S. 2 SEAG eine unabhängige Kontrolle gewährleisten will, folgt aus dieser zwingenden Regelung, dass bei beschließenden Ausschüssen sichergestellt werden muss, dass diese mehrheitlich aus nicht geschäftsführenden Mitgliedern besetzt sind (board balance).[849] Andernfalls ist die Übertragung dieser Aufgaben unwirksam.

---

843 Siehe oben S. 136.

844 Vgl. MünchKommAktG/*Semler*, § 107 Rn. 280, 297 ff.

845 Anders beim Aufsichtsorgan. Auch wenn § 108 Abs. 2 S. 3 AktG für die SE nicht gilt, folgt aus der Regelung jedoch die Mindestgröße eines Ausschusses. Diese Größe gilt über Art. 9 Abs. 1 Buchst. c Ziffer ii SE-VO.

846 Vgl. *Semler*, AG 1988, 60 (61); MünchKommAktG/*Semler*, § 107 Rn. 382; *Siebel*, in: Semler, AR Hdb., Rn. G 17.

847 Vgl. *Schwarz*, SE-VO, Art. 50 Rn. 24.

848 Vgl. *Eder*, NZG 2004, 544 (546).

849 Vgl. *Merkt*, ZGR 2003, 650 (668); *Schwarz*, SE-VO, Art. 43 Rn. 26; wohl a.A., aber für eine gesetzliche Regelung *IDW*, NZG 14/2003, VIII (IX). Damit wird der Ziffer 5 EU-Kom.-Empfehlung entsprochen. Zu Frage des Mitbestimmungsverhältnisses im Ausschuss siehe S. 135.

Darüber hinaus gelten für die Zusammensetzung eines Ausschusses grundsätzlich die gleichen Regelungen, die auch für die Zusammensetzung des Organs an sich gelten. Sofern allerdings die Sitzungsteilnahme Organfremder zulässig ist, gilt dies im gleichen Umfang auch für den Ausschuss. Insbesondere bei beratenden oder ausführenden Ausschüssen ist die Sitzungsteilnahme Organfremder mit der Aufgabenwahrnehmung des Verwaltungsorgans vereinbar.[850]

(d) Mitbestimmung

Obwohl der Ausschuss für das Organ handelt, müssen die Ausschüsse nicht mit dem im Organ geltenden Mitbestimmungsverhältnis besetzt sein. Wie im deutschen Recht[851] hat die Mitbestimmung mit der Ein- und Besetzung des Ausschusses bereits stattgefunden.[852] Damit kann durch eine Verlagerung von Beschlüssen auf einen Ausschuss der Mitbestimmungseinfluss auf diese Entscheidung reduziert oder sogar ausgeschlossen werden.[853]

Dies gilt nur, sofern in der Zusammensetzung des Ausschusses keine diskriminierende Regelung liegt bzw. die Mitbestimmung ausgehöhlt werden würde.[854] Die Besetzung muss somit auf sachlichen Erwägungen (Aufgaben, Qualifikationen) beruhen.[855] Weiterhin darf durch die Ausschussbesetzung zwingendes Mitbestimmungsrecht nicht umgangen werden.[856] Die Mitbestimmung findet zudem zwingend bei unübertragbaren Aufgaben statt.[857] Da die Mitbestimmung von der Konzeption der SE-ErgRiL her vorrangig durch eine Vereinbarung determiniert werden soll, gelten diese Überlegungen nur, solange die Vereinbarung zur Ausschussbesetzung keine Regelungen enthält.[858]

(e) Sicherstellung des Letztentscheidungsrechts

Die personelle Besetzung des Ausschusses muss sich folglich grundsätzlich nicht an dem im Verwaltungsorgan herrschenden Mitbestimmungsverhältnis orientieren. Es ist ein geringerer aber auch höherer Anteil an Arbeitnehmervertretern zuläs-

---

850 Siehe auch S. 107.

851 Vgl. *BGH*, BHGZ 122, 342 (355 ff.); *Semler*, AG 1988, 60 (63); MünchKommAktG/*Semler*, § 107 Rn. 303 ff.; *Hoffmann/Preu*, Aufsichtsrat, Rn. 156.

852 Vgl. *Schwarz*, SE-VO, Art. 50 Rn. 25, Art. 40 Rn. 26.

853 Vgl. MünchKommAktG/*Reichert/Brandes*, SE-VO, Art. 44 Rn. 57 ff.

854 Vgl. *BGH*, BGHZ 122, 342 (357 f.); *LG Frankfurt*, ZIP 1996, 1661 (1663); *Kirsten*, BB 2004, 173 (173). *BGH*, BGHZ 83, 144 (148 f.); *Raiser*, MitbestG, § 25 Rn. 52 f.

855 So auch im dt. Recht; vgl. MünchKommAktG/*Semler*, § 107 Rn. 307 ff.; *Oetker*, ZGR 2000, 19 (55); *Rellermeyer*, Aufsichtsratsausschüsse, S. 106 f., 114 f.; *Raiser*, MitbestG, § 25 Rn. 57.

856 Vgl. *BGH*, BGHZ 83, 144 (149); *Oetker*, ZGR 2000, 19 (54).

857 Vgl. *BGH*, BGHZ 122, 342 (359); *Kirsten*, BB 2004, 173 (173).

858 So kann die Vereinbarung generell oder für bestimmte Ausschüsse eine mitbestimmungsfreie, eine dem Organverhältnis entsprechende Zusammensetzung oder auch einen niedrigeren aber auch höheren Anteil vorsehen. Zu den Grenzen des höheren Anteils siehe S. 135. Enthält die Vereinbarung eine solche Regelung, muss sich das Aufsichtsorgan bei der Ausschussbesetzung daran halten.

sig.[859] Aus Art. 50 Abs. 2 S. 2 SE-VO folgt gleichwohl, dass kein beschließender Ausschuss mehrheitlich aus Arbeitnehmervertretern bestehen darf.[860] Andernfalls würde das Letztentscheidungsrecht der Kapitalgeber ausgehebelt, denn das Verbot des Art. 50 Abs. 2 S. 1 SE-VO gilt aufgrund eines Erst-Recht-Schlusses auch für das Organ selbst.[861] Insofern handelt es sich um zwingendes Mitbestimmungsrecht, welches in diesem Fall zum Schutz der Anteilseignervertreter besteht, von dem bei der Ausschussbesetzung nicht abgewichen werden darf. Es kann somit nicht – wie bei der Besetzung mit einem geringeren Verhältnis – angenommen werden, dass sich die Rechte – hier das Letztentscheidungsrecht der Anteilseigner – bereits bei der Besetzung ausgewirkt haben.

(f) Ausschussvorsitzender

Sofern ein Ausschussvorsitzender besteht, steht ihm gemäß Art. 50 Abs. 2 S. 1 SE-VO auch ein ausschlaggebendes Stimmrecht zu.[862] Aufgrund des Art. 50 Abs. 2 S. 2 SE-VO gilt dies allerdings in paritätisch besetzten Ausschüssen nur, wenn der Ausschussvorsitzende auch Kapitalvertreter ist.[863] Dass ein Ausschussvorsitzender entsprechend Art. 42 bzw. Art. 45 SE-VO zwingend zu bestellen ist, erscheint aufgrund des Art. 50 Abs. 2 S.2 SE-VO angezeigt zu sein.[864] Der Organvorsitzende ist als Mitglied des Ausschusses nicht automatisch Ausschussvorsitzender.

Die Sicherstellung des Letztentscheidungsrechts impliziert die Annahme eines Ausschussvorsitzenden jedoch nicht. Fest steht nur, dass die Übertragung der Aufgabe auf einen beschließenden Ausschuss nicht zu einer Umgehung des Art. 50 Abs. 2 S. 2 SE-VO führen darf. Das Letztentscheidungsrecht wird auch dadurch gesichert, wenn man annimmt, dass die Aufgabe bei einer Pattsituation im Ausschuss an das Gesamtorgan zurückfällt, in dem das Letztentscheidungsrecht aufgrund des Art. 50 Abs. 2 S. 2 SE-VO gesichert ist.

Das „Zurückfallen" ist der zwingenden Vorsitzendenwahl aufgrund größerer Flexibilität vorzuziehen. Es steht dem Aufsichtsorgan frei, einen Ausschussvorsitzenden zu bestellen, der dann gemäß Art. 50 Abs. 2 S. 1 SE-VO ein ausschlaggebendes Stimmrecht hat. Dies muss nicht der Organvorsitzende sein. Ist dieser auch Ausschussmitglied, steht die ausschlaggebende Wirkung nur dem Ausschussvorsitzenden zu. Geht man dennoch von der zwingenden Wahl eines Ausschussvorsitzenden aus, so kann die Satzung zumindest von der ausschlaggebenden Wirkung auch in einem paritätisch mitbestimmten Ausschuss dadurch absehen, dass bei ei-

[859] Ein höherer Anteil bei z.B. weniger wichtigen Ausschüssen kann als Ausgleich für einen geringeren Anteil bei für die Anteilseigner wichtigen Ausschüssen gedacht sein.

[860] Vgl. *Schwarz*, SE-VO, Art. 50 Rn. 26, Art. 40 Rn. 26, Art. 43 Rn. 27.

[861] Siehe oben S. 125.

[862] Vgl. *Schwarz*, SE-VO, Art. 50 Rn. 26, 37. Im dt. Recht besteht gesetzlich kein ausschlaggebendes Stimmrecht; dieses kann durch den Aufsichtsrat oder die Satzung geschaffen werden; vgl. *BGH*, BGHZ 83, 106 (117 ff.); MünchKommAktG/*Semler*, § 107 Rn. 306; *Lutter/Krieger*, Aufsichtsrat, Rn.645; *Semler*, AG 1988, 60 (63); *Raiser*, MitbestG, § 25 Rn. 66.

[863] Vgl. *Schwarz*, SE-VO, Art. 50 Rn. 26, 37. Zumindest für eine entsprechende Satzungsregelung *Eder*, NZG 2004, 544 (546); MünchKommAktG/*Reichert/Brandes*, SE-VO, Art. 44 Rn. 69.

[864] So *Schwarz*, SE-VO, Art. 50 Rn. 37.

ner Pattsituation das Zurückfallen der Beschlussfrage an das Plenum angeordnet wird, weil dadurch das Letztentscheidungsrecht gewahrt bleibt.

cc) Einschränkungen der Geschäftsverteilung

(1) Art. 48 SE-VO

Wie im dualistischen Modell hat die Satzung auch im monistischen System gemäß Art. 48 Abs. 1 Unterabs. 1 SE-VO bestimmte Arten von Geschäften festzulegen, die eines einheitlichen Beschlusses des Verwaltungsorgans bedürfen.[865] Es ist das gesamte Organ zuständig und keine Übertragung auf Einzelne oder einen Ausschuss zulässig. Konsequenz der Regelung des Art. 48 Abs. 1 Unterabs. 1 SE-VO ist damit, dass hinsichtlich dieser Geschäfte eine abweichende Geschäftsverteilung wirkungslos ist.[866] Das Verwaltungsorgan behält hinsichtlich dieser Geschäfte die Gesamtgeschäftsführungsbefugnis. Darin liegt der Unterschied zum dualistischen Modell, in dem das Zustimmungserfordernis nicht zu einer Geschäftsführungsbefugnis der Überwachungsebene führt.[867]

Sofern das für die Geschäftsverteilung anzuwendende nationale Recht hinsichtlich der in der Satzung aufgenommenen Geschäftsart eine gegenüber der Gesamtgeschäftsführung abweichende Regelung trifft, verdrängt die Regelung des Art. 48 Abs. 1 SE-VO die nationale Bestimmung. Die Satzung kann damit die nationale Geschäftsverteilung hinsichtlich der außergewöhnlichen Geschäfte bzw. der Überwachung weitgehend untergraben.

(2) Satzung

Auch wenn die Geschäftsverteilung eine interne Aufgabe darstellt und insbesondere hinsichtlich der Überwachungsaufgaben das nationale Recht der Satzung keine Möglichkeit gibt, die Aufgabenverteilung im Aufsichtsorgan zu bestimmen,[868] ist dies beim Verwaltungsorgan aufgrund des Art. 48 Abs. 1 Unterabs. 1 SE-VO anders. Wenn die Satzung schon durch die Festlegung eines einheitlichen Beschlusses die Geschäftsverteilung ausschließen kann, so ist darüber hinaus befugt, wie beim Leitungsorgan gemäß § 77 Abs. 1 S. 2 AktG die Geschäftsverteilung sehr umfassend zu regeln und zu beschränken. Dies ergibt sich ebenso aus § 34 Abs. 2 S. 2 SEAG, der der Satzung Befugnisse hinsichtlich der Geschäftsordnung gewährt.

(3) Art. 44: Überwachung

Im Rahmen der Überwachungsaufgaben enthält die SE-VO mit Art. 44 Abs. 1 SE-VO eine explizite Ausnahme von der organinternen Aufgabenverteilung. Die Norm erfordert eine turnusmäßige Beratung des Verwaltungsorgans über den Gang der Geschäfte und deren voraussichtliche Entwicklung. Damit soll der Besonder-

---

865 Zu den Einzelheiten siehe unten S. 139 ff.

866 Vgl. *Schwarz*, SE-VO, Art. 48 Rn. 28; *v. Werder*, RIW 1997, 304 (308).

867 Vgl. *Schwarz*, SE-VO, Art. 48 Rn. 10; *Manz*, in: Manz/Mayer/Schröder, SE, Art. 40 Rn. 1, Art. 48 Rn. 1; Begr. zum SE-VOV 1970, BT-Drucks. VI/1109, S. 29. So zum dt. Recht vgl. *Berrar*, DB 2001, 2181 (2182).

868 Siehe Fn. 840.

heit des monistischen Systems, dass Kontrolle und Überwachung zusammenfallen, trotz einer organinternen Aufgabenverteilung Rechnung getragen werden. Nur durch eine Beratung innerhalb des Organs lassen sich die Vorteile der besseren Informationsversorgung des Verwaltungsorgans realisieren.

Daraus folgt, dass wie im Aufsichtsorgan eine komplette Übertragung der Überwachungsaufgabe, z.B. auf einen Ausschuss, unzulässig ist.[869] Lediglich konkrete Aufgaben können übertragen werden. Wie die Leitungsaufgabe muss der Kernbereich der Überwachung vom Verwaltungsorgan als Ganzem wahrgenommen werden.

(4) Leitung

Das Verwaltungsorgan ist zur Leitung verpflichtet.[870] Auch für die SE-VO gilt das europaweite Prinzip, dass die Leitung nicht auf einzelne Mitglieder übertragen werden kann.[871] § 22 Abs. 1 S. 1 SEAG ist insoweit lediglich deklaratorisch.[872] Es ist daher nicht möglich die Leitung auf einzelne Mitglieder oder einen Ausschuss zu übertragen,[873] um den Einfluss der Arbeitnehmervertreter im Verwaltungsorgan in der Praxis möglichst gering zu halten.[874] Eine Übertragung auf die Geschäftsführer scheidet folglich von vornherein aus. Diese dürfen zwar vorbereitend tätig werden, die Entscheidung und damit die Abwägung muss beim Verwaltungsorgan verbleiben.[875]

(5) Geschäftsordnung/Geschäftsverteilungsbeschluss

Sofern die Satzung nicht eine Regelung zur Geschäftsverteilung enthält, die positiv in einer Festlegung einer abweichenden Geschäftsverteilung, aber auch negativ in der Festlegung eines einheitlichen Beschlusses gemäß Art. 48 Abs. 1 SE-VO liegen kann, ist die Geschäftsverteilung entsprechend § 77 Abs. 1 S. 2 AktG[876] eine Frage der Geschäftsordnung, die sich das Verwaltungsorgan selbst gibt.[877] Das Or-

---

869 Vgl. MünchKommAktG/*Semler*, § 107 Rn. 324. So auch § 34 Abs. 4 S. 2 SEAG.

870 Vgl. oben S. 96.

871 Vgl. *Kalss/Greda*, GesRZ 2004, 91 (104); *Merkt*, ZGR 2003, 650 (659 ff.); *Teichmann*, BB 2004, 53 (57); *Endres*, RabelsZ 163 (1999), 441 (446); *Götz*, ZGR 2003, 1 (11). Auch im dt. Recht ist die Leitung Aufgabe des gesamten Organs und kann nicht auf einzelne Mitglieder übertragen werden; vgl. *BGH*, BGHZ 149, 158 (160 f.); MünchKommAktG/*Hefermehl/Spindler*, § 77 Rn. 30; *Hüffer*, AktG, § 77 Rn. 18; *Fleischer*, NZG 2003, 449 (452); *Semler*, Überwachung, Rn. 29; *Fleischer*, ZIP 2003, 1 (5), mit weiteren Ausführungen zu unveräußerlichen Leitungsaufgaben. In einem mehrgliedrigen Organ wird dadurch erreicht, dass für die wesentlichen Entscheidungen eine einheitliche Meinung im Organ gebildet wird und die Organmitglieder sich gegenseitig kontrollieren. So wird verhindert, dass nachteilige, mitunter existenzgefährdende Entscheidungen durch einzelne Personen getroffen werden können.

872 Vgl. *Schwarz*, SE-VO, Art. 43 Rn. 25.

873 Vgl. *Gruber/Weller*, NZG 2003, 297 (298); *Merkt*, ZGR 2003, 650 (662); a.A. anscheinend MünchKommAktG/*Reichert/Brandes*, SE-VO, Art. 51 Rn. 17.

874 Vgl. *Gruber/Weller*, NZG 2003, 297 (300); a.A. *Reichert/Brandes*, ZGR 2003, 767 (774 f.).

875 Vgl. *Merkt*, ZGR 2003, 650 (662); MünchKommAktG/*Reichert/Brandes*, SE-VO, Art. 43 Rn. 83.

876 Zur analogen Anwendung des § 77 Abs. 1 S. 2 AktG siehe S. 147.

877 Siehe S. 118. Zur Zulässigkeit einer Geschäftsordnung siehe S. 147.

gan beschließt somit in diesem Fall über die Geschäftsverteilung. Das Verwaltungsorgan kann in der Geschäftsordnung die Geschäftsführung in gleicher Weise beschränken, wie es auch im Leitungsorgan möglich ist.[878]

j) Beschränkung der Befugnisse

Anders als § 44 Abs. 2 SEAG für die Geschäftsführer enthält das SEAG für die Verwaltungsorganmitglieder keine Vorschrift, die diese verpflichtet, die Beschränkungen der Satzung, Hauptversammlung und Geschäftsordnung einzuhalten. Da das Verwaltungsorgan entgegen der Auffassung des Gesetzgebers neben den Geschäftsführern ein Teil der Geschäftsführung wahrnimmt, ist von einer Regelungslücke auszugehen, die durch eine entsprechende Anwendung des § 44 Abs. 2 SEAG geschlossen wird.[879] Die Verwaltungsorganmitglieder müssen somit alle Beschränkungen der Geschäftsführungsbefugnisse einhalten, welche die Satzung, die Hauptversammlung oder die Geschäftsordnung aufgestellt haben. Das Verwaltungsorgan kann zwar die Geschäftsordnung in den satzungsmäßigen Grenzen selbst wieder ändern, die Beschränkungen der Geschäftsordnung, insbesondere eine Aufgabenverteilung binden jedoch die einzelnen Mitglieder. Dies bedeutet, dass kein Verstoß gegen die Beschränkungen der Geschäftsordnung vorliegt, wenn das Verwaltungsorgan in der die Geschäftsordnung ändernden Anzahl an Mitgliedern handelt, weil darin eine konkludente Änderung der Geschäftsordnung zu sehen ist.

k) Einheitlicher Beschluss gemäß Art. 48 SE-VO

aa) Zustimmungspflichtige Geschäfte

Gemäß Art. 48 Abs. 1 Unterabs. 1 SE-VO muss[880] die Satzung bestimmte Arten von Geschäften aufnehmen, die einem ausdrücklichen[881] Beschluss des Verwaltungsorgans unterliegen. Die Beschlussfassung richtet sich hier ausschließlich nach Art. 50 SE-VO, sodass die Satzung hinsichtlich Beschlussfähigkeit und Beschlussfassung Abweichendes regeln kann, solange nicht das Letztentscheidungsrecht der Kapitalgeber verletzt wird (Art. 50 Abs. 2 S. 2 SE-VO).[882]

---

878 Zum Leitungsorgan vgl. *Schwarz*, SE-VO, Art. 39 Rn. 29.

879 Vgl. *Schwarz*, SE-VO, Art. 43 Rn. 15.

880 Die deutsche Sprachfassung des Art. 48 Abs. 1 Unterabs. 1 SE-VO spricht zwar nur von „werden“, andere Sprachfassungen sind dagegen eindeutig und konstatieren eine Satzungsregelungspflicht. Vgl. *Schwarz*, SE-VO, Art. 48 Rn. 9; *Schwarz*, ZIP 2001, 1847 (1856). So auch *Hirte*, NZG 2002, 1 (5 f.); *Bungert/Beier*, EWS 2002, 1 (3); *Hommelhoff*, AG 2001, 279 (284); *Frodermann*, in: Jannott/Frodermann, SE, S. 187 Rn. 253; a.A. *Lange*, EuZW 2003, 301 (305); MünchKommAktG/*Reichert/Brandes*, SE-VO, Art. 48 Rn. 1; zweifelnd GroßkommAktG/*Hopt/Roth*, § 111 Rn. 855. Bei Nichtumsetzung besteht folglich ein Eintragungshindernis der SE, vgl. *Bungert/Beier*, EWS 2002, 1 (4); *Schwarz*, SE-VO, Art. 48 Rn. 9.

881 Ausdrücklich bedeutet, dass ein gesonderter Beschluss hinsichtlich der bestimmten Arten von Geschäften notwendig ist. Eine Verbindung mit anderen Entscheidungen ist nicht zulässig, um Erpressungspotentiale zu verhindern; vgl. *Schwarz*, SE-VO; Art. 48 Rn. 24. Daraus folgt, dass solche Beschlüsse ein gesonderter Tagungsordnungspunkt sein müssen.

882 Vgl. dazu oben S. 125.

Fraglich ist, in welcher Form aufgrund der Regelung in den gemeinsamen Vorschriften Parallelen zum dualistischen Modell gezogen werden können. So wird nicht ausdrücklich geregelt, welche Mitgliedergruppe im Verwaltungsorgan den ausdrücklichen Beschluss fassen muss. Im dualistischen Modell erzwingen die Zustimmungsvorbehalte des Art. 48 Abs. 1 Unterabs. 1 SE-VO für die bestimmten Arten von Geschäftsführungsfragen eine Beteiligung der Überwachungsebene. Denn Sinn und Zweck der Zustimmung ist eine Vorverlagerung der Überwachung.[883] Es soll gerade bei besonders wesentlichen Geschäften eine Beteiligung der Überwachungsebene stattfinden, um so Geschäfte verhindern zu können, die nicht im Interesse der Gesellschaft liegen würden. Eine nachgelagerte Kontrolle reicht bei solchen Geschäften in der Regel nicht aus.

Auch mit Art. 48 Abs. 1 SE-VO soll für diese Geschäftsarten im monistischen System eine Beteiligung der Überwachungsebene – also der nicht geschäftsführenden Mitglieder – erreicht werden.[884] Die Entscheidung nur der geschäftsführenden Mitglieder reicht damit nicht aus, weil in diesem Fall keine Beteiligung der Überwachungsebene erreicht wird. Die Beteiligung der Überwachungsebene kann gleichwohl auch durch einen gesonderten Beschluss der nicht geschäftsführenden Mitglieder gesichert werden.

Die Vorgängervorschrift Art. 66 Abs. 2 S. 2 SE-VOV 1989 bestimmte dagegen, dass bei der in Art. 66 Abs. 2 S. 1 SE-VOV 1989 vorgesehenen zwingenden Trennung des Verwaltungsorgans in geschäftsführende und nicht geschäftsführende Mitglieder die Durchführung der bestimmten Arten von Geschäften nicht auf die geschäftsführenden Mitglieder des Verwaltungsorgans übertragen werden durfte.[885] Daraus folgt, dass hinsichtlich der festgelegten Arten von Geschäften das gesamte Organ entscheiden muss.[886] Anders als im dualistischen System findet damit keine gesonderte Abstimmung im geschäftsführenden und überwachenden Teil statt. Da Überwachung und Geschäftsführung in einem Organ zusammenfallen, ist auch kein zusätzlicher Zustimmungsbeschluss wie im dualistischen Modell notwendig. Es muss daher das gesamte Organ abstimmen.[887] Die Mehrheit der überwachenden Mitglieder kann folglich – anders als im dualistischen Modell – ein Geschäft nur verhindern, wenn diese Mehrheit auch die Mehrheit im Gesamtorgan darstellt. An-

[883] Folglich reicht eine Genehmigung nicht aus; vgl. *Schwarz*, SE-VO, Art. 48 Rn. 10; MünchKommAktG/*Semler*, § 111 Rn. 436; *Maul*, ZGR 2003, 743 (756). Etwas anderes gilt jedoch im Rahmen der Notgeschäftsführung; vgl. *Schwarz*, SE-VO, Art. 48 Rn. 11.

[884] Vgl. *Bungert/Beier*, EWS 2002, 1 (4); *Schwarz*, SE-VO, Art. 48 Rn. 12.

[885] Dabei war die Verwendung des Begriffes „Durchführung" missverständlich. Es konnte damit nur ein entsprechender Beschluss gemeint sein, so auch die Stellungnahme des WSA zum SE-VOV 1989, ABl. EG C 124 v. 21.05.1990, S. 40 sowie Stellungnahme des EP zum SE-VOV 1989, Abl. EG C 48 v. 25.02.1991, S. 90.

[886] Vgl. *Bungert/Beier*, EWS 2002, 1 (4). Durch den gemeinsamen Beschluss des Verwaltungsorgans wird die von Art. 48 Abs. 1 SE-VO beabsichtigte vorherige Kontrolle der Maßnahmen erreicht; vgl. *Sokolowski*, Überwachung in einer SE, S. 71.

[887] So auch *Manz*, in: Manz/Mayer/Schröder, SE, Art. 48 Rn. 16; *Schwarz*, SE-VO, Art. 48 Rn. 12; *Hommelhoff*, AG 2001, 279 (284).

ders als im dualistischen Modell haben die Überwachenden folglich Geschäftsführungsbefugnisse.[888]

bb) Festlegbare Arten von Geschäften

Die Satzung hat Arten von Geschäften[889] festzulegen, die einen einheitlichen Beschluss des Verwaltungsorgans bedürfen. Damit ist es wie im deutschen Recht nicht möglich, einzelne Geschäfte aufzunehmen.[890] Die Geschäfte müssen somit allgemein charakterisiert werden.[891]

Der Europäische Gesetzgeber hat im Gegensatz zu den Vorgängervorschlägen[892] auf einen Katalog zustimmungs-/beschlusspflichtiger Geschäfte zugunsten mitgliedstaatlicher Regelungen verzichtet.[893] Als Einschränkung der Satzungsautonomie gestattet Art. 48 Abs. 2 SE-VO den Mitgliedstaaten – unabhängig vom nationalen Recht – Arten von Geschäften aufzuzählen, die zwingend in die Satzung aufzunehmen sind.[894] Damit ist die SE-VO hinsichtlich der Zustimmungs- und Beschlussvorbehalte abschließend.[895] Bestehende nationale Zustimmungs-/Beschlussvorbehalte kommen somit nicht zu Anwendung.[896] Sofern ein Katalog gemäß Art. 48 Abs. 2 SE-VO besteht, folgt aus der Vorgängerregelung Art. 66

---

888 Siehe Fn. 867.

889 Dazu zählen alle Entscheidungen des Leitungsorgans, wie z.B. Investitionsentscheidungen und die Unternehmensplanung; vgl. *Schwarz*, SE-VO, Art. 40 Rn. 13; *Lange*, DStR 2003, 376 (376). Mit weiteren Beispielen *Lutter/Krieger*, Aufsichtsrat, Rn. 109.

890 Vgl. MünchKommAktG/*Semler*, § 111 Rn. 398; *Hüffer*, AktG, § 111 Rn. 18; *Schwarz*, SE-VO, Art. 48 Rn. 13.

891 Nicht zulässig ist die Unterwerfung aller wesentlichen Geschäfte oder Geschäfte, die einen gewissen Rahmen überschreiten; vgl. *Lutter/Krieger*, Aufsichtsrat, Rn. 109. Zulässig ist, für die Arten von Geschäften zusätzlich jeweils eine Grenze finanzieller oder anderer Art festzulegen, ab der die Zustimmung erforderlich ist; vgl. *Schwarz*, SE-VO, Art. 48 Rn. 13.

892 So enthielt Art. IV-1-5 S. 1 Sanders-Vorentwurf einen Katalog der festlegbaren Geschäfte. Art. 66 Abs. 1 SE-VOV 1970 enthielt selbst eine Zustimmungspflicht für einen relativ unbestimmten Katalog an Vorstandsentscheidungen. Daneben konnte die Satzung gemäß Art. 66 Abs. 2 S. 1 SE-VOV 1970 weitere bestimmte Arten von Geschäften der Zustimmung des Aufsichtsrats unterwerfen. Art. 66 SE-VOV 1975 und Art. 72 SE-VOV 1989 entsprachen weitgehend der Regelung des SE-VOV 1970. Art. 72 SE-VOV 1991 enthielt eine gegenüber den Vorgängervorschlägen präzisere Regelung, um das Konfliktpotenzial zu reduzieren; vgl. Begr. zum SE-VOV 1991, BT-Drucks. 12/1004, S. 9.

893 Mit der Abkehr von einem einheitlichen Katalog für alle SE sollte der Gefahr, dass die Geschäftsführungsarbeit des Leitungsorgans bzw. der geschäftsführenden Mitglieder des Verwaltungsorgans durch eine starre Regelung gelähmt wird, begegnet werden; vgl. *Schwarz*, Europäisches Gesellschaftsrecht, Rn. 1160; Stellungnahme des Ausschusses des EP für Recht und Bürgerrechte zum SE-VOV 1989, DOC-DE\RR\101760 vom 07.01.1991, S. 10. Es besteht somit ein hohes und sinnvolles Maß an Flexibilität; vgl. *Berrar*, DB 2001, 2181 (2183 f.).

894 Für ein Ausnutzen der Ermächtigung *Köstler*, ZGR 2003, 800 (805). Vgl. auch § 37 öSEG.

895 Vgl. *Schwarz*, SE-VO, Art. 48 Rn. 40; *Manz*, in: Manz/Mayer/Schröder, SE, Art. 48 Rn. 25. A.A. *Koke*, Finanzverfassung, S. 189; MünchKommAktG/*Reichert/Brandes*, SE-VO, Art. 40 Rn. 18.

896 § 114 AktG gilt dennoch (siehe S. 192), weil Art. 48 SE-VO nicht für die Vertretung gilt.

Abs. 1 SE-VOV 1970, dass der Satzungsgeber über diesen Katalog hinausgehen kann.[897]

(1) Leitung/Überwachung

Da die Leitung und Überwachung zum Begriff der Geschäftsführung i.S.d. Art. 43 Abs. 1 S. 1 und Art. 48 Abs. 1 SE-VO zu zählen sind,[898] kann die Satzung auch Arten dieser Aufgaben einem einheitlichen Beschluss unterwerfen. Hinsichtlich der Leitung und den Überwachungsaufgaben i.S.d. Art. 44 Abs. 1 SE-VO ist dies lediglich deklaratorisch, weil die Aufgaben bereits keiner Geschäftsverteilung zugänglich sind und daher immer dem Gesamtorgan obliegen.[899] Anders als im dualistischen Modell stellt ein satzungsmäßiges Beschlusserfordernis für alle Geschäftsarten der Leitung und der außergewöhnlichen Geschäfte keinen ungerechtfertigten, zu starken Eingriff in die Kernkompetenzen des Verwaltungsorgans dar, weil das Verwaltungsorgan ohne interne Geschäftsverteilung für alle Aufgaben zuständig ist.[900]

(2) Keine laufenden Geschäfte

Im dualistischen System kann die Satzung trotz fehlender geschriebener Beschränkungen der festlegbaren Arten von Geschäften keine Arten laufender Geschäfte der Zustimmungspflicht unterwerfen.[901] Diese systemimmanente Einschränkung folgt aus den Grundprinzipien des dualistischen Systems. Die Trennung zwischen Geschäftsführung und Überwachung muss trotz der Zustimmung für bestimmte Arten von Geschäften erhalten bleiben.[902] Die Zustimmungsvorbehalte dürfen daher dieses Grundprinzip des dualistischen Systems nur punktuell durchbrechen. Besonders für die wesentlichen Arten von Geschäften lässt sich die Durchbrechung rechtfertigen, um so durch die Vorverlagerung der Überwachung erhebliche Gefahren für den Fortbestand der Gesellschaft und Fehlentscheidungen

---

[897] Dadurch soll erreicht werden, dass die Satzung, abgestimmt auf die Tätigkeit und die Größe des Unternehmens, eine maßgeschneiderte Lösung findet. Ein gesetzlicher Katalog bestimmter zustimmungspflichtiger Geschäftsarten kann eine solche differenzierende Betrachtung nicht leisten; vgl. *Schwarz*, SE-VO, Art. 48 Rn. 37. Entsprechend für die Regelung im dt. Recht, RegBegr. zu § 111 Abs. 4 S. 2 AktG, BT-Drucks. 14/8769, S. 17.

[898] Siehe oben S. 96, 99.

[899] Siehe oben S. 137 ff.

[900] So zum Leitungsorgan u.a. *Egermann/Heckenthaler*, GeS 2004, 463 (469).

[901] Vgl. *Schwarz*, SE-VO, Art. 48 Rn. 15; MünchKommAktG/*Reichert/Brandes*, SE-VO, Art. 48 Rn. 8; so wohl auch *Maul*, ZGR 2003, 743 (745); *Göke*, SE-ErgRiL, S. 113; auch *Bungert/Beier*, EWS 2002, 1 (4), die in Art. 48 SE-VO die Möglichkeit des Mitentscheidens der nicht geschäftsführenden Mitglieder bei außergewöhnlichen Geschäften sehen; ausdrücklich *Manz*, in: Manz/Mayer/Schröder, SE, Art. 48 Rn. 13, aber widersprüchlich in Art. 39 Rn. 12. Im Ergebnis ebenso im dt. Recht; vgl. *Lutter*, in: Ringleb, DCGK, Rn. 254; *v. Werder*, in: Ringleb, DCGK, Rn. 80; *Hüffer*, AktG, § 111 Rn. 18; MünchKommAktG/*Semler*, § 111 Rn. 399; *Lutter/Krieger*, Aufsichtsrat, Rn. 112; wohl auch *Lange*, DStR 2003, 376 (377); a.A. *Götz*, ZGR 1990, 656 (641). Zur Abgrenzung der laufenden Geschäfte von den außergewöhnlichen Geschäften siehe unten S. 189 ff. Mit Beispielen für festlegbare Geschäftsarten siehe *Lutter*, in: Ringleb, DCGK, Rn. 257.

[902] Vgl. MünchKommAktG/*Semler*, § 111 Rn. 399; *Maul*, ZGR 2003, 743 (750).

abwenden zu können.[903] Bei allen anderen Arten von Geschäften bleibt es bei der uneingeschränkten alleinigen Verantwortung des Leitungsorgans. Andernfalls wäre die Leitungs- und Geschäftsführungsaufgabe des Leitungsorgans durch die Zustimmungsregelung zu stark tangiert, wenn nicht sogar nur eine leere Hülse. Daher kann die Satzung keine Arten von laufenden Geschäften der Zustimmung unterwerfen.

Anders als im dualistischen System bedeutet ein Beschlusserfordernis für Arten von laufenden Geschäften keinen zu weit gehenden Eingriff in die Geschäftsführungsverantwortung der Geschäftsführer, weil diese anders als das Leitungsorgan weisungsabhängig sind.[904] Daher könnte man annehmen, im monistischen System könne die Satzung auch für Arten der laufenden Geschäfte ein Beschlusserfordernis festlegen.[905] Auf den ersten Blick würde dies dem Zustimmungsbeschluss im dualistischen System entsprechen, weil die Geschäftsführer die laufenden Geschäfte führen (§ 40 Abs. 2 S. 1 SEAG).

Gegen die Möglichkeit, Arten von laufenden Geschäften in die Satzung aufzunehmen, spricht der gemäß Art. 48 Abs. 2 SE-VO festlegbare, für beide Leitungssysteme geltende Katalog an Arten von Geschäften. Im dualistischen Modell dürfen keine laufenden Geschäfte in die Satzung aufgenommen werden. Damit kann auch der Mitgliedstaat nicht vorsehen, dass Arten laufender Geschäfte in die Satzung aufzunehmen sind. Da dieser Katalog für beide Systeme gilt, wirkt dies auf den Satzungsgeber derart zurück, dass auch im monistischen System keine Arten von laufenden Geschäften in der Satzung aufgenommen werden können.[906]

Zudem ist die Situation nicht mit dem Zustimmungsbeschluss im dualistischen System vergleichbar. Anders als im dualistischen System besteht kein Nebeneinander der beiden Organe. Aufgrund des bestehenden Weisungsrechts kann das Verwaltungsorgan anders als das Aufsichtsorgan seine Sicht durchsetzen und nicht nur ein Geschäft verhindern. Es läge keine Zustimmung, sondern eine Geschäftsführung durch das Verwaltungsorgan vor, die nur von den Geschäftsführern ausgeführt würde. Da das Verwaltungsorgan hinsichtlich der laufenden Geschäfte weisungsbefugt ist, ist die Festlegung bestimmter Arten von laufenden Geschäften in der Satzung nicht notwendig, um die Befugnisse der Geschäftsführer einzuschränken.[907] So kann das Verwaltungsorgan für bestimmte Arten von laufenden Ge-

---

[903] Vgl. *Schwarz*, SE-VO, Art. 48 Rn. 15. So auch die Begr. zum SE-VOV 1989, BT-Drucks. 11/5427, S. 12.

[904] Zur Weisungsabhängigkeit siehe S. 196 ff.

[905] So *Maul*, ZGR 2003, 743 (750); MünchKommAktG/*Reichert*/*Brandes*, SE-VO, Art. 43 Rn. 103.

[906] Vgl. *Schwarz*, SE-VO, Art. 48 Rn. 16; im Ergebnis ebenso MünchKommAktG/*Reichert*/*Brandes*, SE-VO, Art. 48 Rn. 9, die aber annehmen, Art. 48 SE-VO gelte auch hinsichtlich der Geschäftsführer und damit für die laufenden Geschäfte (*ders.*, Art. 48 Rn. 17); a.A. *Veil*, WM 2003, 2169 (2174).

[907] Art. 48 Abs. 1 SE-VO kann auch nicht dahingehend verstanden werden, die in der Satzung aufgenommenen Arten laufender Geschäfte seien den Geschäftsführern entzogen. Dies würde der zwingenden Zuweisung der laufenden Geschäfte an die Geschäftsführer gemäß Art. 43 Abs. 1 S. 2 SE-VO widersprechen.

schäften eine Zustimmungsbedürftigkeit außerhalb des Art. 48 Abs. 1 SE-VO anordnen.[908]

cc) Übertragung auf einen Ausschuss

Da das gesamte Organ entscheiden muss, führt die Aufnahme von Geschäftsarten in der Satzung zu einer Geschäftsführungsbefugnis des Gesamtorgans. Hinsichtlich der Geschäftsarten gibt es somit keine geschäftsführenden und nicht geschäftsführenden Mitglieder. Die Situation ist damit der hinsichtlich von Leitungsentscheidungen vergleichbar, sodass auch für diese Arten von Geschäften eine Übertragung auf einen Ausschuss ausgeschlossen ist.[909]

Dagegen kann auf den ersten Blick eingewandt werden, dass bei einem Beschluss eines Verwaltungsorganausschusses, in dem die sonst geschäftsführenden und nicht geschäftsführenden Mitglieder vertreten sind, die beabsichtigte Beteiligung der nicht geschäftsführenden/überwachenden Mitglieder erreicht wird. Dann sind aber wieder die Nicht-Ausschussmitglieder hinsichtlich dieser Geschäftsart nicht geschäftsführend. Man wird daher – anders als im Aufsichtsorgan[910] – aufgrund der aus Art. 48 Abs. 1 SE-VO folgenden Geschäftsführung aller die Übertragung auf einen Ausschuss ablehnen müssen.

dd) Analoge Anwendung des Art. 48 Abs. 1 Unterabs. 2 SE-VO

Im dualistischen Modell gestattet Art. 48 Abs. 1 Unterabs. 2 SE-VO den Mitgliedsstaaten, das Aufsichtsorgan zu ermächtigen, selbst bestimmte Arten von Geschäften festzulegen. Für das monistische System ist dies nicht vorgesehen,[911] obwohl man an eine entsprechende Ermächtigung für die nicht geschäftsführenden Mitglieder denken könnte.

Es könnte daher eine analoge Anwendung in Betracht kommen. So sah noch Art. 72 Abs. 4 SE-VOV 1991 eine Regelungsermächtigung für die Mitgliedstaaten vor, das Verwaltungsorgan zu ermächtigen, bestimmte Arten von Geschäften einem ausdrücklichen Beschluss unterwerfen zu können. Art. 48 Abs. 1 Unterabs. 2 SE-VO enthält diese Möglichkeit dagegen nur für das Aufsichtsorgan, sodass eher von einer abschließenden Regelung auszugehen ist.[912]

Gäbe man dem Vergleich mit den Vorgängervorschriften kein so starkes Gewicht, käme es dennoch nicht zu einer analogen Anwendung, weil die Voraussét-

---

908 Vgl. *Schwarz*, SE-VO, Art. 43 Rn. 62, Art. 48 Rn. 18

909 Ebenso *Schwarz*, SE-VO, Art. 48 Rn. 23. A.A. MünchKommAktG/*Reichert/Brandes*, SE-VO, Art. 48 Rn. 15.

910 Vgl. *Schwarz*, SE-VO, Art. 48 Rn. 20. Zum dt. Recht § 107 Abs. 3 S. 2 AktG, *Hüffer*, AktG, § 111 Rn. 19; MünchKommAktG/*Semler*, § 111 Rn. 440. A.A. *Manz*, in: Manz/Mayer/-Schröder, SE, Art. 48 Rn. 16. Sinn und Zweck der Zustimmungspflicht des Art. 48 Abs. 1 SE-VO ist die Beteiligung der überwachenden Personen, die auch bei einer Zustimmungsentscheidung durch einen Ausschuss gegeben ist.

911 A.A. *Horn*, DB 2005, 147 (150), der davon ausgeht, die Möglichkeit für das Verwaltungsorgan ergebe sich auch aus § 19 SEAG. Dies kann nicht überzeugen, weil dies eine Regelung des dualistischen Systems ist.

912 Vgl. *Schwarz*, SE-VO, Art. 48 Rn. 34; *Schwarz*, ZIP 2001, 1847 (1856); a.A *Teichmann*, ZGR 2002, 383 (454 f.); *Manz*, in: Manz/Mayer/Schröder, SE, Art. 48 Rn. 6.

zung einer Analogie – eine vergleichbare Rechtslage – nicht gegeben ist. Im dualistischen Modell ist Art. 48 Abs. 1 Unterabs. 2 SE-VO notwendig, um über die grundsätzlich strikte Trennung von Geschäftsführung und Überwachung hinwegzukommen. Ohne die Norm hätte das Aufsichtsorgan keine Möglichkeit einen derartigen Einfluss zu nehmen. Das Verwaltungsorgan selbst kann jederzeit bei entsprechenden Mehrheiten die Geschäftsverteilung ändern. Es kann das Organ somit im Ergebnis einen einheitlichen Beschluss für bestimmte Arten von Geschäften festlegen. Art. 48 Abs. 1 Unterabs. 2 SE-VO ist daher im monistischen System nicht notwendig.[913]

Selbst wenn die nicht geschäftsführenden Mitglieder entsprechend Art. 48 Abs. 1 Unterabs. 2 SE-VO das Erfordernis eines einheitlichen Beschlusses festlegen könnten, könnte anders als im dualistischen Modell die Mehrheit der nicht geschäftsführenden Mitglieder das Geschäft nicht verhindern, weil an der Abstimmung auch die geschäftsführenden Mitglieder teilnehmen.

ee) Ersetzung des ausdrücklichen Beschlusses

Anders als Art. 48 Abs. 1 SCE-VO und § 111 Abs. 4 S. 3 AktG, die im dualistischen Modell eine Ersetzung der verweigerten Zustimmung durch einen Hauptversammlungsbeschluss ermöglichen, enthält sich die SE-VO jeglicher Regelung. Daher könnte man von einer abschließenden Regelung ausgehen.[914] Aber selbst wenn man von einer Regelungsoffenheit ausgeht, findet sich im SEAG keine ausdrückliche Regelung. Es könnte somit eine Übertragung der Grundsätze des dualistischen Systems in Betracht kommen.

Für eine Ersetzungsmöglichkeit im dualistischen System ist entscheidend, ob die Hauptversammlung eine diesbezügliche Kompetenz hat. Steht der Hauptversammlung ein Weisungsrecht gegenüber dem Leitungsorgan zu, so ist die Ersetzung der Zustimmung als ein Weniger anzusehen, weil anders als bei dem Weisungsrecht die Hauptversammlung nicht direkt über das Wie, sondern nur über das Ob entscheiden kann.

Im deutschen Aktienrecht hat die Hauptversammlung grundsätzlich keine Geschäftsführungskompetenz. Eine solche kann ihr nur auf Betreiben des Vorstands gemäß § 119 Abs. 2 AktG übertragen werden. Da der Aufsichtsrat vorrangig den Interessen der Hauptversammlung verpflichtet ist,[915] bestehen keine Bedenken, wenn der Vorstand, anstatt die Zustimmung des Aufsichtsrats einzuholen, die Frage der Hauptversammlung vorlegt.[916] Wenn schon die Hauptversammlung mit einer auch zustimmungspflichtigen Geschäftsführungsfrage betraut werden kann, ist

913 Ebenso *Frodermann*, in: Jannott/Frodermann, SE, S. 187 Rn. 257; *Teichmann*, in: Lutter/Hommelhoff, SE, 195 (211). Im Ergebnis ebenso, aber mit anderer Begr.: MünchKommAktG/*Reichert*/*Brandes*, SE-VO, Art. 48 Rn. 2. Es bedarf somit grundsätzlich nicht der von *Schwarz*, SE-VO, Art. 48 Rn. 35, vorgeschlagenen Satzungsregelung. Eine solche Regelung ist nur nötig, wenn die Satzung die Geschäftsverteilung (§ 77 Abs. 1 S. 2 AktG) regelt.

914 So *Brandt*, Hauptversammlung der SE, S. 150 ff.; *Manz*, in: Manz/Mayer/Schröder, SE, Art. 48 Rn. 24.

915 Für die SE zeigt sich dies explizit in Art. 50 Abs. 2 S. 2 SE-VO.

916 Dies ausdrücklich auch für die SE annehmend *Schwarz*, SE-VO, Art. 48 Rn. 14.

es nur konsequent, – wie in § 111 Abs. 4 S. 3 AktG geschehen – die Ersetzung der Zustimmung zuzulassen, weil dies aufgrund der Stellung der Hauptversammlung ebenfalls keinen Widerspruch zu den Grundsätzen des dualistischen Systems darstellt. Da für eine SE über Art. 52 Unterabs. 2 SE-VO auch § 119 Abs. 2 AktG gilt und damit kein fixer Aufgabenkatalog der Hauptversammlung mehr besteht, ist – im Gegensatz zu den Vorgängervorschlägen[917] – die Annahme einer abschließenden Regelung[918] des Art. 48 SE-VO kaum haltbar. Aus Art. 52 Unterabs. 2 SE-VO folgt der Wille des VO-Gebers, die SE einer nationalen AG hinsichtlich der Kompetenz der Hauptversammlung weitgehend gleichzustellen. Dies gilt dann aber auch für Art. 48 SE-VO, sodass die Norm diesbezüglich nicht abschließend ist.[919] Sofern die Hauptversammlung nach nationalem Recht mit Geschäftsführungsfragen befasst werden kann, kann sie allein daraus die verweigerte Zustimmung ersetzen bzw. anstatt des Aufsichtsorgans handeln.[920] Für die Zulässigkeit der Ersetzung der Zustimmung kann zudem die SCE-VO herangezogen werden, die unabhängig vom nationalen Recht in Art. 48 Abs. 1 SCE-VO die Ersetzung der verweigerten Zustimmung durch die Gesellschafterversammlung vorsieht.[921] Für den Ersetzungsbeschluss der Hauptversammlung gilt aufgrund Art. 57 SE-VO jede größere Mehrheit und damit die ¾-Mehrheit des § 111 Abs. 4 S. 4 AktG.[922]

Da auch im monistischen System § 119 Abs. 2 AktG Anwendung findet,[923] gelten diese Überlegungen grundsätzlich auch für das Verwaltungsorgan.[924] Für die Geschäfte der bestimmten Art stellt sich jedoch aufgrund des notwendigen einheitli-

---

917 Auch in den Verordnungsvorschlägen von 1970, 1975, 1989 und 1991 fehlte eine Regelung zur Ersetzung der Zustimmung, obwohl zwischenzeitlich eine entsprechende ausdrückliche Kompetenzregelung gefordert worden war; vgl. u.a. Stellungnahme WSA zum SE-VOV 1989, S. 39 f.

918 Die Annahme einer abschließenden Regelung beruhte auf der Konzeption der Vorgängervorschläge. Es war ein feststehender Aufgabenkatalog der Hauptversammlung enthalten, der weder eine Möglichkeit zur Übertragung von Geschäftsführungsbefugnissen entsprechend § 119 Abs. 2 AktG noch eine Sondervorschrift, welche die Zustimmungsersetzung betraf, enthielt. Daraus folgerte man die Annahme einer abschließenden Regelung der Vorgängervorschrift des Art. 48 SE-VO; vgl. m.w.N. *Schwarz*, SE-VO, Art. 48 Rn. 29.

919 Ebenso *Schwarz*, SE-VO, Art. 48 Rn. 29, *Teichmann*, ZGR 2002, 383 (454); a.A. *Brandt*, Hauptversammlung der SE, S. 151.

920 Im Ergebnis ebenso, aber von einer entsprechenden Anwendung des § 111 Abs. 4 S. 3 AktG über Art. 52 Unterabs. 2 SE-VO ausgehend: *Schwarz*, SE-VO, Art. 48 Rn. 29; *Teichmann*, ZGR 2002, 383 (454); MünchKommAktG/*Reichert*/*Brandes*, SE-VO, Art. 48 Rn. 16; a.A. siehe Fn. 914. Die hier vertretene Argumentation ist dem GmbH-Recht entlehnt; vgl. hierzu *Kropff*, in: Semler, AR Hdb., Rn. H 42.

921 Eine Regelung in der SCE-VO und keine in der SE-VO könnte jedoch auch für eine abschließende Regelung der SE-VO sprechen. Die SE-VO enthält jedoch lediglich keine eigene Bestimmung, sondern will dies über Art. 52 Unterabs. 2 SE-VO dem nationalen Recht überlassen.

922 Dies ist kein Widerspruch zu der Annahme, dass die Ersetzung aus einer partiellen Geschäftsführungsbefugnis folge, weil es sich bei § 111 Abs. 4 S. 4 AktG nur um eine Bestimmung der notwendigen Mehrheit handelt.

923 Siehe S. 152.

924 Vgl. *Schwarz*, SE-VO, Art. 48 Rn. 29; a.A. MünchKommAktG/*Reichert*/*Brandes*, SE-VO, Art. 48 Rn. 17; GroßkommAktG/*Hopt*/*Roth*, § 111 Rn. 863.

chen Beschlusses die Frage, wer die Vorlage an die Hauptversammlung beschließen kann. Im dualistischen System wird mit der Vorlage die Aufsicht umgangen. Dies ist unproblematisch, weil die Aktionäre nun das letzte Wort haben und keinen Schutz genießen. Übertragen auf das Verwaltungsorgan würde dies bedeuten, dass den Vorlagebeschluss nicht das Organ als solches träfe, sondern nur die Personen, denen hinsichtlich der Maßnahme die Geschäftsführungsbefugnis zukäme. Aufgrund des gemäß Art. 48 Abs. 1 Unterabs. 1 SE-VO notwendigen einheitlichen Beschlusses des Verwaltungsorgans haben für diese Maßnahme allerdings gerade alle die gemeinsame Geschäftsführungsbefugnis. Es gibt für diese Maßnahme keine nicht geschäftsführenden Mitglieder. Der Vorlagebeschluss muss folglich durch das Verwaltungsorgan gefasst werden. Eine Ersetzung eines Ablehnungsbeschlusses erfordert somit eine teilweise Bereitschaft der ablehnenden Mitglieder, einer Vorlage zuzustimmen.

l) Geschäftsordnung

Zur Frage der Zulässigkeit und des regelbaren Inhalts einer Geschäftsordnung[925] enthält die SE-VO keine Regelung. Es kommt insoweit aufgrund Regelungsoffenheit das nationale Recht zur Anwendung.[926] Das Verwaltungsorgan wird durch § 34 Abs. 2 S. 1 SEAG ermächtigt, sich eine Geschäftsordnung zu geben, wobei die Satzung gemäß § 34 Abs. 2 S. 2 SEAG Einzelfragen bindend regeln kann. Da die Norm sich an § 77 Abs. 2 S. 2 AktG orientiert,[927] gilt wie im nationalen Recht auch für § 34 Abs. 1 S. 2 SEAG, dass die Satzung nicht die komplette Geschäftsordnung vorgeben kann.[928] Daraus, dass der deutsche Gesetzgeber das Verwaltungsorgan weitgehend dem Aufsichtsrat einer AG anzunähern versucht, folgt, dass das Verwaltungsorgan in der Geschäftsordnung hinsichtlich der Überwachungsaufgaben nur die Regelungen wie der Aufsichtsrat treffen kann.

Das Verwaltungsorgan führt dagegen auch die außergewöhnlichen Geschäfte, sodass hinsichtlich dieser die Geschäftsordnung das regeln kann, was die Vorstandsgeschäftsordnung bestimmen kann. Daher findet zusätzlich § 77 Abs. 1 S. 2 AktG analog Anwendung. In der Geschäftsordnung kann daher die Geschäftsverteilung vorgenommen werden.[929] Um die durch eine Aufgabenverteilung auftretenden Informationsasymmetrien zu verringern, kann die Geschäftsordnung wie im dualisti-

[925] Eine Muster-Geschäftsordnung ist bei *Lutter/Kollmorgen/Feldhaus*, BB 2007, 509 (509 ff.) zu finden.

[926] Vgl. *Schwarz*, SE-VO, Art. 43 Rn. 138; für das Leitungsorgan: *Manz*, in: Manz/Mayer/-Schröder, SE, Art. 39 Rn. 55; *Leupold*, SE, S. 86.

[927] Vgl. RegBegr. zu § 34 Abs. 2 SEAG, BT-Drucks. 15/3405, S. 38.

[928] Vgl. *Schwarz*, SE-VO, Anh. Art. 43 Rn. 198.

[929] Zu den möglichen Varianten einer zulässigen Geschäftsverteilung vgl. *Hüffer*, AktG, § 77 Rn. 10; MünchKommAktG/*Hefermehl/Spindler*, § 77 Rn. 32; GroßkommAktG/*Kort*, § 77 Rn. 24; *Ringleb*, in: Ringleb, DCGK, Rn. 501. Die Einzelgeschäftsführung kann wie im dt. Recht unbeschränkt sein, aber auch u.a. funktions- bzw. spartenbezogen beschränkt oder mit einer Gesamtgeschäftsführung mehrerer kombiniert werden.

schen System eine die Informationspflichten (Art. 44 Abs.1 SE-VO) konkretisierende Informationsordnung festlegen.[930]

Das deutsche Recht ermöglicht gemäß § 77 Abs.1 S. 2 AktG, in der Geschäftsordnung auch die Beschlussfassungsregeln zu bestimmen. Für eine SE besteht diese Möglichkeit jedoch aufgrund des Art. 50 Abs. 1 SE-VO nur, wenn die Satzung eine entsprechende Ermächtigung enthält.[931]

Für den Beschluss über die Geschäftsordnung gilt allein Art. 50 Abs. 1 SE-VO, sodass mangels einer Satzungsregelung der Beschluss anders als im deutschen Recht[932] mit der Mehrheit der anwesenden Mitglieder gefasst wird.[933]

m) Trennung in geschäfts- und nicht geschäftsführende Mitglieder

Die SE-VO enthält zur organinternen Aufgabenverteilung – anders als die Vorgängervorschläge[934] – lediglich in Erwägungsgrund 14 SE-VO den Wunsch einer klaren Abgrenzung der Aufgaben, obwohl es Vorschläge gab, die nicht an der Geschäftsführung beteiligten Mitglieder des Verwaltungsorgans durch die SE-VO zur Überwachung der geschäftsführenden Mitglieder zu verpflichten.[935] Art. 43 Abs. 1 S. 2 SE-VO regelt dabei nicht die Trennung in geschäftsführende und nicht geschäftsführende Mitglieder.[936] Es kommt somit aufgrund bestehender Regelungsoffenheit auf das nationale Recht an.[937] Eine zwingende Aufteilung ist dabei ein wesentlicher Schritt, das Ziel einer Trennung der Überwachung und Geschäftsführung zu erreichen und eine gewisse Qualität der Überwachung sicherzustellen.[938]

---

930 Vgl. *Lutter/Kollmorgen/Feldhaus*, BB 2007, 509 (510). Zum dualistischen Modell vgl. MünchKommAktG/*Hefermehl/Spindler*, § 77 Rn. 39; *Lutter*, ZHR 159 (1995), 287 (308); *Lutter/Krieger*, Aufsichtsrat, Rn. 311 ff.; *Arbeitskreis der Schmalenbach-Gesellschaft für Betriebswirtschaft*, Beilage 11 DB 2000, Rn. 10.

931 Siehe oben S. 118.

932 § 77 Abs. 2 S. 3 AktG lässt dagegen nur einen einstimmigen Vorstandsbeschluss zu.

933 So für das dualistische System *Schwarz*, SE-VO, Art. 39 Rn. 95. Dies folgt daraus, dass Art. 50 Abs. 1 SE-VO keine Öffnung für nationale Vorschriften (wie z.B. Art. 57 SE-VO für die Hauptversammlung) enthält, die wie § 77 Abs. 2 S. 3 AktG eine höhere Mehrheit vorsehen. Aus der Regelungsoffenheit bezüglich einer Geschäftsordnung kann auch nicht geschlossen werden, dass die diesbezügliche Beschlussfassung als Annex sich ebenfalls nach nationalem Recht richtet. So aber *Leupold*, SE, S. 97. Widersprüchlich *Manz*, in: Manz/Mayer/Schröder, SE, der annimmt (Art. 50 Rn. 25), dass zwar § 77 Abs. 2 S. 3 AktG gilt, aber die Satzung aufgrund des Art. 50 Abs. 1 SE-VO abweichen kann.

934 Die Vorgängervorschrift Art. 66 Abs. 2 S. 1 SE-VOV 1989 verpflichtete das Verwaltungsorgan dagegen noch ausdrücklich, einem oder mehreren seiner Mitglieder die Geschäftsführung zu übertragen; vgl. Begr. zum SE-VOV 1989, BT-Drucks. 11/5427, S. 11; *Hauschka*, EuZW 1990, 181 (182 f.); *Hommelhoff*, AG 1990, 422 (427).

935 Vgl. den Vorschlag des EP, ABl. EG C 48 v. 25.02.1991, S. 89, in Art. 66 SE-VOV 1989 einen entsprechenden Absatz 2a einzufügen.

936 Siehe oben S. 129.

937 Vgl. *Hommelhoff*, AG 2001, 279 (284); *Schwarz*, SE-VO, Art. 48 Rn. 20.

938 So auch *Schwarz/Lösler*, NotBZ 2001, 117 (122); *Merkt*, ZGR 2003, 650 (666 f.); *Schwarz*, Europäisches Gesellschaftsrecht, Rn. 1159; *Hommelhoff*, AG 1990, 422 (427 f., 435). So sehen etliche Corporate Governance Kodizes und Börsenzulassungsregeln für monistische Systeme eine zwingende Bestellung eines bestimmten Anteils an nicht geschäftsführenden Mitgliedern vor; vgl. *Sokolowski*, Überwachung in einer SE, S. 125.

aa) Verordnungskonforme Auslegung des § 40 Abs. 1 S. 2 SEAG

Den zwingend einzurichtenden Geschäftsführern weist § 40 Abs. 2 S. 1 SEAG die Geschäftsführung zu. Folgt man dem Wortlaut des deutschen Rechts, obliegt dem Verwaltungsorgan gemäß Art. 43 Abs. 1 S. 1 SE-VO (§ 22 Abs. 1 SEAG) nur noch die Leitung. Lediglich durch die Bestellung einzelner Mitglieder zu Geschäftsführern würden diese über die Leitung hinaus Geschäftsführungsaufgaben wahrnehmen.

Da das deutsche Recht gemäß § 40 Abs. 1 S. 2 SEAG die Bestellung von Verwaltungsorganmitgliedern zu Geschäftsführern nur zulässt, solange das Verwaltungsorgan noch mehrheitlich mit Nicht-Geschäftsführern besetzt ist,[939] folgt, dass das deutsche Recht mit einer Trennung des Verwaltungsorgans in geschäftsführende und nicht geschäftsführende Mitglieder eine dem Aufsichtsrat angenäherte unabhängige Kontrolle sicherstellen will.[940] Ein entsprechender Wille ist nicht nur aus der Beschränkung der Bestellung von Verwaltungsorganmitgliedern zu Geschäftsführern zu entnehmen, sondern auch aus der weitgehenden Gleichstellung des Verwaltungsorgans mit einem deutschen Aufsichtsrat.[941] So wird hinsichtlich der Vergütung und der Ausschussbildung auf das Recht des Aufsichtsrats verwiesen. Des Weiteren werden nur Ersatzmitglieder zugelassen (§ 28 Abs. 3 SEAG) sowie die Geschäftsführer gemäß § 40 Abs. 6 SEAG zu einer Berichterstattung entsprechend § 90 AktG verpflichtet. Die Geschäftsführer sind dagegen weitgehend wie der Vorstand einer AG ausgestaltet.[942]

Die Aufgabenzuweisung des SEAG führt jedoch nicht zu einer Übertragung der gesamten Geschäftsführung auf die Geschäftsführer. Denn die SE-VO erlaubt nur die Übertragung der laufenden Geschäfte.[943] Das deutsche Recht ist daher verordnungskonform dahin gehend auszulegen, dass den Geschäftsführern nur die laufende Geschäftsführung übertragen wird;[944] die außergewöhnlichen Geschäfte verbleiben somit im Verwaltungsorgan. Ergebnis ist, dass die vom deutschen Gesetzgeber gewollte Beschränkung des Verwaltungsorgans auf die Leitung und Überwachung nicht erreicht wird.

Das Ziel einer Trennung der Geschäftsführung und Überwachung kann aber erreicht werden, indem man § 40 Abs. 1 S. 2 SEAG dahingehend auslegt, dass hinsichtlich der außergewöhnlichen Geschäfte eine zwingende organinterne Aufgabenverteilung vorzunehmen ist.[945] Da im Verwaltungsorgan keine Weisungsabhängigkeit besteht, führt dies zu einer weitgehend unabhängigen Kontrollinstanz.

---

939 So bereits ausdrücklich Art. 66 Abs. 2 S. 2 SE-VOV 1989.

940 So die RegBegr. zu § 27 SEAG, BT-Drucks. 15/3405, S. 37 f.

941 Vgl. *Waclawik*, DB 2004, 1191 (1196).

942 Vgl. *Waclawik*, DB 2004, 1191 (1196).

943 Vgl. dazu unten S. 180.

944 Vgl. *Schwarz*, SE-VO, Anh. Art. 43 Rn. 276; *Manz*, in: Manz/Mayer/Schröder, SE, Art. 43 Rn. 136; *Kallmeyer*, ZIP 2003, 1531 (1532). So ausdrücklich § 56 Abs. 1 S. 1 öSEG.

945 Dies für eine konzerneingebundene bzw. mitbestimmte SE anregend: *Teichmann*, ZGR 2002, 383 (452). Der Auslegung, dass die außergewöhnlichen Geschäfte zwingend auf die Geschäftsführer delegiert werden müssen, steht Art. 43 Abs. 1 S. 2 SE-VO entgegen, der ei-

Zu einer solchen Regelung wird der Gesetzgeber durch Art. 43 Abs. 4 SE-VO ermächtigt. Dies ist kein Teil der Ermächtigung des Art. 43 Abs. 1 S. 2 SE-VO,[946] sodass die Ermächtigung des Art. 43 Abs. 4 SE-VO nicht eingeschränkt ist.[947] Dies bedeutet dann folgende Aufgabenverteilung: Das Verwaltungsorgan ist in seiner Gänze zur Leitung und Kontrolle verpflichtet, wobei die Kontrolle teilweise auf Ausschüsse übertragbar ist, hinsichtlich der laufenden Geschäfte besteht die Zuständigkeit der Geschäftsführer, und bezüglich der außergewöhnlichen Geschäfte ist das Verwaltungsorgan verpflichtet, eine organinterne Aufgabenverteilung vorzunehmen, was zu geschäftsführenden und nicht geschäftsführenden Mitgliedern führt.[948] Diese Einteilung ist unabhängig davon, ob ein Verwaltungsorganmitglied zu einem Geschäftsführer bestellt wird oder nicht.

Die vom deutschen Gesetzgeber beabsichtigte Wahrnehmung der Geschäftsführung durch die Geschäftsführer kann verordnungskonform erreicht werden, wenn mindestens ein Verwaltungsorganmitglied zum Geschäftsführer bestellt wird und diesem Mitglied die gesamte außergewöhnliche Geschäftsführung übertragen wird. Dies ist kein Widerspruch zu dem bisher gesagten, denn das Mitglied führt als Geschäftsführer lediglich die laufenden Geschäfte und als Verwaltungsorganmitglied die außergewöhnlichen Geschäfte. Werden auch Dritte zu Geschäftsführern bestellt, sind diese nur zur laufenden Geschäftsführung befugt.

bb) Anforderungen an nicht geschäftsführende Mitglieder

Sofern das nationale Recht bzw. geltende Corporate Governance Kodices die Besetzung der nicht geschäftsführenden Mitglieder mit unabhängigen Mitgliedern vorschreiben, so gilt dies über Art. 47 Abs. 2 Buchst. a SE-VO auch für eine SE.[949] Das gleiche gilt, sofern für bestimmte Ausschüsse wie z.B. den Prüfungsausschuss (Audit Committee) oder Vergütungsausschuss (Compensation Committee) die Zusammensetzung aus ausschließlich nicht geschäftsführenden und häufig auch unabhängigen Mitgliedern vorgesehen ist.[950] Die Regelungen der Kodices gelten im Rahmen der Privatautonomie, ein Verstoß führt nicht wie bei gesetzlichen Anforderungen zu einer Unwirksamkeit der Bestellung. Das nationale Recht sowie die Kodices bestimmen dabei, wann ein Mitglied als unabhängig anzusehen ist. Dies kann zu erheblichen Konflikten mit der Mitbestimmung führen, wenn nur das Mitglied als unabhängig angesehen wird, das zu keinem Zeitpunkt oder seit längerem kein Arbeitnehmer der Gesellschaft war.[951]

---

ner gesetzlichen Übertragung der außergewöhnlichen Geschäfte – sei es auch in der Form der zwingenden Delegation durch das Organ – entgegensteht.

946 Art. 43 Abs. 1 S. 2 SE-VO gilt nur für die laufenden Geschäfte.

947 Zu den Grenzen der Kompetenz des Art. 43 Abs. 4 SE-VO siehe S. 180.

948 Die Einrichtung der Geschäftsführer führt zwar bereits zu einer gewissen Aufteilung des Verwaltungsorgans in geschäftsführende und nicht geschäftsführende Mitglieder, aber das Weisungsrecht obläge ohne weitere Aufteilung – wie auch die außergewöhnliche Geschäftsführung – dem Gesamtorgan. Erst die Verteilung dieser Aufgaben führt zu einem weitgehenden Rückzug der nicht geschäftsführenden Mitglieder auf die Kontrolle.

949 Ähnlich *Schwarz*, SE-VO, Art. 43 Rn. 21.

950 Vgl. unten S. 271 ff.

951 Siehe unten S. 271 ff.

cc) Arbeitnehmervertreter als geschäftsführende Mitglieder

Anders als der deutsche Gesetzgeber annimmt,[952] können seitens der SE-VO Arbeitnehmervertreter aufgrund ihrer Organstellung auch zu geschäftsführenden Mitgliedern ernannt werden, weil den Arbeitnehmervertretern ohne Geschäftsverteilung nicht nur die Leitung, sondern auch die gesamte Geschäftsführung obliegt.[953] Aus Art. 50 Abs. 2 S. 2 SE-VO folgt jedoch, dass den Arbeitnehmervertretern kein Alleinentscheidungsrecht zustehen darf.[954] Ausschüsse dürfen zudem nur maximal paritätisch mit Arbeitnehmervertretern besetzt sein.[955]

n) Delegation

aa) Zulässigkeit und Voraussetzungen

Zur Frage, ob und wie Aufgaben auf außenstehende Personen schuldrechtlich delegiert werden können, enthält die SE-VO wie auch das SEAG keine Regelung. Die Delegation ist kein Teil der Ermächtigung des Art. 43 Abs. 1 S. 2 SE-VO, weil diese Regelung aufgrund der Entstehungsgeschichte nur die gesellschaftsrechtliche Aufgabenverteilung betrifft. Zudem führt Art. 43 Abs. 1 S. 2 SE-VO zu einer Haftungsabgrenzung, die bei einer Delegation nicht eintritt.

Auch das deutsche Aktienrecht enthält sich einer ausdrücklichen Regelung. Der Vorstand kann dennoch Aufgaben delegieren, wenn sichergestellt ist, dass bindende Weisungen erteilt werden können und die Übertragung nicht endgültig ist.[956] Diese Grundsätze gelten aufgrund bestehender Regelungsoffenheit zunächst auch für das Verwaltungsorgan einer SE.

Eine teilweise Ausnahme von diesen Voraussetzungen stellt Art. 43 Abs. 1 S. 2 SE-VO dar. Sofern die Mitgliedstaaten solche Geschäftsführer einrichten, führen diese die laufenden Geschäfte zwar auch weisungsabhängig,[957] aber das Verwaltungsorgan kann die laufenden Geschäfte nicht anderweitig delegieren, wenn die Geschäftsführer – wie in Deutschland – zwingend (§ 40 Abs. 1 S. 1 SEAG) vorgesehen sind. Aus dem bestehenden Weisungsrecht folgt nur, dass das Verwaltungsorgan lediglich einzelne Geschäfte wieder an sich ziehen und damit anderweitig delegieren kann.[958]

---

952 Vgl. Rechtsausschuss des Bundestages zum SEEG, BT-Drucks. 15/4053, S. 59. So auch *Ihrig/Wagner*, BB 2004, 1749 (1758); *Schwarz*, SE-VO, Anh. Art. 43 Rn. 269; *Manz*, in: Manz/Mayer/Schröder, SE, Art. 43 Rn. 127; *Wisskirchen/Prinz*, DB 2004, 2638 (2641).

953 Ähnlich MünchKommAktG/*Reichert/Brandes*, SE-VO, Art. 44 Rn. 56; *Kalss/Greda*, in: Kalss/Hügel, SE, § 59 SEG Rn. 10.

954 Siehe oben S. 131 f.

955 Siehe oben S. 135.

956 Vgl. *Semler*, Überwachung, Rn. 22 ff.; *Schwarz*, SE-VO, Art. 39 Rn. 47. So bereits Art. 66 Abs. 2 S. 3 SE-VOV 1989 und 1991, die für das Verwaltungsorgan vorsahen, dass die Übertragung der Aufgaben jederzeit widerrufen werden konnte. A.A. *Manz*, in: Manz/Mayer/-Schröder, SE, Art. 39 Rn. 58.

957 Zu den Einzelheiten siehe S. 196 ff.

958 Siehe S. 98.

bb) Außergewöhnliche Geschäfte

Die Geschäftsführer führen die außergewöhnlichen Geschäfte nur, wenn diese ihnen rechtsgeschäftlich übertragen werden, weil Art. 43 Abs. 1 S. 2 SE-VO nur für die laufenden Geschäfte gilt.[959] Der schuldrechtlichen Delegation der außergewöhnlichen Geschäfte könnte jedoch § 40 Abs. 2 S. 3 SEAG entgegenstehen, der es dem Verwaltungsorgan untersagt, die gesetzlich zugewiesenen Aufgaben zu übertragen, zu denen auch die außergewöhnlichen Geschäfte zählen.[960]

Der Gesetzgeber geht allerdings davon aus, dass die Geschäftsführer bereits die außergewöhnlichen Geschäfte führen, insoweit eine gesellschaftsrechtliche Delegation gegeben ist. Da dies die SE-VO nicht zulässt, ist dem Willen des Gesetzgebers entsprechend zu folgern, dass die außergewöhnlichen Geschäfte delegiert werden können, um dem beabsichtigten Ziel einer unabhängigen Kontrolle nahe zu kommen.[961] § 40 Abs. 2 S. 3 SEAG ist daher teleologisch zu reduzieren und weitgehend auf den Regelungsbereich des § 111 Abs. 5 AktG zu beschränken, den der Gesetzgeber anscheinend als Vorbild genommen hat.

Sofern bestimmte Arten von außergewöhnlichen Geschäften in der Satzung einem ausdrücklichen Beschluss unterworfen sind, können diese Aufgaben auch nicht auf Dritte delegiert werden, weil hinsichtlich dieser Geschäfte bereits eine organinterne Aufgabenverteilung unzulässig ist. Art. 48 Abs. 1 Unterabs. 1 SE enthält somit ein Delegationsverbot.[962]

cc) Überwachung und Leitung

Überwachungs- und Leitungsaufgaben dürfen dagegen in keinem Fall auf außenstehende Personen delegiert werden. Hinsichtlich der Leitung ergibt sich dies aus dem Verbot einer organinternen Verteilung, für die Überwachungsaufgaben folgt dies aus § 40 Abs. 2 S. 3 SEAG.[963] Eine Art. 41 Abs. 4 SE-VO vergleichbare Übertragung der Durchführung von Überprüfungsaufgaben auf Dritte ist dennoch zulässig, weil dies keine Übertragung von Organbefugnissen darstellt, sondern das Verwaltungsorgan stattet wie das Aufsichtsorgan den Dritten mit eigenen Befugnissen aus.[964]

o) Verhältnis zur Hauptversammlung

aa) Weisungsabhängigkeit

Art. 43 Abs. 1 S. 1 SE-VO enthält keine Formulierung, dass die Geschäftsführung in eigener Verantwortung übertragen wird. Das Verwaltungsorgan ist damit auch bei einem Verständnis der Formulierung „in eigener Verantwortung“ als

---

959 Siehe S. 97.

960 Vgl. *Schwarz*, SE-VO, Art. 43 Rn. 28, 33; *Merkt*, ZGR 2003, 650 (662).

961 Damit wird erreicht, dass das Verwaltungsorgan nur noch die Leitung selbst wahrzunehmen hat.

962 So *v. Werder*, RIW 1997, 304 (308), *Schwarz*, SE-VO, Art. 43 Rn. 56.

963 Vgl. so zum dt. Aktienrecht GroßkommAktG/*Kort*, § 76 Rn. 34.

964 Vgl. MünchKommAktG/*Semler*, § 111 Rn. 312.

Weisungsunabhängigkeit[965] anscheinend von der Hauptversammlung weisungsabhängig.[966]

Die Frage, ob das Verwaltungsorgan Weisungen der Hauptversammlung zu folgen hat, ist ausschließlich eine Frage der Hauptversammlungskompetenzen. Da die SE-VO selbst keine solche Kompetenz vorsieht, ist über Art. 52 Unterabs. 2 SE-VO das Sitzstaatrecht entscheidend.[967] Sofern der Hauptversammlung Geschäftsführungsbefugnisse zustehen, folgt aus der zwingenden Geschäftsführungsaufgabe des Verwaltungsorgans, dass sich die Befugnis der Hauptversammlung bei der SE in ein Weisungsrecht gegenüber dem Verwaltungsorgan umwandelt.[968] Für eine SE in Deutschland bedeutet dies, dass grundsätzlich keine Weisungsrechte bestehen, weil der Hauptversammlung keine Geschäftsführungskompetenz zusteht. Lediglich für den Fall, dass eine Geschäftsführungsfrage der Hauptversammlung vorgelegt wird, hat die Hauptversammlung gemäß § 119 Abs. 2 AktG die Geschäftsführungsbefugnis.[969] § 119 Abs. 2 AktG spricht zwar nur von Vorstand, die Norm gilt aufgrund des § 22 Abs. 6 SEAG auch für das Verwaltungsorgan.[970] Vorlageberechtigt sind diejenigen, denen die entsprechende Geschäftsführungsbefugnis zusteht. Hinsichtlich der Umsetzung eines solchen Hauptversammlungsbeschlusses steht der Hauptversammlung gemäß § 83 Abs. 2 AktG analog ein Weisungsrecht zu.[971] Auf eine entsprechende Anwendung des § 44 Abs. 2 SEAG kann nicht zurückgegriffen werden, weil die Norm nur § 82 AktG als Vorbild hat.[972]

Das Gleiche gilt im Ergebnis über Art. 52 Unterabs. 2 SE-VO auch für die so genannten „Holzmüller"-/„Gelatine"-Fälle[973] und Unternehmensverträge, bei denen das Verwaltungsorgan nicht ohne eine Zustimmung der Hauptversammlung handeln kann.[974] Hier kann die Hauptversammlung das Verwaltungsorgan zum Ab-

---

965 Eine solche Auslegung ist im Rahmen der SE-VO aber abzulehnen. Siehe S. 194.

966 So *Kalss/Greda*, GesRZ 2004, 91 (106); *Heckschen*, in: Widmann/Mayer, UmwG, Anh. 14 Rn. 544; a.A. *Egermann/Heckenthaler*, GesRZ 2004, 256 (260 f.).

967 Vgl. *Manz*, in: Manz/Mayer/Schröder, SE, Art. 43 Rn. 3. A.A. MünchKommAktG/*Reichert/-Brandes*, SE-VO, Art. 40 Rn. 9.

968 Siehe oben S. 52. Die Rechtslage ist damit wie bei § 83 Abs. 2 AktG. A.A. *Mayer*, in: Manz/Mayer/Schröder, SE, Art. 52 Rn. 11. Das Gleiche gilt im Leitungsorgan, ist aber von den nationalen Kompetenzen der Hauptversammlung abhängig. Die Funktion des Aufsichtsorgans würde in einem System mit umfassender Hauptversammlungszuständigkeit jedoch erheblich entwertet werden, weil kaum noch etwas zu überwachen wäre, wenn die meisten Entscheidungen von der Hauptversammlung getroffen würden.

969 Vgl. MünchKommAktG/*Kubis*, § 119 Rn. 18.

970 Vgl. *Kämmerer/Veil*, ZIP 2005, 369 (373); *Schwarz*, SE-VO, Art. 52 Rn. 24; MünchKommAktG/*Reichert/Brandes*, SE-VO, Art. 43 Rn. 10; *Roth*, ZfA 2004, 431 (452); a.A. *Brandt*, Hauptversammlung der SE, S. 115.

971 Vgl. zum dt. Recht MünchKommAktG/*Hefermehl/Spindler*, § 84 Rn. 11, 15.Zur Lückenschließung im SEAG siehe S. 62 f. Ebenso MünchKommAktG/*Reichert/Brandes*, SE-VO, Art. 43 Rn. 107.

972 Vgl. RegBegr. zu § 44 SEAG, BT-Drucks. 15/3405, S. 39.

973 Vgl. *BGH*, BGHZ 83, 122 (130 ff.); *BGH*, BGHZ 159, 30 (36 ff.). Die Rechtsprechung stützt ihre Ansicht auf eine allgemeine Rechtsfortbildung; vgl. *Goette*, DStR 2005, 603 (605).

974 Im Ergebnis ebenso *Casper*, in: FS Ulmer, 51 (69); *Schwarz*, SE-VO, Art. 52 Rn. 35 f.; a.A. *Brandt*, Hauptversammlung der SE, S. 127 ff.

schluss solcher Verträge anweisen.[975] Der Grad der Weisungsunabhängigkeit des Verwaltungsorgans von der Hauptversammlung ergibt sich somit allein aus nationalem Recht.

bb) Berichtspflicht gegenüber der Hauptversammlung

Die SE-VO enthält keine Regelung zu Berichtspflichten des Verwaltungsorgans gegenüber der Hauptversammlung. Insoweit gilt über Art. 61 SE-VO das nationale Recht, das in § 171 Abs. 1 und Abs. 2 S. 1 AktG i.V.m. § 22 Abs. 6 SEAG eine Pflicht zur Berichterstattung über die Prüfung des Abschlusses und Lageberichts vorsieht.[976] Fraglich ist, ob das Verwaltungsorgan in gleicher Weise wie der Aufsichtsrat einer deutschen AG berichten muss. Denn wesentlicher Inhalt der Pflicht des § 171 Abs. 2 S. 2 HS 1 AktG ist es, über Art und Umfang der Prüfung der Geschäftsführung zu berichten, wobei das Aufsichtsorgan dabei detaillierte Angaben über Häufigkeit der Sitzungen (§ 171 Abs. 2 S. 2 HS 2 AktG), den Prüfungsgegenstand und -methodik machen muss.[977] Da mit § 171 Abs. 2 AktG der Rechenschaftsfunktion Rechnung getragen und die Hauptversammlung mit den nötigen Informationen versorgt werden soll,[978] muss dies in gleichem Umfang für das Verwaltungsorgan gelten. Das gleiche gilt für die Prüfung des Abhängigkeitsberichts gemäß § 314 Abs. 2 S. 1 AktG.[979] Auch der DCGK (Ziffer 5.4.8 und 5.5.3) enthält Berichtspflichten gegenüber der Hauptversammlung, die zu einer besseren Informationsversorgung beitragen sollen.[980] Aufgrund des größeren Aufgabenspektrums hat das Verwaltungsorgan aber auch über die Geschäftsführungstätigkeit zu berichten.

p) Anstellungsvertrag

Aufgrund der Vereinigung der Geschäftsführungs- und Überwachungsaufgabe in einem Organ steht das Organmitglied – selbst wenn es nicht geschäftsführend ist – aufgrund der Leitungsverantwortung zwischen dem Leitungs- und Aufsichtsorgan. Die vordringliche Aufgabe der Organmitglieder ist dabei sicherlich die Leitung und Geschäftsführung der Gesellschaft. Um hier einen von Seiten der Gesellschaft durchsetzbaren Anspruch zu haben, sollte es der Gesellschaft möglich sein, zumindest mit den geschäftsführenden Verwaltungsorganmitgliedern neben der korporationsrechtlichen Bestellung einen schuldrechtlichen Anstellungsvertrag zu schließen, insbesondere, um eine dem Haftungsrisiko entsprechende Vergütung zukommen zu lassen und dienstvertraglich abzusichern.[981] Aufgrund der Nähe zu den

---

975 Vgl. zum dt. Recht MünchKommAktG/*Hefermehl/Spindler*, § 83 Rn. 5 f.

976 Zu den Berichtsinhalten vgl. *Maser/Bäumker*, AG 2005, 906 (907).

977 Vgl. *LG München I*, AG 2005, 408 (408). Zustimmend, aber nach der wirtschaftlichen Situation differenzierend: *Maser/Bäumker*, AG 2005, 906 (908 f.); wohl auch *Vetter*, ZIP 2006, 257 (262).

978 Vgl. *Maser/Bäumker*, AG 2005, 906 (908).

979 Vgl. *Maser/Bäumker*, AG 2005, 906 (910). Zu den Problemen der Prüfung des Abhängigkeitsberichts im monistisch organisierten Konzern siehe S. 206.

980 Vgl. unten S. 277, 281.

981 So auch *Manz*, in: Manz/Mayer/Schröder, SE, Art. 43 Rn. 33; *Schwarz*, SE-VO, Art. 43 Rn. 117.

Aufgaben und der Haftung eines Leitungsorganmitglieds steht die SE-VO einer entsprechenden vertraglichen Regelung und Vergütung der Verwaltungsorganmitglieder nicht entgegen.

aa) Inhalt

Der deutsche Gesetzgeber hat für die Vergütung mit der Verweisung des § 38 Abs. 1 SEAG auf § 113 AktG Beschränkungen festgelegt. Bei strenger Anwendung der Verweisung bedeutet die Gleichstellung mit dem Aufsichtsrat einer deutschen AG, dass sich die Vergütung für alle Organmitglieder demnach an den Aufsichtsratsgrundsätzen zu orientieren habe.[982] Damit könnte anders als ein Leitungsorganmitglied ein Verwaltungsorganmitglied z.B. keine Vergütung in Form von Aktienoptionen erhalten.[983] Aus Anreizgesichtspunkten ist die Zulässigkeit von Aktienoptionen bzw. anderen anreizkompatiblen Vergütungssystemen besonders wichtig. Aktienoptionen sollen dabei gerade nicht für einen kurzfristigen Erfolg gewährt werden, sondern durch entsprechende Haltefristen zu einer Steigerung der langfristigen Erfolgslage führen. Diese ist wesentlich von den Leitungsentscheidungen abhängig, sodass Aktienoptionen eher für Verwaltungsorganmitglieder als für Geschäftsführer zulässig sein sollten.

Diese aus der wortlautgetreuen Anwendung des § 38 Abs. 1 SEAG folgende Unattraktivität des monistischen Systems könnte gegen Art. 38 SE-VO verstoßen, der den Mitgliedstaaten keine Möglichkeit gewährt, ein System auszuschließen oder einzuschränken. Dazu zählen auch faktische Einschränkungen, solange diese nicht gerechtfertigt sind. Aus diesem Grund ist der Sinn des § 113 AktG zu ermitteln.

Wesentlicher Regelungsinhalt des zur Anwendung berufenen § 113 AktG ist, zu verhindern, dass durch eine Festlegung der Vergütung seitens des Vorstands dieser ein Druckmittel gegenüber dem Aufsichtsrat erhält und somit die Unabhängigkeit der Überwachung untergraben wird.[984] Die Festlegung der Vergütung durch die Hauptversammlung verhindert damit ein Aufweichen der Unabhängigkeit, sie dient aber auch dem Schutz der Gesellschaft vor schädlichen Eingriffen in das Gesellschaftsvermögen. Das Verbot der Aktienoptionen an Aufsichtsratsmitglieder wird ebenfalls mit der Unabhängigkeit begründet, weil mit den Optionen die Überwachenden und die zu Überwachenden gleichgerichtete Interessen hätten.[985]

Im Verwaltungsorgan ist die Unabhängigkeit der Kontrolle dagegen weniger relevant, weil die Kontrolle und Geschäftsführung in einem Organ zusammenfallen. Entscheidender ist hier der Schutz des Gesellschaftsvermögens. Zum Abschluss eines Anstellungsvertrages und damit zur Festlegung der Vergütung wären aufgrund des § 41 Abs. 1 SEAG die Geschäftsführer zuständig, die allerdings gemäß § 44 Abs. 2 SEAG der Weisung des Verwaltungsorgans unterliegen.[986] Das Ver-

---

[982] So wohl *Waclawik*, DB 2004, 1191 (1196).
[983] Vgl. Fn. 1762.
[984] Vgl. *Hüffer*, AktG, § 113 Rn. 1; *Kremer*, in: Ringleb, DCGK, Rn. 741.
[985] Siehe unten Fn. 1762.
[986] Mit Zweifeln an der Zuständigkeit der Geschäftsführer; vgl. *Gemeinsamer Arbeitsausschuss der deutschen Arbeitgeberverbände*, Stellungnahme, 1 (4).

waltungsorgan könnte somit im Ergebnis die eigene Vergütung festlegen. Selbst wenn man für diesen Fall die Weisungsabhängigkeit versagen würde, bestünde gegenüber dem Dualismus ein erhöhtes Erpressungspotential, weil die Geschäftsführer gemäß § 40 Abs. 1 S. 1 SEAG vom Verwaltungsorgan bestellt werden und jederzeit (§ 40 Abs. 5 S. 1 SEAG) abberufen werden können. Es ist daher auch für die Vergütung des Verwaltungsorgans von erheblicher Bedeutung, die Festlegung dieser der Hauptversammlung zuzuweisen, um eine Schädigung des Gesellschaftsvermögens zu verhindern.

Wesentlicher Inhalt des § 113 AktG ist somit, die Festlegung der Vergütung der Hauptversammlung zuzuweisen. Die Verweisung auf § 113 AktG ist folglich zunächst nur eine Kompetenzzuweisung, die über Art. 52 Unterabs. 2 SE-VO zur Anwendung kommt.[987] Den Kapitalgebern steht damit anders als im dualistischen System die Möglichkeit zu, die Vergütung der Unternehmensleitung zu bestimmen und nicht nur aus dem Anhang zu erfahren.

Dennoch könnte für die Vergütungsbestandteile eine Gleichstellung mit dem Aufsichtsorgan gewollt sein. Eine Beschränkung auf die Vergütungsgrundsätze des Aufsichtsorgans wäre nachvollziehbar, wenn die Verwaltungsorganmitglieder tatsächlich mehr oder weniger nur Kontrollaufgaben wahrnehmen würden. Davon scheint der deutsche Gesetzgeber auszugehen, der zum einen mit § 40 Abs. 2 S. 1 SEAG die Geschäftsführung den Geschäftsführern überträgt und zum anderen das Verwaltungsorgan parallel zum Aufsichtsrat regelt.[988] Wie oben dargelegt, hat das Verwaltungsorgan gemäß Art. 43 Abs. 1 S. 2 SE-VO neben der Leitung auch die außergewöhnlichen Geschäfte zu führen, wobei aus der deutschen Regelung eine zwingende organinterne Aufgabenverteilung folgt.[989] Für die Attraktivität des monistischen Systems ist entscheidend, dass zumindest diejenigen Organmitglieder, die Geschäftsführungsaufgaben wahrnehmen, eine vorstandsähnliche Vergütung erhalten können.

Dies wäre weitgehend auch im Rahmen des § 113 AktG möglich, weil die Norm eine angemessene Vergütung ermöglicht. Insbesondere für die Frage der Angemessenheit der Vergütung sind die Befugnisse von erheblicher Relevanz, sodass die Vergütung der Verwaltungsorganmitglieder nicht anhand der Aufsichtsrats-, sondern der Vorstandsvergütung zu bemessen und zu bewerten ist. Denn Pflichten und damit die Haftung entsprechen denen der Leitungsorganmitglieder.[990]

Wenn man hinsichtlich der Angemessenheit auf die Grundsätze der Vorstandsvergütung abstellt, so müssen die für einen Vorstand möglichen Vergütungselemente auch für ein Verwaltungsorganmitglied gelten. Daher ist die Verweisung auf § 113 AktG nicht als Gleichstellung mit dem Aufsichtsrat zu verstehen, sondern nur als eine Kompetenzzuweisung der Vergütungsfestlegung an die Hauptver-

987 Vgl. *Schwarz*, SE-VO, Art. 43 Rn. 118.

988 Siehe oben S. 149.

989 Siehe S. 149.

990 § 39 SEAG verweist für die Haftung auf § 93 AktG. Aufgrund der Aufgaben ist nicht wie beim Aufsichtsorgan auf einen Überwachenden, sondern Geschäftsleiter abzustellen, siehe S. 166.

sammlung.[991] Hinsichtlich der Vergütung gelten die Vorstandsregeln entsprechend, folglich § 87 AktG analog und §§ 71 Abs. 1 Nr. 8 S. 5 i.V.m. 193 Abs. 2 Nr. 4 AktG analog, sodass Aktienoptionen zulässig sind.[992]

Lediglich für die nicht geschäftsführenden Mitglieder steht nach dem Willen des deutschen Gesetzgebers die Überwachung im Vordergrund, sodass hinsichtlich dieser die Verweisung auf § 113 AktG auch die Vergütungsbestandteile umfasst, die für ein Aufsichtsratsmitglied gelten. Mit diesen Mitgliedern kann somit kein Anstellungsvertrag geschlossen werden. Dies ist sinnvoll, weil ein Anstellungsvertrag in der Regel die Unabhängigkeit ausschließt.[993] Die den nicht geschäftsführenden Mitgliedern zustehende Leitungsverantwortung kann im Rahmen der Angemessenheit der Vergütung berücksichtigt werden. Aktienoptionen können diesen Mitgliedern jedoch nicht gewährt werden.[994]

Sofern man die Verweisung des § 38 Abs. 1 SEAG nicht einschränkend ausgelegt, gelangt man zumindest für die Verwaltungsorganmitglieder, die Geschäftsführer sind, zu einem ähnlichen Ergebnis, denn § 38 Abs. 1 SEAG wird dann von § 40 Abs. 7 SEAG verdrängt.[995]

bb) Abschlusskompetenz

Die Festlegung der Vergütung in Art und Höhe obliegt für die Verwaltungsorganmitglieder gemäß § 38 Abs. 1 SEAG i.V.m. § 113 AktG der Hauptversammlung bzw. der Satzung. Der Abschluss eines solchen Anstellungsvertrages ist Aufgabe des Vertretungsorgans, somit der Geschäftsführer. Diese sind bei der inhaltlichen Gestaltung des Vertrages an die von der Hauptversammlung gesetzten Grenzen gebunden. Aus der Kompetenz der Hauptversammlung für die Vergütung könnte man schließen, dass diese auch zum Abschluss des Vertrages befugt sei.[996] Für das erste Verwaltungsorgan kann die Vergütung gemäß § 38 Abs. 1 SEAG i.V.m. § 113 Abs. 2 AktG nur nachträglich und auch nur durch die Hauptversammlung festgesetzt werden.

q) Gesamtverantwortung

Aus der Zuweisung der Geschäftsführung an das Verwaltungsorgan (Art. 43 Abs. 1 S. 1 SE-VO) folgt, dass hinsichtlich aller Aufgaben eine Gesamtgeschäftsführung und Gesamtverantwortung des Verwaltungsorgans besteht.[997] Eine entsprechende Formulierung „in eigener Verantwortung" fehlt zwar in Art. 43 Abs. 1 S. 1 SE-VO, aber dies ist auch überflüssig, weil im monistischen System keine

---

[991] Vgl. *Schwarz*, SE-VO, Art. 43 Rn. 118.
[992] Vgl. *Schwarz*, SE-VO, Art. 43 Rn. 119.
[993] Vgl. Ziffer 13.2 i.V.m. Anhang II Nr. 1b EU-Kom.-Empfehlung.
[994] Vgl. Fn. 1762.
[995] Vgl. MünchKommAktG/*Reichert/Brandes*, SE-VO, Art. 44 Rn. 4, 76 ff.
[996] So für eine österreichische SE *Egermann/Heckenthaler*, GesRZ 2004, 256 (266).
[997] Vgl. *Schwarz*, SE-VO, Art. 43 Rn. 16; *Manz*, in: Manz/Mayer/Schröder, SE, Art. 43 Rn. 6, 18; MünchKommAktG/*Reichert/Brandes*, SE-VO, Art. 43 Rn. 4 f.; *Kalss/Greda*, in: Kalss/Hügel, SE, § 55 SEG Rn. 7. Im Ergebnis ebenso *Merkt*, ZGR 2003, 650 (663); *Brandt*, DStR 2003, 1208 (1212).

Abgrenzung der Verantwortungsbereiche notwendig ist.[998] Aus der Gesamtverantwortung folgt, dass das Verwaltungsorgan kollegial organisiert ist.[999]

Insbesondere im Verwaltungsorgan ist eine kollegiale Struktur vor dem Hintergrund der Kontrolle von erheblicher Bedeutung.[1000] Denn eine horizontale Struktur ermöglicht eine gegenseitige Kontrolle. Bei einer vertikalen Struktur würde dagegen die Kontrolle der Spitze fehlen.

Eine eventuell vorgenommene organinterne Aufgabenverteilung und auch die Führung der laufenden Geschäfte durch die Geschäftsführer beschränkt die Gesamtverantwortung nicht.[1001] Lediglich die Aufgaben der Verwaltungsorganmitglieder ändern sich durch eine Aufgabenverteilung. Die nicht mit einer Aufgabe betrauten Verwaltungsorganmitglieder sind in einem solchen Fall neben der Pflicht zu einer ordnungsgemäßen Auswahl der ausführenden Personen zu deren Kontrolle verpflichtet.[1002] Die mit der Geschäftsführung befassten Organmitglieder müssen im Gegenzug die nicht beteiligten Mitglieder ausreichend informieren, damit diese ihren Kontrollaufgaben nachgehen können.[1003] Die Geschäftsführungsaufgabe wandelt sich somit in eine Kontrollaufgabe. Dies gilt insbesondere hinsichtlich der Geschäftsführer, welche die laufenden Geschäfte „in eigener Verantwortung" führen.[1004] Um die Kontrolle effektiv durchführen zu können, muss das Verwaltungsorgan für eine laufende Informationsversorgung seitens des Ausführenden sorgen.[1005]

r) Verschwiegenheit

Als Teil der organschaftlichen Treuepflicht sind die Organmitglieder zur Verschwiegenheit verpflichtet (Art. 49 SE-VO). Die Treuepflicht der Organmitglieder verlangt, dass sie ihr Amt nur im Interesse der Gesellschaft[1006] ausüben dürfen.[1007]

---

998 Vgl. *Schwarz*, SE-VO, Art. 43 Rn. 16; *Manz*, in: Manz/Mayer/Schröder, SE, Art. 43 Rn. 3.

999 Vgl. *Menjucq*, ZGR 2003, 679 (681, 683); MünchKommAktG/*Reichert/Brandes*, SE-VO, Art. 43 Rn. 4 f.

1000 Vgl. *v. Hein*, ZHR 166 (2002), 464 (496).

1001 Vgl. RegBegr. zu § 22 SEAG, BT-Drucks. 15/3405, S. 36; ausdrücklich MünchKommAktG/*Reichert/Brandes*, SE-VO, Art. 43 Rn. 6; *Merkt*, ZGR 2003, 650 (664); *Schwarz*, SE-VO, Art. 43 Rn. 17; *Reichert/Brandes*, ZGR 2003, 767 (789); *Neye/Teichmann*, AG 2003, 169 (177); *DAV*, NZG 2004, 75 (82); *Kämmerer/Veil*, ZIP 2005, 369 (375); *Egermann/Heckenthaler*, GeS 2004, 463 (469); MünchKommAktG/*Semler*, § 161 Rn. 264. Zu anderen monistischen Systemen vgl. *Teichmann*, ZGR 2001, 645 (664 f.).

1002 Vgl. MünchKommAktG/*Reichert/Brandes*, SE-VO, Art. 43 Rn. 81, Art. 51 Rn. 16. Ähnlich *Schiessl*, ZHR 167 (2003), 235 (251); *DAV*, NZG 2004, 75 (80); *Lange*, EuZW 2003, 301 (306 Fn. 71). So auch zum dualistischen System: *Brebeck/Herrmann*, WPg 1997, 381 (382); *Schwark*, ZHR 142 (1978), 203 (219); *Lutter*, in: Ringleb, DCGK, Rn. 375; m.w.N. *v. Hein*, ZHR 166 (2002), 464 (487); *Fleischer*, ZGR 2001, 1 (26); MünchKommAktG/*Semler*, § 77 Rn. 28; *Kalss/Greda*, GesRZ 2004, 91 (104); *Schwarz*, SE-VO, Art. 39 Rn. 26.

1003 Vgl. *Brebeck/Herrmann*, WPg 1997, 381 (382); *Fleischer*, ZGR 2001, 1 (26).

1004 Zu der Verantwortung der Geschäftsführer siehe S. 194 f.

1005 Vgl. *Lutter*, in: Ringleb, DCGK, Rn. 342.

1006 Hier ist der gesamte Konzern zu berücksichtigen; vgl. *Schwarz*, SE-VO, Art. 49 Rn. 9.

Erlangte Informationen dürfen daher nicht zum Nachteil[1008] eines Interesses[1009] der Gesellschaft verbreitet werden, außer dies ist vorgeschrieben oder liegt im öffentlichen Interesse (Art. 49 HS 2 SE-VO).[1010] Dies gilt für alle Organmitglieder, auch gegenüber den Personen, die sie gewählt bzw. entsandt haben.[1011] In Art. 49 SE-VO wird die Verschwiegenheitspflicht nicht von der Funktion der Organmitglieder oder der Existenz einer Mitbestimmung abhängig gemacht, sodass die Verschwiegenheitspflicht auch die Arbeitnehmervertreter in gleichem Umfang trifft.[1012]

Wie die Organmitglieder an die Informationen gelangt sind, spielt dabei anders als bei § 93 Abs.1 S. 2 AktG keine Rolle.[1013] Es kommt nicht darauf an, dass die Informationen in Ausübung der Organtätigkeit erlangt wurden, um eine unnötige Beweiserschwerung zu verhindern.[1014]

Die Informationsweitergabe im Organ wird durch diese Regelung nicht unterbunden. Art. 44 Abs. 2 SE-VO räumt jedem Organmitglied das Recht ein, von allen Informationen, die dem Organ übermittelt wurden, Kenntnis zu nehmen. Mit dieser Norm soll die Überwachungstätigkeit durch alle Organmitglieder sichergestellt und vor allem die Ausgrenzung der Arbeitnehmervertreter verhindert werden. Die Informationsweitergabe ist in diesem Fall wenig problematisch, weil alle Organmitglieder nach außen der Verschwiegenheitspflicht des Art. 49 SE-VO unterliegen. Dies gilt auch für die Informationsweitergabe zwischen den Organen.[1015]

1007 Vgl. SE-VOV 1989, Begründung, BT-Drucks. 11/5427, S. 12. So auch in vielen Mitgliedstaaten; vgl. *Hopt*, in: FS Röhricht, 235 (240). Was das Interesse der Gesellschaft ist, bleibt dabei offen und ist dem nationalen Recht überlassen.

1008 Da hier nicht nur auf rein monetäre Interessen abzustellen ist, bedeutet Schaden jede nachteilige Beeinträchtigung einer der geschützten Interessen. Die Möglichkeit einer Schädigung ist dabei ausreichend. Ebenso *Manz*, in: Manz/Mayer/Schröder, SE, Art. 49 Rn. 6; *Hoffmann/Preu*, Aufsichtsrat, Rn. 267. Eine Verbreitung im Interesse der Gesellschaft ist daher keine Pflichtverletzung; vgl. MünchKommAktG/*Reichert/Brandes*, SE-VO, Art. 49 Rn. 12.

1009 Als Interesse gilt jedes auch nicht-monetäre Interesse; vgl. *Manz*, in: Manz/Mayer/Schröder, SE, Art. 49 Rn. 6. So ist u.a. auch das Image, die Glaubwürdigkeit neben der Kundenzufriedenheit als Interesse der Gesellschaft anzusehen, das negativ tangiert werden kann. Mittelfristig wirken sich solche Interessen aber auch auf die Vermögens-, Finanz- und Ertragslage der SE aus, sodass im Ergebnis ein Interesse der SE doch immer ein monetäres Interesse darstellt. Der VO-Geber hat aber den Begriff Interesse gewählt, um zu verdeutlichen, dass auch nicht primär-monetäre Interessen aus obigem Grund zu berücksichtigen sind.

1010 Vgl. *Schwarz*, SE-VO, Art. 49 Rn. 14 ff.

1011 So auch im dt. Recht; vgl. m.w.N. *Lutter*, in: Ringleb, DCGK, Rn. 278 f; *Hoffmann/Preu*, Aufsichtsrat, Rn. 270.

1012 Vgl. *Manz*, in: Manz/Mayer/Schröder, SE, Art. 49 Rn. 2; *Oetker*, BB-Special 1/2005, 2 (13); *Schwarz*, SE-VO, Art. 49 Rn. 5. So ausdrücklich § 38 SEBG (Anhang Teil 3 Buchst. b Abs. 4 SE-ErgRiL).

1013 Vgl. *Manz*, in: Manz/Mayer/Schröder, SE, Art. 49 Rn. 7; *Schwarz*, SE-VO, Art. 49 Rn. 10.

1014 Vgl. Begr. zum Sanders-Vorentwurf, S. 58.

1015 Vgl. *Manz*, in: Manz/Mayer/Schröder, SE, Art. 41 Rn. 3; MünchKommAktG/*Reichert/Brandes*, SE-VO, Art. 49 Rn. 7. Art. 49 SE-VO wird daher durch eine organinterne Informationsweitergabe nicht verletzt, weil zwischen den Organen noch keine Verbreitung gegeben ist.

Art. 49 HS. 1 SE-VO verpflichtet auch ehemalige Mitglieder zur Verschwiegenheit.[1016] Die Verschwiegenheitspflicht endet somit nicht mit Beendigung der Organstellung.[1017] Die Ausdehnung der Verschwiegenheit über den Bestellungszeitraum hinaus ist wichtig, weil insbesondere nach dem Ausscheiden eines Mitglieds die schädigende Informationsweitergabe wahrscheinlicher ist.[1018] Die Verschwiegenheitspflicht endet erst, wenn durch die Informationsweitergabe den Interessen der SE kein Schaden droht. Dabei ist es unerheblich, ob die Informationen einem „alten" oder „neuen" Interesse schaden können; entscheidend sind immer die Interessen zum Zeitpunkt der Informationsweitergabe.

Die Rechtsfolgen einer Verletzung der Verschwiegenheitspflicht regelt die SE-VO nicht in Art. 49 SE-VO, sondern nur teilweise in Art. 51 SE-VO. Darüber hinaus ist die SE-VO bezüglich weiterer Konsequenzen regelungsoffen, sodass § 404 Abs. 1 Nr. 1 AktG Anwendung findet.[1019] Die Verletzung des Art. 49 SE-VO stellt eine Pflichtverletzung dar, die zu einer Abberufung aus wichtigem Grund und zur fristlosen Kündigung des Anstellungsverhältnisses berechtigt.[1020] Da Art. 49 SE-VO nicht nur einen finanziellen Schaden fordert, führen jedoch nur die bezifferbaren Schäden über Art. 51 SE-VO zu einer Haftung des Mitglieds nach nationalem Recht.

s) Haftung

Bezüglich der Haftung der Verwaltungsorganmitglieder verweist Art. 51 SE-VO auf die im Sitzstaat der SE für Aktiengesellschaften geltenden Rechtsvorschriften.[1021] Wie bei Art. 47 SE-VO soll mit Art. 51 SE-VO ein Gleichlauf der Haftung der Organmitglieder mit der Haftung nach nationalem Recht erreicht werden. Es wird für jedes Organ auf die Normen verwiesen, die im Sitzmitgliedstaat für das entsprechende Organ der AG gelten.[1022]

Da das nationale Recht ein monistisches System nicht kennt, kann der Mitgliedstaat über Art. 43 Abs. 4 SE-VO entsprechende Regelungen schaffen.[1023] Vor allem bei der Haftung hat der Mitgliedstaat darauf zu achten, dass er nicht die Wahlmöglichkeit des Art. 38 Buchst. b SE-VO faktisch ausschließt.[1024] Das Haftungsregime der monistischen SE muss sich daher weitgehend an dem bestehenden Haftungsre-

---

1016 So bereits Art. IV-1-9 Abs. 2 und Art. IV-2-8 Abs. 2 Sanders-Vorentwurf, Art. 70 Abs. 2 bzw. 80 Abs. 2 SE-VOV 1970 und 1975 und Art. 74 Abs. 3 SE-VOV 1989 und 1991.

1017 Ebenso *Hirte*, NZG 2002, 1 (5); *Artmann*, wbl 2002, 189 (191); so auch im dt. Recht; vgl. MünchKommAktG/*Hefermehl/Spindler*, § 93 Rn. 61; *Lutter/Krieger*, Aufsichtsrat, Rn. 279.

1018 Vgl. Begr. zum Sanders-Vorentwurf, S. 58.

1019 Vgl. *Schwarz*, SE-VO, Art. 49 Rn. 21.

1020 Vgl. *Lutter*, in: Ringleb, DCGK, Rn. 282 f.; *Hüffer*, AktG, § 93 Rn. 10.

1021 Damit kann kein Mitgliedstaat höhere oder niedrigere Haftungsstandards festlegen, als für eine nationale AG gelten; vgl. *Artmann*, wbl 2002, 189 (192). Die Vorgängervorschläge (z.B. Art. IV-1-10 Abs. 1 Sanders-Vorentwurf) enthielten dagegen noch detaillierte Regelungen zur Haftung der Organmitglieder.

1022 Vgl. *Schwarz*, SE-VO, Art. 51 Rn. 5.

1023 Ebenso *Merkt*, ZGR 2003, 650 (674); *Schwarz*, SE-VO, Art. 51 Rn. 7. Ohne Regelung käme das bestehende Haftungsregime entsprechend zur Anwendung.

1024 Vgl. *Schwarz*, SE-VO, Art. 51 Rn. 8. Ähnlich *Beuthien*, GenG, Art. 51 SCE Rn. 1.

gime orientieren. Daran hat sich der deutsche Gesetzgeber mit § 39 SEAG gehalten, der auf § 93 AktG verweist. Wie bei Art. 47 Abs. 1 SE-VO findet das SE-spezifische Recht über Art. 51 SE-VO und nicht über die Generalverweisung Anwendung, um so die Einheitlichkeit der für beide Leitungssysteme geltenden Verweisung zu wahren.[1025]

Die SE-VO verweist in Art. 51 SE-VO jedoch nur für den Schaden, welcher der SE entstanden ist, auf das nationale Recht. Art. 51 SE-VO ist folglich lediglich eine Regelung für die gesellschaftsrechtliche Innenhaftung.[1026] Eine Außenhaftung der Organmitglieder gegenüber Dritten wie Aktionären, Gläubigern etc. ist somit nicht von der Verweisung des Art. 51 SE-VO umfasst.[1027] Es gilt hier über Art. 9 Abs. 1 Buchst. c SE-VO das nationale Recht.[1028] Ebenso nach nationalem Recht richtet sich die Haftung der Gesellschaft für das Handeln ihrer Organmitglieder.[1029] Da die SE korporationsrechtlich organisiert ist, gilt über Art. 9 Abs. 1 Buchst. c Ziffer ii SE-VO § 31 BGB.[1030] Auch für die Zurechnung von Wissen ist auf das nationale Recht abzustellen.[1031]

aa) Haftungsbegründende Voraussetzungen der SE-VO

Art. 51 SE-VO enthält selbst haftungsbegründende Tatbestandsmerkmale.[1032] Neben einem Schaden ist Voraussetzung, dass dieser durch eine Pflichtverletzung entstanden ist.[1033] Ob ein Verschulden notwendig ist und in welcher Form Schadenersatz zu leisten ist, ergibt sich über die Verweisung des Art. 51 SE-VO aus nationalem Recht.[1034]

[1025] Vgl. *Schwarz*, SE-VO, Art. 51 Rn. 7; a.A. *Manz*, in: Manz/Mayer/Schröder, SE, Art. 51 Rn. 11.

[1026] Mit der Organhaftung sollen im Sinne der Prävention die Mitglieder der Organe zu korrektem Verhalten angehalten werden. Die Organmitglieder haben ihre Befugnisse nur zum Vorteil der Gesellschaft einzusetzen. Soweit der Zweck der Prävention nicht erreicht wurde, soll durch die Organhaftung eine Kompensation der geschädigten SE mittels eines Schadenersatzanspruchs erreicht werden. Die Haftung dient somit dem Schutz der Belange der Gesellschaft, insbesondere ihres Vermögens.

[1027] Art. 51 SE-VO regelt folglich nur ein Minimum der Haftung; vgl. *Merkt*, ZGR 2003, 650 (674). In Teilen der Vorgängervorschläge, wie dem Sanders-Vorentwurf, war auch nur die Innenhaftung geregelt. Die Haftung der Gesellschaft bzw. der Vorstandsmitglieder nach außen sollte dem nationalen Recht unterliegen; vgl. Begr. zum Sanders-Vorentwurf, S. 59. Art. 72a und Art. 81a SE-VOV 1975 erweiterten jedoch ausdrücklich den Kreis der Anspruchsberechtigten auf Dritte und Aktionäre. Mit der Beschränkung durch Art. 77 Abs. 1 SE-VOV 1989 auf die Innenhaftung wurde die Außenhaftung wieder dem nationalen Recht überlassen.

[1028] Vgl. *Hirte*, NZG 2002, 1 (5); *Artmann*, wbl 2002, 189 (192); *Manz*, in: Manz/Mayer/-Schröder, SE, Art. 51 Rn. 9; *Schwarz*, SE-VO, Art. 51 Rn. 25.

[1029] Vgl. *Hirte*, NZG 2002, 1 (8).

[1030] Vgl. *Hirte*, NZG 2002, 1 (8).

[1031] Vgl. *Hirte*, NZG 2002, 1 (9).

[1032] Vgl. *Schwarz*, SE-VO, Art. 51 Rn. 5; a.A. *Hommelhoff/Teichmann*, SZW/RSDA 2002, 1 (10).

[1033] Es wird somit eine haftungsausfüllende Kausalität gefordert, siehe S. 166.

[1034] Vgl. *Schwarz*, SE-VO, Art. 51 Rn. 5.

(1) Pflichtverletzung

(a) Pflichtenkatalog

Voraussetzung für eine Haftung ist die Verletzung einer gesetzlichen, satzungsmäßigen oder sonstigen Pflicht.[1035] Die gesetzlichen Pflichten ergeben sich aus der SE-VO direkt, wie z.B. die Pflicht zur Geschäftsführung gemäß Art. 43 Abs. 1 S. 1 SE-VO.[1036] Aufgrund der Verknüpfung der SE-VO mit dem nationalen Recht sind auch alle über eine Verweisung zur Anwendung kommenden Pflichten des nationalen Rechts gesetzliche Pflichten i.S.d. Art. 51 SE-VO.[1037]

Die SE-VO enthält bezüglich der Art und Weise der Geschäftsführung keine konkreten Pflichten. Lediglich aus der Pflicht zur Geschäftsführung und der Fortsetzungsmaxime folgt, dass das Verwaltungsorgan keine existenzgefährdenden Geschäfte vornehmen darf.[1038] Darüber hinaus kommt das nationale Recht über Art. 51 SE-VO zur Anwendung, das in § 39 SEAG i.V.m. § 93 Abs. 1 S. 1 AktG bewusst ebenfalls keinen Pflichtenkatalog enthält, sondern im Rahmen der Geschäftsführung die Sorgfalt eines ordentlichen und gewissenhaften Geschäftsleiters verlangt,[1039] um so der Unternehmenssituation entsprechende Pflichten ableiten zu können.[1040] So folgt aus der Leitungspflicht, die Pflicht einer funktionierenden Organisation der Gesellschaft. Dazu zählt gerade bei verstärkter Arbeitsteilung eine „vertikale und horizontale Kontrolle",[1041] um eine ordnungsgemäße Pflichterfüllung sicherzustellen.

Eine haftungsbegründende Pflichtverletzung ist auch bei der Verletzung einer satzungsmäßigen Pflicht gegeben. Die Satzung kann – jedoch nur bei entsprechender Ermächtigung durch die SE-VO oder das nationale Recht (Art. 9 Abs. 1

1035 Zu den entsprechenden Vorgängerentwürfen vgl. beispielsweise die Begr. zum SE-VOV 1975, BT-Drucks. 7/3713, S. 213.

1036 Weitere Pflichten in der SE-VO sind die Verschwiegenheitspflicht des Art. 49 SE-VO und die Aufstellungspflicht des Jahresabschlusses und Lageberichts gem. Art. 61 SE-VO. Bezüglich Art. 61 SE-VO vertritt *Schwarz*, SE-VO, Art. 61 Rn. 8, dagegen, von der Verweisung des Art. 61 SE-VO sei auch die Aufstellungspflicht mitumfasst. Damit wäre die Aufstellungspflicht zwar weiterhin eine gesetzliche Pflicht, die sich aber aus dem nationalen Recht ergeben würde.

1037 Vgl. *Schwarz*, SE-VO, Art. 51 Rn. 11. Dazu zählen für eine in Deutschland ansässige SE die die allgemeine Sorgfaltspflicht konkretisierenden Einzelpflichten, siehe oben S. 94.

1038 So auch im dt. Recht; vgl. *Schäfer*, Überwachungssystem, S. 24; *Lutter*, in: Ringleb, DCGK, Rn. 346.

1039 Zur Definition der Pflichten eines ordentlichen und gewissenhaften Geschäftsleiters siehe *OLG Bremen*, GmbHR 1964, 8 (9). Es wird auf einen ein bestimmtes Unternehmen Leitenden abgestellt, der fremden Vermögens verpflichtet ist. Dazu gehört u.a. die Sicherung des Vermögens des Unternehmens, mithin die Absicherung gegen operative Risiken, z.B. durch Versicherungen; vgl. *Arbeitskreis der Schmalenbach-Gesellschaft für Betriebswirtschaft*, Beilage 11 DB 2000, Rn. 12. Zur Differenzierung nach der Aufgabe siehe S. 166.

1040 Vgl. *Brebeck/Herrmann*, WPg 1997, 381 (382).

1041 Vgl. *Schäfer*, Überwachungssystem, S. 62.

Buchst. c Ziffer iii SE-VO) – Pflichten der Organe begründen bzw. gesetzliche Pflichten konkretisieren.[1042]

Neben den gesetzlichen und satzungsmäßigen Pflichten kann gemäß Art. 51 SE-VO auch die Verletzung sonstiger Pflichten zur Haftung führen. Art. 51 SE-VO konkretisiert dabei nicht, was unter diesen sonstigen Pflichten zu verstehen ist. Art. 51 SE-VO will mit dieser Formulierung sicherstellen, dass nicht nur eine Verletzung gesetzlicher oder satzungsmäßiger Pflichten zur Haftung führt. Die Verletzung irgendeiner Pflicht, die gegenüber der Gesellschaft besteht, soll zu einer Haftung des Organmitglieds führen. Den sonstigen Pflichten kommt damit eine Auffangfunktion zu.[1043]

(b) Business Judgement Rule

Im Gegensatz zu einem (Einzel-)Kaufmann trifft die wirtschaftliche Auswirkung einer Entscheidung zunächst nur die Gesellschaft und nicht den Entscheidenden, hier das Verwaltungsorgan. Das Verwaltungsorgan wird somit vom Risiko wirtschaftlichen Handelns grundsätzlich nicht betroffen, und diesem fließt auch nicht der wirtschaftliche Erfolg zu. Lediglich im Falle einer Haftung wird das Verwaltungsorgan von seiner Entscheidung betroffen. Teil der Haftung soll jedoch nur das wirtschaftliche Risiko sein, sodass wie im deutschen Recht davon auszugehen ist, dass keine Haftung des Verwaltungsorgans für das Eintreten eines Erfolges besteht.[1044]

Art. 51 SE-VO enthält anders als der eingefügte § 93 Abs. 1 S. 2 AktG keine ausdrückliche Normierung einer Business Judgement Rule.[1045] Diese ist dennoch Bestandteil des Art. 51 SE-VO.[1046] Dies folgt daraus, dass unternehmerisches Handeln in hohem Maße eine Entscheidung unter Unsicherheit ist.[1047] Es gibt somit in vielen Fällen ex ante kein „richtig" oder „falsch". Eine ex-post-Betrachtung[1048] soll

[1042] Vgl. *Schwarz*, SE-VO, Art. 51 Rn. 12. Art. 51 SE-VO ist dabei richtigerweise keine Ermächtigungsnorm der SE-VO, die es zuließe, eigenständig Pflichten zu benennen. Denn eine Satzungsregelung bedarf gemäß Art. 9 Abs. 1 Buchst. b SE-VO einer ausdrücklichen Ermächtigung, die in Art. 51 SE-VO nicht zu sehen ist.

[1043] Vgl. *Schwarz*, SE-VO, Art. 51 Rn. 13. So können sich aus dem Anstellungsverhältnis des Leitungsorganmitglieds Pflichten gegenüber der Gesellschaft ergeben. Vgl. *Manz*, in: Manz/Mayer/Schröder, SE, Art. 51 Rn. 6.

[1044] Vgl. RegBegr. zu § 93 Abs. 1 S. 2 AktG, BT-Drucks. 15/5092, S. 11; *Fleischer*, ZIP 2004, 685 (686). Andernfalls würde das Haftungsrisiko eines Leitungsorganmitglieds dazu führen, dass keine Person bereit wäre, diese Position zu bekleiden.

[1045] Die Business Judgement Rule galt aber bereits vor der Änderung des § 93 Abs. 1 AktG als Richterrecht; vgl. *BGH*, BGHZ 135, 244 (253 f.). Vgl. m.w.N. *Fleischer*, ZIP 2004, 685 (686); *Hauschka*, ZRP 2004, 65 (65); *Henze*, NJW 1998, 3309 (3310 f.); *Horn*, ZIP 1997, 1129 (1134).

[1046] Es kommt somit nicht darauf an, dass das nationale Recht eine Business Judgement Rule kennt; vgl. *Schwarz*, SE-VO, Art. 51 Rn. 14.

[1047] Vgl. *Buchta*, DStR 2003, 694 (695).

[1048] Zu diesem Zeitpunkt ist die Informationsdichte aufgrund eingetretener Ereignisse bzw. Tatsachen deutlich höher. Ex post kann sich eine Entscheidung somit als falsch herausstellen. Bei einer ex post Betrachtung findet bezogen auf den Zeitpunkt der Entscheidung aufgrund der jetzt bekannten Informationen eine andere Einschätzung der Wahrscheinlichkeit und daran nichts ändern,[1049] um zu verhindern, dass die Entscheidsträger zu vorsichtig werden.[1050] Dem Verwaltungsorgan steht somit ein weiter Ermessenspielraum[1051] zu, dessen richtige Ausübung nicht zu einer Haftung führen soll.[1052] Eine Pflichtverletzung ist demnach nicht gegeben, wenn das Organmitglied bei einer unternehmerischen[1053] Entscheidung[1054] gutgläubig[1055], unbeeinflusst von Sonderinteressen und sachfremden Erwägungen[1056] sowie ohne grobe Fahrlässigkeit annehmen durfte, auf der Grundlage angemessener Information zum Wohle[1057] der Gesell-

auch der möglichen Gegenmaßnahmen statt, sodass im Nachhinein eher eine Pflichtverletzung angenommen wird; vgl. m.w.N. *Schneider*, DB 2005, 707 (708).

1049 Vgl. *BGH*, BGHZ 75, 96 (113); *BGH*, BGHZ 126, 181 (193); RegBegr. zu § 93 Abs. 1 S. 2 AktG, BT-Drucks. 15/5092, S. 11; *Buchta*, DStR 2003, 694 (695). Diese ex-ante-Betrachtung fällt jedoch bei Kenntnis der neueren Informationen in der Regel schwer. Daher ist das Abstellen auf das Geschäftsleiterermessen geeignet, eine durch das neuere Wissen beeinflusste Entscheidung des Gerichts zu verhindern; vgl. *Fleischer*, ZIP 2004, 685 (686); *Schneider*, DB 2005, 707 (709).

1050 Vgl. *Jahn*, ZRP 2004, 68 (70); *Schneider*, DB 2005, 707 (709); *Fleischer*, ZGR 2001, 1 (24). So auch *Fleischer*, ZIP 2004, 685 (685), der feststellt, dass eine übertriebene Risikoaversion den Interessen der Volkswirtschaft und der Aktionäre zuwiderläuft. So auch *BGH*, BGHZ 134, 392 (398 f.).

1051 Eine Ermessensentscheidung ist gegeben, wenn nach Prüfung mehrere Handlungsalternativen eine Entscheidung für das Unternehmen getroffen wurde. Hierbei sind allerdings nur die gesetzlich zulässigen Entscheidungen zu berücksichtigen. Keine unternehmerische Entscheidung i.S.d. Business Judgement Rule ist die Wahl einer gesetzwidrigen Alternative; vgl. *Schneider*, DB 2005, 707 (710); *Hauschka*, ZRP 2004, 65 (66).

1052 Vgl. *BGH*, BGHZ 135, 244 (253 f.); *Buchta*, DStR 2003, 694 (695).

1053 Kennzeichnend für eine unternehmerische Entscheidung sind die Zukunftsorientiertheit und das Basieren auf Prognosen. Vgl. *Hauschka*, ZRP 2004, 65 (66); *Semler*, in: FS für Ulmer, 627 (627 f.); ausführlicher *Fleischer*, ZIP 2004, 685 (690); *Schneider*, DB 2005, 707 (708 ff.).

1054 Es spielt keine Rolle, ob sich die Entscheidung in einem Rechtsgeschäft oder tatsächlichen Handeln äußert; vgl. RegBegr. zu § 93 Abs. 1 S. 2 AktG, BT-Drucks. 15/5092, S. 11. Auch in einem bewussten Unterlassen liegt eine Entscheidung; vgl. *Fleischer*, ZIP 2004, 685 (690); *Schneider*, DB 2005, 707 (709).

1055 Der Handelnde muss an die Richtigkeit seiner Handlung glauben; vgl. *Fleischer*, ZIP 2004, 685 (691). Kritik an dieser Formulierung übt *Hauschka*, ZRP 2004, 65 (66), der dieses Merkmal als überflüssig ansieht.

1056 Dies ist gleichbedeutend mit Unabhängigkeit; vgl. RegBegr. zu § 93 Abs. 1 S. 2 AktG, BT-Drucks. 15/5092, S. 11; *Hauschka*, ZRP 2004, 65 (66). Es darf somit kein Handeln zum eigenen Nutzen oder zum Nutzen nahe stehender Personen des Geschäftsleiters sein; vgl. *Fleischer*, ZIP 2004, 685 (691); *Fleischer*, WM 2003, 1045 (1045). Dies entspricht der Definition des Interessenkonflikts des DCGK (Ziffer 4.3). So auch im amerikanischen Recht; vgl. *Martin*, NZG 2003, 948 (949).
Die entwickelte Geschäftschancenlehre ist integrierbar und behält daher ihre Gültigkeit; vgl. *Hauschka*, ZRP 2004, 65 (66). Ausführlich zur Geschäftschancenlehre, die eine Ausprägung der organschaftlichen Treuepflicht darstellt; vgl. m.w.N. *Fleischer*, WM 2003, 1045 (1054); *Fleischer*, NZG 2003, 985 (985 ff.).

1057 Zum Wohle der Gesellschaft ist gleichbedeutend mit Unternehmenswohl oder Unternehmensinteresse; vgl. *Fleischer*, ZIP 2004, 685 (690). Die ist gegeben, wenn die Entscheidung der langfristigen Ertragsstärkung und Wettbewerbsverbesserung des Unternehmens und seiner Produkte dient; vgl. RegBegr. zu § 93 Abs. 1 S. 2 AktG, BT-Drucks. 15/5092, S. 11; *Hauschka*, ZRP 2004, 65 (67). Zum Wohle der Gesellschaft handelt schaft zu handeln.[1058] "Wer für das Unternehmen ein maßgebliches Risiko eingeht, dessen Umfang er nicht beurteilen kann, wird in der Regel seine Pflichten verletzen."[1059] Eine Pflichtverletzung liegt daher nicht vor, wenn alle verfügbaren Informationsquellen genutzt und die Entscheidung hinsichtlich Chancen und Risiken abgewogen wurde.[1060] Entscheidend ist somit die pflichtgemäße Vorbereitung der Entscheidung.[1061]

Da auch dem Aufsichtsorgan ein weiter Handlungsspielraum zusteht,[1062] handelt ein Aufsichtsorganmitglied nicht sorgfaltswidrig, wenn es die nach pflichtgemäßem Ermessen für die Entscheidung notwendigen Informationen eingeholt hat und zum Wohle der Gesellschaft handelt.[1063] Die Business Judgement Rule gilt im Ergebnis somit auch für Überwachungsaufgaben, sodass dieser Grundsatz für alle geschäfts- oder nicht geschäftsführenden Mitglieder des Verwaltungsorgans gilt.

(2) In Ausübung des Amtes

Die Pflichtverletzung muss „bei der Ausübung ihres Amtes" geschehen.[1064] Damit wird die Haftung auf das Organverhältnis beschränkt. Schadet ein Organmitglied als „Privatperson" der SE, richtet sich ein eventueller Schadenersatzanspruch nach dem Recht des Sitzstaats der SE.

Hauschka, ZRP 2004, 65 (67). Zum Wohle der Gesellschaft handelt nicht, wer ein zu hohes, existenzgefährdendes Risiko eingeht; vgl. *Lutter*, in: Ringleb, DCGK, Rn. 346.

1058 Es wird „dem Vorstand in den Grenzen seiner Sorgfaltspflichten ein erheblicher Spielraum eingeräumt, den Informationsbedarf abzuwägen und sich selbst dazu eine Annahme zu bilden." RegBegr. zu § 93 Abs. 1 S. 2 AktG, BT-Drucks. 15/5092, S. 12. Es steht somit im Ermessen des Vorstands/Leitungsorgans, welche Informationen er für notwendig hält. So auch *Fleischer*, ZIP 2004, 685 (689, 691).

1059 Vgl. *Hauschka*, ZRP 2004, 65 (67).

1060 Vgl. *Hauschka*, ZRP 2004, 65 (66 f.); leicht einschränkend *Fleischer*, ZGR 2001, 1 (25); RegBegr. zu § 93 Abs. 1 S. 2 AktG, BT-Drucks. 15/5092, S. 12.
Es handelt sich bei diesem „safe harbour" insoweit um einen Tatbestandsausschluss, der zwingend ist und damit einen Rückgriff auf § 93 Abs. 1 S. 1 AktG versperrt; vgl. *Fleischer*, ZIP 2004, 685 (689). Umgekehrt bedeutet das Nichtvorliegen des § 93 Abs. 1 S. 2 AktG nicht zwingend, dass eine Pflichtverletzung gegeben ist; vgl. *Fleischer*, ZIP 2004, 685 (689). Auch wenn § 93 Abs. 1 S. 2 AktG nur die Binnenhaftung regelt, kann das Geschäftsleiterermessen im Rahmen der Außenhaftung Anwendung finden; vgl. *Fleischer*, ZIP 2004, 685 (692).

1061 Vgl. *Emmerich*, zfbf 1999, 1075 (1077). *Schäfer*, Überwachungssystem, S. 55; *BGH*, BGHZ 135, 244 (253 f.); *Fleischer*, ZIP 2004, 685 (691); *Lutter*, in: Ringleb, DCGK, Rn. 347. Ebenso in den meisten amerikanischen Gesellschaftsrechten; vgl. *Martin*, NZG 2003, 948 (949).

1062 Vgl. *BGH*, BGHZ 135, 244 (254 f.); *Roth*, AG 2004, 1 (6); *Lutter*, ZIP 2003, 417 (419); *Hoffmann/Preu*, Aufsichtsrat, Rn. 518.1.

1063 Vgl. *Lutter*, ZIP 2003, 417 (419); *Hoffmann/Preu*, Aufsichtsrat, Rn. 518.2; *Horn*, ZIP 1997, 1129 (1137). Dies stellt der deutsche Gesetzgeber durch die Verweisung des § 116 Abs. 1 S. 1 AktG auf die Business Judgement Rule auch für den Aufsichtsrat klar; vgl. *Dörner*, in: FS Röhricht, 809 (827). A.A. anscheinend *Merkt*, ZGR 2003, 650 (671 f.), der in der Kontrolle des Aufsichtsrats keine Ermessensentscheidung sieht.

1064 Vgl. *Schwarz*, SE-VO, Art. 51 Rn. 17.

(3) Schaden und haftungsausfüllende Kausalität

Des Weiteren muss der SE ein Schaden entstanden sein.[1065] Was alles als Schaden der Gesellschaft angesehen wird, lässt die SE-VO offen. Aufgrund der Verweisung des Art. 51 SE-VO auf das nationale Recht gelten die §§ 249 ff. BGB.[1066]

Art. 51 SE-VO setzt aber nicht nur einen Schaden voraus, sondern durch die Formulierung „...Schaden, welcher der SE durch eine Verletzung der ihnen [...] obliegenden [...] Pflichten entsteht", erfordert Art. 51 SE-VO für die Haftung eine haftungsausfüllende Kausalität.[1067]

bb) Voraussetzungen des nationalen Rechts

Art. 51 SE-VO bestimmt nicht alle haftungsbegründenden Tatbestände selbst und verweist nicht allein für die Form des Schadenersatzes und Geltendmachung der Ansprüche auf das nationale Recht, sondern die Norm ist hinsichtlich aller weiteren über den Art. 51 SE-VO hinausgehenden nationalen Haftungsvoraussetzungen nicht abschließend.

(1) Verschulden/Sorgfaltsmaßstab

So bestimmt sich allein nach nationalem Recht, welcher Verschuldensmaßstab gilt.[1068] § 93 Abs. 1 S. 1 AktG[1069] enthält dabei mit der Pflicht, die Sorgfalt eines ordentlichen und gewissenhaften Geschäftsleiters anzuwenden, einen typisierten Verschuldensmaßstab.[1070] Fremdverschulden wird weder über § 278 BGB noch über § 831 BGB zugerechnet.[1071]

Fraglich ist, welchen Sorgfaltsmaßstab die Verwaltungsorganmitglieder zu beachten haben. § 116 AktG verweist für die Haftung und damit den Sorgfaltsmaßstab zwar auf § 93 AktG, aber der Aufsichtsrat hat nicht die Sorgfalt eines ordentlichen und gewissenhaften Geschäftsleiters, sondern die Sorgfalt eines ordentlichen und gewissenhaften Überwachenden anzuwenden.[1072] Aufgrund der vom deutschen Gesetzgeber beabsichtigten Gleichstellung des Verwaltungsorgans mit dem Aufsichtsrat, könnte man annehmen, dies gelte auch für den Sorgfaltsmaßstab.

[1065] Art. 51 SE-VO ist nicht anwendbar, wenn der Schaden bei einem Dritten entstanden ist.

[1066] Vgl. *Schwarz*, SE-VO, Art. 51 Rn. 18.

[1067] So die Begr. zum SE-VOV 1989, BT-Drucks. 11/5427, S. 1, 13. Vgl. *Schwarz*, SE-VO, Art. 51 Rn. 18.

[1068] Vgl. *Manz*, in: Manz/Mayer/Schröder, SE, Art. 51 Rn. 7. Im SE-VOV 1991 war auch ohne ausdrückliche Formulierung eine Verschuldenshaftung gegeben; vgl. *Schwarz*, Europäisches Gesellschaftsrecht, Rn. 1166.

[1069] Vgl. *Fleischer*, ZIP 2004, 685 (688). § 93 Abs. 1 AktG hat somit eine Doppelfunktion.

[1070] Die Verhaltensmaßstäbe des Geschäftsleiters bestehen aus den Sorgfalts- und Treuepflichten; vgl. m.w.N. *Fleischer*, WM 2003, 1045 (1045). Zu der Definition des Sorgfaltsmaßstabes siehe MünchKommAktG/*Hefermehl/Spindler*, § 93 Rn. 19 ff. und zu den aktuellen Entwicklungen im dt. Gesellschaftsrecht u.a. *Fleischer*, ZIP 2004, 685 (685 ff.); *Jahn*, ZRP 2004, 68 (68 ff.).

[1071] Vgl. MünchKommAktG/*Hefermehl/Spindler*, § 93 Rn. 85; *Hüffer*, AktG, § 93 Rn. 14. In Betracht kommt in einem solchen Fall eine eigene Pflichtverletzung des delegierenden Mitglieds, z.B. wegen mangelhafter Auswahl oder Überwachung des Delegationsempfängers.

[1072] Vgl. *Kirsten*, BB 2004, 173 (174); *Hüffer*, AktG, § 116 Rn. 2.

Das Verwaltungsorgan hat aber selbst bei vollständiger Übertragung der Geschäftsführung auf die Geschäftsführer die Gesamtverantwortung für die Geschäftsführung inne. Davon geht auch der deutsche Gesetzgeber aus, der in § 44 Abs. 2 SEAG ein umfassendes Weisungsrecht gewährt. Aufgrund der Gesamtverantwortung für die Geschäftsführung und Leitung der SE ist der Sorgfaltsmaßstab eines ordentlichen und gewissenhaften Geschäftsleiters zu erfüllen. Dies gilt für alle Mitglieder, egal ob diese geschäfts- oder nicht geschäftsführend, Arbeitnehmer- oder Anteilseignervertreter sind; alle Mitglieder haben die gleichen Rechte und Pflichten.[1073] Dies hat erheblichen Einfluss auf die Auswahl der Mitglieder, denn Unkenntnis oder Unfähigkeit schützen nicht vor einer Haftung.[1074] Insbesondere die Arbeitnehmer müssen daher Personen bestellen, die zur Unternehmensführung geeignet sind.

Lediglich bei einer organinternen Geschäftsverteilung wandeln sich die Geschäftsführungspflichten der nicht geschäftsführenden Mitglieder in Kontrollpflichten.[1075] Die Haftung der generell nicht geschäftsführenden Mitglieder unterscheidet sich somit von der der geschäftsführenden Mitglieder.[1076] Aber auch für generell nicht geschäftsführende Mitglieder entsprechen die Pflichten nicht nur denen eines Aufsichtsratsmitgliedes. Da die nicht geschäftsführenden Mitglieder auch die Leitung und bei Geschäftsarten i.S.d. Art. 48 Abs. 1 SE-VO Geschäftsführungsaufgaben wahrnehmen, treten hinsichtlich dieser Geschäfte die Vorstandspflichten hinzu, sodass im monistischen System auch von den nicht geschäftsführenden Mitgliedern ein höheres Maß an Pflichten zu beachten ist.[1077] Das damit verbundene erhöhte Haftungsrisiko ist insbesondere für die Mitbestimmung im Vergleich zum dualistischen System ein bedeutender Punkt, der die Arbeitnehmervertreter dazu bewegen könnte, das dualistische System zu favorisieren.

Aber auch im Bereich der Überwachung existieren Unterschiede. Sind Aufgaben auf einen Ausschuss übertragen worden, trifft das Organ das Auswahl- und Überwachungsverschulden.[1078] Das Verwaltungsorgan hat die Ausschussmitglieder ordentlich auszuwählen und die Ausschusstätigkeit laufend zu überwachen. Für die

---

[1073] Vgl. *Sokolowski*, Überwachung in einer SE, S. 126; MünchKommAktG/*Reichert/Brandes*, SE-VO, Art. 51 Rn. 13 f.; *Gruber/Weller*, NZG 2003, 297 (299); a.A. anscheinend *Bungert/Beier*, EWS 2002, 1 (4). Vgl. für das dt. Recht *BGH*, BGHZ 85, 293 (295); *Schiessl*, AG 2002, 593 (597);

[1074] Vgl. *BGH*, BGHZ 85, 293 (295 ff.); *Lutter/Krieger*, Aufsichtsrat, Rn. 846; MünchKommAktG/*Semler*, § 161 Rn. 428; *Schwalbach*, AG 2004, 186 (188). Liegen diese Voraussetzungen nicht vor, kann dies bereits zur Haftung führen; vgl. *Kirsten*, BB 2004, 173 (174); *Feddersen*, AG 2000, 385 (389); *Semler*, in: Semler, AR Hdb., Rn. A 217. Darüber hinaus wird für den Sorgfaltsmaßstab auf die Fähigkeiten des Mitglieds abgestellt; vgl. *Mertens*, in: Kölner Kommentar zum AktG, § 116 Rn. 7; *Lutter/Krieger*, Aufsichtsrat, Rn. 849.

[1075] Siehe oben S. 157.

[1076] Vgl. *Hoffmann-Becking*, ZGR 2004, 355 (380).

[1077] Vgl. *Schwarz*, Europäisches Gesellschaftsrecht, Rn. 1166.

[1078] Vgl. *Kirsten*, BB 2004, 173 (174); *Semler*, AG 1988, 60 (62); MünchKommAktG/*Semler*, § 116 Rn. 64; *Rellermeyer*, Aufsichtsratsausschüsse, S. 57 ff.; *Rössler*, in: Freidank/Tanski, ACF, IV.2, S. 14.

Ausschussmitglieder gilt, dass diese entsprechend der Ausschussaufgabe höhere Anforderungen zu erfüllen haben.[1079]

(2) Beweislast

Da das Organmitglied so haften soll, wie ein entsprechendes Organmitglied einer nationalen AG, muss sich auch die Beweislastverteilung nach nationalem Sitzstaatsrecht richten. Denn eine SE-einheitliche Beweislast könnte zu einer Verschärfung oder Abschwächung der Haftung gegenüber der Situation bei einer nationalen AG führen.

Im deutschen Recht trägt grundsätzlich derjenige die Beweislast, für den die Umstände günstig sind. Dies würde bedeuten, dass die SE eine Pflichtverletzung und das Verschulden des Organmitglieds nachweisen müsste. Da das Organmitglied näher an dem Geschehen ist und der Gesetzgeber keine Erfolgshaftung eingerichtet hat,[1080] ist in Deutschland gemäß § 93 Abs. 2 S. 2 AktG das Verwaltungsorganmitglied für die fehlende Pflichtwidrigkeit[1081] beweispflichtig, also dass es die Sorgfalt eines ordentlichen und gewissenhaften Geschäftsleiters/Überwachenden angewandt hat.[1082] Das Organmitglied muss zudem auch das fehlende Verschulden beweisen.[1083]

(3) Schadenersatz und Gesamtschuld

Die Form des Schadenersatzes richtet sich ebenfalls nach nationalem Recht. Es gelten insoweit die §§ 249 ff. BGB, mithin Naturalrestitution.[1084] Auch die Frage, ob eine gesamtschuldnerische Haftung besteht, ergibt sich im Gegensatz zu den Vorgängervorschriften[1085] aus dem nationalen Recht.[1086] Es gilt gemäß § 39 SEAG i.V.m. § 93 Abs. 2 AktG eine gesamtschuldnerische Haftung der Verwaltungsorganmitglieder, die eine Pflichtverletzung verschuldet haben. Gehaftet wird somit für eigenes Fehlverhalten der Organmitglieder.[1087]

[1079] Vgl. u.a. *Schiessl*, AG 2002, 593 (597); *Lieder*, NZG 2005, 569 (574); *Hüffer*, AktG, § 116 Rn. 3; *Altmeppen*, ZGR 2004, 390 (412); *Hommelhoff/Mattheus*, AG 1998, 249 (255); GroßkommAktG/*Hopt/Roth*, § 100 Rn. 31; a.A. anscheinend *Luttermann*, BB 2003, 745 (748).

[1080] Vgl. m.w.N. *Fleischer*, ZIP 2004, 685 (686).

[1081] Für die Pflichtwidrigkeit ist die Business Judgement Rule zu prüfen; vgl. *Fleischer*, ZIP 2004, 685 (688).

[1082] Vgl. *Brebeck/Herrmann*, WPg 1997, 381 (382); *Fleischer*, ZIP 2004, 685 (686, 688). Eine solche Beweislastumkehr sah mit selber Begründung auch noch Art. 77 Abs. 2 SE-VOV 1989 vor; vgl. Begr. zum SE-VOV 1989, BT-Drucks. 11/5427, S. 13.

[1083] Vgl. *Fleischer*, ZIP 2004, 685 (688). Dabei bleibt es auch nach Einführung der Business Judgement Rule. Das dt. Recht unterscheidet sich in diesem Punkt vom amerikanischen dahingehend, dass dort von einem pflichtgemäßen Handeln ausgegangen wird und der Kläger die Darlegungs- und Beweislast für das Gegenteil hat.

[1084] Vgl. *Hüffer*, AktG, § 93 Rn. 18.

[1085] In den Vorgängerentwürfen (z.B. Art. 77 Abs. 2 S. 1 SE-VOV 1989 und SE-VOV 1991) war eine gesamtschuldnerische Haftung aller Organmitglieder geregelt. Art. 77 Abs. 2 S. 2 SE-VOV 1989 und 1991 bestimmten jedoch, dass eine Haftung nicht bestand, wenn das Mitglied nachwies, dass es kein Verschulden traf. Dies entspricht § 93 Abs. 2 S. 1 AktG.

[1086] Vgl. *Schwarz*, SE-VO, Art. 51 Rn. 22; *Manz*, in: Manz/Mayer/Schröder, SE, Art. 51 Rn. 7.

[1087] Vgl. *Hommelhoff*, AG 2001, 279 (284).

(4) Haftungsmasse und Einschränkungen

Die Verwaltungsorganmitglieder haften mit ihrem gesamten Privatvermögen. Um das Haftungsrisiko zu begrenzen, kann eine D&O-Versicherung abgeschlossen werden.[1088] Aus Anreizgesichtspunkten wird dies problematisch, wenn das Unternehmen, zu dessen Schutz die Haftung besteht, die Versicherungsbeiträge zahlt. Sofern das nationale Recht hier Einschränkungen enthält, gelten diese auch für die SE.

(5) Geltendmachung

Bei dem Schadenersatzanspruch des Art. 51 SE-VO handelt es sich um einen Anspruch der Gesellschaft. Eine Geltendmachung dieses Anspruchs durch die vertretungsberechtigten Geschäftsführer scheitert grundsätzlich aufgrund der bestehenden Weisungsabhängigkeit. Wegen fehlender Regelungen gilt auch hier das nationale Recht.[1089] Für eine in Deutschland ansässige SE gilt daher Art. 52 Unterabs. 1 Buchst. b i.V.m. Art. 51 SE-VO i.V.m. § 147 AktG. Gemäß § 147 Abs. 1 S. 1 AktG ist entweder ein Beschluss der Hauptversammlung erforderlich oder gemäß § 148 Abs. 1 AktG können Aktionäre, deren Anteile mindestens 1 % des Grundkapitals oder einen Börsenwert von 100.000 € ausmachen, die Klagezulassung beantragen.[1090]

(6) Verzicht und Verjährung

Auch der Verzicht auf den Schadenersatzanspruch richtet sich nach nationalem Recht.[1091] Es gilt § 93 Abs. 4 S. 3 AktG, sodass die Gesellschaft erst drei Jahre nach Entstehung des Anspruchs auf diesen verzichten kann. Die Entlastung der Verwaltungsorganmitglieder bedeutet jedoch gemäß § 120 Abs. 2 S. 2 AktG[1092] kein Verzicht auf Ersatzansprüche.[1093] Die Ersatzansprüche verjähren gemäß § 93 Abs. 6 AktG in fünf Jahren.

cc) Fehler der Geschäftsführer

Die Geschäftsführer führen gemäß Art. 43 Abs. 1 S. 2 SE-VO die laufenden Geschäfte in eigener Verantwortung. Damit erfüllen die Geschäftsführer eigene Aufgaben, eine Zurechnung einer Pflichtverletzung der Geschäftsführer an das Verwaltungsorgan findet somit nicht statt.[1094] Lediglich, wenn die Geschäftsführer auf-

---

[1088] Zur Zulässigkeit siehe *Buchta*, DStR 2003, 740 (744).

[1089] Art. 78 SE-VOV 1991 bestimmte dagegen noch, dass für die gerichtliche Geltendmachung des Ersatzanspruchs ein Beschluss der Hauptversammlung (Abs. 1) oder einer Minderheit, die mindestens 5% des Grundkapitals auf sich vereinigt (Abs. 2) Voraussetzung ist.

[1090] Vgl. RegBegr. zu § 93 Abs. 1 S. 2 AktG, BT-Drucks. 15/5092, S.20. Mit der Reduktion der Schwellenwerte für die Geltendmachung wird der Druck zu einem ordnungsgemäßen Handeln der Unternehmensorgane erhöht; vgl. *Hauschka*, NJW 2004, 257 (257).

[1091] Vgl. *Schwarz*, Europäisches Gesellschaftsrecht, Rn. 1168; *Schwarz*, SE-VO, Art. 51 Rn. 23. In Art. 79 SE-VOV 1989 war der Verzicht auf die Haftungsklage noch geregelt.

[1092] Zur Anwendung im monistischen System siehe S. 170.

[1093] Die Entlastung hat in anderen Gesellschaftsformen dagegen die Wirkung, dass hinsichtlich aller bekannten oder erkennbaren Ersatzansprüchen der Gesellschaft diese Ansprüche nicht mehr geltend gemacht werden können; vgl. *Hüffer*, AktG, § 120 Rn. 13.

[1094] A.A. *Egermann/Heckenthaler*, GesRZ 2004, 256 (264).

grund einer Weisung gehandelt haben, haften die anweisenden Verwaltungsorganmitglieder.[1095] Die laufenden Geschäfte verbleiben dennoch in der Gesamtverantwortung des Verwaltungsorgans.[1096] Die Einrichtung der Geschäftsführer ist wie eine interne Aufgabenverteilung anzusehen, sodass sich die Gesamtverantwortung in eine Überwachungspflicht umwandelt. Die Verwaltungsorganmitglieder haften daher auch dann, wenn sie die Geschäftsführer schlecht ausgewählt oder mangelhaft überwacht haben.[1097]

t) Entlastungsbeschluss

Das SEAG enthält keine Regelung zur Entlastung des Verwaltungsorgans. Aufgrund bestehender Regelungsoffenheit kommt über Art. 9 Abs. 1 Buchst. c Ziffer ii SE-VO auch für das monistische System § 120 AktG zur Anwendung.[1098] Das nationale Recht bestimmt auch, welche Wirkungen die Entlastung hat.[1099] Eine mögliche haftungsausschließende Wirkung ist mit Art. 51 SE-VO vereinbar, weil sich die Haftung nach nationalem Recht richtet.

u) Wettbewerbsverbot

Hinsichtlich eines Wettbewerbsverbots gilt aufgrund Regelungsoffenheit das nationale Recht. Das SEAG enthält für das Verwaltungsorgan jedoch keine Regelung.[1100] Das Verwaltungsorgan wird zwar durch das SEAG weitgehend dem Aufsichtsrat angenähert, dem Verwaltungsorgan verbleiben dennoch die Leitungsbefugnis und die Pflicht zur Geschäftsführung der außergewöhnlichen Geschäfte.[1101] Daraus könnte aufgrund vergleichbarer Interessenlage eine analoge Anwendung der Regeln für das Leitungsorgan (§ 88 AktG[1102]) in Betracht kommen. Eine vergleichbare Interessenlage wäre nicht gegeben, wenn ein Leitungsorganmitglied auch ohne Einwilligung des Aufsichtsorgans Verwaltungsorganmitglied einer anderen SE sein könnte. Aufgrund der unterschiedlichen Funktionen im Verwaltungsorgan ist eine entsprechend differenzierende Aussage nötig.

Aus der Leitungs- und Geschäftsführungspflicht sowie dem bestehenden Weisungsrecht gegenüber den Geschäftsführern, folgt dass zumindest die geschäftsführenden Verwaltungsorganmitglieder aufgrund ihrer Aufgabenstellung einem Vorstandsmitglied vergleichbar sind. Damit kann ein Leitungsorganmitglied ohne Einwilligung (§ 88 Abs. 1 S. 1 AktG) nicht zu einem geschäftsführenden Verwal-

---

1095 Siehe S. 198.

1096 Siehe S. 157.

1097 So wohl *Schiessl*, ZHR 167 (2003), 235 (251); *Schwarz*, SE-VO, Art. 43 Rn. 17. Ebenso im Schweizer Obligationenrecht, *Forstmoser/Meier-Hayoz/Nobel*, Schweizer Aktienrecht, § 30 Rn. 26.

1098 Vgl. MünchKommAktG/*Reichert/Brandes*, SE-VO, Art. 43 Rn. 105; a.A. *Brandt*, Hauptversammlung der SE, S. 148 ff.

1099 In Deutschland hat der Entlastungsbeschluss keine haftungsfreistellende Wirkung, siehe soeben S. 169.

1100 Anders das polnische Recht, das für Verwaltungsorganmitglieder ein Wettbewerbsverbot enthält, vgl. *Lewandowski*, WiRO 2006, 129 (132).

1101 Siehe S. 96, 97.

1102 Vgl. *Manz*, in: Manz/Mayer/Schröder, SE, Art. 39 Rn. 79 f.; MünchKommAktG/*Reichert/-Brandes*, SE-VO, Art. 39 Rn. 43.

tungsorganmitglied bei einem Wettbewerber bestellt werden.[1103] Fraglich ist, ob auch die Bestellung zu einem nicht geschäftsführenden Mitglied den Beschränkungen des § 88 AktG unterliegt. Denn das Verbot des § 88 AktG umfasst nicht die Tätigkeit des Vorstandsmitglieds als Aufsichtsrat einer anderen Gesellschaft.[1104] Da die nicht geschäftsführenden Mitglieder im Verwaltungsorgan weitgehend die Funktion des Aufsichtsrats übernehmen, könnte man annehmen, ein Leitungsorganmitglied könne ohne Einwilligung des Aufsichtsorgans zum nicht geschäftsführenden Mitglied bestellt werden. Da den nicht geschäftsführenden Mitgliedern aber auch Leitungsbefugnisse zustehen, wird der von § 88 Abs. 1 S. 1 AktG beabsichtigte Schutz der Treuepflicht[1105] des Mitglieds nicht erreicht. Ein Leitungsorganmitglied darf folglich ohne Einwilligung des Aufsichtsorgans auch nicht zum nicht geschäftsführenden Mitglied bei einem Wettbewerber der SE bestellt werden.

Damit gilt umgekehrt, dass § 88 Abs. 1 S. 1 AktG im Verwaltungsorgan entsprechende Anwendung findet.[1106] Ein Verwaltungsorganmitglied darf folglich nicht ohne Zustimmung zu einem Mitglied des Vorstands/Leitungsorgans bzw. Verwaltungsorgans eines Wettbewerbers bestellt werden. Die Einwilligung erteilt das Verwaltungsorgan.[1107] Aufgrund vergleichbarer Stellung der Geschäftsführer zu einem Vorstandsmitglied gilt dies auch für die Bestellung eines Verwaltungsorganmitglieds zum Geschäftsführer einer anderen Wettbewerbsgesellschaft.[1108]

Problematisch erscheint die analoge Anwendung des § 88 Abs. 1 S. 2 AktG, der die Sicherstellung des Arbeitseinsatzes beabsichtigt.[1109] Da der Gesetzgeber davon ausgeht, dass die Tätigkeit im Verwaltungsorgan die Arbeitskraft nicht ausschöpft (§ 27 Abs. 1 Nr. 1 SEAG), steht § 88 AktG der Bestellung eines Vorstandsmitglieds zu einem geschäfts- oder nicht geschäftsführenden Verwaltungsorganmitglied ebenso wenig entgegen, wie der Bestellung zu einem Aufsichtsrat. Dies gilt, obwohl anders als ein Aufsichtsrat das Verwaltungsorgan Leitungsbefugnisse hat. Der Schutz der Interessen der Gesellschaft wird jedoch bereits durch § 88 Abs. 1 S. 1 AktG sichergestellt. Für die geschäftsführenden Mitglieder wäre jedoch aufgrund der höheren Arbeitsbelastung an eine entsprechende Anwendung des § 88 Abs. 1 S. 2 AktG zu denken. Hierfür fehlen jedoch Anhaltspunkte im SEAG; § 27 Abs. 1 Nr. 1 SEAG differenziert nicht nach den Funktionen. Ein Verwaltungsorganmitglied kann somit ohne Einwilligung zu einem Verwaltungsorganmitglied

[1103] Ein Leitungsorganmitglied kann ebenfalls nicht zu einem Geschäftsführer einer SE bestellt werden, weil dieser Geschäftsführungs- und Vertretungsbefugnisse innehat und auch von der Aufgabenbelastung einem Vorstandsmitglied entspricht. Es gelten somit § 88 Abs. 1 S. 1 und S. 2 AktG.

[1104] Vgl. *Hüffer*, AktG, § 88 Rn. 4.

[1105] Vgl. MünchKommAktG/*Hefermehl/Spindler*, § 88 Rn. 1.

[1106] A.A. MünchKommAktG/*Reichert/Brandes*, SE-VO, Art. 43 Rn. 175, Art. 51 Rn. 29. Ein ausdrückliches Wettbewerbsverbot enthält § 54 S. 3 öSEG.

[1107] Aus Kontrollgesichtspunkten wäre eine Einwilligung der Hauptversammlung besser; siehe S. 293 (V-5.2.1).

[1108] A.A. wohl *Egermann/Heckenthaler*, GeS 2004, 463 (465), die nach der Funktion des Verwaltungsorganmitglieds differenzieren.

[1109] Vgl. MünchKommAktG/*Hefermehl/Spindler*, § 88 Rn. 1; *Hüffer*, AktG, § 88 Rn. 4.

oder auch Geschäftsführer bzw. Vorstandsmitglied einer Nichtwettbewerbsgesellschaft bestellt werden.

v) Organvorsitzender

Art. 45 S. 1 SE-VO verpflichtet – wie Art. 42 S. 2 SE-VO das Aufsichtsorgan – zunächst jedes Verwaltungsorgan aus seiner Mitte einen Vorsitzenden zu wählen. Damit kann weder eine externe Person Vorsitzender werden[1110] noch die Hauptversammlung oder andere Personen einen Vorsitzenden bestimmen.[1111] Da die Wahl einen Beschluss des Organs darstellt, findet Art. 50 SE-VO uneingeschränkt Anwendung. Die Wahl eines Vorsitzenden gehört zu den wesentlichen internen Organisationsaufgaben, sodass eine Übertragung auf einen Wahlausschuss ausgeschlossen ist.[1112] Für die Handelsregisteranmeldung gilt § 46 Abs. 1 S. 2 SEAG.

Wählbar ist grundsätzlich jedes Verwaltungsorganmitglied – auch ein Arbeitnehmervertreter.[1113] Dies gilt gleichwohl nur, solange nicht die Spezialvorschrift des Art. 45 S. 2 SE-VO eingreift. Sofern das Verwaltungsorgan zur Hälfte aus Arbeitnehmer und- Kapitalvertretern besteht[1114], kann gemäß Art. 45 S. 2 SE-VO anders als im deutschen Recht[1115] nur ein Vertreter der Anteilseigner gewählt werden.[1116] Ansonsten ist die Wahl gemäß Art. 45 S. 2 SE-VO ungültig. Den Arbeitnehmervertretern fehlt damit das passive Wahlrecht. Es muss neu gewählt werden, bis ein Anteilseignervertreter Vorsitzender ist. Art. 45 S. 2 SE-VO steht dabei im Zusammenhang mit Art. 50 Abs. 2 SE-VO insbesondere Satz 2. Beide Normen sind notwendig, um das Letztentscheidungsrecht der Kapitalvertreter effektiv zu sichern.[1117] Ob auch in einem unterparitätisch mitbestimmten Organ zwingend ein Kapitalvertreter zum Vorsitzenden gewählt werden muss, hängt davon ab, welche Mehrheiten in dem Organ von der Satzung vorgesehen sind und vor allem, ob eine solche Mehrheit zulässig ist.[1118]

1110 Vgl. *Schwarz*, SE-VO, Art. 45 Rn. 4; *Manz*, in: Manz/Mayer/Schröder, SE, Art. 42 Rn. 3.

1111 Vgl. *Schwarz*, SE-VO, Art. 45 Rn. 4. So ausdrücklich im dt. Recht § 107 Abs. 3 S. 2 AktG.

1112 Vgl. *Schwarz*, SE-VO, Art. 45 Rn. 12. So im dt. Recht § 107 Abs. 3 S. 2 AktG.

1113 Vgl. *Schwarz*, SE-VO, Art. 42 Rn. 9. Sofern eine juristische Person Organmitglied sein kann, ist die juristische Person als Vorsitzender wählbar, weil der Vorsitzende aus der Mitte des Organs zu wählen ist; vgl. *Schwarz*, SE-VO, Art. 45 Rn. 6. So lässt auch das französische Recht in Art. L. 225-81 C.Com die Wahl einer juristischen Person zum Vorsitzenden zu; vgl. *Klein*, RIW 2004, 435 (436). In Deutschland besteht diese Möglichkeit aufgrund des Art. 47 Abs. 1 Unterabs. 1 SE-VO i.V.m. § 27 Abs. 3 SEAG nicht.

1114 Es müssen Arbeitnehmervertreter Organmitglieder sein, sodass Art. 45 S. 2 SE-VO allein für das Repräsentationsmodell gilt; vgl. *Schwarz*, SE-VO, Art. 42 Rn. 6.

1115 Dies gilt auch bei der Anwendung des § 27 Abs. 2 MitbestG. Im zweiten Wahlgang wird der Vorsitzende zwar von den Anteilseignern und der Stellvertreter von den Arbeitnehmervertretern gewählt. Die zu wählende Person muss aber nicht aus der jeweiligen Gruppe stammen; vgl. MünchKommAktG/*Gach*, § 27 MitbestG Rn. 9.

1116 Art. 42 S. 2 SE-VO gestattet nur die Wahl eines Aktionärsvertreters; vgl. *Ihrig/Wagner*, BB 2004, 1749 (1755). Eine andere Annahme wäre mit dem beabsichtigten Zweck des Art. 50 Abs. 2 S. 2 SE-VO, das Letztentscheidungsrecht der Aktionäre zwingend sicher zu stellen, nicht vereinbar. Vgl. ebenso *Schwarz*, SE-VO, Art. 42 Rn. 5 f.

1117 Siehe oben S. 124 f.

1118 Siehe dazu oben S. 125.

Kann nur ein Vertreter der Anteilseigner gewählt werden, steht den Arbeitnehmervertretern zwar kein passives, jedoch zunächst weiterhin ihr aktives Wahlrecht zu. Sofern alle Arbeitnehmervertreter den Vorsitzenden ablehnen, kann kein Beschluss gefasst werden – ein ausschlaggebendes Stimmrecht besteht mangels eines Vorsitzenden noch nicht.[1119] Die SE-VO stellt für diese Situation keine Regelung bereit, sodass in diesem Fall Art. 50 Abs. 1 SE-VO aufgrund einer SE-spezifischen Regelungslücke teleologisch dahingehend reduziert werden muss, dass bei einer Pattsituation nur die Anteilseignerstimmen berücksichtigt werden. Die Arbeitnehmervertreter verlieren somit im Ergebnis auch ihr aktives Wahlrecht.[1120] Dieses Ergebnis entspricht der Regelung des § 27 Abs. 2 MitbestG. Die Annahme einer Regelungslücke auf Ebene der SE-VO ergibt sich, weil dieses Problem allein auf der zwingenden Regelung der SE-VO beruht und in allen Mitgliedstaaten auftreten kann, auch in solchen, die keine § 27 Abs. 2 MitbestG vergleichbare Regelung kennen.[1121] Mit dieser Lösung wird eine einheitliche Rechtsanwendung erreicht.

Wie Art. 42 S. 1 SE-VO verpflichtet Art. 45 S. 1 SE-VO scheinbar jedes Verwaltungsorgan, aus seiner Mitte einen Vorsitzenden zu wählen. Da das Verwaltungsorgan aber gemäß Art. 43 Abs. 3 SE-VO auch aus nur einem Mitglied bestehen kann, ist in diesem Fall eine zwingende Wahl eines Vorsitzenden überflüssig und Art. 45 S. 1 SE-VO dementsprechend teleologisch zu reduzieren.[1122] Sobald das Organ aus zwei oder mehr Mitgliedern besetzt ist, kann ein Vorsitzender gewählt werden. In einem zweigliedrigen Organ scheint dies unsinnig zu sein, weil dann der Vorsitzende aufgrund des Art. 50 Abs. 2 S. 1 SE-VO ein Alleinentscheidungsrecht hätte. Dies ist jedoch unproblematisch, weil auch ein Organ aus einem Mitglied zulässig ist.[1123] Eine teleologische Reduktion des Art. 45 S. 1 SE-VO ist daher bei einem zweigliedrigen Organ nicht vorzunehmen. Problematisch bleibt in diesem Fall wie ein Vorsitzender gewählt werden kann, wenn beide Organmitglieder sich jeweils wählen.[1124]

aa) Rechtsstellung des Vorsitzenden

Zu den Befugnissen des Vorsitzenden enthält die SE-VO keine Regelungen. Es ist insoweit eine Regelungsoffenheit gegeben, die über das nationale Recht zu schließen ist. So hat der Vorsitzende entsprechend § 34 Abs. 3 S. 1 SEAG die Sit-

---

[1119] Das zu wählende Mitglied darf mitstimmen; vgl. MünchKommAktG/*Reichert/Brandes*, SE-VO, Art. 42 Rn. 3.

[1120] A.A. MünchKommAktG/*Reichert/Brandes*, SE-VO, Art. 41 Rn. 7 ff., der für eine entsprechende Satzungsregelung plädiert. Das hier vertretene Ergebnis lehnt sich auch an § 124 Abs. 3 S. 4 AktG an, bei dem nur Aktionärsvertreter stimmberechtigt sind.

[1121] § 27 MitbestG gilt aufgrund des Art. 13 Abs. 2 SE-ErgRiL nicht, ebenso MünchKommAktG/*Reichert/Brandes*, SE-VO, Art. 42 Rn. 3; *Habersack*, AG 2006, 345 (349). A.A. *Schwarz*, SE-VO, Art. 42 Rn. 11, der von einer Regelungsoffenheit ausgeht, die im nationalen Recht über eine analoge Anwendung des § 27 Abs. 2 MitbestG geschlossen werde; für eine direkte Anwendung des § 27 Abs. 2 MitbestG MünchKommAktG/*Schäfer*, SE-VO, Art. 9 Rn. 7; *Teichmann*, ZGR 2002, 383 (443 f.).

[1122] Im Ergebnis ebenso *Schwarz*, SE-VO, Art. 45 Rn. 5.

[1123] Ebenso ausdrücklich MünchKommAktG/*Reichert/Brandes*, SE-VO, Art. 45 Rn. 22.

[1124] Diese Pattsituation kann aber auch bei anderen Organgrößen auftreten.

zungsniederschrift zu unterzeichnen. Die Satzung kann ihn als Leiter der Hauptversammlung bestimmen.[1125] Aus der Vorsitzendenstellung an sich ergeben sich bereits auf der Ebene der SE-VO einige Organisationspflichten. So ist er verpflichtet, Sitzungen des Organs einzuberufen, die Tagungsordnung festzulegen und die Sitzungen zu leiten.[1126]

Dem Vorsitzenden steht gemäß Art. 50 Abs. 1 S. 1 SE-VO bei Stimmengleichheit ein ausschlaggebendes Stimmrecht zu. Bei dieser Regelung handelt es sich nicht um eine Befugnis, sondern die Stimme gibt automatisch den Ausschlag, sofern die Satzung keine abweichende Regelung im Sinne des Art. 50 Abs. 2 S. 2 SE-VO getroffen hat und treffen konnte.[1127] Ein Weisungsrecht kann dem Vorsitzenden aufgrund des Kollegialprinzips[1128] nicht eingeräumt werden,[1129] aber ein Vetorecht.[1130]

bb) Amtszeit

Die Amtszeit des Vorsitzenden richtet sich nicht nach Art. 46 Abs. 1 SE-VO, weil die Wahl des Vorsitzenden keine Bestellung im Sinne des Art. 46 Abs. 1 SE-VO ist. Das Verwaltungsorgan kann mit der Wahl die Amtszeit festlegen. Da nur Organmitglieder bestellt werden dürfen, kann der Vorsitzende nicht für eine längere Zeit als seine Amtszeit als Mitglied bestellt werden. Die Bestimmung der Amtszeit durch die Hauptversammlung bzw. die Satzung erscheint als zulässig, weil die Bestimmung einer Amtszeit keine Festlegung auf ein Mitglied darstellt. Der Satzung fehlt jedoch auf Ebene der SE-VO eine ausdrückliche Kompetenz, die gemäß Art. 9 Abs. 1 Buchst. b SE-VO notwendig ist. Die Kompetenz kann auch nicht aus Art. 46 Abs. 1 SE-VO abgeleitet werden, weil die Norm nicht zur Anwendung kommt. Die Kompetenz der Hauptversammlung ergibt sich nach Art. 52 Unterabs. 2 SE-VO aus dem nationalen Recht.[1131]

cc) Abwahl und Wiederwahl

Unabhängig von der festgelegten Amtszeit des Vorsitzenden endet diese automatisch mit der Beendigung der Organmitgliedschaft, denn Vorsitzender kann nur ein Mitglied des Organs sein.[1132] Neben der Beendigung der Organmitgliedschaft kann

---

[1125] Vgl. für den Aufsichtsrat: *Hüffer*, AktG, § 129 Rn. 18. Hierbei handelt es sich jedoch um eine eigenständige Aufgabe, die nicht aus der Vorsitzendenstellung folgt.

[1126] Vgl. *Artmann*, wbl 2002, 189 (194). Dies bedeutet aber nicht, dass nur der Vorsitzende die Sitzung einberufen darf oder allein die Tagesordnung festlegt. Einzelne Mitglieder können, sofern dies das nationale Recht vorsieht, die Sitzungseinberufung verlangen bzw. die Sitzung selbst einberufen.

[1127] Siehe oben S. 120 ff.

[1128] Siehe S. 157.

[1129] Vgl. für das Leitungsorgan MünchKommAktG/*Reichert/Brandes*, SE-VO, Art. 39 Rn. 30. Im dt. Recht ergibt sich dies aus § 77 Abs. 1 S. 2 HS 2 AktG, vgl. MünchKommAktG/*Hefermehl/Spindler*, § 77 Rn. 36; *v. Hein*, ZHR 166 (2002), 464 (469, 479); RegBegr. zu § 77 AktG, in: *Kropff*, Aktiengesetz 1965, S. 99; *v. Werder*, RIW 1997, 304 (309).

[1130] Siehe S. 116.

[1131] Vgl. MünchKommAktG/*Reichert/Brandes*, SE-VO, Art. 42 Rn. 16; MünchKommAktG/*Semler*, § 107 Rn. 38.

[1132] Siehe S. 172.

der Vorsitzende auch abgewählt werden.[1133] In diesem Fall bleibt die Person weiterhin Organmitglied, verliert aber die Vorsitzendenfunktion. Bei der Abwahl hat der Vorsitzende kein Stimmrecht.[1134]

dd) Gerichtliche Ersatzbestellung

Kommt das Verwaltungsorgan seiner Verpflichtung aus Art. 45 SE-VO nicht nach, stellt weder die SE-VO noch das SEAG oder AktG eine Regelung bereit. Im deutschen Aktienrecht kommt es in diesem Fall zur analogen Anwendung des § 104 Abs. 2 AktG, sodass das zuständige Gericht auf Antrag eine gerichtliche Ersatzbestellung vornehmen muss.[1135] Aufgrund der bestehenden Regelungsoffenheit und der Anwendung des nationalen Richterrechts im Rahmen des Art. 9 Abs. 1 Buchst. c SE-VO führt dies für eine in Deutschland ansässige SE für den Verwaltungsorganvorsitzenden zur analogen Anwendung des parallelen § 30 SEAG.[1136]

ee) Stellvertretender Vorsitzender

Die Wahl eines stellvertretenden Vorsitzenden ist im Gegensatz zu den Vorgängervorschriften[1137] nicht mehr in der SE-VO enthalten. Das Fehlen einer solchen Regelung ist jedoch nicht als eine abschließende Regelung zu verstehen, sondern es ist eine Regelungsoffenheit gegeben,[1138] die gemäß Art. 9 Abs. 1 Buchst. c Ziffer i SE-VO i.V.m. § 34 Abs. 1 S. 1 SEAG – eine § 107 Abs. 1 S. 1 AktG entsprechende Regelung –, sodass mindestens ein Stellvertreter zu wählen ist.[1139] Werden mehrere Stellvertreter gewählt, deren Zahl durch die Satzung bestimmt bzw. begrenzt werden kann, muss die Reihenfolge feststehen, in der die Stellvertreter den Vorsitzenden vertreten.[1140]

Eine wichtige Frage ist dabei, welche Vorsitzendenfunktionen der Stellvertreter im Vertretungsfall innehat. Nach § 34 Abs. 1 S. 2 SEAG hat der Stellvertreter im Vertretungsfall[1141] sämtliche Befugnisse des Vorsitzenden inne.[1142] Die Stimme des Stellvertreters hat somit bei einer Stimmengleichheit im Organ gemäß Art. 50 Abs. 2 S. 1 SE-VO die ausschlaggebende Wirkung, aber nur wenn er Kapitalver-

---

1133 Vgl. zum Verfahren *Schwarz*, SE-VO, Art. 45 Rn. 11; *Lutter/Krieger*, Aufsichtsrat, Rn. 542.

1134 Vgl. *Manz*, in: Manz/Mayer/Schröder, SE, Art. 41 Rn. 5.

1135 Vgl. *Schwarz*, SE-VO, Art. 42 Rn. 22; MünchKommAktG/*Reichert/Brandes*, SE-VO, Art. 41 Rn. 15; zum dt. Recht MünchKommAktG/*Semler*, § 107 Rn. 33; *Semler*, in: Semler, AR Hdb., Rn. F 28; a.A. *Lutter/Krieger*, Aufsichtsrat, Rn. 535.

1136 Ebenso *Schwarz*, SE-VO, Art. 45 Rn. 19.

1137 Art. 66 Abs.1 S. 2 SE-VOV 1989 verlangte die Wahl mindestens eines Stellvertreters. Für das Aufsichtsorgan: Art. IV-2-4 Abs. 1 Sanders-Vorentwurf, Art. 76 Abs. 1 SE-VOV 1970, Art. 76 Abs. 2 S. 1 SE-VOV 1975, Art. 65 Abs.1 SE-VOV 1989 verlangte die Wahl (mindestens) eines Stellvertreters.

1138 Vgl. *Schwarz*, SE-VO, Art. 42 Rn. 20.

1139 Die Wahl richtet sich nach den Regelungen, die für die Wahl des Vorsitzenden gelten; vgl. *Schwarz*, SE-VO, Art. 45 Rn. 16.

1140 Vgl. *Schwarz*, SE-VO, Art. 42 Rn. 20. Die Reihenfolge kann in der Satzung, Geschäftsordnung oder ad hoc im Aufsichtsorgan bestimmt werden; vgl. zum dt. Recht MünchKommAktG/*Semler*, § 107 Rn. 74.

1141 Auch die Feststellung eines Vertretungsfalls obliegt allein dem nationalen Recht.

1142 Siehe oben S. 122 f.

treter ist.[1143] Die Versagung des Stichentscheidungsrechts durch § 29 Abs. 2 S. 3 MitbestG kommt dabei nicht zur Anwendung.[1144]

Ein Fall der Vertretung des Vorsitzenden ist die nichtige Wahl des Vorsitzenden.[1145] Der Stellvertreter wird nicht automatisch zum Vorsitzenden des Organs, sondern er hat lediglich die Befugnisse des Vorsitzenden. Somit muss für die Besetzung des Vorsitzenden eine neue Wahl stattfinden. Unterbleibt die Wahl eines neuen Vorsitzenden und ist ein Stellvertreter ordnungsgemäß gewählt worden, so fehlen die Voraussetzungen für eine analoge Anwendung der gerichtlichen Ersatzbestellung, denn die wahrzunehmenden Aufgaben werden alle wahrgenommen. Lediglich in einem Organ, in dem der Vorsitzende ein Anteilseignervertreter sein muss, gilt dies nur, sofern auch der Stellvertreter die Eigenschaft hat, denn nur einem Kapitalvertreter steht in einem solchen Organ das ausschlaggebende Stimmrecht zu.[1146]

w) Begrenzung des Mitbestimmungseinflusses

Wie oben dargelegt, gilt der Mitbestimmungsanteil hinsichtlich des gesamten Organs, sodass es zu einer Parität in der Leitung und trotz des Letztentscheidungsrechts der Kapitalgeber zu einer deutlichen Ausweitung des Mitbestimmungseinflusses kommt.[1147] Die Attraktivität des monistischen Systems wird für deutsche Gesellschaften damit deutlich geschmälert.[1148]

Die Bestellung von Geschäftsführern für die laufenden Geschäfte führt zwar zu einer Reduktion der Aufgaben.[1149] Die Gesamtverantwortung bleibt aber bestehen, sodass durch die Bestellung von Geschäftsführern der Einfluss der Arbeitnehmervertreter nicht wesentlich verringert werden kann.[1150] Der von *Kallmeyer*[1151] vorgeschlagene Stimmrechtsausschluss der Arbeitnehmervertreter für Leitungs- und Geschäftsführungsentscheidungen mag mit der SE-ErgRiL konform sein, wenn man allein auf die Beteiligung an der Überwachung abstellt.[1152] Dieser Ansatz verstößt jedoch gegen die SE-VO, die in Art. 43 Abs. 1 S. 1 SE-VO eine Gesamtverantwortung aller Mitglieder bestimmt und damit jedes Mitglied gleichberechtigt ist.[1153]

1143 Siehe oben S. 122 f.

1144 Siehe oben S. 122 f.

1145 Vgl. *Schwarz*, SE-VO, Art. 42 Rn. 17.

1146 Siehe oben S. 122 f. In diesem Fall ist dann eine gerichtliche Ersatzbestellung vorzunehmen.

1147 Siehe oben S. 80 f.

1148 Vgl. BRBegr. zu §§ 20-49 SEAG, BT-Drucks. 15/3656, S. 4; *Kallmeyer*, ZIP 2003, 1531 (1534 ff.); *Gruber/Weller*, NZG 2003, 297 (297 ff.); *Schiessl*, ZHR 167 (2003), 235 (250 f.); *Reichert/Brandes*, ZGR 2003, 767 (790); *Leyens*, RabelsZ 67 (2003), 57 (101); *Götz*, in: Baums/Cahn, SE, 152 (159).

1149 Vgl. *Hoffmann-Becking*, ZGR 2004, 355 (381).

1150 A.A. *Wisskirchen/Prinz*, DB 2004, 2638 (2641); *Niklas*, NZA 2004, 1200 (1204); ebenso anscheinend *Kallmeyer*, ZIP 2003, 1531 (1535).

1151 Vgl. *Kallmeyer*, ZIP 2003, 1531 (1535); *Kallmeyer*, ZIP 2004, 1442 (1444).

1152 Vgl. *Schwarz*, SE-VO, Art. 43 Rn. 89; a.A. *Teichmann*, BB 2004, 53 (57); *Kämmerer/Veil*, ZIP 2005, 369 (375).

1153 Ebenso MünchKommAktG/*Reichert/Brandes*, SE-VO, Art. 50 Rn. 48 ff.; *Seibt*, AG 2005, 413 (423); *Teichmann*, BB 2004, 53 (57); *Heinze*, ZGR 2002, 66 (91); *Kämmerer/Veil*, ZIP

Der Stimmrechtsausschluss wäre nur möglich, wenn die SE-VO den Arbeitnehmervertretern eine beratende Funktion zuweisen würde.[1154]

Einen gewissen Ausweg bietet die Ausschussbildung[1155] bzw. organinterne Geschäftsverteilung. Da Ausschüsse nicht dem Mitbestimmungsverhältnis des Organs entsprechen müssen,[1156] kann hier der Einfluss der Arbeitnehmervertreter reduziert werden. Hinsichtlich der Leitung ist dagegen keine abweichende Regelung zulässig,[1157] sodass hier in keinem Fall der Einfluss reduziert werden kann. Für die Annahme, die SE-VO lasse im Falle der Mitbestimmung ausnahmsweise die Übertragung der Leitung auf einen – vornehmlich aus Aktionärsvertretern besetzten – Ausschuss zu, fehlen die nötigen Anhaltspunkte.

Sofern bestimmte Ausschüsse ausschließlich aus nicht geschäftsführenden Mitgliedern zu besetzen sind, bedeutet dies im Falle einer Mitbestimmung, dass im Verwaltungsorgan mindestens so viele nicht geschäftsführende Anteilseignervertreter bestellt sein müssen, wie benötigt werden, um die Hälfte des größten zu bildenden Ausschusses zu besetzen. Andernfalls wäre dies ein Verstoß gegen Art. 50 Abs. 2 S. 2 SE-VO, mit der Folge, dass diese Aufgaben entgegen dem nationalen Recht oder der Corporate Governance Kodices nicht auf einen (beschließenden) Ausschuss aus ausschließlich nicht geschäftsführenden Mitgliedern übertragbar sind, sondern im Organ verbleiben. Solange keine Ausschussbildung stattfindet, bleiben die Aufgaben im Gesamtorgan. § 35 Abs. 3 SEAG und Art. 50 Abs. 2 SE-VO sicheren dann das Letztentscheidungsrecht. Damit besteht nicht die von *Teichmann* beschriebene Gefahr, dass die Arbeitnehmer durch Stellung der Mehrheit der nicht geschäftsführenden Mitglieder in einem Ausschuss sich gegen die Anteilseigner durchsetzen können.[1158]

Die Bestellung von genügend nicht geschäftsführenden und u.U. unabhängigen Anteilseignervertretern führt zu großen Organen und birgt damit die Gefahr der Arbeitsunfähigkeit.[1159] Als Ausweg bietet sich dabei im Rahmen der Vereinbarung, die Mitbestimmung in einem Arbeitnehmerausschuss als beratendes Organ stattfinden zu lassen.[1160] In der Vereinbarung kann nicht vorgesehen werden, dass be-

2005, 369 (374); *Köstler*, in: Theisen/Wenz, Die SE, 331 (362); *Weiss/Wöhlert*, NZG 2006, 121 (125).

[1154] So sah dies Titel V Art. V-1-1 Sanders-Vorentwurf noch vor.

[1155] Vgl. *Reichert/Brandes*, ZGR 2003, 767 (793); *Gruber/Weller*, NZG 2003, 297 (300); *Eder*, NZG 2004, 544 (546). Dies gilt insbesondere bei großen Organen vor dem Hintergrund der Arbeitseffizienz; vgl. *Teichmann*, BB 2004, 53 (57); *Lutter*, ZGR 2001, 224 (229 f.); *Schiessl*, ZHR 167 (2003), 235 (237); RegBegr. zu § 110 Abs. 3 AktG, BT-Drucks. 13/9712, S. 16; *Scheffler*, ZGR 1993, 63 (74); *Scheffler*, ZGR 2003, 236 (237); *Lutter*, ZHR 159 (1995), 287 (298). Mit Kritik an einer übermäßigen Ausschussbildung *Schander*, Europa-AG, S. 39.

[1156] Siehe oben S. 135.

[1157] Siehe oben S. 138.

[1158] Vgl. *Teichmann*, BB 2004, 53 (56 f.), Ebenso *Kämmerer/Veil*, ZIP 2005, 369 (375).

[1159] Vgl. *Roth*, ZfA 2004, 431 (451); *Schwalbach*, AG 2004, 186 (187); *Scheffler*, ZGR 1993, 63 (73).

[1160] So bereits Art. 5 SE-ErgRiLV 1991. Vgl. *Roth*, ZfA 2004, 431 (457 f.); *Müller-Bonanni/Merlot de Beauregard*, GmbHR 2005, 195 (199); *Seibt*, AG 2005, 413 (426);

stimmte Entscheidungen des Verwaltungsorgans von der Zustimmung der Arbeitnehmer abhängig sind, weil dies das Letztentscheidungsrecht verletzen würde. Eine Bindung an die Zustimmung des Arbeitnehmerausschusses ist nur möglich, wenn das Verwaltungsorgan die verweigerte Zustimmung überstimmen kann. Durch einen Arbeitnehmerausschuss ist dann ein kleineres Organ möglich. Für die Arbeitnehmervertreter führt dies zwar zu einer Reduktion der Rechte, aber auch zu einer geringeren Haftung.

Die Mitbestimmung ist damit im monistischen System integrierbar,[1161] auch wenn dies fast der „Quadratur des Kreises" gleichkommt.[1162]

3. Die Geschäftsführer

Neben dem Verwaltungsorgan sieht § 40 Abs. 1 S. 1 SEAG die zwingende Bestellung von „geschäftsführenden Direktoren"[1163] vor. Diese führen gemäß § 40 Abs. 2 S. 1 SEAG die (laufenden) Geschäfte der SE und sind gemäß § 41 Abs. 1 SEAG grundsätzlich das alleinige Vertretungsorgan. Mit der Zuweisung der Geschäftsführung an die Geschäftsführer weicht das nationale Recht von der Grundkonzeption der SE-VO ab, die mit Art. 43 Abs. 1 S. 1 SE-VO die Geschäftsführung dem Verwaltungsorgan überträgt. Das nationale Recht kann von der Grundkonzeption der SE-VO nur abweichen, wenn eine diesbezügliche Ermächtigung des nationalen Gesetzgebers in der SE-VO enthalten ist.

a) Ermächtigungsgrundlage

Als mögliche Ermächtigungsgrundlage kommt Art. 43 Abs. 1 S. 2 SE-VO oder Art. 43 Abs. 4 SE-VO in Betracht.

aa) Art. 43 Abs. 1 S. 2 SE-VO

Der VO-Geber ermächtigt in Art. 43 Abs. 1 S. 2 SE-VO die Mitgliedstaaten nur für die eigenverantwortliche Führung der laufenden Geschäfte, Geschäftsführer „unter denselben Bedingungen" vorzusehen. Die SE-VO enthält somit eigene Bedingungen, die unabhängig vom nationalen Recht sind.[1164]

Der VO-Geber will mit der Einschränkung „unter denselben Bedingungen" erreichen, dass hinsichtlich der Geschäftsführer der SE und des nationalen Rechts ein Gleichlauf besteht.[1165] Daraus folgt, dass die Geschäftsführer nur eingerichtet werden können, wenn diese auch im nationalen Recht existieren. Der beabsichtigte Gleichlauf mit dem nationalen Recht kann nur dann erreicht werden, wenn die Ge-

Teichmann, BB 2004, 53 (57); MünchKommAktG/*Reichert*/*Brandes*, SE-VO, Art. 38 Rn. 32. Dies auch für die deutsche AG fordernd: *Schiessl*, ZHR 167 (2003), 235 (255).

1161 Bei der Aktienrechtsreform 1965 wurde die Mitbestimmung als unvereinbar mit einem monistischen System gesehen. Ähnlich *Lutter*, ZHR 159 (1995), 287 (297).

1162 So *Roth*, ZfA 2004, 431 (451).

1163 Im Folgenden wird die Bezeichnung „Geschäftsführer" der SE-VO in Art. 43 Abs. 1 S. 2 SE-VO beibehalten.

1164 So auch *Schwarz*, SE-VO, Art. 39 Rn. 38, Art. 43 Rn. 37. Damit ist Art. 43 Abs. 1 S. 2 SE-VO, wie auch Art. 39 Abs.1 S. 2 SE-VO, als „sonst unter denselben Voraussetzungen" zu lesen.

1165 Vgl. *Schwarz*, SE-VO, Art. 39 Rn. 36, Art. 43 Rn. 38.

schäftsführer in einem monistischen System vorkommen.[1166] Die Ermächtigung des Art. 43 Abs. 1 S. 2 SE-VO richtet sich folglich nur an die Mitgliedstaaten, die ein monistisches System kennen und in ihrem monistischen System Geschäftsführer zulassen.[1167] Denn für solche Mitgliedstaaten ist Art. 43 Abs. 4 SE-VO gesperrt, sodass Art. 43 Abs. 1 S. 2 SE-VO zur Einrichtung von Geschäftsführern für diese Länder notwendig ist. Für Deutschland bedeutet dies, dass die Geschäftsführer nicht auf Art. 43 Abs. 1 S. 2 SE-VO gestützt werden können.[1168]

bb) Art. 43 Abs. 4 SE-VO

Mitgliedstaaten, die das monistische Leitungssystem nicht kennen, eröffnet Art. 43 Abs. 4 SE-VO die Möglichkeit, dieses ergänzend auszugestalten. Ob diese Ermächtigung auch die Geschäftsführer umfasst, ist fraglich.[1169] Ohne Art. 43 Abs. 1 S. 2 SE-VO könnte man hinsichtlich der Geschäftsführer von einer Regelungsoffenheit ausgehen. Aus dem Vorhandensein des Art. 43 Abs. 1 S. 2 SE-VO folgt allerdings, dass die SE-VO hinsichtlich der Geschäftsführung abschließend ist.[1170] Entweder das Verwaltungsorgan oder die Geschäftsführer führen die laufenden Geschäfte. Aus der Regelung des Art. 43 Abs. 1 S. 2 SE-VO folgt aber auch, dass die SE-VO hinsichtlich der laufenden Geschäfte keine zwingende Wahrnehmung durch das Verwaltungsorgan verlangt. Damit können die Geschäftsführer über Art. 43 Abs. 4 SE-VO eingerichtet werden.[1171] Die Einrichtung über Art. 43 Abs. 4 SE-VO wird nicht durch die Unanwendbarkeit des Art. 43 Abs. 1 S. 2 SE-VO verhindert,[1172] weil der von Art. 43 Abs. 1 S. 2 SE-VO verfolgte Zweck der Parallelität nicht hergestellt werden kann.[1173]

[1166] Vgl. *Schwarz,* SE-VO, Art. 39 Rn. 37, Art. 43 Rn. 36. Ebenso *Manz,* in: Manz/Mayer/-Schröder, SE, Art. 43 Rn. 10. Es ist somit nicht möglich, einen im monistischen System bestehenden Geschäftsführer über Art. 39 Abs. 1 S. 2 SE-VO auf das dualistische System der SE zu übertragen, wenn das ebenfalls im nationalen Recht vorhandene dualistische Modell solche Geschäftsführer nicht kennt.

[1167] So wohl auch *Teichmann,* ZIP 2002, 1109 (1114).

[1168] Ebenso *Handelsrechtsausschuss des DAV,* NZG 2004, 957 (959); *Egermann/Heckenthaler,* GeS 2004, 463 (463); *Neye/Teichmann,* AG 2003, 169 (176); *Teichmann,* ZIP 2002, 1109 (1114); a.A. *Merkt,* ZGR 2003, 650 (656); *Reichert/Brandes,* ZGR 2003, 767 (789); *Heckschen,* in: Widmann/Mayer, UmwG, Anh. 14 Rn. 476; *Weiss/Wöhlert,* NZG 2006, 121 (126). Wohl auch a.A. *Hoffmann-Becking,* ZGR 2004, 355 (372 f.), der eine Einrichtung von externen geschäftsführenden Direktoren nur nach Art. 43 Abs. 1 S. 2 SE-VO als möglich ansieht. Konsequenz dieser Auffassung ist, der deutsche Gesetzgeber müsste diese Möglichkeit auch für eine AG schaffen, um sie für eine SE bereitzustellen. Aufgrund der Voraussetzung des Art. 43 Abs. 1 S. 2 SE-VO – das Vorhandensein des monistischen Systems – müsste also auch ein monistisches System im AktG geschaffen werden.

[1169] Siehe *Hoffmann-Becking,* ZGR 2004, 355 (373).

[1170] Ähnlich *Hoffmann-Becking,* ZGR 2004, 355 (375).

[1171] So auch *Artmann,* wbl 2002, 189 (194); *Neye/Teichmann,* AG 2003, 169 (176); *Teichmann,* BB 2004, 53 (60); *Kalss/Greda,* GesRZ 2004, 91 (102); *Egermann/Heckenthaler,* GeS 2004, 463 (463); *Schwarz,* SE-VO, Art. 43 Rn. 38; *Kalss/Greda,* in: Kalss/Hügel, SE, vor § 34 SEG Rn. 16. Für eine Kombination aus Art. 43 Abs. 1 S. 2 und Abs. 4 SE-VO *Manz,* in: Manz/Mayer/Schröder, SE, Art. 43 Rn. 42.

[1172] A.A. wohl *Hirte,* NZG 2002, 1 (8); MünchKommAktG/*Kübler,* SE-VO, Einf. Rn. 55.

[1173] Ebenso *Teichmann,* in: Theisen/Wenz, Die SE, 691 (732).

b) Die Geschäftsführer nach deutschem Recht

aa) Grundsätzlich freie Ausgestaltung

Da für Deutschland die Einrichtung der Geschäftsführer nur auf die Ermächtigung des Art. 43 Abs. 4 SE-VO gestützt werden kann, unterliegt die Umsetzung nicht der Einschränkung – „denselben Bedingungen" – des Art. 43 Abs. 1 S. 2 SE-VO. Denn es ist nicht möglich die Geschäftsführer unter „denselben Bedingungen" einzurichten. Der deutsche Gesetzgeber kann daher die Geschäftsführer grundsätzlich frei regeln. Er kann eine zwingende oder wahlweise Bestellung vorsehen sowie die Zusammensetzung der Geschäftsführer und ihre Aufgaben bestimmen.

bb) Grenzen der SE-VO

Die Einrichtung über Art. 43 Abs. 4 SE-VO ist jedoch nicht grenzenlos. Der Gesetzgeber darf auch bei einer Ausübung der Ermächtigung des Art. 43 Abs. 4 SE-VO nicht von den Regelungen der SE-VO abweichen. Art. 43 Abs. 1 S. 2 SE-VO gestattet nur die eigenverantwortliche Übertragung der laufenden Geschäfte. Nur insoweit lässt die SE-VO eine Ausnahme zu der Regelung des Art. 43 Abs. 1 S. 1 SE-VO zu.[1174]

Diese Beschränkungen müssen dann auch für die Mitgliedstaaten gelten, die kein monistisches System kennen. Diesen dürfen nicht mehr Möglichkeiten zustehen, von den zwingenden Regeln der SE-VO abzuweichen, außer die SE-VO lässt dies zu.[1175] In Art. 43 Abs. 4 SE-VO eine solche Erlaubnis zu sehen, würde bedeuten, dass der Mitgliedstaat beliebig von den in der SE-VO getroffenen Regelungen abweichen könnte. Dies ist nicht gewollt, denn es sind nur Ergänzungen zulässig.[1176] Wie oben dargelegt, folgt allein aus Art. 43 Abs. 1 S. 2 SE-VO die Regelungsoffenheit für eine Regelung über Art. 43 Abs. 4 SE-VO. Die Grenzen des Art. 43 Abs. 1 S. 2 SE-VO gelten somit auch für eine Umsetzung über Art. 43 Abs. 4 SE-VO.[1177] Damit können die Mitgliedstaaten den Geschäftsführern nicht mehr als die laufenden Geschäfte übertragen.[1178]

1174 Ähnlich *Horn*, DB 2005, 147 (151), der von einer Konkretisierung des Art. 43 Abs. 4 SE-VO spricht.

1175 Vgl. *Artmann*, wbl 2002, 189 (190).

1176 Siehe oben S. 62.

1177 Vgl. *Schwarz*, SE-VO, Art. 43 Rn. 39; *Kallmeyer*, ZIP 2003, 1531 (1531); *DAV*, NZG 2004, 75 (83); wohl auch GroßkommAktG/*Hopt/Roth*, § 111 Rn. 867. A.A. *Teichmann*, BB 2004, 53 (54, 60); *Theisen/Hölzl*, in: Theisen/Wenz, Die SE, 269 (302). Ebenfalls a.A. *Veil*, WM 2003, 2169 (2170), der bei einer Umsetzung über Art. 39 Abs. 5 bzw. Art. 43 Abs. 4 keine Bindung an die in Art. 43 Abs. 1 S. 2 SE-VO getroffenen Regelungen sieht.

1178 Ebenso *Hoffmann-Becking*, ZGR 2004, 355 (376); *Schwarz*, SE-VO, Art. 43 Rn. 39; *Frodermann*, in: Jannott/Frodermann, SE, S. 182 Rn. 227; wohl auch *Menjucq*, ZGR 2003, 679 (686); *Reichert/Brandes*, ZGR 2003, 767 (791); *Manz*, in: Manz/Mayer/Schröder, SE, Art. 43 Rn. 136; ähnlich *Merkt*, ZGR 2003, 650 (657); im Ergebnis ebenso GroßkommAktG/*Hopt/Roth*, § 111 Rn. 859; so explizit § 56 S. 1 öSEG; a.A. *Nagel*, AuR 2004, 281 (282); *Teichmann*, BB 2004, 53 (54, 60), die die deutschen Regelungen als mit der SE-VO vereinbar ansehen.

cc) Kritik

Die Einrichtung und Ausgestaltung der Geschäftsführer nach deutschem Recht und die damit verbundenen Kompetenzen des Verwaltungsorgans haben zu erheblicher Kritik in der Literatur geführt, weil damit das monistische System mehr oder weniger dualistisch ausgestaltet würde.[1179] Es ist zwar zutreffend, dass sich der deutsche Gesetzgeber offensichtlich am AktG orientiert hat, aber aufgrund der entscheidenden, dem gesamten Verwaltungsorgan obliegenden Leitungsaufgabe und des Weisungsrechts bestehen dennoch erhebliche Unterschiede zum Dualismus.[1180]

c) Organqualität

Aufgrund der zwingenden Bestellung der Geschäftsführer und der gesetzlichen Aufgabenzuweisung (Art. 43 Abs. 1 S. 2 SE-VO: laufende Geschäftsführung; § 40 Abs. 2 S. 1 SEAG: Geschäftsführung; Art. 41 Abs. 1 SEAG: Vertretung) sind die Geschäftsführer als Organ der SE anzusehen.[1181] Dass die Geschäftsführer jederzeit abberufbar sind, ändert nichts an der Organqualität,[1182] weil auch die Geschäftsführer einer GmbH jederzeit abberufen werden können (§ 38 Abs. 1 GmbHG). Gegen die Annahme der Organqualität spricht die im Gegensatz zu Leitungs-, Aufsichts- und Verwaltungsorgan fehlende Bezeichnung Geschäftsführungsorgan. Aber auch die Hauptversammlung ist ein Organ der Gesellschaft und wird in der SE-VO nicht als solches bezeichnet. Zudem geht Art. 54 Abs. 2 SE-VO von der Existenz weiterer Organe aus. Sowohl in Frankreich[1183] als auch in der Schweiz[1184] hat die Geschäftsführung im monistischen System neben dem Verwaltungsrat Organqualität.[1185]

Auch Art. 38 Buchst. b SE-VO steht der Organqualität nicht entgegen.[1186] Die Norm geht zwar von nur einem Organ aus, aber damit wird nur gefordert, dass ein Organ umfassend verantwortlich ist. Da die Geschäftsführer vom Verwaltungsorgan weisungsabhängig sind, bleibt es bei der Gesamtverantwortung eines Organs.[1187] Die Organqualität der Geschäftsführer ändert daran nichts.

1179 Vgl. *DAV*, NZG 2004, 75 (82); *Waclawik*, DB 2004, 1191 (1196); GroßkommAktG/*Hopt/Roth*, § 111 Rn. 866.

1180 So auch *Sokolowski*, Überwachung in einer SE, S. 108; *Teichmann*, BB 2004, 53 (58); *Neye/Teichmann*, AG 2003, 169 (179); *Schwarz*, SE-VO, Anh. Art. 43 Rn. 264.

1181 Vgl. *Schwarz*, SE-VO, Art. 39 Rn. 52 f., Art. 43 Rn. 40. So auch *Schmidt*, NZI 2006, 627 (629); *Horn*, DB 2005, 147 (151); *Artmann*, wbl 2002, 189 (194); MünchKommAktG/*Reichert/Brandes*, SE-VO, Art. 38 Rn. 8, Art. 43 Rn. 155; a.A. *Seibt*, NZA 21/2004, IX (XI); *Kallmeyer*, ZIP 2003, 1531 (1531); *Egermann/Heckenthaler*, GeS 2004, 463 (463).

1182 A.A. *Seibt*, NZA 21/2004, IX (XI).

1183 Vgl. *Menjucq*, ZGR 2003, 679 (680).

1184 Vgl. *Forstmoser*, ZGR 2003, 688 (689).

1185 Vgl. *Forstmoser*, ZGR 2003, 688 (713). A.A. *Heckschen*, in: Widmann/Mayer, UmwG, Anh. 14 Rn. 488, der für die Geschäftsführer die Anwendung des Art. 54 Abs. 2 SE-VO ablehnt.

1186 A.A. *Egermann/Heckenthaler*, GeS 2004, 463 (463); *Hoffmann-Becking*, ZGR 2004, 355 (370 ff.); *Weiss/Wöhlert*, NZG 2006, 121 (126).

1187 So auch *Teichmann*, Binnenmarktkonformes Gesellschaftsrecht, S 258, 599.

aa) Geltung der Art. 46 ff. SE-VO

Da die Geschäftsführer in ihrer Gesamtheit als Organ anzusehen sind und sie Teil des Führungssystems sind, folgt daraus, dass die Geschäftsführer zumindest den Normen des Abschnitts 3 unterliegen, die allgemein an die Organqualität anknüpfen.[1188] Da dies fast alle Normen sind und nicht anzunehmen ist, dass die SE-VO die Verschwiegenheit und Haftung allein dem nationalen Recht überlassen will, sind die Normen zumindest analog auf die Geschäftsführer anzuwenden.[1189] Es ist insoweit von einer SE-spezifischen Regelungslücke auszugehen.[1190]

Die Art. 46 - 51 SE-VO könnten aber auch dahingehend verstanden werden, dass sie nur für die in Art. 39 - 45 SE-VO explizit genannten Organe gelten sollen.[1191] Es ist jedoch nicht ersichtlich, dass die SE-VO bei der geringen Regelungsdichte und den zahlreichen Verweisungen auf das nationale Recht einen wesentlichen Teil der Führungsstruktur ausschließlich dem nationalen Recht überlassen will. Für eine Nichtanwendung der Art. 46 ff. SE-VO spricht, dass die Mitgliedstaaten bei einer Umsetzung über Art. 43 Abs. 1 S. 2 SE-VO an die Bedingungen des nationalen Rechts gebunden sind, die von den Regelungen des Art. 46 ff. SE-VO abweichen können. Hiergegen wendet *Schwarz* ein, die Bedingungen des Art. 43 Abs. 1 S. 2 SE-VO beträfen nur die Einrichtung der Geschäftsführer und es komme daher zu keinem Konflikt mit Art. 46 ff. SE-VO.[1192]

Dagegen ist einzuwenden, dass auch Art. 46 und 47 SE-VO die Einrichtung bzw. Bestellung der Geschäftsführer betreffen. Zudem spricht Art. 43 Abs. 1 S. 2 SE-VO davon, dass die Geschäftsführer die laufenden Geschäfte unter „denselben Voraussetzungen führen". Der VO-Geber erfordert daher auch, dass die tatsächliche Führung sich nach den Bedingungen des nationalen Rechts richten muss, um den beabsichtigten Gleichlauf mit dem nationalen Recht zu erreichen. Damit kann es zu einem Konflikt zwischen nationalem Recht und der SE-VO kommen. Art. 43 Abs. 1 S. 2 SE-VO ordnet hier ausdrücklich den Vorrang des nationalen Rechts an. Die Mitgliedstaaten, welche die Geschäftsführer über Art. 43 Abs. 4 SE-VO einrichten, sind dagegen an die Art. 46 ff. SE-VO gebunden. Ihnen steht keine Ermächtigung zu, von den Regelungen der SE-VO abzuweichen.

bb) Ergänzende Auslegung der Art. 46 ff. SE-VO

Für Deutschland gelten daher die Art. 46 ff. SE-VO. Aufgrund der zumindest analogen Anwendung der Art. 46 ff. SE-VO folgt – wie für das Verwaltungsorgan – eine ergänzende Auslegung der Normen, die auf das Aktienrecht des Sitzstaates verweisen. Auch dann wird auf das SEAG verweisen.[1193] Denn Mitgliedstaaten, die kein monistisches System kennen, können persönliche Voraussetzungen für die

1188 Dies sind Art. 46 SE-VO (Amtszeit), Art. 50 SE-VO (Beschlussfassung) und eingeschränkt Art. 47 SE-VO (persönlichen Voraussetzungen). A.A. MünchKommAktG/*Reichert/Brandes*, SE-VO, Art. 43 Rn. 122.

1189 Im Ergebnis (Anwendung des Art. 51 SE-VO) ebenso *Schmidt*, NZI 2006, 627 (630).

1190 Vgl. *Schwarz*, SE-VO, Art. 43 Rn. 40.

1191 So MünchKommAktG/*Reichert/Brandes*, SE-VO, Art. 49 Rn. 1.

1192 Vgl. *Schwarz*, SE-VO, Art. 39 Rn. 54, Art. 43 Rn. 40.

1193 Für die Auslegung beim Verwaltungsorgan siehe S. 67, 54 ff.

Geschäftsführer nur aufgrund der Ermächtigung des Art. 43 Abs. 4 SE-VO schaffen.

d) Bestellung

aa) Zwingende Bestellung

Das SEAG sieht in § 40 Abs. 1 S. 1 SEAG die zwingende Bestellung von mindestens einem Geschäftsführer vor.[1194] Aufgrund des Art. 43 Abs. 1 S. 2 SE-VO und Erwägungsgrund 14 SE-VO steht die SE-VO der zwingenden Bestellung von Geschäftsführern nicht entgegen.[1195]

bb) Bestellungskompetenz

Anders als noch Art. 66 Abs. 2 S. 2 SE-VOV 1991 überlässt die SE-VO die Bestellung dem mitgliedstaatlichen Recht.[1196] Gemäß § 40 Abs. 1 S. 1 SEAG liegt die grundsätzliche Bestellungskompetenz beim Verwaltungsorgan. Es handelt sich um eine vom gesamten Organ wahrzunehmende Leitungsaufgabe.[1197] Wie bei allen anderen Organen sieht § 45 SEAG in dringenden Fällen eine gerichtliche Ersatzbestellung von Geschäftsführern vor. § 45 SEAG orientiert sich dabei an § 85 AktG.[1198]

Da den Arbeitnehmervertretern aufgrund der Koalitionsfreiheit grundsätzlich nicht das Recht zustehen darf, an der Bestellung ihres Tarifpartners mitzuwirken, könnte man annehmen, die Arbeitnehmervertreter dürften nicht an der Bestellung der Geschäftsführer teilnehmen.[1199] Diese Problematik besteht ebenso im dualistischen System bei der Bestellung des Leitungsorgans, die dem mitbestimmten Aufsichtsorgan obliegt. Aus der Koalitionsfreiheit folgt jedoch, dass das Letztentscheidungsrecht der Kapitalgeber gesichert sein muss. Da dies durch Art. 50 Abs. 2 SE-VO gewährleistet wird, können die Arbeitnehmer auch bei der Bestellung der Geschäftsführer mitwirken.

cc) Bestellungsfähige Personen

Entsprechend Art. 47 Abs. 2 Buchst. a SE-VO darf eine Person nicht Geschäftsführer sein, wenn dies das nationale Recht untersagt.[1200] § 40 Abs. 1 S. 2 SEAG

1194 Anders in Österreich: Hier besteht die zwingende Pflicht nur für börsennotierte SE; vgl. *Kalss/Greda*, GesRZ 2004, 91 (101). Dies auch für das SEAG anregend: *Merkt*, ZGR 2003, 650 (656, 676).

1195 Vgl. *Schwarz*, SE-VO, Art. 43 Rn. 50. So auch das schwedische Recht; vgl. *Foerster*, in: Hohloch, EU-Hdb. GesR, Schweden, Rn. 237.

1196 Aufgrund des Art. 52 Unterabs. 2 SE-VO kommen auch die im nationalen Recht der Hauptversammlung zustehenden Möglichkeiten zur Anwendung. So kann in Großbritannien die Hauptversammlung die Wahl der Geschäftsführer beeinflussen; vgl. *Sokolowski*, Überwachung in einer SE, S. 114.

1197 Siehe oben S. 106.

1198 Vgl. RegBegr. zu § 45 SEAG, BT-Drucks. 15/3405, S. 39. Mit Bedenken hinsichtlich der Notwendigkeit der gerichtlichen Ersatzbestellung; vgl. *Schwarz*, SE-VO, Art. 43 Rn. 42.

1199 So *Roth*, ZfA 2004, 431 (461).

1200 Es wird im Rahmen des Art. 47 Abs. 2 SE-VO immer nur auf das parallele Organ abgestellt. Vgl. S. 68; *Schwarz*, SE-VO, Art. 47 Rn. 34.

erlaubt sowohl die Bestellung von Verwaltungsorganmitgliedern[1201] als auch Dritten zu Geschäftsführern. Sofern Verwaltungsorganmitglieder bestellt werden, muss gemäß § 40 Abs. 1 S. 2 SEAG sichergestellt werden, dass die Mehrheit des Verwaltungsorgans nicht gleichzeitig Geschäftsführer ist. Damit ist ein Ein-Mann-Verwaltungsorgan, dem auch die Geschäftsführung obliegt, nicht zulässig.[1202] Der deutsche Gesetzgeber beabsichtigt dadurch eine gewisse Trennung in geschäftsführende und nicht geschäftsführende Mitglieder, was Erwägungsgrund 14 SE-VO als wünschenswert ansieht. Dieser Wille führt aufgrund der verordnungskonformen Auslegung des Art. 40 Abs. 2 S. 1 SEAG zur Annahme einer zwingenden Aufgabenverteilung innerhalb des Verwaltungsorgans.[1203]

(1) Verwaltungsorganmitglieder

Der Bestellung von Verwaltungsorganmitgliedern zu Geschäftsführern steht die SE-VO nicht entgegen. Da das Verwaltungsorgan gem. Art. 43 Abs. 1 S. 1 SE-VO die Geschäfte führt, ist eine gesellschaftsrechtliche Übertragung der laufenden Geschäfte auf ein Verwaltungsorganmitglied als Geschäftsführer im Ergebnis nur eine organinterne Aufgabenverteilung und daher zulässig.[1204] Auch die Beschränkung der Bestellung von Verwaltungsorganmitgliedern zu Geschäftsführern ist zulässig. Die SE-VO steht aufgrund der entsprechenden Vorgängerregelung Art. 66 Abs. 2 S. 2 SE-VOV 1989 einer solchen Bestimmung nicht entgegen.[1205]

Die SE-VO untersagt nicht die Bestellung des Verwaltungsorganvorsitzenden zum Geschäftsführer.[1206] Auch das SEAG lässt dies zu.[1207] Auf diesem Weg kann der in Frankreich bekannte PDG eingerichtet werden. Die Bestellung des Verwaltungsorganvorsitzenden zum (leitenden)[1208] Geschäftsführer ermöglicht eine sehr hohe Machtfülle in Händen einer Person. Dies ist trotz der z.T. schlechten Erfahrungen in Frankreich[1209] möglich, weil die SE-VO auch ein Verwaltungsorgan aus

---

[1201] Anders § 59 Abs. 2 öSEG, der dies bei börsennotierten Gesellschaften untersagt; vgl. *Egermann/Heckenthaler*, GeS 2004, 463 (464); *Neye*, in: FS Röhricht, 443 (454).

[1202] Vgl. *Heckschen*, in: Widmann/Mayer, UmwG, Anh. 14 Rn. 482. Ebenso *Merkt*, ZGR 2003, 650 (676 f.), der zumindest in Konzerngesellschaften für eine Möglichkeit der Kompetenzen in einer Hand plädiert.

[1203] Dazu siehe S. 149 ff.

[1204] Vgl. *Schwarz*, SE-VO, Art. 43 Rn. 43. Ließe die SE-VO nur die Bestellung Organfremder zu Geschäftsführern zu, bestünde nur noch ein kleiner Unterschied zum dualistischen Modell.

[1205] Die Sicherstellung eines Übergewichts der nicht geschäftsführenden Mitglieder sollte eine hochwertige Selbstkontrolle des Verwaltungsorgans gewährleisten; vgl. Begr. zum SE-VOV 1989, BT-Drucks. 11/5427, S. 11.

[1206] Vgl. *Artmann*, wbl 2002, 189 (194); *Schwarz*, SE-VO, Art. 43 Rn. 43; *Eder*, NZG 2004, 544 (546); *Merkt*, ZGR 2003, 650 (664). Das nationale Recht kann sogar eine zwingende Bestellung des Verwaltungsorganvorsitzenden zum Geschäftsführer vorsehen.

[1207] Vgl. *Waclawik*, DB 2006, 1827 (1830); *Teichmann*, BB 2004, 53 (55); *Brandt*, BB-Special 3/2005, 1 (3); *Brandt*, DStR 2003, 1208 (1212); MünchKommAktG/*Reichert/Brandes*, SE-VO, Art. 45 Rn. 27; *Frodermann*, in: Jannott/Frodermann, SE, S. 167 Rn. 157. Anders § 50 Abs. 2 S. 1 öSEG; vgl. *Egermann/Heckenthaler*, GeS 2004, 463 (464).

[1208] Inwieweit ein leitender Geschäftsführer bestellt werden kann, siehe unten S. 201.

[1209] Vgl. *Merkt*, ZGR 2003, 650 (664 f.).

nur einem Mitglied zulässt. Aus Kontrollgesichtspunkten sollte davon gleichwohl kein Gebrauch gemacht werden.

Bei der Abstimmung über die Bestellung ist das zu bestellende Mitglied stimmberechtigt.[1210] Obwohl hier auch eigene Interessen vorliegen werden, besteht kein Stimmrechtsausschluss, weil es sich im Ergebnis um eine Geschäftsverteilung handelt, an der alle Mitglieder mitwirken können.

(2) Arbeitnehmervertreter

Sofern der Mitgliedstaat die Bestellung von Verwaltungsorganmitgliedern zu Geschäftsführern zulässt und wie im SEAG keine weiteren Einschränkungen vorgesehen sind, könnten demnach auf den ersten Blick auch die Arbeitnehmervertreter als Geschäftsführer bestellt werden, weil diese Verwaltungsorganmitglieder sind.[1211] Darin ist bezüglich der Aufgaben keine Ausweitung der Mitbestimmung zu sehen,[1212] weil die Arbeitnehmervertreter ohne eingerichtete Geschäftsführer gemäß Art. 43 Abs. 1 S. 1 SE-VO an der gesamten Geschäftsführung beteiligt sind.[1213] Die Vereinbarung kann allerdings nicht vorsehen, dass ein Teil der Geschäftsführer Arbeitnehmervertreter sind, weil die Mitbestimmung ausschließlich im Verwaltungsorgan stattfindet und die Bestellung der Geschäftsführer eine Angelegenheit des Verwaltungsorgans ist.

Die Bestellung von Arbeitnehmervertretern zu Geschäftsführern ist in jedem Fall durch Art. 50 Abs. 1 S. 2 SE-VO begrenzt. Wie bei einer organinternen Aufgabenverteilung muss sichergestellt sein, dass ein Arbeitnehmervertreter nicht allein entscheiden kann, sodass kein Arbeitnehmervertreter Einzelgeschäftsführungsbefugnisse erhalten kann. Ein Arbeitnehmervertreter kann daher immer nur zusammen mit einem Anteilseignervertreter handeln, wenn gleichzeitig das Letztentscheidungsrecht gesichert ist.[1214] In diesem Fall ist die Bestellung des Arbeitnehmervertreters zu einem Geschäftsführer zulässig.

Der deutsche Gesetzgeber scheint jedoch davon auszugehen, dass die Arbeitnehmervertreter nicht zu Geschäftsführern bestellt werden dürfen.[1215] Gegen die Zulassung der Bestellung von Arbeitnehmervertretern zu Geschäftsführern könnte der Vergleich zum dualistischen Modell sprechen. Dort darf kein Aufsichtsorganmitglied zum Geschäftsführer i.S.d. Art. 39 Abs. 1 S. 2 SE-VO bestellt werden.[1216] Dies bestimmt die SE-VO zwar nicht ausdrücklich, folgt aber aus der strikten

[1210] So auch *Egermann/Heckenthaler*, GeS 2004, 463 (467 f.).

[1211] Vgl. *Kalss/Greda*, in: Kalss/Hügel, SE, § 59 SEG Rn. 10. A.A. *Seibt*, AG 2005, 413 (425), der dies mit dem Eigentumsrecht der Anteilseigner begründet.

[1212] A.A. *Manz*, in: Manz/Mayer/Schröder, SE, Art. 43 Rn. 127; *Kallmeyer*, ZIP 2003, 1531 (1534); *Ihrig/Wagner*, BB 2004, 1749 (1758); *Seibt*, NZA 21/2004, IX (XI).

[1213] Die Bedenken hinsichtlich der möglicherweise fehlenden Managementqualität der Arbeitnehmervertreter – so *Kallmeyer*, ZIP 2003, 1531 (1534) – gelten jedoch auch für Arbeitnehmervertreter, die nur Verwaltungsorganmitglieder sind, weil ihnen in jedem Fall zumindest die Leitungsaufgaben zukommen.

[1214] Siehe oben S. 131.

[1215] Siehe oben S. 151.

[1216] Vgl. *Schwarz*, SE-VO, Art. 39 Rn. 34.

Trennung der Geschäftsführung von deren – mitbestimmter – Kontrolle (Art. 39 Abs. 3 S. 1, Art. 40 Abs. 1 SE-VO). Aus diesem Grund kann für die monistische SE geschlossen werden, dass die SE-VO einer Bestellung der Arbeitnehmervertreter zu Geschäftsführern nicht entgegensteht, weil im monistischen System Kontrolle und Geschäftsführung in einem Organ zusammenfallen.

(3) Organfremde

Wie oben bei der Frage der Zulässigkeit einer verwaltungsorganinternen Aufgabenverteilung ausgeführt, lässt die SE-VO die Bestellung Organfremder zu Geschäftsführern zu.[1217] Dies folgt aus der unterschiedlichen Begrifflichkeit und den Vorgängerentwürfen.[1218]

(4) Weitere persönliche Voraussetzungen

In Deutschland darf kein Geschäftsführer eine juristische Person sein.[1219] Für die verwaltungsorganinternen Geschäftsführer ergibt sich dies aus § 27 Abs. 3 SEAG und für Dritte als Geschäftsführer aus der Verweisung des § 40 Abs. 1 S. 4 SEAG auf § 76 Abs. 3 S. 1 AktG.

Darüber hinaus muss jeder Geschäftsführer die weiteren Voraussetzungen des § 76 Abs. 3 AktG erfüllen. § 40 Abs. 1 S. 4 SEAG verweist zwar lediglich für Dritte als Geschäftsführer auf die persönlichen Voraussetzungen des § 76 Abs. 3 AktG, aber § 76 Abs. 3 AktG gilt zumindest analog auch für ein Verwaltungsorganmitglied.[1220]

Art. 47 Abs. 2 Buchst. b SE-VO gilt ebenfalls entsprechend für die Geschäftsführer. Die Gerichte bzw. Verwaltungen müssen explizit die Ausübung der Geschäftsführerfunktion untersagen, weil die Einschränkungen immer nur für das parallele Organ gelten.[1221]

Des Weiteren hat die Satzung gemäß Art. 47 Abs. 3 SE-VO die Möglichkeit, weitere persönliche Voraussetzungen für die Geschäftsführer festzusetzen. In Deutschland werden die Geschäftsführer zwar durch das Verwaltungsorgan bestellt, aber auch hier spricht – wie beim Leitungsorgan[1222] – nichts gegen eine entsprechende Anwendung des Art. 47 Abs. 3 SE-VO, weil die Geschäftsführer nie Teil der Mitbestimmung sind.[1223] Da Art. 47 Abs. 3 SE-VO lediglich die Anleh-

---

1217 Im Ergebnis ebenso *Merkt*, ZGR 2003, 650 (656 f.); *Manz*, in: Manz/Mayer/Schröder, SE, Art. 43 Rn. 124; a.A. *DAV*, NZG 2004, 75 (82, 83); zweifelnd *Kämmerer/Veil*, ZIP 2005, 369 (374).

1218 Siehe oben S. 129 f.

1219 Vgl. *Schwarz*, SE-VO, Art. 43 Rn. 47.

1220 Vgl. oben S. 71.

1221 Unterlässt das Gericht eine ausdrückliche Erwähnung der Geschäftsführertätigkeit, ist aus dem ausgesprochenen Verbot zu folgern, ob dies auch für die Geschäftsführer gelten soll. Wird die Tätigkeit als Prokurist untersagt, gilt dies in jedem Fall auch für die Geschäftsführer. Aufgrund ihrer umfassenden gesetzlichen Befugnisse ist auch dann die Tätigkeit als Geschäftsführer ausgeschlossen, wenn die Person kein Verwaltungsorgan- oder Leitungsorganmitglied sein darf.

1222 Vgl. *Schwarz*, SE-VO, Art. 43 Rn. 46.

1223 Vgl. zu Mitbestimmung S. 187.

nung an das nationale Aktienrecht fordert, ist die Satzung aufgrund der vom deutschen Gesetzgeber gewollten Parallelität zum Vorstand an die für den Vorstand geltenden Regelungen gebunden.[1224]

dd) Bestellungsrechte und Mitbestimmung

Da Art. 47 Abs. 4 SE-VO lediglich von Organmitgliedern spricht, könnten auch die für die Bestellung der Geschäftsführer nach nationalem Recht bestehenden Bestellungsrechte von Minderheitsaktionären, anderen Personen oder Stellen gelten.[1225] Art. 47 Abs. 4 SE-VO findet dennoch für die Geschäftsführer keine Anwendung, weil Art. 47 Abs. 4 SE-VO nur für das Aufsichts- und Verwaltungsorgan gilt. Denn Art. 39 SE-VO enthält keine Art. 40 Abs. 2 S. 2 SE-VO vergleichbare Bezugnahme auf Art. 47 Abs. 4 SE-VO.[1226] Würde Art. 47 Abs. 4 SE-VO bereits für alle Organe gelten, hätte es der ausdrücklichen Bezugnahme in Art. 40 Abs. 2 S. 2 SE-VO und Art. 43 Abs. 3 S. 2 SE-VO nicht bedurft. Aufgrund der geringen Regelungsdichte der SE-VO ist nicht davon auszugehen, dass es sich hierbei um deklaratorische Regelungen handelt. Damit gelten für die ordentliche Bestellung der Leitungsorganmitglieder die Sachregelungen der SE-VO.[1227] Wenn die Norm schon für das Leitungsorgan nicht gilt – bei dem auch Geschäftsführer bestellt werden können –, gilt dieses Ergebnis erst recht für die Geschäftsführer im monistischen System.

Die SE-VO enthält für die Geschäftsführer auch keine Öffnungsklausel für die Mitbestimmung, sodass die Mitbestimmung sich nicht auf die Geschäftsführer erstrecken kann. Dies gilt auch für eine Vereinbarungslösung. Ein anderes Ergebnis wäre im dualistischen Modell nicht nachvollziehbar. Denn dem mitbestimmungsfreien Leitungsorgan würde ein mitbestimmtes Geschäftsführungsorgan unterstehen. Im monistischen System kann dann nichts anderes gelten.

e) Zahl

Hinsichtlich der Zahl der Geschäftsführer enthält die SE-VO keine Regelung. Auch das anwendbare nationale Recht stellt ebenso wenig wie das AktG für den Vorstand eine ausdrückliche Regelung für die Zahl der Mitglieder bereit. Aus der Bestellungspflicht des § 40 Abs. 1 S. 1 SEAG folgt, dass das Verwaltungsorgan

---

[1224] Dazu siehe *Hüffer*, AktG, § 23 Rn. 38.

[1225] Dafür scheint der Vergleich zu Art. 69 Abs. 4 SE-VOV 1991 zu sprechen, der das Bestellungsrecht im Gegensatz zu Art. 69 Abs. 4 SE-VOV 1989 anscheinend auf alle Organe ausdehnte. Art 62 SE-VOV 1919 enthielt aber ebenso wenig eine Verweisung auf Art. 69 Abs. 4 SE-VOV 1991.

[1226] Vgl. *Schwarz*, SE-VO, Art. 47 Rn. 49.

[1227] Stellt man dagegen darauf ab, dass Art. 47 Abs. 4 SE-VO Bestellungsrechte neben der Hauptversammlung zulassen will, könnte dies im Zusammenhang mit Art. 39 Abs. 2 Unterabs. 2 SE-VO auch zur Anwendbarkeit des Art. 47 Abs. 4 SE-VO im Leitungsorgan führen, weil auch der Hauptversammlung die Bestellungskompetenz für das Leitungsorgan zustehen kann.

mit der Bestellung die Zahl der Geschäftsführer festlegt.[1228] Die Satzung kann über § 40 Abs. 1 S. 5 SEAG zahlenmäßige Vorgaben machen.

f) Arbeitsdirektor

Wie für das Leitungsorgan (§ 16 S. 2 SEAG) sieht § 40 Abs. 1 S. 6 SEAG i.V.m. § 38 Abs. 2 SEBG die Bestellung eines Arbeitsdirektors als Geschäftsführer vor. Da § 38 Abs. 2 SEBG aber nur im Falle der Geltung der gesetzlichen Auffangregelung zur Anwendung kommt, würde dies bedeuten, dass nur eine gesetzlich mitbestimmte SE einen Arbeitsdirektor zu bestellen hätte. Es ist jedoch fraglich, ob dem deutschen Gesetzgeber die Kompetenz zusteht, einen Arbeitsdirektor vorzuschreiben. Würde es sich bei dem Arbeitsdirektor um eine Frage der Geschäftsverteilung[1229] handeln, wäre die dafür notwendige Kompetenznorm im dualistischen System Art. 39 Abs. 5 SE-VO, die Deutschland aufgrund eines bestehenden dualistischen Systems nicht ausüben kann, sodass § 38 Abs. 2 SEBG nicht verordnungskonform wäre. Da der Arbeitsdirektor nur für eine gesetzliche mitbestimmte SE gilt und der Arbeitsdirektor in Vorgängervorschlägen der SE-ErgRiL enthalten war,[1230] ist davon auszugehen, dass es sich bei dem Arbeitsdirektor eher um eine Modalität der Mitbestimmung handelt.[1231] Gemäß Art. 13 Abs. 2 SE-ErgRiL richtet sich die Mitbestimmung der SE nur nach den Vorgaben der Richtlinie. Alle anderen Modalitäten der Mitbestimmung, die in dem Mitgliedstaat gelten, werden von der SE-ErgRiL verdrängt.[1232] Da der Arbeitsdirektor weder Teil der SE-ErgRiL ist noch eine diesbezügliche Kompetenz aus der SE-VO besteht, ist § 38 Abs. 2 SEBG somit weder richtlinien- (Art. 13 Abs. 2 SE-ErgRiL) noch verordnungskonform.[1233]

g) Stellvertreter/Ersatzmitglieder

Entsprechend § 94 AktG gestattet § 40 Abs. 9 SEAG lediglich die Bestellung von stellvertretenden Geschäftsführern.[1234] Die Bestellung von Ersatzmitgliedern, die bei Wegfall oder dauernder Verhinderung nachrücken, lässt das SEAG wie beim Leitungsorgan nicht zu. Da die Stellvertreter nach deutschem Verständnis vollständige Organmitglieder sind – ihnen lediglich intern in der Regel keine Ge-

---

1228 Vgl. *Schwarz*, SE-VO, Anh. Art. 43 Rn. 272; MünchKommAktG/*Reichert/Brandes*, SE-VO, Art. 43 Rn. 125.

1229 So *Oetker*, BB-Special 1/2005, 2 (12).

1230 In den Vorgänger-Entwürfen fanden sich noch entsprechende Regelungen; vgl. Art. 63 Abs. 6 S. 2 SE-VOV 1970, Art. 64 Abs. 2 S. 2 SE-VOV 1975.

1231 Vgl. *Schwarz*, SE-VO, Art. 39 Rn. 73. So auch RegBegr. zu § 38 SEEG, BT-Drucks. 15/3405, S. 55.

1232 Vgl. *Hennings*, in: Manz/Mayer/Schröder, SE, Art. 13 SE-RL Rn. 3; *Wißmann*, in: FS Wiedemann, 685 (690); a.A. anscheinend *Kraushaar*, BB 2003, 1614 (1615), der die Inbezugnahme des MitbestG lobt.

1233 Ebenfalls für die Unzulässigkeit des § 38 Abs. 2 SEBG: *Grobys*, NZA 2004, 779 (780); *Grobys*, NZA 2005, 84 (90); a.A. *Gruber/Weller*, NZG 2003, 297 (299); *Oetker*, BB-Special 1/2005, 2 (12) sowie wohl auch *Nagel*, AuR 2004, 281 (285); *Ihrig/Wagner*, BB 2004, 1749 (1756); *Niklas*, NZA 2004, 1200 (1204); MünchKommAktG/*Reichert/Brandes*, SE-VO, Art. 39 Rn. 21.

1234 Vgl. RegBegr. zu § 40 SEAG, BT-Drucks. 15/3405, S. 39.

schäftsführungsfunktionen zukommen –, führt die Entziehung der Geschäftsführungsbefugnis dazu, dass die Stellvertreter keinerlei Befugnisse innehaben, sodass die Stellvertreter wie Ersatzmitglieder gehandhabt werden können.

h) Abberufung

Aufgrund der bestehenden Weisungsabhängigkeit der Geschäftsführer ist die von § 40 Abs. 5 SEAG vorgesehene jederzeitige freie Abberufungsmöglichkeit des Verwaltungsorgans im Hinblick auf das Kontrollgefüge unproblematisch.[1235] Mit der Kompetenz der jederzeitigen Abberufung wird dem Verwaltungsorgan die Durchsetzung der Gesamtverantwortung ermöglicht.

Die Konsequenzen der Abbestellung eines Verwaltungsorganmitglieds, dass Geschäftsführer ist, regelt das SEAG nicht. Entsprechend § 48 Abs. 3 öSEG könnte man annehmen, das Mitglied verlöre automatisch auch sein Amt als Geschäftsführer.[1236] Da die Hauptversammlung nur die Verwaltungsorganmitglieder, aber nicht die externen Geschäftsführer abbestellen kann, ist eher anzunehmen, dass die Abbestellung nur die Funktion als Verwaltungsorganmitglied betrifft. Denn das Verwaltungsorgan könnte das abberufene Mitglied gegen den Willen der Hauptversammlung als externen Geschäftsführer wieder berufen. Das abbestellte Mitglied wird damit externer Geschäftsführer.

i) Aufgaben

aa) Geschäftsführung

(1) Laufende Geschäftsführung

Wie oben ausgeführt, kann den Geschäftsführern nur die laufende Geschäftsführung übertragen werden.[1237] Was die SE-VO unter laufenden Geschäften versteht, bleibt dabei zunächst offen. Eine Definition durch die Mitgliedstaaten oder die Satzung scheitert an der fehlenden Ermächtigung bzw. Regelungsoffenheit, denn der von der SE-VO verwendete Begriff ist europaeinheitlich auszulegen.[1238]

(a) Keine Abgrenzung des Art. 48 SE-VO

Eine Abgrenzung der laufenden Geschäfte über Art. 48 SE-VO, dass alle Geschäfte, die nicht in der Satzung erwähnt sind, laufende Geschäfte sind,[1239] kann nicht überzeugen.[1240] Zum einen kann die Satzung nur die Geschäfte aufnehmen, die keine laufenden Geschäfte sind.[1241] Zum anderen muss die Satzung nicht alle außergewöhnlichen Geschäfte beinhalten.

1235 A.A. *Veil*, WM 2003, 2169 (2174), der für Einschränkungen im Konzern plädiert.
1236 Vgl. zum österreichischen Recht *Kalss/Greda*, GesRZ 2004, 91 (102).
1237 Vgl. oben S. 97, 180.
1238 Vgl. *Manz*, in: Manz/Mayer/Schröder, SE, Art. 39 Rn. 11. A.A. *Hommelhoff*, AG 2001, 279 (284).
1239 So offenbar *Hommelhoff*, AG 2001, 279 (284), der dies im Zusammenhang mit Art. 48 SE-VO erörtert.
1240 Vgl. *Schwarz*, SE-VO, Art. 39 Rn. 42, Art. 43 Rn. 65; a.A. *Merkt*, ZGR 2003, 650 (663).
1241 Siehe S. 142.

(b) Allgemeine Abgrenzung

Zur Definition der laufenden Geschäfte ist auf die in den Mitgliedstaaten gewöhnliche Abgrenzung zurückzugreifen. Als laufendes Geschäft sind dabei alle die Geschäfte[1242] anzusehen, die regelmäßig anfallen, zum eigentlichen Geschäftsbetrieb gehören und von keiner erheblichen Bedeutung für die Gesellschaft sind.[1243] Außergewöhnlich ist ein Geschäft daher, wenn es vom Umfang, Gegenstand, Bedeutung oder Risiko für das Unternehmen in seiner Größe und Art signifikant heraus sticht oder von spezifischer strategischer Bedeutung ist.[1244]

(c) Abgrenzung durch Satzung bzw. Verwaltungsorgan

Geht man von der allgemeinen Definition der laufenden Geschäfte aus, so sind diese für jedes Unternehmen individuell zu bestimmen. Damit ist für jede Gesellschaft die Kompetenzabgrenzung zwischen Verwaltungsorgan und Geschäftsführern verschieden. Um Kompetenzstreitigkeiten durch eine eindeutige und nachprüfbare Kompetenzregelung zu verhindern, wäre eine Abgrenzung der laufenden Geschäfte durch die Satzung oder das Verwaltungsorgan sinnvoll.[1245] Die Abgrenzung in der Satzung vorzunehmen, scheitert jedoch an der fehlenden Kompetenz für den Satzungsgeber.

Die Kompetenzabgrenzung ist Teil der Organisationsverfassung der SE, sodass dies als eine Leitungsentscheidung anzusehen ist, die allein dem Verwaltungsorgan obliegt. Dabei darf das Verwaltungsorgan gleichwohl nicht die Befugnisse der Geschäftsführer zu stark beschneiden.[1246] Das Verwaltungsorgan kann nur die Geschäfte als außergewöhnlich betrachten, die nicht eindeutig zu den laufenden Geschäften zählen. Die Kompetenzabgrenzung sollte in einer Geschäftsordnung geregelt werden, in der auch die weisungsbefugten Verwaltungsorganmitglieder und ihre weisungsabhängigen Geschäftsführer aufgeführt sind.

(2) Außergewöhnliche Geschäfte

Zur Führung der außergewöhnlichen Geschäfte ist nur das Verwaltungsorgan befugt.[1247] Werden dagegen den Geschäftsführern Aufgaben der außergewöhnlichen Geschäfte übertragen, ist darin eine zulässige Delegation zu sehen. Auch ohne Delegation besteht eine Notgeschäftsführungsbefugnis der Geschäftsführer für die

---

1242 Unter Geschäft ist nicht nur ein Rechtsgeschäft zu verstehen, sondern auch sonstige Entscheidungen, Planungen usw.; vgl. *Hüffer*, AktG, § 111 Rn. 18; *Mertens*, in: Kölner Kommentar zum AktG, § 111 Rn. 61.

1243 Vgl. *Manz*, in: Manz/Mayer/Schröder, SE, Art. 39 Rn. 11; *Schwarz*, SE-VO, Art. 39 Rn. 43. Vgl. dazu im dt. Recht: Baumbach/Hopt/*Hopt*, HGB, § 116 Rn. 1 f.

1244 So auch im dt. Aktienrecht: vgl. *Mertens*, in: Kölner Kommentar zum AktG, § 111 Rn. 66.

1245 Im Schweizer Recht ist die Übertragung der laufenden Geschäfte nur möglich, wenn die übertragenen Geschäfte genau spezifiziert werden, um eine Klarheit hinsichtlich der Kompetenzfragen zu erhalten. Vgl. *Forstmoser*, ZGR 2003, 688 (696 f., 723); Ziffer 11 swiss code of best practice.

1246 Vgl. *Schwarz*, SE-VO, Art. 43 Rn. 65.

1247 Siehe oben S. 97.

außergewöhnlichen Geschäfte. Dies folgt aus ihrer Pflicht, Schaden von der Gesellschaft abzuwenden.[1248]

(3) Gesamtgeschäftsführung und abweichende Aufgabenverteilung

Durch die Zuweisung der laufenden Geschäfte an die Geschäftsführer besteht Gesamtgeschäftsführung.[1249] Für die Beschlussfassung gilt Art. 50 SE-VO.

Da im Verwaltungsorgan eine interne Aufgabenverteilung zulässig ist, muss dies auch für die Geschäftsführer gelten. Welche Formen zulässig sind, bestimmt hier ebenfalls das nationale Recht. Dieses gewährt in § 40 Abs. 2 S. 2 SEAG eine § 77 AktG vergleichbare Regelung. Nur die Satzung oder eine vom Verwaltungsorgan erlassene Geschäftsordnung kann von der Gesamtgeschäftsführung beliebig abweichen. Die Geschäftsführer können sich zwar eine Geschäftsordnung geben (§ 40 Abs. 4 S. 1 SEAG), in dieser können die Geschäftsführer anders als der Vorstand (77 Abs. 1 S. 2, Abs. 2 S. 1 AktG) jedoch keine abweichende Geschäftsverteilung vornehmen.[1250] Dass nur das Verwaltungsorgan die Geschäftsverteilung der Geschäftsführer bestimmen kann, hängt mit dem Weisungsrecht des Verwaltungsorgans zusammen.

bb) Vertretung

Da die Vertretung anders als noch in Art. 62 Abs. 1 S. 2 und 63 Abs. 1 S. 3 SE-VOV 1991 nicht mehr von der SE-VO geregelt wird, bestimmt allein das nationale Recht das Vertretungsorgan.[1251] Für eine monistische SE mit Sitz in Deutschland weist § 41 Abs. 1 SEAG die Vertretung der SE ausschließlich den Geschäftsführern zu. Diese sind somit grundsätzlich das einzige Vertretungsorgan der SE.[1252] Dies stellt keinen Verstoß gegen Art. 38 Buchst. b SE-VO dar, der nur ein Organ im monistischen System vorsieht.[1253] Denn die SE-VO enthält zur Vertretung keine Aussage und mit dem umfassenden Weisungsrecht wird dem Erfordernis der SE-VO, dass es nur ein allzuständiges Organ gibt, entsprochen.

(1) Gesamtvertretung

Die Vertretung stellt nur die Ausführung eines Beschlusses dar, sodass die Beschlussfassungsregelung des Art. 50 SE-VO nicht für die Vertretung gilt. Es kommt insoweit auf das nationale Recht an, das in § 41 Abs. 2 S. 1 SEAG grundsätzlich eine Gesamtvertretung vorsieht. Aus der Treuepflicht, der auch die Ge-

---

[1248] Vgl. *Schwarz*, SE-VO, Art. 39 Rn. 46. Siehe dort auch die Voraussetzungen für eine Notgeschäftsführung.

[1249] Vgl. *Schwarz*, SE-VO, Art. 43 Rn. 52.

[1250] A.A. *Hoffmann-Becking*, ZGR 2004, 355 (369).

[1251] Vgl. *Schwarz*, SE-VO, Art. 43 Rn. 135; a.A. *Hoffmann-Becking*, ZGR 2004, 355 (370, 372), der die Vertretungsbefugnis beim Verwaltungsorgan sieht. Mit Bedenken, aber zustimmend zur dt. Regelung MünchKommAktG/*Reichert*/*Brandes*, SE-VO, Art. 43 Rn. 17 ff.

[1252] Der dt. Gesetzgeber folgt damit der schwedischen Regelung, die ebenfalls den Geschäftsführern die Vertretungsmacht zuweist. Vgl. zum schwedischen Recht *Foerster*, in: Hohloch, EU-Hdb. GesR, Schweden, Rn. 239; *Nicolaysen*, RIW 2005, 884 (886). Das österreichische SEG sieht dagegen in § 43 Abs. 1 öSEG eine Gesamtvertretung von Verwaltungsorgan und Geschäftsführern vor; vgl. *Kalss*/*Greda*, GesRZ 2004, 91 (104).

[1253] A.A. *Hoffmann-Becking*, ZGR 2004, 355 (370 ff.).

schäftsführer unterliegen, folgt, dass die Mitglieder, die gegen eine Maßnahme gestimmt haben, dennoch die Vertretungshandlung mit vorzunehmen haben. Sie müssen sich dem Mehrheitsvotum beugen.[1254]

(2) Abweichende Vertretungsregelung

§ 41 Abs. 2 S. 1 SEAG lässt wie § 78 Abs. 2 S. 1 AktG eine anderweitige Vertretungsregelung nur durch die Satzung zu. Die Erlaubnis zu einer abweichenden Regelung ist sinnvoll, um bei einer größeren Zahl von Geschäftsführern nicht zu einer Lähmung der Gesellschaft zu kommen. Wie in § 78 Abs. 4 AktG gestattet § 41 Abs. 4 SEAG den gesamtvertretungsbefugten Geschäftsführern, einzelne von ihnen zur Vornahme bestimmter Geschäfte zu ermächtigen. Die möglichen Abweichungen entsprechen im Prinzip denen des Leitungsorgans.[1255]

Ein Unterschied zum dualistischen System besteht auf den ersten Blick darin, dass das Verwaltungsorgan anders als das Aufsichtsorgan nicht entsprechend § 78 Abs. 3 S. 2 AktG von der Satzung ermächtigt werden kann, die Vertretung zu regeln. Die Regelung zur Vertretung ist jedoch nicht abschließend. Eine abweichende Vertretungsregelung ist als Teil des umfassenden Weisungsrechts anzusehen. Zudem versucht der deutsche Gesetzgeber, das Verwaltungsorgan als Aufsichtsrat auszugestalten. Dann soll das Organ auch die gleichen Befugnisse haben, zumal der Gesetzgeber zur Begründung des § 41 SEAG auf § 78 AktG verweist.[1256] § 78 Abs. 3 S. 2 AktG ist damit entsprechend anzuwenden.

(3) Vertretung bei Interessenkollision

Für den Fall, dass die SE gegenüber einem Verwaltungsorganmitglied vertreten werden soll, sieht das SEAG in § 38 Abs. 2 SEAG eine Verweisung auf §§ 114 und 115 AktG vor. Folglich ist für die Wirksamkeit aller Verträge im Sinne der §§ 114 und 115 AktG nicht nur die Vertretung durch die Geschäftsführer, sondern auch die Zustimmung des Verwaltungsorgans notwendig. So soll durch die organinterne Kontrolle verhindert werden, dass das Verwaltungsorgan das bestehende Weisungsrecht missbraucht und einen dem Verwaltungsorgan günstigen Vertragsschluss anweist. An einer solchen Beschlussfassung dürfen diejenigen Mitglieder nicht mitstimmen, welche die Leistung erhalten sollen.[1257] Da § 34 Abs. 4 SEAG weder § 38 SEAG noch §§ 113 ff. AktG ausnimmt, kann der Beschluss auf einen beschließenden Ausschuss übertragen werden.

Wendete man § 38 Abs. 2 AktG nur für die Verträge an, die unter §§ 114 und 115 AktG fallen, so bestünde hinsichtlich der restlichen Vertragsarten keine Zustimmungspflicht.[1258] Die Geschäftsführer wären allein vertretungsbefugt. Aufgrund des bestehenden Weisungsrechts und – selbst bei Versagung des Weisungsrechts – wegen des Druckmittels der jederzeitigen Entlassbarkeit könnte das Verwaltungs-

---

[1254] Vgl. zum dt. Recht Münch. Hdb. GesR IV/*Wiesner*, § 22 Rn. 8.

[1255] Vgl. hierzu *Schwarz*, NZG 2001, 529 (529 ff.); *Schwarz*, ZGR 2001, 744 (751 ff.). Darüber hinaus gelten die Vertretungsregeln des BGB.

[1256] Vgl. RegBegr. zu § 41 SEAG, BT-Drucks. 15/3405, S. 39.

[1257] Vgl. *OLG Frankfurt*, AG 2005, 925 (927); *Hüffer*, AktG, § 108 Rn. 9.

[1258] So anscheinend MünchKommAktG/*Reichert*/*Brandes*, SE-VO, Art. 44 Rn. 91.

organ den Inhalt solcher Verträge bestimmen, was im Ergebnis ein unzulässiges Insichgeschäft bedeuten würde. Die Geschäftsführer können daher keine uneingeschränkte Vertretungsmacht innehaben.[1259] Im dualistischen System kann das Aufsichtsorgan das Leitungsorgan weder anweisen noch jederzeit abberufen. Das Aufsichtsorgan hat lediglich das Druckmittel, eine Wiederbestellung in Frage zu stellen. Im dualistischen Modell ist die Gefahr eines Interessenkonflikts daher nicht in dieser Form gegeben, sodass im dualistischen System eine Beschränkung der Zustimmung auf die Geschäftsarten i.S.d. §§ 114, 115 AktG nachvollziehbar ist.

Die fehlende Regelung im SEAG ist nicht als Erlaubnis zu einem Insichgeschäft zu deuten. Aus der Regelung des § 38 Abs. 2 SEAG folgt gerade der Wille des Gesetzgebers, solche Insichgeschäfte zu verhindern. Daher ist der Anwendungsbereich des § 38 Abs. 2 SEAG auf alle Geschäfte mit Verwaltungsorganmitgliedern auszudehnen, die im dualistischen Modell zu einer Vertretung durch das Aufsichtsorgan führen würden (§ 112 AktG).[1260]

Diese ergänzende Auslegung kann nicht in allen Fällen zu zufrieden stellenden Ergebnissen führen. Die Zustimmungspflichtigkeit kann zwar Verträge mit einzelnen Verwaltungsorganmitgliedern verhindern. Soll die Leistung allen Mitgliedern gewährt werden, ist das Versagen der Kontrolle zu befürchten. Wie soeben dargelegt, besteht diese Gefahr im dualistischen System aufgrund geringerer Abhängigkeit nicht in dieser Form. Um auch für diese Geschäfte eine effektive Kontrolle sicherzustellen, müsste die Geschäftsführungskompetenz – mit der Folge eines entsprechenden alleinigen Weisungsrechts gegenüber den Geschäftsführern – bei der Hauptversammlung oder gar die Vertretungsmacht bei der Hauptversammlung liegen.[1261]

Hierfür ist jedoch eine gesetzliche Regelung notwendig. Bis dahin bietet sich die Möglichkeit, die Verträge mit Verwaltungsorganmitgliedern entsprechend § 119 Abs. 2 AktG der Hauptversammlung vorzulegen.

Gegenübern den Geschäftsführern ist gemäß § 41 Abs. 5 SEAG das Verwaltungsorgan das Vertretungsorgan der SE. Diese Konzeption folgt aus dem Verbot des Selbstkontrahierens (§ 181 BGB)[1262] und entspricht § 112 AktG.[1263] Denn aus der gesellschaftsrechtlichen Treuepflicht folgt, dass das Mitglied die eigene Organ-

---

1259 Vgl. *Hirte*, NZG 2002, 1 (7 f.); *Schwarz*, SE-VO, Art. 43 Rn. 136, Anh. Art. 43 Rn. 313.

1260 Ähnlich *Schwarz*, SE-VO, Art. 43 Rn. 137. § 112 AktG gilt dabei für alle Geschäfte der Gesellschaft mit einem Vorstandsmitglied; vgl. m.w.N. MünchKommAktG/*Semler*, § 161 Rn. 392.

1261 So ähnlich auch *Hirte*, NZG 2002, 1 (8).

1262 So ausdrücklich die Vorgängervorschläge zum dualistischen System: Art. IV-2-1 Abs. 2 S. 2 Sanders-Vorentwurf, Art. 73 Abs. 3 SE-VOV 1970 und 1975 sowie Art. 63 Abs. 1 S. 2 SE-VOV 1989 und Art. 63 Abs. 1 S. 4 SE-VOV 1991. Vgl. *Hirte*, NZG 2002, 1 (7); *Schwarz*, SE-VO, Art. 40 Rn. 86. In anderen Europäischen Gesellschaftsformen bestehen dagegen ausdrückliche Regelungen. So sehen Art. 29 Abs. 1 S. 3 EUGGES-VOV und Art. 39 Abs. 1 S. 4 SCE-VO eine Vertretung der Gesellschaft gegenüber dem Leitungsorgan durch das Aufsichtsorgan vor.

1263 So auch die RegBegr. zu § 41 SEAG, BT-Drucks. 15/3405, S. 39.

stellung nicht zum eigenen Vorteil missbrauchen darf.[1264] Wie beim Aufsichtsorgan besteht Gesamtvertretung.[1265] Hier kann das Weisungsrecht gegenüber den Geschäftsführern nicht zu einem Interessenkonflikt führen, weil das weisungsbefugte Organ auch Vertretungsorgan ist. Das Verwaltungsorgan ist gem. § 22 Abs. 4 S. 3 SEAG weiterhin zur Vertretung gegenüber dem Abschlussprüfer allein berechtigt, auch wenn dies vor dem Hintergrund, dass damit der zu Überwachende die Verträge mit seinem Überwacher abschließt, nicht unproblematisch ist.[1266] Eine weitere auf die SE anzuwendende Vertretungsregeln findet sich in § 147 Abs. 2 AktG.

cc) Berichtspflichten

In § 40 Abs. 6 SEAG wird auf das Berichtssystem des § 90 AktG verwiesen, um eine regelmäßige Information des Verwaltungsorgans sicherzustellen.[1267] Aufgrund des Weisungsrechts kann das Verwaltungsorgan darüber hinaus gehende Berichtspflichten festlegen, u.a. in der Geschäftsordnung.[1268] Auch der Satzung steht gemäß § 40 Abs. 6 SEAG die Möglichkeit zu, die Berichtspflichten weiter zu konkretisieren.[1269] Dass das Verwaltungsorgan für eine ausreichende Information zu sorgen hat, ergibt sich bereits aus der Pflicht des Art. 44 Abs. 1 SE-VO, regelmäßig über den Gang der Geschäfte und die voraussichtliche Entwicklung zu beraten. Die Berichtsanforderungen von § 40 Abs. 6 SEAG stellen dabei ein Mindestmaß an Informationen dar, sodass ein Unterschreiten dieses Umfangs nicht zulässig ist.[1270]

Auch die Berichtspflicht des § 40 Abs. 3 SEAG, die im Zusammenhang mit § 22 Abs. 5 SEAG i.V.m. § 92 AktG steht,[1271] ergibt sich aus der SE-VO. Das Verwaltungsorgan kann die Hauptversammlung nur einberufen bzw. die Insolvenz anmelden, wenn es über die Aufzehrung des Eigenkapitals bzw. die Überschuldung rechtzeitig informiert wird. In diesem Zusammenhang ist darauf hinzuweisen, dass die Insolvenzanmeldung nicht Teil der allgemeinen Vertretung ist, die den Geschäftsführern obliegt, sondern eine Sonderaufgabe darstellt,[1272] sodass jedes Verwaltungsorganmitglied zur Insolvenzanmeldung berechtigt ist (§ 22 Abs. 5 S. 2 SEAG; § 15 Abs. 1 InsO).[1273]

j) Führung der Geschäfte in eigener Verantwortung

Art. 43 Abs. 1 S. 2 SE-VO weist den Geschäftsführern wie Art. 39 Abs. 1 S. 1 SE-VO dem Leitungsorgan die Geschäftsführung in eigener Verantwortung zu.

[1264] Vgl. *Buchta*, DStR 2003, 694 (697).

[1265] Eine Bevollmächtigung des Vorsitzenden ist möglich; vgl. MünchKommAktG/*Semler*, § 107 Rn. 121; *Lutter/Krieger*, Aufsichtsrat, Rn. 559.

[1266] Aus diesem Grund wurde die Kompetenz vom Vorstand auf den Aufsichtsrat verlagert, vgl. S. 192.

[1267] Vgl. *Merkt*, ZGR 2003, 650 (669).

[1268] Ähnlich MünchKommAktG/*Reichert/Brandes*, SE-VO, Art. 43 Rn. 102.

[1269] Vgl. *Merkt*, ZGR 2003, 650 (669).

[1270] Vgl. *Merkt*, ZGR 2003, 650 (669); a.A. *Schwarz*, SE-VO, Anh. Art. 43 Rn. 281.

[1271] Vgl. RegBegr zu § 40 SEAG, BT-Drucks. 15/3405, S. 39.

[1272] Vgl. so auch im österreichischen Aktienrecht: *Egermann/Heckenthaler*, GeS 2004, 463 (469).

[1273] So bereits *Kunz*, Insolvenz der SE, S. 100. So auch beim Vorstand; vgl. *Hüffer*, AktG, § 92 Rn. 7. A.A. *Schmidt*, NZI 2006, 627 (629).

Damit kann nicht wie im deutschen Recht gemeint sein, dass das Leitungsorgan weisungsunabhängig ist.[1274] Die Formulierung ist der des § 76 Abs. 1 AktG zwar ähnlich, wird aber ebenso für die Geschäftsführer in Art. 39 Abs. 1 S. 2 und Art. 43 Abs. 1 S. 2 SE-VO verwendet. Verstünde man „in eigener Verantwortung" wie im deutschen Aktienrecht als weisungsunabhängig, würden die Geschäftsführer die laufenden Geschäfte ebenfalls weisungsunabhängig führen.[1275] Im monistischen System würde dies dem Prinzip des einheitlichen Organs widersprechen.[1276] Aufgrund der einheitlichen Auslegung des Begriffs „in eigener Verantwortung" gilt, dass mit der Formulierung keine Weisungsunabhängigkeit geregelt sein kann.[1277]

Mit der Zuweisung der Geschäftsführung „in eigener Verantwortung" ist eine haftungsrechtliche Abgrenzung der Verantwortung gemeint.[1278] Es soll für die „in eigener Verantwortung" übertragenen Aufgaben eine alleinige Verantwortung des

---

1274 So aber *Veil*, WM 2003, 2169 (2170); *Hommelhoff*, AG 2001, 279 (283); *Teichmann*, BB 2004, 53 (54 f.); *Teichmann*, Binnenmarktkonformes Gesellschaftsrecht, S. 307 f.; *Manz*, in: Manz/Mayer/Schröder, SE, Art. 39 Rn. 2, 5; MünchKommAktG/*Reichert*/*Brandes*, SE-VO, Art. 39 Rn. 9; *Frodermann*, in: Jannott/Frodermann, SE, S. 148 Rn. 73; *Bartone*/*Klapdor*, SE, S. 62. Wohl auch *Hirte*, NZG 2002, 1 (6); *Schander*, Europa-AG, S. 140, die annehmen, Art. 39 Abs. 1 S. 1 SE-VO entspreche § 76 Abs. 1 AktG. Ebenso *Buchheim*, SE, S. 250; *Kalss*/*Greda*, in: Kalss/Hügel, SE, § 35 SEG Rn. 2; GroßkommAktG/*Kort*, Vor § 76 Rn. 83. Dies solle auch im Konzern gelten, sodass die SE keine abhängige Gesellschaft sein könnte; vgl. *Hommelhoff*, AG 2003, 179 (182); wohl auch *Teichmann*, BB 2004, 53 (54 f.); a.A. *Veil*, WM 2003, 2169 (2173); *Brandi*, NZG 2003, 889 (891, 892); *Habersack*, ZGR 2003, 724 (735 ff.); *Albert*, Grundfragen der SE, S. 36 f., die zu Recht darauf hinweisen, dass die SE-VO hinsichtlich des Konzernrechts regelungsoffen ist. Dies bedeutet aber nicht, dass über das Konzernrecht beliebig von der SE-VO abgewichen werden kann. Nimmt man an, Art. 39 Abs. 1 S. 1 SE-VO regele die Leitungsautonomie, bedeutet dies lediglich, dass das Leitungsorgan von keinem anderen Organ der Gesellschaft weisungsabhängig ist; vgl. *Brandi*, NZG 2003, 889 (893). Nach *Veil*, WM 2003, 2169 (2173) wird aus den Erwägungsgründen deutlich, dass die eigenverantwortliche Leitung für das Konzernrecht dispositiv ist.

1275 So zum monistischen System *Hommelhoff*, AG 2001, 279 (284), der von Autonomie spricht, aber davon ausgeht, die Geschäftsführer seien Verwaltungsorganmitglieder. Wohl auch *Schiessl*, ZHR 167 (2003), 235 (251); *Kalss*/*Greda*, GesRZ 2004, 91 (106). Explizit von einer Weisungsfreiheit der Geschäftsführer geht *Brandi*, NZG 2003, 889 (892) aus. Im dualistischen System wäre damit aber unklar, wer die Geschäftsführer überwacht und bestellt. Die eigenverantwortliche Geschäftsführung durch die Geschäftsführer würde eine Herauslösung dieser Geschäfte aus der Gesamtverantwortung des Leitungsorgans bedeuten.

1276 So ausdrücklich Art. 38 Buchst. b SE-VO. Vgl. *Schwarz*, SE-VO, Art. 39 Rn. 24. Siehe dazu unten S. 196.

1277 Vgl. *Schwarz*, SE-VO, Art. 39 Rn. 24. Eine Auslegungsmöglichkeit bestünde darin, in der „eigenen Verantwortung" lediglich eine Weisungsunabhängigkeit vom aufsichtsführenden Organ(teil) und der Hauptversammlung zu sehen. Mit dieser Auslegung könnte dann eine Weisungsabhängigkeit der Geschäftsführer vom leitenden Organ und auch eine Weisungsabhängigkeit des Leitungsorgans einer abhängigen Gesellschaft vom Leitungs-/Verwaltungsorgan des herrschenden Unternehmens bestehen. Eine Weisungsbefugnis des Aufsichtsorgans der Obergesellschaft würde nicht bestehen.

1278 Vgl. *Schwarz*, SE-VO, Art. 39 Rn. 25; so auch *DAV*, NZG 2004, 75 (82). Ähnlich RegBegr. zu § 40 SEAG, BT-Drucks. 15/3405, S. 39, zu den Geschäftsführern im monistischen System.

diese Aufgaben ausführenden Organs begründet werden.[1279] Mit der Abgrenzung der Haftungsbereiche wird erreicht, dass das Verwaltungsorgan nicht für Fehler der Geschäftsführer haftet, sondern die Geschäftsführer eigene Aufgaben wahrnehmen und in ihrem Aufgabenbereich für ihre Fehler einstehen müssen.[1280]

k) Weisungsabhängigkeit

Wie soeben dargelegt, folgt aus der eigenverantwortlichen Führung der laufenden Geschäfte gem. Art. 43 Abs. 1 S. 2 SE-VO nicht die Weisungsunabhängigkeit der Geschäftsführer.[1281] Andernfalls wäre das monistische System, welches von der Vereinigung von Leitung/Geschäftsführung und Kontrolle ausgeht, ein dualistisches System, weil die Aufgaben auf zwei weisungsunabhängige Organe aufgeteilt wären. Art. 43 Abs. 1 SE-VO und insbesondere Art. 38 Buchst. b SE-VO gehen aber von einem allzuständigen Organ aus.[1282] Ein weisungsunabhängiges Geschäftsführerorgan ist damit nicht möglich. Insbesondere hinsichtlich der Leitungsentscheidungen muss dem Verwaltungsorgan ein Weisungsrecht auch hinsichtlich der laufenden Geschäfte zustehen, um die Leitungsentscheidung tatsächlich durchsetzen zu können. Das Weisungsrecht folgt daher aus der Leitungsbefugnis und Gesamtverantwortung des Verwaltungsorgans.[1283] Aufgrund der Gesamtverantwortung ist das Weisungsrecht umfassend, sodass den Geschäftsführern kein weisungsfreier Raum zusteht.[1284]

Zudem ergibt sich ein weiterer Anhaltspunkt für die Weisungsabhängigkeit aus der vergleichbaren Regelung des schwedischen Rechts – an der die Regelung der SE-VO angelehnt ist –, welches vorsieht, dass die Geschäftsführer weisungsabhängig sind.[1285] § 44 Abs. 2 SEAG, der ebenfalls eine umfassende Weisungsbefugnis konstatiert, ist somit lediglich deklaratorisch. Da sich das Weisungsrecht bereits aus der SE-VO ergibt, kommt nationales Recht nicht zur Anwendung, sodass die Satzung das Weisungsrecht nicht wieder abschaffen kann.[1286]

Da hier ein Organ ein anders Organ anweisen kann, ist für die rechtliche Qualifikation und Schlussfolgerungen auf die vergleichbare Situation in einem Vertragskonzern zurückzugreifen, bei dem der Vorstand der herrschenden dem Vorstand

---

[1279] Vgl. *Schwarz*, SE-VO, Art. 39 Rn. 25. Das bedeutet, dass das Verschulden der Geschäftsführer grundsätzlich nicht dem Leitungs- bzw. Verwaltungsorgan zugerechnet wird.

[1280] So haften auch im englischen Recht die Organmitglieder grundsätzlich nur für eigenes Verschulden; vgl. *Sokolowski*, Überwachung in einer SE, S. 139.

[1281] Siehe oben S.194.

[1282] Vgl. *Hoffmann-Becking*, ZGR 2004, 355 (371); *DAV*, NZG 2004, 75 (82).

[1283] Vgl. *Sokolowski*, Überwachung in einer SE, S. 75; *Kalss/Greda*, in: Kalss/Hügel, SE, § 56 SEG Rn. 15; *Egermann/Heckenthaler*, GeS 2004, 463 (470); ähnlich *Teichmann*, BB 2004, 53 (54); *Schwarz*, SE-VO, Art. 43 Rn. 58; ähnlich auch *DAV*, NZG 2004, 75 (82); *Kalss/Greda*, GesRZ 2004, 91 (106); MünchKommAktG/*Reichert/Brandes*, SE-VO, Art. 38 Rn. 8, Art. 43 Rn. 14; missverständlich *Hoffmann-Becking*, ZGR 2004, 355 (369).

[1284] Ebenso *Teichmann*, in: Lutter/Hommelhoff, SE, 195 (206). A.A. *Egermann/Heckenthaler*, GeS 2004, 463 (470).

[1285] Vgl. *Foerster*, in: Hohloch, EU-Hdb. GesR, Schweden, Rn. 239; *Foerster*, RIW 1992, 803 (808).

[1286] A.A. *Manz*, in: Manz/Mayer/Schröder, SE, Art. 43 Rn. 41.

der beherrschten Gesellschaft Weisungen erteilen kann.[1287] Die Geschäftsführer haben somit grundsätzlich jede Weisung auszuführen. Es steht ihnen dabei nur ein begrenzter Prüfungsumfang zu.[1288] Lediglich offensichtlich gesetzeswidrige Handlung müssen sie nicht ausführen.[1289] Die Geschäftsführer haben damit im Ergebnis eine Stellung wie ein GmbH- Geschäftsführer gegenüber der Gesellschafterversammlung.[1290]

Aufgrund der Weisungsabhängigkeit haben zumindest die weisungsbefugten Verwaltungsorganmitglieder ein Teilnahmerecht an Sitzungen der Geschäftsführer.

aa) Weisungsbefugte

Obwohl das Weisungsrecht aus der Leitungsaufgabe folgt, können Weisungen zu laufenden Geschäften nur von den Mitgliedern des Verwaltungsorgans ausgeübt werden, die Geschäftsführungsbefugnisse innehaben.[1291] Andernfalls wäre die beabsichtigte unabhängige Kontrolle nicht mehr sichergestellt.[1292] Denn eine bindende Weisung ist im Ergebnis wie eine eigene Geschäftsführung anzusehen und diese obliegt nur den geschäftsführenden Mitgliedern. Lediglich hinsichtlich der Ausführung von Leitungsaufgaben steht die Weisungsbefugnis dem gesamten Organ zu. Da es sich bei der Weisung zu einem laufenden Geschäft um laufende Geschäftsführung handelt, kann die Satzung die Weisungserteilung nicht in den Katalog des ausdrücklichen Beschlusses aufnehmen.

Bei mehreren einzelgeschäftsführungsberechtigten Verwaltungsorganmitgliedern sind diese grundsätzlich nur gemeinschaftlich zur Weisungserteilung befugt, um widersprechende Weisungen zu verhindern. Es können jedoch auch die Verwaltungsorganmitglieder einzeln zu Weisungen berechtigt sein. Notwendig ist dann aber eine eindeutige Abgrenzung der Geschäftsbereiche, in denen das einzelne Mitglied Weisungen erteilen kann.

[1287] So im Ergebnis auch *Schwarz*, SE-VO, Art. 39 Rn. 41 (Fn. 69), Art. 43 Rn. 58.

[1288] So entsprechend im Konzernrecht: § 308 Abs. 2 S. 2 AktG; MünchKommAktG/*Altmeppen*, § 308 Rn. 114.

[1289] Vgl. *Egermann/Heckenthaler*, GesRZ 2004, 256 (265). Entsprechend MünchKommAktG/*Altmeppen*, § 308 Rn. 64 für die Weisung im Konzern. Zur Haftung siehe unten S. 198.

[1290] Vgl. RegBegr. zu §§ 40 und 44 SEAG, BT-Drucks. 15/3405, S. 39; *Brandt*, DStR 2003, 1208 (1212); *Nagel*, NZG 2004, 833 (836); *Nagel*, DB 2004, 1299 (1304); *Neye/Teichmann*, AG 2003, 169 (179); *Merkt*, ZGR 2003, 650 (663); *Schwarz*, SE-VO, Anh. Art. 43 Rn. 339; MünchKommAktG/*Reichert/Brandes*, SE-VO, Art. 43 Rn. 139; *Frodermann*, in: Jannott/Frodermann, SE, S. 163 Rn. 139.

[1291] Vgl. *Schwarz*, SE-VO, Anh. Art. 43 Rn. 340, ähnlich *Kalss/Greda*, in: Kalss/Hügel, SE, § 56 SEG Rn. 19. Dies anregend *Reichert/Brandes*, ZGR 2003, 767 (795). A.A. *Teichmann*, BB 2004, 53 (55); *Kallmeyer*, ZIP 2003, 1531 (1533).

[1292] Wenn nicht geschäftsführende Mitglieder kein Weisungsrecht gegenüber geschäftsführenden Mitgliedern haben, können nicht geschäftsführende Mitglieder erst recht nicht die Geschäftsführer anweisen.

bb) Einschränkungen

Da die SE-VO und das SEAG erreichen wollen, dass das Verwaltungsorgan sich auf die Leitung und vor allem Kontrolle konzentriert, darf über die Weisung nur so weit eingegriffen werden, wie es aus Sicht der Gesamtverantwortung des Verwaltungsorgans erforderlich ist. Es wird daher in der Regel nicht zulässig sein, für jedes Geschäft eine Weisung zu erteilen.

cc) Zustimmungspflicht für laufende Geschäfte

Da laufende Geschäfte nicht in der Satzung aufgenommen werden können, findet Art. 48 Abs. 1 SE-VO auf die Geschäftsführer mit der Maßgabe, dass sie nur mit Zustimmung des Verwaltungsorgans handeln können, keine Anwendung.[1293] Art. 48 Abs. 1 SE-VO gilt auch nicht in analoger Anwendung, weil laufende Geschäfte nicht aufgenommen werden können.

Aus dem Weisungsrecht des Verwaltungsorgans folgt allerdings die Befugnis, für bestimmte laufende Geschäfte eine Zustimmungspflicht festzulegen.[1294] Das Verhältnis zwischen Geschäftsführern und Verwaltungsorgan ähnelt dabei dem Verhältnis Aufsichtsorgan und Leitungsorgan bezüglich zustimmungspflichtiger Geschäfte. Der Unterschied besteht aber darin, dass anders als das Aufsichtsorgan das Verwaltungsorgan seine Sicht durchsetzen kann. Im Falle einer Weisung ist eine Zustimmung obsolet.

l) Haftung

Für die Haftung wird in analoger Anwendung des Art. 51 SE-VO auf die Regelungen des nationalen Rechts verwiesen.[1295] Gemäß § 40 Abs. 8 SEAG haften die Geschäftsführer entsprechend § 93 AktG. Für die Geschäftsführer gilt somit der Haftungsmaßstab eines gewissenhaften und ordentlichen Geschäftsleiters,[1296] wobei aufgrund der vergleichbaren Stellung eines GmbH- Geschäftsführers[1297] auf dessen Pflichten und Sorgfaltsmaßstab abzustellen ist.[1298] Auch für den Geschäftsführer findet die Business Judgement Rule Anwendung.[1299] Aufgrund der Zuweisung der Aufgaben in eigener Verantwortung haften für Fehler der Geschäftsführer

---

[1293] A.A. *Veil*, in: Jannott/Frodermann, SE, S. 356 Rn. 28; ebenso *Manz*, in: Manz/Mayer/Schröder, SE, Art. 43 Rn. 17, der aber in Art. 48 Rn. 13 ausdrücklich darlegt, dass Arten laufender Geschäfte nicht dem Art. 48 SE-VO unterliegen. Wohl auch a.A. für die inhaltlich identische Regelung des Art. 49 SCE-VO: *Deipenbrock*, EWS 2002, 410 (414).

[1294] Vgl. MünchKommAktG/*Reichert/Brandes*, SE-VO, Art. 48 Rn. 2, 6. Im Ergebnis ebenso *Köstler*, ZGR 2003, 800 (805).

[1295] Siehe S. 182. A.A. *Merkt*, ZGR 2003, 650 (674); MünchKommAktG/*Reichert/Brandes*, SE-VO, Art. 51 Rn. 8.

[1296] Zu den Unterschieden der Haftungsmaßstäbe zwischen Geschäftsführer und Verwaltungsorganmitglied: *Merkt*, ZGR 2003, 650 (671 ff.).

[1297] Siehe oben S. 196 f.

[1298] Vgl. *Schwarz*, SE-VO, Anh. Art. 43 Rn. 294.

[1299] Vgl. *Merkt*, ZGR 2003, 650 (672). Zur Business Judgement Rule siehe oben S. 163.

zunächst nur diese.[1300] Sofern allerdings die Geschäftsführer aufgrund einer Weisung gehandelt haben, haftet nur der Anweisende,[1301] außer bei einer gesetzeswidrigen Weisung.[1302]

m) Anwendung des § 119 Abs. 2 AktG

§ 22 Abs. 6 SEAG bestimmt, dass hinsichtlich einer Regelung in anderen Gesetzen anstelle des Vorstands das Verwaltungsorgan tritt. Damit kann das Verwaltungsorgan gemäß Art. 52 Unterabs. 2 SE-VO i.V.m. § 119 Abs. 2 AktG eine Frage der Geschäftsführung der Hauptversammlung vorlegen. Vorlageberechtigt sind dabei nur diejenigen, denen die Befugnisse bezüglich der vorzulegenden Geschäftsführung zustehen.[1303]

Eine andere Frage ist jedoch, ob auch die Geschäftsführer die Möglichkeit des § 119 Abs. 2 AktG haben. Bei strenger Anwendung des § 22 Abs. 6 SEAG käme das Recht des § 119 Abs. 2 AktG nur dem Verwaltungsorgan zu. Die Geschäftsführer könnten eine Frage der laufenden Geschäftsführung lediglich dem Verwaltungsorgan übertragen, welches dann eigenständig über die Vorlage entscheiden würde. Für eine entsprechende Anwendung des § 119 Abs. 2 AktG spricht, dass diese zwingend einen Teil der Geschäftsführung wahrnehmen und damit über eine Vorlage selbst entscheiden sollten. Da aber eine Vorlage an das Verwaltungsorgan möglich ist und dies grundsätzlich ausreichend ist, ist das SEAG dem Wortlaut entsprechend so zu verstehen, dass die Vorlage nur das Verwaltungsorgan beschließen kann. Eine Anwendung des § 119 Abs. 2 AktG auf die Geschäftsführer bedarf somit einer ausdrücklichen Regelung im SEAG.[1304]

n) Beschränkungen der Befugnisse

Aufgrund des Weisungsrechts kann das Verwaltungsorgan die Geschäftsführungsbefugnisse grundsätzlich in jeder Form beschränken. Die Beschränkungen gehen gleichwohl nur soweit, wie das Weisungsrecht reicht. Darüber hinaus sieht § 44 Abs. 2 SEAG eine § 82 Abs. 2 AktG entsprechende Regelung vor. Die Geschäftsführer müssen somit die Anweisungen und Beschränkungen beachten, welche die Satzung, die Hauptversammlung, das Verwaltungsorgan[1305] oder die Geschäftsordnung getroffen haben. Aufgrund der gewollten Parallelität zu § 82 Abs. 2 AktG stehen im Rahmen des § 44 Abs. 2 SEAG der Satzung und der

[1300] Vgl. *Schwarz*, SE-VO, Art. 39 Rn. 40; a.A. *Egermann/Heckenthaler*, GeS 2004, 463 (469); *Egermann/Heckenthaler*, GesRZ 2004, 256 (264).

[1301] Vgl. MünchKommAktG/*Reichert/Brandes*, SE-VO, Art. 43 Rn. 175, Art. 51 Rn. 20; *Egermann/Heckenthaler*, GesRZ 2004, 256 (264 f.); *Kalss/Greda*, in: Kalss/Hügel, SE, § 57 SEG Rn. 24 f.; *Schwarz*, SE-VO, Art. 43 Rn. 17. So entsprechend auch im Konzernrecht: § 310 Abs. 3 AktG; MünchKommAktG/*Altmeppen*, § 310 Rn. 8.

[1302] Vgl. *Schwarz*, SE-VO, Art. 39 Rn. 41; MünchKommAktG/*Reichert/Brandes*, SE-VO, Art. 43 Rn. 186. Handeln die Geschäftsführer entsprechend einer Weisung, obwohl sie erkannten oder hätten erkennen können, dass die Weisung offensichtlich gesetzeswidrig ist, so haften die Geschäftsführer und das Verwaltungsorgan als Gesamtschuldner; vgl. § 310 Abs. 1 AktG.

[1303] Siehe oben S. 145 f.

[1304] A.A. *Schwarz*, SE-VO, Art. 52 Rn. 24.

[1305] Dies ist aufgrund des Weisungsrechts deklaratorisch.

Hauptversammlung nur die Möglichkeiten zu, die ihnen auch gegenüber dem Vorstand zustehen.[1306]

Bei Zahlungsunfähigkeit und Überschuldung beschränkt § 92 Abs. 3 AktG die Befugnisse des Vorstands. Es dürfen danach nur noch Zahlungen vorgenommen werden, die in dieser Situation auch ein gewissenhafter Geschäftsleiter tätigt. Da die Geschäftsführer für die laufende Geschäftsführung zuständig sind, müsste die Norm auch für die Geschäftsführer gelten. Auf § 92 Abs. 3 AktG verweist allerdings nur § 22 Abs. 5 S. 2 SEAG für das Verwaltungsorgan. Aufgrund der Gesamtverantwortung des Verwaltungsorgans ist dies konsequent. Das Verwaltungsorgan ist damit im Falle des § 92 Abs. 3 AktG verpflichtet, die Geschäftsführer sehr strengen Anforderungen zu unterwerfen, um der Verpflichtung des § 92 Abs. 3 AktG gerecht zu werden.[1307]

o) Delegation

Die SE-VO und das SEAG enthalten keine Regelung zur Delegation. Da die Geschäftsführer mit dem Vorstand einer AG vergleichbar sind, gelten die für einen Vorstand entwickelten Grundsätze. Eine Delegation ist zulässig, solange die Geschäftsführer Weisungen erteilen und die Geschäfte jederzeit wieder an sich ziehen können.[1308] Gegen eine Delegationserlaubnis spricht, dass die Geschäftsführer selbst keine Geschäftsverteilung vornehmen können. Die Delegation ist dennoch möglich, weil durch die Delegation die Geschäftsführungspflicht bestehen bleibt.

p) Geschäftsordnung

Die für das Verwaltungsorgan[1309] festgestellte Regelungsoffenheit gilt auch für die Geschäftsführer. Das nationale Recht lässt in § 40 Abs. 4 S. 1 SEAG eine Geschäftsordnung für die Geschäftsführer zu. Die Regelung orientiert sich dabei an § 77 Abs. 2 AktG, sodass die Geschäftsführer sich eine Geschäftsordnung geben können, wenn die Satzung nicht das Verwaltungsorgan zum Erlass der Geschäftsordnung ermächtigt oder das Verwaltungsorgan eine Geschäftsordnung erlassen hat. Zu einer abweichenden Geschäftsverteilung sind die Geschäftsführer nicht befugt.[1310] Die Satzung kann gemäß § 40 Abs. 4 S. 2 SEAG wie beim Verwaltungsorgan Einzelfragen der Geschäftsordnung der Geschäftsführer bindend regeln, aber nicht die gesamte Geschäftsordnung vorgeben.

q) Vorsitzender Geschäftsführer/Geschäftsführersprecher

Anders als § 84 Abs. 2 AktG enthält das SEAG keine ausdrückliche Aussage zu der Möglichkeit, einen vorsitzenden Geschäftsführer zu ernennen. Darin ist ausweislich der Gesetzesbegründung keine abschließende Regelung zu sehen.[1311] Da die Bestellung eines Vorsitzenden eine organinterne Regelung darstellt, sind für die Ernennung mangels abweichender Bestimmung auf den ersten Blick zunächst

[1306] A.A. wohl *Veil*, in: Jannott/Frodermann, SE, S. 352 Rn. 14

[1307] Vgl. ähnlich *Schmidt*, NZI 2006, 627 (630); *Schwarz*, SE-VO, Anh. Art. 43 Rn. 71.

[1308] Vgl. Fn. 956.

[1309] Siehe S. 147.

[1310] Siehe S. 191.

[1311] Vgl. RegBegr. zu § 40 SEAG, BT-Drucks. 15/3405, S. 39.

die Geschäftsführer zuständig. Dass die Geschäftsführer interne Regelungen schaffen können, zeigt § 40 Abs. 4 S. 1 SEAG.

Da für die Geschäftsführer Art. 50 SE-VO gilt und der Vorsitzende gem. Art. 50 Abs. 2 S. 1 SEAG ein ausschlaggebendes Stimmrecht hat, bedeutet die Wahl eines Vorsitzenden daher im Ergebnis eine Änderung der Mehrheitsfindung der Geschäftsführung. Hierzu sind die Geschäftsführer gemäß § 40 Abs. 2 S. 2 HS. 2 SEAG nicht berechtigt, sodass die Geschäftsführer wie das Leitungsorgan[1312] keinen Vorsitzenden, sondern nur einen Sprecher ernennen können, der nicht dieselben Befugnisse innehat wie ein Vorsitzender.[1313]

Nur das Verwaltungsorgan oder die Satzung können einen Vorsitzenden bestimmen, weil die Änderung der Geschäftsführungsverteilung neben der Satzung[1314] nur dem Verwaltungsorgan zusteht (§ 40 Abs. 2 S. 2 HS. 2 SEAG).[1315] Diesem Vorsitzenden steht dann das ausschlaggebende Stimmrecht zu.

r) Leitender Geschäftsführer

Eine andere Frage ist, ob auch ein leitender Geschäftsführer, der gegenüber anderen Geschäftsführern weisungsbefugt ist, bestellt werden kann. Die SE-VO („unter den selben Bedingungen") steht einer entsprechenden nationalen Regelung nicht entgegen.[1316] Im deutschen SEAG findet sich dazu keine explizite Regelung. Ein Hinweis auf die Zulässigkeit eines leitenden Geschäftsführers ergibt sich aus § 40 Abs. 2 S. 2 SEAG. Die Norm ist zwar dem § 77 Abs. 1 AktG nachgebildet, es fehlt jedoch eine § 77 Abs. 1 S. 2 HS. 2 AktG vergleichbare Regelung. Ein leitender Geschäftsführer wird damit nicht untersagt, sodass dieser eingerichtet werden kann.[1317] Einem leitenden Geschäftsführer steht zwar das – auch bei den Geschäftsführern geltende – Kollegialprinzip[1318] entgegen, aber dieses hat aufgrund der Weisungsabhängigkeit vom Verwaltungsorgan zwischen den Geschäftsführern nur eine untergeordnete Bedeutung. Damit ist in der Regelung des SEAG keine planwidrige Lücke zu sehen, die durch eine analoge Anwendung des § 77 Abs. 1 S. 2 HS. 2 AktG zu schließen wäre.

[1312] Vgl. MünchKommAktG/*Hefermehl/Spindler*, § 84 Rn. 85.
[1313] A.A. *Schwarz*, SE-VO, Anh. Art. 43 Rn. 296.
[1314] Nach der RegBegr. zu § 40 SEAG, BT-Drucks. 15/3405, S. 39, ist die Festlegung eines Vorsitzenden Teil der Satzungsautonomie.
[1315] Ähnlich *Manz*, in: Manz/Mayer/Schröder, SE, Art. 43 Rn. 130.
[1316] Vgl. *Artmann*, wbl 2002, 189 (194); *Schwarz*, SE-VO, Art. 43 Rn. 67, Anh. Art. 43 Rn. 296; *Holland*, „board of directors", S. 150. So sieht das französische Recht vor, dass die sonstigen Geschäftsführer im Innenverhältnis dem PDG untergeordnet sind; vgl. *Sokolowski*, Überwachung in einer SE, S. 93; *Menjucq*, ZGR 2003, 679 (686).
[1317] Ebenso *Manz*, in: Manz/Mayer/Schröder, SE, Art. 43 Rn. 137; das Weisungsrecht auf verwaltungsorganinterne Geschäftsführer einschränkend MünchKommAktG/*Reichert/Brandes*, SE-VO, Art. 43 Rn. 136; a.A. *Kallmeyer*, ZIP 2003, 1531 (1534); *Frodermann*, in: Jannott/Frodermann, SE, S. 183 Rn. 230.
[1318] Vgl. *Scheffler*, AG 2005, R89 (R90).

s) Wettbewerbsverbot

Gemäß § 40 Abs. 7 SEAG gilt für die Geschäftsführer das Wettbewerbsverbot des § 88 AktG. Die Einschränkung des § 88 Abs. 1 S. 2 AktG für die Bestellung zum Verwaltungsorganmitglied gilt nicht, weil die SE keine andere Gesellschaft ist. Die Bestellung eines Geschäftsführers zum Vorstand oder Geschäftsführer einer GmbH oder SE bedarf gemäß § 40 Abs. 7 SEAG i.V.m. § 88 Abs. 1 AktG aufgrund des § 22 Abs. 6 SEAG der Zustimmung des Verwaltungsorgans. Soll der Geschäftsführer zum Verwaltungsorgan einer anderen SE bestellt werden, ist auch hier grundsätzlich die Zustimmung des Verwaltungsorgans erforderlich.[1319]

t) Vergütung

Für die Vergütung ist das Verwaltungsorgan zuständig (§§ 40 Abs. 7, 41 Abs. 5 SEAG). An diesem Beschluss dürfen organinterne Geschäftsführer nicht teilnehmen. Dies ist ausreichend, um einem Interessenkonflikt zu begegnen.[1320]

u) Entlastungsbeschluss

Das SEAG enthält auch keine Regelung zur Entlastung der Geschäftsführer. Aufgrund bestehender Regelungsoffenheit kommt auch hier über Art. 9 Abs. 1 Buchst. c Ziffer ii SE-VO § 120 AktG zur Anwendung. Obwohl die Hauptversammlung bezüglich der Geschäftsführer wie gegenüber dem Leitungsorgan keine Bestellungskompetenzen hat, gilt § 120 Abs. 1 S. 1 AktG auch für die Geschäftsführer, weil § 120 Abs. 1 S. 1 AktG auch für das Leitungsorgan gilt.

4. Die monistische SE im Konzern

Aufgrund der Gründungsvoraussetzungen wird eine SE in der Regel Teil eines Konzerns sein.[1321] Für das monistische System kann der Gesetzgeber über Art. 43 Abs. 4 SE-VO ein abgestimmtes Konzernrecht schaffen.[1322] Lediglich § 49 SEAG regelt, dass im Konzern anstelle des Vorstands der abhängigen bzw. eingegliederten Gesellschaft im monistischen System die Geschäftsführer treten. Daraus folgt, dass ansonsten das deutsche Konzernrecht zur Anwendung kommt. Es stellt sich die Frage, wie sich dies auf die Struktur einer monistischen SE auswirkt.

a) Vertragskonzern

aa) Herrschende SE

In einem Vertragskonzern geht gemäß § 308 AktG die Leitungsbefugnis auf die herrschende Gesellschaft über. Dies gilt auch für eine herrschende monistisch organisierte SE. Nach einer Auffassung in der Literatur stehe das Weisungsrecht (§ 308 Abs. 1 S. 1 AktG) den Geschäftsführern zu, weil die Weisung vom Vertre-

---

1319 Zu den Einschränkungen siehe S. 170.

1320 A.A. *Egermann/Heckenthaler*, GeS 2004, 463 (466 f.), der eine Zuständigkeit der Hauptversammlung anregt.

1321 Vgl. *Habersack*, ZGR 2003, 724 (724); *Maul*, ZGR 2003, 743 (743).

1322 Vgl. *Hommelhoff*, AG 2003, 179 (184); a.A. *Teichmann*, ZGR 2002, 383 (446).

tungsorgan ausgeübt werde[1323] und die Geschäftsführer gemäß § 41 Abs. 1 SEAG das Vertretungsorgan der SE sind.[1324]

Diese Ansicht kann jedoch nicht überzeugen. Die Weisung verlässt zwar die herrschende Gesellschaft nach außen, aber aus Konzernsicht handelt es sich um ein Unternehmen,[1325] sodass die Weisung den Konzern nicht verlässt und damit keine Vertretungshandlung, sondern eine gesellschaftsinterne Maßnahme der Geschäftsführung darstellt. Dass eine Geschäftsführung vorliegt, wird auch daraus deutlich, dass nach herrschender Meinung die Leitungsbefugnis auf die herrschende Gesellschaft übergeht.[1326]

Den Geschäftsführern steht gemäß Art. 43 Abs. 1 S. 2 SE-VO nur die laufende Geschäftsführung zu. Damit können die Geschäftsführer nur eine Weisung erteilen, wenn es sich um ein laufendes Geschäft handelt.[1327] Entscheidend ist hierbei allein die Qualifikation bei der herrschenden Gesellschaft. Dann können die Geschäftsführer der herrschenden auch das Verwaltungsorgan und die Geschäftsführer bzw. den Vorstand/das Leitungsorgan der beherrschten Gesellschaft anweisen. Für Maßnahmen, die bei der herrschenden Gesellschaft zu den Aufgaben des Verwaltungsorgans gehören, steht das Weisungsrecht nur diesem zu.

Da die Aufgaben des Verwaltungsorgans auch die Überwachung betreffen, könnte man daran denken, dass das Weisungsrecht anders als im dualistischen Modell auch die Überwachung umfasse.[1328] Gemäß § 308 Abs. 1 AktG geht aber nur die Leitungsbefugnis über.

Da das Verwaltungsorgan gegenüber den Geschäftsführern der herrschenden Gesellschaft weisungsbefugt ist, kann das Verwaltungsorgan auch gegenüber der abhängigen Gesellschaft vollumfänglich Weisungen erteilen.[1329] Für die laufenden Geschäfte besteht somit eine doppelte Weisungsabhängigkeit, wobei die Weisung des Verwaltungsorgans in jedem Fall Vorrang genießt. Ob im Verwaltungsorgan die geschäftsführenden Mitglieder oder nur das Verwaltungsorgan weisungsbefugt sind, hängt davon ab, ob die Weisung für die herrschende Gesellschaft eine Leitungs- oder nur eine Geschäftsführungsmaßnahme darstellt.

1323 Vgl. *Hüffer*, AktG, § 308 Rn. 3.

1324 So *Brandi*, NZG 2003, 889 (892); *Maul*, in: Theisen/Wenz, Die SE, 457 (487).

1325 Vgl. *Lutter*, ZGR 1987, 324 (330, 334).

1326 Zum Übergang der Leitungsbefugnis vgl. *Hüffer*, AktG, § 308 Rn. 12.

1327 A.A. *Maul*, in: Lutter/Hommelhoff, SE, 249 (255).

1328 Anders im dualistischen Modell; vgl. *Hüffer*, AktG, § 308 Rn. 12.

1329 Anders in der AG. Hier hat der Vorstand der herrschenden Gesellschaft nicht die Befugnis, Mitarbeiter des abhängigen Vorstands anzuweisen; vgl. *Hüffer*, AktG, § 308 Rn. 7. Bei der monistischen SE ist das anders, weil die Geschäftsführer zwingend die laufenden Geschäfte führen. Gegenüber weiteren, den Geschäftsführern unterstehenden Mitarbeitern gilt das Weisungsrecht wie im dualistischen System allerdings nicht.

bb) Abhängige SE

Ist die monistische SE das abhängige Unternehmen sind die Geschäftsführer gemäß § 49 Abs. 1 SEAG die Weisungsempfänger.[1330] Nach einer Auffassung in der Literatur soll dies auch hinsichtlich der Aufgaben des Verwaltungsorgans gelten.[1331] Konsequenz wäre, dass das Verwaltungsorgan bei erteilter Weisung zu einem Aufsichtsorgan würde.[1332] Sofern keine Weisung erteilt würde, solle es bei den ursprünglichen Funktionen bleiben.[1333]

Gegen diese Ansicht ist einzuwenden, dass § 308 Abs. 1 S. 1 AktG lediglich ein Weisungsrecht festlegt, aber nicht die Aufgabenwahrnehmung anders verteilt. Denn die Ausführung der Weisung obliegt weiterhin dem Leitungsorgan der beherrschten Gesellschaft. Wenn dies auch für eine monistisch organisierte SE gelte, würde das Verwaltungsorgan weiterhin zur Leitung der beherrschten Gesellschaft berufen sein. Man könnte zwar in § 49 Abs. 1 SEAG auch eine abweichende Aufgabenverteilung sehen, jedoch einer solchen Regelung steht die zwingende Zuweisung der Leitung (Art. 43 Abs. 1 S. 1 SE-VO) an das Verwaltungsorgan entgegen. Die SE-VO ist nur hinsichtlich eines Weisungsrechts im Konzern regelungsoffen. § 49 Abs. 1 SEAG ist somit verordnungswidrig.[1334] Es bleibt damit bei der Aufgabenverteilung zwischen Verwaltungsorgan und Geschäftsführern, sodass das Verwaltungsorgan hinsichtlich der Leitung Weisungsempfänger ist.

Die Ansicht, durch Übergang der Leitungsbefugnis könne das Verwaltungsorgan der beherrschten Gesellschaft keine eigenen Leitungsentscheidungen mehr treffen,[1335] kann nicht überzeugen, denn § 308 Abs. 1 S. 1 AktG konstatiert lediglich ein Weisungsrecht und bestimmt keine Leitungspflicht. Wäre dies der Fall, wäre das Leitungsorgan der herrschenden Gesellschaft zur Leitung der beherrschten Gesellschaft berufen und es bedürfte keines Weisungsrechts. Die Leitungsbefugnis geht nur insoweit über, wie sie mittels Weisung auch tatsächlich ausgeübt wird. Da das Verwaltungsorgan trotz Übergang der Leitungsbefugnis auf das herrschende Unternehmen weiterhin zur Leitung der abhängigen Gesellschaft berufen und fähig ist, kann die Weisung für ein laufendes Geschäft auch dem Verwaltungsorgan erteilt werden, das dann die Weisung weiterreichen muss.

cc) Zustimmungspflichtige Geschäfte (Art. 48 Abs. 1 SE-VO)

Von der Weisung unberührt bleibt die Aufgabe der Überwachungsebene der beherrschten Gesellschaft.[1336] Aufsichts- oder Verwaltungsorgan der beherrschten Gesellschaft überwachen weiterhin die Geschäftsführung. Damit gelten eventuelle Zustimmungserfordernisse.

[1330] Dass die „eigene Verantwortung" des Art. 43 Abs. 1 S. 2 SE-VO einem Weisungsrecht nicht entgegensteht; vgl. Fn. 1274.

[1331] Vgl. *Maul*, ZGR 2003, 743 (746 ff.); MünchKommAktG/*Altmeppen*, SE-VO, Art. 9 Anh. Rn. 31.

[1332] Vgl. *Maul*, ZGR 2003, 743 (748).

[1333] Vgl. *Maul*, ZGR 2003, 743 (748).

[1334] Ebenso *DAV*, NZG 2004, 75 (85).

[1335] So *Veil*, WM 2003, 2169 (2174). Wohl auch *Maul*, in: Theisen/Wenz, Die SE, 457 (490).

[1336] Vgl. *Maul*, ZGR 2003, 743 (745).

Sofern ein Geschäft zustimmungspflichtig (Art. 48 Abs. 1 SE-VO, § 111 Abs. 4 S. 2 AktG) ist und das Aufsichtsorgan der beherrschten Gesellschaft die Zustimmung nicht erteilt, muss entsprechend § 308 Abs. 3 S. 2 HS 2 AktG das Aufsichtsorgan der herrschenden SE die Zustimmung zu einer erneuten Weisung erteilen. Ist die herrschende SE monistisch organisiert, gilt ebenfalls § 308 Abs. 3 AktG.[1337] Aufgrund des § 308 Abs. 3 AktG wird die auf Ebene der beherrschten Gesellschaft notwendige Zustimmung durch die Zustimmung der herrschenden Gesellschaft ersetzt, unabhängig davon, ob bei der herrschenden Gesellschaft eine entsprechende Zustimmungspflicht besteht. Es kommt somit zur Anwendung des Art. 48 Abs. 1 SE-VO bei der herrschenden Gesellschaft mit dem Inhalt der Zustimmungspflicht der beherrschten Gesellschaft.

Haben die Geschäftsführer der herrschenden Gesellschaft eine Weisung erteilt, das Aufsichtsorgan der beherrschten Gesellschaft aber nicht zugestimmt, folgt aus der Regelung des § 308 Abs. 3 S. 2 HS 2 AktG nicht, dass zu einer erneuten Weisung der Geschäftsführer das Verwaltungsorgans zustimmen muss.[1338] Denn im monistischen System sieht Art. 48 Abs. 1 SE-VO nur einen einheitlichen Beschluss vor. Bei einem einheitlichen Beschluss liegt die Geschäftsführungskompetenz allein beim Verwaltungsorgan. Die erneute Weisung wird somit vom gesamten Verwaltungsorgan erteilt. Haben die geschäftsführenden Mitglieder des Verwaltungsorgans erstmalig angewiesen, ist dennoch ein einheitlicher Beschluss für die zweite Weisung notwendig, weil bei der ersten Weisung die Überwachungsebene noch nicht beteiligt war.

Unterliegt auf Ebene der herrschenden Gesellschaft die Weisung bereits dem Erfordernis eines einheitlichen Beschlusses, bzw. hat das gesamte Verwaltungsorgan unter Beteiligung der Überwachungsebene die Weisung getroffen, so ist dem Sinn des § 308 Abs. 3 AktG bereits entsprochen, sodass die Weisung unmittelbar ohne weiteren einheitlichen Beschluss des Verwaltungsorgans der beherrschten Gesellschaft bzw. erneuter Weisung gilt.

Ist auch die beherrschte Gesellschaft monistisch organisiert und betrifft für diese die Weisung ein Geschäft i.S.d. Art. 48 Abs. 1 SE-VO, muss das Verwaltungsorgan der beherrschten Gesellschaft einen einheitlichen Beschluss fassen. Die Verwaltungsorganmitglieder sind dabei nicht an die Weisung der herrschenden Gesellschaft gebunden,[1339] weil die abhängige Gesellschaft eine eigenständige Entscheidung treffen soll. Mit dem einheitlichen Beschluss wird zudem erreicht, dass die an sich nicht geschäftsführenden Mitglieder eingebunden werden. Wird der Beschluss nicht gefasst, muss entsprechend § 308 Abs. 3 AktG das Verwaltungsorgan der herrschenden Gesellschaft für die erneute Weisung einen einheitlichen Beschluss fassen.

[1337] Vgl. *Veil*, WM 2003, 2169 (2175); *Maul*, in: Theisen/Wenz, Die SE, 457 (487).

[1338] So *Brandi*, NZG 2003, 889 (892), der dies auf § 21 Abs. 5 SEAG-DiskE (jetzt: § 22 Abs. 6 SEAG) stützt. Ebenso *Maul*, ZGR 2003, 743 (749).

[1339] So auch *Maul*, ZGR 2003, 743 (749); *Maul*, in: Theisen/Wenz, Die SE, 457 (492).

b) Faktischer Konzern

Im monistischen System ist auch die Erstellung und Prüfung des Abhängigkeitsberichts[1340] nicht unproblematisch, weil das dem deutschen System zugrunde liegende „Vier-Augen-Prinzip" fehlt.[1341] Denn das Verwaltungsorgan, dass bei entsprechender Anwendung der § 311 ff. AktG (§§ 22 Abs. 6, 49 Abs. 2 SEAG) den von den Geschäftsführern erstellten Abhängigkeitsbericht zu überprüfen hätte, würde aufgrund der Weisungsbefugnis und Gesamtverantwortung im Ergebnis zum großen Teil eigene Entscheidungen überwachen.[1342] Sofern Vertreter der herrschenden Gesellschaft im Verwaltungsorgan der abhängigen Gesellschaft sitzen, besteht nicht mehr die von § 311 AktG vorausgesetzte eigenständige Leitung der abhängigen Gesellschaft.[1343] Das Verwaltungsorgan kann selbst bei Versagung des Weisungsrechts durch die Drohung mit der Abberufung zudem auf die Erstellung des Berichts Einfluss nehmen. Daher ist mit *Maul*[1344] davon auszugehen, dass die Prüfung des Abhängigkeitsberichts einem zumindest mehrheitlich aus unabhängigen Mitgliedern besetzten Prüfungsausschuss obliegt.[1345] Unabhängigkeit bedeutet hier insbesondere, dass keine die Unabhängigkeit gefährdende Beziehungen zum herrschenden Unternehmen bestehen dürfen.[1346] Diese Überlegungen folgen aus der Intention des § 314 AktG. Eine gesetzliche Klarstellung wäre jedoch wünschenswert.[1347] Die Prüfung des Abhängigkeitsberichts durch den Abschlussprüfer (§ 313 AktG) kann die gesellschaftsinterne Prüfung nicht ersetzen.[1348]

1340 Nach Auffassung von *Heckschen*, in: Widmann/Mayer, UmwG, Anh. 14 Rn. 534, sei in einer monistischen SE kein Abhängigkeitsbericht zu erstellen. Dies kann nicht überzeugen, weil der Bericht Grundlage für den Nachteilsausgleich ist und ein nachteiliger Einfluss auch in einer abhängigen monistisch organisierten SE bestehen kann.

1341 Vgl. *Veil*, WM 2003, 2169 (2173 f.); *Merkt*, ZGR 2003, 650 (675 f.). Deutlicher *Jaecks/Schönborn*, RIW 2003, 254 (263), der für eine entsprechende Anwendung der GmbH-Konzernregeln plädiert, was *Maul*, ZGR 2003, 743 (757), aber ablehnt.

1342 Vgl. *Maul*, ZGR 2003, 743 (755 f.); *Maul*, Die faktisch abhängige SE, S. 140. Ohne Bedenken MünchKommAktG/*Altmeppen*, SE-VO, Art. 9 Anh. Rn. 38. Ebenso ohne Bedenken *Frodermann*, in: Jannott/Frodermann, SE, S. 172 Rn. 182, der ein Weisungsrecht des Verwaltungsorgans gegenüber den Geschäftsführern ablehnt.

1343 Vgl. *Maul*, Die faktisch abhängige SE, S. 131.

1344 Vgl. *Maul*, ZGR 2003, 743 (758 ff.); *Maul*, BB 19/2003, Die erste Seite, die eine solche Regelung als wünschenswert ansieht.

1345 Eine entsprechende gesetzliche Regelung anregend: *Teichmann*, BB 2004, 53 (58). Ähnlich *Albert*, Grundfragen der SE, S. 41.

1346 Vgl. *Maul*, ZGR 2003, 743 (758).

1347 Ebenso, aber eine SE-spezifische Regelung ablehnend: MünchKommAktG/*Altmeppen*, SE-VO, Art. 9 Anh. Rn. 39; *Frodermann*, in: Jannott/Frodermann, SE, S. 173 Rn. 184. Eine SE-spezifische Regelung ist jedoch aufgrund des Art. 43 Abs. 4 SE-VO zulässig.

1348 Vgl. *Merkt*, ZGR 2003, 650 (676); *Teichmann*, ZGR 2002, 383 (444).

D. Anwendung des DCGK

Durch § 161 AktG erlangt der DCGK für die börsennotierte Aktiengesellschaft erheblichen Einfluss auf die Ausgestaltung der Unternehmensleitung. Inwieweit der DCGK auf die SE Anwendung findet, soll im Folgenden erörtert werden, weil mit einem Europäischen Kodex vorerst nicht zu rechnen ist.[1349]

I. Zielsetzung des Kodex

Ziel des DCGK[1350] ist eine Verbesserung der Unternehmensführung und -kontrolle, um so für mehr Transparenz und Anlegerschutz zu sorgen.[1351] Mit der erhöhten Transparenz soll das Vertrauen der Anleger in die Corporate Governance gestärkt und damit zur Stabilität des Kapitalmarktes beigetragen werden.[1352]

Dazu bedient sich der Kodex zum einen einer prägnanten Darstellung wesentlicher gesetzlicher Regelungen, um vor allem ausländischen Anlegern das deutsche Recht transparent zu machen.[1353] Zum anderen enthält der Kodex eine Reihe von Vorschlägen und Anregungen, welche zur Verringerung von Interessenkonflikten im Aufsichtsorgan bezüglich der Unternehmensüberwachung führen sollen.[1354] Es soll die unabhängige und objektive, am Unternehmensinteresse[1355] ausgerichtete Überwachung gesichert werden.[1356] Einen wesentlichen Beitrag zur Qualitätssteigerung sieht der Kodex daneben in der Einrichtung von Ausschüssen, die sich auf bestimmte Aufgaben spezialisieren sollen.[1357] Mit der Verbesserung der Kontrolle und deren Transparenz soll eine verstärkte Ausrichtung am Aktionärsinteresse herbeigeführt werden.[1358]

[1349] Vgl. MünchKommAktG/*Semler*, § 161 Rn. 23; *Bayer*, BB 2004, 1 (6).

[1350] Zur Entwicklung des Kodex siehe u.a. *v. Werder*, in: Ringleb, DCGK, Rn. 6 ff.; zum Kodex des Berliner Initiativkreises: vgl. *Peltzer/v. Werder*, AG 2001, 1 (6 ff.).

[1351] Vgl. *Martin*, NZG 2003, 948 (948); *v. Werder*, in: Ringleb, DCGK, Rn. 65; *Körner*, NZG 2004, 1148 (1148).

[1352] Vgl. *Körner*, NZG 2004, 1148 (1148). So auch der Aktionsplan der EU-Kommission zur Modernisierung des Gesellschaftsrechts und Verbesserung der Corporate Governance; vgl. *Wiesner*, ZIP 2003, 977 (977). Zur ökonomischen Bedeutung der Corporate Governance vgl. *Häring*, HB v. 3.04.2006, Nr. 66, S. 11.

[1353] Vgl. Präambel des DCGK; *Martin*, NZG 2003, 948 (948); *v. Hein*, ZHR 166 (2002), 464 (499); MünchKommAktG/*Semler*, § 161 Rn. 5; *Seibert*, BB 2002, 581 (581).

[1354] Interessenkonflikte können entstehen, wenn Banken, Kunden, Gewerkschaften oder ehemalige Vorstandsmitglieder im Aufsichtsrat sitzen. Die Unabhängigkeit wird auch durch eine Vergütung des Aufsichtsrats mittels Aktienoptionen negativ tangiert; vgl. *Bender/Vater*, DStR 2003, 1807 (1811).

[1355] Unter Unternehmensinteresse versteht *Bender/Vater*, DStR 2003, 1807 (1811), aus Kontrollsicht allein die Interessen der Aktionäre. Der Kodex verfolgt aber auch den Schutz der Interessen der Gläubiger, Arbeitnehmer und der Öffentlichkeit; vgl. *Kirsten*, BB 2004, 173 (173).

[1356] Vgl. *Bender/Vater*, DStR 2003, 1807 (1807); *Kirsten*, BB 2004, 173 (173).

[1357] Vgl. *Kirsten*, BB 2004, 173 (173); *Bender/Vater*, DStR 2003, 1807 (1807).

[1358] Vgl. Präambel Abs. 2 DCGK; *Körner*, NZG 2004, 1148 (1148); MünchKommAktG/*Semler*, § 161 Rn. 7 f. Dies steht auf den ersten Blick im Widerspruch zur Gesetzeslage und Aussage des Kodex, dass die Unternehmensleitung nicht nur dem shareholder value, sondern dem

Das Ziel, für ausländische Anleger Transparenz zu schaffen, gilt auch hinsichtlich der SE, weil das Leitungssystem in weiten Teilen durch das nationale Recht determiniert wird. Dies gilt nicht nur für das dualistische, sondern auch für das monistische System, insbesondere weil dieses durch Abweichungen zum angelsächsischen Monismus gekennzeichnet ist. Aber die Erläuterung des monistischen Systems ist auch für den deutschen Rechtsanwender von erheblicher Bedeutung, sodass die vielfach vorhandenen Unklarheiten und Abweichungen zum dualistischen System im Kodex ausführlicher dargestellt werden sollten.

II. Geltung für die SE

Sofern es sich bei dem Kodex um eine Rechtsnorm handelt, findet diese Norm über Art. 9 Abs. 1 Buchst. c SE-VO unmittelbar Anwendung. Gegen eine Qualifikation des Kodex als Rechtsnorm ist einzuwenden, dass dieser weder parlamentarisch[1359] entstanden noch verbindlich ist, sondern nur Empfehlungen und Anregungen enthält, deren Nichtbeachtung keine gesetzlichen Sanktionen nach sich ziehen.[1360] Die Empfehlungen des Kodex sind daher nicht dem Bereich des förmlichen Rechts zuzuordnen,[1361] sondern als Selbstregulierung[1362] der Wirtschaft zu qualifizieren, wobei dies allerdings unter staatlicher Mitwirkung[1363] geschieht.

Unternehmensinteresse verpflichtet ist, das als stakeholder-value-Ansatz bekannt ist. Bezogen auf das vorrangige Ziel des Kodex, die Akzeptanz der deutschen AG am internationalen Kapitalmarkt sicherzustellen, trifft die Orientierung am Aktionärs- bzw. Anlegerinteresse zu. Dieses Ziel kann als Ziel auf zweiter Stufe charakterisiert werden. Als Ziel erster Stufe ist dagegen die Handlungsmaxime der Unternehmensleitung zu sehen, sich nicht ausschließlich am Anlegerinteresse zu orientieren.

[1359] Der Kodex wird zwar durch das BMJ veröffentlicht, aber für eine Qualifikation als Rechtsnorm fehlt der Kommission die parlamentarische Legitimation; vgl. MünchKommAktG/*Semler*, § 161 Rn. 29.

[1360] Vgl. RegBegr. zu § 161 AktG, BT-Drucks. 14/8769, S. 21; *Lutter/Krieger*, Aufsichtsrat, Rn. 6; *Claussen/Bröcker*, AG 2000, 481 (482); *Seibt*, AG 2002, 249 (250); *Lutter/Kirschbaum*, ZIP 2005, 103 (105); *Körner*, NZG 2004, 1148 (1148); *Lutter*, ZHR 166 (2002), 523 (525); *Seidel*, ZIP 2004, 285 (289); *Ihrig/Wagner*, BB 2003, 1625 (1629); *Ringleb*, in: Ringleb, DCGK, Rn. 35; MünchKommAktG/*Semler*, § 161 Rn. 29; *Hoffmann/Preu*, Aufsichtsrat, Rn. 102.7.

[1361] Vgl. *Ulmer*, AcP 2002, 143 (168); GroßkommAktG/*Hopt/Roth*, § 100 Rn. 72; *Schlitt*, DB 2007, 326 (326). A.A. *Heintzen*, ZIP 2004, 1933 (1935), der seine Ansicht auf das Zustandekommen des Kodex und die Zusammensetzung der Kommission stützt. Ebenso *Seidel*, ZIP 2004, 285 (289), der zudem von der Verfassungswidrigkeit des Kodex ausgeht (siehe dort S. 294). So anscheinend auch *Wolf*, ZRP 2002, 59 (60). Zur Verfassungsmäßigkeit des Kodex siehe *Bachmann*, WM 2002, 2137 (2142); mit Bedenken zustimmend GroßkommAktG/*Kort*, Vor § 76 Rn. 40.

[1362] Vgl. *Ulmer*, ZHR 166 (2002), 150 (159); *Dörner*, in: FS Röhricht, 809 (810); *Schander*, Europa-AG, S. 194; MünchKommAktG/*Semler*, § 161 Rn. 38; *Ringleb*, in: Ringleb, DCGK, Rn. 14; *Borges*, ZGR 2003, 508 (539); *Claussen/Bröcker*, DB 2002, 1199 (1199); *Claussen/Bröcker*, AG 2000, 481 (485); *Berg/Stöcker*, WM 2002, 1569 (1569).

[1363] So wird der Kodex vor Veröffentlichung vom BMJ auf seine Rechtmäßigkeit hin überprüft. Damit wird der Kodex aber nicht zu einer Rechtsnorm; vgl. MünchKommAktG/*Semler*, § 161 Rn. 27 ff.

Sowohl die SE-VO als auch die Vorgängervorschläge enthielten keine Regelungen, mit denen ausdrücklich auf etwaige Corporate Governance Kodices Bezug genommen wird. Daraus ist gleichwohl keine abschließende Nichtregelung der SE-VO abzuleiten, denn die SE-VO bedient sich für die genaue Ausgestaltung der Leitungssysteme über Art. 9 Abs. 1 Buchst. c SE-VO dem nationalen Recht. Sofern dieses auf einen Corporate Governance Kodex Bezug nimmt, gilt dies grundsätzlich in gleichem Umfang auch für die SE. Dabei ist jedoch zu beachten, dass ebenso wenig wie das nationale Recht ohne Ermächtigung, auch der zur Anwendung berufene Kodex nicht von Vorgaben der SE-VO abweichen kann.

Für eine deutsche börsennotierte AG enthält § 161 AktG eine Pflicht der Führungsorgane zu erklären, ob und mit welchen Abweichungen den Empfehlungen des Kodex Folge geleistet wurde und wird.[1364] Aufgrund des Art. 9 Abs. 1 Buchst. c Ziffer ii SE-VO gilt diese Erklärungspflicht und damit die Empfehlungen des Kodex auch für die SE,[1365] ohne dass der Kodex wie im deutschen Recht damit verbindlich wird.

III. Die Entsprechenserklärung gemäß § 161 AktG

1. Systematik

Anstatt den DCGK für alle börsennotierten Aktiengesellschaften für verbindlich zu erklären, will der deutsche Gesetzgeber mit der Erklärungspflicht des § 161 AktG über die Marktkräfte erreichen, dass alle börsennotierten Gesellschaften[1366] „freiwillig" den Kodex befolgen.[1367] Es besteht die begründete Hoffnung, dass die Kapitalanleger[1368] eine gute Corporate Governance, zu der auch die Einhaltung des Kodex zählt, mittels günstigerer und einfacherer Finanzierung der Unternehmen honorieren, bzw. ein Nichtbefolgen sanktionieren und damit die Corporate Gover-

1364 Ähnlich das englische Recht; vgl. *Davies*, ZGR 2001, 268 (277).

1365 Vgl. *Theisen/Hölzl*, in: Theisen/Wenz, Die SE, 269 (279, 321). Zur Anwendung auf die einzelnen Leitungssysteme siehe unten S. 212 (Dualismus), S. 213 (Monismus).

1366 Als börsennotierte Gesellschaft sind alle Gesellschaften anzusehen, die ihre Aktien an einem organisierten Markt zugelassen haben. Dazu zählen der amtliche Handel und der geregelte Markt aber nicht der Freiverkehr; vgl. *Hüffer*, AktG, § 3 Rn. 6; *v. Werder*, in: Ringleb, DCGK, Rn. 104.

1367 Vgl. *v. Werder*, in: Ringleb, DCGK, Rn. 63; *Ihrig/Wagner*, BB 2003, 1625 (1628); *Schander*, Europa-AG, S. 200. So auch zum österreichischem Kodex; vgl. *Kalss*, NZG 2003, 374 (377). Das Nichteinhalten einer Empfehlung erfordert grundsätzlich einen hohen Begründungsaufwand gegenüber den Aktionären, sodass der Kodex einen erheblichen Druck auf die Unternehmensleitung ausübt; vgl. *Preußner*, NZG 2004, 303 (306). Wie bei der Offenlegung der Vorstandsgehälter ist jedoch bei überwiegender Nichtbeachtung der Empfehlungen zumindest mittelfristig mit einer entsprechenden gesetzlichen Regelung zu rechnen, sodass der Kodex in vielen Teilen ein „Testballon" ist, so *Vetter*, ZIP 2004, 1527 (1527).

1368 Es wird hier explizit nicht nur auf den Eigenkapitalmarkt und damit die Aktionäre als sanktionierender Markt abgestellt, sondern auch die Fremdkapitalgeber mit einbezogen, weil auch diese, insbesondere durch Basel II, ein gesteigertes Interesse an einer guten Unternehmensführung haben und sich die Unternehmen, vor allem in Deutschland, überwiegend über den Fremdkapitalmarkt finanzieren, der damit ebenfalls als sanktionierender Markt in Frage kommt.

nance kursbeeinflussend ist.[1369] Die Entsprechenserklärung (comply or explain-Prinzip) schafft somit eine mittelbare, faktische Verpflichtung, den Kodex einzuhalten.[1370]

Weder der faktische Zwang noch die Entsprechenserklärung führen zu einem mittelbaren Normcharakter[1371] des Kodex, weil jederzeit ohne Begründung abgewichen werden kann.[1372] Ziffer 3.10 DCGK enthält zwar eine Begründungsempfehlung, von dieser kann dagegen auch abgewichen werden. Der Gesetzgeber geht aber davon aus, dass eine solche Begründung im Interesse der Gesellschaft liegt[1373] und daher nicht geregelt werden muss.[1374]

Auf ein starres Konzept des Kodex wurde absichtlich verzichtet. Die Aufstellung von Empfehlungen[1375] und Entwicklung von Anregungen soll eine individuell angepasste Lösung ermöglichen und so die Effizienz erhöhen.[1376] Mit dieser Konzeption soll verhindert werden, dass unternehmerische Entscheidungen zu stark reglementiert werden.[1377] Die besten Regelungen sollen sich in der Praxis bewähren.

2. Verpflichteter

Vorstand und Aufsichtsrat einer börsennotierten Aktiengesellschaft haben einmal jährlich zu erklären, dass den Empfehlungen entsprochen wurde und wird[1378] oder

---

[1369] Vgl. *Wymeersch*, ZGR 2001, 294 (315); *v. Werder*, in: Ringleb, DCGK, Rn. 9; *Vetter*, ZIP 2004, 1527 (1527); MünchKommAktG/*Semler*, § 161 Rn. 10, 18, 28; *Davies*, ZGR 2001, 268 (278 f.); *Ulmer*, AcP 2002, 143 (170).
Dass die Einhaltung der Empfehlungen die Investitionsentscheidung beeinflussen können, zeigen Studien für den DAX; MDAX und TecDAX; vgl. HB v. 26.08.2005, Nr. 165, S. 29; FAZ v. 16.06.2005, Nr. 137, S. 21.

[1370] Vgl. *Seidel*, ZIP 2004, 285 (290); *Ihrig/Wagner*, BB 2003, 1625 (1628); MünchKommAktG/*Semler*, § 161 Rn. 10, 28. Dies bezweifelnd *Berg/Stöcker*, WM 2002, 1569 (1572).
Eine empirische Untersuchung zur Einhaltung der einzelnen Kodexempfehlungen enthalten *v. Werder/Talaulicar*, DB 2006, 849 (849 ff.); *Oser/Orth/Wader*, BB 2004, 1121 (1122 ff.) und *Seibt*, AG 2003, 465 (466 f.).

[1371] Vgl. MünchKommAktG/*Semler*, § 161 Rn. 29 f; 47; *Ulmer*, ZHR 166 (2002), 150 (157). Anders die bekannt gemachten Standards des DRSC, denen gemäß § 342 Abs. 2 HGB die gesetzliche Vermutung zukommt, Grundsätze ordnungsgemäßer Buchführung zu sein.

[1372] Vgl. *Ringleb*, in: Ringleb, DCGK, Rn. 46; *Körner*, NZG 2004, 1148 (1148); *Preußner*, NZG 2004, 303 (306); *Buchta*, DStR 2003, 740 (741); *Dörner*, in: FS Röhricht, 809 (825); *Bernhardt*, RIW 2004, 401 (403).

[1373] So auch *Teichmann*, BB 2004, 53 (56); *Berg/Stöcker*, WM 2002, 1569 (1571 f., 1573); *Preußner*, NZG 2004, 303 (306); *Ulmer*, ZHR 166 (2002), 150 (172); *Lutter/Krieger*, Aufsichtsrat, Rn. 492; *Ihrig/Wagner*, BB 2002, 789 (791); *Frodermann*, in: Jannott/Frodermann, SE, S. 201 Rn. 326. Daraus eine Begründungspflicht ableitend MünchKommAktG/*Semler*, § 161 Rn. 148; ähnlich *Seibt*, AG 2002, 249 (252).

[1374] Vgl. RegBegr. zu § 161 AktG, BT-Drucks. 14/8769, S. 21.

[1375] Es bestehen rund 60 Empfehlungen im DCGK, die als Soll-Formulierungen gekennzeichnet sind und daher Relevanz für die Entsprechenserklärung besitzen.

[1376] Vgl. MünchKommAktG/*Semler*, § 161 Rn. 9; *v. Werder*, in: Ringleb, DCGK, Rn. 66; *Ulmer*, AcP 2002, 143 (167).

[1377] Vgl. *Wiesner*, ZIP 2003, 977 (977).

[1378] Die Angabe des zukünftigen Verhaltens hinsichtlich der einzelnen Empfehlungen ist eine Pflichtangabe, a.A. anscheinend *Seibt*, AG 2002, 249 (251 f.). Da nur eine jährliche Abgabe welchen Empfehlungen nicht entsprochen wurde und wird.[1379] Die Erklärung umfasst somit nicht nur eine in die Vergangenheit gerichtete Komponente, sondern hat insbesondere die beabsichtigte Einhaltung zu umfassen. Damit soll den Anlegern eine gewisse[1380] Kontrolle dieser Aussagen ermöglicht und auch für eine Konstanz in der Beachtung des Kodex gesorgt werden.

Nach der Regierungsbegründung muss nur über „ins Gewicht fallende Abweichungen"[1381] berichtet werden.[1382] Da Sinn und Zweck des § 161 AktG ist, offen zu legen, welchen Empfehlungen nicht entsprochen wurde und wird und für den Erklärenden nicht feststellbar ist, wann eine Abweichung erheblich ist, müssen alle Abweichungen berichtet werden.[1383] Nur so kann sich der Empfänger ein Bild machen, ob und wie den Empfehlungen entsprochen wurde und werden soll.

Da der Kodex rechtsbeschreibende, empfehlende und anregende Teile[1384] enthält und § 161 AktG eine Erklärung nur zu den Empfehlungen erfordert,[1385] kann von Anregungen, die durch „sollte" oder „kann" gekennzeichnet sind, jederzeit ohne Angabe in der Entsprechenserklärung abgewichen werden.[1386] Die Anregungen sind zwar auch Teil guter Unternehmensführung, sie sind aber noch nicht ausreichend etabliert.[1387] Sie dienen dazu, über das Aufzeigen der Entwicklungstendenzen zu einer Etablierung dieser Grundsätze beizutragen, ohne die Unternehmen zu binden.[1388]

Die Erklärungsverpflichtung trifft die erwähnten Organe und ist keine Aufgabe der Gesellschaft.[1389] Die Erklärung wird dabei nicht von beiden zusammen als be-

---

verlangt wird, können beide Teile gesondert abgegeben werden; vgl. MünchKommAktG/*Semler*, § 161 Rn. 112; *Krieger*, in: FS Ulmer, 365 (369).

1379 Vgl. *Oser/Orth/Wader*, BB 2004, 1121 (1121 ff.), die eine steigende Akzeptanz der Empfehlungen des DCGK feststellen.

1380 Die Kontrollmöglichkeit bezieht sich nur auf die unverändert gebliebenen Empfehlungen. Siehe auch S. 216 f.

1381 Vgl. RegBegr. zu § 161 AktG, BT-Drucks. 14/8769, S. 21.

1382 Ebenso *Ringleb*, in: Ringleb, DCGK, Rn. 1005; MünchKommAktG/*Semler*, § 161 Rn. 135; *Ihrig/Wagner*, BB 2002, 789 (790).

1383 Ebenso *Buchta*, DStR 2003, 740 (741); *Lutter*, ZHR 166 (2002), 523 (529); a.A. *Ettinger/Grützediek*, AG 2003, 353 (354).

1384 Vgl. *Ringleb*, in: Ringleb, DCGK, Rn. 35 ff. Eine klare Abgrenzung der Teile ist dabei leider nicht erfolgt, ebenso MünchKommAktG/*Semler*, § 161 Rn. 56.

1385 Vgl. *Ringleb*, in: Ringleb, DCGK, Rn. 37. Mit berechtigten Argumenten auch für eine Erklärungspflicht, wenn die Gesellschaft wegen einer anderen Rechtsauffassung dem rechtsbeschreibenden Teil nicht folgt; vgl. MünchKommAktG/*Semler*, § 161 Rn. 60 ff., 153.

1386 Vgl. *IDW* (IDW PS 345), WPg 2003, 1002 (1003 Rn. 9); *Ringleb*, in: Ringleb, DCGK, Rn. 36; MünchKommAktG/*Semler*, § 161 Rn. 26. Die Aktionäre haben jedoch über das Fragerecht des § 131 AktG die Möglichkeit, die Einhaltung zu erfragen; vgl. *v. Werder*, in: Ringleb, DCGK, Rn. 101.

1387 Bei ausreichender Akzeptanz kann die Anregung in eine Empfehlung umformuliert werden. Vgl. RegBegr. zu § 161 AktG, BT-Drucks. 14/8769, S. 21; MünchKommAktG/*Semler*, § 161 Rn. 26; *v. Werder*, in: Ringleb, DCGK, Rn. 101.

1388 Vgl. GroßkommAktG/*Hopt/Roth*, § 111 Rn. 835; *v. Werder*, in: Ringleb, DCGK, Rn. 101.

1389 Vgl. *Peltzer*, Corporate Governance, Rn. 119; *Ringleb*, in: Ringleb, DCGK, Rn. 970; *Seibt*, AG 2002, 249 (252); a.A. MünchKommAktG/*Semler*, § 161 Rn. 73.

sonderes Organ abgegeben, sondern beide Organe stimmen getrennt über die Erklärung ab.[1390] Nur wenn beide Organe zustimmen, wobei sie nur für die sie betreffenden Empfehlungen eine Aussage treffen können,[1391] kann eine positive Entsprechenserklärung abgegeben werden.[1392]

3. § 161 AktG im dualistischen System

Für das dualistische System kommt § 161 AktG über Art. 9 Abs. 1 Buchst. c Ziffer ii SE-VO unproblematisch zur Anwendung.[1393] Somit haben nicht nur bei börsennotierten nationalen Aktiengesellschaften, sondern auch bei börsennotierten dualistisch organisierten SE Vorstand/Leitungsorgan und Aufsichtrat/Aufsichtsorgan einmal jährlich zu erklären, dass den Empfehlungen entsprochen wurde und wird oder welche Empfehlungen nicht angewendet wurden und werden. Da die getrennte Beschlussfassung lediglich den Grundsatz darstellt, kann – wie im deutschen Recht – ein gemeinsamer Beschluss gefasst werden, wenn alle Mitglieder der Erklärung zustimmen.[1394] Da Art. 50 Abs. 1 SE-VO grundsätzlich von einer Mehrheitsentscheidung ausgeht, würde dies bedeuten, dass insgesamt die Mehrheit ausreichend wäre. Hinsichtlich der Aussagen, die das Mitglied selbst treffen, würde bei einer Mehrheitsentscheidung unter Umständen eine inhaltlich unzutreffende Erklärung abgegeben werden. Ein einheitlicher Beschluss ist damit bei der SE entgegen Art. 50 Abs. 1 SE-VO wie im deutschen Recht nur bei Einstimmigkeit möglich.

Der Beschluss im Aufsichtsrat kann aus Sinn und Zweck des § 161 AktG nicht auf einen beschließenden Ausschuss delegiert werden.[1395] Das gleiche gilt für das Leitungsorgan. Bei der „Entscheidungsfindung" im Organ ist je nach Teil der Erklärung zu unterscheiden. Da der vergangenheitsorientierte Teil eine Wissenserklärung darstellt, muss diese Erklärung von jedem Organmitglied abgegeben werden.[1396] Hinsichtlich des zukunftsgerichteten Teils ist ein Beschluss des Organs gegeben, weil es sich insoweit um eine Entscheidung über die Organisation handelt.[1397] Für die SE gilt damit Art. 50 SE-VO. Diese Differenzierung ist jedoch nicht ausreichend. Da einzelne Empfehlungen (z.B. Ziffer 5.5.2) das Mitglied betreffen und kein Weisungsrecht besteht, um die Entscheidung durchzusetzen, muss auch für die diesbezügliche Absichtserklärung jedes Mitglied der Entspre-

---

[1390] Vgl. MünchKommAktG/*Reichert/Brandes*, SE-VO, Art. 39 Rn. 7; MünchKommAktG/*Semler*, § 161 Rn. 88.

[1391] Vgl. MünchKommAktG/*Semler*, § 161 Rn. 87; GroßkommAktG/*Hopt/Roth*, § 111 Rn. 835; ähnlich *Ulmer*, ZHR 166 (2002), 150 (173); ähnlich *Fischer*, BB 2006, 337 (339); a.A. *Ihrig/Wagner*, BB 2002, 2509 (2511); *Krieger*, in: FS Ulmer, 365 (368).

[1392] Vgl. *Lutter*, in: Ringleb, DCGK, Rn. 973.

[1393] Vgl. *Hoffmann-Becking*, ZGR 2004, 355 (364).

[1394] Ohne einstimmige Entscheidung muss getrennt abgestimmt werden; vgl. *Lutter*, in: Ringleb, DCGK, Rn. 995; *Ihrig/Wagner*, BB 2002, 789 (790).

[1395] Vgl. *Lutter/Krieger*, Aufsichtsrat, Rn. 497; MünchKommAktG/*Semler*, § 161 Rn. 93; *Lutter*, in: Ringleb, DCGK, Rn. 990; *Krieger*, in: FS Ulmer, 365 (376); teilweise a.A. *Ihrig/Wagner*, BB 2002, 2509 (2513).

[1396] Vgl. MünchKommAktG/*Semler*, § 161 Rn. 78, 125.

[1397] Vgl. MünchKommAktG/*Semler*, § 161 Rn. 127.

chenserklärung zustimmen bzw. die Nichtbefolgung in der Entsprechenserklärung offenbaren.[1398] Es ist somit nur hinsichtlich der Empfehlungen, die die Arbeitsweise der Organe betreffen, ein Beschluss möglich. Eine Mehrheitsentscheidung hinsichtlich der gesamten Erklärung gibt es damit nicht.

4. § 161 AktG im monistischen System

a) Anwendbarkeit

Das SEAG enthält keine § 161 AktG vergleichbare Regelung und schließt nur die Anwendung der §§ 76-116 AktG ausdrücklich aus. Auf eine monistisch organisierte SE findet über Art. 9 Abs. 1 Buchst. Ziffer ii SE-VO das deutsche Aktienrecht analog Anwendung,[1399] sofern nicht eine abschließende Nichtregelung gegeben ist oder die Norm aufgrund der Systemunterschiede auf das monistische System nicht anwendbar ist.

Insbesondere von einer abschließenden Nichtregelung ist nicht auszugehen. Gerade im monistischen System kann durch organisatorische Maßnahmen das Kontrolldefizit deutlich verringert werden. Da die gesetzlichen Regelungen hierfür nur wenige Vorgaben enthalten, ist eine flankierende Regelung durch einen Corporate Governance Kodex nützlich. Aus den Regelungen des SEAG folgt, dass es sich um keine abschließende Nichtregelung handelt, denn der deutsche Gesetzgeber gestaltet das monistische System soweit wie möglich wie das dualistische System des AktG aus. Zu diesem System gehört aber auch die Entsprechenserklärung.

Der Anwendung des § 161 AktG und damit der Geltung des DCGK auf eine monistisch organisierte börsennotierte deutsche SE könnte die Unübertragbarkeit der Norm entgegenstehen. § 161 AktG verlangt die Abgabe der Entsprechenserklärung durch Vorstand und Aufsichtsrat und ist damit auf das dualistische System zugeschnitten. Das Gleiche gilt für den Kodex, der allein das dualistische System zugrunde legt. Da der deutsche Gesetzgeber sich im monistischen System eng an die bestehenden aktienrechtlichen Regelungen angelehnt hat und eine gewisse Trennung der Geschäftsführung und Überwachung vorschreibt, erscheint der Unterschied zum dualistischen System nicht mehr derart groß, dass man annehmen müsste, § 161 AktG sei mit dem monistischen System inkompatibel.

Ob und inwieweit der DCGK auf die SE Anwendung findet, ändert nichts an der Geltung des § 161 AktG.[1400] Kann keine Regelung des DCGK Anwendung finden, muss dennoch eine Entsprechenserklärung abgegeben werden, in der die Unanwendbarkeit des DCGK erklärt wird. Andernfalls könnte der Kapitalmarkt nicht erkennen, ob eine Gesellschaft ihrer Verpflichtung aus § 161 AktG nur nicht nachkommt oder ob es sich um eine monistisch organisierte Gesellschaft handelt. Um

---

[1398] Vgl. *Dörner*, in: FS Röhricht, 809 (826); *Lutter/Krieger*, Aufsichtsrat, Rn. 495; *Krieger*, in: FS Ulmer, 365 (374). Ähnlich GroßkommAktG/*Hopt/Roth*, § 111 Rn. 837.

[1399] Siehe oben S. 63.

[1400] Vgl. *Hoffmann-Becking*, ZGR 2004, 355 (364); *Teichmann*, BB 2004, 53 (55); im Ergebnis ebenso *Theisen/Hölzl*, in: Theisen/Wenz, Die SE, 269 (302, 308); *Ihrig/Wagner*, BB 2004, 1749 (1756); MünchKommAktG/*Reichert/Brandes*, SE-VO, Art. 43 Rn. 96; wohl auch *Frodermann*, in: Jannott/Frodermann, SE, S. 202 Rn. 331; a.A. wohl *DAV*, NZG 2004, 75 (85).

letzteres herauszufinden, müsste in die Satzung geschaut werden, welches Leitungssystem für die Gesellschaft gilt. Sofern der DCGK keine Anwendung findet, wird dies unmittelbar aus der Entsprechenserklärung deutlich, sodass dem Willen des Gesetzgebers entsprechend sofort erkennbar ist, warum den Empfehlungen nicht entsprochen wurde und wird.

b) Verpflichteter zur Abgabe der Entsprechenserklärung

§ 161 AktG verlangt eine gemeinsame Erklärung des Vorstands und des Aufsichtsrats. Da § 22 Abs. 6 SEAG die dem Vorstand oder Aufsichtsrat zugewiesenen Aufgaben dem Verwaltungsorgan überträgt, würde dies bedeuten, dass nur das Verwaltungsorgan die Entsprechenserklärung einmal jährlich abzugeben hätte. Für dieses Ergebnis spricht auch, dass mit der gemeinsamen Erklärung Leitung und Überwachung beteiligt werden sollen und diese beiden Aufgaben im monistischen System im Verwaltungsorgan zusammenfallen.

Entscheidend ist der Sinn und Zweck des § 161 AktG. Der DCGK enthält Empfehlungen für Vorstand und Aufsichtsrat. Die Erklärungen beider Organe sind sinnvoll, weil kein Organ die Durchsetzung aller Empfehlungen erzwingen kann, die das andere Organ betreffen. Es kann nur eine Aussage für die Empfehlungen abgegeben werden, die das Organ umsetzen kann.[1401] Sofern Empfehlungen die Geschäftsführer betreffen, könnten folglich auch die Geschäftsführer zur Erklärung verpflichtet sein. Dies ist allerdings nicht der Fall, weil das Verwaltungsorgan aufgrund des Weisungsrechts befugt ist, entgegen der Auffassung der Geschäftsführer die Befolgung bzw. Nichtbefolgung einer Empfehlung zu erzwingen. Es spielt somit keine Rolle, ob der DCGK explizite oder vom dualistischen Kodex abgeleitete Empfehlungen für die Geschäftsführer enthält. Da es sich bei den Empfehlungen des DCGK in der Regel um organisatorische Maßnahmen handelt, die zur Leitung zählen,[1402] werden mangels entsprechender Kompetenz die Geschäftsführer grundsätzlich sowieso nicht Adressat der Empfehlung sein. Sofern die Geschäftsführer von einer Empfehlung betroffen sind, ist es Aufgabe des Verwaltungsorgans, die Einhaltung durchzusetzen, sofern der Empfehlung gefolgt werden soll. Auch aufgrund der erheblichen Bedeutung der Entsprechenserklärung für den Kapitalmarkt ist die Erklärung selbst eine Leitungsaufgabe i.S.d. § 76 Abs. 1 AktG,[1403] sodass gemäß § 43 Abs. 1 SE-VO allein von der Abgabe der Erklärung durch das Verwaltungsorgan auszugehen ist.

5. Veröffentlichung und Zugänglichmachung

Die Entsprechenserklärung ist kein Bestandteil des Jahres- oder Konzernabschlusses.[1404] Es handelt sich vielmehr um eine eigenständige Publikation. Gemäß § 161 S. 2 AktG ist die Erklärung den Aktionären dauerhaft zugänglich zu ma-

---

[1401] Siehe Fn. 1391.
[1402] Ebenso *Seibt*, AG 2002, 249 (253).
[1403] Vgl. *Lutter*, in: Ringleb, DCGK, Rn. 983; MünchKommAktG/*Semler*, § 161 Rn. 90.
[1404] Vgl. *IDW* (IDW PS 345), WPg 2003, 1002 (1004 Rn. 15).

chen.[1405] Die h.M. lässt dabei die Sicherstellung der jederzeitigen Einsehbarkeit nicht genügen, sondern der in die Zukunft gerichtete Teil ist bei beabsichtigten bzw. absehbaren Abweichungen unterjährig anzupassen.[1406]

Gemäß § 325 Abs. 1 S. 1 HGB ist die Entsprechenserklärung beim Handelsregister einzureichen, wobei der Vorstand im Bundesanzeiger bekannt zu machen hat, bei welchem Handelsregister die Erklärung eingereicht wurde. Die Abgabe und die Zugänglichmachung der Erklärung ist im Anhang gem. § 285 Nr. 16 HGB anzugeben. Im monistischen System sind hierfür gemäß §§ 41 Abs. 1, 47 Abs. 1 SEAG die Geschäftsführer zuständig.

Das gleiche gilt gem. § 314 Abs. 1 Nr. 8 HGB für den Konzern. Die Pflicht zur Abgabe der Erklärung gilt sowohl für das Mutterunternehmen als auch für die gem. §§ 290 ff. HGB einzubeziehenden Tochterunternehmen und Gemeinschaftsunternehmen (§ 310 HGB). Die nach § 314 Abs. 1 Nr. 8 HGB geforderten Angaben sind auch bei einem gem. § 292 a HGB nach internationalen Grundsätzen erstellten Konzernabschluss zu machen, weil die befreiende Wirkung des nach internationalen Grundsätzen aufgestellten Konzernabschlusses nur eintritt, wenn dieser einem Abschluss nach HGB gleichsteht. Die nach HGB geforderten Angaben im Anhang, die keine Entsprechung in den internationalen Grundsätzen finden, sind daher diesem Abschluss anzufügen.[1407]

6. Bestandteil der Abschlussprüfung

Der Prüfer hat im Rahmen der Anhangsprüfung die erforderlichen Angaben (§ 285 Nr. 16 bzw. § 314 Abs. 1 Nr. 8 HGB) und damit die Einhaltung der Abgabepflicht und der Zugänglichmachung zu prüfen.[1408] Da nur das „Ob" der Abgabe zu prüfen ist, besteht keine Prüfung der inhaltlichen Richtigkeit der Erklärung.[1409] Dies kann der Aufsichtsrat jedoch im Prüfungsauftrag vorsehen.[1410] Lediglich die bei Durchführung der Abschlussprüfung erkannten Unrichtigkeiten sind gemäß § 321 Abs. 1 HGB im Prüfbericht zu erwähnen.[1411] Enthält die Entsprechenserklärung nicht die von § 161 AktG vorgesehenen zukunfts- und vergangenheitsorientierten Teile, ist sie formell fehlerhaft und im Ergebnis nicht abgegeben. Konse-

---

1405 Eine Veröffentlichung auf der Webseite der Gesellschaft ist dabei gemäß Ziffer 6.4 DCGK ausreichend; vgl. v. *Werder*, in: Ringleb, DCGK, Rn. 98.

1406 Siehe unten S. 216 f.

1407 Vgl. *IDW* (IDW PS 345), WPg 2003, 1002 (1004 Rn. 17).

1408 Ohne Erklärungsabgabe ist das Testat einzuschränken; vgl. MünchKommAktG/*Semler*, § 161 Rn. 170.

1409 Vgl. *Dörner*, in: FS Röhricht, 809 (826); *Ringleb*, in: Ringleb, DCGK, Rn. 42; *v. Werder*, in: Ringleb, DCGK, Rn. 99; *Seibert*, BB 2002, 581 (583 f.); *Ulmer*, ZHR 166 (2002), 150 (175); MünchKommAktG/*Semler*, § 161 Rn. 164, 167; *IDW* (IDW PS 345), WPg 2003, 1002 (1005 Rn. 22); *Berg/Stöcker*, WM 2002, 1569 (1574); *Ruhnke*, AG 2003, 371 (373).

1410 Vgl. *Ruhnke*, AG 2003, 371 (376). Sogar für eine gesetzliche Regelung *Ulmer*, ZHR 166 (2002), 150 (176 f.).

1411 Vgl. MünchKommAktG/*Semler*, § 161 Rn. 168; *Ruhnke*, AG 2003, 371 (374). Siehe auch Ziffer 7.2.3 DCGK. Dazu unten S. 289 ff.

quenz ist, dass der Abschlussprüfer wie bei einer tatsächlich nicht abgegebenen Erklärung den Bestätigungsvermerk einzuschränken hat.[1412]

7. Änderungen des Kodex oder des Verhaltens

Der Kodex wurde von der Regierungskommission „Deutscher Corporate Governance Kodex" erstellt und wird von dieser – wenn nötig – neueren Entwicklungen angepasst.[1413] Da die Entsprechenserklärung eine Stichtagserklärung ist und sich daher grundsätzlich nur auf die zum Zeitpunkt der Erklärungsabgabe gültige Kodexfassung bezieht, muss eine abgegebene Erklärung bei Änderungen des Kodex nicht angepasst werden.[1414] Dass die dauerhaft zugängliche Entsprechenserklärung damit auf eine alte Fassung Bezug nimmt, ist dabei hinzunehmen. Um den Informationsgehalt der Entsprechenserklärung zu erhöhen, ist in diesem Zusammenhang eine Angabe des Kodexstands in der Erklärung ratsam. Solange der Bezug der Erklärung ersichtlich ist, wird durch eine Änderung des Kodex der zukunftsgerichtete Teil der Erklärung, der dauerhaft eine zutreffende Aussage abgeben soll, nicht unrichtig und muss daher auch nicht angepasst werden.[1415] Den Erklärenden ist es unbenommen, freiwillig eine neue, den geänderten Kodex berücksichtigende Entsprechenserklärung abzugeben.[1416]

Umstritten ist allerdings, wie sich Änderungen des Kodex während des Berichtszeitraums auf die nächste Entsprechenserklärung auswirken. Da keine Übergangsregelung vorgesehen ist und die Entsprechenserklärung sich nur auf die im elektronischen Bundesanzeiger bekannt gemachte Version des Kodex bezieht, kann eine Änderung des Kodex frühestens mit Veröffentlichung im elektronischen Bundesanzeiger Wirkung entfalten.[1417] Nach einer Meinung in der Literatur bezieht sich die Erklärung für beide Teile immer auf die zum Erklärungszeitpunkt gültige Fassung, sodass alle Änderungen erst in der turnusmäßigen Erklärung zu berücksichtigen seien.[1418] Nach einer anderen Literaturauffassung gelte dies nur für den zukunftsgerichteten Teil.[1419] Für den vergangenheitsorientierten Teil sei dagegen die zum vorherigen Berichtsstichtag gültige Fassung zu berücksichtigen, weil der ver-

[1412] Vgl. *Oser/Orth/Wader*, BB 2004, 1121 (1126); a.A. *Berg/Stöcker*, WM 2002, 1569 (1574).

[1413] So lautet der Auftrag des BMJ vom 06.09.2001. Vgl. *Ihrig/Wagner*, BB 2003, 1625 (1625). Letzte Änderungen waren die Einführung der Empfehlungen zur individualisierten Offenlegung der Vorstands- und Aufsichtsratsvergütungen (Ziffer 4.2.4 und Ziffer 5.4.5 Abs. 3) sowie die Begrenzung und Konkretisierung von Aktienoptionsplänen (Ziffer 4.2.3).

[1414] Vgl. *Vetter*, BB 2005, 1689 (1694); MünchKommAktG/*Semler*, § 161 Rn. 64; *IDW* (IDW PS 345), WPg 2003, 1002 (1004 Rn. 10, 11).

[1415] Vgl. die Pressemitteilung Nr. 55/03 des BMJ vom 04.07.2003; *Ihrig/Wagner*, BB 2003, 1625 (1627).

[1416] Vgl. *IDW* (IDW PS 345), WPg 2003, 1002 (1004 Rn. 12).

[1417] Vgl. *Ihrig/Wagner*, BB 2003, 1625 (1625).

[1418] Vgl. *Lieder*, NZG 2005, 569 (570). Dies entspricht am ehesten dem Sinn des § 161 AktG, den Kodex durchzusetzen. So auch *Ihrig/Wagner*, BB 2003, 1625 (1629), die dennoch eine a.A. vertreten. Hinsichtlich des vergangenheitsorientierten Teils für eine gespaltene Erklärung, welche die Geltungszeiträume der Kodexfassungen berücksichtigt: *Fischer*, BB 2006, 337 (338).

[1419] Vgl. *Gelhausen/Hönsch*, AG 2003, 367 (369). Zu weiteren Varianten siehe *Ihrig/Wagner*, BB 2003, 1625 (1626 f.).

gangenheitsorientierte Teil an die zukunftsorientierte Aussage der Vorjahreserklärung anknüpfe.[1420]

Die letzte Ansicht führt zwar dazu, dass der Erklärungsempfänger überprüfen kann, ob die Unternehmensleitung ihren eigenen Ankündigungen Folge geleistet hat. Ein solches Ziel ist der Konzeption des § 161 AktG jedoch nicht zu entnehmen.[1421] Mit der Erklärung soll die Einhaltung der Kodexempfehlungen dargestellt werden, und nicht ob die Ankündigungen der Vorjahreserklärung umgesetzt wurden. Die Kodexempfehlungen gelten zudem ab der Veröffentlichung dieser im elektronischen Bundesanzeiger, sodass eher davon auszugehen ist, dass sich die gesamte Erklärung immer einheitlich auf die zum Erklärungszeitpunkt gültige Kodexfassung bezieht.

Als Konsequenz daraus folgt, dass sich Vorstand und Aufsichtsrat bei einer Änderung der Empfehlungen mit dieser beschäftigen müssen, um eine Aussage bei der nächsten Entsprechenserklärung zur bisherigen Einhaltung machen zu können. Die Organe werden somit mehr als einmal jährlich zu einer Beschäftigung mit der Corporate Governance gezwungen, obwohl der Gesetzgeber mit § 161 AktG nur eine jährliche Beschäftigung verlangt.[1422] Darin ist nur eine Mindestbeschäftigung zu sehen. Die jährliche Abgabe der Erklärung ist somit kein Argument gegen die Bezugnahme auf die im Erklärungszeitpunkt gültige Kodexfassung.

Problematisch ist auch, wie die Änderung des Verhaltens gegenüber der bekundeten Absicht behandelt werden muss. Der Erklärende wird durch die bekundete Absicht zwar nicht verpflichtet, sich entsprechend seiner Absichtserklärung zu verhalten,[1423] aber die in dem zukunftsgerichteten Teil enthaltene Absichtserklärung wirkt bis zur nächsten Erklärung fort und der Erklärungsempfänger darf, solange kein Widerruf der Absicht erfolgt ist, auf die verlautbarte Absicht vertrauen, sodass die Änderung der Absicht durch eine neue Erklärung kundgetan werden muss.[1424]

[1420] Vgl. *Gelhausen/Hönsch*, AG 2003, 367 (369). Im Ergebnis ebenso *Oser/Orth/Wader*, BB 2004, 1121 (1122). So auch *Ihrig/Wagner*, BB 2003, 1625 (1629), die ihr Ergebnis auf eine entsprechende Anwendung des § 15 S. 2 EGAktG stützen, der bei Einführung des § 161 AktG eine vergangenheitsorientierte Erklärung verhinderte, um den Gesellschaften ein Beschäftigen mit den Empfehlungen zu ermöglichen. Mittlerweile sind die Gesellschaften jedoch im Umgang mit dem Kodex vertraut, sodass erwartet werden kann, dass diese sich mit Änderungen zeitnah auseinandersetzen und daher die jeweils gültige Fassung für die Erklärung berücksichtigen müssen.

[1421] Vgl. *Ihrig/Wagner*, BB 2003, 1625 (1628).

[1422] Vgl. RegBegr. zu § 161 AktG, BT-Drucks. 14/8769, S. 21. Daraus ein Argument gegen die hier vertretene Auffassung ableitend: *Ihrig/Wagner*, BB 2003, 1625 (1629).

[1423] Vgl. RegBegr. zu § 161 AktG, BT-Drucks. 14/8769, S. 22; *Buchta*, DStR 2003, 740 (741); MünchKommAktG/*Semler*, § 161 Rn. 51, 54; *Ihrig/Wagner*, BB 2002, 789 (791); *Lutter*, ZHR 166 (2002), 523 (533).

[1424] Vgl. *Ihrig/Wagner*, BB 2002, 789 (791); *Ihrig/Wagner*, BB 2003, 1625 (1627); MünchKommAktG/*Semler*, § 161 Rn. 117, 200; *Seibert*, BB 2002, 581 (583); *Lutter/Krieger*, Aufsichtsrat, Rn. 492; *Ihrig/Wagner*, BB 2002, 2509 (2509 ff.) *Lutter*, ZHR 166 (2002), 523 (534 f.); *Buchta*, DStR 2003, 740 (741); *Berg/Stöcker*, WM 2002, 1569 (1573); *Ulmer*, ZHR 166 (2002), 150 (171); *Ettinger/Grützediek*, AG 2003, 353 (354); *Gelhausen/Hönsch*, AG 2003, 367 (367 f.); *Frodermann*, in: Jannott/Frodermann, SE, S. 201 Rn. 327; wohl auch

8. Haftungsfolgen

Da von den Empfehlungen abgewichen werden kann, folgt gerade nicht, dass ein Befolgen der Empfehlungen als ein ordnungsgemäßes Verhalten und ein Nichtbefolgen als nicht ordnungsgemäß anzusehen ist.[1425] Aus diesem Grund ist das Nichtbefolgen an sich keine Pflichtverletzung i.S.d. § 93 AktG.[1426] Nur wenn sich aus der individuellen Situation der Gesellschaft ergibt, dass der Vorstand bzw. der Aufsichtsrat eine vom Kodex empfohlene Organisation zu schaffen hat, diese aber nicht umsetzt, kann eine Haftung gemäß § 93 Abs. 2 AktG entstehen.[1427] Die Offenlegung des Nichteinhaltens der Empfehlung führt dabei nicht zu einem Haftungsausschluss.[1428] Die Haftung bestünde in weitgehend gleichem Umfang auch ohne den Kodex. Die Empfehlungen führen gleichwohl zu einer Konkretisierung der üblichen Sorgfalt.[1429] Das Befolgen einer Empfehlung allein führt andererseits auch nicht zu der Annahme, ordnungsgemäß gehandelt zu haben. Aufgrund konkreter Situationen kann auch ein Mehr gegenüber dem Kodex geboten sein.[1430]

Eine Erweiterung der Haftung der Organe ergibt sich aus der Pflicht des § 161 AktG. So haften die Organe, wenn sie die Erklärung nicht, nur ordnungswidrig oder auch mit unrichtigem Inhalt abgeben.[1431] Diese Haftung ergibt sich dabei nicht aus § 161 AktG, sondern über den allgemeinen Haftungstatbestand des § 93 AktG. Voraussetzung ist, dass der Gesellschaft ein Schaden entstanden ist. § 161 AktG soll zwar der Verbesserung des Anlegerschutzes dienen, dennoch wird die Norm nicht als Schutzgesetz i.S.d. § 823 Abs. 2 BGB angesehen, weil es nicht um den

---

RegBegr. zu § 161 AktG, BT-Drucks. 14/8769, S. 22; a.A. wohl *Seibt*, AG 2002, 249 (254), *Seibt*, AG 2003, 465 (467).

1425 Vgl. *Ringleb*, in: Ringleb, DCGK, Rn. 50; MünchKommAktG/*Semler*, § 161 Rn. 193 ff.; *Bachmann*, WM 2002, 2137 (2139); *Frodermann*, in: Jannott/Frodermann, SE, S. 195 Rn. 295; *Hoffmann/Preu*, Aufsichtsrat, Rn. 518.4. Für eine entsprechende Indizwirkung: *Lutter/Krieger*, Aufsichtsrat, Rn. 832; *Lutter*, ZHR 166 (2002), 523 (542); *Ulmer*, ZHR 166 (2002), 150 (166); *Ulmer*, AcP 2002, 143 (171); *Ettinger/Grützediek*, AG 2003, 353 (355); *Schlitt*, DB 2007, 326 (327).

1426 Vgl. *Körner*, NZG 2004, 1148 (1149); *Ringleb*, in: Ringleb, DCGK, Rn. 51.

1427 Vgl. *Buchta*, DStR 2003, 740 (742); MünchKommAktG/*Semler*, § 161 Rn. 192; ähnlich *Claussen/Bröcker*, DB 2002, 1199 (1205).

1428 Vgl. *Ulmer*, ZHR 166 (2002), 150 (167).

1429 Vgl. *Schlitt*, DB 2007, 326 (327); *Berg/Stöcker*, WM 2002, 1569 (1576).

1430 Vgl. *Ringleb*, in: Ringleb, DCGK, Rn. 52; *Berg/Stöcker*, WM 2002, 1569 (1577).

1431 Vgl. *Körner*, NZG 2004, 1148 (1149); *Buchta*, DStR 2003, 740 (741); MünchKommAktG/*Semler*, § 161 Rn. 196 ff.; *Berg/Stöcker*, WM 2002, 1569 (1577); *Ettinger/Grützediek*, AG 2003, 353 (354); ähnlich *Dörner*, in: FS Röhricht, 809 (826); a.A *Seidel*, ZIP 2004, 285 (294), der eine Haftungserweiterung durch § 161 AktG ablehnt, weil seiner Auffassung nach der Kodex verfassungswidrig und daher eine Erklärung zu einem „Nullum" unbeachtlich sei. Zur strafrechtlichen Relevanz siehe *Schlitt*, DB 2007, 326 (327 ff.).

individuellen Anlegerschutz geht,[1432] sodass Anleger keine Ansprüche aus einer falschen Entsprechenserklärung herleiten können.[1433]

IV. Anwendbarkeit der einzelnen Empfehlungen

1. Grundsätzliche Erwägungen

Die Anwendbarkeit der einzelnen Empfehlungen wird für eine dualistisch organisierte SE auf eher geringe Probleme stoßen. Sofern allerdings das System der SE-VO einigen Empfehlungen entgegenstehen sollte, gilt allein die SE-VO.[1434] Dies stellt dann einen ausreichenden Grund für die Nichteinhaltung der Empfehlung dar. Dies ist bei der Empfehlung der Ziffer 5.2 der Fall.[1435]

Da der DCGK bisher lediglich das dualistische System berücksichtigt, stellt sich die berechtigte Frage, ob die Empfehlungen überhaupt für das monistische System Anwendung finden. Da auch das AktG allein das dualistische Leitungssystem regelt und dennoch diese Vorschriften soweit wie möglich bei einer Lücke des SEAG entsprechend auf die monistische Struktur angewendet werden, ist hinsichtlich des Kodex von keiner generellen Unanwendbarkeit auszugehen. Wie bei Vorschriften des nationalen Rechts muss jede einzelne Empfehlung auf ihre Anwendbarkeit hin überprüft und gegebenenfalls an die Besonderheiten des monistischen Systems angepasst werden. Insbesondere aufgrund der Aufgabenverteilung zwischen Verwaltungsorgan und Geschäftsführern stellt sich die Frage, welches Organ Adressat der Empfehlung ist. Kann eine Empfehlung aufgrund entgegenstehenden Rechts, das sowohl die SE-VO als auch das SE-spezifische SEAG[1436] umfasst, nicht angewendet werden, so stellt dies eine ausreichende Begründung dar, denn Ziffer 3.10 ist in jedem Fall anwendbar, weil diese das dualistische System nicht voraussetzt.

2. Abschnitt 2: Aktionäre und Hauptversammlung

a) Ziffer 2.1: Aktionäre

2.1.1 Die Aktionäre nehmen ihre Rechte in der Hauptversammlung wahr und üben dort ihr Stimmrecht aus.

2.1.2 Jede Aktie gewährt grundsätzlich eine Stimme. Aktien mit Mehrstimmrechten oder Vorzugsstimmrechten ("golden shares") sowie Höchststimmrechte bestehen nicht.

[1432] Vgl. m.w.N. *Buchta*, DStR 2003, 740 (742); MünchKommAktG/*Semler*, § 161 Rn. 210; *Berg/Stöcker*, WM 2002, 1569 (1579); *Ulmer*, ZHR 166 (2002), 150 (168); *Ulmer*, AcP 2002, 143 (171); *Ettinger/Grützediek*, AG 2003, 353 (359).

[1433] Für eine entsprechende Ausweitung der Haftung: *Ettinger/Grützediek*, AG 2003, 353 (365). Eine im Zusammenhang mit der Erklärung abgegebene Ad-hoc-Mitteilung kann dagegen zu einem Schadensersatzanspruch führen; vgl. MünchKommAktG/*Semler*, § 161 Rn. 226, 232.

[1434] Insofern ist keine Regelungsoffenheit gegeben. Wenn schon das nationale Recht nicht abweichen kann, kann dies erst recht nicht ein privates Regelwerk.

[1435] Siehe unten S. 259.

[1436] Auch im dualistischen Modell findet der Kodex selbstverständlich seine Grenzen im nationalen Aktienrecht.

Ziffer 2.1.1 und 2.1.2 wiederholen lediglich die gesetzlichen Bestimmungen[1437] und enthalten keine Empfehlungen oder Anregungen. Auf die SE sind diese Ziffern unproblematisch anwendbar, weil auch die SE-VO in Art. 38 Buchst. a SE-VO eine Hauptversammlung der Aktionäre vorsieht, in der die Aktionäre gemäß Art. 52 – 60 SE-VO ihre Rechte wahrnehmen und abstimmen. Zudem richtet sich die Finanzverfassung der SE gemäß Art. 5 SE-VO weitgehend nach nationalem Recht,[1438] sodass kaum Unterschiede zwischen SE und nationaler AG bestehen. Die Leitungsorganisation spielt für die Anwendbarkeit sowohl der Ziffer 2.1.1 als auch der Ziffer 2.1.2 keine Rolle. Es sind daher keine Anpassungen für das monistische System notwendig.

b) Ziffer 2.2: Hauptversammlung

aa) Ziffer 2.2.1

2.2.1 Der Vorstand legt der Hauptversammlung den Jahresabschluss und den Konzernabschluss vor. Sie entscheidet über die Gewinnverwendung sowie die Entlastung von Vorstand und Aufsichtsrat, wählt die Anteilseignervertreter im Aufsichtsrat und in der Regel den Abschlussprüfer. Darüber hinaus entscheidet die Hauptversammlung über die Satzung und den Gegenstand der Gesellschaft, über Satzungsänderungen und über wesentliche unternehmerische Maßnahmen wie insbesondere Unternehmensverträge und Umwandlungen, über die Ausgabe von neuen Aktien und von Wandel- und Optionsschuldverschreibungen sowie über die Ermächtigung zum Erwerb eigener Aktien.

(1) Vorlage des Jahres- und Konzernabschlusses

Die Vorlagepflicht des Jahres- und Konzernabschlusses ergibt sich für eine deutsche AG aus § 176 Abs. 1 S. 1 AktG. Für eine SE verweist Art. 61 SE-VO hinsichtlich der Aufstellung, Prüfung und Offenlegung der Jahres- und Konzernabschlüsse auf das sitzmitgliedstaatliche Aktienrecht. Ob die Vorlagepflicht zur Aufstellung, Prüfung und Offenlegung i.S.d. Art. 61 SE-VO zu zählen ist, kann dahinstehen, weil zumindest gemäß Art. 52 Unterabs. 2 SE-VO i.V.m. § 174 Abs. 1 S. 1 AktG die Hauptversammlung über die Verwendung des Bilanzgewinns entscheidet.[1439]

(a) Dualistisches Modell

Für das dualistische Modell ist die Anwendung der Ziffer 2.2.1 S. 1 unproblematisch; das Leitungsorgan hat der Hauptversammlung den Jahresabschluss vorzulegen. Dieser kann gemäß § 172 S. 1 AktG bereits durch den Aufsichtsrat gebilligt und damit für die Hauptversammlung bindend festgestellt (Art. 61 i.V.m. § 174

[1437] Vgl. MünchKommAktG/*Semler*, § 161 Rn. 276 ff. Ziffer 2.1.1 gibt die Regelung des § 118 Abs. 1 AktG wieder; vgl. *Kremer*, in: Ringleb, DCGK, Rn. 126, und Ziffer 2.1.2 die Regelung des § 12 und § 134 Abs. 1 AktG; vgl. *Kremer*, in: Ringleb, DCGK, Rn. 134, 143; MünchKommAktG/*Semler*, § 161 Rn. 280 f. Eine Ausnahme vom Verbot von Höchststimmrechten enthält noch das VW-Gesetz.

[1438] Vgl. Fn. 214.

[1439] Hierfür muss der Hauptversammlung zumindest der Jahresabschluss vorliegen, der Konzernabschluss jedoch nicht, weil dieser nicht Ausschüttungsgrundlage ist.

Abs. 1 S. 2 AktG) sein. Die Hauptversammlung kann unter den Voraussetzungen des Art. 61 SE-VO i.V.m. § 173 Abs. 1 AktG den Jahres- und Konzernabschluss feststellen.[1440]

(b) Monistisches Modell

Im monistischen System ist gemäß § 48 Abs. 2 S. 2 SEAG das Verwaltungsorgan zur Vorlage verpflichtet. Aufgrund der zwingenden Regelung des § 48 Abs. 2 S. 2 SEAG ist es nicht möglich, die Vorlagepflicht gemäß Ziffer 2.2.1 S. 1 bei den aufstellenden Geschäftsführern anzusiedeln, obwohl durch § 47 Abs. 5 SEAG, der § 172 S. 1 AktG entspricht, eine Parallelität zum dualistischen System angestrebt wird. Dies ist konsequent, weil trotz § 47 Abs. 1 SEAG, der von der Aufstellungspflicht des Jahresabschlusses durch die Geschäftsführer ausgeht, die Letztverantwortung beim Verwaltungsorgan liegt.[1441] Der Kodex kann somit nicht entsprechend ausgelegt und muss auch nicht geändert werden.

(2) Gewinnverwendung, Entlastung, Wahlen

Ziffer 2.2.1 S. 2 wiederholt hinsichtlich der Gewinnverwendung das geltende Recht.[1442] Es wird absichtlich nicht von Bilanzgewinn gesprochen, weil dies nur den Fall des festgestellten Jahresabschlusses (§ 174 Abs. 1 S. 1 AktG) umfassen würde. Sofern der Jahresabschluss von der Hauptversammlung festgestellt wird, kann diese gemäß § 173 Abs. 2 AktG in begrenztem Umfang auch über die Rücklageneinstellung und damit über den gesamten Gewinn und nicht nur über den Bilanzgewinn entscheiden. Hinsichtlich des Entlastungsbeschlusses wird § 119 Abs. 1 Nr. 3, § 120 AktG, bezüglich der Wahl der Aktionärsvertreter im Aufsichtsrat § 119 Abs. 1 Nr. 1, § 101 Abs. 1 S. 1 AktG und für die Wahl des Abschlussprüfers § 119 Abs. 1 Nr. 4 AktG, § 318 Abs. 1 S. 1 HGB wiederholt.[1443]

(a) Dualistisches Modell

Die Anwendung der Ziffer 2.2.1 S. 2 bereitet auf eine dualistisch organisierte SE keine Probleme. Zu den Regeln der Gewinnverwendung und der Wahl des Abschlussprüfers gelangt man über Art. 61 SE-VO. Für die Wahl der Aufsichtsorganmitglieder enthält Art. 40 Abs. 2 SE-VO eine Sonderregelung, die der nationalen Regelung vorgeht.[1444] Eine Entlastung sieht die SE-VO nicht vor. Hier kommt jedoch auch das nationale Recht, insbesondere für die Wirkung des Entlastungsbeschlusses zur Anwendung.[1445] Hinsichtlich der jeweiligen Mehrheiten gilt die SE-VO.

[1440] § 173 Abs. 1 AktG ist als Teil der Jahresabschlusserstellung anzusehen und daher von der Spezialverweisung des Art. 61 SE-VO umfasst.

[1441] Siehe oben S. 104 f.

[1442] Vgl. MünchKommAktG/*Semler*, § 161 Rn. 287.

[1443] Vgl. *Kremer*, in: Ringleb, DCGK, Rn. 158. Es wird hier nur von einer Regelzuständigkeit gesprochen, weil § 341k Abs. 2 S. 1 HGB die Bestellung des Abschlussprüfers bei Versicherungsunternehmen durch den Aufsichtsrat vorsieht. Diese Besonderheit gilt gemäß Art. 62, Art. 9 Abs. 3 SE-VO auch für ein als SE organisiertes Versicherungsunternehmen.

[1444] Zu den Einzelheiten siehe die Ausführungen zur Parallelnorm Art. 43 Abs. 3 SE-VO, S. 63 ff., 79.

[1445] Vgl. *Schwarz*, SE-VO, Art. 52 Rn. 30.

(b) Monistisches Modell

Die Gewinnverwendung und die Wahl des Abschlussprüfers sind vom Leitungssystem unabhängig, sodass es bei der Zuständigkeit der Hauptversammlung bleibt. Lediglich anstelle der Pflicht zur Wahl der Aufsichtsratsmitglieder tritt die Pflicht, die Verwaltungsorganmitglieder zu bestellen (Art. 43 Abs. 3 SE-VO). Für die Entlastung des Verwaltungsorgans und der Geschäftsführer gilt § 120 AktG.[1446] Anpassungen des Kodex sind damit nicht notwendig.

(3) Satzung und Finanzverfassung

Ziffer 2.2.1 S. 3 wiederholt ebenfalls das bestehende Aktienrecht. Für die SE folgt die Zuständigkeit der Hauptversammlungen zu Satzungsänderungen aus Art. 59 Abs. 1 SE-VO; die notwendige Mehrheit ergibt sich dabei aus Art. 59 Abs. 1, Abs. 2 SE-VO, Art. 60 SE-VO. Hinsichtlich der angesprochenen Fragen der Finanzverfassung ist über Art. 5 SE-VO sowieso das nationale Aktienrecht anzuwenden. Die Erwähnung der Kompetenz für wesentliche unternehmerische Maßnahmen gibt die „Holzmüller"-Grundsätze wieder,[1447] die ebenfalls für die SE gelten.[1448] Die Zustimmung zu Unternehmensverträgen ergibt sich aus § 293 AktG und gilt über Art. 52 Unterabs. 2 SE-VO für die SE.

bb) Ziffer 2.2.2 – 2.2.4

2.2.2 Bei der Ausgabe neuer Aktien haben die Aktionäre grundsätzlich ein ihrem Anteil am Grundkapital entsprechendes Bezugsrecht.

2.2.3 Jeder Aktionär ist berechtigt, an der Hauptversammlung teilzunehmen, dort das Wort zu Gegenständen der Tagesordnung zu ergreifen und sachbezogene Fragen und Anträge zu stellen.

2.2.4 Der Versammlungsleiter sorgt für eine zügige Abwicklung der Hauptversammlung. Dabei sollte er sich davon leiten lassen, dass eine ordentliche Hauptversammlung spätestens nach 4 bis 6 Stunden beendet ist.

Auch die Ziffern 2.2.2 bis 2.2.4 enthalten eine Wiedergabe der gesetzlichen Bestimmungen.[1449] Da sich die Finanzverfassung gem. Art. 5 SE-VO nach nationalem Recht richtet, bestehen hinsichtlich der Anwendung der Ziffer 2.2.2 keine Bedenken.

Ziffer 2.2.3 enthält das Teilnahmerecht[1450] und das aus dem Eigentumsrecht folgende Frage- und Antragsrecht.[1451] Der Aktionär kann sich jedoch nur zu einem bestehenden Tagesordnungspunkt äußern.[1452] Aus dem Frage- und Antragsrechts folgt nicht die Befugnis, die Tagesordnung zu ergänzen. Da die SE-VO in Art. 56

[1446] Siehe oben S. 170, 202.

[1447] Vgl. MünchKommAktG/*Semler*, § 161 Rn. 291.

[1448] Siehe oben S. 52.

[1449] So gibt z.B. Ziffer 2.2.2 die Regelung des § 186 AktG wieder; vgl. *Kremer*, in: Ringleb, DCGK, Rn. 167; MünchKommAktG/*Semler*, § 161 Rn. 293.

[1450] Dass der Aktionär an der Hauptversammlung teilnehmen kann, ergibt sich mittelbar aus § 118 AktG; vgl. *Kremer*, in: Ringleb, DCGK, Rn. 172.

[1451] Vgl. *Kremer*, in: Ringleb, DCGK, Rn. 173, der das Rederecht auch aus § 118 AktG ableitet. Das Fragerecht ist in § 131 Abs. 1 S. 1 AktG geregelt.

[1452] Dies folgt aus § 118 AktG, so *Kremer*, in: Ringleb, DCGK, Rn. 174.

SE-VO lediglich die Ergänzung der Tagesordnung durch eine Minderheit von Aktionären regelt und für den Ablauf der Hauptversammlung gemäß Art. 53 SE-VO ergänzend auf das nationale Recht verweist, gilt hinsichtlich des Frage- und Antragsrecht bezüglich eines Tagesordnungspunktes das nationale Recht, sodass auch die Regelung der Ziffer 2.2.3 Anwendung findet.

Auch hinsichtlich der Ziffer 2.2.4 ist nicht nach den Leitungssystemen zu differenzieren. Denn die Ziffer bestimmt nicht den Versammlungsleiter – in diesem Fall wäre eine Anpassung an das monistische System notwendig –, sondern ausgehend von seiner Existenz wird ihm eine Pflicht zur straffen Organisation auferlegt.[1453] Mit der in der Fassung des Kodex vom 12.06.2006 aufgenommenen Anregung des Satz 2 wird dies dahingehend präzisiert, dass die Hauptversammlung in einem zeitlichen Rahmen von bis 6 Stunden abzuhalten sein soll. Zu einer Beschneidung von Aktionärsrechten darf es gleichwohl nicht kommen.

Da weder die SE-VO noch das nationale Recht den Versammlungsleiter bestimmt, obliegt dessen Wahl gemäß Art. 53 SE-VO i.V.m. § 129 Abs. 1 AktG der Hauptversammlung. Die Satzung kann den Versammlungsleiter z.B. den Aufsichtsrats- bzw. Verwaltungsorganvorsitzenden bestimmen.[1454] Diese Satzungsregelungsermächtigung gilt über Art. 53 SE-VO auch für die SE unabhängig vom gewählten Leitungssystem.

c) Ziffer 2.3 Einladung zur Hauptversammlung, Stimmrechtsvertreter

aa) Ziffer 2.3.1

2.3.1 Die Hauptversammlung der Aktionäre ist vom Vorstand mindestens einmal jährlich unter Angabe der Tagesordnung einzuberufen. Aktionärsminderheiten sind berechtigt, die Einberufung einer Hauptversammlung und die Erweiterung der Tagesordnung zu verlangen. Der Vorstand soll die vom Gesetz für die Hauptversammlung verlangten Berichte und Unterlagen einschließlich des Geschäftsberichts nicht nur auslegen und den Aktionären auf Verlangen übermitteln, sondern auch auf der Internet-Seite der Gesellschaft zusammen mit der Tagesordnung veröffentlichen.

Dass der Vorstand mindestens jährlich eine Hauptversammlung einzuberufen hat, ergibt sich im deutschen Recht aus § 175 Abs. 1 S. 2 AktG; die Bekanntgabe der Tagesordnung mit der Einberufung folgt aus § 124 Abs. 1 S. 1 AktG.[1455] Die Möglichkeit einer Aktionärsminderheit, die Einberufung der Hauptversammlung sowie die Erweiterung der Tagesordnung verlangen zu können, gibt die gesetzliche Regelung des § 122 Abs. 1 und Abs. 2 AktG wieder.[1456] Mit der Empfehlung der Ziffer 2.3.1 S. 3, die gesetzlich der Hauptversammlung vorzulegenden Berichte und Unterlagen einschließlich der Geschäftsberichte (§ 176 Abs. 1 S. 1 AktG; § 124

[1453] Der Versammlungsleiter ist im AktG nicht umfassend geregelt; vgl. *Hüffer*, AktG, § 129 Rn. 17. Zu seinen Befugnissen siehe *Kremer*, in: Ringleb, DCGK, Rn. 187 f.

[1454] Vgl. *Kremer*, in: Ringleb, DCGK, Rn. 185.

[1455] Ziffer 2.3.1 S. 1 wiederholt somit lediglich das bestehende Recht; vgl. MünchKommAktG/*Semler*, § 161 Rn. 302; *Kremer*, in: Ringleb, DCGK, Rn. 203.

[1456] Vgl. MünchKommAktG/*Semler*, § 161 Rn. 305; *Kremer*, in: Ringleb, DCGK, Rn. 204.

Abs. 2 S. 2 AktG) nicht nur auszulegen und auf Verlangen an die Aktionäre zu übermitteln (u.a. § 175 Abs. 2 S. 2 AktG[1457]), sondern mit der Tagesordnung auf den Internet-Seiten der Gesellschaft zu veröffentlichen, geht der Kodex über die gesetzlichen Vorgaben hinaus. Diese fordern gem. § 124 Abs. 1 S. 1 AktG lediglich die Bekanntmachung der Tagesordnung zusammen mit der Einberufung in den Gesellschaftsblättern. Bis auf die Wahl des Aufsichtsrats und der Abschlussprüfer (in diesen Fällen nur der Aufsichtsrat) haben Vorstand und Aufsichtsrat gemäß § 124 Abs. 3 AktG einen Beschlussvorschlag zu jedem Tagesordnungspunkt mit der Bekanntmachung der Tagesordnung mitzuteilen.[1458]

Für eine dualistisch organisierte SE findet diese Ziffer uneingeschränkt Anwendung. Das Leitungsorgan ist gemäß Art. 54 Abs. 2 SE-VO i.V.m. § 121 Abs. 2 S. 1, § 175 Abs. 1 S. 1 AktG für die Einberufung zuständig. Die Verpflichtung zur jährlichen Einberufung ergibt sich jedoch allein aus Art. 54 Abs. 1 SE-VO, der auch einen gegenüber § 175 Abs. 1 S. 2 AktG strengeren Einberufungszeitraum von 6 Monaten nach Ende des Geschäftjahres vorsieht. Das Einberufungsverlangen und die Ergänzung einer Tagesordnung durch eine Minderheit sind in Art. 55 und 56 SE-VO geregelt. Die Pflicht, Beschlussvorschläge abzugeben (§ 124 Abs. 3 AktG), gilt über Art. 53 SE-VO auch für eine SE. Da für die der Hauptversammlung zu übermittelnden Unterlagen die SE-VO keine eigene Regelung enthält, kommt das nationale Recht zur Anwendung. Es bestehen folglich keine Konflikte der Ziffer 2.3.1 zur SE-VO.

Dies gilt auch für das monistische System. Da in der Ziffer zweimal der Vorstand erwähnt wird, ist zu entscheiden, ob diese Pflicht dem Verwaltungsorgan oder den Geschäftsführern obliegt. Die in der Ziffer aufgestellten Aussagen und Empfehlungen korrespondieren mit der Kompetenz, die Hauptversammlung einzuberufen und der Vorlagepflicht der Unterlagen. Für die Einberufung der ordentlichen Hauptversammlung ist gemäß Art. 54 Abs. 2 SE-VO i.V.m. § 48 Abs. 1 SEAG das Verwaltungsorgan zuständig. Die Vorlagepflicht obliegt gem. § 48 Abs. 2 S. 2 SEAG ebenfalls das Verwaltungsorgan. Daher trifft dieses auch die Empfehlung, die Unterlagen im Internet zugänglich zu machen. Da das SEAG keine eigene Regelung für die Beschlussvorlagen enthält, gilt gem. § 22 Abs. 6 SEAG, dass allein das Verwaltungsorgan die Vorlagen abgibt. Dies ist sachgerecht, weil die Verantwortung für die Unternehmensführung nur beim Verwaltungsorgan liegt. Eine entsprechende Klarstellung im Kodex ist überlegenswert.

bb) Ziffer 2.3.2 – 2.3.4

2.3.2 Die Gesellschaft soll allen in- und ausländischen Finanzdienstleistern, Aktionären und Aktionärsvereinigungen, die dies vor nicht länger als einem Jahr verlangt haben, die Einberufung der Hauptversammlung mitsamt den Einberufungsunterlagen mitteilen, auf Verlangen auch auf elektronischem Wege.

2.3.3 Die Gesellschaft soll den Aktionären die persönliche Wahrnehmung ihrer Rechte erleichtern. Auch bei der Stimmrechtsvertretung soll die Gesellschaft die

[1457] Zu weiteren Vorschriften, die eine Erteilung von Abschriften vorsehen, siehe *Kremer*, in: Ringleb, DCGK, Rn. 209 Fn. 343.

[1458] Siehe dazu auch die Ziffern 5.4.1 und 7.2.1.

Aktionäre unterstützen. Der Vorstand soll für die Bestellung eines Vertreters für die weisungsgebundene Ausübung des Stimmrechts der Aktionäre sorgen; dieser sollte auch während der Hauptversammlung erreichbar sein.

2.3.4 Die Gesellschaft sollte den Aktionären die Verfolgung der Hauptversammlung über moderne Kommunikationsmedien (z.B. Internet) ermöglichen.

Alle diese Aussagen gehen über die gesetzliche Regelung hinaus.[1459] Da auch die SE-VO für diese Fragen keine Regelung enthält und Art. 53 SE-VO für den Ablauf und die Organisation der Hauptversammlung ergänzend auf das sitzmitgliedstaatliche Recht verweist, können diese mit dem nationalen Recht konformen Empfehlungen auch von einer SE befolgt werden. Insbesondere der von Ziffer 2.3.2 verfolgte Zweck, vor allem die Kenntnis ausländischer Aktionäre von der Einberufung der Hauptversammlung zu erleichtern,[1460] spielt für die SE aufgrund ihres grenzüberschreitenden Charakters eine besondere Rolle und sollte daher umgesetzt werden. Die Empfehlungen richten sich überwiegend an die Gesellschaft und nur im Fall der Ziffer 2.3.3 S. 3 an den Vorstand. Entscheidungen der Gesellschaft obliegen jedoch grundsätzlich dem Vorstand, sodass in einer dualistisch organisierten SE das Leitungsorgan zuständig ist. Im monistischen System sind nicht die Geschäftsführer befugt, sondern es handelt sich um Aufgaben des Verwaltungsorgans, weil es sich bei Umsetzung der Empfehlungen um organisatorische Aufgaben handelt, die mit der Einberufung im Zusammenhang stehen, für die gemäß § 48 Abs. 1 SEAG das Verwaltungsorgan zuständig ist.

Die Hauptversammlung ist eine örtliche Zusammenkunft der Aktionäre (§ 123 Abs. 3 S. 2 AktG).[1461] Eine virtuelle Hauptversammlung ist ebenso unzulässig,[1462] wie die virtuelle Ausübung der Aktionärsrechte ohne anwesenden Vertreter.[1463] Daran ändert auch die Anregung der Ziffer 2.3.4 nichts. In der Ziffer wird nur die Verfolgungsmöglichkeit der Hauptversammlung ohne persönliche Anwesenheit angesprochen, aber nicht die Möglichkeit, eine virtuelle Hauptversammlung abzuhalten. Da die Hauptversammlungen nur die Aktionäre angehen, muss bei einer kompletten Übertragung sichergestellt werden, dass nur die Aktionäre Zugang zu der Internetübertragung bekommen.[1464] Mangels einer Regelung in der SE-VO gilt dies im selben Maße gemäß Art. 53 SE-VO auch für die SE.

1459 Vgl. zu Ziffer 2.3.3 *Kremer*, in: Ringleb, DCGK, Rn. 219.

1460 Vgl. *Kremer*, in: Ringleb, DCGK, Rn. 210.

1461 Vgl. *Kremer*, in: Ringleb, DCGK, Rn. 148, 235.

1462 Vgl. *Kremer*, in: Ringleb, DCGK, Rn. 235.

1463 Unzulässig ist damit die unmittelbare virtuelle Stimmabgabe. Vgl. *Baums*, Bericht, Rn. 111 und 115.

1464 Vgl. *Kremer*, in: Ringleb, DCGK, Rn. 231. Da eine Aufzeichnung durch die über Internet beteiligten Aktionäre nicht sicher verhindert werden kann, besteht für redende Aktionäre ein Widerspruchsrecht bezüglich der Übertragung ihres Redebeitrages; vgl. *Kremer*, in: Ringleb, DCGK, Rn. 232, der zu Recht auf die damit verbundenen Probleme der Informationsversorgung der über Internet beteiligten Gesellschafter hinweist. Das Widerspruchsrecht besteht nicht, wenn die Satzung gemäß § 118 Abs. 3 AktG die Bild- und Ton-Übertragung gestattet; vgl. *Kremer*, in: Ringleb, DCGK, Rn. 234.

3. Abschnitt 3: Zusammenwirken von Vorstand und Aufsichtsrat

Die Anwendung der Ziffern des Abschnitts 3 auf eine monistisch organisierte SE bereitet dagegen Probleme, weil der Ziffernblock die Zusammenarbeit des Vorstands und Aufsichtsrats regelt, das monistische System jedoch zunächst nur aus einem Organ besteht. Da weitgehend nur die Gesetzeslage wiedergegeben wird, dient der Ziffernblock der Transparenz. Dieses Bedürfnis besteht ebenfalls beim monistischen System deutscher Prägung. Wenn Vorstand und Aufsichtsrat erwähnt werden, ist grundsätzlich nur das Verwaltungsorgan angesprochen, weil das monistische System Aufsichts- und Leitungsorgan im Verwaltungsorgan vereint.

Da der deutsche Gesetzgeber mit der Einrichtung der Geschäftsführer und deren Ausgestaltung erkennbar beabsichtigt, so weit wie möglich ein dualistisches Modell zu schaffen, können die Ziffern je nach Zweck entsprechend auf Verwaltungsorgan und Geschäftsführer angewendet werden, wobei letztere dem Vorstand entsprechen würden. Dies gilt, obwohl die von den Ziffern betroffenen außergewöhnlichen Geschäfte sowie die Leitung und Überwachung dem Verwaltungsorgan obliegen und die Geschäftsführer damit eigentlich nicht erwähnt werden müssen. Denn der Ziffernblock 3 will die Zusammenarbeit von Kontrolle und Geschäftsführung erreichen. Da die Geschäftsführung und Kontrolle im monistischen System im Verwaltungsorgan und zwischen den Organen verteilt sind, sind auch die Geschäftsführer betroffen.

a) Ziffer 3.1

3.1 Vorstand und Aufsichtsrat arbeiten zum Wohle des Unternehmens eng zusammen.

aa) Zielsetzung

Die Ziffer dient vor allem der Klarstellung[1465] der gemeinsamen Verantwortung beider Organe für das Wohl des Unternehmens, das als Unternehmensinteresse bezeichnet werden kann.[1466] Die Bedeutung der Kooperation von Vorstand und Aufsichtsrat wird hervorgehoben und die Zusammenarbeit als ein kritischer Erfolgsfaktor guter Unternehmensführung dargestellt. Es gibt somit auch organübergreifende Aufgaben guter Unternehmensführung, die daher von beiden Organen gemeinschaftlich wahrgenommen werden müssen.[1467] Wesentliche Bereiche der Kooperation sind die Abstimmung wichtiger Entscheidungen[1468] und die ausreichende Informationsversorgung[1469] des Aufsichtsrats.[1470] Insbesondere § 111 Abs. 4 S. 2 AktG führt zu einer stärkeren Einbindung des Aufsichtsrats.[1471]

[1465] Die gemeinsame Verantwortung setzt § 120 Abs. 2 S. 2 AktG voraus.

[1466] Vgl. *BGH*, BGHZ 114, 127 (130); *v. Werder*, in: Ringleb, DCGK, Rn. 237, der anführt, dass der Begriff bisher wenig operationalisierbar ist. Zum Unternehmensinteresse siehe *Semler*, Überwachung, Rn. 50 ff.

[1467] Vgl. *v. Werder*, in: Ringleb, DCGK, Rn. 236.

[1468] Vgl. u.a. Ziffer 3.2 und 3.3 zu den zustimmungspflichtigen Geschäften und Ziffer 3.10 hinsichtlich des Corporate Governance Berichts.

[1469] Vgl. u.a. Ziffer 3.2 und 3.4.

[1470] Vgl. GroßkommAktG/*Hopt/Roth*, § 111 Rn. 768; *v. Werder*, in: Ringleb, DCGK, Rn. 241.

[1471] Vgl. *v. Hein*, ZHR 166 (2002), 464 (494).

Daneben ist die Zusammenarbeit auch für das Kontrollgefüge von erheblicher Bedeutung, weil neben der Kontrolle des Vorstands durch den Aufsichtsrat der Vorstand auch zur internen Kontrolle berufen ist.[1472] Je besser die Kontrolle durch den Aufsichtsrat funktioniert, desto geringer kann die interne Vorstandskontrolle ausgestaltet werden.[1473]

bb) Anwendung auf die SE

Für eine dualistische SE ist die Ziffer unproblematisch anwendbar.[1474]

Im monistischen System deutscher Prägung sind aufgrund des umfassenden Weisungsrechts nicht Verwaltungsorgan und Geschäftsführer gemeint. Die Geschäftsführer stehen anders als im Dualismus nicht „gleichberechtigt" neben dem Verwaltungsorgan. Gegen eine Einbeziehung der Geschäftsführer in Ziffer 3.1 ist zudem einzuwenden, dass ansonsten konsequenterweise auch weisungsabhängige Managementebenen im dualistischen Modell einbezogen werden müssten.

Aus u.a. Ziffer 3.2 folgt, dass der Ziffernblock 3 die Wechselbeziehung von Kontrolle und Überwachung umfasst. Da die Kontrolle im monistischen System überwiegend von den nicht geschäftsführenden Mitgliedern wahrgenommen wird, ist vielmehr anzunehmen, dass die Ziffer für das Zusammenwirken der beiden Gruppen im Verwaltungsorgan gilt. Dass beide Gruppen zum Wohle des Unternehmens zusammenarbeiten müssen, ergibt sich bereits aus der Gesamtverantwortung und der turnusmäßigen Beratung über den Gang der Geschäfte (Art. 44 Abs. 1 SE-VO). Die Aussage des Kodex ist somit lediglich klarstellend.

Da das deutsche Gesetz eine zwingende Einrichtung der Geschäftsführer vorsieht, ist eine Aussage des Kodex zum Verhältnis Verwaltungsorgan und Geschäftsführer ratsam. Das Zusammenwirken der Organe sicherzustellen, ist Teil der Leitungsverantwortung des Verwaltungsorgans. Die Ziffer könnte demnach als eine Herausstellung der allgemeinen Organisations- und Leitungsverantwortung verstanden werden. Hinsichtlich des Kontroll- und Leitungsgefüges sollte die Ziffer entsprechend eindeutig formuliert werden. Da es sich bei der Ziffer nur um eine Wiedergabe des Gesetzes handelt, ist dies für die Anwendung jedoch unbedeutend.

b) Ziffer 3.2

3.2 Der Vorstand stimmt die strategische Ausrichtung des Unternehmens mit dem Aufsichtsrat ab und erörtert mit ihm in regelmäßigen Abständen den Stand der Strategieumsetzung.

[1472] Vgl. *Semler*, Überwachung, Rn. 18; *v. Hein*, ZHR 166 (2002), 464 (496 f.).

[1473] Vgl. *v. Hein*, ZHR 166 (2002), 464 (497). Dies gilt auch umgekehrt.

[1474] Dass Leitungs- und Aufsichtsorgan eng zum Wohle der Gesellschaft zusammenarbeiten (Ziffer 3.1) und sich über wesentliche strategische Entscheidungen und deren Umsetzung abstimmen und beraten (Ziffer 3.2) ist mit der Konzeption der SE-VO vereinbar und ist erwünscht, wie sich aus Art. 48 SE-VO und den Informationspflichten und -rechten des Aufsichtsorgans (Art. 41 SE-VO) ergibt. Zu den einzelnen Punkten der Zusammenarbeit siehe die Ausführungen zu den einzelnen Ziffern.

aa) Zielsetzung

Die Ziffer ist weitgehend identisch mit Ziffer 4.1.2.[1475] Mit der Ziffer soll zum einen die beratende Funktion des Aufsichtsrats hervorgehoben, zum anderen die Stellung des Aufsichtsrats als Partner des Vorstands verdeutlicht werden.[1476] Da nur die „strategische Ausrichtung“ angesprochen ist, bezieht sich die erwähnte Beratung nicht auf die laufenden Geschäfte.[1477] Bezüglich der unternehmerischen Grundentscheidungen ist ein Abstimmen des Vorstands mit dem Aufsichtsrat angesprochen. Unter Abstimmen ist nicht nur eine Information des Aufsichtsrats gemeint, sondern, dass der Aufsichtsrat die alleinige Entscheidung des Vorstands trägt.[1478] Daneben wird eine regelmäßige Erörterung der Strategieumsetzung und damit der Planung verlangt. Wie oft diese Erörterung vorzunehmen ist, hängt dabei von der Unternehmenssituation ab, was der gesetzlichen Regelung entspricht, die eine mindestens jährliche Erörterung verlangt (§ 90 Abs. 1 Nr. 1, Abs. 2 Nr. 1 AktG).[1479]

Da von der Ziffer die Eigenverantwortung des Vorstands i.S.d. § 76 Abs. 1 AktG und die Kontrollpflicht des Aufsichtsrats § 111 Abs. 1 AktG unberührt bleiben, werden nach Meinung von *Lutter* damit die Vorzüge des monistischen und dualistischen Systems kombiniert.[1480]

bb) Anwendung auf die SE

Für das dualistische Modell ist die Anwendung unproblematisch. Die Berichtspflicht ergibt sich dabei allein aus Art. 41 SE-VO.

Da die strategische Ausrichtung ein Teil der Leitung ist, können von der Ziffer die Geschäftsführer nicht betroffen sein. Eine entsprechende Anwendung im monistischen System bedeutet eine Klarstellung, dass trotz organinterner Aufgabenverteilung die strategische Entscheidung dem Gesamtorgan obliegt. Dass die nicht geschäftsführenden Mitglieder über den Stand der Umsetzung informiert sind, sichern Art. 44 Abs. 1 und Abs. 2 SE-VO. Eine entsprechende Klarstellung für das monistische System wäre auch hier sinnvoll, ist aber nicht nötig, weil es sich um keine Empfehlung handelt.

c) Ziffer 3.3

3.3 Für Geschäfte von grundlegender Bedeutung legen die Satzung oder der Aufsichtsrat Zustimmungsvorbehalte zugunsten des Aufsichtsrats fest. Hierzu gehören Entscheidungen oder Maßnahmen, die die Vermögens-, Finanz- oder Ertragslage des Unternehmens grundlegend verändern.

[1475] Vgl. *Lutter*, in: Ringleb, DCGK, Rn. 245.
[1476] Vgl. *Lutter*, in: Ringleb, DCGK, Rn. 246 f.
[1477] Vgl. *Lutter*, in: Ringleb, DCGK, Rn. 248.
[1478] Vgl. *Lutter*, in: Ringleb, DCGK, Rn. 249.
[1479] Vgl. MünchKommAktG/*Semler*, § 161 Rn. 320; *Lutter*, in: Ringleb, DCGK, Rn. 250.
[1480] Vgl. *Lutter*, in: Ringleb, DCGK, Rn. 253.

aa) Zielsetzung

Die Ziffer gibt weitgehend die gesetzliche Regelung in § 111 Abs. 4 S. 2 AktG wieder.[1481] Satz 2 der Ziffer stellt klar, dass die Zustimmungspflicht nur für wesentliche und damit nicht für laufende Geschäfte festgelegt werden kann.[1482]

bb) Anwendung auf die SE

Für eine dualistische SE ergibt sich die Zustimmungspflicht aus Art. 48 Abs. 1 SE-VO, § 19 SEAG. Die Annahme, dass die Satzungsfestlegungspflicht entsprechend § 111 Abs. 4 S. 2 AktG nur gilt, solange das Aufsichtsorgan selbst (§ 19 SEAG) keine Geschäftsarten festlegt,[1483] kann aufgrund des eindeutigen Wortlauts des Art. 48 SE-VO nicht überzeugen.[1484] Für eine unbedingte Regelungsverpflichtung der Satzung spricht auch Art. 48 Abs. 2 SE-VO. Danach hat die Satzung die von den Mitgliedstaaten festgelegten Geschäftsarten aufzunehmen, unabhängig davon, ob das Aufsichtsorgan selbst Geschäftsarten festgelegt hat. Das Aufsichtsorgan kann daher nur neben der Satzung Geschäftsarten festlegen; die Satzungsregelungsverpflichtung bleibt bestehen. Bei ausreichenden Anhaltspunkten ist das Aufsichtsorgan verpflichtet, eine Zustimmungsbedürftigkeit festzulegen.[1485]

Dass nur laufende Geschäfte festgelegt werden können, folgt für beide Systeme aus der SE-VO.[1486] Da Art. 48 Abs. 1 SE-VO die Geschäftsführer nicht wie das Leitungsorgan an eine Zustimmung bindet, betrifft die Ziffer nur das Verwaltungsorgan. Es muss daher auch keine Anpassung hinsichtlich der Geschäftsführer vorgenommen werden. Eine Änderung der Ziffer dahingehend, dem Verwaltungsorgan zu empfehlen, für die Geschäftsführer Zustimmungspflichten festzulegen, ist nicht notwendig, weil dies vom Weisungsrecht umfasst ist und in der Leitungspflicht liegt.

Die Ziffer ist aber nur auf das monistische System übertragbar, soweit die Satzung einen einheitlichen Beschluss festlegen kann.[1487] Das Verwaltungsorgan selbst kann darüber hinaus durch eine entsprechende Geschäftsverteilungsregelung einen einheitlichen Beschluss herbeiführen. Dieses sollte im Kodex klargestellt werden. Da es sich bei der Ziffer nur um eine Wiedergabe des Gesetzes handelt, ist dies für die Entsprechenserklärung ohne Belang.

d) Ziffer 3.4

3.4 Die ausreichende Informationsversorgung des Aufsichtsrats ist gemeinsame Aufgabe von Vorstand und Aufsichtsrat. Der Vorstand informiert den Aufsichtsrat regelmäßig, zeitnah und umfassend über alle für das Unternehmen relevanten

---

1481 Vgl. MünchKommAktG/*Semler*, § 161 Rn. 321.

1482 Vgl. *Lutter*, in: Ringleb, DCGK, Rn. 254.

1483 So aber *Hoffmann-Becking*, ZGR 2004, 355 (365); *DAV*, NZG 2004, 75 (81).

1484 So auch *Manz*, in: Manz/Mayer/Schröder, SE, Art. 48 Rn. 3, 7; wohl auch *Nagel*, NZG 2004, 833 (836); *Heckschen*, in: Widmann/Mayer, UmwG, Anh. 14 Rn. 465.

1485 Vgl. zum dt. Recht *BGH*, BGHZ 124, 111 (127); *Henze*, NJW 1998, 3309 (3312); *Lange*, DStR 2003, 376 (380); *Berrar*, DB 2001, 2181 (2182); *Lutter/Krieger*, Aufsichtsrat, Rn. 106.

1486 Siehe oben S. 142.

1487 Siehe oben S. 144 f.

Fragen der Planung, der Geschäftsentwicklung, der Risikolage und des Risikomanagements. Er geht auf Abweichungen des Geschäftsverlaufs von den aufgestellten Plänen und Zielen unter Angabe von Gründen ein. Der Aufsichtsrat soll die Informations- und Berichtspflichten des Vorstands näher festlegen. Berichte des Vorstands an den Aufsichtsrat sind in der Regel in Textform zu erstatten. Entscheidungsnotwendige Unterlagen, insbesondere der Jahresabschluss, der Konzernabschluss und der Prüfungsbericht, werden den Mitgliedern des Aufsichtsrats möglichst rechtzeitig vor der Sitzung zugeleitet.

aa) Zielsetzung

Mit dieser Ziffer wird nicht nur der Regelungsinhalt des § 90 AktG wiederholt, sondern insbesondere herausgestellt, dass der Aufsichtsrat für seine Informationsversorgung mitverantwortlich ist.[1488] Die Übermittlung der zur Überwachung, Beratung und Zustimmungserteilung notwendigen Informationen darf nicht allein dem Vorstand überlassen sein, weil sonst die Qualität der Überwachung von der Informationsbereitschaft des Vorstands abhinge. Das Gesetz stellt dazu dem Aufsichtsrat bzw. jedem einzelnen Aufsichtsratsmitglied in § 90 Abs. 3 AktG und § 111 Abs. 2 AktG die notwendigen Befugnisse bereit.

Dass in den Berichten Abweichungen des Geschäftsverlaufs von den vorherigen Planungen begründet werden müssen, ist selbstverständlich und ergibt sich aus § 90 Abs. 1 Nr. 1 AktG.[1489]

S. 4 der Ziffer empfiehlt dem Aufsichtsrat die Berichtspflichten inhaltlich und zeitlich in einer Informationsordnung zu konkretisieren, um die Effizienz der Berichterstattung zu erhöhen.[1490] Aus der Formulierung des Satzes 1 folgt, dass Vorstand und Aufsichtsrat zunächst gemeinsam eine Informationsordnung erarbeiten sollen.[1491] Bei der Konkretisierung hat sich der Aufsichtsrat zunächst an seinen Informationsbedürfnissen zu orientieren, die durch die Überwachungsaufgabe und Überwachungssituation determiniert werden. Auf der anderen Seite muss der Aufsichtsrat aber gleichfalls darauf achten, dass der Vorstand weiterhin seiner Aufgabe der Geschäftsführung nachkommen kann. Eine Informationsordnung dient auch der Reduktion der Gefahr eines Vertrauensverlustes in die Unternehmensführung, die bei einem Informationsverlangen an bzw. über den Vorstand besteht.[1492]

Hervorzuheben ist in diesem Zusammenhang die Information über die Risikolage und das Risikomanagement. Mit dem Risikomanagementsystem soll der Aufsichts-

---

[1488] Vgl. *Peltzer/v. Werder*, AG 2001, 1 (5); *Lutter*, in: Ringleb, DCGK, Rn. 263; ähnlich MünchKommAktG/*Semler*, § 161 Rn. 325.

[1489] Vgl. *Lutter*, in: Ringleb, DCGK, Rn. 267. Zumindest hinsichtlich der laufenden Geschäfte ist von einer entsprechenden Sorgfaltspflicht auszugehen; vgl. MünchKommAktG/*Semler*, § 161 Rn. 327.

[1490] Vgl. *Preußner*, NZG 2004, 303 (306); *Lutter*, in: Ringleb, DCGK, Rn. 264. Von einer entsprechenden Sorgfaltspflicht bei ungenügender Berichterstattung ausgehend: MünchKommAktG/*Semler*, § 161 Rn. 328; *Hommelhoff/Mattheus*, AG 1998, 249 (254).

[1491] Vgl. *Lutter*, in: Ringleb, DCGK, Rn. 265; *Lück/Bungartz*, DB 2004, 1789 (1792).

[1492] Vgl. *Kropff*, NZG 2003, 346 (348).

rat besser informiert werden.[1493] Zu beachten ist dabei, dass der Aufsichtsrat nicht Teil des Risikomanagements im Sinne des § 91 Abs. 2 AktG sein kann.[1494] Er kann allerdings über die Festlegung von Berichtspflichten Informationen über das Risikomanagement und die Risikolage verlangen.[1495]

Dass die Berichte in der Regel in Textform zu erstatten sind, ergibt sich bereits aus § 90 Abs. 4 S. 2 AktG.[1496]

bb) Dualistisches System

Die Ziffer wiederholt – wie für das deutsche System – die Gesetzeslage. Die Berichtspflichten und die für die Festlegung der Informationsordnung notwendigen Befugnisse, einen Bericht zu verlangen, ergeben sich aus Art. 41 SE-VO. Die Empfehlung ist damit anwendbar.

cc) Monistisches System

Im monistischen System sieht die SE-VO keine Berichtspflichten vor. Mit der Enthaltsamkeit der SE-VO wird der aufgrund des einheitlichen Organs gegebenen umfassenden Informationsversorgung Rechnung getragen. Dass die nicht geschäftsführenden Mitglieder informiert werden, setzt Art. 44 Abs. 1 SE-VO voraus.

Die Festlegung einer Informationsordnung ist eine Frage der internen Organisation und richtet sich damit nicht nur an die nicht geschäftsführenden Mitglieder, sondern an das Verwaltungsorgan. Art. 44 Abs. 2 SE-VO gewährt zwar das Recht, von allen Informationen des Organs Kenntnis zu erlangen, darin kann aber nicht die Befugnis zur Festlegung einer Informationsordnung gesehen werden, weil sonst jedes Mitglied aufgrund des individuellen Informationsrechts eine Informationsordnung festlegen könnte. Eine Klarstellung des Kodex, dass die Informationsordnung allein eine Angelegenheit der Organisation ist und damit dem Organ obliegt, ist daher wünschenswert. Dabei sollte empfohlen werden, dass das Verwaltungsorgan sich eine Informationsordnung gibt, auf die die nicht geschäftsführenden Mitglieder maßgeblichen Einfluss haben.

Da § 40 Abs. 6 SEAG mit der Verweisung auf § 90 AktG von den Geschäftsführern einen „Vorstandsbericht" verlangt, ist die Ziffer wohl auch insoweit einschlägig. Die Informationsversorgung des Verwaltungsorgans durch die Geschäftsführer ist ein Teil der Organisationsverantwortung. Diese wird mit der Ziffer klargestellt. Die Empfehlung der Errichtung einer Informationsordnung ist ebenfalls Teil der Organisationsverantwortung. Anders als das Aufsichtsorgan kann das Verwaltungsorgan die Vorgaben der Informationsordnung unmittelbar durch Weisung durchsetzen. Eine explizite Erwähnung der Beziehungen zu den Geschäftsführern wäre auch hier wünschenswert.

[1493] Vgl. *Giese*, WPg 1998, 451 (458).
[1494] Siehe S. 262.
[1495] Vgl. *Preußner*, NZG 2004, 303 (306); *Kropff*, NZG 2003, 346 (347).
[1496] Vgl. MünchKommAktG/*Semler*, § 161 Rn. 329.

e) Ziffer 3.5

3.5 Gute Unternehmensführung setzt eine offene Diskussion zwischen Vorstand und Aufsichtsrat sowie in Vorstand und Aufsichtsrat voraus. Die umfassende Wahrung der Vertraulichkeit ist dafür von entscheidender Bedeutung. Alle Organmitglieder stellen sicher, dass die von ihnen eingeschalteten Mitarbeiter die Verschwiegenheitspflicht in gleicher Weise einhalten.

aa) Zielsetzung

Die ausreichende Informationsversorgung sowohl des Vorstands als auch des Aufsichtsorgans ist für eine gute Unternehmensführung ein wesentlicher Erfolgsfaktor. Mit Ziffer 3.5 S. 1 wird klargestellt, dass es mit der Information allein nicht getan ist. Entscheidend ist, dass die Informationen auch genutzt werden.[1497] Die Bedeutung einer offenen Diskussionskultur wird dabei hervorgehoben. Nur so lassen sich die Fähigkeiten und Kenntnisse der Vorstands- und Aufsichtsratsmitglieder zum Wohle der Gesellschaft optimal einsetzen. Insbesondere hinsichtlich der Ausgestaltung der Corporate Governance ist eine offene Diskussion von erheblicher Bedeutung, um mögliche Effizienzgewinne z.B. in der Umsetzung der Kodexempfehlungen zu erkennen und optimal auszuschöpfen.[1498] In diesem Zusammenhang ist auch die Ziffer 5.6 zu beachten, nach der der Aufsichtsrat seine Überwachungseffizienz überprüfen soll. Die Diskussionskultur stellt somit einen wesentlichen Teil der Effizienzkontrolle dar.[1499]

Die Diskussionskultur in und zwischen den Organen ist gesetzlich nicht näher geregelt, die Ziffer ist dennoch nicht als eine Empfehlung formuliert. Der Kodex geht richtigerweise davon aus, dass der Gesetzgeber eine offene Diskussionskultur voraussetzt. Mit der Ziffer wird diese lediglich verdeutlicht und damit mehr ins Bewusstsein gerückt. Dies erscheint notwendig, weil in der Praxis die mangelnde Offenheit insbesondere im Aufsichtsrat und zwischen den Organen bemängelt wird.[1500] Hinsichtlich des Aufsichtsrats wird vielfach die Größe des Organs und die Mitbestimmung als wesentlicher Faktor für das Nichtfunktionieren der Diskussionskultur angeführt.[1501] Um trotz der Größe und Mitbestimmung eine tiefgehende Diskussion über einzelne Themen zu ermöglichen, wird in der mit Ziffer 3.5 zusammenhängenden Ziffer 5.3 die Bildung von Aufsichtsratsausschüssen und eine getrennte Vorbesprechung der beiden Gruppen in Ziffer 3.6 S. 1 empfohlen.[1502] Aber auch eine interne Besprechung des Aufsichtsrats entsprechend der Ziffer 3.6

[1497] Vgl. *Peltzer/v. Werder*, AG 2001, 1 (5); *v. Werder*, in: Ringleb, DCGK, Rn. 272.

[1498] Vgl. *v. Werder*, in: Ringleb, DCGK, Rn. 272.

[1499] Vgl. *v. Werder*, in: Ringleb, DCGK, Rn. 274.

[1500] Vgl. m.w.N. *v. Werder*, in: Ringleb, DCGK, Rn. 273; *Scheffler*, ZGR 1993, 63 (72). Als Grund für die späte Unterrichtung wird die Mitbestimmung genannt; vgl. *Schiessl*, ZHR 167 (2003), 235 (237); *Claussen/Bröcker*, DB 2002, 1199 (1201).

[1501] Vgl. *Lutter*, AG 1994, 176 (176 f.); MünchKommAktG/*Semler*, § 161 Rn. 253, 336; m.w.N. *v. Werder*, in: Ringleb, DCGK, Rn. 273; *Schiessl*, ZHR 167 (2003), 235 (237); *Scheffler*, ZGR 2003, 236 (236).

[1502] Vgl. *Teichmann*, BB 2004, 53 (57); *Schiessl*, ZHR 167 (2003), 235 (237); *Scheffler*, ZGR 2003, 236 (237).

S. 2 kann die Bereitschaft zur offenen Diskussion innerhalb des Organs, z.B. über die Aufgabenwahrnehmung des Vorstands, fördern.[1503]

Als eine wesentliche Voraussetzung einer offenen Diskussionskultur sieht der Kodex in Ziffer 3.5 S. 2 die Sicherstellung der Vertraulichkeit, ohne die eine offene Diskussion unmöglich wäre.[1504] Es wird damit im Wesentlichen für den Vorstand § 93 Abs. 1 S. 2 AktG und für den Aufsichtsrat § 116 S. 2 AktG wiederholt. Die Verschwiegenheitsverpflichtung gilt ebenso gegenüber den Personen, welche die Organmitglieder gewählt oder entsandt haben.[1505] Ob eine Information als vertraulich gilt, hängt vom Einzelfall ab. Um für die Organmitglieder eine gewisse Rechtssicherheit zu schaffen, sollte in einer sog. Vertraulichkeitsrichtlinie neben den Kriterien der Vertraulichkeit auch festgelegt werden, wie sich das Mitglied versichern kann, dass die Information nicht vertraulich ist.[1506]

Da mit der Kenntnis eines Organmitglieds dies eine Kenntnis der Gesellschaft ist,[1507] ist die Weitergabe von vertraulichen Informationen an Mitarbeiter keine Verletzung der Verschwiegenheitspflicht, weil die Informationen die Gesellschaft nicht verlassen.[1508] Die Informationsweitergabe ist für eine effiziente Aufgabenausübung der Mitarbeiter sogar in der Regel notwendig. Sofern der Mitarbeiter die Information jedoch weitergibt, haftet für einen eintretenden Schaden der Gesellschaft das Organmitglied.[1509] Vor der Informationsweitergabe muss das Organmitglied den Mitarbeiter auf die Verschwiegenheitspflicht hinweisen und die Einhaltung überprüfen. Dies stellt Ziffer 3.5 S. 3 ausdrücklich klar. Damit soll insgesamt ein hohes Maß an Vertraulichkeit hergestellt und gewährleistet werden, um eine offene Diskussionskultur zu ermöglichen.

bb) Anwendung auf die SE

Sowohl im dualistischen als auch im monistischen System stellt die Ziffer eine Selbstverständlichkeit dar. Insbesondere zwischen geschäftsführenden und nicht geschäftsführenden Mitgliedern sowie zwischen Leitungs- und Aufsichtsorgan ist für eine effiziente Zusammenarbeit eine offene Diskussion, die nur bei Verschwiegenheit funktioniert, unerlässlich. Die Verschwiegenheitsverpflichtung ergibt sich dabei aus Art. 49 SE-VO.[1510] Insbesondere für Aufgaben, die eine Zustimmung des Aufsichtsorgans oder eines einheitlichen Beschlusses des Verwaltungsorgans bedürfen, ist die Aussage der Ziffer von hoher Relevanz.

Direkt berührt werden die Geschäftsführer von Ziffer 3.5 S. 3, die regelt, dass alle Organmitglieder auch bei eingeschalteten Mitarbeitern die Einhaltung der Verschwiegenheit sicherzustellen haben. Die Geschäftsführer sind dabei keine vom

---

1503 Vgl. *v. Werder*, in: Ringleb, DCGK, Rn. 274.

1504 Vgl. *Claussen/Bröcker*, DB 2002, 1199 (1202); *v. Werder*, in: Ringleb, DCGK, Rn. 274; *Schwalbach*, AG 2004, 186 (189); *Hoffmann/Preu*, Aufsichtsrat, Rn. 265.

1505 Vgl. GroßkommAktG/*Hopt/Roth*, § 116 Rn. 330; *Lutter*, in: Ringleb, DCGK, Rn. 278 f.

1506 Vgl. *Lutter*, in: Ringleb, DCGK, Rn. 281.

1507 Siehe oben Fn. 633.

1508 Vgl. m.w.N. *Lutter*, in: Ringleb, DCGK, Rn. 287.

1509 Vgl. *Lutter*, in: Ringleb, DCGK, Rn. 287.

1510 Siehe ausführlich S. 158 ff.

Verwaltungsorgan i.S.d. Ziffer 3.5 S. 3 eingeschalteten Mitarbeiter, weil diese der Gesellschaft gegenüber bereits haften (Art. 51 SE-VO i.V.m. dem nationalen Recht) und zur Verschwiegenheit verpflichtet sind (Art. 49 SE-VO). Ziffer 3.5 S. 3 will sicherstellen, dass Organpflichten und Haftung durch eine Delegation zum Schaden der Gesellschaft nicht ausgehöhlt werden. Vom Sinn und Zweck der Ziffer 3.5 S. 3 trifft die Geschäftsführer die Pflicht, die Verschwiegenheit von ihnen eingeschalteter Mitarbeiter sicherzustellen. Aufgrund der Gesamtverantwortung des Verwaltungsorgans hat das Verwaltungsorgan dies zu überwachen und gegebenenfalls mittels Weisung die entsprechenden Maßnahmen durchzusetzen. Da sich das Verwaltungsorgan neben den Geschäftsführern weiterer Mitarbeiter bedienen kann, trifft die Ziffer 3.5 S. 3 insoweit auch das Verwaltungsorgan.

f) Ziffer 3.6

3.6 In mitbestimmten Aufsichtsräten sollten die Vertreter der Aktionäre und der Arbeitnehmer die Sitzungen des Aufsichtsrats jeweils gesondert, gegebenenfalls mit Mitgliedern des Vorstands, vorbereiten. Der Aufsichtsrat sollte bei Bedarf ohne den Vorstand tagen.

aa) Zielsetzung

Die Ziffer steht im Zusammenhang mit der vorhergehenden Ziffer 3.5 und enthält Anregungen, wie die erwünschte Diskussionskultur in mitbestimmten Aufsichtsorganen erreicht werden kann. Insbesondere um eine offene Auseinandersetzung mit der Tätigkeit des Vorstands zu erreichen, wird in Satz 1 eine getrennte Vorbereitung der Aktionärs- und Arbeitnehmervertreter angeregt.[1511] So sollen die Aktionärsvertreter nicht von den Bedenken beeinflusst werden, dass eine offene Diskussion über die Vorstandstätigkeit im Gesamtorgan den Vorstand vor den Augen der Mitarbeiter beschädigen könnte.[1512] Die Gefahr in der Umsetzung einer solchen Anregung liegt darin, dass Entscheidungen vorher festgelegt werden und dadurch die von Ziffer 3.5 erwünschte offene Diskussion zwischen den Gruppen verhindert bzw. erschwert wird. Daher ist die Ziffer lediglich als Anregung formuliert.[1513] Im Ergebnis bedeutet die Umsetzung der Anregung nichts anderes als die Einrichtung vorbereitender Ausschüsse. Ziffer 3.6 dient damit ebenfalls der Beschleunigung der Entscheidungsfindung.[1514]

Bei den jeweiligen getrennten Sitzungen können der Vorstand bzw. einzelne Vorstandsmitglieder hinzu gebeten werden. Dabei entscheidet der Aufsichtsrat, ob und wer eingeladen wird. Eine Sitzung ohne den Vorstand ermöglicht einen offeneren

[1511] Vgl. MünchKommAktG/*Semler*, § 161 Rn. 338; *v. Werder*, in: Ringleb, DCGK, Rn. 289; *Lutter/Krieger*, Aufsichtsrat, Rn. 577; GroßkommAktG/*Hopt/Roth*, § 110 Rn. 80. Zur mangelnden Umsetzung vgl. Schilling, FAZ v. 16.04.2007, Nr. 88, S. 24.

[1512] Zu diesen Bedenken siehe *Scheffler*, ZGR 1993, 63 (72).

[1513] Vgl. *v. Werder*, in: Ringleb, DCGK, Rn. 290. Kritisch *Schwalbach*, AG 2004, 186 (188); *Hoffmann/Preu*, Aufsichtsrat, Rn. 142.

[1514] Vgl. *Arbeitskreis Externe und Interne Überwachung der Unternehmung der Schmalenbach-Gesellschaft für Betriebswirtschaft e.V.*, DB 2007, 177 (178).

Umgang mit der Vorstandstätigkeit.[1515] Ein Teilnahmerecht des Vorstands besteht dabei nicht.[1516]

bb) Anwendung auf die SE

Auf die dualistisch organisierte SE sind die Anregungen unproblematisch anwendbar. Im monistischen System ist ohne Ausschüsse für die Überwachung immer das gesamte Verwaltungsorgan zuständig, sodass die Anregungen dahin zu verstehen sein könnten, Ausschüsse einzurichten. Diese Empfehlung ergibt sich jedoch aus Ziffer 5.3.1. Die Anregung ist daher im Zusammenhang mit Ziffer 5.3.1 zu sehen, sodass angeregt wird, auch im Ausschuss getrennt nach Gruppen vorzuberaten sowie die geschäftsführenden Mitglieder und auch die Geschäftsführer bei Bedarf hinzuzuziehen. Die Hinzuziehung ist besonders dann von Bedeutung, wenn der Ausschuss allein aus nicht geschäftsführenden Mitgliedern besteht.

Die Anregung ist ebenfalls für das Verwaltungsorgan von Bedeutung. Auch hier ist eine getrennt nach Gruppen vorberatende Sitzung sinnvoll. Besonders für die Arbeitnehmervertreter ist dann die Teilnahme vor allem der Geschäftsführer wichtig, weil ihnen in der Regel keine Geschäftsführungsbefugnisse und damit auch keine Weisungsrechte gegenüber den Geschäftsführern zustehen. Ein Recht zur Teilnahme haben die Geschäftsführer in keinem Fall.[1517]

Aber auch außerhalb der Mitbestimmung hat die Ziffer eine Bedeutung. Für die Wahrnehmung der Überwachungsaufgabe ist wichtig, dass die nicht geschäftsführenden Mitglieder ohne die geschäftsführenden Mitglieder vorberaten.[1518] Auch dies ist von der Ziffer umfasst.

g) Ziffer 3.7

3.7 Bei einem Übernahmeangebot müssen Vorstand und Aufsichtsrat der Zielgesellschaft eine begründete Stellungnahme zu dem Angebot abgeben, damit die Aktionäre in Kenntnis der Sachlage über das Angebot entscheiden können. Der Vorstand darf nach Bekanntgabe eines Übernahmeangebots keine Handlungen außerhalb des gewöhnlichen Geschäftsverkehrs vornehmen, durch die der Erfolg des Angebots verhindert werden könnte, wenn er dazu nicht von der Hauptversammlung ermächtigt ist oder der Aufsichtsrat dem zugestimmt hat. Bei ihren Entscheidungen sind Vorstand und Aufsichtsrat an das beste Interesse der Aktionäre und des Unternehmens gebunden. In angezeigten Fällen sollte der Vorstand eine außerordentliche Hauptversammlung einberufen, in der die Aktionäre über das Übernahmeangebot beraten und gegebenenfalls über gesellschaftsrechtliche Maßnahmen beschließen.

[1515] Vgl. *v. Werder*, in: Ringleb, DCGK, Rn. 294. Aufsichtsratssitzungen ohne Vorstandsmitglieder bergen u.a die Gefahr des Eindrucks eines Vertrauensbruchs; vgl. *v. Werder*, in: Ringleb, DCGK, Rn. 296.

[1516] Vgl. *Hoffmann/Preu*, Aufsichtsrat, Rn. 143 f. Andernfalls wäre die Unabhängigkeit der Kontrolle gefährdet.

[1517] Siehe oben S. 107.

[1518] Vgl. *Holland*, „board of directors", S. 97.

aa) Zielsetzung

Die Ziffer 3.7 wiederholt weitgehend die gesetzliche Regelung, weil die Regelung noch zu neu ist, um von einer Best Practice auszugehen.[1519] Die begründete Stellungnahme ist in § 27 WpÜG geregelt. Der Vorstand ist gemäß § 33 WpÜG grundsätzlich zur Neutralität verpflichtet; er darf keine Handlungen außerhalb der gewöhnlichen Geschäfte vornehmen, die den Erfolg des Angebots verhindern könnten.[1520] Über die gesetzliche Regelung hinaus wird angeregt, dass bei Bedarf eine außerordentliche Hauptversammlung durch den Vorstand einberufen werden soll.[1521]

bb) Anwendung auf die SE

Da die Ziffer weitgehend das geltende Recht wiederholt, das für die dualistische wie monistische SE über Art. 9 Abs. 1 Buchst. c Ziffer ii SE-VO gilt, bestehen für das dualistische Modell auch hinsichtlich der Anregung, eine außerordentlich Hauptversammlung einzuberufen, keine Anwendungsschwierigkeiten. Dass auch bei der SE eine außerordentliche Hauptversammlung einberufen werden kann, ergibt sich aus Art. 54 Abs. 2 SE-VO.

Im monistischen System ist aufgrund § 22 Abs. 6 SEAG hierfür das Verwaltungsorgan zuständig. Hinsichtlich der anderen Pflichten der §§ 27, 33 WpÜG ist ebenfalls allein das Verwaltungsorgan zuständig, weil es sich aufgrund der Bedeutung bei diesen Pflichten um Leitungsentscheidungen handelt. Die Zuständigkeit ergibt sich klarstellend auch aus § 22 Abs. 6 SEAG. Da es sich um Leitungsentscheidungen handelt, können die Aufgaben nicht auf einen Ausschuss oder sonst intern verteilt werden. Die Überwachenden sind somit beteiligt. Den Geschäftsführern kann nur die Ausführung der Entscheidung übertragen werden.

h) Ziffer 3.8

3.8 Vorstand und Aufsichtsrat beachten die Regeln ordnungsgemäßer Unternehmensführung. Verletzen sie die Sorgfalt eines ordentlichen und gewissenhaften Geschäftsleiters bzw. Aufsichtsratsmitglieds schuldhaft, so haften sie der Gesellschaft gegenüber auf Schadensersatz. Schließt die Gesellschaft für Vorstand und Aufsichtsrat eine D&O-Versicherung ab, so soll ein angemessener Selbstbehalt vereinbart werden.

aa) Zielsetzung

Mit Ziffer 3.8 S. 1 soll klargestellt werden, dass Vorstand und Aufsichtsrat nicht nur den Kodexempfehlungen und Anregungen unterliegen. Diese stellen nur einen Teil ordnungsgemäßer Unternehmensführung dar.[1522] Mit der Bezugnahme auf diese außerhalb des Kodex liegende Prinzipien werden diese zum Bestandteil des Kodex. Weitere Bezugnahmen auf die allgemeinen Kriterien enthalten u.a die Ziffern

[1519] Vgl. MünchKommAktG/*Semler*, § 161 Rn. 340; *Ringleb*, in: Ringleb, DCGK, Rn. 313.
[1520] Ob die Ziffer insoweit mit § 33 Abs. 1 S. 2 WpÜG übereinstimmt, ist fraglich; vgl. MünchKommAktG/*Semler*, § 161 Rn. 342; *Krieger*, in: FS Ulmer, 365 (367).
[1521] Vgl. *Ringleb*, in: Ringleb, DCGK, Rn. 320.
[1522] Vgl. *v. Werder*, in: Ringleb, DCGK, Rn. 327.

4.1.1, 4.1.2, 4.2.1 für den Vorstand und 5.4.1 für den Aufsichtsrat.[1523] Hinsichtlich der Sorgfaltspflichtverletzung wird die gesetzliche Regelung des § 93 Abs. 1 S. 1, Abs. 2 S. 1 AktG und §§ 116, 93 AktG wiederholt.[1524] Neben der Verletzung gesetzlicher Pflichten stellen auch die Nichtbeachtung satzungsmäßiger oder in einer Geschäftsordnung enthaltener Pflichten eine Pflichtverletzung i.S.d. § 93 AktG dar.[1525] So kann die Geschäftsordnung des Aufsichtsrats für den Vorstand die Einhaltung der Kodexempfehlungen auferlegen.[1526]

Ausgehend von der Zulässigkeit sog. D&O-Versicherungen empfiehlt der Kodex eine Versicherungsvereinbarung, die einen angemessenen Selbstbehalt des haftenden Mitglieds enthält, um die verhaltenssteuernde Wirkung einer Haftung aufrechtzuerhalten.[1527]

bb) Anwendbarkeit auf SE

Auf die SE ist die Ziffer unproblematisch anwendbar. Es wird auch bei der SE lediglich das Gesetz (Art. 51 SE-VO) wiederholt. Da auch die Geschäftsführer Art. 51 SE-VO unterliegen, gilt die Ziffer auch für diese. Dies sollte bei der Anpassung des Kodex berücksichtigt werden. Die Empfehlung eines angemessenen Selbstbehalts gilt ebenfalls, weil die SE-VO hierzu regelungsoffen ist.

i) Ziffer 3.9

3.9 Die Gewährung von Krediten des Unternehmens an Mitglieder des Vorstands und des Aufsichtsrats sowie ihre Angehörigen bedarf der Zustimmung des Aufsichtsrats.

aa) Zielsetzung

Ziffer 3.9 gibt die gesetzliche Regelung der §§ 89, 115 AktG wieder,[1528] mit der verhindert werden soll, dass Kredite entgegen den Gesellschaftsinteressen und zu marktunüblichen Konditionen vergeben werden. Der Abschluss von Kreditverträgen soll durch möglichst große Transparenz, die durch die notwendige Zustimmung des Aufsichtsrats erreicht wird, der Selbstkontrolle zugänglich sein. Nach der Kodexregelung ist nicht nur eine Kreditvergabe der Gesellschaft, sondern des Unternehmens und damit des Konzerns[1529] zustimmungspflichtig. Unter dem Begriff der Zustimmung ist auch die Vertretungshandlung des Aufsichtsrats gegenüber dem Vorstand gemäß § 112 AktG hinsichtlich des Kredits zu verstehen.[1530]

bb) Anwendung auf die SE

Die vorgenannten Vorschriften gelten über Art. 9 Abs. 1 Buchst. c Ziffer ii SE-VO für eine dualistische SE. Bei der monistischen SE verweist § 38 Abs. 2 SEAG

[1523] Vgl. ausführlich *v. Werder*, in: Ringleb, DCGK, Rn. 328.
[1524] Vgl. MünchKommAktG/*Semler*, § 161 Rn. 346; *Lutter*, in: Ringleb, DCGK, Rn. 329.
[1525] Vgl. *Lutter*, in: Ringleb, DCGK, Rn. 334 ff.
[1526] Vgl. *Lutter*, in: Ringleb, DCGK, Rn. 336.
[1527] Vgl. *Peltzer*, Corporate Governance, Rn. 52; MünchKommAktG/*Semler*, § 161 Rn. 347.
[1528] Vgl. *Kremer*, in: Ringleb, DCGK, Rn. 396. Mit Kritik an der Formulierung MünchKommAktG/*Semler*, § 161 Rn. 350.
[1529] Siehe Präambel des DCGK.
[1530] Vgl. *Kremer*, in: Ringleb, DCGK, Rn. 402.

auf §§ 114, 115 AktG. Ob die Zustimmung durch das Verwaltungsorgan für eine Kreditgewährung ausreichend ist, erscheint fraglich, weil anders als der Aufsichtsrat das Verwaltungsorgan die Geschäftsführer anweisen kann, sodass die Verwaltungsorganmitglieder u.U. einem selbst vorgenommenen Geschäft zustimmen. § 35 Abs. 3 SEAG i.V.m. § 181 BGB entschärft dies zwar etwas. Wenn der Kredit allen Mitgliedern gewährt werden soll, kann § 35 Abs. 3 SEAG i.V.m. § 181 BGB zu keinem zufrieden stellenden Ergebnis führen.[1531] Es ist daher ratsam, im Kodex eine Empfehlung aufzunehmen, die das Verwaltungsorgan bei einer Kreditgewährung an Mitglieder verpflichtet, die Zustimmung auf einen Ausschuss aus überwiegend unabhängigen Verwaltungsorganmitgliedern zu übertragen oder die Zustimmung gemäß § 119 Abs. 2 AktG der Hauptversammlung zu überlassen.

Da die Ziffer sowohl die Geschäftsführung als auch die Aufsicht betrifft, gilt diese ebenso für die Geschäftsführer, für die § 40 Abs. 7 SEAG auf § 89 AktG verweist. Hier bestehen hinsichtlich des Weisungsrechts keine Bedenken, weil Weisung und Zustimmung in die gleiche Richtung weisen.

j) Ziffer 3.10

3.10 Vorstand und Aufsichtsrat sollen jährlich im Geschäftsbericht über die Corporate Governance des Unternehmens berichten (Corporate Governance Bericht). Hierzu gehört auch die Erläuterung eventueller Abweichungen von den Empfehlungen dieses Kodex. Dabei kann auch zu den Kodexanregungen Stellung genommen werden. Die Gesellschaft soll nicht mehr aktuelle Entsprechenserklärungen zum Kodex fünf Jahre lang auf ihrer Internetseite zugänglich halten.

aa) Zielsetzung

Der Gesetzgeber verlangt in § 161 AktG lediglich die Erklärung, ob und welche Empfehlungen befolgt und welche Empfehlungen nicht befolgt wurden und werden. Eine darüber hinaus gehende Erläuterung der Corporate Governance sowie eine Begründung der Abweichung verlangt das Gesetz nicht. Dies ist Teil der Empfehlungen der Ziffer 3.10.[1532] In der Entsprechenserklärung muss somit zumindest angegeben werden, ob über die Corporate Governance informiert wird und ob Abweichungen begründet werden.

Auch wenn der Geschäftsbericht nicht mehr zwingend zu erstellen ist, werden mittels diesem weiterhin vielfach die Aktionäre und andere Interessengruppen informiert, sodass in ihm ein Teil zur Corporate Governance eingerichtet werden sollte.[1533] Es kann jedoch auch ein gesonderter Corporate Governance Bericht erstellt werden, bzw. dieser sollte erstellt werden, wenn kein Geschäftsbericht erstellt wird.[1534] Der Inhalt des Corporate Governance Berichts orientiert sich dabei an der Entsprechenserklärung, sodass auch ein Ausblick auf die zukünftige Corporate Governance-Situation gegeben werden sollte. Da der Kodex hier den Begriff des

[1531] Siehe auch S. 127, 192.

[1532] Die Empfehlung anregend: RegBegr. zu § 161 AktG, BT-Drucks. 14/8769, S. 22. So auch Ziffer 9.1 EU-Kom.-Empfehlung.

[1533] Vgl. *v. Werder/Ringleb*, in: Ringleb, DCGK, Rn. 405.

[1534] Vgl. *v. Werder/Ringleb*, in: Ringleb, DCGK, Rn. 407.

Unternehmens gebraucht, ist der Bericht im Gegensatz zur gesellschaftsbezogenen Entsprechenserklärung konzernweit gedacht.

Der Bericht soll von Vorstand und Aufsichtsrat erstellt werden. Dabei können die Organe einen gemeinsamen oder zwei getrennte Berichte erstellen, wobei aufgrund der Stellung der Ziffer 3.10 in den gemeinsamen Ziffern ein gemeinsamer Bericht die Regel sein sollte.[1535]

Mit der empfohlenen Begründung zu Abweichungen vom Kodex soll erreicht werden, dass sich Vorstand und Aufsichtsrat mit den jeweiligen Empfehlungen ausreichend auseinandergesetzt haben. Die Ausführlichkeit der Begründung wird dabei von der Bedeutung der Empfehlung und der ins Feld geführten Besonderheit der Gesellschaft, die einer Anwendung entgegenstehen, determiniert.[1536] Da die Einhaltung der Anregungen nicht Teil der Entsprechenserklärung ist, wird in Ziffer 3.10 S. 3 entsprechend angeregt, dass in dem Corporate Governance Bericht auch auf die Einhaltung der Anregungen eingegangen werden sollte. Um eine ausreichende Auseinandersetzung des Vorstands und Aufsichtsrats mit den Anregungen sicherzustellen, wäre eine Empfehlung, die Einhaltung der Anregungen darzulegen, m.E. effizienter.

Neu[1537] aufgenommen ist die Empfehlung in Ziffer 3.10 S. 4, im Internet nicht mehr gültige Entsprechenserklärungen mindestens 5 Jahre zugänglich zu machen. Auf diesem Wege wird den Adressaten der Entsprechenserklärung ermöglicht, zu überprüfen, ob die Organe ihrer Erklärung, Empfehlungen in der Zukunft zu befolgen oder nicht zu befolgen auch tatsächlich nachgekommen sind. Mit dieser Kontrollmöglichkeit wird der Druck zu einem kontinuierlichen Umgang mit dem Kodex erhöht.

bb) Anwendung auf die SE

Die vorstehende Ziffer ist sowohl auf das dualistische wie monistische System anwendbar. Da die Erklärungspflicht nur das Verwaltungsorgan trifft, richten sich die Empfehlungen zum Erstellen des Corporate Governance Berichts sowie die Begründung der Abweichungen und Aufbewahrung der Erklärungen allein an das Verwaltungsorgan.

4. Abschnitt 4: Vorstand

a) Ziffer 4.1: Aufgaben und Zuständigkeiten

aa) Ziffer 4.1.1

4.1.1 Der Vorstand leitet das Unternehmen in eigener Verantwortung. Er ist dabei an das Unternehmensinteresse gebunden und der Steigerung des nachhaltigen Unternehmenswertes verpflichtet.

[1535] Vgl. *v. Werder/Ringleb*, in: Ringleb, DCGK, Rn. 416.
[1536] Vgl. *v. Werder/Ringleb*, in: Ringleb, DCGK, Rn. 413.
[1537] Diese Empfehlung wurde erstmalig im Kodex in der Fassung vom 02.06.2005 aufgeführt.

(1) Zielsetzung

In Ziffer 4.1.1 S. 1 wird lediglich die gesetzliche Regelung der §§ 76 Abs. 1, 93 AktG wiedergegeben.[1538] Auf konkrete Empfehlungen wird verzichtet, um eine möglichst große Flexibilität zu gewährleisten. Hervorgehoben wird in Satz 2, dass der Vorstand nicht den Aktionärs-, sondern nur den Unternehmensinteressen verpflichtet ist. Auch die Aufgabe zu einer nachhaltigen Unternehmenswertsteigerung verdeutlicht, dass der Kodex sich gegen den gelebten Shareholder-Value-Ansatz ausspricht, der sich an kurzfristigen Wertsteigerungen orientiert hat.[1539] Mit der Bezugnahme auf das Unternehmen wird klargestellt, dass der Vorstand der herrschenden Gesellschaft auch das Wohl des Konzerns und damit nicht nur das der herrschenden Gesellschaft berücksichtigen muss.

(2) Anwendung auf die SE

Auf das Leitungsorgan ist die Ziffer ohne Abstriche anwendbar. Die Leitungspflicht ergibt sich aus Art. 39 Abs. 1 S. 1 SE-VO. Die Orientierung am Unternehmensinteresse gilt als Teil des Sorgfaltsmaßstabs über Art. 51 SE-VO. Da die Leitung angesprochen ist, gilt die Ziffer allein für das Verwaltungsorgan (Art. 43 Abs. 1 S. 1 SE-VO), das sich gemäß Art. 51 SE-VO, § 39 SEAG i.V.m. § 93 AktG am Unternehmenswohl zu orientieren hat. Eine Anpassung für die Geschäftsführer ist nicht notwendig, weil ihnen keine Leitungsaufgaben obliegen können.

bb) Ziffer 4.1.2

4.1.2 Der Vorstand entwickelt die strategische Ausrichtung des Unternehmens, stimmt sie mit dem Aufsichtsrat ab und sorgt für ihre Umsetzung.

(1) Zielsetzung

Als Teil der Leitungsaufgabe hat der Vorstand die strategische Ausrichtung des Unternehmens im Rahmen der von der Satzung gemäß § 23 Abs. 3 Nr. 2 AktG gesetzten Grenzen des Unternehmensgegenstands zu bestimmen.[1540] In Bezug zu Ziffer 4.1.1 ist dabei die Orientierung am Unternehmenswohl zwingend zu beachten. Die Abstimmung der wesentlichen Entscheidungen mit dem Aufsichtsrat ist bereits in Ziffer 3.2 angelegt. Die Abstimmung der Entscheidung mit dem Aufsichtsrat steht dabei neben den möglichen diesbezüglichen Zustimmungsvorbehalten.

Der Vorstand muss die Strategie nicht selbst komplett entwickeln. Auch wenn es sich bei der Strategie um einen wesentlichen Teil der Leitung handelt, ist eine vorbereitende Delegation auf untere Managementebenen zulässig. Es muss aber in jedem Fall sichergestellt sein, dass die Entscheidungen allein vom Vorstand getroffen werden.[1541] Die vorbereiteten Ergebnisse müssen somit Alternativen enthalten.

[1538] Vgl. MünchKommAktG/*Semler*, § 161 Rn. 358; *Ringleb*, in: Ringleb, DCGK, Rn. 418.

[1539] Vgl. *Ringleb*, in: Ringleb, DCGK, Rn. 422, 425. Mit Lob für diese klare Aussage: *Claussen/Bröcker*, DB 2002, 1199 (1202).

[1540] Für eine Ableitung der Pflicht zur Planung der Strategie aus § 90 Abs. 1 Nr. 1 AktG: MünchKommAktG/*Semler*, § 161 Rn. 360.

[1541] Vgl. MünchKommAktG/*Semler*, § 161 Rn. 362; *v. Werder*, in: Ringleb, DCGK, Rn. 428.

(2) Anwendung auf die SE

Lediglich für das monistische System ist die Anwendbarkeit problematisch. Da die Leitung angesprochen ist, richtet sich die Ziffer nur an das Verwaltungsorgan. Da für die Leitung immer das gesamte Organ zuständig ist, bedarf es einer Abstimmung mit dem überwachenden Teil nicht. Die Ziffer sollte daher klarstellen, dass die Leitung beiden Organteilen obliegt. Die Umsetzung der Entscheidungen ist Teil der Leitungsaufgabe und trifft damit auch das Verwaltungsorgan. Die Ausführung wird in der Regel jedoch zwingend den Geschäftsführern obliegen, sodass die Ziffer die Pflicht zur Kontrolle der Umsetzung und zur Weisungserteilung hervorhebt.

cc) Ziffer 4.1.3

4.1.3 Der Vorstand hat für die Einhaltung der gesetzlichen Bestimmungen zu sorgen und wirkt auf deren Beachtung durch die Konzernunternehmen hin.

(1) Zielsetzung

Diese Ziffer wiederholt die gesetzliche Regelung und stellt eine Selbstverständlichkeit dar, dass der Vorstand für die Einhaltung der gesetzlichen Bestimmungen zu sorgen hat.[1542] Da im Halbsatz 2 auf die Konzernunternehmen abgestellt wird, bezieht sich der Halbsatz 1 nur auf die Gesellschaft. Dass der Vorstand bezüglich der Konzernunternehmen nur auf die Einhaltung hinzuwirken hat, spiegelt die beschränkte Konzernleitungsbefugnis im faktischen Konzern wieder.[1543] Auf konkrete Empfehlungen oder Anregungen wird verzichtet, um eine möglichst große Flexibilität zu erreichen.[1544] Der Kodex überlässt somit dem Vorstand die uneingeschränkte und unbeeinflusste Entscheidungsbefugnis, ob er zur Sicherstellung der Gesetzestreue entsprechende Compliance-Programme einrichtet. Der Vorstand ist generell verpflichtet, eine der Risikolage angemessene Struktur der Gesellschaft zu schaffen.[1545]

(2) Anwendung auf die SE

Es handelt sich insoweit um Leitungsaufgaben, die das Leitungsorgan und das Verwaltungsorgan betrifft. Im monistischen System wird nochmals die Bedeutung der Organisationsverantwortung einschließlich des Kontroll- und Weisungsrechts gegenüber den Geschäftsführern hervorgehoben.

dd) Ziffer 4.1.4

4.1.4 Der Vorstand sorgt für ein angemessenes Risikomanagement und Risikocontrolling im Unternehmen.

1542 Vgl. *Ringleb*, in: Ringleb, DCGK, Rn. 432.
1543 Vgl. mit weiteren Einzelheiten *Ringleb*, in: Ringleb, DCGK, Rn. 433.
1544 Vgl. *Ringleb*, in: Ringleb, DCGK, Rn. 434.
1545 Vgl. *Ringleb*, in: Ringleb, DCGK, Rn. 445.

(1) Zielsetzung

Mit dieser Ziffer wird ebenfalls das geltende Recht wiederholt.[1546] § 91 Abs. 2 AktG verpflichtet zwar nur zur Einrichtung eines Risikofrüherkennungssystems und fordert nicht die Risikobewältigung,[1547] aber Ziffer 4.1.4 versteht unter Risikomanagement auch die Risikobewältigung.[1548] Dennoch bleibt es bei der reinen Gesetzeswiedergabe, weil sich die Bewältigung erkannter Risiken aus der Geschäftsleiterpflicht des § 93 Abs. 1 S. 1 AktG ergibt. Das Risikomanagementsystem ist auch im Zusammenhang mit der Business Judgement Rule zu sehen. Denn durch ein solches System werden die für eine ordnungsgemäße Entscheidung notwendigen Informationen generiert und ein notwendiges Risikobewusstsein geschaffen.

Unter dem Begriff des Risikocontrollings wird das gesetzlich geforderte interne[1549] Überwachungssystem verstanden, das sicherstellen soll, dass das eingerichtete Risikomanagementsystem ordnungsgemäß umgesetzt wird und dessen Funktionsweise überwacht. Als ein Teil dieses Internen Kontrollsystems hat die Interne Revision die prozessunabhängige und das Controlling die prozessbegleitende Überwachung wahrzunehmen.[1550]

Obwohl der Wortlaut des § 91 Abs. 2 AktG nur die Gesellschaft zu betreffen scheint, muss der Vorstand gleichfalls die Risiken im Konzern berücksichtigen, weil diese Risiken über die Beteiligung zu einem bestandsgefährdenden Risiko der Gesellschaft führen können.[1551] Daher ist die Ziffer konzernbezogen formuliert und gibt die gesetzliche Lage auch insoweit wieder.[1552]

§ 91 Abs. 2 AktG erfordert ein System, das bestandsgefährdende Entwicklungen erkennt. Ein Ausrichten allein auf bestandsgefährdende Entwicklungen ist dabei jedoch nicht ausreichend.[1553] Die Pflicht alle Risiken zu erfassen folgt nicht erst aus § 93 AktG,[1554] sondern bereits unmittelbar aus § 91 Abs. 2 AktG, weil einerseits viele kleine Risiken bestandsgefährdend sein können und andererseits die Bestandsgefährdung erst beurteilt werden kann, wenn das Risiko erfasst ist. Aus § 93 AktG folgt die Pflicht, mit den erkannten Risiken sachgerecht umzugehen.

Mit der Forderung eines angemessenen Risikomanagementsystems ist gemeint, dass der Vorstand das System entsprechend der Risikolage des Unternehmens ausrichten muss. Da die Einrichtung konzernweit zu erfolgen hat und die Risiken ver-

---

[1546] Vgl. *Preußner*, NZG 2004, 303 (304); *Ringleb*, in: Ringleb, DCGK, Rn. 456; MünchKommAktG/*Semler*, § 161 Rn. 364.

[1547] Vgl. u.a. *Emmerich*, zfbf 1999, 1075 (1079).

[1548] Vgl. *Ringleb*, in: Ringleb, DCGK, Rn. 465.

[1549] Die Abschlussprüfung als Teil der Unternehmensüberwachung ist damit nicht gemeint.

[1550] Vgl. *Theisen*, BB 2003, 1426 (1427). Die Systeme nehmen die aus der Geschäftsführungspflicht folgenden Kontrollpflichten wahr; vgl. *Scheffler*, ZGR 2003, 236 (241); ähnlich *Arbeitskreis der Schmalenbach-Gesellschaft für Betriebswirtschaft*, DB 2006.

[1551] Vgl. *Theisen*, BB 2003, 1426 (1427).

[1552] Vgl. *Ringleb*, in: Ringleb, DCGK, Rn. 460.

[1553] So aber anscheinend *Ringleb*, in: Ringleb, DCGK, Rn. 464.

[1554] So aber *Ringleb*, in: Ringleb, DCGK, Rn. 464.

gleichbar und vor allem operationalisierbar sein müssen, hat der Vorstand der Obergesellschaft konzerneinheitliche Vorgaben zur Risikoidentifikation, Analyse und Bewertung sowie Steuerung zu machen. Diese einzelnen Teilfunktionen sind in der Regel auf der jeweiligen operativen Ebene und damit risikonah anzusiedeln. Die Risikoüberwachung ist dagegen vordringlich eine Aufgabe der Obergesellschaft, weil diese den besten Überblick über den Konzern hat.[1555]

Die Pflicht des § 91 Abs. 2 AktG ist eine Leitungsaufgabe und darf daher nicht delegiert werden.[1556] Hinsichtlich des Risikofrüherkennungssystems wird vom Vorstand verlangt, dass er geeignete Maßnahmen trifft, die eine Früherkennung bestandsgefährdender Entwicklungen zum Ziel haben. Die Leitungsverantwortung erfordert lediglich die Festlegung der Grundlinien, vor allem Organisationsvorgaben durch den Vorstand.[1557] Die Ausführung und konkrete Ausgestaltung des Systems kann delegiert werden.[1558] Da es sich um eine Leitungsaufgabe handelt spielt eine eventuell funktionale[1559] oder spartenbezogene[1560] Ressortverteilung keine Rolle.[1561]

Bei börsennotierten Gesellschaften ist das System gemäß § 317 Abs. 4 HGB zu prüfen.[1562] Dies soll sicherstellen, dass der Vorstand seinen Verpflichtungen nachkommt.[1563] Aus der Prüfungspflicht folgt auch, dass die Risikobewältigung nicht zum System nach § 91 Abs. 2 AktG zu zählen ist, weil die Prüfung sonst einer Geschäftsführungsprüfung gleichkäme, die aber nicht zum Aufgabenbereich des Abschlussprüfers zählt.[1564]

[1555] Vgl. *Ringleb*, in: Ringleb, DCGK, Rn. 472.

[1556] Vgl. Fn. 871; *Scheffler*, ZGR 2003, 236 (241).

[1557] So auch *Fleischer*, ZIP 2003, 1 (6); *Hüffer*, AktG, § 91 Rn. 6 ff.

[1558] Dies entspricht der Verantwortung zur Führung der Handelsbücher des § 91 Abs. 1 AktG. Auch hier muss der Vorstand nur sicherstellen, dass die erforderlichen Handelsbücher geführt werden. Die tatsächliche Führung kann delegiert werden; vgl. *Hüffer*, AktG, § 91 Rn. 3; *Fleischer*, ZIP 2003, 1 (6).

[1559] Hier erfolgt die Ressortverteilung nach den wesentlichen Funktionen: Beschaffung, Absatz, Produktion, Personal und Finanzen; vgl. *Fleischer*, ZIP 2003, 1 (7).

[1560] Die Ressortverteilung nach Sparten orientiert sich an den einzelnen Geschäftsbereichen des Unternehmens. Für jede Sparte nehmen die Verantwortlichen sämtliche Funktionen wahr.

[1561] Nur wenn die Gesamtverantwortung für die Leitung gewahrt ist, ist eine funktions- oder spartenbezogene Ressortverteilung zulässig; vgl. *Schwark*, ZHR 142 (1978), 203 (216); *Fleischer*, ZIP 2003, 1 (7).

[1562] Es handelt sich hier nur um eine Systemprüfung; vgl. u.a. *Giese*, WPg 1998, 451 (452 f.); *Brebeck/Herrmann*, WPg 1997, 381 (390).

[1563] Vgl. *Brebeck/Herrmann*, WPg 1997, 381 (389 f.); *Streißle*, Die aktienrechtliche Abschlußprüfung, S. 138; *Giese*, WPg 1998, 451 (453).

[1564] Vgl. *Emmerich*, zfbf 1999, 1075 (1078 f.). Da eine mangelnde Risikobewältigung jedoch auch ein Risiko darstellt, dass u.U. zur Einschränkung der Going Concern-Annahme führt, findet dennoch eine – allerdings nur indirekte – Prüfung der Risikobewältigung statt. Nach *Böcking/Orth*, WPg 1998, 351 (359), stelle die Prüfung des Risikofrüherkennungssystems bereits eine teilweise Geschäftsführungsprüfung dar.

(2) Anwendung auf die SE

Die Pflicht zur Einrichtung eines Risikofrüherkennungs- und Überwachungssystems gilt für die dualistische SE über Art. 9 Abs. 1 Buchst. c Ziffer ii SE-VO in gleichem Maße. Dies gilt gemäß Art. 9 Abs. 1 Buchst. c Ziffer i § 22 Abs. 3 S. 2 SEAG richtigerweise auch für das Verwaltungsorgan, weil es sich bei der Einrichtung um eine Leitungsaufgabe handelt. Für die Einrichtung des Risikomanagementsystems sind somit die geschäftsführenden und nicht geschäftsführenden Mitglieder zuständig. Zu den zu beobachtenden Risiken sind im monistischen System ebenfalls die Überwachungsrisiken zu zählen, weil das Verwaltungsorgan anders als der Vorstand auch hierfür zuständig ist.[1565] Eine Anpassung des Kodex an die Geschäftsführer ist nicht notwendig. Die Ausgestaltung des Systems kann das Verwaltungsorgan wie der Vorstand an untere Ebenen und damit auch die Geschäftsführer delegieren.

b) Ziffer 4.2: Zusammensetzung und Vergütung

aa) Ziffer 4.2.1

4.2.1 Der Vorstand soll aus mehreren Personen bestehen und einen Vorsitzenden oder Sprecher haben. Eine Geschäftsordnung soll die Geschäftsverteilung und die Zusammenarbeit im Vorstand regeln.

(1) Zielsetzung

Unabhängig von der Größe der Gesellschaft empfiehlt der Kodex aus Kontrollgesichtspunkten die Einhaltung des Vier-Augen-Prinzips, mithin eine Mindestgröße von zwei Mitgliedern.[1566] Der Arbeitsdirektor wird nicht erwähnt, weil es sich insoweit um eine gesetzliche Vorgabe des MitbestG handelt und darüber hinausgehende Empfehlungen nicht geboten sind.[1567]

Für die interne Organisation empfiehlt der Kodex die Einrichtung eines Vorsitzenden oder eines Sprechers, präferiert jedoch keine der beiden Möglichkeiten.[1568] Die Rechtsstellung des Vorsitzenden wird dabei nicht erwähnt.[1569] Ein Weisungsrecht gegenüber den anderen Mitgliedern kann ihm jedenfalls nicht eingeräumt werden.[1570]

Lediglich in Satz 2 wird als Teil der internen Organisation empfohlen, eine Geschäftsordnung für den Vorstand zu erlassen, welche die Geschäftsverteilung und Zusammenarbeit im Vorstand regelt und damit transparent macht.[1571] Für den Er-

---

1565 Siehe oben S. 99 ff.

1566 Vgl. *Ringleb*, in: Ringleb, DCGK, Rn. 475.

1567 Vgl. *Ringleb*, in: Ringleb, DCGK, Rn. 480.

1568 Vgl. *Ringleb*, in: Ringleb, DCGK, Rn. 483.

1569 Anders Ziffer 5.4 ff. des German Code of Corporate Governance, in: *Peltzer/v. Werder*, AG 2001, 1 (11). Für eine Präzisierung der Aufgaben des Vorsitzenden beim Kollegialprinzip *v. Hein*, ZHR 166 (2002), 464 (501).

1570 So auch die Präambel des DCGK, die das Kollegialprinzip und die Koordinierungsfunktion des Vorsitzenden hervorhebt. Vgl. *v. Hein*, ZHR 166 (2002), 464 (493).

1571 Vgl. *Ringleb*, in: Ringleb, DCGK, Rn. 495.

lass der Geschäftsordnung enthält der Kodex absichtlich keine Empfehlung,[1572] sodass primär der Aufsichtsrat oder der Vorstand befugt ist (§ 77 Abs. 2 S. 1 AktG). Inhaltliche Vorgaben macht der Kodex nicht. Lediglich die Regelung der Geschäftsverteilung und der Zusammenarbeit werden als Oberbegriffe erwähnt. Damit wird empfohlen, die Arbeitsweise des Vorstands zu regeln, um Konflikten und Risiken vorzubeugen. Die inhaltliche Ausgestaltung der Arbeitsweise wird der jeweiligen Gesellschaft überlassen, damit diese gesellschaftsspezifische Kriterien berücksichtigen kann.[1573] Bei der Geschäftsverteilung ist auch die Frage der Zustimmungspflicht für bestimmte Geschäftsarten zu erwähnen.

(2) Dualistisches System

Auch hier bereitet die Anwendung der Empfehlungen auf das dualistische System keine Schwierigkeiten. Die Satzung kann gem. Art. 39 Abs. 4 S. 1 SE-VO die Festlegung der Zahl dem Aufsichtsorgan überlassen. Dann richtet sich die Empfehlung an das Aufsichtsorgan.[1574] Legt die Satzung die Zahl fest, so ist der Satzungsgeber der Adressat der Empfehlung. Sollte die Satzung nur ein Einmann-Organ vorsehen, muss dies in der Erklärung kundgegeben werden. Die Geschäftsverteilung und die Möglichkeit, dies in der Geschäftsordnung zu regeln, ergeben sich gemäß Art. 9 Abs. 1 Buchst. c Ziffer ii SE-VO i.V.m. § 77 Abs. 1 S. 2 AktG. Die Kompetenz zum Erlass der Geschäftsordnung ergibt sich aus § 77 Abs. 2 S. 1 AktG.

(3) Monistisches System

Da der Ziffernblock das leitende Organ betrifft, gilt die Ziffer zunächst nur für das Verwaltungsorgan. Sofern das Verwaltungsorgan mitbestimmt ist, muss das Organ gemäß Art. 43 Abs. 2 Unterabs. 2 SE-VO aus mindestens drei Mitgliedern bestehen. Insoweit gibt die Ziffer im monistischen System nur die Gesetzeslage wieder und ist damit keine Empfehlung mehr. Eine Aussage in der Entsprechenserklärung ist folglich nicht nötig. Da für nicht mitbestimmte kleine Gesellschaften jedoch auch ein Verwaltungsorgan aus einem Mitglied zulässig ist (Art. 43 Abs. 2 Unterabs. 2 SE-VO; § 23 Abs. 1 S. 2 SEAG), ist die Ziffer insoweit eine Empfehlung und enthält somit einen Doppelcharakter. Die Differenzierung nach der Mitbestimmung sollte im Kodex berücksichtigt werden. Da die Festlegung der Zahl anders als im dualistischen Modell ausschließlich dem Satzungsgeber bzw. der Hauptversammlung obliegt, richtet sich die Empfehlung nicht an das Verwaltungsorgan, sondern nur an den Satzungsgeber bzw. die Hauptversammlung. Die Einhaltung der Empfehlung liegt somit in keinem Fall in Händen des Verwaltungsorgans. Dies sollte im Kodex klargestellt werden.

Da die Ziffer die Leitung/Geschäftsführung betrifft, richtet sich die Geschäftsverteilung hierfür nach § 77 Abs. 1 S. 2 AktG analog.[1575] Die Verteilung der Überwachung ist Teil des Ziffernblocks 5.3. Um Missverständnisse vorzubeugen, sollte

[1572] Vgl. *Ringleb*, in: Ringleb, DCGK, Rn. 496.
[1573] Vgl. *Ringleb*, in: Ringleb, DCGK, Rn. 499, 507.
[1574] Vgl. MünchKommAktG/*Semler*, § 161 Rn. 530.
[1575] Siehe oben S. 131.

dies im Kodex klargestellt werden. Die Befugnis zum Erlass einer Geschäftsordnung ergibt sich aus § 34 Abs. 2 SEAG.

Da die Ziffer auch die Geschäftsführung anspricht, gilt diese auch für die Geschäftsführer. Das Verwaltungsorgan soll demnach mindestens zwei Geschäftsführer bestellen, um den Vier-Augen-Prinzip auch bei den laufenden Geschäften gerecht zu werden. Aufgrund des Weisungsrechts ist das Kollegialprinzip bei den Geschäftsführern nicht sehr stark ausgeprägt, sodass auch ein leitender Geschäftsführer bestellt werden kann.[1576] Dies und andere Geschäftsverteilungen (§ 40 Abs. 2 S. 2 HS 2 SEAG) sollen in der Geschäftsordnung geregelt werden. Hinsichtlich dieser Punkte steht die Erlasskompetenz nicht den Geschäftsführern zu (§ 40 Abs. 2 S. 2 HS 2 SEAG). Die Geschäftsführer sind damit hinsichtlich dieser Ziffer nicht zur Abgabe der Entsprechenserklärung verpflichtet, weil sie keinen Einfluss auf die Umsetzung nehmen können. Die Bestellung und Regelung der Geschäftsführer ist eine Leitungsaufgabe, die dem Verwaltungsorgan obliegt. Damit ist Adressat der Ziffer neben der Satzung allein das Verwaltungsorgan.

bb) Ziffer 4.2.2

4.2.2 Das Aufsichtsratsplenum soll auf Vorschlag des Gremiums, das die Vorstandsverträge behandelt, über die Struktur des Vergütungssystems für den Vorstand beraten und soll sie regelmäßig überprüfen. Die Vergütung der Vorstandsmitglieder wird vom Aufsichtsrat unter Einbeziehung von etwaigen Konzernbezügen in angemessener Höhe auf der Grundlage einer Leistungsbeurteilung festgelegt. Kriterien für die Angemessenheit der Vergütung bilden insbesondere die Aufgaben des jeweiligen Vorstandsmitglieds, seine persönliche Leistung, die Leistung des Vorstands sowie die wirtschaftliche Lage, der Erfolg und die Zukunftsaussichten des Unternehmens unter Berücksichtigung seines Vergleichsumfelds.

(1) Zielsetzung

Ziffer 4.2.2 Satz 2 wiederholt die gesetzliche Regelung des § 87 AktG, wobei die entscheidenden Vergütungskriterien herausgestellt werden.[1577] Die für die Festlegung einer angemessenen Vergütung notwendige Leistungsbeurteilung wird bei Befolgung der Empfehlung der Ziffer 5.1.2 und 5.3.1 zur Einrichtung eines Aufsichtsratsausschusses in der Regel von dem Personalausschuss vorgenommen.[1578] Damit zusammen hängt die gegenüber dem ersten Kodex neue Empfehlung des Satzes 1, dass der Aufsichtsrat über die Struktur der vom Personalausschuss ausgehandelten Verträge zu beraten und damit den Ausschuss zu kontrollieren hat. Diese Empfehlung steht im Zusammenhang mit der Anregung der Ziffer 5.3.3, die Vergütungsverträge einem Ausschuss zu überlassen. Mit der erhöhten Transparenz wird das Ziel verfolgt, die Angemessenheit der Vergütungsstruktur, insbesondere den Anteil der Aktienoptionen und anderer Anreizmechanismen offen zu legen.

[1576] Vgl. oben S. 201.

[1577] Vgl. MünchKommAktG/*Semler*, § 161 Rn. 373; *Ringleb*, in: Ringleb, DCGK, Rn. 508.

[1578] Vgl. *Ringleb*, in: Ringleb, DCGK, Rn. 513.

(2) Dualistisches System

Im dualistischen System ist die Ziffer ohne weiteres anwendbar, weil sich die Vergütung und die Zuständigkeit hierfür nach nationalem Recht (§§ 112, 87 AktG) richten.

(3) Monistisches System

Im monistischen System ist die Ziffer auf den ersten Blick nur für die Vergütung der Geschäftsführer anwendbar, weil nur § 40 Abs. 7 SEAG auf § 87 AktG verweist. Das Verwaltungsorgan würde nach dem SEAG somit die Stellung des Aufsichtsrats und die Geschäftsführer die des Vorstands einnehmen. Wie oben dargelegt, ist gleichwohl auch ein Vergütungsvertrag mit den geschäftsführenden Mitgliedern möglich.[1579] Die Vergütung der geschäftsführenden Mitglieder orientiert sich an der von Leitungsorganmitgliedern.[1580] Damit ist die Aussage zur Angemessenheit anwendbar, gibt aber nur die Gesetzeslage des § 87 AktG wieder. Die Zuständigkeitsregelung des SEAG ist jedoch nicht anwendbar. Den Geschäftsführern steht keine freie Abschlusskompetenz zu.[1581] Auch die nicht geschäftsführenden Mitglieder können keine Vergütung festlegen. Vergütungsverträge der geschäftsführenden Mitglieder bedürfen gem. § 38 Abs. 1 SEAG i.V.m. § 113 AktG der Bewilligung der Hauptversammlung oder der Satzung. Damit gilt die Ziffer nicht nur für das Verwaltungsorgan, sondern auch für die Hauptversammlung. Dies sollte klargestellt werden.

cc) Ziffer 4.2.3

4.2.3 Die Gesamtvergütung der Vorstandsmitglieder umfasst die monetären Vergütungsteile, die Versorgungszusagen, die sonstigen Zusagen, insbesondere für den Fall der Beendigung der Tätigkeit, Nebenleistungen jeder Art und Leistungen von Dritten, die im Hinblick auf die Vorstandstätigkeit zugesagt oder im Geschäftsjahr gewährt wurden.

Die monetären Vergütungsteile sollen fixe und variable Bestandteile umfassen. Die variablen Vergütungsteile sollten einmalige sowie jährlich wiederkehrende, an den geschäftlichen Erfolg gebundene Komponenten und auch Komponenten mit langfristiger Anreizwirkung und Risikocharakter enthalten. Sämtliche Vergütungsbestandteile müssen für sich und insgesamt angemessen sein.

Als variable Vergütungskomponenten mit langfristiger Anreizwirkung und Risikocharakter dienen insbesondere Aktien der Gesellschaft mit mehrjähriger Veräußerungssperre, Aktienoptionen oder vergleichbare Gestaltungen (z.B. Phantom Stocks). Aktienoptionen und vergleichbare Gestaltungen sollen auf anspruchsvolle, relevante Vergleichsparameter bezogen sein. Eine nachträgliche Änderung der Erfolgsziele oder der Vergleichsparameter soll ausgeschlossen sein. Für außerordentliche, nicht vorhergesehene Entwicklungen soll der Aufsichtsrat eine Begrenzungsmöglichkeit (Cap) vereinbaren.

[1579] Siehe oben S. 155 f.

[1580] Siehe oben S. 155 f.

[1581] Siehe oben S. 157.

Der Vorsitzende des Aufsichtsrats soll die Hauptversammlung über die Grundzüge des Vergütungssystems und deren Veränderung informieren.

(1) Zielsetzung

Ziffer 4.2.3 Satz 1 stellt klar, dass alle dem Vorstand auch von Dritten für die Tätigkeit gewährten monetären und nicht monetären Vorteile Vergütungsbestandteile sind.[1582] Satz 2 empfiehlt dabei für die monetäre Vergütung eine Kombination aus fixer und variabler Entlohnung, um zum einen mit der variablen Bezahlung eine Anreizwirkung zu geben, zum anderen aber mit der fixen Vergütung ein Grundgehalt zu gewähren, damit der Vorstand sich nicht ausschließlich auf den kurzfristigen Erfolg ausrichtet[1583] und bereit ist, Entscheidungen einzugehen.

Der Anregung in Ziffer 4.2.3 Satz 3 folgend, setzt sich die variable Vergütung aus einmaligen Komponenten für das Erreichen eines bestimmten Ziels,[1584] jährlich wiederkehrenden, am Erfolg des Mitglieds orientierten Komponenten (Gewinnbeteiligung) und auf langfristige Anreizwirkung ausgerichteten Teilen zusammen. Gegenüber den ersten Entwürfen[1585] ist hinsichtlich der langfristigen Komponente nicht nur die Anreizwirkung berücksichtigt, sondern diese sollten auch einen Risikocharakter, z.B. eine Verlustbeteiligung des Mitglieds, enthalten.

War in Ziffer 4.2.3. Satz 6 i.d.F. vom 7.11.2002 die Angemessenheit nur der Aktienoptionen erwähnt, bezieht der aktuelle Satz 4 für die Angemessenheit alle Komponenten ein. Eine Änderung ist damit nicht verbunden, weil in jedem Fall alle Vergütungsbestandteile für sich und insgesamt gemäß § 87 AktG (Ziffer 4.2.2 S. 2) angemessen sein müssen.[1586]

Für die langfristigen Vergütungsbestandteile wird der Kodex in Satz 5 konkreter und nennt einige Gestaltungsvarianten, empfiehlt aber, dass alle Komponenten an anspruchsvollen und relevanten Parametern orientiert sind. Damit soll erreicht werden, dass die Komponenten tatsächlich auch eine Anreizwirkung entfalten. Daher wird in Satz 6 ausdrücklich empfohlen, auf das so genannte Repricing zu verzichten. Die Parameter müssen somit vorher festgelegt sein. Daneben soll nur eine Erfolgsvergütung für das bezahlt werden, was der Vorstand beeinflussen kann (kein windfall profit).[1587] In diesem Zusammenhang ist Satz 7 zu sehen, der empfiehlt, dass der Aufsichtsrat eine Begrenzung der variablen Vergütung für außerordentliche, nicht vorhersehbare Entwicklungen vorsehen soll, weil bei diesen Entwicklungen kaum feststellbar ist, welchen Anteil der Vorstand an dieser Entwicklung hat oder ob es sich eher um Zufall handelt, für den der Vorstand nicht vergütet werden soll.[1588]

1582 Vgl. Auch explizit § 285 S. 1 Nr. 9 Buchst. a HGB
1583 Vgl. *Ringleb*, in: Ringleb, DCGK, Rn. 519 f.
1584 Vgl. *Ringleb*, in: Ringleb, DCGK, Rn. 522.
1585 Siehe Ziffer 4.2.3 S. 2 i.d.F. vom 7.11.2002.
1586 Vgl. *Baums*, Bericht, Rn. 46; *Ringleb*, in: Ringleb, DCGK, Rn. 541.
1587 Vgl. *Ringleb*, in: Ringleb, DCGK, Rn. 527.
1588 Vgl. *Baums*, Bericht, Rn. 42 ff.; *Ringleb*, in: Ringleb, DCGK, Rn. 532.

Dass das Vergütungssystem und insbesondere die variablen Bestandteile unangemessen ausgestaltet werden, erhofft der Kodex durch die Empfehlung des Satzes 8, nach der der Aufsichtsratsvorsitzende die Hauptversammlung über die Grundzüge des Vergütungssystems und damit auch über die variablen Bestandteile informieren soll, durch die damit erreichte Transparenz zu verhindern.[1589] In diesem Zusammenhang ist der Gesetzgeber tätig geworden und fordert gemäß § 289 Abs. 2 Nr. 5 HGB für börsennotierte Gesellschaften ein Eingehen des Lageberichts auf das Vergütungssystem.

(2) Anwendung auf die SE

Auch diese mit Ziffer 4.2.2 zusammenhängende Ziffer 4.2.3 ist auf das dualistische System anwendbar. Da zumindest auch den geschäftsführenden Verwaltungsorganmitgliedern Aktienoptionen gewährt werden können, richtet sich die Ziffer auch an diese sowie die Geschäftsführer. Hinsichtlich des Verwaltungsorgans ist Adressat der Umsetzung nur die Satzung bzw. die Hauptversammlung.

dd) Ziffer 4.2.4 und 4.2.5

4.2.4 Die Gesamtvergütung jedes Vorstandsmitglieds wird, aufgeteilt nach erfolgsunabhängigen, erfolgsbezogenen und Komponenten mit langfristiger Anreizwirkung, unter Namensnennung offengelegt, soweit nicht die Hauptversammlung mit Dreiviertelmehrheit anderweitig beschlossen hat.

4.2.5 Die Offenlegung soll in einem Vergütungsbericht erfolgen, der als Teil des Corporate Governance Berichts auch das Vergütungssystem für die Vorstandsmitglieder in allgemein verständlicher Form erläutert.

Die Darstellung der konkreten Ausgestaltung eines Aktienoptionsplans oder vergleichbarer Gestaltungen für Komponenten mit langfristiger Anreizwirkung und Risikocharakter soll deren Wert umfassen. Bei Versorgungszusagen soll jährlich die Zuführung zu den Pensionsrückstellungen oder Pensionsfonds angegeben werden.

Der wesentliche Inhalt von Zusagen für den Fall der Beendigung der Tätigkeit als Vorstandsmitglied ist anzugeben, wenn die Zusagen in ihrer rechtlichen Ausgestaltung von den den Arbeitnehmern erteilten Zusagen nicht unerheblich abweichen. Der Vergütungsbericht soll auch Angaben zur Art der von der Gesellschaft erbrachten Nebenleistungen enthalten.

(1) Zielsetzung

Obwohl der Kodex in der Fassung vom 02.06.2005 in Ziffer 4.2.4 nicht mehr nur anregte, sondern die individualisierte Offenlegung der Vorstandsvergütung empfahl, ist der Gesetzgeber aufgrund mangelnder Akzeptanz dieser Empfehlung tätig geworden und hat in § 285 S. 1 Nr. 9 Buchst. a S. 5 HGB eine individualisierte Angabe der Vergütung für Geschäftsjahre, die nach dem 31.12.2005 beginnen (Art. 59 EGHGB), zwingend vorgegeben. Lediglich die Hauptversammlung kann mit einer Zwei-Drittel-Mehrheit etwas anderes regeln (§ 286 Abs. 5 HGB). Die Ziffer gibt damit die gesetzliche Regelung wieder. Mit der gesetzlichen Verpflich-

[1589] Vgl. *Ringleb*, in: Ringleb, DCGK, Rn. 539.

tung wird die Problematik umgangen, dass die freiwillige individualisierte Offenlegung einen einstimmigen Beschluss des Vorstands erfordert hätte.[1590]

Sofern die Hauptversammlung von dem „Opting-Out“ Gebrauch macht, ist anders als in der Fassung des Kodex vom 02.06.2005 keine Empfehlung oder Anregung der dennoch freiwilligen Offenlegung enthalten.[1591]

Die in der Fassung vom 12.06.2006 neu aufgenommene Ziffer 4.2.5 konkretisiert die gesetzliche Offenlegungspflicht (Ziffer 4.2.4) und empfiehlt die Offenlegung im nach Ziffer 3.10 zu erstellenden Corporate Governance Bericht in einem gesonderten Vergütungsbericht. Von der gesetzlichen Pflicht, die gem. § 285 S. 1 Nr. 9 HGB offen zu legenden Angaben im Anhang anzugeben, entbindet der Vergütungsbericht nicht.

Die ab Ziffer 4.2.5 Satz 2 aufgezählten Empfehlungen zu den Angaben im Vergütungsbericht orientiert sich weitgehend an der verpflichtenden Anhangangabe des § 285 S. 1 Nr. 9 HGB. Die Offenlegung und Erklärung insbesondere der variablen Vergütungsbestandteile soll zu einer angemessen Ausgestaltung führen.[1592] Gegenüber der Empfehlung der Ziffer 4.2.4 Satz 8 in der Fassung vom 02.06.2005 ist der Kodex weniger deutlich. Dass die Darstellung[1593] verständlich sein muss (Ziffer 4.2.4 S. 8 in der Fassung vom 02.06.2005), versteht sich von selbst.

(2) Anwendbarkeit auf die SE

Aufgrund bestehender Regelungsoffenheit gilt die gesetzliche Regelung auch für die SE. Es müssen somit vorbehaltlich des „Opting-Out“, das aufgrund Art. 52 Unterabs. 2 SE-VO gilt, die Vergütungen des Leitungsorgans bzw. der geschäftsführenden Mitglieder und der Geschäftsführer veröffentlicht werden.

Hinsichtlich der Anwendung der Ziffer 4.2.5 bestehen keine Probleme.

c) Ziffer 4.3 Interessenkonflikte

4.3.1 Vorstandsmitglieder unterliegen während ihrer Tätigkeit für das Unternehmen einem umfassenden Wettbewerbsverbot.

4.3.2 Vorstandsmitglieder und Mitarbeiter dürfen im Zusammenhang mit ihrer Tätigkeit weder für sich noch für andere Personen von Dritten Zuwendungen oder sonstige Vorteile fordern oder annehmen oder Dritten ungerechtfertigte Vorteile gewähren.

4.3.3 Die Vorstandsmitglieder sind dem Unternehmensinteresse verpflichtet. Kein Mitglied des Vorstands darf bei seinen Entscheidungen persönliche Interessen verfolgen und Geschäftschancen, die dem Unternehmen zustehen, für sich nutzen.

4.3.4 Jedes Vorstandsmitglied soll Interessenkonflikte dem Aufsichtsrat gegenüber unverzüglich offen legen und die anderen Vorstandsmitglieder hierüber in-

---

1590 Vgl. *Ringleb*, in: Ringleb, DCGK, Rn. 557.

1591 Zur Rechtslage hinsichtlich des Kodex in der Fassung vom 02.05.2006 vgl. *Fleischer*, DB 2005, 1611 (1617).

1592 Vgl. zur entsprechenden Regelung der Ziffer 4.2.4 Satz 8 in der Fassung vom 02.06.2005 *Ringleb*, in: Ringleb, DCGK, Rn. 539.

1593 Bei der Darstellung kann sich an Nr. 40 des DRS 11 zur Bilanzierung von Aktienoptionen orientiert werden.

formieren. Alle Geschäfte zwischen dem Unternehmen einerseits und den Vorstandsmitgliedern sowie ihnen nahe stehenden Personen oder ihnen persönlich nahe stehenden Unternehmungen andererseits haben branchenüblichen Standards zu entsprechen. Wesentliche Geschäfte sollen der Zustimmung des Aufsichtsrats bedürfen.

4.3.5 Vorstandsmitglieder sollen Nebentätigkeiten, insbesondere Aufsichtsratsmandate außerhalb des Unternehmens, nur mit Zustimmung des Aufsichtsrats übernehmen.

aa) Zielsetzung

Ziffer 4.3.1 wiederholt lediglich die gesetzliche Regelung des § 88 AktG.[1594] Auch wenn der Kodex die Möglichkeit der Einwilligung des Aufsichtsrats nicht erwähnt, gilt die gesetzliche Regelung. Die Ziffer 4.3.1 verschleiert somit die tatsächliche Gesetzeslage. Es sollte überlegt werden, ob nicht eine Empfehlung aufgenommen wird, mit der dem Aufsichtsrat eine Einwilligung untersagt wird, um eine Transparenz der Nebentätigkeiten zu erreichen.

Ziffer 4.3.2 stellt die Selbstverständlichkeit heraus, dass der Vorstand aber auch alle anderen Mitarbeiter des Unternehmens keine Zuwendungen annehmen und erst recht nicht fordern oder gewähren dürfen.[1595] Für den Vorstand folgt dies aus der organschaftlichen Treuepflicht gegenüber der Gesellschaft.[1596] Aus der Treuepflicht folgt auch das Verbot, eigene Interessen zu verfolgen.[1597] Der Vorstand hat sein Handeln allein am Unternehmensinteresse auszurichten und darf daher keine Geschäftschancen für sich nutzen.[1598] Dies wird in Ziffer 4.3.3 nochmals hervorgehoben, ergibt sich allerdings auch aus Ziffer 4.1.1.[1599]

Mit der Empfehlung der Ziffer 4.3.4 Satz 1, Interessenkonflikte dem Aufsichtsrat und den anderen Vorstandsmitgliedern offen zu legen, soll die damit erreichbare Transparenz dazu führen, Interessenkonflikte von vornherein zu verhindern.[1600] Will ein Vorstandsmitglied die Empfehlung nicht befolgen, kann es der Entsprechenserklärung gemäß § 161 AktG nicht zustimmen, sofern nicht generell von dieser Empfehlung Abstand genommen wird. Eine solche Abweichung ist kaum begründbar und erzeugt ein zweifelhaftes Bild des Vorstands, denn die Organmitglieder sind zur Offenlegung der Interessenkonflikte gegenüber der Gesellschaft verpflichtet.[1601] In der Entsprechenserklärung liegt somit eine „Inzidentverpflich-

[1594] Vgl. MünchKommAktG/*Semler*, § 161 Rn. 383; *Ringleb*, in: Ringleb, DCGK, Rn. 569.
[1595] Eine Aufnahme des Korruptionsverbots ist aufgrund der hohen Gefahr für das Wohl der Gesellschaft zu begrüßen; vgl. *Ringleb*, in: Ringleb, DCGK, Rn. 575.
[1596] Vgl. *Fleischer*, WM 2003, 1045 (1056), MünchKommAktG/*Semler*, § 161 Rn. 385.
[1597] Vgl. MünchKommAktG/*Semler*, § 161 Rn. 388; *Hopt*, ZGR 2004, 1 (9 ff.). Siehe auch Fn. 1056.
[1598] Zur Geschäftschancenlehre siehe oben Fn. 1056.
[1599] Vgl. *Ringleb*, in: Ringleb, DCGK, Rn. 589.
[1600] Vgl. *Fleischer*, WM 2003, 1045 (1050), *Ringleb*, in: Ringleb, DCGK, Rn. 594; *Peltzer*, Corporate Governance, Rn. 108. So auch gesetzlich in den meisten amerikanischen Gesellschaftsrechten; vgl. *Martin*, NZG 2003, 948 (949).
[1601] Vgl. m.w.N. *Hopt*, ZGR 2004, 1 (25).

tung".[1602] Insbesondere bei Geschäften des Vorstands mit dem Unternehmen besteht die Gefahr von Interessenkonflikten. Hier ist insbesondere darauf zu achten, dass die Geschäfte mit dem Vorstand oder nahe stehenden Personen in jedem Fall einem Drittvergleich standhalten, um nicht versteckte Vergütungen und Vorteile zu gewähren (Ziffer 4.3.4 S. 2). Bei Geschäften des Vorstands mit der Gesellschaft wird bereits durch die alleinige Vertretungsbefugnis des Aufsichtsrats gemäß § 112 AktG der Interessenkonflikt gemildert.[1603] Gegenüber dem Vorstand nahe stehenden Personen vertritt dagegen der Vorstand die Gesellschaft. § 112 AktG spielt zudem keine Rolle, wenn eine anderes Konzernunternehmen mit dem Vorstand ein Geschäft schließt. Daher empfiehlt der Kodex neben der Ziffer 4.3.4 S. 1 in Satz 3, dass alle wesentlichen Geschäfte der Zustimmung des Aufsichtsrats bedürfen. Die Empfehlung gilt somit für alle anderen, nicht § 112 AktG unterfallenden Geschäfte mit dem Vorstand oder ihm nahe stehenden Personen.[1604] Die Zustimmung kann als Teil der zustimmungspflichtigen Geschäfte i.S.d. § 111 Abs. 4 S. 2 AktG statutarisch abgesichert werden, sofern es sich um Geschäfte der Gesellschaft handelt. Bei Geschäften mit anderen Konzernunternehmen besteht diese Möglichkeit nicht.

Ziffer 4.3.5 ist im Zusammenhang mit Ziffer 4.3.1 und 4.3.4 zu sehen. Alle Tätigkeiten, für die kein Wettbewerbsverbot besteht, können grundsätzlich ohne Zustimmung des Aufsichtsrats vorgenommen werden. Diese Tätigkeiten bergen jedoch ein Potential an Interessenkonflikten. Aus diesem Grund wird mit der Empfehlung, solche Geschäfte nur mit Zustimmung des Aufsichtsrats vornehmen zu können, die für eine Verminderung von Interessenkonflikten notwendige Transparenz herbeigeführt.[1605] Ergebnis ist, sofern dies nicht bereits Teil der Arbeitsverträge ist, dass der Aufsichtsrat den Einsatz der vollen Arbeitskraft des Vorstands sicherstellen kann.

bb) Dualistisches System

Der Ziffernblock ist ohne Einschränkung auf die dualistische SE anwendbar. Das Wettbewerbsverbot des § 88 AktG gilt über Art. 9 Abs. 1 Buchst. c Ziffer ii SE-VO. Die Bindung an die organschaftlichen Treupflichten gilt auch für die SE.

cc) Monistisches System

Da lediglich § 40 Abs. 7 SEAG auf das Wettbewerbsverbot des § 88 AktG verweist, scheint die Ziffer 4.3.1 damit nur die Geschäftsführer zu treffen. Ein Geschäftsführer unterliegt weitgehend den gleichen Begrenzungen wie ein Vorstandmitglied.[1606] Die Erlaubnis zur Tätigkeit in einem Konkurrenzbetrieb oder als Vorstand/Geschäftsführer erteilt das Verwaltungsorgan.

Aber das Verwaltungsorgan trifft die Leitungsentscheidungen, sodass selbst einem nicht geschäftsführenden Mitglied ohne Erlaubnis bei keinem Wettbewerber

[1602] Vgl. *Ringleb*, in: Ringleb, DCGK, Rn. 592.
[1603] Vgl. *Fleischer*, WM 2003, 1045 (1052).
[1604] Vgl. *Ringleb*, in: Ringleb, DCGK, Rn. 604; ähnlich MünchKommAktG/*Semler*, § 161 Rn. 391.
[1605] Vgl. MünchKommAktG/*Semler*, § 161 Rn. 397, *Ringleb*, in: Ringleb, DCGK, Rn. 605.
[1606] Siehe oben S. 202.

Leitungs- oder Geschäftsführungsbefugnisse zustehen dürfen.[1607] Damit gilt die Ziffer auch für das Verwaltungsorgan. Es ist lediglich möglich, dass ein Verwaltungsorganmitglied im Aufsichtsrat einer anderen Gesellschaft tätig ist. Ziffer 4.3.5 empfiehlt hier allerdings eine Zustimmung des Verwaltungsorgans.

Auch Ziffer 4.3.2 gilt für das Verwaltungsorgan, weil es trotz fehlender Vertretungsbefugnis aufgrund der Leitungs- und Weisungsbefugnis den Einfluss nehmen kann, von dem die Ziffer 4.3.2 ausgeht. Für die Geschäftsführer gilt die Ziffer in jedem Fall.

Aufgrund des Weisungsrechts betrifft die Ziffer 4.3.3 beide Organe. Da die Weisung nur von den geschäftsführenden Mitgliedern ausgeübt werden kann, gilt die Ziffer zunächst nur für diese. Da auch die nicht geschäftsführenden Mitglieder ihre Entscheidungen allein am Unternehmensinteresse auszurichten haben (vgl. Ziffer 5.5.1), fällt das gesamte Verwaltungsorgan in den Anwendungsbereich der Ziffer 4.3.3.

Da die Ziffer 4.3.4 inhaltlich mit Ziffer 5.5.2 identisch ist, gilt die Empfehlung der Offenlegung von Interessenkonflikten sowohl für die Geschäftsführer als auch für das gesamte Verwaltungsorgan. Adressat der Empfehlung, wesentliche Geschäfte mit Geschäftsführern oder nahen Angehörigen der Zustimmung zu unterwerfen, ist das Verwaltungsorgan. Dieses hat aufgrund der Weisungsbefugnis, die Einhaltung seitens der Geschäftsführer sicherzustellen. Da die Verwaltungsorganmitglieder die Geschäftsführer anweisen können, mit nahen Angehörigen der Verwaltungsorganmitglieder einen Vertrag zu schließen, ist die Interessenlage vergleichbar, sodass die Empfehlung auch innerhalb des Verwaltungsorgans gilt. Es ist somit nicht nur gesetzlich eine Zustimmung zu Geschäften mit Verwaltungsorganmitgliedern, sondern bei Einhaltung des Kodex auch mit nahen Angehörigen notwendig.

Die Empfehlung der Ziffer 4.3.5 gilt zunächst für die Geschäftsführer. Die Übernahme eines Aufsichtsratspostens ist vom Wettbewerbsverbot des § 88 AktG nicht umfasst. Das Gleiche gilt für einen nicht geschäftsführenden Verwaltungsorganposten bei einem Nicht-Wettbewerber. Um eine effektive Arbeit der Geschäftsführer sicherzustellen, ist die Empfehlung sinnvoll. Da auch das Verwaltungsorgan dem Wettbewerbsverbot unterliegt, gilt die Ziffer 4.3.5 ebenso für die Verwaltungsorganmitglieder. Anders als beim Aufsichtsrat hat bei Umsetzung der Empfehlung das Verwaltungsorgan ein Mitspracherecht hinsichtlich weiterer Mandate der Organmitglieder. Dies ist sinnvoll, weil bei einem kleinen Verwaltungsorgan auch die Leitung für eine merkliche Arbeitsbelastung ausreichend sein kann. Mit der Zustimmung kann das Verwaltungsorgan somit der Arbeitsbelastung Rechnung tragen, die entgegen der Annahme des § 27 Abs. 1 Nr. 1 SEAG viel umfassender ist als bei einem Aufsichtsratsposten. Es ist daher unverständlich, dass der deutsche – anders als der österreichische – Gesetzgeber Aufsichts- und Verwaltungsorgan gleich gewichtet.

[1607] Zu den Einzelheiten siehe oben S. 170.

5. Abschnitt 5: Aufsichtsrat

a) Ziffer 5.1: Aufgaben und Zuständigkeiten

5.1.1 Aufgabe des Aufsichtsrats ist es, den Vorstand bei der Leitung des Unternehmens regelmäßig zu beraten und zu überwachen. Er ist in Entscheidungen von grundlegender Bedeutung für das Unternehmen einzubinden.

5.1.2 Der Aufsichtsrat bestellt und entlässt die Mitglieder des Vorstands. Er soll gemeinsam mit dem Vorstand für eine langfristige Nachfolgeplanung sorgen. Der Aufsichtsrat kann die Vorbereitung der Bestellung von Vorstandsmitgliedern einem Ausschuss übertragen, der auch die Bedingungen des Anstellungsvertrages einschließlich der Vergütung festlegt. Bei Erstbestellungen sollte die maximal mögliche Bestelldauer von fünf Jahren nicht die Regel sein. Eine Wiederbestellung vor Ablauf eines Jahres vor dem Ende der Bestelldauer bei gleichzeitiger Aufhebung der laufenden Bestellung soll nur bei Vorliegen besonderer Umstände erfolgen. Eine Altersgrenze für Vorstandsmitglieder soll festgelegt werden.

5.1.3 Der Aufsichtsrat soll sich eine Geschäftsordnung geben.

aa) Zielsetzung

Ziffer 5.1.1 steht im Zusammenhang mit den Ziffern 3.1 und 3.2. Es wird nochmals durch die Erwähnung zunächst der Beratungsaufgabe deren Bedeutung hervorgehoben und klargestellt, dass sich die Aufgaben des Aufsichtsrats nicht nur in der Kontrolle erschöpfen.[1608] Die Ziffer 5.1.1 wiederholt insgesamt nur die gesetzliche Regelung, wobei in Satz 2 die Regelung des § 111 Abs. 4 S. 2 AktG schärfer interpretiert wird.[1609]

Der Aufsichtsrat ist verpflichtet, die Vorstandstätigkeit zu überwachen. Gegenüber den Mitarbeitern der Gesellschaft bestehen keine Überwachungskompetenzen. Die Mitarbeiter werden durch den Vorstand überwacht, diese Mitarbeiterüberwachung ist jedoch Teil der Überwachung des Aufsichtsrats.[1610] Im Rahmen der Überwachung hat der Aufsichtsrat die Recht- und Ordnungsmäßigkeit sowie die Wirtschaftlich-/Zweckmäßigkeit des Vorstandshandelns zu überwachen.[1611]

In Ziffer 5.1.2 S. 1 wird die gesetzliche Regelung des § 84 Abs. 1 und 3 AktG wiedergegeben und eine der wesentlichen Aufgaben des Aufsichtsrats hervorgehoben.[1612] Die Bestellung und Abberufung des Vorstands obliegt allein dem Aufsichtsrat, eine Übertragung auf einen Ausschuss ist gesetzlich nicht gestattet (§ 107

[1608] Vgl. MünchKommAktG/*Semler*, § 161 Rn. 402; *Dörner*, in: FS Röhricht, 809 (816); *Kremer*, in: Ringleb, DCGK, Rn. 607.

[1609] Vgl. *Dörner*, in: FS Röhricht, 809 (816). MünchKommAktG/*Semler*, § 161 Rn. 402 stützt die Pflicht zur Einbindung in wesentliche Entscheidungen dagegen auf § 90 Abs. 1 Nr. 4, Abs. 2 Nr. 4 AktG.

[1610] Vgl. *Kremer*, in: Ringleb, DCGK, Rn. 620.

[1611] Vgl. *BGH*, BGHZ 114, 127 (129 f.); *BGH*, BGHZ 75, 120 (133) MünchKommAktG/*Semler*, § 111 Rn. 122; MünchKommAktG/*Hefermehl/Spindler*, vor § 76 Rn. 92 ff.; *Kremer*, in: Ringleb, DCGK, Rn. 621; *Lutter/Krieger*, Aufsichtsrat, Rn. 72 ff..

[1612] Vgl. MünchKommAktG/*Semler*, § 161 Rn. 404.

Abs. 3 S. 2 AktG).[1613] Vorbereitende Ausschüsse sind gleichwohl zulässig. So regt Ziffer 5.1.2 S. 3 an, dass die Bestellung ein Personalausschuss vorbereitet, der zulässigerweise auch über den Anstellungsvertrag entscheidet.[1614] Teil der Anstellungsverträge sollten auch die Empfehlungen des Kodex zur Genehmigungspflicht von Nebentätigkeiten (Ziffer 4.3.5), zur Offenbarung von Interessenkonflikten (Ziffer 4.3.4) und zur Vergütung (Ziffer 4.2.2 und 4.2.3) sein.[1615]

Hinsichtlich der Nachfolgeplanung hat der Vorstand kein Mitspracherecht. Dennoch empfiehlt Ziffer 5.1.2 S. 2 eine langfristige Nachfolgeplanung gemeinsam mit dem Vorstand. Damit wird nicht die alleinige Personalkompetenz des Aufsichtsrats berührt.[1616] Mit der Empfehlung soll eine interne Nachfolgeplanung gefördert, aber auch bei der Wahl unternehmensexterner Personen eine notwendige vertrauensvolle Basis im Vorstand sichergestellt werden, um insgesamt eine gut vorbereitete Entscheidung des Aufsichtsrats fällen zu können.[1617]

Des Weiteren wird in Satz 4 angeregt, bei der Erstbestellung in der Regel nicht den maximal möglichen Bestellungszeitraum auszuschöpfen, um zu verhindern, dass bei vorzeitigem Ausscheiden, das finanzielle Risiko aus der Abfindung für den Anstellungsvertrag zu groß wird.[1618] Denn bei einer längeren Bestellungszeit wäre eine (vorzeitige, abfindungsfreie) Abberufung nur bei Vorliegen eines wichtigen Grundes möglich (§ 84 Abs. 3 S. 1 AktG). Die kurze Amtszeit hat zudem den Effekt, den Einsatzwillen des Mitglieds zu steigern.[1619]

Mit Satz 5 soll der Praxis entgegengetreten werden, dass vor Ablauf der Amtsperiode diese dadurch verlängert wird, dass nach einer einvernehmlichen Aufhebung eine Wiederbestellung erfolgt. Von dieser Möglichkeit soll nur in Ausnahmefällen Gebrauch gemacht werden.[1620]

Um die Qualität der Geschäftsführung zu sichern, empfiehlt der Kodex in Satz 6 eine Altersgrenze für Vorstandsmitglieder festzulegen, um der Belastung der Vorstandstätigkeit Rechnung zu tragen.[1621]

[1613] Aber auch ohne eine gesetzliche Regelung müsste man von der Unübertragbarkeit ausgehen, weil es sich bei der Bestellung und Abberufung um eine der wesentlichsten Aufgaben handelt, die – wie die Leitung dem Vorstand – nur dem Gesamtorgan obliegen kann.

[1614] Der Abschluss der Anstellungsverträge betrifft nur die schuldrechtliche Seite und kann daher auf einen beschließenden Ausschuss übertragen werden. Darin ist kein Verstoß gegen § 107 Abs. 3 S. 2 AktG zu sehen; vgl. *Hüffer*, AktG, § 84 Rn. 12. Es muss sichergestellt werden, dass durch einen Anstellungsvertrag die Bestellung nicht präjudiziert wird; vgl. *Siebel*, in: Semler, AR Hdb., Rn. G 132.

[1615] Vgl. *Kremer*, in: Ringleb, DCGK, Rn. 652.

[1616] Vgl. *Kremer*, in: Ringleb, DCGK, Rn. 648.

[1617] Vgl. GroßkommAktG/*Hopt*/*Roth*, § 111 Rn. 782; *Kremer*, in: Ringleb, DCGK, Rn. 648.

[1618] Vgl. *Baums*, Bericht, Rn. 40. Es wird dies lediglich angeregt, weil diese Praxis noch nicht genug verbreitet ist; vgl. *Kremer*, in: Ringleb, DCGK, Rn. 643.

[1619] Zur aktuellen Diskussion, generell kürzere Amtszeiten für Vorstände zu empfehlen; vgl. *Weber*, HB Nr. 90 v. 10.05.2006, S. 24.

[1620] Vgl. *Kremer*, in: Ringleb, DCGK, Rn. 657.

[1621] Vgl. *Kremer*, in: Ringleb, DCGK, Rn. 658.

Zur Erhöhung der Transparenz der aufsichtsratsinternen Geschäftsabläufe empfiehlt der Kodex mit Ziffer 5.1.3 dem Aufsichtsrat, sich eine Geschäftsordnung zu geben.[1622] Die Kompetenz dazu steht dem Aufsichtsrat aus seiner internen Organisationsbefugnis zu.[1623] In der Geschäftsordnung kann eine Reihe der den Aufsichtsrat betreffenden Empfehlungen umgesetzt werden.[1624]

bb) Dualistisches System

Die Ziffern sind ohne Probleme auf die dualistische SE anwendbar. Das Aufsichtsorgan hat zu überwachen (Art. 40 Abs. 1 SE-VO), darf beraten und hat gemäß Art. 48 Abs. 1 SE-VO die Zustimmung zu bestimmten Geschäftsarten zu erteilen. Das Leitungsorgan wird in Deutschland ausschließlich vom Aufsichtsorgan bestellt (Art. 39 Abs. 2. Unterabs. 1 SE-VO). Die gebundene[1625] Ermächtigung des Art. 39 Abs. 2 Unterabs. 2 SE-VO[1626] – vorzuschreiben oder zuzulassen, dass die Hauptversammlung die Mitglieder bestellen kann – kann Deutschland aufgrund nicht mehr vorhandener[1627] vergleichbarer Regelung nicht ausüben.[1628] Für eine „deutsche" SE hat damit grundsätzlich das Aufsichtsorgan die ausschließliche Personalkompetenz.[1629] Die Möglichkeit, die Vorauswahl der Mitglieder auf einen Ausschuss zu übertragen, besteht ebenfalls. Für die Amtszeit und die Begrenzung der frühest möglichen Wiederbestellung gilt Art. 46 SE-VO.[1630] Für die Beschlussfassung gilt allein Art. 50 SE-VO.[1631]

cc) Monistisches System

Da die Überwachung dem Verwaltungsorgan obliegt und ohne Verteilung der Überwachungsaufgaben die geschäftsführenden Mitglieder weiterhin hinsichtlich der Überwachung grundsätzlich stimmberechtigt sind, richtet sich die Ziffer allein an das Verwaltungsorgan. Die nicht geschäftsführenden Mitglieder haben aufgrund ihres Übergewichts (§ 40 Abs. 1 S. 2 SEAG) dennoch entscheidenden Einfluss auf die Überwachung und Beratung.

1622 Vgl. *Kremer*, in: Ringleb, DCGK, Rn. 659.

1623 Vgl. *BGH*, BGHZ 64, 325 (327 f.).

1624 Vgl. dazu *Kremer*, in: Ringleb, DCGK, Rn. 663.

1625 Zur gebundenen Ermächtigung siehe oben S. 33.

1626 Damit ermächtigt Art. 39 Abs. 2 Unterabs. 2 SE-VO den Mitgliedstaat zu einer zwingenden Regelung („vorschreiben") wie auch zu einer Satzungsfreiheit („zulassen"). Vgl. *Schwarz*, SE-VO, Art. 39 Rn. 56.

1627 Art. 209 Nr. 7 ADHGB 1861 und § 182 Abs. 2 Nr. 4 HGB 1897 enthielten die Möglichkeit der Bestellung des Vorstands durch die Hauptversammlung.

1628 Vgl. *Brandt*, NZG 2002, 991 (994); *Teichmann*, ZIP 2002, 1109 (1113); *Hommelhoff*, in: FS Ulmer, 267 (275); *Nagel*, AuR 2004, 281 (282); *Teichmann*, in: Theisen/Wenz, Die SE, 691 (727); *Nagel*, NZG 2004, 833 (835); nicht klar *Hoffmann-Becking*, ZGR 2004, 355 (367). Für eine Änderung des dt. Rechts *Kübler*, ZHR 167 (2003), 222 (233).

1629 Für eine entsprechende Kompetenz der Hauptversammlung im Konzern, *Hirte*, NZG 2002, 1 (6); *DAV*, NZG 2004, 75 (80); *Hommelhoff*, AG 2001, 279 (283). Dies ist jedoch aufgrund des Wortlauts des Art. 39 Abs. 2 Unterabs. 2 SE-VO nur bei einer Änderung des dt. Aktienrechts möglich.

1630 Siehe S. 77 f.

1631 Siehe S. 57 f.

Um eine möglichst unabhängige Kontrolle zu erhalten, sollte der Kodex die Empfehlung enthalten, die Überwachung weitgehend den nicht geschäftsführenden Mitgliedern zu überlassen. In diesem Fall richtet sich die Überwachungs- und Beratungspflicht an die nicht geschäftsführenden Mitglieder. Eine dem dualistischen System vergleichbare Unabhängigkeit der Überwachung kann allerdings nicht gewährleistet werden.

Die Einbindung der Überwachenden bei wesentlichen Geschäften ist hinsichtlich der Leitung Gesetzeslage, weil die Leitung dem Organ obliegt. Für weitere Arten von außergewöhnlichen Geschäften hat die Satzung einen einheitlichen Beschluss vorzusehen (Art. 48 Abs. 1 SE-VO). Darüber hinaus kann das Verwaltungsorgan durch eine Änderung der Geschäftsverteilung einen einheitlichen Beschluss herbeiführen.

Ziffer 5.1.2 betrifft dagegen nur die Geschäftsführer. Das Verwaltungsorgan hat die Geschäftsführer zu bestellen (§ 40 Abs. 1 S. 1 SEAG) und kann diese jederzeit wieder abberufen (§ 40 Abs. 5 SEAG). Dies sollte im Kodex klargestellt werden, weil dies einen wesentlichen Teil der Führungsstruktur darstellt. Die Bestellung ist eine Leitungsaufgabe und kann daher wie im Aufsichtsrat nur vorbereitend einem Ausschuss überlassen werden. Die Abstimmung der Nachfolgeplanung mit den Geschäftsführern ist auch im monistischen System sinnvoll. Die Begrenzungen der Amtszeit und Wiederbestellung gelten ebenfalls für die Geschäftsführer und liegt in Händen des Verwaltungsorgans, solange die Satzung nicht gemäß Art. 46 SE-VO etwas anderes bestimmt.

Hinsichtlich des Abschlusses der Anstellungsverträge ist das Verwaltungsorgan gem. § 41 Abs. 5 SEAG zuständig. Dies ist jedoch eine Aufgabe der Geschäftsführung, sodass bei organinterner Geschäftsverteilung die geschäftsführenden Mitglieder zuständig sind. Dies ist vor dem Hintergrund des Weisungsrechts der geschäftsführenden Mitglieder sinnvoll, weil auch der Vorstand die Vergütung der weisungsabhängigen Managementebenen bestimmt.

Die Empfehlung für eine Geschäftsordnung des Verwaltungsorgans ist insbesondere durch das Zusammenfallen von Geschäftsführung und Überwachung dringend geboten. Auch eine Abgrenzung der Zuständigkeiten gegenüber den Geschäftsführern und die Festlegung von Informationspflichten sollte die Geschäftsordnung enthalten.

b) Ziffer 5.2: Aufgaben und Befugnisse des Aufsichtsratsvorsitzenden

Der Aufsichtsratsvorsitzende koordiniert die Arbeit im Aufsichtsrat, leitet dessen Sitzungen und nimmt die Belange des Aufsichtsrats nach außen wahr.

Der Aufsichtsratsvorsitzende soll zugleich Vorsitzender der Ausschüsse sein, die die Vorstandsverträge behandeln und die Aufsichtsratssitzungen vorbereiten. Den Vorsitz im Prüfungsausschuss (Audit Committee) sollte er nicht innehaben.

Der Aufsichtsratsvorsitzende soll mit dem Vorstand, insbesondere mit dem Vorsitzenden bzw. Sprecher des Vorstands, regelmäßig Kontakt halten und mit ihm die Strategie, die Geschäftsentwicklung und das Risikomanagement des Unternehmens beraten. Der Aufsichtsratsvorsitzende wird über wichtige Ereignisse, die für die

Beurteilung der Lage und Entwicklung sowie für die Leitung des Unternehmens von wesentlicher Bedeutung sind, unverzüglich durch den Vorsitzenden bzw. Sprecher des Vorstands informiert. Der Aufsichtsratsvorsitzende soll sodann den Aufsichtsrat unterrichten und erforderlichenfalls eine außerordentliche Aufsichtsratssitzung einberufen.

aa) Zielsetzung

Die Ziffer 5.2, die sich ausschließlich mit dem Aufsichtsratsvorsitzenden befasst, fasst zum einen die gesetzlichen Regelungen zusammen, geht zum anderen aber auch deutlich darüber hinaus. Zur Bestellung des Vorsitzenden enthält die Ziffer keine Aussagen; der Vorsitzende wird gem. § 107 Abs. 1 S. 1 AktG vom Aufsichtsrat aus seiner Mitte heraus gewählt.

Ziffer 5.2 Abs. 1 umreißt kurz die wesentlichen Aufgaben des Vorsitzenden. Neben den üblichen Aufgaben, der Koordination und Leitung der Sitzungen, ist der Vorsitzende auch zur Repräsentation des Aufsichtsrats nach außen berufen. Dies wird jetzt gegenüber der Fassung vom 21.05.2003 ausdrücklich hervorgehoben. Dazu zählt auch die Entgegennahme der Vorstandsberichte, die der Vorsitzende sodann an die Mitglieder weiterzuleiten hat.[1632]

Ziffer 5.2 Abs. 2 S. 1 empfiehlt, dass der Vorsitzende auch den jeweiligen Ausschüssen vorstehen soll, wobei Satz 2 die Anregung gibt, dass dies für den Prüfungsausschuss nicht gelten sollte, um eine möglichst unabhängige Kontrolle der Jahresabschlüsse zu gewährleisten. Denn es besteht die Gefahr, dass der Vorsitzende dem Vorstand aufgrund vielfältiger Beziehungen zu nahe steht.[1633] Da nur der Vorsitz angesprochen ist, kann der Vorsitzende weiterhin Mitglied des Prüfungsausschusses sein, ohne die Anregung zu verletzen.[1634]

Ziffer 5.2 Abs. 3 S. 1 empfiehlt, die Funktion des Vorsitzenden über die gesetzliche Regelung hinaus auszubauen. So soll der Vorstand regelmäßig den Vorsitzenden über die Geschäftsentwicklung und das Risikomanagement informieren, wobei unter regelmäßig z.B. wöchentlich verstanden wird.[1635] Diese Information wird als ein neben der Beratung stehender Teil betrachtet,[1636] stellt in vielen Fällen jedoch auch die Vorstufe der Beratung dar. Hinsichtlich wesentlicher Entwicklungen auf die Lage der Gesellschaft besteht bereits mit § 90 Abs. 1 S. 2 AktG eine Verpflichtung, dem Aufsichtsratsvorsitzenden zu berichten. Dies wird in Ziffer 5.2 Abs. 3 S. 2 klarstellend wiederholt, wobei nach dem Kodex die Berichterstattung dem Vorstandsvorsitzenden obliegt.[1637] Hat der Aufsichtsratsvorsitzende eine Information vom Vorstand erhalten, so empfiehlt Satz 3 eine umfassende Information der

---

[1632] § 90 Abs. 5 AktG. Vgl. *Kremer*, in: Ringleb, DCGK, Rn. 669.

[1633] Vgl. GroßkommAktG/*Hopt*/*Roth*, § 107 Rn. 457; *Kremer*, in: Ringleb, DCGK, Rn. 671; a.A. *Dörner*, in: FS Röhricht, 809 (818); MünchKommAktG/*Semler*, § 161 Rn. 413; *Rössler*, in: Freidank/Tanski, ACF, IV.2, S. 18.

[1634] Ebenso *Dörner*, in: FS Röhricht, 809 (818); GroßkommAktG/*Hopt*/*Roth*, § 107 Rn. 458.

[1635] Vgl. *Kremer*, in: Ringleb, DCGK, Rn. 674.

[1636] Vgl. *Kremer*, in: Ringleb, DCGK, Rn. 674.

[1637] Mit Kritik an dieser Regelung, weil § 90 Abs. 1 AktG den Vorstand verpflichtet: MünchKommAktG/*Semler*, § 161 Rn. 414.

Aufsichtsratsmitglieder und gegebenenfalls die Einberufung einer außerordentlichen Aufsichtsratssitzung.[1638]

bb) Anwendung auf die SE

Im dualistischen System sind nur geringe Anpassungen notwendig. Die Pflicht zur Wahl eines Vorsitzenden ergibt sich aus Art. 42 S. 2 SE-VO. Hinsichtlich eventueller Ausschüsse gilt allein das nationale Recht. Das Berichtssystem findet seine Grundlage in Art. 41 SE-VO. Hierbei ist nur die Information des Leitungsorgans gegenüber dem Aufsichtsorgan vorgesehen und ein Bericht an den Aufsichtsorganvorsitzenden nicht ausreichend.[1639] Insoweit steht die Empfehlung nicht im Einklang mit der SE-VO.

Für das monistische System ist die Ziffer in vielen Teilen überflüssig. Es ist zwar auch gemäß Art. 45 S. 2 SE-VO ein Vorsitzender zu wählen, die geforderte regelmäßige Abstimmung mit dem Vorstandsvorsitzenden bezüglich der Leitung ist dagegen nicht anwendbar, weil die Leitung Aufgabe des gesamten Organs ist. Die Geschäftsführer sind somit nicht als Vorstand im Sinne dieser Ziffer zu verstehen. Aufgrund der Leitungsverantwortung des Verwaltungsorgans erscheint es dennoch sinnvoll, eine regelmäßige Konsultation mit dem Vorsitzenden/Leiter/Sprecher der Geschäftsführer einzurichten. Als Gegenpart sollte der Verwaltungsorganvorsitzende bestimmt werden, der dann das Organ bei angezeigten Leitungsentscheidungen zu informieren hat. Der Vorsitzende hat zudem das Organ zu informieren, wenn keine Leitungsentscheidungen anstehen, weil die Überwachung der Geschäftsführer Aufgabe des Verwaltungsorgans ist.

Bei organinterner Aufgabenverteilung könnte die Ziffer gleichfalls noch eine andere Bedeutung enthalten. So könnte man annehmen, die geschäftsführenden Mitglieder müssten einer herausgehobenen Person der nicht geschäftsführenden Mitglieder berichten. Aus Sicht der Information der Überwachungsebene ist dies sinnvoll. Da die in der Ziffer angesprochene Leitung bereits dem Organ obliegt, müsste der Anwendungsbereich auf die Geschäfte erweitert werden, die dem Verwaltungsorgan sonst noch obliegen. Es besteht gleichwohl keine Pflicht zur Bestellung eines Vorsitzenden der nicht geschäftsführenden Mitglieder. Auch ein herausgehobenes geschäftsführendes Mitglied ist nicht vorgesehen. Dies als Teil der Ziffer anzusehen, ist wohl zu weitgehend und müsste daher explizit geregelt werden. Aufgrund des Art. 44 Abs. 2 SE-VO und der Leitungsverantwortung besteht auch nicht das Bedürfnis, die Ziffer entsprechend auszulegen.

Die Umsetzung der Empfehlung, dass der Vorsitzende auch dem Personalausschuss vorstehen soll, bereitet ebenfalls Probleme. Da sich die Ziffer nur auf die Überwachungsaufgabe bezieht, ist eine Befolgung möglich, wenn der Vorsitzende nicht geschäftsführend ist. Ist der Vorsitzende aber ein geschäftsführendes Mitglied, und sieht die Geschäftsverteilung oder das Gesetz eine Besetzung des Aus-

---

1638 Vgl. *Kremer*, in: Ringleb, DCGK, Rn. 676.

1639 Vgl. Begr. zum SE-VOV 1991, BT-Drucks. 12/1004, S. 8; *Schwarz*, SE-VO, Art. 41 Rn. 13; ebenso *Manz*, in: Manz/Mayer/Schröder, SE, Art. 41 Rn. 8; a.A. MünchKommAktG/*Reichert/Brandes*, SE-VO, Art. 42 Rn. 17.

schusses allein aus nicht geschäftsführenden Mitgliedern vor, kann die Empfehlung nicht umgesetzt werden. Hinsichtlich des Vorsitzes des Prüfungsausschusses ergibt sich in diesem Fall allerdings unmittelbar das von der Anregung erwünschte Ergebnis.

Um eine zu große Machtfülle zu verhindern, sollte der Kodex empfehlen, dass der Verwaltungsorganvorsitzende nicht zum Vorsitzenden der Geschäftsführer bestellt wird.[1640] Daneben sollte angeregt werden, dass der Vorsitzende nicht geschäftsführend ist.

c) Ziffer 5.3: Bildung von Ausschüssen

aa) Ziffer 5.3.1

5.3.1 Der Aufsichtsrat soll abhängig von den spezifischen Gegebenheiten des Unternehmens und der Anzahl seiner Mitglieder fachlich qualifizierte Ausschüsse bilden. Diese dienen der Steigerung der Effizienz der Aufsichtsratsarbeit und der Behandlung komplexer Sachverhalte. Die jeweiligen Ausschussvorsitzenden berichten regelmäßig an den Aufsichtsrat über die Arbeit der Ausschüsse.

(1) Zielsetzung

Bei Ziffer 5.3.1 handelt es sich um eine Empfehlung, die zu einer ausgiebigen Nutzung der Möglichkeit des § 107 Abs. 3 AktG rät. Damit soll aufgrund der Größe der Aufsichtsräte eine effiziente Aufsichtsratstätigkeit sichergestellt werden.[1641] In Satz 1 werden als Kriterien für die Ausschusseinrichtung neben der Größe des Aufsichtsrats vor allem die Erreichung einer der Aufgabe entsprechenden fachlichen Qualifikation genannt. Nur mit fachlich qualifizierten Mitgliedern lassen sich Sachthemen effizient behandeln. Diesen Zweck stellt der Kodex in Satz 2 explizit heraus. Aus dem Ziel der Effizienzsteigerung folgt, dass die Ausschüsse nicht nur mit den für die Aufgabe qualifizierten Mitgliedern besetzt sein sollten,[1642] sondern auch, dass die Ausschüsse nur so groß sein sollen, wie es für die Erledigung der Aufgabe nötig ist. Zu der Frage der Mitbestimmung enthält sich der Kodex einer Aussage. Wird der Empfehlung Folge geleistet, sind die Qualifikationen entscheidend, die auch von den Arbeitnehmervertretern zu erfüllen sind.[1643]

Mit der starken Nutzung von beschließenden Ausschüssen wird die Überwachungstätigkeit weitgehend auf die Ausschüsse übertragen. Aufgrund der Gesamtverantwortung für die Überwachung wandelt sich die Überwachungsaufgabe des

---

[1640] So auch *Teichmann*, BB 2004, 53 (55); *Maul*, BB 19/2003, Die erste Seite; *Maul/Lanfermann*, BB 2004, 1861 (1862).

[1641] Vgl. *Pohle/v. Werder*, DB 2005, 237 (237); *Kirsten*, BB 2004, 173 (173); *Peemöller*, in: Freidank/Tanski, ACF, IV.1; *Dörner*, in: FS Röhricht, 809 (817); *Bender/Vater*, DStR 2003, 1807 (1807, 1809); *Kremer*, in: Ringleb, DCGK, Rn. 677; *Schiessl*, AG 2002, 593 (599); *Holland*, „board of directors", S. 93 f.; *Schwarz/Holland*, ZIP 2002, 1661 (1671); ähnlich *Scheffler*, ZGR 2003, 236 (236 f.).

[1642] Vgl. *Kirsten*, BB 2004, 173 (174), der zu Recht darauf hinweist, ein Ausschussmitglied habe aufgrund der Haftung gem. §§ 116, 93 AktG ein eigenes Interesse daran, die fachlichen Anforderungen zu erfüllen. Denn eine Übernahme der Tätigkeit ohne das notwendige Fachwissen bedeutet ein Übernahmeverschulden.

[1643] Vgl. *Kirsten*, BB 2004, 173 (174).

Organs in eine Kontrollaufgabe. Um diese sicherzustellen, wird in Satz 3 klargestellt, dass der Ausschuss über den Ausschussvorsitzenden dem Aufsichtsrat regelmäßig über die Arbeit des Ausschusses berichten muss.[1644]

Eine Berichtspflicht gegenüber der Hauptversammlung über die Tätigkeit wäre, wie es in anderen Kodices[1645] vorgesehen ist, wünschenswert. § 172 Abs. 2 S. 2 AktG verpflichtet nur zur Mitteilung über die Anzahl, den Gegenstand und die Sitzungsanzahl der Ausschüsse.

(2) Anwendung auf die SE

Ziffer 5.3.1 ist ohne Einschränkung auf das dualistische und monistische System anwendbar. Sowohl vorbereitende als auch beschließende Ausschüsse sind einrichtbar. Insbesondere im monistischen System erlangt diese Ziffer zusammen mit Ziffer 5.3.4 eine erhebliche Bedeutung. Ohne einen Ausschuss wäre die Überwachung Aufgabe des Organs. Bereits die Aufteilung in geschäftsführende und nicht geschäftsführende Mitglieder stellt eine Ausschussbildung bezüglich der Geschäftsführung dar. Da die Überwachung, soweit eine Aufgabenverteilung zulässig ist, frei im Organ verteilt werden kann, können einzelne Aufgaben auch einem Teil der nicht geschäftsführenden Mitglieder übertragen werden. Es handelt sich dabei aber um einen Ausschuss des Organs und nicht der nicht geschäftsführenden Mitglieder. Einen beschließenden Ausschuss kann nur das Organ einrichten.

Insbesondere um zwischen den Sitzungen des Verwaltungsorgans einen Ansprechpartner für die Geschäftsführer zu haben, ist ein Exekutivausschuss von erheblicher Relevanz für eine ordnungsgemäße Organisation des Unternehmens.[1646]

Auch die von der Ziffer umfassten vorbereitenden Ausschüsse sind für die Unabhängigkeit der Überwachung von erheblicher Bedeutung. Da hier keine Aufgabenverteilung stattfindet, kann ein vorbereitender Ausschuss auch von den nicht geschäftsführenden Mitgliedern eingerichtet werden. Auch die Bildung eines vorbereitenden Ausschusses aus der Mitte eines Ausschusses ist zulässig.[1647] Dies sollte im Kodex klargestellt werden.

Die Ausschusseinrichtung ist gleichfalls für die Verringerung des Mitbestimmungseinflusses ein wesentlicher Baustein. Hierbei ist jedoch zu berücksichtigen, dass das Letztentscheidungsrecht der Kapitalgeber in jedem Fall gesichert sein muss.[1648]

Allein die im letzten Satz der Ziffer vorgesehene Berichtspflicht des Ausschussvorsitzenden an den Aufsichtsrat ist anzupassen. Da die Überwachung Aufgabe des Organs ist, muss der Ausschussvorsitzende dem Organ berichten. Ein Bericht allein an die nicht geschäftsführenden Mitglieder ist nicht ausreichend.

1644 Ebenso *Dörner*, in: FS Röhricht, 809 (818); MünchKommAktG/*Semler*, § 161 Rn. 418; allgemein *Rellermeyer*, Aufsichtsratsausschüsse, S. 211.

1645 Vgl. *Merkt*, ZGR 2003, 650 (668).

1646 Vgl. V-3.2.3.1 für einen Vorschlag eines monistischen Kodex, S. 293 ff.

1647 Vgl. *Siebel*, in: Semler, AR Hdb., Rn. G 16.

1648 Zu den Einzelheiten siehe oben S. 135.

bb) Ziffer 5.3.2

5.3.2 Der Aufsichtsrat soll einen Prüfungsausschuss (Audit Committee) einrichten, der sich insbesondere mit Fragen der Rechnungslegung und des Risikomanagements, der erforderlichen Unabhängigkeit des Abschlussprüfers, der Erteilung des Prüfungsauftrags an den Abschlussprüfer, der Bestimmung von Prüfungsschwerpunkten und der Honorarvereinbarung befasst. Der Vorsitzende des Prüfungsausschusses soll über besondere Kenntnisse und Erfahrungen in der Anwendung von Rechnungslegungsgrundsätzen und internen Kontrollverfahren verfügen. Er sollte kein ehemaliges Vorstandsmitglied der Gesellschaft sein.

(1) Zielsetzung

Als Konkretisierung zur Ziffer 5.3.1 empfiehlt der Kodex mit Ziffer 5.3.2 explizit die Einrichtung eines Prüfungsausschusses, der sich im Wesentlichen mit der Abschlussprüfung und dem Risikomanagement beschäftigen soll.[1649] Ziel ist, zum einen die Informationsasymmetrie zwischen Vorstand und Aufsichtsrat zu verringern,[1650] zum anderen durch eine abgestimmte Prüfungsplanung die Prüfung effizient zu gestalten[1651] und die Zusammenarbeit zwischen Aufsichtsrat und Abschlussprüfer zu verbessern.[1652] Das Vertrauen der Öffentlichkeit und damit des Kapitalmarkts in die Rechnungslegung soll gesichert werden.[1653] Der Kodex empfiehlt ein „Befassen", sodass im Zusammenhang mit Ziffer 5.3.4 ein vorbereitender oder beschließender Ausschuss eingerichtet werden kann.

(a) Rechnungslegung

Die Empfehlung steht auch im Zusammenhang mit Ziffer 7.1.2, in der eine Veröffentlichung des Konzernabschlusses binnen 90 Tagen nach dem Bilanzstichtag empfohlen wird.[1654] Diese kurze Prüfungszeit des Aufsichtsrats soll nicht zu Qualitätseinbußen hinsichtlich der Kontrolle führen. Auch aus diesem Grund wird die Einrichtung eines Prüfungsausschusses empfohlen, der mit fachlich vorgebildeten Mitgliedern die Prüfung effizient vorbereiten kann und so den Aufsichtsrat entlastet.[1655] Da die Prüfung des Jahres- und Konzernabschlusses der wesentliche Teil

---

[1649] Zur Ausgestaltung und Arbeitsweise des Audit Committees in einem dualistischen Leitungssystem siehe *Pohl/v. Werder*, DB 2005, 237 (238 f.). *Bender/Vater*, DStR 2003, 1807 (1807) sehen in dem Prüfungsausschuss einen wesentlichen Teil guter Unternehmensführung. Nach Art. 39 Abs. 1 PrüfungsRiLV soll für börsennotierte Gesellschaften eine Pflicht zur Einrichtung bestehen.

[1650] Vgl. *Bender/Vater*, DStR 2003, 1807 (1809); *Arbeitskreis der Schmalenbach-Gesellschaft für Betriebswirtschaft*, DB 2000, 2281 (2282 f.).

[1651] Vgl. *Bender/Vater*, DStR 2003, 1807 (1810); *Scheffler*, ZGR 2003, 236 (239); *Ranzinger/Blies*, AG 2001, 455 (458).

[1652] Vgl. *Vetter*, BB 2005, 1689 (1689); *Bender/Vater*, DStR 2003, 1807 (1809); MünchKommAktG/*Semler*, § 107 Rn. 270; *Altmeppen*, ZGR 2004, 390 (396); *Feddersen*, AG 2000, 385 (387); *Hommelhoff*, ZGR 2001, 238 (258).

[1653] So zum amerikanischen Recht; vgl. *Scheffler*, ZGR 2003, 236 (239, 245).

[1654] Vgl. *Kremer*, in: Ringleb, DCGK, Rn. 688.

[1655] Vgl. *Kremer*, in: Ringleb, DCGK, Rn. 688; *Bender/Vater*, DStR 2003, 1807 (1809); *Hoffmann/Preu*, Aufsichtsrat, Rn. 146. Ähnlich *Vetter*, BB 2005, 1689 (1689), der auf eine verder Überwachung ist, untersagt § 107 Abs. 3 S. 2 AktG die Übertragung dieser Aufgabe auf einen beschließenden Ausschuss. Der empfohlene Prüfungsausschuss kann insoweit nur vorbereitender Natur sein.[1656] Die Aufstellung der Abschlüsse und damit die Rechnungslegung obliegt als Teil der Leitung/Geschäftsführung gemäß § 238 Abs. 1 HGB, § 91 Abs. 1 AktG allein dem Vorstand.[1657] Der Aufsichtsrat kann somit nur die Ordnungs- und Zweckmäßigkeit der Rechnungslegung prüfen. Nur in Bezug auf diese Richtungen der Überwachung kann der Prüfungsausschuss vorbereitend tätig werden. Die Wortwahl des Kodex, dass sich der Ausschuss mit der Rechnungslegung befasst, ist somit für den uninformierten Leser missverständlich.

(b) Risikomanagement

Die gesetzliche Verpflichtung des Vorstands zur Einrichtung eines Risikomanagementsystems, dessen Prüfung sowie Berichterstattung im Prüfungsbericht verdeutlicht, dass sich der Aufsichtsrat verstärkt mit dem Risikomanagement zu befassen hat.[1658] Die Erwähnung in Ziffer 5.3.2 ist damit konsequent.[1659] Auch Ziffer 5.2 Abs. 3 erwähnt das Risikomanagement. Die Wortwahl des Kodex (Audit Committee) vermittelt jedoch den Eindruck, als könne der Ausschuss wie das amerikanische Vorbild das Risikomanagement (mit-)bestimmen.[1660] Da das Risikomanagementsystem ein Geschäftsführungsinformationssystem ist, obliegt die Einrichtung – wie die Rechnungslegung – allein dem Vorstand. Denn der Aufsichtsrat hat keine Geschäftsführungsbefugnisse, sodass das deutsche Recht eine Einflussnahme des Audit Committees auf das Risikomanagementsystem nicht zulässt.[1661] Allein über ein Zustimmungserfordernis kann der Aufsichtsrat sehr begrenzt Einfluss nehmen. Die Einrichtung des Systems darf der Aufsichtsrat aber nicht verhindern,

---

gleichbare Regelung in Section 407 (a) Sarbanes Oxley Act und Section C.3.1 Combined Code hinweist, die zumindest einen Finanzexperten als Mitglied fordern.

1656 Vgl. GroßkommAktG/*Hopt/Roth*, § 107 Rn. 487; *Kremer*, in: Ringleb, DCGK, Rn. 689; *Altmeppen*, ZGR 2004, 390 (407); *Schäfer*, ZGR 2004, 416 (422); *Schiessl*, AG 2002, 593 (600).

1657 Vgl. *Hüffer*, AktG, § 171 Rn. 3; *Theisen*, BB 2003, 1426 (1429).

1658 Vgl. *Hommelhoff/Mattheus*, AG 1998, 249 (252); *Peltzer*, in: Hommelhoff/Rowedder/-Ulmer, Max Hachenburg, 49 (61 f.). Nach *Bender/Vater*, DStR 2003, 1807 (1807), ist die Ausgestaltung und damit das Prüfungsgebiet und die Prüfungskompetenz des Prüfungsausschusses ein entscheidender Punkt für die Effizienz der Unternehmensüberwachung. Vgl. auch *Preußner*, NZG 2004, 303 (307).

1659 Ebenso Art. 39 Abs. 2 Ril 87/660. *Maul*, BB-Special 9/2005, 2 (9), geht dagegen davon aus, das europäische Recht würde bezüglich der Prüfung der internen Kontrollen über Ziffer 5.3.2 hinausgehen.

1660 Vgl. *Scheffler*, ZGR 2003, 236 (237); *Theisen*, BB 2003, 1426 (1429). Die Audit Committees sind erstmals 1939/1940 von der NYSE und der SEC empfohlen worden und sind seit 01.07. 1978 verpflichtend; vgl. *Scheffler*, ZGR 2003, 236 (238). Die neueste Entwicklung stellt dabei der Sarbanes-Oxley Act von 2002 dar; vgl. http://thomas.los.gov.

1661 Vgl. *Kremer*, in: Ringleb, DCGK, Rn. 691; *Scheffler*, ZGR 2003, 236 (237, 247); *Kersting*, ZIP 2003, 2010 (2011); *Pohle/v. Werder*, DB 2005, 237 (237); *Roth*, AG 2004, 1 (10), der aber ein Fragerecht annimmt; ähnlich *Theisen*, BB 2003 1426 (1428); MünchKommAktG/*Semler*, § 107 Rn. 269. A.A. *Bender/Vater*, DStR 2003, 1807 (1809 f.).

weil es sich um eine gesetzliche Pflicht des Vorstands handelt. Lediglich die Organisationsentscheidungen sind einer Zustimmungspflicht zugänglich.

Da das Risikomanagement zur Leitung zählt, unterliegt das System der Überwachung.[1662] Es gehört sogar zur vordringlichen Überwachungsaufgabe des Aufsichtsrats, weil das System die Bestandsgefährdung verhindern soll.[1663] Die herausgehobene Stellung in der Überwachung verdeutlicht auch die Pflicht des Abschlussprüfers, dem Aufsichtsrat über die Prüfung des Systems einen gesonderten Bericht zukommen zu lassen (§ 321 Abs. 4 HGB).[1664] Der Aufsichtsrat hat damit die Ordnungs- und Zweckmäßigkeit des Systems zu überwachen.[1665] Die Überwachung des Risikomanagementsystems kann der Prüfungsausschuss wahrnehmen.[1666] Der Ausschuss hat dabei die gleichen Informationsrechte wie der Aufsichtsrat.[1667]

In diesem Zusammenhang stellt sich die Frage, ob der Aufsichtsrat und auch der Prüfungsausschuss organisatorisch so eingebunden werden können, dass sie wie der Vorstand Adressat der Informationen des Systems werden. Da es sich bei dem System, auch des Risikocontrollings, um ein System der Geschäftsführung handelt, hat der Aufsichtsrat keine Befugnisse, die Einbindung zu verlangen. Der Aufsichtsrat kann damit nicht wie das Audit Committee amerikanischen Rechts[1668] auf die Ergebnisse dieser Systeme, z.B. auf die Interne Revision, unmittelbar zugreifen.[1669] Es besteht nur die Möglichkeit, über den Vorstand einen entsprechenden Bericht zu verlangen. Aufgrund fehlenden Direktionsrechts kann der Aufsichtsrat die Interne Revision auch nicht beauftragen, das interne Überwachungssystem auf seine Wirksamkeit hin zu überprüfen.[1670]

Ob und wie der Aufsichtsrat Informationen aus dem Risikomanagementsystem erhält, liegt im Ermessen des Vorstands. Die Pflicht des Abschlussprüfers (§ 317 Abs. 4 S. 4 AktG), die Funktionsfähigkeit des Risikofrüherkennungs- und Überwachungssystems zu überprüfen und die Empfehlung der Ziffer 7.2.3, den Abschlussprüfer zum Bericht wesentlicher Prüfungsfeststellungen zu verpflichten,

---

[1662] Vgl. *Claussen/Korth*, in: FS Lutter, 327 (330); *Maul/Lanfermann*, BB 2004, 1861 (1866); *Theisen*, BB 2003, 1426 (1427); *Forster*, WPg 1998, 41 (47).

[1663] Vgl. *Kropff*, NZG 2003, 346 (346).

[1664] Vgl. *Kropff*, NZG 2003, 346 (346). Dies gilt allerdings nur für börsennotierte Gesellschaften. Bei nicht börsennotierten Gesellschaften kann der Aufsichtsrat dem Abschlussprüfer einen das Risikomanagement umfassenden Prüfungsauftrag erteilen.

[1665] Vgl. *Claussen/Korth*, in: FS Lutter, 327 (330)

[1666] Vgl. *Brebeck/Herrmann*, WPg 1997, 381 (388); *Claussen/Korth*, in: FS Lutter, 327 (332). Bisher existiert nur in 12% der Unternehmen im Aufsichtsrat ein Ausschuss, der sich vordringlich mit Risiken und dem Risikomanagement beschäftigt; vgl. *Lück/Bungartz*, DB 2004, 1789 (1791).

[1667] Vgl. *Hoffmann/Preu*, Aufsichtsrat, Rn. 264; *Scheffler*, ZGR 2003, 236 (257); *Rellermeyer*, Aufsichtsratsausschüsse, S. 191 f.

[1668] Vgl. *Scheffler*, ZGR 2003, 236 (237), *Roth*, AG 2004, 1 (3).

[1669] Vgl. *Scheffler*, ZGR 2003, 236 (237, 254 ff.); *Theisen*, BB 2003, 1426 (1428 f.); *Leyens*, RabelsZ 67 (2003), 57 (99); *Rössler*, in: Freidank/Tanski, ACF, IV.2, S. 29 f.; *Frerk*, AG 1995, 212 (218). A.A. *Kropff*, NZG 2003, 346 (348 f.); *Ranzinger/Blies*, AG 2001, 455 (459).

[1670] A.A. *Kropff*, NZG 2003, 346 (350).

führt zu einer weitreichenden Information des Aufsichtsrats über das Risikofrüherkennungssystem.[1671] Dies ist sinnvoll, weil der Aufsichtsrat selbst kaum in der Lage sein dürfte, die Prüfung des Systems durchzuführen.[1672] Da das gesetzlich geforderte Überwachungssystem meist die Interne Revision sein wird, prüft der Abschlussprüfer somit auch die Interne Revision.[1673] Zu dieser Prüfung zählt die Zweckmäßigkeit. Der Aufsichtsrat kann zwar den Prüfungsauftrag des Abschlussprüfers hinsichtlich des Risikomanagementsystems ausdehnen,[1674] aber nicht den Abschlussprüfer zur Prüfung der Zweckmäßigkeit beauftragen, weil der Abschlussprüfer nur die Geeignetheit prüft.[1675] Die Zweckmäßigkeitsprüfung ist damit unübertragbare Aufgabe des Aufsichtsrats.

Neben dem Prüfungsbericht des Abschlussprüfers erhält der Aufsichtsrat über die Vorstandsberichte die notwendigen Informationen. In § 90 AktG ist das Überwachungssystem des § 91 Abs. 2 AktG zwar nicht erwähnt, der Vorstand hat dennoch von sich aus über das System zu berichten, weil die interne Unternehmenskontrolle zu den Kernaufgaben des Vorstands gehört.[1676] Die wesentlichen Risiken und das Risikomanagement sind als Teil der Unternehmensplanung anzusehen, über die der Vorstand gem. § 90 Abs. 1 Nr. 1 AktG dem Aufsichtsrat berichten muss.[1677] Daher umfasst die Berichtspflicht auch die Arbeitsweise, personelle Besetzung und Zuständigkeit innerhalb des Vorstands sowie wesentliche Ergebnisse der Internen Revision.[1678] Die Informationstiefe richtet sich dabei nach der Unternehmensgröße und den Risiken, denen das Unternehmen ausgesetzt ist. In Verbindung mit Ziffer 3.4 S. 4 ergibt sich, dass die Berichtspflichten hinsichtlich des Risikomanagementsystems in einer Informationsordnung näher fixiert werden sollen.[1679]

Nach einer Auffassung in der Literatur folge aus den Kodexempfehlungen zum Risikomanagement, dass der Aufsichtsrat verpflichtet sei, selbst ein aktives Risikomanagementsystem einzurichten.[1680] Die Pflicht ergebe sich zudem aus der Effizienzprüfung der Ziffer 5.6.[1681] Mit dem aktiven Risikomanagementsystem des Aufsichtsrats kann aber nicht ein zum § 91 Abs. 2 AktG paralleles Risikofrüherkennungssystem gemeint sein, weil dem Aufsichtsrat für die Einrichtung die Leitungsbefugnis und die notwendigen Weisungsrechte fehlen.[1682]

1671 Vgl. *Theisen*, Risikomanagement als Herausforderung für die Corporate Governance, BB 2003, 1426 (1426 f.); *Preußner*, NZG 2004, 303 (304). Dies ist beabsichtigt; vgl. *Streißle*, Die aktienrechtliche Abschlussprüfung, S. 138.

1672 Vgl. *Forster*, WPg 1998, S. 41 (47).

1673 Vgl. *Arbeitskreis der Schmalenbach-Gesellschaft für Betriebswirtschaft*, Beilage 11 DB 2000, Rn. 126. Ähnlich *Theisen*, BB 2003, 1426 (1428).

1674 Vgl. *Hüffer*, AktG, § 111 Rn. 12d; *Kropff*, NZG 2003, 346 (350); *Hommelhoff/Mattheus*, AG 1998, 249 (253).

1675 Vgl. Baumbach/Hopt/*Hopt/Merkt*, HGB, § 317 Rn. 10.

1676 Vgl. *Kropff*, NZG 2003, 346 (347).

1677 Vgl. *Brebeck/Herrmann*, WPg 1997, 381 (388).

1678 Vgl. *Kropff*, NZG 2003, 346 (347).

1679 Vgl. *Preußner*, NZG 2004, 303 (306); *Kropff*, NZG 2003, 346 (347).

1680 Vgl. *Preußner*, NZG 2004, 303 (306).

1681 Vgl. *Preußner*, NZG 2004, 303 (307).

1682 Vgl. *Claussen/Korth*, in: FS Lutter, 327 (330); *Schäfer*, Überwachungssystem, S. 93.

Zu einem eigenen Risikofrüherkennungssystem ist der Aufsichtsrat bereits aus dem AktG verpflichtet. So wie das Risikofrüherkennungssystem vor der Einführung des § 91 Abs. 2 AktG Teil der Leitung war, ist auch der Aufsichtsrat hinsichtlich seines Aufgabenbereichs verpflichtet, ein System zu errichten, dass Risiken erkennt, analysiert und bewertet. Mit den erkannten Risiken sachgerecht umzugehen, ist auch beim Aufsichtsorgan eine selbstverständliche Aufgabe. Zu den von einem Aufsichtsratssystem zu beobachtenden Risiken zählen vor allem die Risiken einer ungenügenden Personalbesetzung, sowohl hinsichtlich Anzahl als auch Qualität der Vorstandsmitglieder.[1683] Das System hat auch die Risiken eines ungenügenden Risikomanagementsystems des Vorstands zu beachten. Das Risikomanagementsystem des Vorstands und des Aufsichtsrats bilden zusammen das Risikomanagementsystem des Unternehmens.[1684] Es wird somit am „Vier-Augen-Prinzip" festgehalten.

(c) Abschlussprüfer

Die in Ziffer 5.3.2 angesprochenen Aufgaben, die sich mit dem Abschlussprüfer befassen, z.B. die Erteilung des Prüfungsauftrages (§ 111 Abs. 2 S. 3 AktG), können dagegen auch auf einen beschließenden Ausschuss übertragen werden.[1685] Da der Abschlussprüfer im Kontrollgefüge eine Hilfsstellung für den Aufsichtsrat einnimmt,[1686] ist es nur konsequent, dass der Abschlussprüfer nicht mehr vom Vorstand, sondern vom Aufsichtsrat beauftragt wird.[1687] Darüber hinaus können dem Ausschuss weitere Aufgaben übertragen werden, wie z.B. die Zustimmung zu Geschäftsarten, Prüfung der Unternehmensplanung und Beurteilung der Berichte des Vorstands.[1688]

(d) Zusammensetzung des Ausschusses

Dass der Ausschuss seine Aufgaben nur effizient wahrnehmen kann, wenn er fachlich[1689] qualifiziert besetzt ist, versteht sich von selbst[1690] und ergibt sich bereits aus den Ziffern 5.3.1 und 5.4.1. Sofern diese Qualifikation bei den Arbeitnehmervertretern vorliegt, können diese auch in den Prüfungsausschuss bestellt werden.[1691] Aufgrund fehlender zwingender Zuweisung der Aufgaben an das Plenum, ist auch der Ausschluss der Arbeitnehmervertreter zulässig.[1692]

[1683] Vgl. *Preußner*, NZG 2004, 303 (306 f.).

[1684] Vgl. *Preußner*, NZG 2004, 303 (307).

[1685] Vgl. *Scheffler*, ZGR 2003, 236 (249); *Schiessl*, AG 2002, 593 (600). A.A. *Ziemons*, DB 2000, 77 (78, 81), die die Erteilung des Prüfungsauftrags als wesentliche Überwachungsaufgabe ansieht.

[1686] Vgl. *Lutter/Krieger*, Aufsichtsrat, Rn. 172; *Roth*, AG 2004, 1 (8).

[1687] Vgl. *Forster*, WPg 1998, S. 41 (42); *Hommelhoff/Mattheus*, AG 1998, 249 (251 f.).

[1688] Vgl. mit weiteren Beispielen *Scheffler*, ZGR 2003, 236 (256).

[1689] Dabei sind für den Prüfungsausschuss vor allem Kenntnisse in der Buchführung, der Unternehmensführung und der Branche, in der die Gesellschaft tätig ist, von hoher Bedeutung.

[1690] Vgl. *Kirsten*, BB 2004, 173 (174). So auch Ziffer 11.2 EU-Kom.-Empfehlung.

[1691] Vgl. *Kirsten*, BB 2004, 173 (174). Dass die Arbeitnehmervertreter die erforderlichen Kenntnisse erfüllen müssen, ergibt sich bereits aus der sonst möglichen Haftung gemäß §§ 116, 93 AktG, vgl. *BGH*, BGHZ 85, 293 (295); *Schiessl*, AG 2002, 593 (597).

[1692] Vgl. *Kirsten*, BB 2004, 173 (174); *Altmeppen*, ZGR 2004, 390 (410).

Darüber hinaus enthält Ziffer 5.3.2 Satz 2 und 3 besondere Anforderungen an den Vorsitzenden des Prüfungsausschusses. So soll dieser über besondere Kenntnisse und Erfahrungen der Rechnungslegung und interner Kontrollsysteme verfügen.[1693] Im Zusammenhang mit Ziffer 5.3.1, in der generell eine fachliche Qualifikation gefordert wird,[1694] bedeutet dies eine gesteigerte Qualifikationsanforderung an den Ausschussvorsitzenden. Ziel ist es, die Effizienz der Überwachung zu steigern und die Abhängigkeit von sachverständigen Dritten zu verringern. Der Zweck lässt sich aber nur bei einer ausreichenden Qualifikation aller Ausschussmitglieder erreichen.[1695] Die Qualifikation der Mitglieder ist damit ein kritischer Erfolgsfaktor.[1696] Der Prüfungsausschuss und mittelbar der Aufsichtsrat sollen sich eigenständig ein fundiertes Bild machen können. Im Ergebnis bedeutet die Empfehlung, dass zum Prüfungsausschussvorsitzenden in der Regel Wirtschaftsprüfer oder andere Personen, die sich mit der Rechnungslegung und internen Kontrollen beschäftigt haben, gewählt werden.[1697] Allerdings regt Satz 3 an, keine ehemaligen Vorstandsmitglieder der Gesellschaft zum Ausschussvorsitzenden zu bestellen, um die Unabhängigkeit der Prüfung zu sichern.[1698] Keine Aussage enthält der Kodex zu der Möglichkeit, ehemalige Vorstandsmitglieder in den Prüfungsausschuss zu wählen. Dies kann u.U. aufgrund ihrer Kenntnisse über das Unternehmen und die Rechnungslegung sogar von Vorteil sein.[1699] Es sollte jedoch sichergestellt werden, dass ein ehemaliges Vorstandsmitglied nicht seine eigene Tätigkeit überwacht.[1700]

Für die Besetzung des Prüfungsausschusses ist die Anregung der Ziffer 5.2 Abs. 2 S. 2 zu beachten, wonach auch der Organvorsitzende nicht zum Vorsitzenden des Prüfungsausschusses gewählt werden sollte, um einer zu großen Arbeitsbelastung entgegenzuwirken.[1701] Bei entsprechender Qualifikation kann es sinnvoll sein, die Empfehlung nicht zu befolgen.[1702]

(2) Dualistische SE

Da das Aufsichtsorgan gemäß Art. 40 Abs. 1 S. 2 SE-VO wie der Aufsichtsrat keinerlei Geschäftsführungsbefugnisse hat, kann der Prüfungsausschuss ebenso wenig in das Risikomanagementsystem eingebunden werden oder auf die Informa-

[1693] Zu den konkreten Anforderungen ausführlich *Vetter*, BB 2005, 1689 (1690). Ebenso im amerikanischen Recht; vgl. *Scheffler*, ZGR 2003, 236 (244).

[1694] Vgl. *Kremer*, in: Ringleb, DCGK, Rn. 696. Insbesondere im Audit Committee ist eine hohe Sachkenntnis aller Mitglieder nötig; vgl. *Sokolowski*, Überwachung in einer SE, S. 150.

[1695] Vgl. *Schiessl*, ZHR 167 (2003), 235 (246 f.).

[1696] Vgl. *Scheffler*, ZGR 2003, 236 (246).

[1697] Ähnlich *Scheffler*, ZGR 2003, 236 (261).

[1698] Vgl. *Dörner*, in: FS Röhricht, 809 (818); *Kremer*, in: Ringleb, DCGK, Rn. 694. Für einen generellen Ausschluss ehemaliger Vorstände: *Scheffler*, ZGR 2003, 236 (259 f.).

[1699] Vgl. *Claussen/Bröcker*, AG 2000, 481 (490); *Schiessl*, AG 2002, 593 (598); *Schäfer*, ZGR 2004, 416 (417).

[1700] Vgl. *Kremer*, in: Ringleb, DCGK, Rn. 694; *Altmeppen*, ZGR 2004, 390 (404); *Berrar*, NZG 2001, 1113 (1118).

[1701] Vgl. *Kremer*, in: Ringleb, DCGK, Rn. 664.

[1702] Vgl. *Scheffler*, ZGR 2003, 236 (261).

tionen des Systems zugreifen.[1703] Es gelten damit wie beim Aufsichtsrat die gleichen Restriktionen.

(3) Monistische SE

Im monistischen System ist die Situation dagegen grundverschieden. Da das Verwaltungsorgan auf alle Geschäfte direkten Einfluss nehmen kann und u.U. muss, ist die Kontrolle innerhalb des Organs und bezüglich der Geschäftsführer viel stärker prozessbegleitender als im dualistischen Modell.[1704] Die damit erreichbare höhere Effizienz der Überwachung wird dagegen durch die deutlich geringere Unabhängigkeit der Überwachenden und der Selbstüberwachung konterkariert. Aufgrund der schwachen internen Kontrolle soll mit einem möglichst[1705] aus unabhängigen Mitgliedern besetzten Ausschuss eine unabhängige Kontrolle der geschäftsführenden Teile und vor allem die Sicherstellung der Unabhängigkeit der Wirtschaftsprüfer gewährleistet werden.[1706] Teil der Unabhängigkeit ist dabei, dass der Abschlussprüfer einen vom Management unabhängigen Ansprechpartner hat.[1707] Alles dies dient der Vertrauensbildung hinsichtlich der Rechnungslegung.[1708] Im monistischen System kommt dem Audit Committee damit eine herausragende Bedeutung zu. Bei Einhaltung der Empfehlung hat das Verwaltungsorgan somit ein Audit Committee einzurichten.[1709] Dieser Ausschuss ist gemäß Ziffer 5.4.2 mit ausreichend unabhängigen Mitgliedern zu besetzen.

Da dem Verwaltungsorgan alle Kompetenzen zustehen, kann der Prüfungsausschuss entsprechend der internationalen Gepflogenheiten zur Bestellung der Abschlussprüfer und Festlegung des Prüfungshonorars zuständig sein. Das SEAG steht dieser Regelung nicht entgegen. Die Vertretung steht zwar gemäß § 41 Abs. 1 SEAG allein den Geschäftsführern zu, hinsichtlich des Abschlusses der Prüfungsvereinbarungen besteht eine Sonderregelung gemäß § 21 Abs. 4 S. 3 SEAG. Das Verwaltungsorgan kann diese Aufgabe gemäß § 34 Abs. 4 SEAG auch einem beschließenden Ausschuss übertragen.

Aufgrund der umfassenden Kompetenz und der Tatsache, dass die Einrichtung eines Risikofrüherkennungssystems eine Leitungsaufgabe darstellt, müssen die Mitglieder des Audit Committee bei der Einrichtung mitwirken. Auch wenn der Ausschuss ausschließlich aus nicht geschäftsführenden Mitgliedern besteht, können die Überwachenden Teil des Geschäftsführungsinformationssystems werden. Im Hinblick auf die Kontrolle der Geschäftsführung kann das Audit Committee

---

[1703] A.A. anscheinend GroßkommAktG/*Hopt/Roth*, § 111 Rn. 852.
[1704] Vgl. *Sokolowski*, Überwachung in einer SE, S. 96.
[1705] Nach Sarbanes-Oxley Act Sec. 301 (3) müssen sogar alle Mitglieder des Audit Committees unabhängig sein; vgl. ebenso *Windbichler*, ZGR 1985, 50 (60); *Scheffler*, ZGR 2003, 236 (243); *Niehus*, DB 1999, 1765 (1766).
[1706] Vgl. *Sokolowski*, Überwachung in einer SE, S. 149; *Schiessl*, ZHR 167 (2003), 235 (245); *Windbichler*, ZGR 1985, 50 (60).
[1707] Vgl. *Scheffler*, ZGR 2003, 236 (239). Vgl auch Sec. 301 (2) Sarbanes-Oxley Act.
[1708] Vgl. Fn. 1653.
[1709] Dies entspricht der Anregung von *Maul*, BB 19/2003, Die erste Seite.

damit in die Systeme der internen Kontrolle eingebunden werden.[1710] Selbst wenn der Ausschuss nicht Teil des Systems wird, können dessen Mitglieder dennoch gemäß Art. 44 Abs. 2 SE-VO auf alle diejenigen Informationen zugreifen, die die internen Kontrollsysteme den geschäftsführenden Mitgliedern übermitteln.[1711] Die Informationsversorgung ist damit deutlich umfassender und direkter als im dualistischen System.

Zur Stärkung der Unabhängigkeit der Kontrolle sollte das Audit Committee zumindest für die Interne Revision unabhängig von geschäftsführenden Mitgliedern weisungsbefugt sein.[1712] Denn die Interne Revision soll als prozessunabhängige Kontrollinstanz die Einhaltung der Vorgaben sicherstellen und gibt damit Auskunft über die Qualität der Geschäftsführung.[1713]

Anders als im dualistischen System umfasst das Risikomanagement sowohl die Überwachungs- als auch die Geschäftsführungsrisiken. Im monistischen System können damit Interdependenzen zwischen Überwachungs- und Geschäftsführungsrisiken besser erkannt werden.

cc) Ziffer 5.3.3 und 5.3.4

5.3.3 Der Aufsichtsrat kann weitere Sachthemen zur Behandlung in einen oder mehrere Ausschüsse verweisen. Hierzu gehören u. a. die Strategie des Unternehmens, die Vergütung der Vorstandsmitglieder, Investitionen und Finanzierungen.

5.3.4 Der Aufsichtsrat kann vorsehen, dass Ausschüsse die Sitzungen des Aufsichtsrats vorbereiten und darüber hinaus auch anstelle des Aufsichtsrats entscheiden.

(1) Zielsetzung

Mit Ziffer 5.3.3 S. 1 soll nochmals verdeutlicht werden, dass neben dem erwähnten Personal- (Ziffer 5.1.2) und Prüfungsausschuss (Ziffer 5.3.2) weitere Ausschüsse gebildet werden können, denen spezielle Sachthemen übertragen werden. Ziffer 5.3.3 S. 2 enthält exemplarisch einige Bereiche, die einem Ausschuss übertragen werden können, ist aber keineswegs abschließend.

Ob diese Sachthemen dem Ausschuss nur zur Vorbereitung einer Aufsichtsratssitzung oder anstelle des Aufsichtsrats zur Beschlussfassung überwiesen werden, obliegt entsprechend der Anregung der Ziffer 5.3.4 allein dem Aufsichtsrat. Mit dieser Anregung wird der zur Verfügung stehende Spielraum des Aufsichtsrats im Zusammenhang mit der Empfehlung der Ziffer 5.3.1 verdeutlicht. Allerdings können die gemäß § 107 Abs. 3 S. 2 AktG nicht auf einen beschließenden Ausschuss übertragbaren Aufgaben nur einem vorbereitenden Ausschuss übertragen werden.[1714] Der Aufsichtsrat hat dann gemäß Ziffer 5.3.1 auf einen ausreichenden Informationsfluss seitens des Ausschusses zu sorgen, damit der Beschluss des Auf-

---

[1710] Vgl. MünchKommAktG/*Reichert/Brandes*, SE-VO, Art. 44 Rn. 72. So auch die internationale Entwicklung; vgl. *Sokolowski*, Überwachung in einer SE, S. 150.

[1711] Vgl. *Scheffler*, ZGR 2003, 236 (237); *Bender/Vater*, DStR 2003, 1807 (1809).

[1712] Ähnlich *Scheffler*, ZGR 2003, 236 (242).

[1713] Vgl. *Scheffler*, ZGR 2003, 236 (241).

[1714] Vgl. *Kremer*, in: Ringleb, DCGK, Rn. 705.

sichtsrats auf Grundlage der zur Verfügung stehenden Informationen getroffen wird.

(2) Anwendung auf die SE

Die Ziffern sind ohne weiteres auf beide Systeme anwendbar. Im monistischen System sollte der Kodex hier jedoch Empfehlungen enthalten, um eine unabhängige Überwachung sicherzustellen.

d) Ziffer 5.4: Zusammensetzung und Vergütung

aa) Ziffer 5.4.1

5.4.1 Bei Vorschlägen zur Wahl von Aufsichtsratsmitgliedern soll darauf geachtet werden, dass dem Aufsichtsrat jederzeit Mitglieder angehören, die über die zur ordnungsgemäßen Wahrnehmung der Aufgaben erforderlichen Kenntnisse, Fähigkeiten und fachlichen Erfahrungen verfügen. Dabei sollen die internationale Tätigkeit des Unternehmens, potenzielle Interessenkonflikte und eine festzulegende Altersgrenze für Aufsichtsratsmitglieder berücksichtigt werden.

(1) Zielsetzung

Der Gesetzgeber fordert nur indirekt über die Haftung, dass die Aufsichtsratsmitglieder ohne fremde Hilfe die wirtschaftlichen Zusammenhänge und übliche Geschäftsvorfälle verstehen können,[1715] für eine effektive und vor allem effiziente Überwachung ist dies nicht ausreichend.[1716] Aus diesem Grund empfiehlt der Kodex, dass die Mitglieder des Aufsichtsrats über die für die Überwachung notwendige Qualifikation verfügen.[1717] Vor allem an diesem Kriterium soll die Auswahl der Organmitglieder ausgerichtet werden.[1718] Es wird nicht gefordert, dass alle Mitglieder diese Bedingungen erfüllen. Diese Einschränkung ist der Mitbestimmung geschuldet, um diese nicht durch zu hohe Anforderungen auszuhebeln.[1719] Die Empfehlung richtet sich damit hauptsächlich an die Anteilseignervertreter.

Auch die Empfehlung des Satzes 2, die internationale Tätigkeit zu berücksichtigen, ist vor dem Hintergrund des MitbestG nur für die Anteilseignervertreter relevant. Die Qualität der Überwachung hängt entscheidend von der Unabhängigkeit der Mitglieder ab. Dies stellt Ziffer 5.4.2 klar, der die Unabhängigkeit als Freiheit von Interessenkonflikten definiert. Durch die Erwähnung der Interessenkonflikte in Ziffer 5.4.1 S. 2 ist die Unabhängigkeit bereits Teil der Ziffer 5.4.1. Ergebnis dieser Empfehlung ist, Personen nicht zu bestellen, die der Gefahr eines Interessenkonfliktes ausgesetzt sind, um Interessenkonflikte von vornherein auszuschließen. Werden diese Personen dennoch bestellt, soll mit der Offenlegung von Interessenkonflikten nach Ziffer 5.5.2 zumindest eine entsprechende Transparenz erreicht werden.

[1715] Vgl. Fn. 1074.
[1716] Vgl. *Lutter/Krieger*, Aufsichtsrat, Rn. 23; *Lutter*, ZIP 2003, 417 (418). Ähnlich *Schander*, Europa-AG, S. 196.
[1717] Vgl. *Dörner*, in: FS Röhricht, 809 (814).
[1718] Vgl. *Schiessl*, ZHR 167 (2003), 235 (247); *Kremer*, in: Ringleb, DCGK, Rn. 709.
[1719] Ebenso bei Ziffer 5.4.2, siehe S. 271.

Die Empfehlung einer Altersgrenze zielt auf die Berücksichtigung der Arbeitsbelastung eines Aufsichtsrats ab. Die Altersgrenze kann in der Satzung enthalten sein oder vom Aufsichtsrat bei der Auswahl berücksichtigt werden.[1720] Über die Wahlvorschläge entscheidet der Aufsichtsrat mit Beschluss, wobei in mitbestimmten Aufsichtsräten gemäß § 124 Abs. 3 S. 4 AktG nur die Mehrheit der Stimmen der Anteilseignervertreter zählt.

(2) Anwendung auf die SE

Die Ziffer ist ohne Einschränkung auf beide Systeme anwendbar. Da die Mitbestimmung im Verwaltungsorgan stattfindet, würde demnach die Empfehlung weitgehend nur die Anteilseignervertreter betreffen. Den Arbeitnehmervertretern obliegt auch die Leitung, sodass im monistischen System die Empfehlung für alle Mitglieder gilt.

Für den Vorschlag zur Wahl enthält die SE-VO keine Regelung, sodass in beiden Systemen § 124 Abs. 3 S. 1 AktG zur Anwendung kommt. Um zu verhindern, dass die geschäftsführenden Mitglieder sich über den Einfluss auf die Vorschläge genehme Kontrolleure suchen, muss der Vorschlag für die Besetzung der nicht geschäftsführenden Mitglieder von einem Ausschuss gefasst werden (Nominating Committee), der am besten ausschließlich[1721] – aber zumindest überwiegend – mit unabhängigen Mitgliedern besetzt ist.[1722] Dies sollte für die monistische SE klargestellt werden.

bb) Ziffer 5.4.2

5.4.2 Um eine unabhängige Beratung und Überwachung des Vorstands durch den Aufsichtsrat zu ermöglichen, soll dem Aufsichtsrat eine nach seiner Einschätzung ausreichende Anzahl unabhängiger Mitglieder angehören. Ein Aufsichtsratsmitglied ist als unabhängig anzusehen, wenn es in keiner geschäftlichen oder persönlichen Beziehung zu der Gesellschaft oder deren Vorstand steht, die einen Interessenkonflikt begründet. Dem Aufsichtsrat sollen nicht mehr als zwei ehemalige Mitglieder des Vorstands angehören. Aufsichtsratsmitglieder sollen keine Organfunktion oder Beratungsaufgaben bei wesentlichen Wettbewerbern des Unternehmens ausüben.

(1) Zielsetzung

Die Ziffer 5.4.2 zielt vom klaren Wortlaut her auf die Sicherstellung einer unabhängigen Arbeit des Aufsichtsrats und ist im Zusammenhang mit Ziffer 5.4.1 und Ziffer 5.5 zu sehen.[1723] Da der Gesetzgeber in §§ 100 und 105 Abs. 1 AktG nur wenige persönliche Voraussetzungen regelt, enthält Ziffer 5.4.2 weitere Empfehlungen, welche die Unabhängigkeit der Überwachung und Beratung des Aufsichts-

---

[1720] Vgl. MünchKommAktG/*Semler*, § 161 Rn. 430; *Kremer*, in: Ringleb, DCGK, Rn. 715.

[1721] So zum amerikanischen Aktienrecht; vgl. *Windbichler*, ZGR 1985, 50 (60 f.); *Holland*, „board of directors", S. 31.

[1722] Vgl. *Schiessl*, ZHR 167 (2003), 235 (249).

[1723] Mit diesen Ziffern wird die Unabhängigkeit des Aufsichtsrats als ein wesentlicher Erfolgsfaktor für eine gute Unternehmensführung herausgestellt; vgl. *Bender/Vater*, DStR 2003, 1807 (1807); *Lieder*, NZG 2005, 569 (570); *Schiessl*, ZHR 167 (2003), 235 (247 ff.).

rats sicherstellen sollen. Zu diesem Zweck wird in Satz 1 empfohlen, dass der Aufsichtsrat über den Beschluss zu Wahlvorschlägen (Ziffer 5.4.1) sicherstellen soll, dass dem Aufsichtsrat eine ausreichende Anzahl unabhängiger Mitglieder angehört. Wie viele unabhängige Mitglieder dem Organ angehören sollen, steht im Ermessen des Aufsichtsrats. Damit trägt der Kodex den Bedenken in der Literatur gegen eine mehrheitlich unabhängige Besetzung[1724] Rechnung, weil andernfalls kontrollierende Aktionäre im Aufsichtsrat einer Konzerngesellschaft unterrepräsentiert wären, weil deren Vertreter als abhängig gelten.[1725] Das Ermessen bedeutet, dass ohne Angabe in der Entsprechenserklärung die Empfehlung sehr zurückhaltend umgesetzt werden kann.[1726]

Als ein wesentlicher Teil der Unabhängigkeit ist die Verhinderung von Interessenkonflikten anzusehen.[1727] Daher definiert Satz 2 die Unabhängigkeit in Abhängigkeit von Interessenkonflikten.[1728] Nur wenn diese durch geschäftliche oder persönliche Beziehungen zur Gesellschaft oder Vorstand begründet werden, soll das Mitglied nicht als unabhängig gelten.[1729] Einen Arbeitnehmervertreter wird man daher in der Regel als nicht unabhängig ansehen müssen.[1730] Dies gilt auch dann, wenn nur eine dem Arbeitnehmervertreter nahe stehende Person bei der Gesell-

---

1724 So auch Ziffer 4 EU-Kom.-Empfehlung.

1725 Vgl. m.w.N. *Hoffmann-Becking*, ZGR 2004, 355 (360); *Schiessl*, ZHR 167 (2003), 235 (248); Ziffer 13.2 i.V.m. Anhang II Nr. 1d EU-Kom.-Empfehlung; a.A. *Lieder*, NZG 2005, 569 (571).

1726 In Konzerngesellschaften führt die Mitbestimmung dazu, dass der Mehrheitsaktionär alle Anteilseignervertreter bestellt, um Konzerninteressen gegen die Arbeitnehmer durchsetzen zu können; vgl. *Schiessl*, ZHR 167 (2003), 235 (241).

1727 Vgl. *Vetter*, BB 2005, 1689 (1690); *Bender/Vater*, DStR 2003, 1807 (1808 f.); *Schiessl*, ZHR 167 (2003), 235 (247). So auch Ziffer 13.1 EU-Kom.-Empfehlung.

1728 So auch *Roth*, ZfA 2004, 431 (447). Schärfer formuliert dies das amerikanische Recht, das u.a. ein Anstellungsverhältnis in den vergangen fünf Jahren als Abhängigkeit ansieht; vgl. *Scheffler*, ZGR 2003, 236 (244). Mit Lob für den Verzicht auf einen Katalog von Unabhängigkeitskriterien: *Maul*, BB-Special 9/2005, 2 (5).

1729 Vgl. *Kremer*, in: Ringleb, DCGK, Rn. 710. Im Zusammenhang mit Ziffer 5.5.2 und 5.5.3 folgt jedoch, dass solche geschäftlichen Beziehungen nicht generell die Organmitgliedschaft ausschließen; vgl. *Vetter*, BB 2005, 1689 (1691). Die Unabhängigkeit ist dann beeinträchtigt, wenn die geschäftlichen oder sonstigen Beziehungen zu einem Interessenkonflikt führen. So auch *Bender/Vater*, DStR 2003, 1807 (1808 f.). Ähnlich die Definition in Ziffer 13.1 EU-Kom.-Empfehlung.

1730 Vgl. zu dieser Problematik *Roth*, ZfA 2004, 431 (447 ff.); *Berrar*, NZG 2001, 1113 (1118); GroßkommAktG/*Hopt/Roth*, § 100 Rn. 194; *Kersting*, ZIP 2003, 2010 (2012, 2015 f.); *Schwalbach*, AG 2004, 186 (187); *Vetter*, BB 2005, 1689 (1691); *Hopt*, in: FS Röhricht, 235 (248); *Holland*, „board of directors", S. 123. Arbeitnehmer sind nicht unabhängig, weil sie dem Vorstand unterstellt sind und Gewerkschaftsvertreter nicht, weil sie als Tarifpartner in Geschäftsbeziehungen mit der Gesellschaft stehen; vgl. *Scheffler*, ZGR 2003, 236 (260). Vgl. zu einer entsprechenden Regelung in Frankreich: *Merkt*, ZGR 2003, 650 (666). Anders Ziffer 13.2 i.V.m. Anhang II Nr. 1b EU-Kom.-Empfehlung, die im Gegensatz dazu ausdrücklich die Unabhängigkeit der gesetzlich bestellten Arbeitnehmervertreter normiert; vgl. *Maul/Lanfermann*, BB 2004, 1861 (1863).

schaft beschäftigt ist.[1731] Auch aus diesem Grund wird nur eine ausreichende Zahl unabhängiger Mitglieder gefordert.[1732] Um die Mitbestimmung nicht durch die Hintertür einzuschränken, ist das Erfordernis der Unabhängigkeit daher vor allem auf die Anteilseignervertreter anzuwenden.[1733]

Zur Stärkung der Unabhängigkeit führt ebenso die Empfehlung des Satzes 3.[1734] So sollen dem Aufsichtsrat nicht mehr als zwei ehemalige Vorstandsmitglieder angehören, um zu verhindern, dass die Kontrolle durch blindes Vertrauen in die u.U. selbst ausgewählten Nachfolger ineffizient wird.[1735] In vielen Fällen wird eine Überwachung eigener Entscheidungen hinzukommen, die einer unabhängigen Überwachung entgegensteht.[1736] Eine zeitliche Grenze sieht der Kodex nicht vor, sodass jedes ehemalige Vorstandsmitglied von der Empfehlung erfasst wird.[1737] Ein Verbot der Mitgliedschaft eines ehemaligen Vorstandsmitglieds wird nicht empfohlen, weil die Kenntnisse des ehemaligen Vorstands für die Überwachung auch nützlich sein können.[1738]

Als weitere Regelung zur Reduktion von Interessenkonflikten enthält der Kodex in Satz 4 die Empfehlung,[1739] dass kein Aufsichtsratsmitglied bei einem wesentlichen Wettbewerber[1740] beratend, geschäftsführend oder überwachend tätig ist. Andernfalls lässt sich eine effiziente Kontrolle mangels der notwendigen Vertrauensbasis nicht erreichen.[1741]

(2) Anwendung auf die SE

Auf eine dualistische SE ist die Ziffer unproblematisch anwendbar. Lediglich im Verwaltungsorgan ist eine Einschränkung vorzunehmen. Die Empfehlung gilt nicht für das gesamte Verwaltungsorgan. Das Erfordernis einer ausreichenden Zahl unabhängiger Mitglieder bezieht sich nur auf die nicht geschäftsführenden Mitglieder, weil die geschäftsführenden Mitglieder als nicht unabhängig anzusehen sind. Dies gilt auch für die Empfehlung, nur maximal zwei ehemalige Vorstände

---

[1731] Deutlich weitergehender ist das niederländische Recht (Artikel 2:160 BW). Zu anderen Kodices vgl. *Roth*, ZfA 2004, 431 (447 ff.).

[1732] Vgl. *Kremer*, in: Ringleb, DCGK, Rn. 712.

[1733] Vgl. *Vetter*, BB 2005, 1689 (1690 f.). Für eine generelle Beschränkung der Empfehlung auf die Anteilseignervertreter; vgl. *Hüffer*, ZIP 2006, 637 (639).

[1734] Vgl. MünchKommAktG/*Semler*, § 161 Rn. 432 f.; *Dörner*, in: FS Röhricht, 809 (814); GroßkommAktG/*Hopt/Roth*, § 100 Rn. 188.

[1735] Vorstandsmitglieder sind ebenfalls nicht unabhängig.

[1736] Vgl. *Peemöller*, in: Freidank/Tanski, ACF, IV.1, S. 29; *Rode*, BB 2006, 341 (342).

[1737] Vgl. *Kremer*, in: Ringleb, DCGK, Rn. 723.

[1738] Siehe oben Fn. 1699. Für eine Empfehlung, die den unmittelbaren Wechsel ausschließt, aber nach einer Karenzzeit die Bestellung eines Vorstandsmitglieds in den Aufsichtsrat zulässt: *Hüffer*, ZIP 2006, 637 (642).

[1739] Ein gesetzliches Verbot besteht nicht; vgl. *Hoffmann-Becking*, ZGR 2004, 355 (358 f.); a.A. *Lutter/Krieger*, Aufsichtsrat, Rn. 21; *Lutter*, ZGR 2001, 224 (232 f.).

[1740] Es wird auf die Tätigkeit bei einem wesentlichen Wettbewerber – potentieller Wettbewerb reicht nicht aus – abgestellt, wobei auf die Konzernsicht abzustellen ist. Vgl. dazu *Kremer*, in: Ringleb, DCGK, Rn. 729 f.

[1741] Vgl. *Kremer*, in: Ringleb, DCGK, Rn. 725. Zur Problematik eines Wettbewerbers im Aufsichtsrat siehe allgemein m.w.N. *Lutter/Kirschbaum*, ZIP 2005, 103 (103 ff.).

zu Aufsichtsratsmitgliedern zu bestellen. Andernfalls könnten nur zwei geschäftsführende Mitglieder wiederbestellt werden, bzw. nur zwei (ehemalige) Geschäftsführer Verwaltungsorganmitglieder werden/sein. Da das monistische System Vorstand und Aufsichtsrat in sich vereint und ein Geschäftsführer gleichzeitig Mitglied im Verwaltungsorgan sein kann, können Geschäftsführer unbeschränkt zu geschäftsführenden Verwaltungsorganmitgliedern bestellt werden. Denn die Personen bleiben weiterhin hauptsächlich geschäftsführend tätig.

Aus der Intention, keine eigenen Entscheidungen zu überwachen, folgt, dass hinsichtlich der nicht geschäftsführenden Mitglieder ehemalige Geschäftsführer und auch die geschäftsführenden Mitglieder des Verwaltungsorgans als nicht unabhängig anzusehen sind. Innerhalb des Verwaltungsorgans führt somit eine andere Geschäftsverteilung u.U. dazu, dass der Empfehlung nicht (mehr) entsprochen wird.

Aus der Ziffer folgt eine weitere Konsequenz für die Vergütung des Verwaltungsorgans. Da die Unabhängigkeit nicht gegeben ist, wenn das Mitglied eine Vergütung in Abhängigkeit vom Aktienkurs erhält,[1742] können aktienbasierte Vergütungen grundsätzlich nur geschäftsführenden Mitgliedern gewährt werden.[1743]

cc) Ziffer 5.4.3, 5.4.4 und 5.4.5

5.4.3 Wahlen zum Aufsichtsrat sollen als Einzelwahl durchgeführt werden. Ein Antrag auf gerichtliche Bestellung eines Aufsichtsratsmitglieds soll bis zur nächsten Hauptversammlung befristet sein. Kandidatenvorschläge für den Aufsichtsratsvorsitz sollen den Aktionären bekannt gegeben werden.

5.4.4 Der Wechsel des bisherigen Vorstandsvorsitzenden oder eines Vorstandsmitglieds in den Aufsichtsratsvorsitz oder den Vorsitz eines Aufsichtsratsausschusses soll nicht die Regel sein. Eine entsprechende Absicht soll der Hauptversammlung besonders begründet werden.

5.4.5 Jedes Aufsichtsratsmitglied achtet darauf, dass ihm für die Wahrnehmung seiner Mandate genügend Zeit zur Verfügung steht. Wer dem Vorstand einer börsennotierten Gesellschaft angehört, soll insgesamt nicht mehr als fünf Aufsichtsratsmandate in konzernexternen börsennotierten Gesellschaften wahrnehmen.

(1) Zielsetzung

Mit diesen neuen (5.4.3 und 5.4.4) Empfehlungen soll die Transparenz der Aufsichtsratswahlen erhöht werden.[1744] So soll mit der vorgeschlagenen alleinigen Einzelwahl dem Aktionär ermöglicht werden, einzelne Mitglieder ablehnen zu können, ohne wie bei der Blockwahl gezwungen zu sein, dann alle ablehnen zu müssen. Die Empfehlung in Ziffer 5.4.3 S. 2 zielt darauf zu erreichen, dass alle Mitglieder der Aktionäre die notwendige Legitimation der Aktionäre haben.[1745] Durch die vorgeschlagene Antragstellung einer befristeten gerichtlichen Ersatzbestellung ist beabsichtigt, die Hauptversammlung zu zwingen, die Vakanz selbst zu beheben

[1742] Vgl. *Schiessl*, ZHR 167 (2003), 235 (249).
[1743] So auch die ergänzende Auslegung des § 38 Abs. 1 SEAG, siehe oben S. 155 f.
[1744] Vgl. *Vetter*, BB 2005, 1689 (1691).
[1745] Ähnlich GroßkommAktG/*Hopt*/*Roth*, § 101 Rn. 232.

bzw. die gerichtliche Wahl zu legitimieren.[1746] Für die Wahl des Aufsichtsratsvorsitzenden sollen die Aktionäre gemäß Satz 3 über die fraglichen Kandidaten informiert werden, um dies bei der Wahl der Mitglieder u.U. berücksichtigen zu können. Die Wahl des Vorsitzenden findet dagegen allein durch den Aufsichtsrat statt.

Mit der Empfehlung der Ziffer 5.4.4 S. 1 wird den Bedenken bezüglich der Unabhängigkeit der Überwachung bei Bestellung eines ehemaligen Vorstandsmitglieds zum Vorsitzenden des Aufsichtsrats oder eines Aufsichtsratsausschusses Rechnung getragen werden.[1747] Die Empfehlung steht im Zusammenhang mit Ziffer 5.4.2 S. 3, dass maximal zwei ehemalige Vorstandsmitglieder in den Aufsichtsrat bestellt werden sollen. Auf eine Regelung, die eine generelle zeitliche Beschränkung vorsieht, wurde nicht zurückgegriffen.[1748] Da mit der Empfehlung verhindert werden soll, dass der Vorsitzende die Überwachung seiner früheren Entscheidungen unterbindet, enthält die Empfehlung jedoch mittelbar eine zeitliche Grenze. Sofern keine Selbstüberwachung mehr vorliegt, kann ein Vorstandsmitglied zum Vorsitzenden des Aufsichtsrats oder eines Ausschusses gewählt werden. Die Einhaltung dieser Grenze wird allerdings nur als Regelempfehlung abgegeben. Die Empfehlung ist somit weniger streng als andere Empfehlungen.[1749] Als Ausgleich dazu empfiehlt Satz 2 eine besondere Begründung, warum der bisherige Vorsitzende entgegen der Empfehlung eine derartig herausragende Stellung einnehmen soll.[1750]

Ziffer 5.4.5 Satz 1 gibt im Wesentlichen die Gesetzeslage wieder, dass jedes Mitglied dafür Sorge tragen muss, mit der notwendigen zeitlichen Dimension die Aufgaben zu erledigen.[1751] Aus der Zulässigkeit mehrerer Mandate folgt, dass der Gesetzgeber nicht von einer Ganztagstätigkeit ausgeht. Die gestiegenen Anforderungen führen gleichwohl zu einer höheren Arbeitsbelastung, sodass der Kodex in Satz 2 empfiehlt, dass Vorstandsmitglieder in konzernexternen Gesellschaften nicht mehr als 5 Aufsichtsratsmandate wahrnehmen sollen.[1752] Diese Begrenzung betrifft jeweils nur börsennotierte Gesellschaften. Mit der Begrenzung ist beabsichtigt, nicht nur die Qualität der Überwachung, sondern vor allem die Qualität der Tätigkeit des Vorstands zu sichern.[1753] Nach dem Willen der Kommission zählen im Gegensatz zur gesetzlichen Regelung auch ausländische Mandate mit.[1754] Auf-

---

[1746] Vgl. *Vetter*, BB 2005, 1689 (1692).

[1747] Diese Bedenken äußert ausführlich *Bender/Vater*, DStR 2003, 1807 (1808).

[1748] Vgl. *Vetter*, BB 2005, 1689 (1693). Für eine gesetzliche Karenzzeit *Rode*, BB 2006, 341 (343).

[1749] Etwas strenger dagegen die Anregung von *Dörner*, in: FS Röhricht, 809 (815).

[1750] So bereits der Vorschlag von *Bender/Vater*, DStR 2003, 1807 (1808).

[1751] Vgl. *Kremer*, in: Ringleb, DCGK, Rn. 731. So auch Ziffer 12.1 EU-Kom.-Empfehlung.

[1752] Zustimmend *Schiessl*, ZHR 167 (2003), 235 (246). Für eine weitere Reduktion *Classen*, in: Cromme, Corporate Governance Report 2002, S. 75. Für eine Reduktion der gesetzlichen Grenze *Ulmer*, AcP 2002, 143 (161).

[1753] Vgl. *Kremer*, in: Ringleb, DCGK, Rn. 735.

[1754] Vgl. *Ringleb*, in: Ringleb, DCGK, Rn. 27.

sichtsratsvorsitze werden dagegen anders als in § 100 Abs. 2 S. 3 AktG nicht doppelt gezählt.[1755]

(2) Anwendung auf die SE

Bei der dualistischen SE wird das Aufsichtsorgan grundsätzlich durch die Hauptversammlung bestellt (Art. 40 Abs. 2 S. 1 SE-VO). Für die Wahl und die gerichtliche Ersatzbestellung enthält die SE-VO keine Regelung, sodass es auf das nationale Recht ankommt. Auch bei der SE wird der Vorsitzende allein durch das Organ gewählt (Art. 42 S. 1 SE-VO), sodass die Ziffern ohne weiteres auf die SE anwendbar sind. Hinsichtlich Ziffer 5.4.5 Satz 2 entspricht ein Mandat als Verwaltungsorgan gem. § 27 Abs. 1 Nr. 1 SEAG einem Aufsichtsratsmandat. Dies gilt allerdings nur für ein nicht geschäftsführendes Mandat, eine geschäftsführende Verwaltungsorgantätigkeit sollte höher gewichtet werden.

Bei der monistischen SE wird das Verwaltungsorgan gemäß Art. 43 Abs. 3 S. 1 SE-VO durch die Hauptversammlung bestellt. Für die Wahl und eine gerichtliche Ersatzbestellung kommt es zur Anwendung des nationalen Rechts. Die Ziffer 5.4.3 ist damit anwendbar. Anders dagegen die Ziffer 5.4.4. Da das Verwaltungsorgan Geschäftsführung und Überwachung in sich vereint, ist es grundsätzlich unproblematisch, dass ehemalige Geschäftsführer zu Verwaltungsorganmitgliedern und auch zum Vorsitzenden bestellt werden, zumal der Vorsitzende auch gleichzeitig Geschäftsführer sein darf (§ 40 Abs. 1 S. 2 SEAG), aber aus Kontrollgesichtspunkten nicht sein sollte.[1756] Wie bei Ziffer 5.4.2 ist hier nur die Bestellung zum Vorsitzenden eines Ausschusses aus nicht geschäftsführenden Mitgliedern gemeint, um eine Selbstüberwachung zu verhindern. Da ein geschäftsführendes Mitglied bzw. der Geschäftsführer nicht unabhängig sind, wird bereits über die Forderung nach ausreichend unabhängigen Mitgliedern die Selbstüberwachung gemildert.

Der Zweck der Ziffer 5.4.5, den Arbeitseinsatz sicherzustellen, gilt ebenfalls für die monistische SE. Ein Verwaltungsorganmandat entspricht jedoch gem. § 27 Abs. 1 Nr. 1 SEAG trotz der Leitungsaufgabe und der damit verbundenen höheren Arbeitsbelastung nur einem Aufsichtsratsmandat. Berücksichtigt man zudem noch die Pflicht zur Führung der außergewöhnlichen Geschäfte wird das Missverhältnis noch deutlicher. Um eine der Belastung entsprechende Regelung zu erhalten, bietet sich eine weitere Konkretisierung im Kodex an. Ein nicht geschäftsführendes Mitglied sollte anderthalb soviel zählen wie ein Aufsichtsratsmandat. Die nochmals höhere Arbeitsbelastung bei einem geschäftsführenden Verwaltungsorganmitglied sollte mit einer weiteren Verdopplung berücksichtigt werden. Ein Vorstand/Geschäftsführer sollte daher nicht mehr als drei nicht geschäftsführende und nicht mehr als zwei geschäftsführende Positionen in einem Verwaltungsorgan ausüben. Eine Ausnahme vom Wettbewerbsverbot wird dadurch nicht zugelassen. Da die Ziffer 5.4.5 nur die zusätzlichen Aufsichtsratsmandate des Vorstands erwähnt, bestehen aus dem Kodex für den Aufsichtsrat über den § 100 Abs. 2 S. 1 Nr. 1

[1755] Vgl. *Kremer*, in: Ringleb, DCGK, Rn. 736.

[1756] Zu den Bedenken der Personalunion von CEO und Chairman vgl. *Schwarz/Holland*, ZIP 2002, 1661 (1671).

AktG hinaus keine Beschränkungen, dies gilt dann auch für das Verwaltungsorgan. Da die Regelung des § 27 Abs. 1 Nr. 1 SEAG nicht zu zufrieden stellenden Ergebnissen führt, ist eine entsprechende Ergänzung des Kodex empfehlenswert.

dd) Ziffer 5.4.6, 5.4.7 und 5.4.8

5.4.6 Durch die Wahl bzw. Neuwahl von Aufsichtsratsmitgliedern zu unterschiedlichen Terminen und für unterschiedliche Amtsperioden kann Veränderungserfordernissen Rechnung getragen werden.

5.4.7 Die Vergütung der Aufsichtsratsmitglieder wird durch Beschluss der Hauptversammlung oder in der Satzung festgelegt. Sie trägt der Verantwortung und dem Tätigkeitsumfang der Aufsichtsratsmitglieder sowie der wirtschaftlichen Lage und dem Erfolg des Unternehmens Rechnung. Dabei sollen der Vorsitz und der stellvertretende Vorsitz im Aufsichtsrat sowie der Vorsitz und die Mitgliedschaft in den Ausschüssen berücksichtigt werden.

Die Mitglieder des Aufsichtsrats sollen neben einer festen eine erfolgsorientierte Vergütung erhalten. Die erfolgsorientierte Vergütung sollte auch auf den langfristigen Unternehmenserfolg bezogene Bestandteile enthalten.

Die Vergütung der Aufsichtsratsmitglieder soll im Corporate Governance Bericht individualisiert, aufgegliedert nach Bestandteilen ausgewiesen werden. Auch die vom Unternehmen an die Mitglieder des Aufsichtsrats gezahlten Vergütungen oder gewährten Vorteile für persönlich erbrachte Leistungen, insbesondere Beratungs- und Vermittlungsleistungen, sollen individualisiert im Corporate Governance Bericht gesondert angegeben werden.

5.4.8 Falls ein Mitglied des Aufsichtsrats in einem Geschäftsjahr an weniger als der Hälfte der Sitzungen des Aufsichtsrats teilgenommen hat, soll dies im Bericht des Aufsichtsrats vermerkt werden.

(1) Zielsetzung

Mit Ziffer 5.4.6 wird eine kontinuierliche Bestellung angeregt, um eine von der Bestellung neuer Mitglieder weitgehend unbeeinflusste Kontrolltätigkeit zu ermöglichen.[1757] Würden alle Mitglieder zu einem Zeitpunkt neu bestellt, müssten diese sich erst eine Zeit lang einarbeiten. Bei der kontinuierlichen Bestellung kann die Einarbeitung der neuen Mitglieder durch erfahrene Mitglieder erfolgen, die weiterhin der Kontrolltätigkeit nachgehen können.

Zur Vergütung der Aufsichtsratsmitglieder gibt Ziffer 5.4.7 Abs. 1 S. 1 die Gesetzeslage des § 113 AktG wieder. Die Kompetenz für die Festlegung einer Vergütung steht allein der Hauptversammlung zu, um zu verhindern, dass die Aufsichtsratsmitglieder sich selbst bedienen können. Es soll aber auch verhindert werden, dass bei einer Vertretung durch den Vorstand dieser sich einen wohlgesonnenen Überwacher schaffen kann.[1758]

Die Vergütung ist eine Gegenleistung für die Aufsichtsratstätigkeit und ist so zu bemessen, dass sie wie beim Vorstand eine Anreizwirkung entfaltet (Ziffer 5.4.7

[1757] Vgl. Kremer, in: Ringleb, DCGK, Rn. 738.
[1758] Vgl. *Hüffer*, AktG, § 113 Rn. 1; *Kremer*, in: Ringleb, DCGK, Rn. 741.

Abs. 2). Die Vergütung muss wie beim Vorstand angemessen sein.[1759] Ziffer 5.4.7 Abs. 2 Satz 2 und 3 enthalten dazu einige Kriterien, nach denen die Angemessenheit bestimmt werden kann. Dazu wird in Satz 2 das Unternehmen und damit die Kontrollsituation berücksichtigt, wobei in Satz 3 Differenzierungen der einzelnen Aufsichtsratsmitglieder nach ihrem jeweiligen Tätigkeitsfeld empfohlen werden.[1760]

Zur Erzielung einer Anreizwirkung empfiehlt Ziffer 5.4.7 Abs. 2 S. 1[1761] neben einem Grundgehalt eine variable Vergütung, die sich am Unternehmenserfolg orientieren soll.[1762] Um wie beim Vorstand eine zu kurzfristige Sichtweise zu verhindern, wird in Satz 2 empfohlen, die variable Vergütung am langfristigen Unter-

---

1759 § 113 Abs. 1 S. 3 AktG. Sie darf daher auch nicht zu gering sein. Die Vergütung muss dem Arbeitsaufwand und der geforderten Überwachungsqualität gerecht werden; vgl. *Bender/Vater*, DStR 2003, 1807 (1810).

1760 So bereits im Wesentlichen § 113 Abs. 1 S. 3 AktG, nach dem für die Angemessenheit die Aufgabe des Mitglieds und die Lage der Gesellschaft relevant sind; vgl. *Gehling*, ZIP 2005, 549 (553). Die Differenzierung nach der Tätigkeit stellt ein sachliches Kriterium für eine differenzierte Vergütung dar und ist damit gerechtfertigt; vgl. *Gehling*, ZIP 2005, 549 (551).

1761 Diese Empfehlung wird von den meisten DAX-Unternehmen erfüllt; vgl. *Gehling*, ZIP 2005, 549 (549).

1762 Vgl. *Dörner*, in: FS Röhricht, 809 (829). Der erfolgsorientierte Teil wird überwiegend an der Dividendenhöhe, aber auch an Unternehmenskennziffern und dem Aktienkurs ausgerichtet; vgl. *Gehling*, ZIP 2005, 549 (549 ff.). Als variable Vergütung scheiden reine Optionsprogramme aus, weil die Aufsichtsratsmitglieder in § 71 Abs. 1 Nr. 8 S. 5 und § 192 Abs. 2 Nr. 3 AktG als Begünstigte nicht erwähnt sind, vgl. *BGH*, NJW 2004, 1109 (1109); *Gehling*, ZIP 2005, 549 (555 f.). Damit sind die Aufsichtsorganmitglieder bezüglich dieses Punktes als unabhängig anzusehen; vgl. Ziffer 13.2 i.V.m. Anhang II Nr. 1c EU-Kom.-Empfehlung; *Hopt*, in: FS Röhricht, 235 (246).
Zur Begründung der Ablehnung von Aktienoptionen wird vielfach darauf hingewiesen, dass eine aktienbasierte Vergütung zu einem Gleichlauf der Interessen von Vorstand und Aufsichtsrat führen würde; vgl. *BGH*, NJW 2004, 1109 (1110); *Habersack*, ZGR 2004, 721 (727); *Peltzer*, Corporate Governance, Rn. 243; GroßkommAktG/*Hopt/Roth*, § 113 Rn. 37; kritisch zu dieser Argumentation: *Richter*, BB 2004, 949 (956 f.). Wenn das Kontrollorgan die gleichen Interessen hätte wie der Vorstand, würde eine unabhängige Kontrolle zumindest deutlich erschwert und die Überwachung würde wieder allein den Aktionären obliegen, zu deren Interessenwahrnehmung der Aufsichtsrat bzw. die unternehmensinterne Kontrolle gerade geschaffen wurde; vgl. hierzu ausführlich *Bender/Vater*, DStR 2003, 1807 (1811); *Roth/Wörle*, ZGR 2004, 565 (566); Aktienoptionen dennoch befürwortend: *Claussen/Bröcker*, AG 2000, 481 (490). Aus der Argumentation folgert *Habersack*, ZGR 2004, 721 (733), dass Vorstand und Aufsichtsrat nicht anhand gleicher Erfolgsparameter entlohnt werden dürfen. Die Gefahr negativer Wirkungen gleicher Erfolgsparameter auf die Qualität der Überwachung ist zwar gegeben, kann aber nicht in jedem Fall zur Unzulässigkeit einer Aufsichtsratsvergütung führen. Es ist für jeden Parameter darauf abzustellen, wie sehr dadurch die ordnungsgemäße Überwachung gefährdet wird. Da das deutsche Recht eine Vergütung mit Optionen nicht zulässt, folgt daraus aufgrund der dargelegten Bedenken, dass zumindest alle auf dem Aktienkurs basierenden Vergütungsmodelle, wie Phantom Stocks, unzulässig sind, so auch *Lenenbach*, EWiR 2004, 413 (414). Ablehnend bezüglich dieser Beschränkungen *Kremer*, in: Ringleb, DCGK, Rn. 762 ff. und *Gehling*, ZIP 2005, 549 (554 ff.), die dies als Teil des Ermessens der Hauptversammlung ansehen. Ähnlich *Richter*, BB 2004, 949 (952).

nehmenserfolg auszurichten.[1763] Bei der Ausgestaltung der variablen Vergütung muss – wie insgesamt bei der Vergütung – darauf geachtet werden, dass alle wesentlichen Punkte eines solchen Programms von der Hauptversammlung festgelegt werden; der Vorstand darf keinen Entscheidungsspielraum mehr haben.[1764]

Mit der Empfehlung der individualisierten Offenlegung der Vergütungsbestandteile geht die Ziffer 5.4.7 Abs. 3 S. 1 über frühere Fassungen des Kodex hinaus, in denen dies nur als Anregung formuliert wurde. War in der Fassung vom 7.11.2002 noch die Offenlegung im Anhang angeregt, wird jetzt die Offenlegung im Corporate Governance Bericht empfohlen. Es kann aber auch weiterhin im Anhang die Offenlegung erfolgen, zumal dort gem. § 285 Nr. 9 HGB die Gesamtvergütung aller Aufsichtsratsmitglieder anzugeben ist. Mit der individualisierten Offenlegung wird gegenüber der gesetzlichen Regelung kein so großer Schritt gegangen, weil die Vergütung in der Hauptversammlung beschlossen und damit (aktionärs-)öffentlich ist. Die Offenlegung im Corporate Governance Bericht führt gleichwohl zu einer Vereinfachung.[1765]

Die Empfehlung des Satzes 2 geht über die gesetzliche Regelung hinaus und fordert eine individualisierte Offenlegung sonstiger Vergütungen, die ein Mitglied von einem Konzernunternehmen für Beratungs- oder Vermittlungstätigkeit erhalten hat. Dies dient der Kenntlichmachung von potentiellen Interessenkonflikten und damit der Sicherstellung einer unabhängigen Kontrolle.[1766] Diese Angaben sollen im Gegensatz zur Kodexfassung vom 02.06.2005 nicht mehr im Konzernanhang erfolgen, sondern im Corporate Governance Bericht.[1767] Dies ist im Hinblick auf eine beabsichtigte einheitliche Berichterstattung (Ziffer 4.2.5 und 5.4.7 Abs. 3) über die Bezüge der Organmitglieder sinnvoll.

Mit Ziffer 5.4.8 wird beabsichtigt, eine ausreichende Teilnahme der Aufsichtsratsmitglieder an den Aufsichtsratssitzungen zu erreichen.[1768] Der Kodex folgt auch hier dem „Comply or explain"-Gedanken. Wenn ein Mitglied bei mehr als der Hälfte der Aufsichtsratssitzungen nicht teilnimmt, wird dies im Aufsichtsratsbericht veröffentlicht. Ausschusssitzungen werden von dieser Kodexempfehlung je-

---

[1763] Die damit verbundenen Bedenken, der Aufsichtsrat würde dadurch einen Anreiz bekommen, sich zu stark in die Belange des Vorstands einzumischen, so *Bender/Vater*, DStR 2003, 1807 (1811), werden von der Kodex-Kommission nicht geteilt, weil der Aufsichtsrat nach den Kodexempfehlungen sehr stark in die unternehmerische Entscheidungen des Vorstands eingebunden werden soll. Vgl. *Kremer*, in: Ringleb, DCGK, Rn. 758 f.

[1764] Vgl. *LG München I*, AG 2001, 210 (211); *Gehling*, ZIP 2005, 549 (551).

[1765] Vgl. *Kremer*, in: Ringleb, DCGK, Rn. 769.

[1766] Zur Problematik und Zulässigkeit von Beratungsverträgen vgl. *Peltzer*, ZIP 2007, 305 (305 ff.).

[1767] Da diese Informationen nicht gesetzlich offen zu legen sind, kann der Kodex die Offenlegung im Corporate Governance Bericht vorsehen.

[1768] Vgl. *Vetter*, ZIP 2006, 257 (261).

doch nicht erfasst.[1769] Die Aktionäre erhalten so einen Einblick in einen Teil der tatsächlichen Tätigkeit der Aufsichtsratsmitglieder.[1770]

(2) Anwendung auf die SE

Die Anwendung erfordert nur im monistischen System kleinere Anpassungen. Die Empfehlung unterschiedlicher Bestellungstermine ist sinnvoll und mit Art. 46 SE-VO kompatibel.[1771] Hinsichtlich der Vergütung (Ziffer 5.4.7) sind nur die nicht geschäftsführenden Mitglieder des Verwaltungsorgans angesprochen. Denn den geschäftsführenden Mitgliedern kann eine vorstandsähnliche Vergütung, die auch aktienbasierte Elemente enthält, gewährt werden.[1772] Die Sicherstellung der Unabhängigkeit ist nur für die nicht geschäftsführenden Mitglieder von Bedeutung. Diesen soll aber auch eine angemessene Vergütung zukommen. Dabei ist entscheidend, dass die Vergütung nicht zu falschen Anreizen führt. Abzustellen ist hierbei auf die Überwachungsaufgabe. Die auch von den nicht geschäftsführenden Mitgliedern wahrzunehmende Leitungsaufgabe ist in diesem Zusammenhang unschädlich, weil zum einen die Überwachung überwiegt und zum anderen die Leitungsentscheidungen in der Regel langfristige Auswirkungen zeigen, sodass Überwachung und Leitung langfristig nicht zu Zielkonflikten führen. Auf aktienbasierte Vergütungen ist dennoch zu verzichten, weil dies die Unabhängigkeit zu stark gefährdet.[1773] Die Veröffentlichung der Vergütung und der Sitzungsteilnahme ist unproblematisch anwendbar.

e) Ziffer 5.5: Interessenkonflikte

5.5.1 Jedes Mitglied des Aufsichtsrats ist dem Unternehmensinteresse verpflichtet. Es darf bei seinen Entscheidungen weder persönliche Interessen verfolgen noch Geschäftschancen, die dem Unternehmen zustehen, für sich nutzen.

5.5.2 Jedes Aufsichtsratsmitglied soll Interessenkonflikte, insbesondere solche, die auf Grund einer Beratung oder Organfunktion bei Kunden, Lieferanten, Kreditgebern oder sonstigen Geschäftspartnern entstehen können, dem Aufsichtsrat gegenüber offen legen.

5.5.3 Der Aufsichtsrat soll in seinem Bericht an die Hauptversammlung über aufgetretene Interessenkonflikte und deren Behandlung informieren. Wesentliche und nicht nur vorübergehende Interessenkonflikte in der Person eines Aufsichtsratsmitglieds sollen zur Beendigung des Mandats führen.

5.5.4 Berater- und sonstige Dienstleistungs- und Werkverträge eines Aufsichtsratsmitglieds mit der Gesellschaft bedürfen der Zustimmung des Aufsichtsrats.

[1769] Vgl. *Kremer*, in: Ringleb, DCGK, Rn. 774. Dem Aufsichtsrat steht auch eine diesbezügliche Veröffentlichung im Aufsichtsratsbericht zu.

[1770] Vgl. *Maser/Bäumker*, AG 2005, 906 (910 i.V.m. 908).

[1771] Siehe oben S. 74.

[1772] Siehe oben S. 155 f.

[1773] Siehe oben Fn. 1762.

aa) Zielsetzung

Alle diese in Ziffer 5.5.1 erwähnten Pflichten sind gesetzliche Pflichten.[1774] In Satz 2 wird klargestellt, dass Interessenkonflikte nicht nur im Vorstand, sondern auch im Aufsichtsrat auftreten können und daher auch zu beachten sind.[1775] Dies ergibt sich wie beim Vorstand aus der auch für das Aufsichtsratsmitglied geltenden Treuepflicht gegenüber der Gesellschaft.[1776] Wie beim Vorstand folgt daraus, dass die Interessen der Gesellschaft absoluten Vorrang haben.[1777] Damit ist dem Aufsichtsratsmitglied nicht gestattet, Geschäftschancen des Unternehmens selbst zu nutzen.[1778] Die Betonung dieser Treuepflicht ist insbesondere beim Aufsichtsrat von Bedeutung, weil das Gesetz und der Kodex davon ausgehen, dass die Aufsichtsratstätigkeit nicht der alleinige Beruf ist und daher vermehrt Interessenkonflikte mit den anderen ausgeübten Tätigkeiten auftreten können. Wie beim Vorstand stellt die Definition des Unternehmensinteresses eine Schwierigkeit für die Operationalisierbarkeit der Treuepflicht dar.[1779] Bei dem Verbot Geschäftschancen des Unternehmens zu nutzen, kommt es darauf an, ob das Aufsichtsratsmitglied die Informationen in Funktionsausübung oder privat erhalten hat.[1780]

Mit der Empfehlung der Ziffer 5.5.2, Interessenkonflikte dem Aufsichtsrat zu offenbaren, soll die notwendige Transparenz hergestellt werden, um die Interessenkonflikte von vornherein zu verhindern bzw. bei Beschlüssen berücksichtigen zu können.[1781] Wie beim Vorstand handelt es sich hier um eine individuelle Verpflichtung, sodass jedes Mitglied die Einhaltung/Nichteinhaltung der Empfehlung erklären muss, um eine Aussage für die Entsprechenserklärung abgeben zu können.[1782] Wie mit einem offenbarten Interessenkonflikt umgegangen wird, legt grundsätzlich das Aufsichtsorgan selbst fest, es sei denn, es ergäbe sich bereits ein gesetzlicher Stimmrechtsausschluss.

Die Empfehlungen der Ziffer 5.5.3 bauen auf der Ziffer 5.5.2 auf. Nach Satz 1 soll der Aufsichtsrat der Hauptversammlung über aufgetretene Interessenkonflikte und deren Behandlung informieren, damit die Hauptversammlung eine weitere Grundlage für den Entlastungsbeschluss gemäß § 119 Abs.1 Nr. 3 AktG hat.[1783] Für den Bericht des Aufsichtsrats gelten die Regeln des § 171 Abs. 2 AktG entspre-

---

[1774] Siehe § 116 AktG; vgl. *Lutter*, in: Ringleb, DCGK, Rn. 366; *Semler/Stengler*, NZG 2003, 1 (2).

[1775] Vgl. *Bender/Vater*, DStR 2003, 1807 (1807).

[1776] Vgl. *Mertens*, in: Kölner Kommentar zum AktG, § 116 Rn. 22 ff.; GroßkommAktG/*Hopt/Roth*, § 100 Rn. 142.

[1777] Vgl. *BGH*, NJW 1980, 1629 (1629 f.).

[1778] Vgl. *Kremer*, in: Ringleb, DCGK, Rn. 786.

[1779] Vgl. Fn. 1466.

[1780] Vgl. *Kremer*, in: Ringleb, DCGK, Rn. 786.

[1781] Vgl. *Kremer*, in: Ringleb, DCGK, Rn. 787 f.

[1782] Vgl. *Kremer*, in: Ringleb, DCGK, Rn. 797. Mit berechtigter Kritik an der Wirksamkeit einer Offenlegung durch die betroffene Person für die Verhinderung von Interessenkonflikten *Bender/Vater*, DStR 2003, 1807 (1807), die darauf hinweisen, dass die betroffene Person regelmäßig keinen Interessenkonflikt sehen wird.

[1783] Vgl. *Maser/Bäumker*, AG 2005, 906 (908); *Kremer*, in: Ringleb, DCGK, Rn. 803.

chend.[1784] Die aus Ziffer 5.5.2 S. 1 folgende Transparenz, ermöglicht der Hauptversammlung, das Mitglied entsprechend der Empfehlung der Ziffer 5.4.1 S. 2 nicht wieder zu bestellen.

Sofern ein Interessenkonflikt für die Aufsichtsratstätigkeit eines Mitglieds wesentlich und nicht behebbar ist, empfiehlt Ziffer 5.5.3 S. 2 die Beendigung des Mandats. Es wird jedoch der Gesellschaft überlassen, auf welchem Wege sie die Beendigung des Mandats erreicht.[1785] Aufgrund der Sorgfaltspflicht kann sogar die Pflicht der gerichtlichen Abbestellung (§ 103 Abs. 3 AktG) bestehen.[1786] An der gesetzlichen Regelung über den Umgang mit Interessenkonflikten ändert der Kodex nichts, sodass trotz Verbleib des Mitglieds im Aufsichtsrat der Interessenkonflikt zum Stimmrechtsausschluss führen kann.

Ziffer 5.5.4 wiederholt die gesetzliche Regelung des § 114 AktG.[1787] Es wird klargestellt, dass ein Aufsichtsratsmitglied für die Gesellschaft außerhalb der Überwachungstätigkeit tätig werden kann. Daraus folgt, dass diejenigen Verträge mit dem Aufsichtsratsmitglied unwirksam sind, die einen Teil der Überwachungstätigkeit betreffen, weil die eine Umgehung der Vergütungskompetenz der Hauptversammlung (§ 113 AktG) darstellen würden. Beraterverträge dürfen somit nicht grundlegende Aufsichtsratsaufgaben betreffen.[1788]

Daher muss für die Zustimmung des Aufsichtsrats der Vertragsinhalt bzgl. Aufgabe und Vergütung detailliert dem Aufsichtsrat offen gelegt werden, damit dieser entscheiden kann, ob der Vertrag nicht doch eine verdeckte Aufsichtsratsvergütung darstellt.[1789] Das betroffene Mitglied darf bei einer Zustimmung im Aufsichtsrat oder Aufsichtsratsausschuss nicht mit abstimmen.[1790]

bb) Anwendung auf die SE

Der Ziffernblock ist auf die SE unabhängig vom gewählten System uneingeschränkt anwendbar. Die wiedergegebenen gesetzlichen Regelungen gelten aufgrund Regelungsoffenheit ebenfalls für die SE. So gilt § 114 AktG für das Aufsichtsorgan und über § 38 Abs. 2 SEAG auch für das Verwaltungsorgan. Aufgrund der Weisungsabhängigkeit der Geschäftsführer gilt für die geschäftsführenden Mitglieder die Zustimmungspflicht für alle Verträge im Sinne des § 112 AktG.[1791] Den nicht geschäftsführenden Mitgliedern steht dagegen kein Weisungsrecht zu, sodass es hier zur Anwendung des § 114 AktG wie beim Aufsichtsorgan kommt. Die Ziffer 5.5.4 ist damit an die nicht geschäftsführenden Mitglieder gerichtet. Dies sollte im Kodex klargestellt werden.

[1784] Vgl. *Kremer*, in: Ringleb, DCGK, Rn. 804 f.

[1785] Vgl. *Kremer*, in: Ringleb, DCGK, Rn. 806.

[1786] Vgl. *Hopt*, ZGR 2004, 1 (38); MünchKommAktG/*Semler*, § 161 Rn. 457; *Semler/Stengler*, NZG 2003, 1 (6).

[1787] Nach Auffassung von MünchKommAktG/*Semler*, § 161 Rn. 461 ist dies zu weit gehend.

[1788] Vgl. *Kremer*, in: Ringleb, DCGK, Rn. 809 f., mit Beispielen für mögliche Beraterverträge.

[1789] Vgl. *Kremer*, in: Ringleb, DCGK, Rn. 811.

[1790] Vgl. MünchKommAktG/*Semler*, § 114 Rn. 79, § 108 Rn. 145 ff.

[1791] Siehe oben S. 192 f.

f) Ziffer 5.6: Effizienzprüfung

Der Aufsichtsrat soll regelmäßig die Effizienz seiner Tätigkeit überprüfen.

aa) Zielsetzung

Die von Ziffer 5.6 empfohlene Selbstevaluation ist gesetzlich nicht vorgesehen und wird nicht näher konkretisiert.[1792] Eine externe Effizienzprüfung wird damit nicht verlangt. Mit der Selbstevaluation soll der Aufsichtsrat die notwendigen Informationen generieren, die notwendig sind, um die Corporate Governance kontinuierlich verbessern und den (veränderten) Gegebenheiten anpassen zu können. Die Häufigkeit und Intensität sowie die Methoden der Selbstevaluation hängen dabei von der Unternehmenssituation und folglich dem Kontrollumfeld ab.[1793] Im Zusammenhang mit der Abgabe der Entsprechenserklärung ist zumindest von einer jährlichen Evaluation auszugehen.[1794]

bb) Anwendung auf die SE

Die Empfehlung richtet sich an das Aufsichtsorgan einer SE. Im monistischen System ist die Empfehlung zur Selbstevaluation zunächst an das Verwaltungsorgan gerichtet, weil diesem die Überwachung obliegt. Sinnvoll ist sicherlich eine gesonderte Evaluation seitens der nicht geschäftsführenden Mitglieder, um Defizite besser zu erkennen. Dies korrespondiert dann mit der Empfehlung der Ziffer 3.6, getrennte Sitzungen der nicht geschäftsführenden Mitglieder abzuhalten. Da aber die organisatorische Änderung der Überwachung dem gesamten Organ obliegt, richtet sich die Empfehlung vor allem an das Verwaltungsorgan.

6. Abschnitt 6: Transparenz

6.1 Der Vorstand wird Insiderinformationen, die die Gesellschaft unmittelbar betreffen, unverzüglich veröffentlichen, soweit er nicht im Einzelfall von der Veröffentlichungspflicht befreit ist.

6.2 Sobald der Gesellschaft bekannt wird, dass jemand durch Erwerb, Veräußerung oder auf sonstige Weise 5, 10, 25, 50 oder 75 % der Stimmrechte an der Gesellschaft erreicht, über- oder unterschreitet, wird dies vom Vorstand unverzüglich veröffentlicht.

6.3 Die Gesellschaft wird die Aktionäre bei Informationen gleich behandeln. Sie soll ihnen unverzüglich sämtliche neuen Tatsachen, die Finanzanalysten und vergleichbaren Adressaten mitgeteilt worden sind, zur Verfügung stellen.

6.4 Zur zeitnahen und gleichmäßigen Information der Aktionäre und Anleger soll die Gesellschaft geeignete Kommunikationsmedien, wie etwa das Internet, nutzen.

6.5 Informationen, die die Gesellschaft im Ausland aufgrund der jeweiligen kapitalmarktrechtlichen Vorschriften veröffentlicht, sollen auch im Inland unverzüglich bekannt gegeben werden.

6.6 Erwerb oder Veräußerung von Aktien der Gesellschaft oder von sich darauf beziehenden Finanzinstrumenten, insbesondere Derivaten, durch Vorstands- und

---

[1792] Vgl. *v. Werder*, in: Ringleb, DCGK, Rn. 816 f.; *Dörner*, in: FS Röhricht, 809 (823). So auch Ziffer 8 EU-Kom.-Empfehlung.

[1793] Zum Inhalt eines entsprechenden Fragebogens siehe *Dörner*, in: FS Röhricht, 809 (823 f.).

[1794] Vgl. GroßkommAktG/*Hopt/Roth*, § 111 Rn. 833; *Dörner*, in: FS Röhricht, 809 (823).

Aufsichtsratsmitglieder der Gesellschaft oder sonstige Personen mit Führungsaufgaben, die regelmäßig Zugang zu Insiderinformationen der Gesellschaft haben und zu wesentlichen unternehmerischen Entscheidungen befugt sind, sowie durch bestimmte mit ihnen in einer engen Beziehung stehende Personen werden von diesen unverzüglich der Gesellschaft mitgeteilt. Mitteilungspflichtig sind Erwerbs- und Veräußerungsgeschäfte über 5.000,- EURO im Kalenderjahr. Die Gesellschaft veröffentlicht die Mitteilung unverzüglich. Der Besitz von Aktien der Gesellschaft oder sich darauf beziehender Finanzinstrumente, von Vorstands- und Aufsichtsratsmitgliedern soll angegeben werden, wenn er direkt oder indirekt größer als 1 % der von der Gesellschaft ausgegebenen Aktien ist. Übersteigt der Gesamtbesitz aller Vorstands- und Aufsichtsratsmitglieder 1 % der von der Gesellschaft ausgegebenen Aktien, soll der Gesamtbesitz getrennt nach Vorstand und Aufsichtsrat angegeben werden. Sämtliche vorstehenden Angaben sollen im Corporate Governance Bericht enthalten sein.

6.7 Im Rahmen der laufenden Öffentlichkeitsarbeit sollen die Termine der wesentlichen wiederkehrenden Veröffentlichungen (u. a. Geschäftsbericht, Zwischenberichte, Hauptversammlung) in einem "Finanzkalender" mit ausreichendem Zeitvorlauf publiziert werden.

6.8 Von der Gesellschaft veröffentlichte Informationen über das Unternehmen sollen auch über die Internetseite der Gesellschaft zugänglich sein. Die Internetseite soll übersichtlich gegliedert sein. Veröffentlichungen sollten auch in englischer Sprache erfolgen.

a) Zielsetzung

Mit dem Abschnitt 6 wird die Bedeutung der Transparenz unternehmerischen Handelns hervorgehoben.[1795] Es soll eine zeitnahe Information des Kapitalmarktes mit für eine Investition entscheidungserheblichen Daten des Unternehmens erreicht werden.[1796]

Ziffer 6.1 wiederholt dabei die Regelung des § 15 Abs. 1 WpHG zur Ad-hoc-Publizität.[1797] Diese steht dabei neben der jährlichen und halbjährlichen Periodenberichterstattung und darf keine Tatsachen enthalten, die Teil der Periodenberichterstattung sind.[1798] Entscheidend ist, dass nur Tatsachen zu veröffentlichen sind, deren Bekannt werden geeignet sind, den Börsenkurs erheblich zu beeinflussen. Es werden somit in der Regel Sachverhalte vorliegen, die der Leitung aber zumindest den außergewöhnlichen Geschäften zuzuordnen sein werden.

Ziffer 6.2 gibt die Regelung des § 25 WpHG wieder, nach der bei Eintreten der Bekanntmachungspflicht des Aktionärs gem. § 21 WpHG der Vorstand dies bekannt zu machen hat.[1799]

[1795] Vgl. MünchKommAktG/*Semler*, § 161 Rn. 465; *Ringleb*, in: Ringleb, DCGK, Rn. 823.
[1796] So auch in amerikanischen Gesellschaftsrechten; vgl. *Martin*, NZG 2003, 948 (950).
[1797] Vgl. MünchKommAktG/*Semler*, § 161 Rn. 467. Zu den Voraussetzungen der Ad-hoc-Publizität vgl. *Ringleb*, in: Ringleb, DCGK, Rn. 826 ff.
[1798] Vgl. *Ringleb*, in: Ringleb, DCGK, Rn. 826.
[1799] Vgl. MünchKommAktG/*Semler*, § 161 Rn. 469.

Die von Ziffer 6.3 angesprochene Gleichbehandlung der Aktionäre – unabhängig von ihrem Aktienanteil – ist eine Selbstverständlichkeit, die gesetzlich u.a. in § 53a AktG zum Ausdruck kommt.[1800] Umfasst ist nur die Informationsversorgung der Aktionäre durch die Gesellschaft und nicht etwaige andere Informationsquellen (z.B. Aufsichtsratssitz) des Aktionärs.[1801] Daneben wird in Satz 2 empfohlen, den Aktionären in gleicher Weise Informationen über neue Tatsachen[1802] zukommen zu lassen, die Finanzanalysten und anderen Adressaten übermittelt wurden, um Informationsasymmetrien zu verhindern. Die Aktionäre sollen die gleiche Entscheidungsgrundlage erhalten wie die Finanzanalysten, die mit ihren Urteilen erheblichen Einfluss auf die Wertentwicklung des Unternehmens haben können.

Da eine möglichst schnelle und zeitnahe Information für den Kapitalmarkt von erheblicher Bedeutung ist, empfiehlt der Kodex in Ziffer 6.4 die Nutzung geeigneter Kommunikationsmedien, die – wie z.B. das Internet – die geforderte zeitnahe und gleichmäßige Information zu vertretbaren Kosten ermöglichen.[1803]

Mit der Empfehlung der Ziffer 6.5 soll eine eventuelle Informationsasymmetrie zwischen inländischen und ausländischen Anlegern verhindert werden.[1804] Die Gesellschaft hat demnach alle Informationen und damit nicht nur Tatsachen i.S.d. Ziffer 6.3 auch im Inland zu veröffentlichen, die nach ausländischem Kapitalmarktrecht veröffentlicht werden.

Um Insidergeschäften vorzubeugen, sieht § 15a WpHG eine Veröffentlichungspflicht von Erwerb und Veräußerung von Aktien der Gesellschaft durch Mandatsträger und bestimmten ihnen nahe stehenden Personen gegenüber der Gesellschaft und eine Information der Gesellschaft gegenüber der Öffentlichkeit vor. Diese wird in Ziffer 6.6 wiedergegeben.[1805] Absatz 2 enthält eine Empfehlung, eine individuelle Angabe im Corporate Governance Bericht zu machen, wenn der Besitz eines Vorstands- oder Aufsichtsratsmitglieds an Aktien oder entsprechenden Derivaten direkt oder indirekt 1 % der von der Gesellschaft ausgegebenen Aktien übersteigt.[1806] Erreicht ein Mitglied die Grenze von 1 % nicht, soll zumindest nach Vorstand und Aufsichtsrat getrennt werden und eine summarische Angabe gemacht werden, wenn der Anteilsbesitz der Gruppe mehr als 1 % der ausgegebenen Aktien umfasst.

Mit der Empfehlung der Ziffer 6.7, über Termine regelmäßiger Veröffentlichungen in einem Finanzkalender zu informieren, wird den Anlegern ermöglicht, sich

---

[1800] Vgl. *v. Werder*, in: Ringleb, DCGK, Rn. 843. Etwas a.A. MünchKommAktG/*Semler*, § 161 Rn. 471.

[1801] Vgl. *v. Werder*, in: Ringleb, DCGK, Rn. 844.

[1802] Unter Tatsache werden dabei lediglich die Sachverhalte verstanden, die zu einer Ad-hoc-Publizität gem. § 15 WpHG führen würden. Planungen, Meinungen etc. sind daher nicht von Ziffer 6.2 umfasst und können ohne Verstoß gegen die Empfehlung allein den Finanzanalysten zukommen; vgl. *v. Werder*, in: Ringleb, DCGK, Rn. 846.

[1803] Vgl. *v. Werder*, in: Ringleb, DCGK, Rn. 851.

[1804] Vgl. *v. Werder*, in: Ringleb, DCGK, Rn. 854.

[1805] Vgl. MünchKommAktG/*Semler*, § 161 Rn. 481.

[1806] Vgl. *v. Werder*, in: Ringleb, DCGK, Rn. 882.

auf die anstehenden Berichte einzustellen. Wie der Finanzkalender veröffentlicht wird, steht dabei im Ermessen der Gesellschaft. Entsprechend der Empfehlung der Ziffer 6.8 sollte dieser wie alle anderen veröffentlichten Informationen auch im Internet veröffentlicht werden, um eine möglichst hohe Transparenz zu erreichen. Diese kann dabei nur erreicht werden, wenn entsprechend der Empfehlung in Satz 2 die Informationen im Internet nicht versteckt, sondern übersichtlich dargestellt werden. Die Veröffentlichung der Informationen auch in englischer Sprache, um den ausländischen Anlegern eine ebenso schnelle Information zu ermöglichen, ist dagegen nur als Anregung formuliert, um kleinen börsennotierten Gesellschaften nicht zu hohe Kosten aufzudrängen.[1807]

b) Anwendung auf die SE

Im dualistischen System bestehen keine Anwendungsschwierigkeiten. Im monistischen System ist gemäß § 22 Abs. 6 SEAG das Verwaltungsorgan zuständig, soweit die gesetzlichen Bestimmungen den Vorstand verpflichten. Da aber in der Regel der Emittent und damit die Gesellschaft verpflichtet wird (z.B. § 15 Abs. 1 WpHG) und die Veröffentlichung eine Handlung nach Außen darstellt, sind gemäß § 41 Abs. 1 SEAG die Geschäftsführer zur Information verpflichtet.[1808] Soweit es sich jedoch um mitteilungspflichtige Leitungsentscheidungen handelt, ist das Verwaltungsorgan verpflichtet, die Geschäftsführer hierüber zu informieren, damit die Veröffentlichung gesetzeskonform erfolgen kann.

Da die in Ziffer 6.6 wiedergegebene Regelung des § 15a WpHG auch die Mitglieder des Geschäftsführungsorgans zur Angabe des Handels mit Aktien der Gesellschaft verpflichtet und die Geschäftsführer als Organ anzusehen sind, betrifft die Verpflichtung auch die Geschäftsführer der SE. Die Ziffer 6.6 gilt somit sowohl für das Verwaltungsorgan als auch für die Geschäftsführer.

7. Abschnitt 7: Rechnungslegung und Abschlussprüfung

a) Ziffer 7.1: Rechnungslegung

7.1.1 Anteilseigner und Dritte werden vor allem durch den Konzernabschluss informiert. Sie sollen während des Geschäftsjahres durch Zwischenberichte unterrichtet werden. Der Konzernabschluss und die Zwischenberichte sollen unter Beachtung international anerkannter Rechnungslegungsgrundsätze aufgestellt werden. Für gesellschaftsrechtliche Zwecke (Ausschüttungsbemessung, Gläubigerschutz) werden Jahresabschlüsse nach nationalen Vorschriften (HGB) aufgestellt, die auch Grundlage für die Besteuerung sind.

7.1.2 Der Konzernabschluss wird vom Vorstand aufgestellt und vom Abschlussprüfer sowie vom Aufsichtsrat geprüft. Zusätzlich sind die Prüfstelle für Rechnungslegung bzw. die Bundesanstalt für Finanzdienstleistungsaufsicht befugt, die Übereinstimmung des Konzernabschlusses mit den maßgeblichen Rechnungslegungsvorschriften zu überprüfen (Enforcement). Der Konzernabschluss soll binnen

---

[1807] Vgl. *v. Werder*, in: Ringleb, DCGK, Rn. 890.

[1808] Ähnlich *Kalss/Greda*, in: Kalss/Hügel, SE, § 38 SEG Rn. 25. A.A. MünchKommAktG/*Reichert/Brandes*, SE-VO, Art. 43 Rn. 92 ff., die die Pflicht der §§ 15, 15a, 21 WpHG gemäß § 22 Abs. 6 SEAG beim Verwaltungsorgan sehen.

90 Tagen nach Geschäftsjahresende, die Zwischenberichte sollen binnen 45 Tagen nach Ende des Berichtszeitraums, öffentlich zugänglich sein.

7.1.3 Der Corporate Governance Bericht soll konkrete Angaben über Aktienoptionsprogramme und ähnliche wertpapierorientierte Anreizsysteme der Gesellschaft enthalten.

7.1.4 Die Gesellschaft soll eine Liste von Drittunternehmen veröffentlichen, an denen sie eine Beteiligung von für das Unternehmen nicht untergeordneter Bedeutung hält. Handelsbestände von Kredit- und Finanzdienstleistungsinstituten, aus denen keine Stimmrechte ausgeübt werden, bleiben hierbei unberücksichtigt. Es sollen angegeben werden: Name und Sitz der Gesellschaft, Höhe des Anteils, Höhe des Eigenkapitals und Ergebnis des letzten Geschäftsjahres.

7.1.5 Im Konzernabschluss sollen Beziehungen zu Aktionären erläutert werden, die im Sinne der anwendbaren Rechnungslegungsvorschriften als nahe stehende Personen zu qualifizieren sind.

aa) Zielsetzung

Mit Ziffer 7.1.1 S. 1 wird die besondere Bedeutung des Konzernabschlusses für die Information des Kapitalmarktes hervorgehoben. Die Empfehlung in Satz 2, mehr als einen Zwischenbericht zu veröffentlichen, geht zwar über die gesetzliche Regelung des § 40 Abs. 1 BörsG hinaus, bleibt aber hinter den für den amtlichen Handel geltenden Börsenzulassungsregeln des sog. Prime Standards[1809] zurück, die eine Quartalsberichterstattung fordern.[1810] Die Empfehlung gilt somit hauptsächlich für nicht zum amtlichen Handel zugelassene Aktiengesellschaften. Das Europäische Recht verpflichtet Konzerne seit dem 01.01.2005 zur Rechnungslegung nach IAS/IFRS. Damit wird die Empfehlung der Ziffer 7.1.1 S. 3 eingeschränkt, die eine Abschlusserstellung nach internationalen Grundsätzen – also auch US-GAAP – zulässt. Ziffer 7.1.1 S. 4 stellt dagegen nur klar, dass der Einzelabschluss nach HGB-Grundsätzen allein für die Ausschüttungsbemessung entscheidend ist.[1811]

Dass der Konzernabschluss vom Vorstand aufgestellt und vom Aufsichtsrat geprüft wird (Ziffer 7.1.2 S. 1), ergibt sich aus §§ 337 Abs. 1, 171 Abs. 1 AktG. Anders als der Jahresabschluss wird der Konzernabschluss nicht festgestellt, weil er keine Ausschüttungsbemessung enthält. Mit der Empfehlung, den Konzernabschluss einschließlich Lagebericht[1812] binnen 90 Tagen und die Zwischenberichte binnen 45 Tagen nach Ablauf des Berichtszeitraums zu veröffentlichen, soll eine schnelle Information über den Geschäftsablauf abgegeben werden.[1813] Ziffer 7.1.2 S. 2 wiederholt die gesetzliche Regelung des § 342b HGB, der zur Durchsetzung einer korrekten Rechnungslegung eine Enforcement-Stelle geschaffen hat, die von

[1809] Vgl. § 63 Börsenordnung für die Frankfurter Wertpapierbörse.

[1810] Mit der Kodexempfehlung in Ziffer 7.1.1 S. 2 werden zwar mehr als ein Zwischenbericht im Jahr gefordert, aber keine Quartalsberichte; vgl. *Ringleb*, in: Ringleb, DCGK, Rn. 894.

[1811] Vgl. *Ringleb*, in: Ringleb, DCGK, Rn. 901.

[1812] Vgl. *Ringleb*, in: Ringleb, DCGK, Rn. 909.

[1813] Vgl. *Ringleb*, in: Ringleb, DCGK, Rn. 904.

Aktionären angerufen werden kann.[1814] Verweigert das betroffene Unternehmen die Zusammenarbeit, kann die Enforcement-Stelle die korrekte Rechnungslegung durchsetzen.

Um hinsichtlich der gewährten Aktienoptionsprogramme eine hohe Transparenz zu erreichen, empfiehlt der Kodex in Ziffer 7.1.3 konkrete Angaben zu allen wertpapierbasierten Anreizsystemen im Konzernabschluss. Mit dieser Empfehlung werden die Ziffern 4.2.3, 4.2.4 und 5.4.5 ergänzt.[1815]

Über die gesetzliche Regelung des § 313 Abs. 2 Nr. 4 HGB hinaus empfiehlt der Kodex in Ziffer 7.1.4 eine detaillierte Angabe über Beteiligungen, die für das Unternehmen eine wirtschaftliche Bedeutung haben. Es wird gerade nicht auf einen festen Anteilsbesitz abgestellt, weil dies der individuellen Situation eines Unternehmens nicht gerecht werden würde, bei dem eine kleine Beteiligung an einem erheblich größeren Unternehmen sehr bedeutsam sein kann.[1816] Um den Anlegern eine hohe Informationstiefe zu gewähren, empfiehlt Satz 3 detaillierte Angaben über wesentliche Faktoren der bedeutenden Beteiligung.

Die Empfehlung der Ziffer 7.1.5 dient der Verhinderung von Interessenkonflikten durch Schaffung von Transparenz, allerdings nicht bezüglich der Organmitglieder. Die Ziffer betrifft nur die Beziehungen der Gesellschaft gegenüber nahe stehenden Aktionären.[1817]

bb) Anwendung auf die SE

Die vorstehenden Ziffern sind weitgehend auf beide Systeme ohne Anpassungen anwendbar. Lediglich die Verantwortung für die Aufstellung des Jahresabschlusses obliegt dem Verwaltungsorgan und nicht den vorstandsähnlichen Geschäftsführern, die den Abschluss erstellen (§ 47 Abs. 1 SEAG). Die Prüfung des Abschlusses durch den Aufsichtsrat übernimmt das Verwaltungsorgan. Eine Übertragung der Prüfung auf einen beschließenden Ausschuss lässt § 34 Abs. 4 S. 2 SEAG leider nicht zu. Die Feststellung des Abschlusses wird in der Ziffer nicht angesprochen. Im monistischen System sollte jedoch klargestellt werden, dass die Feststellung nur der Hauptversammlung obliegen kann. Da die Ziffer von Konzernverhältnissen ausgeht, sollte in der Ziffer für das monistische System klargestellt werden, dass die Prüfung des Abhängigkeitsberichts ausschließlich vom Prüfungsausschuss, der mehrheitlich mit unabhängigen Mitgliedern besetzt ist, vorgenommen werden muss.

b) Ziffer 7.2: Abschlussprüfung

7.2.1 Vor Unterbreitung des Wahlvorschlags soll der Aufsichtsrat bzw. der Prüfungsausschuss eine Erklärung des vorgesehenen Prüfers einholen, ob und ggf. welche geschäftlichen, finanziellen, persönlichen oder sonstigen Beziehungen zwi-

[1814] Zu den Einzelheiten und ersten Erfahrungen vgl. *Kämpfer/Hönsch*, FAZ v. 3.04.2006, Nr. 79, S. 24.

[1815] Vgl. *Ringleb*, in: Ringleb, DCGK, Rn. 910.

[1816] Vgl. *Ringleb*, in: Ringleb, DCGK, Rn. 913.

[1817] Dies ergibt sich für den Konzernabschluss bereits aus IAS 24; vgl. MünchKommAktG/*Semler*, § 161 Rn. 509.

schen dem Prüfer und seinen Organen und Prüfungsleitern einerseits und dem Unternehmen und seinen Organmitgliedern andererseits bestehen, die Zweifel an seiner Unabhängigkeit begründen können. Die Erklärung soll sich auch darauf erstrecken, in welchem Umfang im vorausgegangenen Geschäftsjahr andere Leistungen für das Unternehmen, insbesondere auf dem Beratungssektor, erbracht wurden bzw. für das folgende Jahr vertraglich vereinbart sind. Der Aufsichtsrat soll mit dem Abschlussprüfer vereinbaren, dass der Vorsitzende des Aufsichtsrats bzw. des Prüfungsausschusses über während der Prüfung auftretende mögliche Ausschluss- oder Befangenheitsgründe unverzüglich unterrichtet wird, soweit diese nicht unverzüglich beseitigt werden.

7.2.2 Der Aufsichtsrat erteilt dem Abschlussprüfer den Prüfungsauftrag und trifft mit ihm die Honorarvereinbarung.

7.2.3 Der Aufsichtsrat soll vereinbaren, dass der Abschlussprüfer über alle für die Aufgaben des Aufsichtsrats wesentlichen Feststellungen und Vorkommnisse unverzüglich berichtet, die sich bei der Durchführung der Abschlussprüfung ergeben. Der Aufsichtsrat soll vereinbaren, dass der Abschlussprüfer ihn informiert bzw. im Prüfungsbericht vermerkt, wenn er bei Durchführung der Abschlussprüfung Tatsachen feststellt, die eine Unrichtigkeit der von Vorstand und Aufsichtsrat abgegebenen Erklärung zum Kodex ergeben.

7.2.4 Der Abschlussprüfer nimmt an den Beratungen des Aufsichtsrats über den Jahres- und Konzernabschluss teil und berichtet über die wesentlichen Ergebnisse seiner Prüfung.

aa) Zielsetzung

Ziel der Ziffer 7.2 ist die Stärkung der Unabhängigkeit des Abschlussprüfers. Damit soll die Verlässlichkeit der Abschlusserstellung erhöht werden.[1818] Zu diesem Zweck empfiehlt die Ziffer 7.2.1 die Offenlegung aller Umstände, welche die Unabhängigkeit des Abschlussprüfers beeinträchtigen. Dazu zählen u.a. die finanzielle Abhängigkeit des Prüfers vom Prüfungsauftrag des Unternehmens sowie erbrachte Beratungsleistungen. Ziffer 7.2.1 geht dabei über die gesetzlichen Regelungen der § 319 Abs. 2 und 2 HGB[1819] zum Schutz der Unabhängigkeit des Abschlussprüfers hinaus. Es wird dabei zutreffenderweise verlangt, dass die Erklärung des Prüfers vor Erteilung des Prüfungsauftrags abzugeben ist.[1820]

Ziffer 7.2.2 gibt dagegen nur die gesetzliche Regelung des § 111 Abs. 2 S. 3 AktG wieder, dass der Aufsichtsrat den Prüfungsauftrag erteilt. Dies unterstreicht die stärkere Bindung des Wirtschafsprüfers an den Aufsichtsrat.[1821]

[1818] Vgl. *Peltzer*, Corporate Governance, Rn. 299; *Ringleb/Kremer*, in: Ringleb, DCGK, Rn. 927 f.; MünchKommAktG/*Semler*, § 161 Rn. 512; ähnlich *Schwarz/Holland*, ZIP 2002, 1661 (1666, 1668).

[1819] Das BilReG und BilKoG will die Unabhängigkeit des Prüfers stärken; vgl. *Peemöller/Oehler*, BB 2004, 1158 (1159); *Jahn*, ZRP 2004, 68 (68). Neben der Ausweitung des Selbstprüfungsverbots wird die Abhängigkeit durch eine Deckelung des Honorars eines Mandanten am Gesamthonorar verringert; vgl. auch *Lange*, ZIP 2004, 981 (981).

[1820] Vgl. MünchKommAktG/*Semler*, § 161 Rn. 515; *Niehus*, DB 1999, 1765 (1767).

[1821] Vgl. *Schander*, Europa-AG, S. 41.

Mit den Empfehlungen der Ziffer 7.2.3 ist beabsichtigt, zu einer verbesserten und schnellen Information des Aufsichtsrats beizutragen.[1822] So soll der Aufsichtsrat mit dem Abschlussprüfer vereinbaren, dass dieser den Aufsichtsrat unverzüglich über wesentliche, die Überwachungstätigkeit betreffende Feststellungen sowie über die Tatsachen informiert, die im Widerspruch zur Entsprechenserklärung stehen. Die unverzügliche Berichterstattung über wesentliche Feststellungen ist dabei weitreichender zu verstehen als die Redepflicht des § 321 Abs. 1 S. 3 HGB.[1823] Da die Richtigkeit der Entsprechenserklärung nicht Bestandteil der Abschlussprüfung ist, empfiehlt der Kodex lediglich die Mitteilung der im Rahmen der Abschlussprüfung festgestellten Widersprüche zur Entsprechenserklärung. Eine Prüfung der Entsprechenserklärung auf ihre Richtigkeit verlangt der Kodex dagegen nicht.[1824] Dies kann der Aufsichtsrat im Prüfungsauftrag vorsehen.[1825] Dann umfasst diese Redepflicht auch das Risikofrüherkennungssystem.[1826] Aber auch die Effizienz der Überwachung (Ziffer 5.6) ist dann Teil der Prüfung des Abschlussprüfers.[1827] Die Ziffer 7.2.4 wiederholt dagegen lediglich die gesetzliche Regelung des § 171 Abs. 1 S. 2 AktG.[1828]

Eine ausdrückliche Wiederholung des § 317 Abs. 4 HGB zur Prüfung des Risikofrüherkennungssystems enthält der Kodex nicht. Für die Information des Aufsichtsrats ist vor allem der Teil der Regelung von Bedeutung, die den Prüfer verpflichtet, in einem besonderen Teil seines Abschlussberichtes die Prüfungsergebnisse darzulegen und darauf einzugehen, ob Verbesserungsmaßnahmen erforderlich sind.[1829] Da § 317 Abs. 4 HGB jetzt ebenso wie die Entsprechenserklärung für alle börsennotierten Gesellschaften gilt, ist eine Ausdehnung der Prüfungspflicht auf das Risikofrüherkennungssystems durch einen entsprechenden Prüfungsauftrag (Ziffer 7.2.2) zur Verbesserung der Informationstiefe für den Aufsichtsrat nicht mehr notwendig.[1830] Die Prüfung des Risikofrüherkennungssystems stellt dabei keine grundlegende Erweiterung des Prüfungsumfanges dar, weil die Prüfung des internen Kontrollsystems aufgrund des risikoorientierten Prüfungsansatzes, der eine Prüfung der internen Kontrollmechanismen voraussetzt, ohnehin Teil der Prüfung ist.[1831]

bb) Anwendung auf die SE

Für das dualistische System besteht kein Anpassungsbedarf. Im monistischen System ist die durch eine bessere Zusammenarbeit mit dem Abschlussprüfer beabsichtigte Effektivitätssteigerung der Kontrolle besonders wichtig, weil die Unab-

---

1822 Vgl. *Schander*, Europa-AG, S. 40.
1823 Vgl. *Dörner*, in: FS Röhricht, 809 (822); *Kremer*, in: Ringleb, DCGK, Rn. 952.
1824 Vgl. *Kremer*, in: Ringleb, DCGK, Rn. 953.
1825 Ebenso MünchKommAktG/*Semler*, § 161 Rn. 521.
1826 So auch *Preußner*, NZG 2004, 303 (304).
1827 Vgl. *Preußner*, NZG 2004, 303 (307).
1828 Zu den Einschränkungen hinsichtlich der Formen der Beschlussfassung vgl. *Miettinen/Villeda*, AG 2007, 346 (350 ff.).
1829 Vgl. *Kropff*, NZG 2003, 346 (347).
1830 Anders noch zur alten gesetzlichen Regelung; vgl. *Kropff*, NZG 2003, 346 (347).
1831 Vgl. *Kropff*, NZG 2003, 346 (347).

hängigkeit der unternehmensinternen Kontrolle weniger stark ausgeprägt ist. Daher ist es bedeutend, dass entsprechend der internationalen Entwicklungen der Prüfungsauftrag vom Prüfungsausschuss des Verwaltungsorgans erteilt wird.[1832] Aufsichtsrat im Sinne der Ziffer ist damit der Prüfungsausschuss. Anders als im dualistischen Modell handelt es sich hierbei nicht um eine Gesetzeswiedergabe, weil die Zuständigkeit des Prüfungsausschusses eine Geschäftsverteilung voraussetzt. Im monistischen System handelt es sich damit um eine Empfehlung, die der Entsprechenserklärung zugänglich ist.

[1832] Zu den internationalen Entwicklungen und deren Ziele; vgl. *Sokolowski*, Überwachung in einer SE, S. 76.

E. Fazit und Vorschlag für einen „monistischen“ Kodex

Zusammenfassend lässt sich festhalten, dass das dualistische Modell der SE in vertrauten Bahnen verläuft. Das monistische System nach dem SEAG ist in weiten Teilen dem Dualismus hinsichtlich der Überwachung nachempfunden, stößt allerdings an vielen Stellen an die Grenzen der SE-VO und in machen Teilen auch darüber hinaus.

Beide Systeme haben ihre Vor- und Nachteile. So ist der Dualismus durch eine unzureichende Information des Aufsichtsorgans und damit eine ineffiziente Kontrolle gekennzeichnet.[1833] Die Berichtspflichten des Leitungsorgans sind nicht gleichwertig mit dem „dabeisein“ der nicht geschäftsführenden Mitglieder des Verwaltungsorgans.[1834] Durch die unmittelbare Beteiligung der Überwachenden im monistischen System verspricht man sich eine straffere und schlankere Leitung.[1835] Hier besteht gleichwohl das Problem der Selbstüberwachung. Es kann somit keinem System aus Sicht der Corporate Governance ein Vorzug gewährt werden.

Für die Ausgestaltung der Corporate Governance der jeweiligen Systeme sind die bekannten Probleme zu beachten. Der DCGK hat versucht, dies für das dualistische System umzusetzen. Obwohl die einzelnen Empfehlungen bei entsprechender Auslegung weitgehend auf das monistische System übertragbar sind, sollte ein gesonderter Kodex für dieses System aufgestellt werden.

Bei der Aufstellung eines Kodex für eine monistisch organisierte SE ist zu berücksichtigen, dass Erfahrungen mit dieser Struktur am deutschen Kapitalmarkt noch fehlen, um eine best practice aufzustellen. Aufgrund des § 161 AktG besteht aber mittelbar eine Verpflichtung zur Aufstellung eines solchen Kodex, weil ansonsten der bestehende Kodex entsprechend anzuwenden ist, der für den Adressaten zu mehr Verwirrung führt, als abzubauen. Entsprechend der Konzeption des DCGK müsste somit aufgrund der geringen Erfahrung zunächst alles als Anregung formuliert werden. Aus dem dualistischen System, den bekannten Problemen des monistischen Systems – insbesondere hinsichtlich der Unabhängigkeit der Überwachung und dem Willen des deutschen Gesetzgebers, eine gewisse Trennung zwischen Überwachung und Geschäftsführung zu erreichen – folgt jedoch, dass viele Grundsätze bereits als Empfehlung konzipiert werden können. Da aufgrund systemimmanenter Defizite der internen Kontrolle im monistischen System der Fokus auf der externen Kontrolle liegt, ist dies im Kodex zu berücksichtigen. Vor diesem Hintergrund ist es z.B. konsequent, dass die Hauptversammlung durch die Bestellung des Verwaltungsorgans nicht nur die Überwachenden, sondern auch die Geschäftsführenden austauschen kann.

Die Änderungen gegenüber dem bestehenden Kodex sind fett markiert. Zur Begründung der einzelnen Änderungen wird auf die Ausführungen zu den jeweiligen

---

[1833] Vgl. *Schiessl*, ZHR 167 (2003), 235 (241).
[1834] Vgl. *Schiessl*, ZHR 167 (2003), 235 (242).
[1835] Vgl. *Merkt*, ZGR 2003, 650 (652).

Ziffern des DCGK hingewiesen, auf denen die jeweilige Ziffer des monistischen Kodex beruht. Die zugrunde liegende Ziffer ist dabei in Klammern angegeben.

V-2 Aktionäre und Hauptversammlung

V-2.1.1 *[2.1.1 unverändert].*

V-2.1.2 *[2.1.2 unverändert].*

V-2.2.1 *[2.2.1]* ***Das Verwaltungsorgan*** *legt der Hauptversammlung den Jahresabschluss und den Konzernabschluss vor. Sie entscheidet über die* ***Feststellung des Jahresabschlusses*** *sowie die Entlastung von* ***Verwaltungsorgan und Geschäftsführern****, wählt die Anteilseignervertreter im* ***Verwaltungsorgan*** *und in der Regel den Abschlussprüfer. [Rest von 2.2.1: unverändert]*

V-2.2.2 *[2.2.2 unverändert].*

V-2.2.3 *[2.2.3 unverändert].*

V-2.2.4 *[2.2.4 unverändert].*

V-2.3.1 *[2.3.1 unverändert; Ersetzung Vorstand durch* ***Verwaltungsorgan****].*

V-2.3.2 *[2.3.2 unverändert; Ergänzung nach Gesellschaft „****, das Verwaltungsorgan,****"].*

V-2.3.3 *[2.3.3 unverändert; Ersetzung Vorstand durch Verwaltungsorgan und Ergänzung nach Gesellschaft „****, das Verwaltungsorgan,****"].*

V-2.3.4 *[2.3.4 unverändert; Ergänzung nach Gesellschaft „****, das Verwaltungsorgan,****"].*

V-3 Das Verwaltungsorgan

V-3.1 Aufgaben

V-3.1.1 *[4.1.1]* ***Das Verwaltungsorgan*** *leitet das Unternehmen.* ***Es bestimmt die strategischen Ziele, die generellen Mittel zu ihrer Erreichung und bestellt die Geschäftsführer.*** *Es ist dabei an das Unternehmensinteresse gebunden und der Steigerung des nachhaltigen Unternehmenswertes verpflichtet.*[1836]

[4.1.2] ***Die Leitung des Unternehmens ist Aufgabe der geschäftsführenden und nicht geschäftsführenden Mitglieder. Die geschäftsführenden Mitglieder sorgen für die Umsetzung der Leitungsentscheidungen.***

[3.2] ***Geschäftsführende und nicht geschäftsführende Mitglieder des Verwaltungsorgans*** *erörtern* ***zusammen mit den Geschäftsführern*** *in regelmäßigen Abständen den Stand der Strategieumsetzung.*[1837]

[4.1.3] ***Das Verwaltungsorgan*** *hat für die Einhaltung der gesetzlichen Bestimmungen zu sorgen und wirkt auf deren Beachtung durch die* ***Geschäftsführer und durch die*** *Konzernunternehmen hin.*

[4.1.4] ***Das Verwaltungsorgan*** *sorgt für ein angemessenes Risikomanagement und Risikocontrolling im Unternehmen.*

V-3.1.2 *[3.1]* ***Geschäftsführende und nicht geschäftsführende Mitglieder des Verwaltungsorgans*** *arbeiten zum Wohle des Unternehmens eng zusammen.* ***Das***

[1836] Wiedergabe der Art. 43 Abs. 1 S. 1 SE-VO und Art. 51 SE-VO i.V.m. § 39 SEAG.

[1837] Wiedergabe des Art. 43 Abs. 1 S. 1, 44 Abs. 1 SE-VO und § 40 Abs. 6 SEAG.

Verwaltungsorgan hat für eine gute Zusammenarbeit mit den Geschäftsführern zu sorgen.[1838]

<u>***V-3.1.3***</u> *[3.3] Für Geschäfte von grundlegender Bedeutung* ***legt die Satzung das Erfordernis eines einheitlichen Beschlusses des Verwaltungsorgans fest.*** *Hierzu gehören* ***nur*** *Entscheidungen oder Maßnahmen, die die Vermögens-, Finanz- oder Ertragslage des Unternehmens grundlegend verändern.*[1839] ***Das Verwaltungsorgan kann durch eine Änderung der Geschäftsverteilung selbst einen einheitlichen Beschluss herbeiführen.***

<u>***V-3.1.4***</u> *[3.4] Die ausreichende Informationsversorgung* ***des Verwaltungsorgans*** *ist gemeinsame Aufgabe von* ***geschäftsführenden und nicht geschäftsführenden Mitgliedern.***[1840] ***Das Verwaltungsorgan soll die Informationsversorgung in einer Informationsordnung festlegen. Die Festlegung der Informationsordnung soll Aufgabe der nicht geschäftsführenden Mitglieder sein.***

Das Verwaltungsorgan hat für eine ausreichende Informationsversorgung seitens der Geschäftsführer zu sorgen.[1841] ***Die Geschäftsführer*** *sind verpflichtet, auf Abweichungen des Geschäftsverlaufs von den aufgestellten Plänen und Zielen unter Angabe von Gründen* ***einzugehen. Das Verwaltungsorgan*** *soll die Informations- und Berichtspflichten* ***der Geschäftsführer*** *näher festlegen. Berichte sind in der Regel in Textform zu erstatten.*

<u>***V-3.1.5***</u> *[3.6]* ***Die nicht geschäftsführenden Verwaltungsorganmitglieder sollen die Sitzungen des Verwaltungsorgans gesondert, gegebenenfalls mit Mitgliedern der Geschäftsführung vorbereiten.*** *In mitbestimmten* ***Verwaltungsorganen*** *sollten die Vertreter der Aktionäre und der Arbeitnehmer die Sitzungen des* ***Verwaltungsorgans*** *jeweils gesondert, gegebenenfalls mit* ***Geschäftsführern****, vorbereiten.* ***Die getrennte Vorbereitung sollte insbesondere bei überwachenden Ausschüssen durchgeführt werden, wobei hier neben den Geschäftsführern auch geschäftsführende Verwaltungsorganmitglieder hinzugezogen werden können.***

<u>***V-3.1.6***</u> *[3.7] Bei einem Übernahmeangebot* ***muss das Verwaltungsorgan*** *der Zielgesellschaft eine begründete Stellungnahme zu dem Angebot abgeben, damit die Aktionäre in Kenntnis der Sachlage über das Angebot entscheiden können.* ***Das Verwaltungsorgan*** *darf nach Bekanntgabe eines Übernahmeangebots keine Handlungen außerhalb des gewöhnlichen Geschäftsverkehrs vornehmen, durch die der Erfolg des Angebots verhindert werden könnte, wenn er dazu nicht von der Hauptversammlung ermächtigt ist. Bei den Entscheidungen* ***ist das Verwaltungsorgan*** *an das beste Interesse der Aktionäre und des Unternehmens gebunden. In angezeigten Fällen sollte* ***das Verwaltungsorgan*** *eine außerordentliche Hauptversammlung einberufen, in der die Aktionäre über das Übernahmeangebot beraten und gegebenenfalls über gesellschaftsrechtliche Maßnahmen beschließen.*

<u>***V-3.1.7***</u> *[3.10 unverändert; Ersetzung Vorstand und Aufsichtsrat durch* ***Verwaltungsorgan****].*

[1838] Wiedergabe des Art. 43 Abs. 1 S. 1 SE-VO.

[1839] Wiedergabe des Art. 48 Abs. 1 SE-VO.

[1840] Wiedergabe des Art. 43 Abs. 1 S. 1, 44 Abs. 1 SE-VO.

[1841] Wiedergabe des Art. 43 Abs. 1 S. 1 SE-VO.

***V-3.1.8** [5.6] **Das Verwaltungsorgan und die nicht geschäftsführenden Mitglieder** sollen regelmäßig die Effizienz **ihrer** Tätigkeit überprüfen.*

V-3.2 Arbeitsweise

***V-3.2.1** [5.1.3] **Das Verwaltungsorgan** soll sich eine Geschäftsordnung geben. [4.2.1] Eine Geschäftsordnung soll die Verteilung **der Geschäftsführung** und die Zusammenarbeit im **Verwaltungsorgan regeln sowie die Kompetenzen der Geschäftsführer abgrenzen.**[1842]*

V-3.2.2** [5.2] **Bei mehr als einem Mitglied hat das Verwaltungsorgan einen Vorsitzenden zu wählen. Der Vorsitzende sollte ein nicht geschäftsführendes Mitglied sein. Der Verwaltungsorganvorsitzende soll nicht zugleich Vorsitzender der Geschäftsführer sein.

*Der **Verwaltungsorganvorsitzende** koordiniert die Arbeit im **Verwaltungsorgan**, leitet dessen Sitzungen und nimmt die Belange des **Verwaltungsorgans** nach außen wahr.*

*Der **Verwaltungsorganvorsitzende** soll zugleich Vorsitzender der Ausschüsse sein. Den Vorsitz im Prüfungsausschuss (Audit Committee) sollte er nicht innehaben.*

*Der **Verwaltungsorganvorsitzende** wird über wichtige Ereignisse, die für die Beurteilung der Lage und Entwicklung sowie für die Leitung des Unternehmens von wesentlicher Bedeutung sind, unverzüglich durch den Vorsitzenden bzw. Sprecher **der Geschäftsführer** informiert. Der **Verwaltungsorganvorsitzende** soll sodann **das Verwaltungsorgan** unterrichten und erforderlichenfalls eine außerordentliche **Verwaltungsorgansitzung** einberufen.*

V-3.2.3 Ausschussbildung

V-3.2.3.1** [5.3.1 und 5.1.1] **Das Verwaltungsorgan soll die Aufgabe, die Geschäftsführung zu überwachen, einem beschließenden Ausschuss aus nicht geschäftsführenden und überwiegend unabhängigen Verwaltungsorganmitgliedern übertragen. Das Verwaltungsorgan soll einen Exekutivausschuss einsetzen, der zwischen den Verwaltungsorgansitzungen die Geschäftsführung wahrnimmt.**[1843] **Die Leitung, die in der Satzung festgelegten Arten von Geschäften und die nicht auf einen beschließenden Ausschuss übertragbaren Aufgaben verbleiben im Verwaltungsorgan.

V-3.2.3.2** [5.3.2] **Das Verwaltungsorgan** soll einen Prüfungsausschuss (Audit Committee) **aus nicht geschäftsführenden und überwiegend unabhängigen Verwaltungsorganmitgliedern** einrichten, der sich insbesondere mit Fragen der Rechnungslegung und des Risikomanagements, der erforderlichen Unabhängigkeit des Abschlussprüfers **befasst, den** Prüfungsauftrag an den Abschlussprüfer **erteilt,

[1842] Dies entspricht Ziffer 11 swiss code of best practice. Vgl. *Merkt*, ZGR 2003, 650 (662).

[1843] Die Empfehlung steht im Zusammenhang mit der Geschäftsverteilung. Die geschäftsführenden Mitglieder sollen neben ihrem (individuellen) Verantwortungsbereich einen Ausschuss bilden, der die Sitzungen vorbereitet und als Ansprechpartner für untere Managementebenen fungiert.

die Prüfungsschwerpunkte und ***die*** *Honorarvereinbarung* ***bestimmt. Der Prüfungsausschuss soll in das Risikomanagementsystem eingebunden und der Internen Revision gegenüber weisungsbefugt sein.*** *Der Vorsitzende des Prüfungsausschusses soll über besondere Kenntnisse und Erfahrungen in der Anwendung von Rechnungslegungsgrundsätzen und internen Kontrollverfahren verfügen* ***und ein unabhängiges Mitglied sein.***

V-3.2.3.3 *[5.3.3]* ***Das Verwaltungsorgan*** *soll weitere Sachthemen zur Behandlung in einen oder mehrere Ausschüsse* ***aus nicht geschäftsführenden und überwiegend unabhängigen Verwaltungsorganmitgliedern zur Beschlussfassung*** *verweisen. Hierzu gehören u. a. die Vergütung der* ***Geschäftsführer, die Erteilung der Zustimmung zu Krediten, sowie Ausnahmen vom Wettbewerbsverbot.***[1844] ***Der Vorschlag der zu wählenden Verwaltungsorganmitglieder soll einem Ausschuss aus überwiegend nicht geschäftsführenden und unabhängigen Verwaltungsorganmitgliedern (nominating committee) übertragen werden.***

V-3.2.3.4 *[5.3.4]* ***Das Verwaltungsorgan*** *soll* ***daneben weitere vorbereitende*** *Ausschüsse einrichten,* ***die sich u.a. mit der Leitung (Planungsausschuss) und Bestellung der Geschäftsführer befassen.***

V-3.2.3.5 *[5.1.1] Darüber hinaus soll* ***das Verwaltungsorgan*** *abhängig von den spezifischen Gegebenheiten des Unternehmens und der Anzahl seiner Mitglieder fachlich qualifizierte Ausschüsse bilden. Diese dienen der Steigerung der Effizienz der* ***Verwaltungsorganarbeit*** *und der Behandlung komplexer Sachverhalte.* ***Überwachende Ausschüsse sollen ein unabhängiges Mitglied zum Vorsitzenden wählen.*** *Die jeweiligen Ausschussvorsitzenden berichten regelmäßig an den* ***Verwaltungsorgan*** *über die Arbeit der Ausschüsse.*

V-3.2.3.6 *[5.3.4]* ***Das Verwaltungsorgan*** *kann vorsehen, dass Ausschüsse die Sitzungen des* ***Verwaltungsorgans*** *vorbereiten und darüber hinaus auch anstelle* ***des Verwaltungsorgans*** *entscheiden.* ***Auch die Ausschüsse sollen bei Bedarf vorbereitende Ausschüsse einsetzen.***

V-3.3 Zusammensetzung und Vergütung

V-3.3.1 *[4.2.1]* ***Das Verwaltungsorgan*** *wird von der Hauptversammlung bestellt und soll aus mehreren Personen bestehen.* ***In mitbestimmten Verwaltungsorganen sollen mehr als drei Mitglieder bestellt werden.***

V-3.3.2 *[5.4.1] Bei Vorschlägen zur Wahl von* ***Verwaltungsorganmitgliedern*** *soll darauf geachtet werden, dass dem* ***Verwaltungsorgan nur*** *Mitglieder angehören, die über die zur ordnungsgemäßen Wahrnehmung der Aufgaben erforderlichen Kenntnisse, Fähigkeiten und fachlichen Erfahrungen verfügen. Dabei sollen die internationale Tätigkeit des Unternehmens, potenzielle Interessenkonflikte und eine festzulegende Altersgrenze für* ***Verwaltungsorgansmitglieder*** *berücksichtigt werden.*

V-3.3.3 *[5.4.2] Um eine unabhängige Beratung und Überwachung durch* ***das Verwaltungsorgan*** *zu ermöglichen, soll dem* ***Verwaltungsorgan*** *eine nach seiner*

[1844] Vgl. Anhang I Nr. 2.1 Abs. 2 EU Kom. Empfehlung; für den Vergütungsausschuss vgl. Anhang I Nr. 3.1 Abs. 2 EU-Kom.-Empfehlung.

Einschätzung ausreichende Anzahl unabhängiger Mitglieder angehören. ***Ein Verwaltungsorganmitglied*** *ist als unabhängig anzusehen, wenn es in keiner geschäftlichen oder persönlichen Beziehung zu der Gesellschaft steht, die einen Interessenkonflikt begründet.* ***Zu den nicht geschäftsführenden Verwaltungsorganmitgliedern*** *sollen nicht mehr als zwei ehemalige* ***Organträger, denen Geschäftsführungsbefugnisse zustanden,*** *angehören.* ***Verwaltungsorganmitglieder sollen keine Beratungsaufgaben bei wesentlichen Wettbewerbern ausüben.***

V-3.3.4 [5.4.3 unverändert; Ersetzung Aufsichtsrat durch ***Verwaltungsorgan****].*

V-3.3.5 [5.4.4] Der Wechsel ***eines Organmitglieds, das Geschäftsführungsaufgaben innehatte,*** *in den Vorsitz* ***eines überwachenden Verwaltungsorganausschusses*** *soll nicht die Regel sein. Eine entsprechende Absicht soll der Hauptversammlung besonders begründet werden.*

V-3.3.6 [5.4.5] Jedes ***Verwaltungsorganmitglied*** *achtet darauf, dass ihm für die Wahrnehmung seiner Mandate genügend Zeit zur Verfügung steht.*

Wer ***Vorstandsmitglied oder Geschäftsführer*** *einer börsennotierten Gesellschaft ist, soll insgesamt nicht mehr als fünf Aufsichtsratsmandate* ***bzw. unter Beachtung des Wettbewerbsverbots nicht mehr als drei nicht geschäftsführende bzw. nicht mehr als zwei geschäftsführende Verwaltungsorganposten*** *in konzernexternen börsennotierten Gesellschaften wahrnehmen.*

Ein Verwaltungsorganmitglied darf nicht in mehr als 10 Handelsgesellschaften eine Funktion als Aufsichtsrat oder Verwaltungsorganmitglied wahrnehmen. Es soll darauf geachtet werden, dass eine nicht geschäftsführende Funktion in einem Verwaltungsorgan mit dem Faktor 1,5, die Funktion als geschäftsführendes Mitglied in einem Verwaltungsorgan mit dem Faktor 3 und die Stellung als Vorsitzender eines Organs mit einem weiteren Faktor von 1 berücksichtigt wird.

V-3.3.7 [5.4.6 unverändert; Ersetzung Aufsichtsrat durch ***Verwaltungsorgan****].*

V-3.3.8 [5.4.8 unverändert; Ersetzung Aufsichtsrat durch ***Verwaltungsorgan****].*

V-3.4 Vergütung

V-3.4.1 [4.2.2] ***Die Festlegung des Vergütungssystems für das Verwaltungsorgan obliegt der Hauptversammlung. Die Vergütung der geschäftsführenden Mitglieder entspricht derjenigen, der Geschäftsführer (Ziffer V-4.4 S. 2, V-4.5).***

V.3.4.2 [5.4.7 unverändert; Ersetzung Aufsichtsrat durch ***nicht geschäftsführendes Verwaltungsorganmitglied****].*

V-3.4.3 [4.2.4] Die Gesamtvergütung ***der geschäftsführenden Verwaltungsorganmitglieder und der Geschäftsführer werden,*** *aufgeteilt nach erfolgsunabhängigen, erfolgsbezogenen und Komponenten mit langfristiger Anreizwirkung, unter Namensnennung offengelegt, soweit nicht die Hauptversammlung mit Dreiviertelmehrheit anderweitig beschlossen hat.* ***Die Hauptversammlung sollte nicht von der Möglichkeit Gebrauch machen, die Pflicht zur individualisierten Offenlegung aufzuheben.***

V-3.4.4 [4.2.5 unverändert, Ersetzung Vorstandsmitglied durch ***geschäftsführende Verwaltungsratsmitglieder und geschäftsführende Direktoren****]*

V-4 Die Geschäftsführer

V-4.1 ***Die Geschäftsführer führen die laufenden Geschäfte.***[1845]

V-4.2 *[4.2.1]* ***Die Geschäftsführer*** *sollen aus mehreren Personen bestehen und einen Vorsitzenden oder Sprecher haben. Eine Geschäftsordnung soll die Geschäftsverteilung und die Zusammenarbeit* ***zwischen den Geschäftsführern*** *regeln.*

V-4.3 *[5.1.2] Das* ***Verwaltungsorgan*** *bestellt und entlässt* ***die Geschäftsführer. Die Satzung soll für die Entlassung der Geschäftsführer keinen wichtigen Grund verlangen. Das Verwaltungsorgan*** *soll gemeinsam mit* ***den Geschäftsführern*** *für eine langfristige Nachfolgeplanung sorgen. Das* ***Verwaltungsorgan*** *kann die Vorbereitung der Bestellung* ***von Geschäftsführern*** *einem Ausschuss übertragen, der auch die Bedingungen des Anstellungsvertrages einschließlich der Vergütung festlegt.* ***Die Satzung soll dem Verwaltungsorgan die Festlegung der Amtszeit überlassen.*** *Bei Erstbestellungen sollte die maximal mögliche Bestelldauer von* ***sechs*** *Jahren nicht die Regel sein. Eine Wiederbestellung vor Ablauf eines Jahres vor dem Ende der Bestelldauer bei gleichzeitiger Aufhebung der laufenden Bestellung soll nur bei Vorliegen besonderer Umstände erfolgen. Eine Altersgrenze für geschäftsführende Direktoren soll festgelegt werden.*

V-4.4 *[4.2.2]* ***Das Verwaltungsorgan*** *soll* ***die Festlegung des Vergütungssystems und den Abschluss der Verträge für die Geschäftsführer einem Ausschuss aus überwiegend nicht geschäftsführenden Mitgliedern übertragen.*** *Die Vergütung* ***der Geschäftsführer*** *wird unter Einbeziehung von etwaigen Konzernbezügen in angemessener Höhe auf der Grundlage einer Leistungsbeurteilung festgelegt. Kriterien für die Angemessenheit der Vergütung bilden insbesondere die Aufgaben des jeweiligen* ***Geschäftsführers****, seine persönliche Leistung, die Leistung* ***der Geschäftsführer*** *sowie die wirtschaftliche Lage, der Erfolg und die Zukunftsaussichten des Unternehmens unter Berücksichtigung seines Vergleichsumfelds.*

V-4.5 *[4.2.3 Ersetzung Vorstand durch* ***Geschäftsführer****].*

V- 5 Verwaltungsorgan und Geschäftsführern

V-5.1 *[3.5] Gute Unternehmensführung setzt eine offene Diskussion zwischen* ***geschäftsführenden und nicht geschäftsführenden Mitgliedern sowie den Geschäftsführern*** *voraus. Die umfassende Wahrung der Vertraulichkeit ist dafür von entscheidender Bedeutung.* ***Der Verwaltungsorgan und die Geschäftsführer*** *stellen sicher, dass die von ihnen eingeschalteten Mitarbeiter die Verschwiegenheitspflicht in gleicher Weise einhalten.*

V-5.2 *[3.8]* ***Verwaltungsorgan und Geschäftsführer*** *beachten die Regeln ordnungsgemäßer Unternehmensführung. Verletzen sie die Sorgfalt eines ordentlichen und gewissenhaften Geschäftsleiters schuldhaft, so haften sie der Gesellschaft gegenüber auf Schadensersatz. Schließt die Gesellschaft für* ***die Organmitglieder*** *eine D&O-Versicherung ab, so soll ein angemessener Selbstbehalt vereinbart werden.*

[1845] Wiedergabe des § 40 Abs. 2 S. 1 SEAG.

V-5.3 Interessenkonflikte

V-5.3.1 [4.3.1] ***Verwaltungsorganmitglieder*** *und* ***die Geschäftsführer*** *unterliegen während ihrer Tätigkeit für das Unternehmen einem umfassenden Wettbewerbsverbot.* ***Ohne Einwilligung des Verwaltungsorgans darf keine leitende bzw. geschäftsführende Organfunktion bei Wettbewerbern des Unternehmens ausgeübt werden.***

[4.3.5 und 5.4.2 S. 4] ***Verwaltungsorganmitglieder und die Geschäftsführer*** *sollen Nebentätigkeiten, insbesondere* ***überwachende Funktionen*** *außerhalb des Unternehmens, nur mit Zustimmung des* ***Verwaltungsorgans*** *übernehmen.*

Die Zustimmung für ein Verwaltungsorganmitglied kann der Hauptversammlung überlassen werden.

V-5.3.2 [4.3.2] ***Verwaltungsorganmitglieder, Geschäftsführer*** *und Mitarbeiter dürfen im Zusammenhang mit ihrer Tätigkeit weder für sich noch für andere Personen von Dritten Zuwendungen oder sonstige Vorteile fordern oder annehmen oder Dritten ungerechtfertigte Vorteile gewähren.*

V-5.3.3 [4.3.3 und 5.5.1] Die ***Verwaltungsorganmitglieder und die Geschäftsführer*** *sind dem Unternehmensinteresse verpflichtet. Kein* ***Verwaltungsorganmitglied und Geschäftsführer*** *darf bei seinen Entscheidungen persönliche Interessen verfolgen und Geschäftschancen, die dem Unternehmen zustehen, für sich nutzen.*

V-5.3.4 [4.3.4] Jedes ***Verwaltungsorganmitglied und jeder Geschäftsführer*** *soll Interessenkonflikte dem* ***Verwaltungsorgan*** *gegenüber unverzüglich offen legen und die anderen* ***Organmitglieder*** *hierüber informieren. Alle Geschäfte zwischen dem Unternehmen einerseits und den* ***Verwaltungsorganmitgliedern, den Geschäftsführern*** *sowie ihnen nahe stehenden Personen oder ihnen persönlich nahe stehenden Unternehmungen andererseits haben branchenüblichen Standards zu entsprechen. Wesentliche Geschäfte sollen der Zustimmung des* ***Verwaltungsorgans*** *bedürfen.* ***Bezüglich der Verwaltungsorganmitglieder soll die Zustimmung ein Ausschuss aus nicht geschäftsführenden und überwiegend unabhängigen Mitgliedern oder die Hauptversammlung erteilen.***

V-5.3.5 [5.5.2] Jedes ***nicht geschäftsführendes Verwaltungsorganmitglied*** *soll Interessenkonflikte, insbesondere solche, die auf Grund einer Beratung oder Organfunktion bei Kunden, Lieferanten, Kreditgebern oder sonstigen Geschäftspartnern entstehen können, dem* ***Verwaltungsorgan*** *gegenüber offen legen.*

V-5.3.6 [5.5.3 unverändert; Ersetzung Aufsichtsrat durch ***Verwaltungsorgan****].*

V-5.3.7 [5.5.4] Berater- und sonstige Dienstleistungs- und Werkverträge eines ***nicht geschäftsführenden Verwaltungsorganmitglieds*** *mit der Gesellschaft bedürfen der Zustimmung des* ***Verwaltungsorgans****.*

V-5.3.8 [3.9] Die Gewährung von Krediten des Unternehmens an Mitglieder des ***Verwaltungsorgans*** *und* ***der Geschäftsführer*** *sowie ihre Angehörigen bedarf der Zustimmung des* ***Verwaltungsorgans. Für Kredite an Verwaltungsorganmitglieder sowie an ihre Angehörigen soll die Zustimmung einem Ausschuss aus nicht geschäftsführenden und überwiegend unabhängigen Mitgliedern oder der Hauptversammlung überlassen werden.***

V-6 Transparenz

V-6.1 *[6.1]* ***Die Geschäftsführer werden*** *Insiderinformationen, die die Gesellschaft unmittelbar betreffen, unverzüglich veröffentlichen, soweit* ***sie*** *nicht im Einzelfall von der Veröffentlichungspflicht befreit* ***sind.***

V-6.2 *[6.2] Sobald der Gesellschaft bekannt wird, dass jemand durch Erwerb, Veräußerung oder auf sonstige Weise 5, 10, 25, 50 oder 75 % der Stimmrechte an der Gesellschaft erreicht, über- oder unterschreitet, wird dies* ***von den Geschäftsführern*** *unverzüglich veröffentlicht.*

V-6.3 *[6.3 unverändert].*

V-6.4 *[6.4 unverändert].*

V-6.5 *[6.5 unverändert].*

V-6.6 *[6.6] Erwerb oder Veräußerung von Aktien der Gesellschaft oder von sich darauf beziehenden Finanzinstrumenten, insbesondere Derivaten, durch* ***Verwaltungsorganmitglieder oder Geschäftsführer*** *der Gesellschaft oder sonstige Personen mit Führungsaufgaben, die regelmäßig Zugang zu Insiderinformationen der Gesellschaft haben und zu wesentlichen unternehmerischen Entscheidungen befugt sind, sowie durch bestimmte mit ihnen in einer engen Beziehung stehende Personen werden von diesen unverzüglich der Gesellschaft mitgeteilt. Mitteilungspflichtig sind Erwerbs- und Veräußerungsgeschäfte über 5.000,- EURO im Kalenderjahr. Die Gesellschaft veröffentlicht die Mitteilung unverzüglich. Der Besitz von Aktien der Gesellschaft oder sich darauf beziehender Finanzinstrumente, von* ***Verwaltungsorganmitgliedern und Geschäftsführern*** *soll angegeben werden, wenn er direkt oder indirekt größer als 1 % der von der Gesellschaft ausgegebenen Aktien ist. Übersteigt der Gesamtbesitz aller Vorstands- und Aufsichtsratsmitglieder 1 % der von der Gesellschaft ausgegebenen Aktien, soll der Gesamtbesitz getrennt nach* ***geschäftsführenden, nicht geschäftsführenden Mitgliedern des Verwaltungsorgans und Geschäftsführern*** *angegeben werden. Sämtliche vorstehenden Angaben sollen im Corporate Governance Bericht enthalten sein.*

V-6.7 *[6.7 unverändert].*

V-6.8 *[6.8 unverändert].*

V-7.1: Rechnungslegung

V-7.1.1 *[7.1.1 unverändert].* ***Die Feststellung des Jahresabschlusses obliegt allein der Hauptversammlung.***

V-7.1.2 *[7.1.2] Der Konzernabschluss wird von* ***den Geschäftsführern*** *aufgestellt und vom Abschlussprüfer sowie vom* ***Verwaltungsorgan*** *geprüft.* ***Die Prüfung eines Abhängigkeitsberichtes soll dem Prüfungsausschuss obliegen.*** *[unverändert].*

V-7.1.3 *[7.1.3 unverändert].*

V-7.1.4 *[7.1.4 unverändert].*

V-7.1.5 *[7.1.5 unverändert].*

V-7.2: Abschlussprüfung

V-7.2.1 *[7.2.1] Vor Unterbreitung des Wahlvorschlags soll der* ***Verwaltungsorgan vorzugsweise der Prüfungsausschuss*** *eine Erklärung des vorgesehenen Prüfers einholen, ob und ggf. welche geschäftlichen, finanziellen, persönlichen oder sonstigen Beziehungen zwischen dem Prüfer und seinen Organen und Prüfungsleitern einerseits und dem Unternehmen und seinen Organmitgliedern andererseits bestehen, die Zweifel an seiner Unabhängigkeit begründen können. Die Erklärung soll sich auch darauf erstrecken, in welchem Umfang im vorausgegangenen Geschäftsjahr andere Leistungen für das Unternehmen, insbesondere auf dem Beratungssektor, erbracht wurden bzw. für das folgende Jahr vertraglich vereinbart sind. Der* ***Verwaltungsorgan vorzugsweise der Prüfungsausschuss*** *soll mit dem Abschlussprüfer vereinbaren, dass der Vorsitzende des* ***Verwaltungsorgans*** *bzw. des Prüfungsausschusses über während der Prüfung auftretende mögliche Ausschluss- oder Befangenheitsgründe unverzüglich unterrichtet wird, soweit diese nicht unverzüglich beseitigt werden.*

V-7.2.2 *[7.2.2] Der* ***Prüfungsausschuss soll*** *dem Abschlussprüfer den Prüfungsauftrag* ***erteilen*** *und mit ihm die Honorarvereinbarung* ***treffen****.*

V-7.2.3 *[7.2.3] Der* ***Prüfungsausschuss*** *soll vereinbaren, dass der Abschlussprüfer über alle für die Aufgaben des Aufsichtsrats wesentlichen Feststellungen und Vorkommnisse unverzüglich berichtet, die sich bei der Durchführung der Abschlussprüfung ergeben. Der* ***Prüfungsausschuss*** *soll vereinbaren, dass der Abschlussprüfer ihn informiert bzw. im Prüfungsbericht vermerkt, wenn er bei Durchführung der Abschlussprüfung Tatsachen feststellt, die eine Unrichtigkeit der* ***vom Verwaltungsorgan*** *abgegebenen Erklärung zum Kodex ergeben.*

V-7.2.4 *[7.2.4] Der Abschlussprüfer nimmt an den Beratungen des* ***Verwaltungsorgans und Prüfungsausschusses*** *über den Jahres- und Konzernabschluss teil und berichtet über die wesentlichen Ergebnisse seiner Prüfung.*

Literaturverzeichnis

Aufsätze und Beiträge

Altmeppen, Holger, Der Prüfungsausschuss – Arbeitsteilung im Aufsichtsrat, ZGR 2004, 390-415

Arbeitskreis "Externe und Interne Überwachung der Unternehmung" der Schmalenbach-Gesellschaft für Betriebswirtschaft e.V., Auswirkungen des KonTraG auf die Unternehmensüberwachung, Beilage 11 DB 2000

(zitiert: *Arbeitskreis der Schmalenbach-Gesellschaft für Betriebswirtschaft*, Beilage 11 DB 2000)

Arbeitskreis "Externe und Interne Überwachung der Unternehmung" der Schmalenbach-Gesellschaft für Betriebswirtschaft e.V., Best Practice für die Interne Revision, DB 2006, 225-229

(zitiert: *Arbeitskreis der Schmalenbach-Gesellschaft für Betriebswirtschaft*, DB 2006)

Arbeitskreis "Externe und Interne Überwachung der Unternehmung" der Schmalenbach-Gesellschaft für Betriebswirtschaft e.V., Prüfungsausschüsse in deutschen Aktiengesellschaften, DB 2000, 2281-2285

(zitiert: *Arbeitskreis der Schmalenbach-Gesellschaft für Betriebswirtschaft*, DB 2000)

Arbeitskreis Externe und Interne Überwachung der Unternehmung der Schmalenbach-Gesellschaft für Betriebswirtschaft e.V., Best Practice der Mitbestimmung im Aufsichtsrat der Aktiengesellschaft, DB 2007, 177-180

Artmann, Eveline, Die Organisationsverfassung der Europäischen Aktiengesellschaft, wbl 2002, 189-197

Bachmann, Gregor, der "Deutsche Corporate Governance Kodex": Rechtswirkungen und Haftungsrisiken, WM 2002, 2137-2143

Bayer, Walter, Aktuelle Entwicklungen im Europäischen Gesellschaftsrecht, BB 2004, 1-11

Bender, Christian/Vater, Hendrik, Lückenhaft und unverbindlich – Der Deutsche Corporate Governance Kodex lässt auch nach der Überarbeitung wichtige Kernprobleme der Unternehmensüberwachung ungelöst, DStR 2003, 1807-1812

Berg, Stefan/Stöcker, Mathias, Anwendungs- und Haftungsfragen zum Deutschen Corporate Governance Kodex, WM 2002, 1569-1582

Bernhardt, Wolfgang, Corporate Governance statt Unternehmensführung, RIW 2004, 401-408

Berrar, Carsten, Die zustimmungspflichtigen Geschäfte nach § 111 Abs. 4 AktG im Lichte der Corporate Governance-Diskussion, DB 2001, 2181-2186

Berrar, Carsten, Zur Reform des AR nach den Vorschlägen der Regierungskommission "Corporate Governance", NZG 2001, 1113-1122

Bezzenberger, Tilman, Die Europäische Aktiengesellschaft, JURA 2003, 229-232

Blanke, Thomas, Europäische Aktiengesellschaft ohne Arbeitnehmerbeteiligung?, ZIP 2006, 789-792

Blanquet, Francoise, Das Statut der Europäischen Aktiengesellschaft (Societas Europaea 'SE'), Ein Gemeinschaftsinstrument für die grenzübergreifende Zusammenarbeit im Dienste der Unternehmen, ZGR 2002, 20-65

Böckli, Peter, Verwaltungsrat und Aufsichtsrat, Konvergenz der Systeme in der Spitzenverfassung der Aktiengesellschaft, in: FS Reist, 337-362

Borges, Georg, Selbstregulierung im Gesellschaftsrecht – zur Bindung an Corporate Governance-Kodices, ZGR 2003, 508-540

Brandi, Tim Oliver, Die Europäische Aktiengesellschaft im deutschen und internationalen Konzernrecht, NZG 2003, 889-896

Brandt, Ulrich, Der Diskussionsentwurf zu einem SE-Ausführungsgesetz, DStR 2003, 1208-1215

Brandt, Ulrich, Ein Überblick über die europäische Aktiengesellschaft (SE) in Deutschland, BB-Special 3/2005, 1

Brandt, Ulrich, Überlegungen zu einem SE-Ausführungsgesetz, NZG 2002, 991-996

Brandt, Ulrich/Scheifele, Matthias, Die Europäische Aktiengesellschaft und das anwendbare Recht, DStR 2002, 547-555

Brebeck, Frank/Herrmann, Dagmar, Zur Forderung des KonTraG-Entwurfs nach einem Frühwarnsystem und zu den Konsequenzen für die Jahres- und Konzernabschlussprüfung, WPg 1997, 381-391

Buchta, Jens, Die Haftung des Vorstands einer Aktiengesellschaft – aktuelle Entwicklungen in Gesetzgebung und Rechtsprechung (Teil I), DStR 2003, 694-699

Buchta, Jens, Die Haftung des Vorstands einer Aktiengesellschaft – aktuelle Entwicklungen in Gesetzgebung und Rechtsprechung (Teil II), DStR 2003, 740-745

Bungert, Hartwin/Beier, Constantin H., Die Europäische Aktiengesellschaft - Das Statut und seine Umsetzung in die Praxis, EWS 2002, 1-12

Calle Lambach, Ines, Das Gesetz über die Beteiligung der Arbeitnehmer in einer Europäischen Gesellschaft (SE-Beteiligungsgesetz – SEBG), RIW 2005, 161-168

Casper, Matthias, Der Lückenschluss im Statut der Europäischen Aktiengesellschaft, in: FS Ulmer, 51-72

Casper, Matthias/Schäfer, Carsten, Die Vorrats-SE – Zulässigkeit und wirtschaftliche Neugründung, ZIP 2007, 653-662

Claussen, Carsten P./Bröcker, Norbert, Corporate-Governance-Grundsätze in Deutschland – nützliche Orientierungshilfen oder regulatorisches Übermaß?, AG 2000, 481-491

Claussen, Carsten Peter/Bröcker, Norbert, Der Corporate Governance-Kodex aus der Perspektive der kleineren und mittleren Börsen-AG, DB 2002, 1199-1206

Claussen, Carsten/Korth, H.-Michael, Anforderungen an ein Risikomanagementsystem aus der Sicht des Aufsichtsrates, in: FS Lutter, 327-341

DAV, Stellungnahme zum Diskussionsentwurf eines Gesetzes zur Ausführung der Verordnung (EG) Nr. 2157/2001 des Rates vom 8.10.2001 über das Statut der Europäischen Gesellschaft (SE) (SE-Ausführungsgesetz-SEAG), NZG 2004, 75-86

Davies, Paul, Implementation of the european company (SE) in Great Britain, in: Baums/Cahn, SE
(zitiert: *Davies*, in: Baums/Cahn, SE)

Davies, Paul, Struktur der Unternehmensführung in Großbritannien und Deutschland: Konvergenz oder fortbestehende Divergenz?, ZGR 2001, 268-293

Deipenbrock, Gudula, Corporate Governance in der Europäischen Economie Sociale – Unternehmenskontrolle und -steuerung in dem Vorschlag über ein Statut der Europäischen Genossenschaft, EWS 2002, 410-416

Dörner, Dietrich, Der Aufsichtsratsvorsitzende im Lichte verschärfter Corporate Governance-Vorschriften, in: FS Röhricht, 809-831

Dreher, Meinhard, Direktkontakte des Aufsichtsrats in der Aktiengesellschaft zu dem Vorstand nachgeordneten Mitarbeitern, in: FS Ulmer, 87-103

Ebert, Sabine, Das anwendbare Konzernrecht der Europäischen Aktiengesellschaft, BB 2003, 1854-1859

Ebert, Sabine, Die Europäische Aktiengesellschaft auf dem level playing field der Gemeinschaft, IWB, Nr. 11, Gruppe 3, 281-288

Ebke, Werner F., Die Europäische Aktiengesellschaft, EWS 2002, Heft 1, Die erste Seite

Eder, Cajetan J., Die monistisch verfasste Societas Europaea – Überlegungen zur Umsetzung eines CEO-Modells, NZG 2004, 544-547

Egermann, Clemens/Heckenthaler, Stephan, Der Verwaltungsrat in der Europäischen Gesellschaft (SE) österreichischer Prägung – Überlegungen zu §§ 38 ff. SEG, GesRZ 2004, 256-266

Egermann, Clemens/Heckenthaler, Stephan, Die geschäftsführenden Direktoren in der SE, GeS 2004, 463-474

Ehricke, Ulrich, Die Überwindung von Akzeptanzdefiziten als Grundlage zur Schaffung neuer supranationaler Gesellschaftsformen in der EU, RabelsZ 2000, 497-516

Emde, Raimond, Das Sonderwissen des Aufsichtsratsmitglieds und die Pflicht zur Informationsweitergabe, DB 1999, 1486-1488

Emmerich, Gerhard, Risikomanagement in Industrieunternehmen – gesetzliche Anforderungen und Umsetzung nach dem KonTraG, zfbf 1999, 1075-1089

Endres, Dieter, Europa AG und Steuern: das Flaggschiff ist da, es fehlt nur das Segel, RIW 2004, 735-740

Endres, Michael, Organisation der Unternehmensleitung aus der Sicht der Praxis, RabelsZ 163 (1999), 441-460

Engert, Andreas, Der international-privatrechtliche und sachrechtliche Anwendungsbereich des Rechts der Europäischen Aktiengesellschaft, ZVglRWiss 2005, 444-460

Enriques, Luca, Schweigen ist Gold: Die Europäische Aktiengesellschaft als Katalysator für regulative Arbitrage im Gesellschaftsrecht, ZGR 2004, 735-759

Ettinger, Jochen/Grützediek, Elke, Haftungsrisiken im Zusammenhang mit der Abgabe der Corporate Governance Entsprechenserklärung gemäß § 161 AktG, AG 2003, 353-366

Feddersen, Dieter, Neue Anforderungen an den Aufsichtsrat, AG 2000, 385-396

Fischer, Roderich, Entsprechenserklärung und Entsprechensentscheidung 2005/2006 – Vorschläge zur Haftungsminimierung der erklärungspflichtigen Unternehmen, BB 2006, 337-341

Fleischer, Holger, Bestellungsdauer und Widerruf der Bestellung von Vorstandsmitgliedern im in- und ausländischen Aktienrecht, AG 2006, 429-442

Fleischer, Holger, Das Vorstandsvergütungs-Offenlegungsgesetz, DB 2005, 1611-1617

Fleischer, Holger, Die "Business Judgement Rule". Vom Richterrecht zur Kodifizierung, ZIP 2004, 685-692

Fleischer, Holger, Gelöste und ungelöste Probleme der gesellschaftsrechtlichen Geschäftschancenlehre, NZG 2003, 985-992

Fleischer, Holger, Grundfragen der ökonomischen Theorie im Gesellschafts- und Kapitalmarktrecht, ZGR 2001, 1-32

Fleischer, Holger, Juristische Personen als Organmitglieder im Europäischen Gesellschaftsrecht, RIW 2004, 16-21

Fleischer, Holger, Zum Grundsatz der Gesamtverantwortung im Aktienrecht, NZG 2003, 449-459

Fleischer, Holger, Zur Leitungsaufgabe des Vorstands im Aktienrecht, ZIP 2003, 1-11

Fleischer, Holger, Zur organschaftlichen Treuepflicht der Geschäftsleiter im Aktien- und GmbH-Recht, WM 2003, 1045-1058

Foerster, Alexander, Die schwedische Aktiengesellschaft, RIW 1992, 803-810

Förster, Guido/Lange, Carsten, Steuerliche Aspekte der Gründung einer Europäischen Aktiengesellschaft (SE), DB 2002, 288-294

Forster, Karl-Heinz, Abschlußprüfung nach dem Regierungsentwurf des KonTraG, WPg 1998, 41-56

Forstmoser, Peter, Monistische oder dualistische Unternehmensverfassung? Das Schweizer Konzept, ZGR 2003, 688-719

Frerk, Peter, Praktische Gedanken zur Optimierung der Kontrollfunktion des Aufsichtsrates, AG 1995, 212-218

Freudenberg, Tobias, Europa AG bei Firmen kein Renner, HB v. 15.02.2006, Nr. 33, S. 18

Frodermann, Jürgen/Jannott, Dirk, Zur Amtszeit des Verwaltungs- bzw. Aufsichtsrats der SE, ZIP 2005, 2251

Gehling, Christian, Erfolgsorientierte Vergütung des Aufsichtsrats, ZIP 2005, 549-557

Gelhausen, Hans Friedrich/Hönsch, Henning, Folgen der Änderung des Deutschen Corporate Governance Kodex für die Entsprechenserklärung, AG 2003, 367-371

Gemeinsamer Arbeitsausschuss der deutschen Arbeitgeberverbände, Stellungnahme zum Referentenentwurf des Bundesministeriums der Justiz und des Bundesministeriums für Wirtschaft und Arbeit eines Gesetzes zur Einführung der Europäischen Gesellschaft (SEEG), 03.05.2004

Giese, Rolf, Die Prüfung des Risikomanagementsystems einer Unternehmung durch den Abschlussprüfer gemäß KonTraG, WPg 1998, 451-458

Goette, Wulf, Aktuelle Rechtsprechung des Bundesgerichtshofs zum Aktienrecht (Teil II), DStR 2005, 603-608

Götz, Heinrich, Zustimmungsvorbehalte des Aufsichtsrats der Aktiengesellschaft, ZGR 1990, 633-656

Götz, Jürgen, Chancen und Risiken der SE aus Unternehmenssicht, in: Baums/Cahn (Hrsg.), Die Europäische Aktiengesellschaft – Umsetzungsfragen und Perspektiven (zitiert: *Götz*, in: Baums/Cahn, SE)

Götz, Jürgen, Corporate Governance multinationaler Konzerne und deutsches Unternehmensrecht, ZGR 2003, 1-20

Götz, Jürgen, Ist die Europäische Aktiengesellschaft eine überzeugende Option für die Praxis, ZIP 2003, 1067

Grobys, Marcel, Das geplante Umsetzungsgesetz zur Beteiligung von Arbeitnehmern in der Europäischen Aktiengesellschaft, NZA 2004, 779-781

Grobys, Marcel, SE-Betriebsrat und Mitbestimmung in der Europäischen Gesellschaft, NZA 2005, 84-91

Grobys, Marcel, Societas Europaea – Deutsche Mitbestimmung quo vadis?, NJW 2003, Heft 34, Editorial

Groß, Paul J., Die Wahrung, Einschätzung und Beurteilung des "*Going Concern*" in den Pflichten- und Verantwortungsrahmen von Unternehmensführung und Abschlussprüfung (Teil 1) WPg 2004, 1357-1374

Großfeld, Bernhard, Wandel der Unternehmesnverfassung, NZG 2005, 1-5

Gruber, Johannes/Weller, Marc-Philipp, Societas Europaea: Mitbestimmung ohne Aufsichtsrat?, NZG 2003, 297-301

Habersack, Mathias, Das Konzernrecht der "deutschen" SE, ZGR 2003, 724-742

Habersack, Mathias, Die erfolgsabhängige Vergütung des Aufsichtsrats und ihre Grenzen – Zugleich Besprechung der Entscheidung BGH ZIP 2004, 613 (Mobilcom), ZGR 2004, 721-734

Habersack, Mathias, Konzernrechtliche Aspekte der Mitbestimmung in der Societas Europaea, Der Konzern 2006, 105-112

Habersack, Mathias, Schranken der Mitbestimmungsautonomie in der SE, AG 2006, 345-355

Hage-Nielsen, Annika, Die Europäischen Aktiengesellschaft und das schwedische Mitbestimmungssystem, BB-special 1/2005, 27- 28

Handelsrechtsausschuss des DAV, Stellungnahme zu dem Regierungsentwurf eines Gesetzes zur Einführung der Europäischen Gesellschaft (SEEG), NZG 2004, 957-960

Häring, Norbert, Enrons Erbe, HB v. 3.04.2006, Nr. 66, S. 11

Hauschka, Christoph E., Grundsätze pflichtgemäßer Unternehmensführung –Entwurf eines Gesetzes zur Unternehmensintegrität und Modernisierung des Anfechtungsrechts (UMAG), ZRP 2004, 65-67

Hauschka, Christoph E., Kontinuität und Wandel im Statut für die Europäische Aktiengesellschaft (SE), EuZW 1990, 181-184

Heckschen, Heribert, Die Europäische AG aus notarieller Sicht, DNotZ 2003, 251-269

Heintzen, Markus, Der Deutsche Corporate Governance Kodex aus der Sicht des deutschen Verfassungsrechts, ZIP 2004, 1933-1938

Heinze, Meinhard, Die Europäische Aktiengesellschaft, ZGR 2002, 66-95

Heinze, Meinhard, Probleme der Mitbestimmung und Betriebsverfassung bei einer grenzüberschreitenden Umstrukturierung von Unternehmen im Binnenmarkt, ZGR 1994, 47-65

Henssler, Martin, Bewegungen in der deutschen Unternehmensmitbestimmung, RdA 2005, 330-337

Henssler, Martin, Unternehmerische Mitbestimmung in der Societas Europaea, in: FS Ulmer, 2003, 193-210

Henze, Hartwig, Prüfungs- und Kontrollaufgaben des Aufsichtsrats in der Aktiengesellschaft, NJW 1998, 3309-3312

Herfs-Röttgen, Ebba, Arbeitnehmerbeteiligung in der Europäischen Aktiengesellschaft, NZA 2001, 424-429

Herfs-Röttgen, Ebba, Probleme der Arbeitnehmerbeteiligung in der Europäischen Aktiengesellschaft, NZA 2002, 358-365

Herzig, Norbert/Griemla, Stefan, Steuerliche Aspekte der Europäischen Aktiengesellschaft/ Societas Europaea (SE), StuW 2002, 293-301

Hirte, Heribert, Die Europäische Aktiengesellschaft, NZG 2002, 1-10

Hoffmann-Becking, Michael, Zur rechtlichen Organisation der Zusammenarbeit im Vorstand der AG, ZGR 1998, 497-519

Hoffmann-Becking, Organe: Strukturen und Verantwortlichkeiten, insbesondere im monistischen System, ZGR 2004, 355-382

Hommelhoff, Peter, Die "Société fermée eruopéenne" – eine supranationale Gesellschaftsform für kleinere und mittlere Unternehmen im Europäischen Binnenmarkt, WM 1997, 2101-2109

Hommelhoff, Peter, Die OECD-Principles on Corporate Governance – ihre Chancen und Risiken aus dem Blickwinkel der deutschen corporate governance-Bewegung, ZGR 2001, 238-267

Hommelhoff, Peter, Einige Bemerkungen zur Organisationsverfassung der Europäischen Aktiengesellschaft, AG 2001, 279-288

Hommelhoff, Peter, Gesellschaftsrechtliche Fragen im Entwurf eines SE-Statuts, AG 1990, 422-435

Hommelhoff, Peter, Normenhierarchie für die Europäische Aktiengesellschaft, in: Lutter/Hommelhoff, SE, 5-23

Hommelhoff, Peter, Satzungsstrenge und Gestaltungsfreiheit in der Europäischen Aktiengesellschaft, in: FS Ulmer, 262- 278

Hommelhoff, Peter, Zum Konzernrecht der Europäischen AG, AG 2003, 179-184

Hommelhoff, Peter/Mattheus, Daniela, Corporate Governance nach dem KonTraG, AG 1998, 249-259

Hommelhoff, Peter/Teichmann, Christoph, Die Europäische Aktiengesellschaft - das Flaggschiff läuft vom Stapel, SZW/RSDA 2002, 1-12

Hopt, Klaus J., Europäische Aktiengesellschaft – per aspera ad astra?, EuZW 2002, Heft 1, Editorial

Hopt, Klaus J., Europäisches Gesellschaftsrecht – Der Aktionsplan und die ersten Durchführungsmaßnahmen, in: FS Röhricht, 235-249

Hopt, Klaus J., Gemeinsame Grundsätze der Corporate Governance in Europa?, ZGR 2000, 779-818

Hopt, Klaus J., Harmonisierung im europäischen Gesellschaftsrecht – Status quo, Probleme, Perspektiven –, ZGR 1992, 265-295

Hopt, Klaus J., Interessenwahrung und Interessenkonflikte im Aktien-, Bank- und Berufsrecht, ZGR 2004, 1-52

Horn, Norbert, Die Europa-AG im Kontext des deutschen und europäischen Gesellschaftsrechts, DB 2005, 147-153

Horn, Norbert, Die Haftung des Vorstands der AG nach § 93 AktG und die Pflichten des Aufsichtsrats, ZIP 1997, 1129-1139

Hüffer, Uwe, Die Unabhängigkeit von Aufsichtsratsmitgliedern nach Ziffer 5.4.2 DCGK, ZIP 2006, 637-644

IDW, IDW Prüfungsstandard: Auswirkungen des Deutschen Corporate-Governance-Kodex auf die Abschlussprüfung (IDW PS 345), WPg 2003, 1002-1020

IDW, Stellungnahme des IDW an das BMJ zum Diskussionsentwurf eines Gesetzes zur Ausführung der Verordnung (EG) Nr. 2157/2001 des Rates vom 8.10.2001 über das Statut der Europäischen Gesellschaft (SE-Ausführungsgesetz-SEAG), NZG 2003, Heft 14, VIII-IX

Ihrig, Hans-Christoph/Wagner, Jens, Corporate Governance: Kodex-Erklärung und ihre unterjährige Korrektur, BB 2002, 2509-2514

Ihrig, Hans-Christoph/Wagner, Jens, Das Gesetz zur Einführung der Europäischen Gesellschaft (SEEG) auf der Zielgeraden, BB 2004, 1749-1759

Ihrig, Hans-Christoph/Wagner, Jens, Die Reform geht weiter: Das Transparenz- und Publizitätsgesetz kommt, BB 2002, 789-797

Ihrig, Hans-Christoph/Wagner, Jens, Diskussionsentwurf für ein SE-Ausführungsgesetz, BB 2003, 969-976

Ihrig, Hans-Christoph/Wagner, Jens, Reaktionen börsennotierter Unternehmen auf die Änderung des Deutschen Corporate Governance Kodex, BB 2003, 1625-1629

Jaecks, Jörg/Schönborn, Christoph Ansgar, die Europäische Aktiengesellschaft, das nationale und internationale Konzernrecht, RIW 2003, 254-265

Jahn, Andreas/Herfs-Röttgen, Ebba, Die Europäische Aktiengesellschaft – Societas Europaea, DB 2001, 631-638

Jahn, Joachim, Verhaltene Schritte zu größerer Bilanzwahrheit, ZRP 2004, 68-71

Kallmeyer, Harald, Das monistische System in der SE mit Sitz in Deutschland, ZIP 2003, 1531-1536

Kallmeyer, Harald, Die Beteiligung der Arbeitnehmer in einer Europäischen Gesellschaft, ZIP 2004, 1442-1445

Kallmeyer, Harald, Die Europäische Aktiengesellschaft – besser als ihr Ruf?, DB 2003, Heft 5, Gastbeitrag

Kallmeyer, Harald, Europa-AG: Strategische Option für deutsche Unternehmen, AG 2003, 197-203

Kallmeyer, Harald/Kappes, Stephan, Grenzüberschreitende Verschmelzungen und Spaltungen nach SEVIC System und der EU-Verschmelzungsrichtlinie, AG 2006, 224-238

Kalss, Susanne, Der Aufsichtsrat in der börsennotierten Gesellschaft nach österreichischem Recht- ausgewählte Fragen, NZG 2003, 374-379

Kalss, Susanne/Greda, Claudia, Die Europäische Gesellschaft (SE) österreichischer Prägung nach dem Ministerialentwurf, GesRZ 2004, 91-107

Kämmerer, Jörn Axel/Veil, Rüdiger, Paritätische Arbeitnehmermitbestimmung in der monistischen SE, ZIP 2005, 369-376

Kämpfer, Georg/Hönsch, Henning, Enforcement der Rechnungslegung und Prüfung, FAZ v. 3.04.2006, Nr. 79, S. 24

Kersting, Christian, Das Audit Committee nach dem Sarbanes-Oxley-Gesetz – Ausnahmeregelungen für ausländische Emittenten, ZIP 2003, 2010-2017

Kirsten, Roland, Deutscher Corporate Governance Kodex: Die rechtmäßige Besetzung von Aufsichtsratsausschüssen am Beispiel des Prüfungsausschusses, BB 2004, 173-175

Kisker, Olaf, Unternehmerische Mitbestimmung in der Europäischen Genossenschaft und bei grenzüberschreitender Verschmelzung im Vergleich, RdA 2006, 206-212

Klein, Christian, Die Europäische Aktiengesellschaft "à la francaise", RIW 2004, 435-438

Kleinsorge, Georg, Europäische Gesellschaft und Beteiligungsrechte der Arbeitnehmer, RdA 2002, 343-352

Kleinsorge, Georg/Neye, Hans-Werner, Europäische Aktiengesellschaft –Durchbruch erreicht, Bundesarbeitsblatt 2001, Heft 4, 5-8

Kloster, Lars, Societas Europaea und europäische Unternehmenszusammenschlüsse, EuZW 2003, 293-301

Kolvenbach, Walter, Scheitert die Europa AG an der Mitbestimmung?, NZA 1998, 1323-1328

Kolvenbach, Walter, Statut für die Europäische Aktiengesellschaft, DB 1988, 1837-1840

Körner, Marita, Comply or disclose: Erklärung nach § 161 AktG und Außenhaftung, NZG 2004, 1148-1151

Köstler, Roland, Die Beteiligung der Arbeitnehmer in der Europäischen Aktiengesellschaft nach den deutschen Umsetzungsgesetzen, DStR 2005, 745-750

Köstler, Roland, Die Mitbestimmung in der SE, ZGR 2003, 800-809

Köstler, Roland, Mitbestimmung, in: Theisen/Wenz, Die SE, 331-376

Kraushaar, Martin, Europäische Aktiengesellschaft (SE) und Unternehmensmitbestimmung, BB 2003, 1614-1620

Kraushaar, Martin, Mindestrepräsentation leitender Angestellter in der Europäischen Aktiengesellschaft, NZA 2004, 591-592

Krieger, Gerd, Interne Voraussetzungen für die Abgabe der Entsprechenserklärung nach § 161 AktG, in: FS Ulmer, 365-380

Kropff, Bruno, Zur Information des Aufsichtsrats über das interne Überwachungssystem, NZG 2003, 346-350

Kübler, Friedrich, Leitungsstrukturen der Aktiengesellschaft und die Umsetzung des SE-Statuts, ZHR 167 (2003), 222-234

Lächler, Christoph/Oplustil, Krzysztof, Funktion und Umfang des Regelungsbereichs der SE-Verordnung, NZG 2005, 381-387

Lange, Knut Werner, Berichterstattung in Lagebericht und Konzernlagebericht nach dem geplanten Bilanzrechtsreformgesetz, ZIP 2004, 981-987

Lange, Oliver, Überlegungen zur Umwandlung einer deutschen in eine Europäische Aktiengesellschaft, EuZW 2003, 301- 306

Lange, Oliver, Zustimmungsvorbehaltspflicht und Kataloghaftung des Aufsichtsrats nach neuem Recht, DStR 2003, 376-381

Lenenbach, Markus, Kurzkommentar zu BGH, Urt. v. 16.02.2004 – II ZR 16/02, EWiR 2004, 413-414

Lewandowski, Robert, Polnisches Gesetz zur Einführung der Europäischen Wirtschaftlichen Interessenvereinigung und der Europäischen Gesellschaft (II), WiRO 2006, 129-132

Leyens, Patrick C., Deutscher Aufsichtsrat und U.S.-Board: ein- oder zweistufiges Verwaltungssystem?, Zum Stand der rechtsvergleichenden Corporate Governance-Debatte, RabelsZ 67 (2003), 57-105

Lieder, Jan, Das unabhängige Aufsichtratsmitglied, NZG 2005, 569-574

Lindacher, Walter F., Maßgebendes Recht, Auslegung und Lückenschließung, in: Lutter, Die SE, 1-15

Lück, Wolfgang/Bungartz, Oliver, Risikoberichterstattung deutscher Unternehmen – Ein Beitrag zur Verbesserung der Wettbewerbsfähigkeit von Unternehmen am internationalen Kapitalmarkt –, DB 2004, 1789-1792

Luke, Joachim, Die Europäische Aktiengesellschaft – Societas Europaea –, NWB, Fach 18, 4047-4058

Lutter, Marcus, Auswahlpflichten und Auswahlverschulden bei der Wahl von Aufsichtsratsmitgliedern, ZIP 2003, 417-419

Lutter, Marcus, Das Europäische Unternehmensrecht im 21. Jahrhundert, ZGR 2000, 1-18

Lutter, Marcus, Defizite für eine effiziente Aufsichtsratstätigkeit und gesetzliche Möglichkeiten der Verbesserung, ZHR 159 (1995), 287-309

Lutter, Marcus, Der Aufsichtsrat: Konstruktionsfehler, Inkompetenz seiner Mitglieder oder normales Risiko, AG 1994, 176-177

Lutter, Marcus, Die Erklärung zum Corporate Governance Kodex gemäß § 161 AktG – Pflichtverstöße und Binnenhaftung von Vorstands- und Aufsichtsratsmitgliedern, ZHR 166 (2002), 523-543

Lutter, Marcus, Empfehlen sich für die Zusammensetzung europäischer Unternehmen neben oder statt der europäischen Handelsgesellschaft und der internationalen Fusion weitere Möglichkeiten der Gestaltung auf dem Gebiet des Gesellschaftsrechts?, in: Verhandlungen zum achtundvierzigsten Deutsche Juristentag, Band I, München 1970, H1-H153
(zitiert: *Lutter*, Gutachten zum 48. DJT)

Lutter, Marcus, Europäische Aktiengesellschaft – Rechtsfigur mit Zukunft?, BB 2002, 1-7

Lutter, Marcus, Stand und Entwicklung des Konzernrechts in Europa, ZGR 1987, 324-369

Lutter, Marcus, Vergleichende Corporate Governance – Die deutsche Sicht, ZGR 2001, 224-237

Lutter, Marcus/Kirschbaum, Tom, Zum Wettbewerber im Aufsichtsrat, ZIP 2005, 103-105

Lutter, Marcus/Kollmorgen, Alexander/Feldhaus, Heiner, Muster-Geschäftsordnung für den Verwaltungsrat einer SE, BB 2007, 509-516

Luttermann, Claus, Unabhängige Bilanzexperten in Aufsichtsrat und Beirat, BB 2003, 745-750

Martin, Christopher, Das U.S. Corporate Governance System – Verlust der Vorbildfunktion?, NZG 2003, 948-952

Maser, Peter/Bäumker, Michael, Steigende Anforderungen an die Berichtspflicht des Aufsichtsrats?, AG 2005, 906-910

Maul, Silja, Das Konzernrecht der Europäischen Gesellschaft, in: Lutter/Hommelhoff, SE, 249-260

Maul, Silja, Gesellschaftsrechtliche Entwicklungen in Europa – Bruch mit der deutschen Tradition?, BB-Special 9/2005, 2-17

Maul, Silja, Konzernrecht der "deutschen" SE – Ausgewählte Fragen zum Vertragskonzern und den faktischen Unternehmensverbindungen, ZGR 2003, 743-763

Maul, Silja, Konzernrecht, in: Theisen/Wenz, Die SE, 457-504

Maul, Silja/Lanfermann, Georg, Europäische Corporate Governance – Stand der Entwicklungen, BB 2004, 1861-1868

Menjucq, Michel, Das "monistische" System der Unternehmensleitung in der SE, ZGR 2003, 679-687

Merkt, Hanno, Die monistische Unternehmensverfassung für die Europäische Aktiengesellschaft aus deutscher Sicht, ZGR 2003, 650-678

Miettinen, Johanna/Villeda, Gisella Victoria, Abstimmungsformen des Aufsichtsrats, AG 2007, 346-352

Müller, Hans-Friedrich, Die grenzüberschreitende Verschmelzung nach dem Referentenentwurf des Bundesjustizministeriums, NZG 2006, 286-290

Müller-Bonanni, Thomas/Merlot de Beauregard, Paul, Mitbestimmung in der Societas Europaea, GmbHR 2005, 195-200

Nagel, Bernhard, Die Europäische Aktiengesellschaft (SE) in Deutschland – der Regierungsentwurf zum SE-Einführungsgesetz, NZG 2004, 833-839

Nagel, Bernhard, Die Europäische Aktiengesellschaft (SE) und die Beteiligung der Arbeitnehmer, AuR 2004, 281-286

Nagel, Bernhard, Ist die Europäische Aktiengesellschaft (SE) attraktiv?, DB 2004, 1299-1304

Nagel, Bernhard/Köklü, Alper, "Societas Europaea" und Mitbestimmung, ZESAR 2004, 175-181

Neye Hans-Werner/Teichmann, Christoph, Der Entwurf für das Ausführungsgesetz zur Europäischen Aktiengesellschaft, AG 2003, 169-179

Neye, Hans-Werner, BB-Gesetzgebungsreport: Der Gesetzentwurf zur Einführung der Europäischen Gesellschaft vor den Ausschussberatungen im Deutschen Bundestag, BB 2004, 1973-1974

Neye, Hans-Werner, Die optionale Einführung der monistischen Unternehmensverfassung für die Europäische (Aktien-)Gesellschaft im deutschen Recht, in: FS Röhricht, 443-454

Neye, Hans-Werner, Kein neuer Stolperstein für die Europäischen Aktiengesellschaft, ZGR 2002, 377-382

Nicolaysen, Isaschar, Das neue schwedische Aktiengesetz, RIW 2005, 884-894

Niehus, Rudolf J., Reform des Audit Committees gemäß den US-Börsenbestimmungen, DB 1999, 1765-1769

Niessen, Hermann, Zum Vorschlag einer "europäischen" Regelung der Mitbestimmung für "nationale" Aktiengesellschaften, ZGR 1973, 218-229

Niklas, Thomas, Beteiligung der Arbeitnehmer in der Europäischen Gesellschaft (SE) – Umsetzung in Deutschland, NZA 2004, 1200-1206

Oetker, Hartmut, Das Recht der Unternehmensmitbestimmung im Spiegel der neueren Rechtsprechung, ZGR 2000, 19-60

Oetker, Hartmut, Die Beteiligung der Arbeitnehmer in der Europäischen Aktiengesellschaft (SE) unter besondere Berücksichtigung der leitenden Angestellten, BB-Special 1/2005, 2-13

Oetker, Hartmut, Unternehmensmitbestimmung in der SE kraft Vereinbarung, ZIP 2006, 1115-1121

Oser, Peter/Orth, Christian/Wader, Dominic, Beachtung der Empfehlungen des Deutschen Corporate Governance Kodex, BB 2004, 1121-1126

Peemöller, Volker H., Unternehmensüberwachung und Corporate Governance in Deutschland, in: Freidank/Tanski, ACF, Teil IV.1

Peemöller, Volker H./Oehler, Ralph, Regierungsentwurf des BilReG: Änderungen gegenüber dem Referentenentwurf, BB 2004, 1158-1161

Peltzer, Martin, Beratungsverträge der Gesellschaft mit Aufsichtsratsmitgliedern: Ist das gute Corporate Governance?, ZIP 2007, 305-309

Peltzer, Martin/v. Werder, Axel, Der "German Code of Corporate Governance (GCCG)" des Berliner Initiativkreises, AG 2001, 1-15

Pipkorn, Jörn, Zur Entwicklung des europäischen Gesellschafts- und Unternehmensrechts, ZHR 137 (1973), 35-69

Plendl, Martin/Niehues, Michael, Rechnungslegung, Prüfung und Publizität, in: Theisen/Wenz, Die SE, 405-456

Pluskat, Sorika, Die Arbeitnehmerbeteiligung in der geplanten Europäischen AG, DStR 2001, 1483-1490

Pluskat, Sorika, Die neuen Vorschläge für die Europäische Aktiengesellschaft, EuZW 2001, 524- 528

Pohle, Klaus/v. Werder, Axel, Leitfaden "Best Practice" von Bilanzprüfungsausschüssen (Audit Committees), 237-239

Preußner, Joachim, Deutscher Corporate Governance Kodex und Risikomanagement, NZG 2004, 303-307

Priester, Hans-Joachim, Stimmverbot beim dreiköpfigen Aufsichtsrat, AG 2007, 190-194

Raiser, Thomas, Die Europäische Aktiengesellschaft und die nationalen Aktiengesetze, in: FS Semler, 277-297

Ranzinger, Christoph/Blies, Peter, Audit Committees im internationalen Kontext, AG 2001, 455-462

Rasner, Henning, Die Europäische Aktiengesellschaft (SE) – ist sie wünschenswert?, ZGR 1992, 314-326

Redeker, Rouven, Die SE und ihr Erfolg in der Praxis – eine Zwischenbilanz, AG 2006, R343-R346

Rehberg, Markus, Die missbräuchliche Verkürzung der unternehmerischen Mitbestimmung durch die Societas Europaea – Zur Bedeutung, Reichweite und nationalen Umsetzung von Art. 11 sowie Erwägungsgrund 18 der SE-Richtlinie, ZGR 2005, 859-893

Reichert, Jochem/Brandes, Stephan M., Mitbestimmung der Arbeitnehmer in der SE: Gestaltungsfreiheit und Bestandsschutz, ZGR 2003, 767-799

Richter, Stefan, Aktienoptionen für den Aufsichtsrat, BB 2004, 949-957

Rieble, Volker, Schutz vor paritätischer Unternehmensmitbestimmung, BB 2006, 2018-2023

Ringe, Wolf-Georg, Mitbestimmungsrechtliche Folgen einer SE-Sitzverlegung, NZG 2006, 931-935

Rödder, Thomas, Bilanzierung und Besteuerung der Europäischen Aktiengesellschaft (Teil I), WPg 1991, 200-208

Rödder, Thomas, Bilanzierung und Besteuerung der Europäischen Aktiengesellschaft (Teil II), WPg 1991, 229-241

Rödder, Thomas, Die Grundfragen der Besteuerung der Europäischen Aktiengesellschaft (SE), Der Konzern 2003, 522-528

Rode, Oliver, Der Wechsel eines Vorstandsmitglieds in den Aufsichtsrat – eine gute Corporate Governance?, BB 2006, 341-344

Rössler, Stefan, Das Audit Committee als Instrument des Aufsichtsrates zur Unternehmensüberwachung, in: Freidank/Tanski, ACF, Teil IV.2

Roth, Günter H./Wörle, Ulrike, Die Unabhängigkeit des Aufsichtsrats – Recht und Wirklichkeit, ZGR 2004, 565-630

Roth, Markus, Die unternehmerische Mitbestimmung in der monistischen SE, ZfA 2004, 431-461

Roth, Markus, Möglichkeiten vorstandsunabhängiger Information des Aufsichtsrats, AG 2004, 1-13

Ruhnke, Klaus, Prüfung der Einhaltung des Deutschen Corporate Governance Kodex durch den Abschlussprüfer, AG 2003, 371-377

Sanna, Thomas, Societas Europaea (SE) – Die Europäische Aktiengesellschaft, ELR 2002, 2-9

Schäfer, Albrecht, Der Prüfungsausschuss – Arbeitsteilung im Aufsichtsrat, ZGR 2004, 416-431

Schäfer, Carsten, Das Gesellschaftsrecht (weiter) auf dem Weg nach Europa – am Beispiel der SE-Gründung, NZG 2004, 785-791

Scheffler, Eberhard, Der Aufsichtsrat – nützlich oder überflüssig?, ZGR 1993, 63-79

Scheffler, Eberhard, Verwaltung und Mitbestimmung in der Europäischen Aktiengesellschaft, AG 2005, R89-R90

Schiessl, Maximilian, Deutsche Corporate Governance post Enron, AG 2002, 593-604

Schiessl, Maximilian, Leitungs- und Kontrollstrukturen im internationalen Wettbewerb, ZHR 167 (2003), 235-256

Schilling, Florian, Mitbestimmung und Unternehmensaufsicht, FAZ v. 16.04.2007, Nr. 88, S. 24

Schindler, Clemens Philipp/Teichmann, Christoph, Das Recht der SE in anderen Mitgliedstaaten der EU und des EWR, in: Theisen/Wenz, Die SE, 739-792

Schlitt, Christian, Die strafrechtliche Relevanz des Corporate Governance Kodexes, DB 2007, 326-330

Schmidt, Jessica, "Offshore in drei Zügen": Die Europäische Aktiengesellschaft als "Fähre" auf die Cayman Islands, DB 2006, 2221-2222

Schmidt, Jessica, Insolvenzantragspflicht, Insolvenzverschleppungshaftung und Zahlungsverbote bei einer "deutschen" SE, NZI 2006, 627-631

Schneider, Sven H., "Unternehmerische Entscheidungen" als Anwendungsvoraussetzung für die Business Judgment Rule, DB 2005, 707-712

Schroeder, Werner, Die Auslegung des Eu-Rechts, JuS 2004, 180-186

Schulz, Andreas/Geismar, Bernhard, Die Europäische Aktiengesellschaft, DStR 2001, 1078-1086

Schwalbach, Joachim, Effizienz des Aufsichtsrats, AG 2004, 186-190

Schwark, Eberhard, Globalisierung, Europarecht und Unternehmensmitbestimmung im Konflikt, AG 2004, 173-180

Schwark, Eberhard, Spartenorganisation in Großunternehmen und Unternehmensrecht, ZHR 142 (1978), 203-227

Schwarz, Günter Christian, Die Gesamtvertreterermächtigung – Ein zivil- und gesellschaftsrechtliches Rechtsinstitut, NZG 2001, 529-539

Schwarz, Günter Christian, Rechtsfragen der Vorstandsermächtigung gemäß § 78 Abs. 4 AktG, ZGR 2001, 744-781

Schwarz, Günter Christian, Zum Statut der Europäischen Aktiengesellschaft – Die wichtigsten Neuerungen und Änderungen des Verordnungsvorschlags, ZIP 2001, 1847-1861

Schwarz, Günter Christian/Holland, Björn, Enron, Worldcom ... und die Corporate-Governance-Situation, ZIP 2002, 1661-1672

Schwarz, Günter Christian/Lösler, Thomas, Das Recht der Europäischen Aktiengesellschaft – Ein Überblick, NotBZ 2001, 117-124

Seibert, Ulrich, Im Blickpunkt: Der Deutsche Corporate Governance Kodex ist da, BB 2002, 581-584

Seibt, Christoph H., Arbeitnehmerlose Societas Europaea, ZIP 2005, 2248-2250

Seibt, Christoph H., Deutscher Corporate Governance Kodex und Entsprechens-Erklärung (§ 161 AktG-E), AG 2002, 249-259

Seibt, Christoph H., Deutscher Corporate Governance Kodex: Antworten aus Zweifelsfragen der Praxis, AG 2003, 465-477

Seibt, Christoph H., Privatautonome Mitbestimmungsvereinbarungen: Rechtliche Grundlagen und Praxishinweise, AG 2005, 413-429

Seibt, Christoph H., Stellungnahme vor dem Rechtsausschuss des Deutschen Bundestages zum Gesetzentwurf der Bundesregierung zur Einführung der Europäischen Gesellschaft (SEEG) BT-Drucksache 15/3405, NZA 2004, Heft 21, IX-XIII

Seidel, Wolfgang, Der Deutsche Corporate Governance Kodex – eine private oder doch eine staatliche Regelung, ZIP 2004, 285-294

Semler, Johannes, Ausschüsse des Aufsichtsrats, AG 1988, 60-67

Semler, Johannes/Stengler, Arndt, Interessenkonflikte bei Aufsichtsratsmitgliedern von Aktiengesellschaften am Beispiel von Konflikten bei Übernahme, NZG 2003, 1-8

Sonnenberger, Hans Jürgen, Die Organisation der Aktiengesellschaften im Gemeinsamen Markt (Teil I), AG 1974, 1-8

Teichmann, Christoph, Ausführungsgesetz in Deutschland, in: Theisen/Wenz, Die SE, 691-737

Teichmann, Christoph, Corporate Governance in Europa, ZGR 2001, 645-679

Teichmann, Christoph, Die Einführung der Europäischen Aktiengesellschaft, ZGR 2002, 383-464

Teichmann, Christoph, Die monistische Verfassung der Europäischen Gesellschaft, in: Lutter/Hommelhoff, SE, 195-222

Teichmann, Christoph, Gestaltungsfreiheit im monistischen Leitungssystem der Europäischen Aktiengesellschaft, BB 2004, 53-60

Teichmann, Christoph, Vorschläge für das deutsche Ausführungsgesetz zur Europäischen Aktiengesellschaft, ZIP 2002, 1109-1116

Theisen, Manuel R./Hölzl, Michael, Corporate Governance, in: Theisen/Wenz, Die SE, 269-330

Theisen, Manuel René, Risikomanagement als Herausforderung für die Corporate Governance, BB 2003, 1426-1430

Thoma, Georg F./Leuering, Dieter, Die Europäische Aktiengesellschaft – Societas Europaea, NJW 2002, 1449-1454

Thüsing, Gregor, SE-Betriebsrat kraft Vereinbarung, ZIP 2006, 1469-1478

Torggler, Hellwig, Zur Europäischen Gesellschaft (SE) – Teil 1, ecolex 2001, 442-449

Torggler, Hellwig, Zur Europäischen Gesellschaft (SE) – Teil 2, ecolex 2001, 533-537

Ulmer, Peter, Aktienrecht im Wandel – Entwicklungslinien und Diskussionsschwerpunkte –, AcP 2002, 143-178

Ulmer, Peter, Der Deutsche Corporate Governance Kodex – ein neues Regulierungsinstrument für börsennotierte Aktiengesellschaften, ZHR 166 (2002), 150-181

Ulmer, Peter, Mitbestimmung kann zum Hindernis werden, FAZ v. 28.04.2001, Nr. 99, S. 23

v. Werder, Axel, Formen der Führungsorganisation einer Europäischen Aktiengesellschaft, RIW 1997, 304-310

v. Werder, Axel/Talaulicar, Till, Kodex Report 2006: Die Akzeptanz der Empfehlungen und Anregungen des Deutschen Corporate Governance Kodex, DB 2006, 849-855

van Hulle, Karel/Maul, Silja, Aktionsplan zur Modernisierung des Gesellschaftsrechts und Stärkung der Corporate Governance, ZGR 2004, 484-505

Veil, Rüdiger, Das Konzernrecht der Europäischen Aktiengesellschaft, WM 2003, 2169-2175

Veit, Martin/Wichert, Joachim, Unternehmerische Mitbestimmung bei europäischen Kapitalgesellschaften mit Verwaltungssitz in Deutschland nach "Überseering" und "Inspire Art", AG 2004, 14-20

Vetter, Eberhard, Der Deutsche Corporate Governance Kodex – nur ein Testballon für den Gesetzgeber?, ZIP 2004, 1527

Vetter, Eberhard, Die Berichterstattung des Aufsichtsrats an die Hauptversammlung als Bestandteil seiner Überwachungsaufgabe, ZIP 2006, 257-265

Vetter, Eberhard, Update des Deutschen Corporate Governance Kodex, BB 2005, 1689-1695

von Caemmerer, Ernst, Rechtsvereinheitlichung und internationales Privatrecht, in: FS Hallstein, 63-95

von Hein, Jan, Vom Vorstandsvorsitzenden zum CEO?, ZHR 166 (2002), 464-502

Waclawik, Erich, Der Referentenentwurf des Gesetzes zur Einführung der Europäischen (Aktien-)Gesellschaft, DB 2004, 1191-199

Waclawik, Erich, Die Europäische Aktiengesellschaft (SE) als Konzerntochter- und Joint Venture-Gesellschaft, DB 2006, 1827-1833

Waclawik, Erich, Die Europäische Aktiengesellschaft (SE) als Rechtsformalternative für die Verwaltung und gemeinschaftsweite Mobilität privater Großvermögen, ZEV 2006, 429-435

Wagner, Jens, Die Bestimmung des auf die SE anwendbaren Rechts, NZG 2002, 985-991

Walden, Daniel/Meyer-Landrut, Andreas, Die grenzüberschreitende Verschmelzung zu einer Europäische Gesellschaft: Beschlussfassung und Eintragung, DB 2005, 2619-2623

Weber, Joachim, Vorstände unter Beschuss, HB Nr. 90 v. 10.05.2006, S. 24

Weiss, Susanne/Wöhlert, Helge-Torsten, Societas Europaea – Der Siegeszug des deutschen Mitbestimmungsrechts in Europa?, NZG 2006, 121-126

Wenz, Martin, Einsatzmöglichkeiten einer Europäischen Aktiengesellschaft in der Unternehmenspraxis aus betriebswirtschaftlicher Sicht, AG 2003, 185-196

Wiesner, Peter M., Corporate Governance und kein Ende, ZIP 2003, 977-980

Windbichler, Christine, Zur Trennung von Geschäftsführung und Kontrolle bei amerikanischen Großgesellschaften, ZGR 1985, 50-73

Wisskirchen, Gerlind/Prinz, Thomas, Das Gesetz über die Beteiligung der Arbeitnehmer in einer Europäischen Gesellschaft (SE), DB 2004, 2638-2643

Wißmann, Hellmut, "Deutsche" Europäische Aktiengesellschaft und Mitbestimmung, in: FS Wiedemann, 685-700

Wolf, Martin, Corporate Governance – der Import angelsächsischer "Self-Regulation" im Widerstreit zum deutschen Parlamentsvorbehalt, ZRP 2002, 59-60

Wollburg, Ralph/Banerjea, Nirmal Robert, Die Reichweite der Mitbestimmung in der Europäischen Gesellschaft, ZIP 2005, 277-283

Wymeersch, Eddy, Gesellschaftsrecht im Wandel: Ursachen und Entwicklungslinien, ZGR 2001, 294-324

Ziemons, Hildegard, Erteilung des Prüfungsauftrages an den Abschlussprüfer einer Aktiengesellschaft durch einen Aufsichtsratsausschuss?, DB 2000, 77-81

Monographien, Kommentare, Sammelwerke

Albert, Markus, Gesellschafts- und steuerrechtliche Grundfragen der Europäischen Aktiengesellschaft (Societas Europaea), Bonn 2005
(zitiert: *Albert*, Grundfragen der SE, S.)

Bartone, Roberto/Klapdor, Ralf, Die Europäische Aktiengesellschaft – Recht, Steuer, Betriebswirtschaft, Berlin 2005
(zitiert: *Bartone/Klapdor*, SE, S.)

Baumbach, Adolf/Hopt, Klaus J., Handelsgesetzbuch, Kommentar, 31. neubearbeitete und erweiterte Auflage, München 2003
(zitiert: Baumbach/Hopt/*Bearbeiter*, HGB, § Rn.)

Baums, Theodor (Hrsg.), Bericht der Regierungskommission Corporate Governance, Köln 2001
(zitiert: *Baums*, Bericht, Rn.)

Baums, Theodor/Cahn, Andreas (Hrsg.), Die Europäische Aktiengesellschaft – Umsetzungsfragen und Perspektiven, Berlin 2004
(zitiert: *Bearbeiter*, in: Baums/Cahn, SE)

Beuthien, Volker, Genossenschaftsgesetz mit Umwandlungs- und Kartellrecht sowie Statut der Europäischen Genossenschaft, 14. neu bearbeitete und erweiterte Auflage, München 2004
(zitiert: *Beuthien*, GenG, § Rn.)

Bierich, Marcus/Hommelhoff, Peter/Kropff, Bruno (Hrsg.), Festschrift für Johannes Semler zum 70. Geburtstag am 28. April 1993 – Unternehmen und Unternehmensführung im Recht, Berlin 1993
(zitiert: *Bearbeiter*, in: FS Semler)

Brandt, Ulrich, Die Hauptversammlung der Europäischen Aktiengesellschaft (SE), Diss., Frankfurt am Main 2004
(zitiert: *Brandt*, Hauptversammlung der SE, S.)

Buchheim, Regine, Europäische Aktiengesellschaft und grenzüberschreitende Konzernverschmelzung, Der aktuelle Entwurf der Rechtsform aus betriebswirtschaftlicher Sicht, Diss., Wiesbaden 2001
(zitiert: *Buchheim*, SE, S.)

Crezelius, Georg/Hirte, Heribert/Vierweg, Klaus (Hrsg.), Festschrift für Volker Röhricht zum 65. Geburtstag – Gesellschaftsrecht, Rechnungslegung, Sportrecht, Köln 2005
(zitiert: *Bearbeiter*, in: FS Röhricht)

Cromme, Gerhard (Hrsg.), Corporate Governance Report 2002 – Vorträge und Diskussionen der 1. Konferenz Deutscher Corporate Governance Kodex, Stuttgart 2002
(zitiert: *Bearbeiter*, in: Cromme, Corporate Governance Report 2002, S.)

Fischer, Peter/Köck, Heribert Franz/Karollus, Margit Maria, Europarecht – Recht der EU/EG, des Europarates und der wichtigsten anderen europäischen Organisationen, 4. völlig neu bearbeitete Auflage, Wien 2002

(zitiert: *Fischer/Köck/Karollus*, Europarecht, Rn.)

Forstmoser, Peter/Meier-Hayoz, Arthur/Nobel, Peter, Schweizerisches Aktienrecht, Bern 1996

(zitiert: *Forstmoser/Meier-Hayoz/Nobel*, Schweizer Aktienrecht, § Rn.)

Freidank, Carl-Christian/Tanski, Joachim (Hrsg.), Management-Handbuch – Accounting, Controlling & Finance, München, Stand Juni 2002

(zitiert: *Bearbeiter*, in: Freidank/Tanski, ACF, Teil)

Geßler, Ernst/Hefermehl, Wolfgang/Eckardt, Ulrich/Kropff, Bruno (Hrsg.), Aktiengesetz, Band II §§ 76-147, München 1974

(zitiert: *Bearbeiter*, in: Geßler/Hefermehl, AktG, § Rn.)

Giesen, Hans-Michael, Organhandeln und Interessenkonflikt, Diss., Berlin 1984

(zitiert: *Giesen*, Interessenkonflikt)

Göke, Christian, Arbeitsrechtliche Probleme des Richtlinienvorschlages KOM (91) endg. –SYN 219 zur Ergänzung des SE-Statuts im Verhältnis zum deutschen und italienischen Arbeitsrecht, Diss., Münster 1993

(zitiert: Göke, SE-ErgRiL)

Goulding, Simon, Company Law, Second Edition, London 1999

Grote, Ralf, Das neue Statut der Europäischen Aktiengesellschaft zwischen europäischem und nationalem Recht, Diss., Göttingen 1991

(zitiert: *Grote*, SE)

Grundmann, Stefan, Europäisches Gesellschaftsrecht – Eine systematische Darstellung unter Einbeziehung des Europäischen Kapitalmarktrechts, Heidelberg 2004

(zitiert: *Grundmann*, Europäisches Gesellschaftsrecht, Rn.)

Gutsche, Robert, Die Eignung der Europäischen Aktiengesellschaft für kleine und mittlere Unternehmen in Deutschland, Diss., Baden-Baden 1994

(zitiert: *Gutsche*, SE, S.)

Habersack, Mathias/Hommelhoff, Peter/Hüffer, Uwe/Schmidt, Karsten (Hrsg.), Festschrift für Peter Ulmer zum 70. Geburtstag am 2. Januar 2003, Berlin 2003

(zitiert: *Bearbeiter*, in: FS Ulmer)

Hauschka, Christoph E., Die Europäische Aktiengesellschaft zwischen Einheitlichkeitsanspruch und Nationalisierung des Statuts, in: Vorträge, Reden und Berichte aus dem Europa-Institut, Nr. 274, Saarbrücken 1992

(zitiert: *Hauschka*, SE, S.)

Hoffmann, Dietrich/Preu, Peter, Der Aufsichtsrat – Ein Leitfaden für Aufsichtsräte, 5. neubearbeitete und ergänzte Auflage, München 2003

(zitiert: *Hoffmann/Preu*, Aufsichtsrat, Rn.)

Hoffmann-Becking, Michael (Hrsg.) Münchener Handbuch des Gesellschaftsrechts, Band 4: Aktiengesellschaft, 2. neubearbeitete und erweiterte Auflage, München 1999
(zitiert: Münch. Hdb. GesR IV/*Bearbeiter*, § Rn.)

Hohloch, Gerhard, (Hrsg.), EU-Handbuch Gesellschaftsrecht, 1997 (Stand: Sep. 1999)
(zitiert: *Bearbeiter*, in: Hohloch, EU-Hdb. GesR, Land, Rn.)

Holland, Björn, Das amerikanische "board of directors" und die Führungsorganisation einer monistischen SE in Deutschland, Diss., Frankfurt am Main 2006
(zitiert: *Holland*, "board of directors", S.)

Hommelhoff, Peter/Rowedder, Heinz/Ulmer, Peter (Hrsg.), Max Hachenburg – Dritte Gedächtnisvorlesung 1998, Heidelberg 2000
(zitiert: *Bearbeiter*, in: Hommelhoff/Rowedder/Ulmer, Max Hachenburg, S.)

Hopt, Klaus J./Wiedemann, Herbert (Hrsg.), Großkommentar AktG, §§ 95-117, 4. neubearbeitete Auflage, 24. Lieferung, Berlin Dezember 2005
(zitiert: GroßkommAktG/*Bearbeiter*, § Rn.)

Hopt, Klaus J./Wiedemann/ Herbert (Hrsg.), Großkommentar AktG, §§ 76-83, 4. neubearbeitete Auflage, 19. Lieferung, Berlin Februar 2003
(zitiert: GroßkommAktG/*Bearbeiter*, § Rn.)

Hüffer, Uwe, Aktiengesetz, 6. neubearbeitete Auflage, München 2004
(zitiert: *Hüffer*, AktG, § Rn.)

Jannott, Dirk/Frodermann, Jürgen, Handbuch der Europäischen Aktiengesellschaft – Societas Europaea –, Heidelberg 2005
(zitiert: *Bearbeiter*, in: Jannott/Frodermann, SE)

Kalss, Susanne/Hügel, Hanns F. (Hrsg.), Europäische Aktiengesellschaft – SE-Kommentar
(zitiert: *Bearbeiter*, in: Kalss/Hügel, SE, § Rn.)

Koke, Cornelius, Die Finanzverfassung der Europäischen Aktiengesellschaft (SE) mit Sitz in Deutschland, Diss., Frankfurt am Main, 2004
(zitiert: *Koke*, Finanzverfassung, S.)

Krebs, Carsten, Interessenkonflikte bei Aufsichtsratsmandaten in der Aktiengesellschaft, Diss., Köln 2002
(zitiert: *Krebs*, Interessenkonflikte, S.)

Kropff, Bruno, Aktiengesetz Textausgabe des Aktiengesetzes vom 06.09.1965, Düsseldorf 1965
(zitiert: *Kropff*, Aktiengesetz 1965)

Kropff, Bruno/Semler, Johannes (Hrsg.), Münchener Kommentar zum Aktiengesetz, Band 3: §§ 76-117 AktG, MitbestG, § 76 BetrVG 1952, 2. Auflage, München 2004
(zitiert: MünchKommAktG/*Bearbeiter*, § Rn.)

Kropff, Bruno/Semler, Johannes (Hrsg.), Münchener Kommentar zum Aktiengesetz, Band 4: §§ 118–147, 2. Auflage, München 2004
(zitiert: MünchKommAktG/*Bearbeiter*, § Rn.)

Kropff, Bruno/Semler, Johannes (Hrsg.), Münchener Kommentar zum Aktiengesetz, Band 5/1: §§ 148–151, 161-178 AktG, §§ 238-264c, 342, 342a HGB, 2. Auflage, München 2003

(zitiert: MünchKommAktG/*Bearbeiter*, § Rn.)

Kropff, Bruno/Semler, Johannes (Hrsg.), Münchener Kommentar zum Aktiengesetz, Band 8: §§ 278-328, 2. Auflage, München 2000

(zitiert: MünchKommAktG/*Bearbeiter*, § Rn.)

Kropff, Bruno/Semler, Johannes/Goette, Wulf/Habersack, Mathias (Hrsg.), Münchener Kommentar zum Aktiengesetz, Band 9/2: §§ 329–410 AktG, SE-VO, SEBG, Europäische Niederlassungsfreiheit, die Richtlinien zum Gesellschaftsrecht, 2. Auflage, München 2006

(zitiert: MünchKommAktG/*Bearbeiter*, § Rn.)

Kropholler, Jan, Internationales Einheitsrecht, 5. neubearbeitete Auflage, Tübingen 2004

(zitiert: *Kropholler*, Internationales Einheitsrecht, S.)

Kunz, Klaudia, Die Insolvenz der Europäischen Aktiengesellschaft, Diss., Frankfurt am Main 1995

(zitiert: *Kunz*, Insolvenz der SE, S.)

Larenz, Karl, Methodenlehre der Rechtswissenschaft, 4. ergänzte Auflage, Berlin 1979

(zitiert: *Larenz*, Methodenlehre, S.)

Leupold, Andreas, Die Europäische Aktiengesellschaft unter besonderer Berücksichtigung des deutschen Rechts – Chancen und Probleme auf dem Weg zu einer supranationalen Gesellschaftsform, Diss., Aachen 1993

(zitiert: *Leupold*, SE, S.)

Lutter, Marcus (Hrsg.), Die Europäische Aktiengesellschaft, 2. Auflage, Köln 1978

(zitiert: *Bearbeiter*, in: Lutter, Die SE, S.)

Lutter, Marcus/Hommelhoff, Peter (Hrsg,), Die Europäische Gesellschaft – Prinzipien, Gestaltungsmöglichkeiten und Grundfragen aus der Praxis, Köln 2005

(zitiert: *Bearbeiter*, in: Lutter/Hommelhoff, SE, S.)

Lutter, Marcus/Krieger, Gerd, Rechte und Pflichten des Aufsichtsrats, 4. Auflage, Köln 2002

(zitiert: *Lutter/Krieger*, Aufsichtsrat, Rn.)

Manz, Gerhard/Mayer, Barbara/Schröder, Albert (Hrsg.), Europäische Aktiengesellschaft SE, 1. Auflage, Baden-Baden 2005

(zitiert: *Bearbeiter*, in: Manz/Mayer/Schröder, SE, Art. Rn.)

Maul, Silja, Die faktisch abhängige SE (Societas Europaea) im Schnittpunkt zwischen deutschem und europäischem Recht, Diss., München1998

(zitiert: *Maul*, Die faktisch abhängige SE, S.)

Meyer-Landrut, Andreas, Die Europäische Wirtschaftliche Interessenvereinigung, Stuttgart 1998 (zitiert: Meyer-Landrut, EWIV S.)

Neudrucke privatrechtlicher Kodifikationen und Entwürfe des 19. Jahrhunderts, Band 1, Allgemeines deutsches Handelsgesetzbuch, Allgemeines deutsche Wechselordnung, Aalen, 1973

(zitiert: Neudrucke privatrechtlicher Kodifikationen)

Neye, Hans-Werner, Die Europäische Aktiengesellschaft – Einführung und Materialiensammlung zum Gesetz zur Einführung der Europäischen Gesellschaft (SEEG), München 2005

(zitiert: *Neye*, Die SE, S.)

Oplustil, Krzystof/Teichmann, Christoph (Hrsg.), European Company – all over Europe, Berlin 2004

(zitiert: *Bearbeiter*, in: Oplustil/Teichmann (Hrsg.), European Company

Peltzer, Martin, Corporate Governance aus der Sicht der deutschen Reformdiskussion, in: Hommelhoff/Rowedder/Ulmer (Hrsg.), Max Hachenburg, S. 49-104

(zitiert: *Peltzer*, in: Hommelhoff/Rowedder/Ulmer (Hrsg.), Max Hachenburg, S.)

Peltzer, Martin, Deutsche Corporate Governance – Ein Leitfaden, München 2003 (zitiert: *Peltzer*, Corporate Governance, Rn.)

Raiser, Thomas, Mitbestimmungsgesetz, Kommentar, 4. neubearbeitete Auflage, Berlin 2002

(zitiert: *Raiser*, MitbestG, § Rn.)

Rau-Reist, Susanne/Reist, Andreas/Rau, Gerd (Hrsg.), Durchblick – 39 Persönlichkeiten zu Unternehmung und Gesellschaft; Festschrift zum 65. Geburtstag von Walter Reist, Zürich 1992

(zitiert: *Bearbeiter*, in: FS Reist)

Rellermeyer, Klaus, Aufsichtsratsausschüsse, Diss., Köln 1986

(zitiert: *Rellermeyer*, Aufsichtsratsausschüsse, S.)

Schäfer, Joachim G., Das Überwachungssystem nach § 91 Abs. 2 AktG unter Berücksichtigung der besonderen Pflichten des Vorstands, Diss., Köln 2001

(zitiert: *Schäfer*, Überwachungssystem, S.)

Schander, Albert A., Die Europa-AG und ihre Organverfassung vor den Herausforderungen eines modernen Kapitalmarkts, Diss., Jena 2003

(zitiert: *Schander*, Europa-AG, S.)

Scheifele, Matthias, Die Gründung der Europäischen Aktiengesellschaft (SE), Diss., Frankfurt am Main 2004

(zitiert: *Scheifele*, Grünung der SE, S.)

Schneider, Uwe H./Hommelhoff, Peter/Schmidt, Karsten/Timm, Wolfram/Grunewald, Barbara/Drygala, Tim (Hrsg.), Festschrift für Marcus Lutter zum 70. Geburtstag, Köln 2000

(zitiert: *Bearbeiter*, in: FS Lutter)

Schubert, Werner/Schmiedel, Burkhard/Krampe, Christoph, Quellen zum Handelsgesetzbuch von 1897, Frankfurt am Main 1986

(zitiert: *Schubert*, Handelsgesetzbuch von 1897)

Schwarz, Günter Christian, Europäisches Gesellschaftsrecht – Ein Handbuch für Wissenschaft und Praxis, Baden-Baden 2000
(zitiert: *Schwarz*, Europäisches Gesellschaftsrecht, Rn.)

Schwarz, Günter Christian, Verordnung (EG) Nr. 2157/2001 des Rates über das Statut der Europäischen Gesellschaft (SE) – (SE-VO), München 2006
(zitiert: *Schwarz*, SE-VO, Art. Rn.)

Semler, Johannes (Hrsg.), Arbeitshandbuch für Aufsichtsratsmitglieder, München 1999
(zitiert: *Bearbeiter* in: Semler, AR Hdb.)

Semler, Johannes, Leitung und Überwachung der Aktiengesellschaft, 2. völlig überarbeitete und erweiterte Auflage, Köln 1996
(zitiert: *Semler*, Überwachung, Rn.)

Semrau, Susanne, Die Dritteinflussnahme auf die Geschäftsführung von GmbH und Personengesellschaften, Diss, Köln 2001
(zitiert: *Semrau*, Dritteinflussnahme, S.)

Sokolowski, Jacek, Überwachung einer Societas Europaea mit dem monistische Leitungssystem – Rechtsvergleichende Überlegungen zur künftigen Gestaltung des polnischen Gesellschaftsrechts, Diss. Heidelberg 2005
(zitiert: *Sokolowski*, Überwachung in einer SE, S.)

Streinz, Rudolf (Hrsg.), EUV/EGV Vertrag über die Europäische Union und Vertrag zur Gründung der Europäischen Gemeinschaft, München 2003
(zitiert: Streinz/*Bearbeiter*, EUV/EGV)

Streißle, Jörg, Die aktienrechtliche Abschlußprüfung in Gestalt des KonTraG, Diss., Aachen 2001 (zitiert: *Streißle*, Die aktienrechtliche Abschlußprüfung, S.)

Teichmann, Christoph, Binnenmarktkonformes Gesellschaftsrecht, Berlin 2006
(zitiert: *Teichmann*, Binnenmarktkonformes Gesellschaftsrecht, S.)

Theisen, Manuel R./Wenz, Martin (Hrsg.), Die Europäische Aktiengesellschaft – Recht, Steuern und Betriebswirtschaft der Societas Europaea (SE), 2. überarbeitete und erweiterte Auflage, Stuttgart 2005
(zitiert: *Bearbeiter*, in: Theisen/Wenz, Die SE)

v. Stebut, Dietrich, Geheimnisschutz und Verschwiegenheit im Aktienrecht, Diss., Köln 1972
(zitiert: *v. Stebut*, Geheimnisschutz, S.)

vom Brocke, Kai, Die Europäische Genossenschaft – Eine Europäische Gesellschaftsform?, Diss., Würzburg 1996
(zitiert: *vom Brocke*, Europäische Genossenschaft, S.)

von Caemmerer, Ernst/Schlochauer, Hans-Jürgen/Steindorff, Ernst, Probleme des Europäischen Rechts – Festschrift für Walter Hallstein zum 65. Geburtstag, Frankfurt am Main 1996
(zitiert: *Bearbeiter*, in: FS Wiedemann)

Wagner, Jens, Der Europäische Verein – eine Gesellschaftsform europäischen oder mitgliedstaatlichen Rechts?, Diss., Baden-Baden 2000

(zitiert: *Wagner*, EuV)

Wank, Rolf/Hirte, Heribert/Frey, Kaspar/Fleischer, Holger/Thüsing, Gregor (Hrsg.), Festschrift für Herbert Wiedemann zum 70. Geburtstag, München 2002

(zitiert: *Bearbeiter*, in: FS Wiedemann)

Wenz, Martin, Die Societas Europaea (SE) – Analyse der geplanten Rechtsform und ihre Nutzungsmöglichkeiten für eine europäische Konzernunternehmung, Diss., Berlin 1993

(zitiert: *Wenz*, SE, S.)

Widmann, Siegfried/Mayer, Dieter (Hrsg.), Umwandlungsrecht, Umwandlungsgesetz, Umwandlungssteuergesetz, Kommentar (Loseblatt; Stand: Juli 2005), Band 2: Einführung zum handelsrechtlichen Teil, UmwG §§ 1-59

(zitiert: *Bearbeiter*, in: Widmann/Mayer, UmwG, § Rn.)

Widmann, Siegfried/Mayer, Dieter (Hrsg.), Umwandlungsrecht, Umwandlungsgesetz, Umwandlungssteuergesetz, Kommentar (Loseblatt; Stand: Mai 2005), Band 8

(zitiert: *Bearbeiter*, in: Widmann/Mayer, UmwG)

Zöllner, Wolfgang (Hrsg.), Kölner Kommentar zum Aktiengesetz, Band 1: § 1-75, 2. neubearbeitete und erweiterte Auflage, Köln 1988

(zitiert: *Bearbeiter*, in: Kölner Kommentar zum AktG, § Rn.)

Zöllner, Wolfgang (Hrsg.), Kölner Kommentar zum Aktiengesetz, Band 2: §§ 76-117 AktG, Anh. § 94+§ 117, 2. neubearbeitete und erweiterte Auflage, Köln 1996

(zitiert: *Bearbeiter*, in: Kölner Kommentar zum AktG, § Rn.)

Zöllter-Petzold, Irka, Die Verknüpfung von europäischem und nationalem Recht bei der Gründung eines Societas Europaea (SE), Diss., Frankfurt am Main 2005

(zitiert: *Zöllter-Petzold*, Gründung einer SE, S.)

Entscheidungsregister

Bundesgerichtshof

BGH	Urt. v. 05.06.1975, II ZR 156/73, BGHZ 64, 325-333
BGH	Urt. v. 06.06.1994, II ZR 292/91, BGHZ 126, 181-201
BGH	Urt. v. 09.07.1979, II ZR 118/77, BGHZ 75, 96-116
BGH	Urt. v. 12.07.1979, III ZR 154/77, BGHZ 75, 120-133
BGH	Urt. v. 12.11.2001, II ZR 225/99, BGHZ 149, 158-165
BGH	Urt. v. 15.11.1982, II ZR 27/82, BGHZ 85, 293-300
BGH	Urt. v. 15.11.1993, II ZR 235/92, BGHZ 124, 111-128
BGH	Urt. v. 16.02.2004, II ZR 316/02, NJW 2004, 1109-1110
BGH	Urt. v. 17.05.1993, II ZR 89/92, BGHZ 122, 342-363
BGH	Urt. v. 21.04.1997, II ZR 175/95, BGHZ 135, 244-257
BGH	Urt. v. 21.12.1979, II ZR 244/78, NJW 1980, 1629-1630
BGH	Urt. v. 24.02.1997, II ZB 11/96, BGHZ 134, 392-401
BGH	Urt. v. 24.06.2002, II ZR 296/11, NZG 2002, 916-917
BGH	Urt. v. 25.02.1982, II ZR 102/81, BGHZ 83, 144-151
BGH	Urt. v. 25.02.1982, II ZR 123/81, BGHZ 83, 106-122
BGH	Urt. v. 25.02.1982, II ZR 174/80, BGHZ 83, 122-144
BGH	Urt. v. 25.03.1991, II ZR 188/89, BGHZ 114, 127-137
BGH	Urt. v. 26.04.2004, II ZR 155/02, BGHZ 159, 30-48

Amts-, Land- und Oberlandesgerichte

AG Düsseldorf	Verfügung v. 16.01.2006, HRB 52618, ZIP 2006, 287-287
AG Hamburg	Beschluss v. 28.06.2005, 66 AR 76/05, ZIP 2005, 2017-2018
LG Frankfurt	Urt. v. 19.12.1995, 2/14 O 183/95, ZIP 1996, 1661-1664
LG Hamburg	Beschluss v. 30.09.2005, 417 T 15/05, ZIP 2005, 2018-2019
LG München I	Urt. v. 10.03.2005, 5 HK O 18110/04, AG 2005, 408-409
LG München I	Urt. v. 7.12.2000, 5 HK O 14047/00, AG 2001, 210-211
OLG Bremen	Urt. v. 28.02.1963, 2 U 81/62 – 0 118/1960, GmbHR 1964, 8-10
OLG Frankfurt	Urt. v. 21.09.2005, 1 U 14/05, AG 2005, 925-927

Bundesverfassungsgericht und EuGH

BVerfG	Urt. v. 01.03.1979, 1 BvR 532, 533/77, 419/78 und 1 BvL 21/78, BVerfGE 50, 290-381
EuGH (Derycke)	Urt. v. 25.01.1977, Rs 65/76, Slg. 1977, 29-35
EuGH (Erzeugergemeinschaften)	Urt. v. 28.03.1985, Rs 272/83, Slg. 1985, 1066-1076
EuGH (Inspire Art)	Urt. v. 30.09.2003, Rs C-167/01, Slg. I 2003, 10195-10238
EuGH (Sevic)	Urt. v. 13.12.2005, Rs 411/03, DB 2005, 2804-2806
EuGH (Überseering)	Urt. v. 05.11.2002, Rs C-208/00, Slg. I 2002, 9943-9976
EuGH (Van Duyn)	Urt. v. 04.12.1974, Rs 41/74, Slg. 1974, 1337-1360

Kolibri 360 GmbH
Ferdinand-Jühlke-Straße 7
99095 Erfurt, Deutschland
produktsicherheit@kolibri360.de

Druck:
CPI Druckdienstleistungen GmbH
im Auftrag der
Kolibri 360 GmbH
Ferdinand-Jühlke-Str. 7
99095 Erfurt